RECHERCHES HISTORIQUES

sur

LA VILLE D'ORLÉANS.

RECHERCHES
HISTORIQUES
SUR
LA VILLE D'ORLÉANS,

DEPUIS AURÉLIEN, L'AN 274, JUSQU'EN 1789 ;

dédiées

A SES CONCITOYENS

ET

Offertes à ce titre à MM. les Maire, Adjoints et Conseillers municipaux
de la ville d'Orléans,

Par D. Lottin père.

TOME PREMIER.

,

IMPRIMERIE D'ALEXANDRE JACOB,
RUE BOURGOGNE-SAINT-SAUVEUR, N. 34.

M DCCC XXXVI.

DIVISION DES ÉPOQUES

DES

PRINCIPAUX ÉVÉNEMENS

Qui se sont passés dans la ville d'Orléans, de l'an 274 à 1789, c'est-à-dire pendant une durée de 1515 années.

———⊰⊱———

1ʳᵉ Époque.	— De l'empereur Aurélien à Charlemagne inclusivement	540 années.
2ᵉ.	— De Charlemagne au siége d'Orléans par les Anglais.	614
3ᵉ.	— Du siége d'Orléans à la St-Barthélémy.	114
4ᵉ.	— De la St-Barthélémy à la révolution. .	247
		1515 années.

COPIE DE LA LETTRE

DE M. LE MAIRE DE LA VILLE D'ORLÉANS ÉCRITE A M. LOTTIN.

Orléans, le 9 novembre 1835.

Le Maire de la ville d'Orléans à M. Lottin père.

Monsieur,

Le Conseil municipal a accepté, avec reconnaissance, la dédicace que vous avez bien voulu lui faire d'un ouvrage que vous avez l'intention de publier sous le titre de Recherches Historiques sur la Ville d'Orléans.

Il m'est agréable, Monsieur, de vous transmettre la délibération qu'il a prise à cet égard, dans sa séance du 2 de ce mois, et de vous féliciter du résultat d'un travail aussi consciencieux, qui a exigé de vous de longues et laborieuses recherches.

J'ai l'honneur d'être, avec une considération distinguée,

Monsieur,

Votre très-humble serviteur,

HEME.

EXTRAIT

DU REGISTRE DES DÉLIBÉRATIONS DU CONSEIL MUNICIPAL D'ORLÉANS.

Séance du 2 novembre 1835.

Le deux novembre mil huit cent trente-cinq, le Conseil municipal de la ville d'Orléans s'est réuni en l'hôtel de la Mairie, à sept heures du soir.

Étaient présens, Messieurs Heme, maire, Légier, Moreau, Besnard, Amy, Guillon, Beaudeduit, Hallier, Champignau, Thion, Danicourt, Transon, Landré, Courtois, Lacave, Laisné de Sainte-Marie, Rousseau, Pillon, Fousset, Pailliet, Dupuis, Mestier, Tassin-Moncourt.

M. Lottin offre au Conseil, par une lettre dont lecture est donnée par M. le Maire, la dédicace d'un ouvrage dont il est l'auteur, intitulé : RECHERCHES HISTORIQUES SUR LA VILLE D'ORLÉANS.

Le Conseil accepte la dédicace avec reconnaissance.

Pour extrait conforme :

Le Maire de la ville d'Orléans,

HEME.

MAIRIE D'ORLÉANS EN 1836.

MM. Heme, maire.
  Légier, avocat,
  Moreau-Lachez, propriétaire, } adjoints.
  Besnard, propriétaire,

CONSEIL MUNICIPAL.

MM.
Amy, juge de paix.
Guillon-Brault, négociant.
Morel, commissionnaire de roulage.
Champignau, avocat.
Fousset-Musson, négociant.
Demadières-Miron, propriétaire.
Proust, avoué.
Transon-Gombault, pépiniériste.
Rousseau-Dehais, négociant.
Danicourt-Huet, imprimeur.
Lacave, ingénieur des ponts et chaussées.
Vignat-Parelle, commissionnaire de roulage.
Lafontaine, avocat.
Dequoy-Burgevin, négociant.
Mestier (Théodat), propriétaire.
Janse, négociant.

Sevin-Mareau, député du Loiret.
Serron, tanneur.
Dupuis fils, juge.
Landré-Herveau, cultivateur et propriétaire.
Hallier aîné, négociant.
Pailliet, juge.
Thion, docteur médecin.
Vilneau, président à la cour royale.
Courtois, notaire.
Tassin-Moncourt, propriétaire.
Pillon père, propriétaire.
Leroy-Boulard, négociant.
Beaudeduit-Bardon, propriétaire.
Pelletier-Sautelet, docteur en médecine.
Laisné de Sainte-Marie, avocat général.

PREMIÈRE LISTE DES SOUSCRIPTEURS.

Le Roi.
Mgr. le duc d'Orléans.
M. le baron de Morogues, pair de France.
M. le baron Siméon, préfet du Loiret.
M. Travers de Beauvert, premier président, membre de la légion-d'honneur.
M. Brumault de Beauregard, évêque d'Orléans.
MM. Sevin-Mareau,
 Crignon de Montigny,
 Le baron Roger,   } Députés du Loiret.
 Le comte Jules de la Rochefoucauld,
MM. les Membres du Conseil municipal de la ville d'Orléans.

Alaine (mademoiselle d').

 MM.

Bizemont (de) père, chevalier de Saint-Louis, ex-adjoint à la mairie, directeur du musée d'Orléans.
Berette, chanoine honoraire, pro-secrétaire de l'évêché d'Orléans.
Berthevin, littérateur (Paris).
Baguenault de Vieville, propriétaire.
Boucher de Molendon, propriétaire.
Boudot-Germon, vérificateur des douanes.
Bernard jeune, auteur de l'histoire du Forez, (Paris).
Boulard fils aîné, négociant.
Broussain-Ducaruge, propriétaire.
Ballot père, courtier de commerce.
Boyer, maître d'écriture.
Bardou, greffier en chef de la Cour royale d'Orléans.

Costé (A.), ancien conseiller à la cour royale d'Orléans.
Courtois, notaire royal, membre du conseil municipal.
Chambre (MM. les membres de la) de lecture de la rue Bannier.
Corbin, curé de Sainte-Croix et grand-pénitencier.

Delaplace de Montevray, membre de la légion-d'honneur, ancien premier président de la Cour royale d'Orléans, président de la société des sciences et arts de la même ville.
Demadières-Miron, conseiller municipal d'Orléans.
Dupuis fils, juge et conseiller municipal d'Orléans.
Dufresne, avoué.
Danicourt-Huet, gérant du *Journal du Loiret*, et membre du conseil municipal d'Orléans.
Dufaur de Pibrac (le vicomte), ancien adjoint du maire d'Orléans.
Dufresné fils.

Flori, receveur-général du département du Loiret.
Foucault (de) de Morogues, propriétaire.
Fetiz, instituteur.
Feraud, ancien professeur au collége.
Feuillatre, maître de pension à Orléans.
Foucher, avocat à Paris.

Garnier-Dubreuil, propriétaire et homme de lettres.
Garnier, libraire.
Geffrier de Pully, propriétaire.
Gatineau, imprimeur-libraire.
Gaudry, avocat et conseiller de préfecture.
Gravier-Dejean, négociant.
Gobion, chanoine honoraire et curé de Saint-Paterne.

Hersant, paveur et entrepreneur.
Hue (madame veuve).
Hue-Sallé, propriétaire et maire de Combleux.
Hutin père, propriétaire à Paris.
Hutin (Alphonse) fils, propriétaire à Paris.

Janse, banquier, membre du conseil municipal.
Jallon, docteur médecin, membre de la légion-d'honneur et de l'académie des sciences et arts d'Orléans.
Jollois, membre de la légion-d'honneur et de plusieurs sociétés savantes, ingénieur en chef des ponts et chaussées du département de la Seine, etc.
Jacob (Alex.), imprimeur et membre de l'académie des sciences et arts d'Orléans.

Kermellec (de), propriétaire et ancien sous-préfet à Orléans.

LOTTIN fils, notaire royal à Orléans.

LOYRÉ père, membre de la légion-d'honneur, président honoraire de la Cour royale d'Orléans.

LEGIER, avocat, membre de la légion-d'honneur et adjoint au maire d'Orléans.

LEMAIGRE, membre du conseil général du département du Loiret.

LANGLOIS, artiste vétérinaire de la préfecture du Loiret.

LEROY fils, négociant.

LAFORÊT (madame), littérateur.

LECLERE, maître de pension à Orléans.

LACAVE, membre de la légion-d'honneur, du conseil municipal, de l'académie des sciences et arts d'Orléans, ingénieur des ponts et chaussées.

LAMADON, maître de pension à Orléans.

LAUROY (de).

LONGUET, propriétaire.

LANOIX père, docteur en médecine, membre de la légion-d'honneur et de l'académie des sciences et arts d'Orléans, etc., etc.

MOROGUES (Achille de), propriétaire.

MICHONNEAU, propriétaire.

MOREAU, conseiller à la cour royale d'Orléans.

MIRON DE LESPINAY, ancien député du Loiret et ancien procureur-général.

MARCHAND fils, ancien notaire, juge suppléant.

MONTARAND (le baron de), ancien magistrat à la Cour royale d'Orléans.

MEIGRET, notaire royal à Orléans, dépositaire des minutes de M⁵ Sevin, notaire de la ville, en 1480.

NOURY (de), membre de la légion-d'honneur, ancien adjoint à la mairie d'Orléans et receveur à Gien.

NUTEIN, chanoine honoraire et curé de Saint-Pierre-le-Puellier.

PILLON père, membre du conseil municipal et de la société des sciences et arts d'Orléans.

PESTY, libraire à Orléans.

PAILLIET, juge, membre du conseil municipal et de la société des sciences et arts d'Orléans.

PAGOT, architecte du département du Loiret et membre de la société des sciences et arts d'Orléans.

PROUST, avoué et membre du conseil municipal d'Orléans.

PETIT, pasteur à Orléans.

PENSÉE, professeur de dessin et membre de l'académie des sciences et arts d'Orléans.

Roche-Jaquelein (madame de la).

Robinbau, propriétaire.

Rocheplatte (le comte Drouin de), membre de la légion-d'honneur, ancien maire de la ville d'Orléans et ancien député du Loiret.

Rosier père.

Rousseau-Dehais, négociant, membre du conseil municipal d'Orléans.

Rabourdin, professeur de langues.

Sirou, imprimeur-libraire à Gien.

Sainte-Marie (de), premier avocat-général, membre du conseil municipal et de la société des sciences et arts d'Orléans.

Squimbre-Lottin, horloger-bijoutier.

Serenne, entrepreneur.

Salmon, professeur de dessin au collége d'Orléans.

Tassin de Moncourt, membre du conseil municipal d'Orléans.

Tristan (le comte Jules de), ancien sous-préfet, membre de la société des sciences et arts d'Orléans.

Tassin de Baguenault.

Trouillebert fils.

Thuillier, architecte des hospices et voyer de la ville d'Orléans.

Vimeux-Brisset, professeur de musique.

Watson, maître de pension à Orléans.

Zanole (Jules), auteur de la Biographie Ecclésiastique et secrétaire du préfet du Loiret.

La seconde liste sera placée en tête du second volume.

AVERTISSEMENT.

En imprimant cet ouvrage, nous n'avons pas la prétention de donner au public une histoire d'Orléans : il ne renferme, à bien prendre, que les matériaux destinés à l'écrire.

Nous appelons de tous nos vœux celui qui accomplira cette œuvre, heureux si nos travaux peuvent la lui rendre plus facile, et si nos recherches lui sont de quelque utilité. Nous l'espérons ; et c'est cette idée qui nous a encouragé dans la tâche laborieuse que nous avions entreprise.

Peu de cités, en effet, sont plus dignes qu'Orléans d'avoir des annales particulières : son histoire, qui se lie d'une manière intime à celle de la France, pendant plusieurs siècles, est pleine d'importance et d'intérêt.

Dès le temps des Gaulois, cité déjà remarquable, elle mérita les attaques de César, et plus tard l'affection d'Aurélien.

Sous la première race, elle devint la capitale d'un royaume distinct.

Elle était commerçante et riche lors de l'invasion des Normands qui l'assiégèrent à plusieurs reprises.

Placée au centre du royaume, sur les bords d'un grand fleuve, ville fortifiée, Orléans a figuré au premier rang dans toutes nos dissensions civiles et dans quelques-unes de nos guerres étrangères.

Témoin de la défaite d'Attila, en 451, elle devint, en 1428, le rempart de la France et l'écueil des Anglais. Le nom de Jeanne d'Arc et celui d'Orléans sont inséparables du souvenir de notre triomphe national.

Elle fut le centre et en quelque sorte le point de ralliement de tous les partis qui divisèrent le royaume. Les Protestans, la Ligue, la Fronde se la disputèrent et l'ont, tour-à-tour, possédée. Plus qu'ailleurs, peut-être, les passions populaires s'y sont agitées.

Trop voisine de Paris devenu la capitale du royaume, à mesure que le pouvoir royal s'est affermi, elle a vu s'évanouir cette vie à part des cités du moyen âge et s'effacer cette physionomie distincte conservée en partie par quelques-unes de nos grandes villes.

Mais elle ne devait pas toute son importance à son influence politique, et de nombreux avantages lui restaient encore. — Long-temps son Université fut l'une des plus illustres de France, et notre grand jurisconsulte Pothier prouve que dans ses derniers jours elle n'avait pas dégénéré de son antique splendeur. — Elle fut, pendant plusieurs siècles, à la tête des places commerçantes du pays. — Chef-lieu d'un duché apanage des princes du sang, habitée par quelques-uns de nos rois, elle reçut de fréquentes marques de leur affection. — Une foule de faits intéressans y ont eu lieu, et ses archives sont une mine féconde à exploiter, même pour l'histoire générale de la France.

Comment se fait-il que tant de richesses soient restées stériles entre les mains des écrivains qui se sont occupés de l'histoire d'Orléans, et que leurs ouvrages, ignorés de la plupart des Orléanais eux-mêmes, ne soient feuilletés que par ceux qui font de ces recherches l'objet d'une étude spéciale? — C'est qu'indépendamment du mérite du style qui leur manque, ils ont presque toujours négligé de chercher l'intérêt là où il se trouvait. Ils ont rarement puisé aux sources et pris la peine de remonter aux titres et aux actes originaux. De là tant de choses passées par eux sous silence, tant de faits controuvés donnés comme certains.

Une heureuse révolution s'est opérée chez nous depuis quelques années dans la manière d'étudier et d'écrire l'histoire, et ce que les temps ont épargné des trésors de nos archives est exploré avec zèle.

Sans avoir l'ambition de nous placer dans l'école des Guizot, des Thierry, des Sismondi, des Barante, nous venons déposer, comme un modeste tribut, notre pierre au pied du monument qu'ils élèvent en l'honneur du pays.

Dix années, consacrées à compulser les archives publiques et privées de notre ville, nous ont mis à même de découvrir beaucoup de faits ignorés, et d'en rétablir quelques-uns d'erronés.

Les comptes de ville, les quittances, que nous comptons publier, feront foi de la conscience de notre travail et n'en seront pas la partie la moins intéressante.

Nous n'avons cherché, en aucune façon, à classer d'une

manière méthodique, ni même à lier entre eux, les faits que nous rapportons ; l'ordre de dates est le seul que nous avons suivi, et c'est sans y joindre de réflexions que nous avons placé ainsi le récit des événemens. — Cette manière n'est pas sans avoir son avantage : elle ne prête aucune prise à l'esprit de parti, le jugement du lecteur est laissé complètement libre, il suit sans prévention le cours des événemens, et en tire à sa guise les conséquences qu'il lui plaît.

Notre travail a été fait avec zèle et bonne foi : nous le livrons avec confiance à nos concitoyens. Depuis longtemps nous sommes habitué à leur bienveillance. Ils ont encouragé et soutenu notre carrière d'artiste ; ils accueilleront aujourd'hui, nous l'espérons, avec la même faveur, un ouvrage entrepris en vue de leur être utile, et que nous leur dédions dans la personne de leurs magistrats.

Nous aimons à reconnaître ici les appuis et les encouragemens qui nous ont été donnés. C'est avec fruit que nous avons consulté les manuscrits de Symphorien-Guyon, Desfriches, Lemaire, Hubert, Polluche (c'est sa généalogie des évêques que nous avons suivie), et ceux de MM. Pataud, Dubois et Vandebergue, que M. Petit-Semonville a mis à notre disposition, ainsi que toutes les richesses de la Bibliothèque de la ville et de la sienne propre, avec cette bonne grâce et cette obligeance inépuisables qui le caractérisent. Nous gardons une vive reconnaissance pour la bienveillance avec laquelle MM. le comte de Rocheplatte et M. Heme ont protégé nos recherches. Qu'on nous permette enfin de dire quels secours nous avons trouvés dans les conseils et les communications de MM. Delaplace de Montevray, Jollois, le baron de Morogues, Dupuis fils, Jacob père, A. Costé, l'abbé Nutein, Feraud, de Vassale, Bauchet, Pensée (*), etc. Nous en conserverons un souvenir de gratitude que nous sommes heureux de pouvoir exprimer.

Nous publions aujourd'hui deux volumes. Ils vont jusqu'à l'époque de la Révolution. Quatre autres volumes, formant une seconde série, contiendront l'histoire de la Révolution jusqu'au temps de l'Empire. Deux volumes nouveaux seront consacrés à l'Empire et à la Restauration. Huit volumes doivent ainsi renfermer tout ce qui a rapport à l'histoire de notre ville, depuis son origine jusqu'en 1830. Un volume à part contiendra le relevé des comptes de ville et de fortifications, depuis 1391 jusqu'à nos jours.

(*) C'est à l'obligeance toute désintéressée de M. Pensée que nous devons la gravure qui sert de titre à cet ouvrage.

RECHERCHES
HISTORIQUES
SUR
LA VILLE D'ORLÉANS.

PRÉCIS TOPOGRAPHIQUE, HISTORIQUE ET STATISTIQUE.

L'ORIGINE d'Orléans, autrefois *Genabum Aurelianum*, remonte aux temps les plus reculés de l'histoire des Gaules (62-64) (*).

Genabum, au rapport de Strabon, était la ville de commerce de ces contrées et leur marché commun ; elle avait été bâtie par les Druides, prêtres qui gouvernaient les Gaulois, et qui l'avaient fait élever par les mains de ces peuples (38-64).

La ville était petite, elle avait des rues étroites et sinueuses, des maisons sans étages, la plupart rondes et en forme de colombiers, toutes couvertes en paille et en chaume, les seuls édifices publics étaient couverts en tuiles (40-62).

Un pont long et très-étroit communiquait avec le pays de *Secalaunia* ou Sologne, du mot *secale* seigle, ou bien *Sabulonia*, de *sabulum* sable, parce qu'en effet ce pays est sabloneux (7-38-64).

La ville était entourée de fossés secs, et défendue par des espèces de palissades en terre soutenues par des piquets espacés et seulement élevés de dix ou douze coudées (64).

L'an 702 de Rome, et 52 ans avant la naissance de Jésus-Christ, César, qui en est le premier historien, en fit la conquête (21-28-62-64).

(*) A la fin du volume se trouve la nomenclature des manuscrits et des divers ouvrages que nous avons consultés, et dont les numéros correspondent à ceux qui terminent chaque citation.

César, forcé de s'éloigner des Gaules pour aller appaiser les troubles de la République occasionnés par la mort de Claudius, laissa un de ses lieutenans avec quatre légions pour garder ses nouvelles conquêtes (38-64).

Les Gaulois, excités par les *Carnutes* ou Chartrains, impatiens du joug des Romains, crurent que le temps était venu de recouvrer leur liberté ; ils levèrent l'étendard de la révolte, et le signal de la guerre fut le massacre des citoyens romains qui habitaient *Genabum* (38-40-64).

A cette nouvelle César franchit les Alpes, il dirige en toute hâte ses légions vers la Loire : sa présence jette la la terreur et divise les forces des Gaulois (38-64).

Les habitans de *Genabum*, surpris et sans défense, cherchent en vain à fuir; César, qui les faisait garder par deux légions, prévenu qu'à la faveur de la nuit ils commençaient à traverser la Loire, fit mettre le feu aux portes de la ville dont il se rendit maître, ainsi que des habitans; car le pont de *Genabum*, leur seule retraite, était tellement étroit que très-peu échappèrent aux vainqueurs (38-64-67).

César, qui voulait poursuivre les *Carnutes*, en fut empêché par la rigueur de la saison : il fut contraint de faire rester ses troupes à *Genabum*, où pour avoir des abris, une partie des soldats couvrit à la hâte, avec de la paille, les maisons détruites par la guerre, les autres campèrent sous des tentes (38-64).

Les révoltés ayant été mis hors d'état de rien entreprendre, César partit de *Genabum*, après y avoir laissé Caïus Trebonius avec deux légions (38).

Pendant à peu près trois cents ans, il n'exista de cette cité qu'un petit nombre de maisons désertes et à moitié ruinées (38-64).

Cet état de choses dura jusqu'à l'époque où Aurélien, trente-huitième empereur romain, visitant les Gaules, l'an de J.-C. 274, sous le pontificat du pape Félix Ier, commença à la rétablir, l'entoura de murailles, et lui donna son nom, d'où est dérivé celui d'Orléans (21-38-64).

Les murs avaient 8 pieds 8 pouces d'épaisseur, et étaient revêtus de gros moëllons et de cailloux en parpaings de trois rangs, après lesquels il y avait encore trois rangs de grosses briques de 11 à 12 pouces de longueur, sur 8 a 9 de largeur et 2 d'épaisseur; le mur était fait avec du mortier de chaux; de gros sable et de briques pilées (9-21).

Les murailles, à l'est, au nord et à l'ouest, étaient entourées d'un fossé sec ; au sud, elles étaient baignées par la Loire, car il n'y avait point de quai.

Les tours et les murs de cette première enceinte étaient bien différens dans leur forme de ceux qui depuis ont été faits aux autres enceintes : les murs n'étaient point terrassés du côté de la ville dans toute leur hauteur, et il fallait y monter par des escaliers ou *eschiffs*, pente douce en bois, auxquels on mettait le feu en se retirant, parce que derrière eux et dans la ville, il y avait encore un second fossé pour arrêter l'ennemi.

Les murs du côté de la place avaient sur leur sommet et dans leur épaisseur des brèches ou interruptions qui étaient couvertes de madriers et de planches que l'on retirait, lorsque les assiégeans s'étaient emparés de ces murs, pour les empêcher de circuler ni de se réunir : on ne pouvait se joindre qu'en passant dans l'intérieur des tours par une porte placée à droite et à gauche.

Les tours avaient trois étages ; le premier presqu'au niveau du fond des fossés, le second au niveau du sol, le troisième dominait la campagne. Le galetas de plusieurs d'elles n'était pas couvert, les autres avaient une toiture ; une cave était pratiquée sous le tout, et une cheminée placée du côté de la ville, pour ne pas obstacler la vue de la plaine.

Les tours n'étaient point voûtées ; dans l'intérieur il y avait des planchers à chaque étage, au milieu de chacun d'eux, était une trape pour y placer une échelle, afin que si les ennemis s'emparaient du sommet on retirât les échelles ; et on en faisait autant d'étage en étage, jusqu'au dernier auquel on mettait le feu à l'aide de matières inflammables qui étaient au rez-de-chaussée.

Il n'y avait point de canonnières ni d'embrâsures, puisque les armes à feu n'étaient pas encore découvertes, mais des arbalétrières ou grandes ouvertures très-longues et étroites, pour y faire passer les traits qu'on lançait sur les ennemis (9).

Les fortifications d'Orléans étaient en partie en cet état lors du siége des Anglais, en 1428 et 1429, sauf les changemens nécessités par l'usage de l'artillerie, comme canonnières, machicoulis, barrières de toute espèce et autres travaux faits en 1417, 1418, 1419, 1420, etc., pour mettre la place en état de défense : nous en avons les preuves par les comptes de fortifications, les mémoires des ouvriers et les ordonnances ou mandemens de Pierre Mornay et André Marchand, gouverneurs à ces diverses époques (4).

Orléans tient un rang distingué dans les anciennes notices des Gaules, dans celle qui fut publiée en 418, sous l'empereur Honorius. Cette cité fait partie de la quatrième Lyonnaise : elle est placée audessus de Paris et de Meaux ; on voit l'importance que les Romains attachaient à sa situation par les voies romaines dont elle était le centre, et dont les vestiges subsistent dans la Beauce, on les nomme encore aujourd'hui le chemin de César, elles constatent d'une manière irrécusable l'existence de la route qui communiquait de Chartres avec *Genabum* ou Orléans (21) (64).

Voilà tout ce que l'histoire nous apprend de cette ville qui resta sous la domination romaine, jusqu'à l'époque où Clovis, la réunit à son empire, en 498 (38-43).

Orléans est situé sur la rive droite et au nord de la Loire, à une distance à peu près égale de la source et de l'embouchure de cette rivière, la plus considérable de France, par l'étendue de son cours, qui est de 229 lieues (21).

La ville est bâtie sur la pente modérément inclinée d'un côteau fertile qui s'élève majestueusement et offre un bel aspect. Sa position, presqu'au centre de la France, entre la Beauce, le Gâtinais, la Sologne et le Berry, rend son commerce un des plus florissans du royaume (54).

La grandeur de cette cité, le nombre et l'opulence de ses habitans, les hommes remarquables qu'elle a produits, la part qu'on l'a vue prendre aux grands événemens de la monarchie, les changemens qui lui sont arrivés, les diverses révolutions qu'elle a souffertes, les siéges remarquables qu'elle a soutenus, les conciles qui y ont été assemblés, lui donnent un rang considérable entre les premières villes du royaume.

Les Orléanais sont actifs, mordans, malins : ils s'adonnent particulièrement au commerce pour lequel ils ont une grande aptitude; on trouve en eux un esprit de charité et de bienfaisance fruit des principes religieux qui les distinguent parmi les habitans de la France (21).

Bien que des savans distingués dans tous les genres aient pris naissance dans le sein d'Orléans, on s'est toujours plaint, et l'on se plaint encore, de ce que les arts, les sciences et les lettres y reçoivent peu d'encouragement.

Cette ville est située à 47°, 54', 4" de latitude septentrionale, et à 19°, 34', 22" de longitude du méridien de l'île de Fer, elle est éloignée de Paris de 31 lieues communes de France, de deux mille toises chaque (123 kilomètres).

L'enceinte d'Orléans forme un circuit de 5,750 pas communs (5,021 mètres), ce qui donne 3,093 pas géométriques, ou 2,577 toises, qui équivalent à 1 lieue 1/4 et 77 toises.

La superficie est estimée 348 arpens à 20 pieds par perche, ou 270 à 25 pieds par perche.

Les murailles étaient défendues depuis la dernière enceinte, en 1515, par deux forts, un ravelin, un cavalier avec fortification à la porte Bourgogne, et par vingt-cinq grosses tours, non comprises celles qui accompagnaient les portes (21).

Ces tours étaient ainsi appelées :

Tour Neuve, tour de la Brebis, tour de l'Étoile, tour Saint-Euverte, tour Juranville, tour Penincourt, tour Bourbon, tour Saint-Avit, tour Saint-Esprit, tour Saint-Pierre, tour Saint-Michel, tour Terrassée, tour Belle-Masures, tour Le-Roi, tour Gouvernante, tour des Arquebusiers, tour Saint-Louis, tour Baltazar, tour Saint-Joseph, tour de la Ridenne, tour Rose, tour de Recouvrance, tour du Bassin, tour de la Crèche-Beffroi, tour Cassée ou Carrée (48).

Il ne reste plus aujourd'hui qu'une partie de la tour Bourbon où sont renfermées les poudres, et la tour Blanche de la première enceinte, qui est encore entière, près de la rue de la Tour-Neuve (21).

On n'a conservé de toutes les anciennes portes que celle de la Forêt, près Saint-Euverte, dont fait partie la prétendue tour à Peinguet ; les autres ont été abattues et remplacées par des pavillons qui servent de logemens aux portiers et aux receveurs de l'octroi municipal (77).

On entre dans la ville par huit portes principales, savoir :

La porte du Cours-du-Roi, devant la pompe à feu, près la rivière ; la porte Bourgogne, la porte Saint-Vincent, la porte Bannier, la porte Saint-Jean, la porte Madeleine, la porte Barentin ou de Saint-Laurent, près de l'entrepôt; la porte du Pont, faubourg Saint-Marceau.

La distance d'une porte à l'autre est :

De la barrière du Roi à la porte Bourgogne,	250 pas.
De la porte Bourgogne à la porte St.-Vincent,	900
De la porte St.-Vincent à la porte Bannier,	1,150
De la porte Bannier à la porte St.-Jean,	750
De la porte St.-Jean à la porte Madeleine,	300
De la porte Madeleine à la porte St.-Laurent,	400
De la porte St.-Laurent au pont, au bout de la rue Royale,	800
Du pont à la barrière du Cours-du-Roi,	1,200
(21) Circuit de la ville,	5,750 pas.

Orléans était environné à l'extérieur, au levant, au nord et au couchant d'un fossé sec et d'une contrescarpe qui sont maintenant comblés et plantés de trois rangées d'arbres, entre lesquelles on a établi un beau chemin pour le roulage ; du côté du midi, les quais sont baignés par les eaux de la Loire. Ces quais offrent un développement de plus d'un demi-lieue et sont des plus beaux qui existent en France (21-77).

La ville a dans sa plus grande largeur, du levant au couchant, c'est-à-dire de la porte Bourgogne à la porte Madeleine, 1,984 mètres, 40 cent. ou 1,018 toises ; et du midi au nord, c'est-à-dire du pont à la porte Bannier, 1,169 mètres ou 600 toises.

Sa superficie est de 270 arpens, à 25 pieds par perche, non compris les faubourgs qui sont considérables : celui de la porte Bannier a plus d'une lieue de longueur, celui du Portereau Saint-Marceau, du pont à Olivet, 1,100 toises.

Entre la porte Bannier et la porte Saint-Vincent, le long des murs d'appui qui sont construits sur les anciennes murailles, il existe une belle promenade nommée le Mail, plantée de trois rangs d'arbres, qui donne sur la campagne, et qui a 1,150 pas de longueur (21).

De la porte Bannier à la porte Saint-Jean, il existe aussi une jolie promenade dite le Cours Rocheplatte (du nom d'un maire), qui est plantée en partie de trois rangs d'arbres et qui a 750 pas de longueur (77).

Deux quais, *extrà-muros*, ont été construits nouvellement, l'un qui commence à l'est, vis-à-vis la pompe à feu, se prolonge jusqu'à Saint-Loup; l'autre, à l'ouest, qui part de la porte Saint-Laurent, se continue jusqu'à la Madeleine (77).

On compte dans Orléans et ses faubourgs (1er janvier 1836), 40,161 habitans; plus de 6,612 maisons; 11,800 feux; 260 rues; 19 impasses dont 9 fermées par des portes et 10 encore ouvertes (38-76).

Impasses fermées :

Rues du Marché-aux-Balais, des Grands-Ciseaux, du Petit-Ambert, Neuve, du Tabourg, de la Charpenterie, cloître Saint-Pierre-Empont, rues Saint-Germain, du Bourdon-Blanc (76).

Impasees ouvertes :

Rues du Marché-aux-Balais, Neuve, Barbacannes, près Sainte-Croix, rues Saint-Georges, Salamandre, au midi de Saint-Donatien, rues du Soufflet, Sainte-Colombe, Motte-Bruneau, Faverie, Hado (76).

On ne compte dans la ville que deux places considérables, mais qui n'ont rien de régulier. La plus grande s'appelle le Martroi, la plus petite l'Étape; on pourrait y joindre plusieurs autres petites, quelques cloîtres et quatre marchés (21).

Il a existé dans l'intérieur de la ville 70 puits publics qui ont été faits à l'époque des divers agrandissemens, savoir (4-64-76) :

Puits Saint-Christophe, près le quai de Cypierre, avec une croix de fer.

Puits Saint-Arnel, rue de la Treille (détruit).

Puits Saint-Pierre-le-Puellier, adossé à l'église (comblé).

Puits Saint-Sulpice, dans le cloître.

Puits Saint-Paul, adossé à la chapelle de la Vierge (pompe).

Puits Saint-Léger, près Saint-Victor (manufacture de poterie).

Puits Saint-Euverte, rue Saint-Euverte (détruit).

Puits de Mont-Berry, au bout de la rue de l'Impossible, à l'est.

Puits Rolland, porte Saint-Vincent (démoli).

Puits des Carmes-Déchaussés, dans la place.

Puits de Guelle, rue Faverie, dans l'impasse Hado.

Puits aux Bouchers, rue des Bouchers.

Puits du Châtelet, rue au Lin, appuyé sur le mur du Châtelet.

Puits de la Madeleine, devant l'Hôtel-Dieu, adossé à l'Hôtel-de-Ville (fermé).

Puits de l'aumône Saint-Pouair, près Saint-Paterne, avec une croix en fer.

Puits de Jacob, marché Porte-Renard (pompe).

Puits de la Poissonnerie, dans le Grand-Marché.

Puits du cloître Sainte-Croix, à l'ouest des tours, près de la rue Saint-Martin-de-la-Mine.

Puits de la Puilerette, cour de la Pillerette, rue Bannier.

Puits des Buttes, rue du Four-à-Chaux (pompe).

Puits Loudon ou London, à l'est de Saint-Paul.

Puits des Juifs, rue des Noyers (un cimetière pour les Juifs en avait été voisin).

Puits de la Croix-Morin (avec une croix).

Puits de la Conception, près la rue de la Tour-Neuve.

Puits de la Circoncision, rue Saint-Germain (non loin de la synagogue, rue Bourgogne).

Puits du cloître des Libraires, rue Saint-Pierre-Lentin, près le cloître Sainte-Croix.

Puits du cloître Saint-Pierre-Empont, adossé à la tour ou clocher (détruit).

Puits de la Pierre-Percée, sous la rue Royale.

Puits des Forges, rue Porte-Bourgogne.

Puits de Notre-Dame-du-Chemin, adossé à l'église.

Puits rue aux Os ou aux Ours (renfermé).

Puits de l'Albanais.

Puits de la rue de la Lionne (détruit).

Puits de la rue du Colombier (détruit).

Puits de la rue de Mes-Chevaux (détruit).

Puits de la rue Saint-Jean.

Puits de l'Hôpital, porte Madeleine.

Puits de la rue de la Crosse.

Puits du cul-de-sac du Chat-qui-Pêche.

Puits de la rue du Ravelin.

Puits vis-à-vis la rue du Canon, au bas des remparts.

Puits derrière les Buttes.

Puits de la rue Madeleine.

Puits de la rue du Vert-Galant.

Puits des Trois-Poissons.

Puits des Porteaux, derrière Saint-Pierre-le-Puellier.

Puits de la ruelle de la Couroyrie.
Puits à l'entrée de la rue Saint-Marceau.
Puits de la rue des Chats-Ferrés.
Puits du cloître Saint-Benoît.
Puits Tudelle.
Puits de la rue de la Cerche (détruit).
Puits des Ursulines (détruit).
Puits de la rue Sainte-Anne (détruit).
Puits de la rue de la Treille (détruit).
Puits de la rue de l'Ételon.
Puits du cloître Saint-Etienne (détruit).
Puits de la Cloche-Percée.
Puits de la rue du Coq-d'Inde (renfermé).
Puits de la vallée de Notre-Dame-du-Chemin.
Puits des Quatre-Fils-Aymon.
Puits de la Porte du Soleil (détruit).
Puits de la rue du Petit-Puits.
Puits Poulette, rue du Héron.
Puits de la Haute-Forêt.
Puits du cul-de-sac du Cadran-de-Mer.
Puits de la Croix-par-Dieu.
Puits du Cours-aux-Anes.
Puits au bout de la rue d'Illiers.
Puits de la Croix-Rouge (détruit).

Il existe hors des murs de la ville deux vastes cimetières qui ont remplacé tous ceux qui étaient dans l'intérieur, près des églises. Ils renferment un grand nombre de mausolées. L'un, au couchant, s'appelle le cimetière Saint-Jean, entre la porte Madeleine et la porte Saint-Jean; l'autre, situé au nord, porte le nom de Saint-Vincent, attendu qu'il est près de cette église.

Aujourd'hui la ville est éclairée par 380 reverbères dont 188 à l'ancien système et 192 à réflecteurs paraboliques, qui donnent ensemble 642 becs, non compris l'éclairage particulier des corps-de-garde et des établissemens publics qui emploient 30 becs (38-54).

Le diocèse d'Orléans, avant la révolution de 1789, était divisé ainsi qu'il suit. Six archidiaconats qui étaient :

Orléans, Pithiviers, Beauce, Sologne, Beaugency, Sully (38).

Ces six archidiaconats renfermaient neuf abbayes, savoir:

Saint-Mesmin, Saint-Benoît-sur-Loire, Saint-Euverte, Notre-Dame-de-la-Cour-Dieu, Notre-Dame-de-Beaugency, Notre-Dame-du-Lieu à Romorantin, Saint-Loup, la Madeleine, Voisins.

Dix chapitres :

Sainte-Croix, Saint-Aignan, Saint-Pierre-Empont, Saint-Pierre-le-Puellier, Cléry, Saint-Ythier à Sully, Saint-Vrain à Jargeau, Saint-Liphard à Meung, Saint-Louis à Blois, Saint-Georges à Pithiviers.

270 paroisses, dont 35 avaient le titre de prieuré; 40 prieurés non paroisses, 21 communautés d'hommes, 12 communautés de filles, 43 chapelles en titre, et 6 en bénéfice, 2 commanderies, Malte à Orléans, et Saint-Lazare à Boigny.

Le Chapitre de Sainte-Croix était ainsi composé :

1 évêque, avec 35,000 livres de rentes.

13 dignitaires, 38 chanoines prébendés, 5 chanoines semi-prébendés, 2 sacristains, 1 receveur des deniers, 1 receveur des grains, 1 notaire, 1 procureur et 1 huissier.

Chapitre de Saint-Aignan :

1 abbé, qui était le duc d'Orléans.

1 doyen, 7 dignitaires, 31 chanoines prébendés, 6 demi-prébendés, 1 sacristain, 1 notaire et 1 receveur.

Chapitre de Saint-Pierre-Empont :

3 dignitaires, 16 chanoines, 1 notaire et un receveur.

Il y avait à Orléans, avant la révolution de 1789, une cathédrale, 25 paroisses, 17 églises de communautés, dont 10 d'hommes et 7 de femmes, 10 chapelles, en tout 52, savoir :

Sainte-Croix, cathédrale et chapitre, Saint-Aignan, chapitre et paroisse, Saint-Pierre-Empont, paroisse, Saint-Pierre-le-Puellier, paroisse, Saint-Euverte, monastère et paroisse, Saint-Paterne, Saint-Maclou, Sainte-Catherine, Saint-Mesmin, Saint-Pierre-en-Sentelée, Saint-Éloi, Saint-Michel, Saint-Victor, Recouvrance, Saint-Paul, Saint-Hilaire, Saint-Donatien, Saint-Benoît-du-Retour, Saint-Liphard, la Conception, Notre-Dame-du-Chemin, Saint-Pierre-Lentin, Saint-Laurent, Saint-Vincent, Saint-Marceau, Saint-Marc (38).

Communautés d'hommes :

Les Oratoriens, les Récollets, les Jacobins, les Grands-Carmes, les Carmes-Déchaussés, les Bénédictins, les Chartreux, les Capucins, les Augustins, les Génovéfains.

Communautés de femmes :

Les Ursulines, la Visitation, les Carmélites, le Bon-Pasteur, le Calvaire, Saint-Loup, la Madeleine.

Chapelles :

Saint-Sauveur, Sainte-Anne, au grand cimetière, Saint-Avit, le Petit-Saint-Michel, le Petit-Saint-Loup, l'Hôtel-Dieu, l'Hôpital-Général, le Séminaire, Saint-Jacques, la Chapelle-des-Aides (21-38).

Récapitulation :

Paroisses.	25	
Communautés d'hommes. .	10	52
Communautés de femmes. .	7	
Chapelles.	10	

De ces 52 églises ou chapelles, il n'y a plus actuellement que 12 paroisses, 5 chapelles, 5 oratoires et 1 église consistoriale.

Les 12 paroisses sont :

Sainte-Croix, cathédrale et paroisse, Saint-Aignan, St.-Paterne, St.-Pierre-en-Sentelée, Notre-Dame-de-Recouvrance, St.-Paul, St.-Donatien, St.-Pierre-le-Puellier, St.-Laurent, Saint-Vincent, Saint-Marc, Saint-Marceau.

Les 5 chapelles sont :

Les Aides, le Grand Séminaire, l'Hôtel-Dieu, l'Hôpital-Général, le Collége.

Les 5 oratoires sont :

Les Visitandines, les Ursulines, les Carmélites, le Bon-Pasteur, le Calvaire (76).

L'église consistoriale, à Saint-Pierre-Lentin.

Relèvé :

Rendus au culte.	18	
Démolis.	25	52
Servant à différens usages. .	9	

Il existe à Orléans un hopital-général qui contient 650 lits, 40 berceaux et 896 enfans trouvés.

Un Hôtel-Dieu où il se trouve 260 lits ; tous les malades y sont couchés séparément (38).

Orléans a été anciennement la capitale d'un royaume

particulier, d'un des premiers diocèses établis dans les Gaules, plus nouvellement d'un duché-pairie, apanage ordinaire des seconds fils de France, le siége d'un gouvernement de province et la résidence d'un intendant; il a possédé une université (21).

Maintenant, cette ville est le chef-lieu du département du Loiret, elle est le siége d'une préfecture, d'une cour royale, d'un évêché, d'une subdivision militaire, d'une académie universitaire, d'un tribunal de première instance, d'un tribunal de commerce, d'une chambre de commerce, d'un conseil de prud'hommes; elle a un corps-royal de ponts-et-chaussées, une administration des domaines de l'état, une direction de l'enregistrement, une direction des douanes, une direction forestière de la marine royale, une direction des contributions directes et indirectes, un capitaine de gendarmerie royale, un collége, un séminaire, une académie royale des sciences, belles-lettres et arts, une bibliothèque, un jardin botanique, un musée, une école gratuite de dessin et d'architecture, etc. (76).

Le département du Loiret est compris entre le 19e ° 3' et le 20e ° 9' de longitude occidentale, et entre le 47e ° 6' et le 48e ° 3' de latitude septentrionale; le méridien de Paris le traverse à peu de distance d'Orléans.

Il a pour limite au nord le département de Seine-et-Oise, au nord-est celui de Seine-et-Marne, à l'est l'Yonne, au sud-est la Nièvre, au sud le Cher, à l'ouest le Loir-et-Cher, et au nord-ouest l'Eure-et-Loire. Son étendue de l'ouest à l'est est d'environ 14 myriamètres, et du nord au sud d'environ 8 myriamètres.

Sa superficie: 1,322,909 arpens, en tout 254 lieues carrées.

Il est divisé en quatre arrondissemens dont les chefs-lieux sont Orléans, Pithiviers, Montargis et Gien, et contient 368 communes.

On compte dans le département (1er janvier 1836) 310,098 habitans, 58,509 maisons: ses contributions, année commune, sont évaluées à 4,312,150 fr. 21 c.

Les rivières qui l'arrosent sont: la Loire, le Loiret, le Loing, l'Essonne, le Vernisson, l'Ouanne, le Bied, le Fusain, la Renarde, l'OEuf, le Cosson, l'Isle, l'Hui, le D'hui, la Bionne, le Cense, la Mauve, l'Ocre, l'Ime, le Puiseau, etc.

Il y a 800 étangs, contenant 3,949 hectares (38-76).

— 13 —

Il y a 3 canaux de navigation, le canal d'Orléans, le canal de Briare et celui de Loing.

Le canal d'Orléans commence à Combleux-sur-Loire et va se jeter dans le canal de Loing, à une lieue au-dessus de Montargis ; il a 18 lieues de long et 30 écluses.

Le canal de Briare va de Briare à Montargis.

Le canal de Loing va de Montargis à la Seine.

Il y a aussi des sources d'eaux minérales, des glacières, des marnières, et plusieurs carrières de pierres et une de marbre à Châtillon (38-76).

Le Loiret, qui donne son nom au département, prend sa source à une lieue et demie sud-est d'Orléans, dans les jardins du château de la Source, qui appartient aujourd'hui à M. le baron de Morogues, pair de France, et se jette dans la Loire, au lieu appelé le Rué, après un cours d'orient en occident d'environ trois lieues.

La principale source du Loiret est regardée comme une des merveilles de la nature en France ; la puissance de cette source, dans les temps de sécheresse, est évaluée à 40 mètres cubes d'eau par minute (1,000 à 1,200 pieds cubes) ; elle sort d'un bassin circulaire et s'épanche par un canal d'environ 22 pieds de large, qui bientôt acquiert une largeur considérable. Les eaux du Loiret gèlent rarement, portent bateaux à leur source ; elles sont limpides et profondes ; elles donnent le mouvement à une grande quantité d'usines ; tous les poissons qui la fréquentent sont excellens, surtout les anguilles, les barbillons et les tanches ; son cours est bordé de châteaux et de jolies maisons de campagne. Ses rives offrent des sites enchanteurs, objets de l'admiration des nombreux étrangers qui viennent les visiter (63).

Les édifices les plus remarquables que renferme Orléans sont principalement :

La cathédrale, le palais épiscopal, l'abattoir, l'hôtel de la mairie, le jardin des plantes, le musée, l'hôtel de la préfecture, la halle au blé, la tour de l'horloge, où se trouve le télégraphe, l'hôtel de la gendarmerie, le pont, l'hôtel-dieu, la pompe-à-feu, les prisons, le séminaire, l'hôpital-général ; le palais de justice, les casernes, le collége, le monument de la Pucelle, la manufacture de calottes façon de Tunis, près le Grand-Mail, la maison de l'Annonciade, où la Pucelle a logé, rue du Tabourg, n° 35, la maison de l'Ours, devant la prévôté, Marché à la Volaille, occupée par un vannier, n° 6, la maison de la famille Touchet, rue Vieille-Poterie, n° 7, la vieille intendance, rue de la Bretonnerie, n° 32, les pavillons en briques bâtis par Fougeu d'Escures, rue d'Escures, la maison du Roi, cloître Saint-Aignan, n° 11, la maison de Diane de Poitiers, rue Neuve, n° 22, la maison d'Agnès-Sorel, rue du Tabourg, n° 15, la maison de la prévôté, Marché à la Volaille, vis-à-vis la maison de l'Ours, n° 5, la maison de François Ier, rue de Recouvrance, n° 28, la maison des Du Lys, parens de Jeanne-d'Arc, rue des Pastoureaux, n° 14, la maison des Étuves, rue du Plat-d'Étain, n° 4, la maison qu'habita Pothier, rue Pothier, près du cloître sud de Sainte-Croix, maison rue de la Pierre-Percée, n° 4, enfin les promenades et les quais *intrà-muros* et *extrà-muros* et quelques belles raffineries (76).

Cette ville a été accrue à plusieurs reprises et sous divers règnes ; mais comme nous donnerons dans le courant de cet ouvrage la date et les détails des diverses enceintes aux époques où elles ont eu lieu, il suffira de dire succinctement que lorsque Aurélien la fit entourer de murs, sous le pontificat du pape Félix Ier, l'an de J.-C. 274, elle renfermait de 12 à 15,000 âmes, à peu près 800 feux, 1,000 à 1,200 maisons, et avait alors 70,000 toises de superficie. La ville était dans cet état lorsqu'Attila en fit le siége sous Saint-Aignan, et lorsque les Normands vinrent la piller (8-21-64-67-54).

Première accrue où deuxième enceinte sous Philippe-le-Bel et Philippe de Valois, rois de France. La population était de 18 à 20,000 âmes, le nombre des maisons, de 1,900 à 2,000, et sa superficie ayant été augmentée du bourg d'*Avenum*, autrefois champ des avoines, à l'occident, estimé 30,000 toises, elle en avait alors 100,000. Tel était Orléans lors du siége des Anglais sous Charles VII, en 1428 (3-4-54).

Deuxième accrue ou troisième enceinte sous Louis XI, en 1466. La population s'élevait de 26 à 28,000 âmes, le nombre de maisons, de 2,200 à 2,500, sa superficie ayant été augmentée du terrain allant de la Tour-Neuve à la Porte-Bourgogne, renfermant Saint-Aignan et Saint-Euverte, estimé 40,000 toises, était alors en total de 140,000 toises (21-64-54).

Troisième accrue ou quatrième enceinte sous Charles VIII, Louis XII, François Ier. On comptait alors 32 à 35,000 âmes, 5,000 maisons, et la superficie augmentée de l'étendue du terrain allant de la Porte-Saint-Vincent à la Porte-Saint-Laurent, estimé 160,000 toises, fut de 300,000 toises ou 270 arpens à 25 pieds par perche, telle qu'elle est présentement en 1836 (21-64-76).

La population s'était élevée, avant l'édit de Nantes contre les Protestans, à 54,000 habitans; mais, par l'effet de cet édit, elle fut réduite à 45,000; depuis elle a été en décroissant, et est aujourd'hui de 40,161 âmes (67-54).

PONTS D'ORLÉANS.

On peut regarder comme certain qu'il y a eu trois ponts construits à diverses époques à Orléans, savoir :

1°, Le pont dont parle César dans ses commentaires, et qui joignait *Genabum* avec le pays des *Bituriges*, du côté de la Sologne, que nous appellerons le Pont-Gaulois.

2°, Le pont qui partait de la place existant entre la ville d'Orléans et le bourg d'*Avenum*, près du Châtelet, que nous désignerons sous le nom de Vieux-Pont.

3°, Le pont qui a été nouvellement construit et qui se trouve vis-à-vis la rue Royale, auquel nous donnerons la dénomination de Nouveau-Pont (62-54).

DU PONT GAULOIS.

Ce pont existait lorsque César vint assiéger Orléans; il était si étroit que les habitans ne purent le traverser facilement pour se sauver.

Nous pensons qu'il était placé vis-à-vis la Poterne-Chéneau, centre de la ville, au sud (40-62).

PREUVES :

1re Les restes de construction qui ont été trouvés dans la Loire en 1769, par Desroches, ingénieur à Orléans, qui faisait travailler au glacis qui va du Châtelet au Fort-Alleaume; ces constructions qui se trouvaient dans la direction de la Poterne, avançaient dans la rivière au sud; les massifs de pierres cimentées étaient tellement durs, qu'on fut obligé d'employer la mine pour les détruire.

2e, En réparant le duis du côté de la levée du Portereau, en 1804, on remarqua dans la rivière, qui était très-basse, les restes d'une construction en pierre cimentée, qui s'étendait vers la ville dans la direction de celle qu'on avait découverte à la Poterne et qui semblait en avoir fait partie (4).

3ᵉ, La place qui serait ainsi assignée à ce pont au milieu sud de la ville, le fait correspondre en droite ligne, avec la Porte-Parisis, au nord; ce qui partageait Orléans en deux parties égales est et ouest (80).

4ᵉ, Le nom que porte depuis un temps immémorial l'église de Saint-Pierre-Empont, dont la construction est attribuée à Diopet, évêque d'Orléans, en 346, et qui était placée au centre de la ville, dans la rue qui descend en droite ligne à la Poterne, pourrait donner à penser qu'il y avait eu un pont non loin de là, si ce n'est pas là l'étymologie de son nom, au moins a-t-on la certitude que la place de cette église appelée, dans les anciens titres : *in puncto civitatis*, ce qui veut dire au point, au centre de la ville, était dans la direction que nous donnons à notre Pont-Gaulois (4-8-54).

5ᵉ, La différence des matériaux employés au Vieux-Pont avec ceux des murs de clôture d'Aurélien, ont donné la preuve que ce pont n'était pas de construction gauloise ni romaine; mais bien plus récente.

6ᵉ, La place du Vieux-Pont, qui ne pouvait être ni naturelle ni commode pour les habitans d'Orléans sous Aurélien, puisqu'il était construit hors des murs et dans les fossés de la ville, à l'extrémité ouest, et que le bourg d'*Avenum* n'existait pas alors, prouve que celui qui existait avant lui devait être placé autre part, et plus à l'est (80-54).

Ce Pont-Gaulois, dont l'existence nous semble démontrée, aura sans doute été emporté par quelque inondation considérable ou bien abattu par les Normands, quand ces barbares remontèrent la Loire jusqu'à Saint-Benoît, qu'ils pillèrent; c'était leur usage sur la Seine et sur la Loire d'abattre tous les ponts qui obstaclaient le passage des grandes barques qui portaient leur butin et qu'ils n'abandonnaient jamais (61).

Un second pont aura été construit après entre le bourg d'*Avenum* et la ville, lorsque ce bourg sera devenu considérable (54).

Ce qui donne beaucoup de probabilités à nos conjectures, c'est que les habitans du bourg d'*Avenum* jouissaient du droit d'user du pont, et contribuaient à ses réparations; il paraît même qu'ils avaient participé à sa construction primitive, et exigé qu'il fût placé en dehors des fossés de la ville, afin de pouvoir y passer en tout temps, et lors même qu'il plairait aux Orléanais de s'enfermer dans leurs remparts.

On remarquait encore que la demi-lune et les fortifications qui joignaient ce pont aux murs de la ville, étaient d'une construction plus récente que ces mêmes murs; que le portier du bourg d'*Avenum* était payé des deniers municipaux de ce bourg; que celui de la porte St-Jacques, qui donnait entrée dans la ville, était à la charge des habitans d'Orléans, et que le concierge établi à la tête du pont placé entre les deux portes, était payé moitié par les citoyens d'Orléans, et moitié par ceux du bourg d'*Avenum* (80-54).

Il ne nous a pas été possible de constater d'une manière certaine l'époque de la destruction du pont gaulois, ni celle de la construction du vieux pont, près le bourg d'*Avenum* : l'histoire est muette à ce sujet depuis Aurélien jusqu'à Clovis. Pendant un laps de 224 ans, nos annales n'offrent guère que le récit de quelques grands événemens; c'est peut-être pendant ce temps que ces deux faits ont eu lieu (80).

DU VIEUX PONT.

Ce pont était construit entre la ville d'Orléans et le bourg d'*Avenum*, hors des murs de la ville, à l'ouest. La date de sa construction n'est pas connue, mais une chose certaine, c'est qu'il n'était point de construction romaine; lors de sa démolition, en 1760, on s'en est convaincu : la nature des matériaux, la manière dont ils étaient employés l'annonçaient également. Aucune médaille n'a été trouvée, ce qui est à remarquer, car s'il eût été fait par les Romains, il en eût été rencontré indubitablement quelques-unes qui auraient indiqué l'époque de la construction (76-80).

Ce pont était étroit et sans trottoirs, il avait 182 toises de longueur, était composé de 19 arches (comprise celle qui passait sous les tourelles), partagé en deux parties à peu-près égales par une île ou motte, divisée elle-même en deux portions par le pont : celle du levant portait le nom de Motte-Saint-Antoine, qu'elle tirait de la petite église et de l'hospice qui y étaient placés ; la portion à l'ouest s'appelait Motte-Poissonnière ou des Chalands-Percés, parce que les maisons qui y étaient construites étaient habitées par des pêcheurs qui y avaient leurs bascules (48).

Il y avait sur ce pont, à droite, en entrant dans la ville, une croix en métal appelée la Belle-Croix, et un monument élevé en l'honneur de la Pucelle, en 1458, selon les uns par Charles VII, selon les autres par les habitans d'Orléans, du produit des dons et bijoux des dames et demoiselles de la ville (8-21-80).

Ce pont, qui partait en droite ligne de la ville, venait aboutir à la rive sud, après avoir traversé le fort des Tourelles ; il ne tenait à la terre-ferme que par une arche de pierre et un pont-levis ou barrière volante, sous lequel coulait une partie de la Loire. En avant de ce pont-levis, et sur le terre-plein existant devant les Augustins, étaient encore un boulevard fortifié et un ravelin entouré d'eau avec un petit pont sur le côté est communiquant au faubourg du Portereau (48-41).

Son entrée, du côté de la ville, était défendue par deux fortes tours, avec une porte au milieu appelée la porte Jacquin-Rousselet (48).

Il nous semble résulter de tous les renseignemens que nous venons de donner que ce dernier pont, que nous désignons sous le nom de vieux pont, ne saurait être celui qui existait du temps des Gaulois et des Romains, pont dont parle César, dans ses commentaires ; mais que celui qui existait alors ne pouvait être que celui dont nous avons indiqué plus haut la place, vis-à-vis Saint Pierre-Empont et la Poterne-Chéneau, et auquel nous avons donné le nom de pont gaulois (77).

NOUVEAU PONT.

Ce nouveau pont, commencé en 1751 et terminé en 1760, est en face de la rue Royale, qui a été faite après lui ; c'est un des plus remarquables de France, par sa solidité et par l'élégance de sa construction (21).

OBSERVATION ESSENTIELLE.

Pour plus d'uniformité et de régularité dans les dates de cet ouvrage, nous avons cru nécessaire de les rapporter toutes à l'année et au calendrier Grégorien, attendu la diversité qui a existé dans la manière de compter les années chez divers peuples de la terre, et même en France.

EXEMPLE ;

1°. Les Égyptiens et les Athéniens commençaient leur année à la nouvelle lune, après le solstice d'été.

Elle était partagée en douze mois qui avaient alternativement 30 et 29 jours (40).

Chaque mois était divisé en trois décades qui anticipaient l'une sur l'autre, lorsque le mois n'avait pas 30 jours (71-40).

2°. Romulus fixa, d'après les Latins, l'année à 304 jours qui étaient partagés en 10 mois, dont le premier était mars, ce qui n'était conforme ni au cours du soleil ni à celui de la lune.

3°. Numa Pompilius régla l'année sur le cours de la lune, cette révolution est de 350 jours, 8 heures, 48 minutes, auxquels il ajouta un jour.

Il forma deux autres mois dont l'un avait 29 jours et l'autre 28, savoir : janvier et février (40-71).

L'année commençait par le mois de février (40-71).

4°. Jules-César, l'an 708 de Rome, remit l'année suivant le cours du soleil. Il ordonna qu'elle fût de 365 jours et 6 heures, et que ces 6 heures, formant un jour tous les 4 ans, on insérerait un jour de plus après le sixième des calendes de mars (40-71).

5°. Les premiers chrétiens comptèrent leurs années comme les Romains (70).

6°. Denis-le-Petit est le premier qui, en 525, établit l'ère chrétienne et commença à compter de la naissance de Jésus-Christ (40).

7°. Sous les rois de France de la première et de la seconde race, l'année commençait à Noël (34-70).

8°. Du temps des premiers rois de France de la troisième race, l'année commençait à Pâques (4-34).

9°. Charles IX, roi de France, en 1565, ordonna que l'année commencerait au premier janvier, au lieu de Pâques (40-43-70).

10°. Le pape Grégoire XIII, en 1582, réforma le calendrier romain, en retranchant dix jours du mois d'octobre de cette année, qui n'eut que 21 jours au lieu de 31 (70).

11°. La Convention Nationale, en 1792, ordonna que l'année commencerait le 20 septembre, sous la dénomination d'année républicaine (51-52).

Les mois étaient divisés par décades, et à la fin de l'année, il y avait plus ou moins de jours complémentaires (51-52).

12°. En 1806, Napoléon, par un décret, remit en vigueur le calendrier Grégorien : depuis, l'année commence en France au premier janvier (24-33).

RECHERCHES
HISTORIQUES
SUR
LA VILLE D'ORLÉANS,

DEPUIS AURÉLIEN, L'AN 274, JUSQU'EN 1789.

PREMIÈRE ÉPOQUE.

De l'empereur Aurélien (274) à Charlemagne inclusivement (814) (*).

Sous le pontificat du Pape Félix Ier, Valerius Domitius Aurelianus ou Aurélien, trente-huitième empereur romain, visitant les Gaules, séjourna quelques temps à Orléans, qui s'appelait alors *Genabum*. Il fit reconstruire la ville qui avait été détruite par les guerres, la fit entourer de murailles et lui donna son nom dont est dérivé celui d'Orléans (21-40-64).

An de J.-C. 274.

Cet empereur, né dans la Dacie, l'an 212, d'une famille pauvre, surnommé l'Épée-à-la-Main, à cause de son inclination pour les armes et de sa valeur, général des armées d'Illyrie et de Thrace, fut proclamé empereur dans le mois de mai 270, à Sireneck (40).

(*) Lorsque nous empruntons le récit de quelque fait à un des auteurs que nous avons consultés, nous avons cru devoir conserver son style et ne rien changer à ses expressions quelles qu'elles fussent, afin de ne pas altérer la naïveté et la simplicité qu'on aime à retrouver dans nos premiers historiens.

A cette époque, la langue romaine était en usage dans les Gaules depuis long-temps : César, après la conquête, avait obligé les Gaulois à en faire usage, ne voulant pas que ses ambassadeurs se servissent d'interprètes ; ni que les peuples qu'il avait vaincus plaidassent devant ses préteurs ou ses lieutenans en leurs langues, disant qu'il était inconvenant à la majesté impériale d'apprendre les langues des nations qui lui étaient sujettes : l'empereur Antonin ordonna même aux Gaulois de chanter en leurs sacrifices, leurs hymnes en langue latine, ce qui leur rendit cette dernière si familière, qu'on la parlait en Gaule aussi purement qu'à Rome, que les actes étaient écrits en latin, et qu'il fallut une loi pour en interdire l'usage en France (40).

L'enceinte de la ville formait un carré parfait dont chacun des côtés avait à peu près deux cent cinquante toises de long ; elle était fermée(21-54) :

Au midi, par la rivière qui baignait le pied de ses murs (64) ;

Au levant, par une muraille qui partait de la Tour-Neuve et remontait jusqu'à la vieille porte Bourgogne, et suivait de là jusqu'au coin de l'Évêché (9-64) ;

Elle s'étendait, au nord, du coin de l'Évêché à la porte Parisis, qui était placée entre l'Hôtel-Dieu et l'impasse des Barbacannes, et continuait jusqu'à la poterne St-Samson, où est le collége (64) ;

Au couchant, de la poterne Saint-Samson à la porte Dunoise, qui était placée rue Sainte-Catherine, vis-à-vis la rue Faverie, et enfin de cette porte Dunoise à la rivière, près l'église Saint-Jacques (9-64).

Aurélien fut peu de temps à construire cette nouvelle clôture, et rendit par ces travaux *Genabum* une des plus fortes et des plus importantes villes des Gaules ; car toutes celles de ces peuples n'étaient garnies que de palissades terrassées ou poutres de bois plantées de deux pieds en deux pieds ; les intervalles étaient remplis de terre et de pierres en guise de murailles, sans chaux ni ciment, et bâties en forme d'échiquier écartelé de pièces de bois et de quartiers de pierres de taille, pour empêcher que le feu ne prît facilement ; ces murs n'avaient que dix ou douze coudées d'élévation (40-62-64).

La muraille d'Aurélien était formée de trois rangs de

briques de 8 à 9 pouces de largeur, de 11 à 12 de longueur et de 2 d'épaisseur; elle avait 8 pieds 8 pouces d'épaisseur, et était revêtue de gros moëllons et de cailloux en parpaings de trois rangs; la maçonnerie était faite avec du mortier de chaux, de gros sable et de brique pilée (9).

La ville était partagée en quatre carrés égaux, formés par une rue qui partait de la vieille Porte-Bourgogne, au levant, jusqu'à la Porte-Dunoise, au couchant; et par une autre rue allant de la Porte-Parisis, au nord à la Poterne-Chéneau, au sud.

Elle n'avait que quatre portes principales, répondant aux quatre points cardinaux, deux poternes et quelques guichets (9).

A l'est, la vieille Porte-Bourgogne ou de Saint-Aignan;

Au nord, la Porte-Parisis ou Parisie, conduisant à Paris (Lutece);

Au couchant, la Porte-Dunoise ou du pays dunois, conduisant à Châteaudun;

Au sud, la porte ou Poterne-Chéneau sur la rivière.

Plus tard, elle eut la Porte-Saint-Jacques ou du Châtelet, au couchant.

La Poterne-Saint-Samson, au nord (64).

Les guichets de Saint-Benoît et celui des Bouchers, au sud. A cette époque, la ville était défendue par 31 tours, non comprises celles des portes; toutes ces tours ont été abattues à diverses époques, et lors des accrues successives, moins la Tour-Blanche qui existe encore entière, près la rue de la Tour-Neuve.

La ville avait alors 70,000 toises de superficie, renfermait de 12 à 15 mille habitans, à peu-près 800 feux et de 1,000 à 1,200 maisons (34-54).

Mort d'Aurélien, fondateur d'Orléans; cet empereur fut assassiné après 5 ans de règne, entre Héraclée et Bysance, par ses généraux, et par la trahison de Menesthée, son secrétaire (40). *An de J.-C. 275. 29 janvier.*

Constantin, empereur romain, embrasse le Christianisme et le répand dans les Gaules. Cet empereur qui portait le nom de C. Flavius Valer Ant. Claudius Constantinus, était fils de Constance Chlore et d'Hélène, né à Naïsse, en Dardanie, le 27 février 274; il fut proclamé Auguste à Yorck par l'armée, le 25 juillet 306. Le premier *Juin 311.*

usage que Constantin fit de son autorité, fut de tirer le Christianisme de l'oppression; l'an 311, dans le mois de juin, étant dans les Gaules et marchant à la tête de son armée, un peu avant midi, il crut apercevoir au-dessous du soleil une croix lumineuse ayant cette forme ☧ avec cette inscription: « Sois vainqueur par ce signe. »

Il fit graver la croix sur un étendard appelé *labarum*, le confia à une garde particulière, et se crut invincible sous ce signe (40).

An de J. C. 325.
Sous le pontificat du pape Silvestre, la religion catholique, que l'empereur Constantin-le-Grand avait embrassée en 311, se répandit avec une rapidité miraculeuse dans les Gaules, et les habitans d'Orléans la reçurent avec ardeur à cette époque.

Deux églises furent construites dans cette ville: la première fut placée dans l'intérieur d'Orléans, et près les murs, au nord, sous le nom de Saint-Etienne; l'autre, à l'extérieur des murailles, à l'est, sous l'invocation de Saint-Marc; ces deux églises servaient à la réunion des nouveaux catholiques, et suffisaient alors (36).

Avant l'introduction du Christianisme, les divinités révérées à Orléans étaient celles qui avaient été annoncées par les Druides. Ces Druides étaient les sages et les prêtres de la nation; ils habitaient les forêts où ils trouvaient le guy de chêne (40).

Le guy est une petite plante parasite qui croît sur difféférens arbres, principalement sur les arbres fruitiers: il est extrêmement rare et même douteux qu'elle se montre sur le chêne. Elle n'a pas plus de deux pieds, apporte un petit fruit qui a l'odeur forte et le goût désagréable; les Druides cueillaient le guy tous les ans avec de grandes cérémonies, et le coupaient avec une serpe d'or; ils pratiquaient de cruels sacrifices dont les hommes étaient les victimes.

Les monumens gaulois qui existent présentement à Ver et à Feulardes, près Beaugency, sont regardés par les savans antiquaires de l'Orléanais, comme des autels ou tables qui servaient à ces peuples pour faire leurs sacrifices humains (47).

Mai 329.
Sainte Hélène, mère de Constantin-le-Grand, ayant trouvé la vraie croix à Jérusalem, l'église catholique, par

ordre du pape Silvestre, institua une fête en l'honneur de l'invention de la Croix, et Orléans la célébra comme toutes les autres villes de la chrétienté (8-31).

Sous le pontificat de Jules Ier et sous l'empire de Constant et Constantin, Diopet, qui était évêque d'Orléans, fut obligé de bâtir une troisième église pour recevoir les fidèles dont le nombre s'était considérablement accru; cette église fut construite hors la ville, au soleil levant, dans un champ ordinairement labouré par des bœufs; elle fut dédiée à saint Pierre, et désignée sous le nom de Saint-Pierre-aux-Bœufs (36). Année 346.

Le même évêque, Diopet, institua aussi deux baptistaires, un pour les hommes, appelé Saint-Pierre-aux-Hommes, *sanctus Petrus virorum*, placé au centre de la ville, et nommé après Saint-Pierre-Empont, *sanctus Petrus in puncto civitatis*, qui veut dire au point ou centre de de la ville;

L'autre, pour les filles, au midi d'Orléans, près la Loire, appelé Saint-Pierre-le-Puellier, *sanctus Petrus puellarum*, Saint-Pierre-des-Filles (65-64).

Ces deux baptistaires devinrent depuis des monastères; celui de Saint-Pierre-Empont, pour des religieux; et celui de Saint-Pierre-le-Puellier, pour des religieuses (65).

Le nombre d'idolâtres qui embrassaient la religion catholique à cette époque, avait nécessité, dans plusieurs villes, l'établissement de ces édifices pour donner le baptême qui s'administrait par immersion, c'est-à-dire en plongeant dans une cuve pleine d'eau, et non en en répendant quelques gouttes sur la tête, comme à présent (40).

Diopet, évêque d'Orléans, se trouve au concile de Sardique, tenu contre saint Athanase, et s'y fait remarquer parmi les prélats qui y étaient assemblés (21-64). 15 janvier 347.

Diopet, évêque d'Orléans, établit un cimetière, près l'église de Saint-Pierre-aux-Bœufs qu'il avait fait nouvellement élever à l'est de la ville. Janvier 347.

L'établissement de ce cimetière, le premier connu, et le seul pour toute la ville, explique pourquoi, en 1820, on trouva dans le cloître Saint-Aignan, endroit où il avait été placé, des caveaux, des urnes funéraires, des cercueils, etc. (77).

Février 347.   Mort de Diopet, évêque d'Orléans, qui eut pour successeur Désinian (21).

Juin 347.   Mort de Desinian, évêque d'Orléans, qui avait succédé à Diopet, et qui mourut peu de mois après sa nomination à l'épiscopat (21).

Un sous-diacre de l'église de Rome, appelé Euverte, arrive à Orléans pour délivrer ses deux frères, alors prisonniers dans les Gaules, et est logé chez le portier de Saint-Pierre-aux-Bœufs, qui lui avait offert généreusement l'hospitalité (36).

348.   Le siége épiscopal d'Orléans étant depuis plus d'une année vacant par la mort de Désinian, son dernier évêque; les électeurs, qui avaient été divisés jusqu'alors, convoquèrent une nouvelle assemblée de tous les évêques de la province dans l'église de Saint-Etienne, qui était la cathédrale, pour lui élire un successeur. Ils ne purent encore s'accorder et étaient même près d'en venir aux mains, lorsque le sous-diacre Euverte, qui avait été sollicité d'assister à cette assemblée, se présente. A peine est-il entré dans l'église où les prélats étaient en prières, qu'il est désigné par le ciel d'une manière toute particulière, et proclamé par l'assemblée évêque d'Orléans.

348.   Le nouveau prélat est conduit dans l'église de St-Marc, hors la ville, où il est fait Diacre; ensuite ramené dans celle de St-Etienne pour y être ordonné prêtre et sacré évêque.

354.   Saint Euverte voyant que les trois églises qui existaient dans la ville, ne suffisaient plus pour contenir les fidèles dont le nombre s'était rapidement augmenté, résolut de bâtir un édifice plus vaste que tous ceux qui avaient été élevés jusqu'alors; il était incertain du lieu qu'il devait choisir, lorsqu'il lui fut indiqué miraculeusement près des murs au nord de cette ville.

En travaillant aux fondemens de la nouvelle église que saint Euverte faisait bâtir, on trouva une quantité considérable de pièces d'or à l'effigie de Néron; ce qui, réuni avec les dons qu'il put obtenir, l'aida à construire ce nouvel édifice.

360.   Saint Martin, disciple de Sulpice Sévère, ayant été chassé de son monastère de Milan, par Auxence, évêque Arien, passe par Orléans pour se rendre à Poitiers auprès du grand saint Hilaire, par la permission duquel il bâtit un monastère hors la ville. Il y assembla nombre de reli-

gieux, et y établit la discipline monastique qu'il avait le premier apportée d'Italie dans les Gaules (9).

Quelque temps après il fit bâtir près de Tours un autre monastère, qui fut l'abbaye célèbre de Marmoutier, où il introduisit la même règle.

Saint Euverte, en mémoire de l'Invention de la Sainte-Croix dont la fête avait lieu depuis 35 ans que sainte Hélène l'avait découverte à Jérusalem, crut devoir mettre sa nouvelle église sous l'invocation de la vraie Croix, lui en donna le nom, et en fit la consécration le jour même de la fête (36). *3 Mai 363.*

Saint Aignan, natif de Vienne en Dauphiné, frère aîné de saint Léonian, ayant entendu parler des vertus de saint Euverte, évêque d'Orléans, voulut en être le témoin, il vint le trouver dans cette ville et se rangea sous sa conduite (*). *378.*

Saint Euverte fut si satisfait des vertus de son disciple Aignan, qu'il lui donna l'ordre de prêtrise dans une église qui avait été construite depuis quelque temps hors la ville, au soleil couchant, au milieu d'un champ planté d'orges, et peu après il le fit abbé du monastère qui existait près cette église, appelé Saint-Laurent-des-Orgerils. *380.*

Saint Euverte, évêque d'Orléans, sentant sa fin approcher, assemble le clergé et la noblesse de la ville, et leur dit que s'ils voulaient élire un véritable pasteur pour le remplacer ils devaient jeter les yeux sur Aignan, qui seul était digne de les gouverner (36-64). *382.*

Saint Euverte ayant eu le vœu du clergé, de la noblesse et du peuple d'Orléans, et ne doutant plus que cela ne fût agréable à Dieu, consacra le nouvel évêque et le déclara son successeur (36).

Mort de saint Euverte, dans un âge avancé. Il avait gouverné l'église d'Orléans l'espace de 40 ans. Saint Aignan lui rendit les derniers devoirs, accompagné de tout le peuple, et le fit inhumer solennellement hors des murs d'Orléans, au nord-est, dans l'héritage d'un patricien, nommé Tétradius, issu d'une famille romaine, et qui s'était fait chrétien. *7 sept. 385.*

(*) Sanctus Anianus Viennensis ciuitatis oppido fuit ex parentibus nobilibus oriundus, cuius Germanus sanctus Leonianus etc.
(*Manuscripto fragmentum vitæ sancti Aniani*)

Le tombeau de saint Euverte fut placé dans un petit oratoire, appelé Notre-Dame-du-Mont, parce que ce lieu dominait la Loire et la ville, et au même endroit où après, en 875, il fut construit une église qui porta son nom.

Le terrain habité par ce Romain lui avait été donné par les gouverneurs des Gaules. C'était un très-ancien lieu de sépulture; ce qui le prouve, ce sont les découvertes récemment faites de tombeaux en pierres et autres objets funéraires qui furent trouvés à cet endroit, en 1829.

339. Saint Aignan, nouvel évêque, fait son entrée dans Orléans, et demande à Agrippin, gouverneur, qu'en faveur de son joyeux avènement, il lui accorde le droit de délivrer les prisonniers détenus dans les prisons de la ville; ce n'est qu'après plusieurs sollicitations et quelques services rendus personnellement par l'évêque au gouverneur que cette faveur lui est accordée.

On présume que c'est de cette époque que date le privilége dont jouissaient les évêques d'Orléans, de délivrer les criminels qui se trouvaient dans les prisons de la ville le jour de leur entrée solennelle.

27 avril 402. Mort du pape Anastase Ier, romain; c'est ce pape qui prescrivit que les manchots ne fussent pas admis aux ordres sacrés, et qui ordonna aux fidèles d'entendre la messe debout, selon l'usage de la primitive église (31).

403. Saint Aignan, qui suivait en tout les traces de saint Euverte, son prédécesseur, voulut rendre l'église de Sainte-Croix digne de l'état florissant où s'élevait chaque jour le christianisme. Un architecte habile, nommé Mellius, fut chargé de la reconstuire sur un plan vaste, et de la décorer avec magnificence (*) (36).

404. Saint Paulin, évêque de Nole, *Nola*, ville d'Italie, au royaume de Naples, fut le premier qui, pour appeler les fidèles, se servit de vases d'airain, sur lesquels on frappait avec une baguette ferrée; ce qui fut imité par ses contemporains et ses successeurs, puis après donna l'idée des cloches (40-31).

(*) In illo tempore, etc. Beato igitur Euuertio fœlicibus meritis aulam Paradisi iam ingresso, sancto visum est Aniano, vt fabricam ecclesiæ quam eius prædecessor fundauerat, altiori culmine proueheret vt decebat. Ad declarandum igitur viri sanctissimi meritum, quidam Mellius nomine, qui turbæ præerat artificum, etc....
(*Manuscripto ecclesiæ sancti Aniani Aurel...*)

L'hérésie d'Arius s'étant répandue dans les Gaules et s'y étant fortifiée par l'arrivée des Vandales en cette année, saint Aignan fit tant par sa vigilance et par son habileté qu'il en garantit son diocèse (36). 407.

Saint Germain, évêque d'Auxerre, passe par Orléans, où il est reçu honorablement par saint Aignan et un grand concours de fidèles. Au lieu qu'il habitait pendant son séjour, il fut bâtit, peu de temps après, une église qui porta son nom de Saint-Germain; elle était située au sud de Sainte-Croix. 410.

Cette année fut remarquable par une grande éclipse de soleil qui causa beaucoup de frayeur et d'épouvante aux peuples (43). 418.

Commencement du règne de Pharamond, roi des Francs; il voulut tenter la conquête des Gaules, mais il en fut repoussé par les Romains; ce monarque passe pour être l'auteur de la loi salique, qui exclut les femmes de la succession à la couronne de France. 418.

Saint Aignan ayant appris qu'Attila, roi des Huns, était entré dans les Gaules avec une armée de 500,000 hommes en dévastant tout par le fer et la flamme, et qu'il se dirigeait sur Orléans, voulut prévenir cette tempête, et malgré son grand âge, il se rend en diligence à Arles et va trouver Aëtius, lieutenant-général de l'empereur Valentinien III dans les Gaules, pour lui demander secours (36). 450.

Saint Aignan, dans son voyage, s'arrête à Vienne en Dauphiné, sa ville natale, chez un homme de haute condition, nommé Mamert, qui fut depuis archevêque et rendit son nom célèbre dans toute l'église par sa dévotion et surtout par l'institution des Rogations.

Saint Aignan arrive à Arles, où il est reçu par Aëtius avec considération. Le saint prélat obtient de lui l'assurance d'un prompt secours, et la permission de transférer de Nîmes à Orléans le corps de saint Baudele martyr, lequel avait été sous-diacre de saint Euverte, son prédécesseur (36).

Saint Aignan, de retour à Orléans avec le corps de saint Baudele, relève le courage des Orléanais par l'assurance d'un prompt secours. Cependant il s'entendit avec le gouverneur pour que la ville fût mise en bon état de défense, afin de soutenir le premier choc des ennemis qui en étaient peu éloignés; ensuite il ordonna des prières publiques et une procession solennelle à laquelle il fit porter les saintes reliques par les rues, et sur les remparts de la ville.

451. Attila, avec son armée, arrive sous le murs d'Orléans, et fait tous ses efforts pour s'en rendre maître; déjà il avait renversé, du côté de l'orient, une partie des murailles avec ses machines, et se préparait à donner un assaut général, lorsqu'il survint une pluie et un orage si horrible que, pendant trois jours qu'il dura, les barbares furent forcés de suspendre le siége; presque tout leur camp fut noyé par les eaux, leurs tentes abattues par la fureur des vents et plusieurs d'entre eux frappés de la foudre.

L'orage ayant cessé, Attila rallia ses troupes et en fit un gros corps pour donner un nouvel assaut; les habitans, qui ne voyaient pas arriver de secours, commencèrent à perdre courage, et obligèrent saint Aignan d'aller trouver Attila pour lui rendre la place, à condition de leur sauver la vie et la liberté.

Juin 451. Saint Aignan, se rend au camp de Huns, revêtu de ses habits sacerdotaux et se prosternant devant le prince barbare, lui dit que les habitans se confessaient vaincus et se rendaient volontairement à sa merci; mais qu'ils le suppliaient de ne pas employer les derniers efforts de sa puissance pour leur ôter la vie et la liberté, lesquelles ils pouvaient encore disputer courageusement.

Attila, loin d'avoir le cœur touché des prières de saint Aignan et de son extrême vieillesse, répondit fièrement qu'il avait résolu de passer tous les habitans au fil de l'épée et de réduire la ville en cendres; mais qu'en considération de ce qu'ils se rendaient volontairement, il leur faisait grâce de la vie, et se contenterait de les emmener en captivité après avoir mis leurs biens au pillage (36).

Saint Aignan revient dans la ville, apportant cette cruelle réponse aux habitans; toutefois il les exhorta en même temps à mourir les armes à la main plutôt que de souffrir une honteuse servitude sous le joug d'une nation barbare et infidèle. Mais la terreur avait tellement saisi les cœurs de ces pauvres gens, et l'image de la mort avait été si fort empreinte dans leurs esprits qu'ils n'étaient plus capables d'écouter ces généreux avis; de sorte qu'estimant qu'il leur était plus avantageux d'abandonner leurs biens et leur liberté pour conserver leurs vies dont la perte était infaillible, ils résolurent de se rendre aux conditions imposées par le vainqueur.

Les chefs de l'armée d'Attila entrent dans Orléans avec une partie de leurs troupes, et déjà ils commençaient à diviser les quartiers pour les donner au pillage, lorsqu'ils eurent connaissance de l'arrivée des secours qui venaient délivrer la ville. 14 juin 451.

Aëtius, général des Romains, Mérouée III, roi des Français, Sangiban, roi des Alains, Théodoric Ier, et son fils, roi des Visigoths, qui avaient réuni leurs armées, chargent les barbares à l'improviste, et lorsqu'ils étaient en désordre; ils pénètrent dans Orléans avant qu'ils aient pu se reconnaître, et en font un grand carnage; pas un de ceux qui étaient dans la ville n'échappa au glaive des vainqueurs et à la fureur des habitans qui avaient repris courage, d'autres furent faits prisonniers, et quelques-uns s'étant précipités dans la Loire s'y noyèrent; le reste prit la fuite honteusement (*).

Aëtius mit dans Orléans une forte garnison sous les ordres de Sangiban, Roi des Alains.

Attila, qui avait réuni les débris de son armée, se retirait en pillant le pays; Aëtius rappelle d'Orléans le roi Sangiban et sa garnison, et réuni avec les mêmes rois Théodoric et son fils Mérouée, roi de France, et plusieurs autres étrangers auxiliaires qui l'étaient venus joindre depuis la délivrance d'Orléans, il poursuivit Attila jusque dans les plaines de Champagne, où il le défit entièrement, et lui tua environ 150,000 hommes; mais Théodoric Ier, roi des Visigoths, y trouva la mort. 451.

Plusieurs auteurs prétendent qu'Attila fut défait en Sologne, près d'Orléans, *in campis secalaunisis* (43).

Attila, désespéré et presque résolu de se donner la mort, se retira en son pays avec peu de gens (36). 452.

(*) Hæc præterea tempestate, Attila, rex Hunnorum Gallias depopulaturus, aduenit jamque Metensi vrbe exusta, Aurelianensem minabatur euuertere ciuitatem : Erat tunc S. Anianus eiusdem vrbis episcopus, cuius precibus inuitatus Aëtius Romanorum Patricius, ab Arelate Aurelianis properauit, et vnà cum Theudone et Thôrismodo, Theudonis regis Gothorum filio, Attilam inuasit, et vrbem imminenti periculo, quam iam tenebat obsessam, liberauit, etc. (*Extrait d'une Charte de 452. Manuscrit de la Bibliothèque de saint Victor de Paris.*)

452.

Aëtius, content de ses victoires, ne le suivit pas davantage, et après avoir congédié Thorimond, fils de Théodoric Ier, roi des Visigoths, qui avait perdu la vie en Champagne, et lui avoir fait présent d'un vase d'argent du poids de 500 liv. et enrichi de diamans, il se sépara aussi de Mérouée, roi des Francs, dont la trop grande puissance commençait à lui devenir suspecte; il s'en retourna à Rome chargé de dépouilles et de butin.

Peu de temps après, ce brave général fut massacré par ordre de l'empereur Valentinien, sous le prétexte qu'il voulait le détrôner et s'emparer de l'empire; ce qui était une calomnie des ennemis d'Aëtius (40).

Ainsi finit le libérateur d'Orléans, qui méritait un sort plus heureux. Depuis cette époque jusqu'à la révolution, tous les ans au 14 juin, il était célébré une messe à son intention dans l'église de Sainte-Croix.

17 novembre 453.

Mort de saint Aignan, évêque d'Orléans, dans un âge très-avancé; il avait gouverné son église pendant 65 ans avec une grande vertu (21-36).

Il fut inhumé dans l'église de Saint-Laurent-des-Orgerils, située hors la ville, au soleil couchant, dont il avait été abbé avant sa nomination à l'épiscopat (36).

Succession des évêques d'Orléans depuis Diopet, en 347, jusqu'à la mort de saint Aignan, arrivée le 17 novembre 453.

Diopet, élu en . . ., mort au commencement de 347.

Désinian, élu au commencement de 347, mort après quelques mois, 347.

Vacance du siége, du milieu de 347 à 348, près de 20 mois.

Euverte, élu vers le milieu de 348, mort le 7 septembre 388, après 40 ans de siége.

Aignan, élu le 7 septembre de 388, mort le 17 novembre 453, après 65 ans de siége.

Attila fit le siége d'Orléans et entra dans la ville le 14 juin 451, sous l'épiscopat de saint Aignan, qui mourut 2 ans après, en 453.

29 janvier 460.

Mort de Prospér, évêque d'Orléans, successeur de

saint Aignan, après environ 6 ans et 10 mois d'épiscopat (21).

Mort de Magnus, évêque d'Orléans, après environ 2 ans d'épiscopat. Année 462.

Mort de Fébat, évêque d'Orléans, après environ 5 ans d'épiscopat (21). 467.

Gillon, général romain, marche contre Frédéric, frère de Théodoric II, roi des Visigoths, rencontre l'armée de ce dernier près Orléans, lui livre bataille entre la Loire et le Loiret, le tue et taille son armée en pièces (38-40). 470.

Mort de Gratien, évêque d'Orléans, après environ 4 ans d'épiscopat (21). 471.

Gillon étant mort, le comte Pol prend le commandement de l'armée romaine et fortifie les îles de la Loire et les environs d'Orléans (38). 475.

Childéric Ier, quatrième roi de France, et père de Clovis, franchit le Rhin et entre dans les Gaules en ravageant tout le pays jusqu'à Orléans, où il défait le comte Pol (43). 478.

Mort de Moniteur, évêque d'Orléans, après environ 7 années de siége (21). 10 déc. 478.

Childéric Ier, roi de France, poursuit le comte Pol jusqu'à Angers, où il entre de force, et le renverse mort sur le pavé, après l'avoir frappé de sa propre main (43-38-40). 479.

Peu de temps après, Childéric repassa le Rhin pour aller faire la guerre aux Allemands (43).

Odoacre, duc des Saxons, étant entré dans la France, vint jusqu'à Orléans dont il fit sans succès le siége; mais il se vengea sur la ville de Beaugency, qu'il mit au pillage. Il fortifie les bords de la Loire et s'empare d'Angers (47). 480.

Mort de Childéric Ier à Tournay, à l'âge de 45 ans (43). 481.

Clovis Ier succède à son père Childéric Ier. Il passe le Rhin à la tête d'une armée de Francs ou peuple de la Germanie-Inférieure qui habitaient entre le Rhin et le Weser, espace compris entre la Franconie, la Thuringe, la Frise et la Westphalie. Il entre dans les Gaules en ravageant tout le pays dont il put faire la conquête. 481.

Mort de saint Flou, évêque d'Orléans (21). 3 février 490.

Le corps de saint Aignan, qui avait été inhumé dans l'église de Saint-Laurent-des-Orgerils dont il avait été abbé, est transféré, avec une grande pompe, de cette église dans celle de Saint-Pierre-aux-Bœufs, située hors la ville, au so- 31 mars 498.

leil levant, par Eusèbe, nouvellement élu évêque d'Orléans. Le convoi suivit les murailles en remontant la Loire, et s'arrêta devant la Tour-Neuve, où l'évêque délivra les prisonniers qui y étaient renfermés; de là, le cortège continua son chemin jusqu'à l'église de Saint-Pierre-aux-Bœufs qui prit alors le nom de Saint-Aignan, et fut desservie par des moines (36).

Plusieurs auteurs ont cru, d'après les manuscrits des moines de Saint-Mesmin, que cette translation était celle de saint Euspice, premier abbé de Saint-Mesmin (de Mixi-les-Orliens), oncle de saint Mesmin; mais les anciens titres que nous avons vus nous ont prouvé le contraire, et nous ont convaincu que les auteurs des manuscrits de l'abbaye de St-Mesmin, qui sont juges et parties dans cette affaire, ont voulu relever la sainteté de leur premier abbé, en lui attribuant les miracles, la délivrance des prisonniers, enfin tout ce qui eut lieu lors de la translation du corps de saint Aignan. La translation des reliques de saint Aignan est plus probable que celle d'un abbé qui a pu être en odeur de sainteté, mais n'a jamais été vénéré comme le saint évêque, patron et protecteur d'Orléans. Nous regardons ce fait comme une fraude pieuse de la part des moines de Saint-Mesmin : ce qui suffirait à le prouver, c'est que la translation des reliques est de 498, année de la prise d'Orléans par Clovis, et que ce n'est qu'en 504, c'est-à-dire six ans après que le même roi donna à ce saint abbé Euspice la terre de Mixi-les-Orliens pour y bâtir le monastère dont il fut le supérieur (43-8-76).

498.

Clovis continue ses conquêtes dans les Gaules, s'empare de la ville d'Orléans et la réunit à son empire : alors les habitans de cette cité devinrent Français (43).

26 nov. 498.

Mort du pape Anastase II, romain. Sous le pontificat de ce pape l'usage du pain-béni est introduit dans toutes les églises de la chrétienté; celles de France s'y conformèrent et Orléans suivit cet exemple; les paroissiens chefs de familles y étaient obligés chacun à leur tour (31).

498.

Mort de Dagon, évêque d'Orléans (53).

504.

Clovis vient passer quelque temps à Orléans avec sa cour; il visite le tombeau de saint Aignan, fait rebâtir l'église et l'enrichit de dons précieux qui l'en ont fait regarder comme le premier fondateur. Cette église qui avait été élevée à la place de celle de Saint-Pierre-aux-Bœufs, était desservie par des moines depuis quelque temps (64-80).

Lisoye de Montmorency, l'un des seigneurs de la cour de Clovis, qui avaient, à son exemple, embrassé le christianisme, après avoir établi à Orléans l'*Ordre du Chien*, institua ensuite un second ordre sous le nom du *Coq*. Ces deux ordres furent réunis en un seul qui dura quelque temps en France, mais qui fut remplacé par les autres ordres que les rois instituèrent. Les chevaliers portaient un collier d'or, composé de plusieurs chaînes, auquel étaient suspendus un chien et un coq adossés l'un à l'autre, avec ce seul mot pour devise: *vigilo*. (*Histoire des Ordres de Chevaleries.*)

Saint Euspice et saint Maximin ou Mesmin, son neveu, qui suivaient la cour de Clovis, avaient, par leurs vertus, tellement édifié ce prince, qu'il leur donna la terre de Mixi-les-Orliens, ainsi que la petite rivière du Loiret et tous les pays compris entre elle et la Loire, pour y bâtir un monastère, qui prit le nom de Saint-Mesmin seulement à la mort de Saint-Maximin (3-64). (*Bibliothèque publique*, n° 394, *manuscrits*.)

Clovis donne aux religieux de Saint-Mesmin, qu'il affectionnait, les terres de Champgy et de Ligny pour les cultiver de leurs propres mains et subvenir à leurs besoins (3-64).

Clovis donne encore aux moines de Saint-Mesmin un alleu ou maison de refuge pour se retirer en cas de guerre; cette maison était adossée à la muraille d'Aurélien, au nord d'Orléans, entre la Porte-Parisis, et la Poterne-Saint-Samson; elle se trouve maintenant rue des Hennequins, près la place des Quatre-Coins : dans le jardin de cette maison se voit encore une portion du mur romain (3-21).

Sainte Geneviève, patrone de Paris, vient à Orléans visiter, dans la nouvelle église, le tombeau de saint Aignan (36).

Il y avait déjà huit églises à Orléans. Savoir :

1re, Saint-Etienne, fondé en 325, première cathédrale (64).

2e, Saint-Marc, fondé en 325 (36).

3e, Saint-Pierre-aux-Bœufs, fondé en 346, qui prit le nom de Saint-Aignan en 498.

4e, Saint-Pierre-Empont, fondé en 346, et qui porta dans l'origine le nom de Saint-Pierre-aux-Hommes, ou baptistaire pour les hommes (64).

5e, Saint-Pierre-le-Puellier, fondé en 346, qui portait primitivement le nom de baptistaire pour les filles.

6e, Sainte-Croix, fondé en 354, par saint Euverte, évêque d'Orléans (8-64).

7e, Saint-Laurent-des-Orgerils, en 380.

8e, Saint-Germain, en 410.

10 juillet 511. Clovis fait assembler un concile national à Orléans : ce concile, où 33 évêques se trouvèrent, fut aussi le premier qui se soit tenu en France; il avait pour but l'établissement de quantité de points importans à la discipline ecclésiastique. Il y fut décidé entre autres choses que personne ne serait admis à la cléricature qu'avec la permission du roi, et du juge, et qu'aucun esclave ne pourrait entrer dans les ordres sans l'autorisation de son seigneur, afin d'éviter que des hommes nécessaires à la guerre, entrassent dans l'état ecclésiastique (43-64).

Le même concile proclama Clovis le père de l'église, rétablit les Rogations qui avaient été négligées, et déclara les églises asiles sacrés et inviolables pour toutes personnes qui s'y réfugieraient, peu importe pour quel motif (8-64).

26 novembre 511. Mort de Clovis, à Paris, à l'âge de 45 ans : ses quatre fils divisèrent le royaume entre eux et tirèrent leurs lots au sort (43).

511. Le royaume d'Orléans échut à Clodomir qui en fut roi à 17 ans. Il comprenait le Dauphiné, le Lyonnais et la Provence ; Childebert eut Paris; Clotaire, Soissons et Thierry, Metz. Ces quatre frères étaient rois également et sans dépendance l'un de l'autre. Ces parties ensemble ne formaient qu'un corps de royaume; cependant il n'y avait que le roi de Paris qui était regardé comme roi de France.

Orléans était la capitale du royaume de Clodomir (8-64).

Sous le règne de Clovis, les Francs s'affranchirent entièrement de l'empire romain et devinrent ses alliés de pair à pair. La partie des Gaules qui s'étendait depuis le Rhin jusqu'à Orléans s'appelait France. Il n'y avait parmi les Francs que deux conditions d'hommes, les libres et les esclaves; tous les libres portaient les armes : les Gaulois payaient tribut aux Francs, mais les Francs ne payaient que de leurs personnes. Ceux-ci vivaient suivant la loi salique, et les Gaulois suivant le droit romain (43).

Les Francs étaient élevés dès leur plus tendre jeunesse aux exercices de la guerre : de taille avantageuse, endurcis à la fatigue, robustes, et si agiles qu'ils étaient sur l'ennemi aussitôt que le trait qu'ils avaient lancé; ils avaient quitté l'usage des flèches, et se servaient pour armes offensives, de l'épée, de l'angon, qui était un dard de médiocre longueur, ayant un fer à deux crochets recourbés à la hampe, et de la hache à deux tranchans qu'ils nommaient francisque ; elle se lançait aussi bien que l'angon, mais de plus près. Pour toutes armes défensives, hormis les chefs, ils n'avaient que le bouclier, dont ils se servaient adroitement, soit pour se couvrir et faire la tortue, soit pour aller à la charge et à l'assaut. Toutes leurs armées étaient d'infanterie, seulement il y avait un petit corps de cavalerie qui environnait le général et portait ses ordres (43-40-45).

La cérémonie de l'inauguration du roi était fort simple, elle se faisait en l'élevant sur un pavois ou bouclier; on le promenait trois fois autour du camp, il avait à la main une épée, une lance ou une hache (43).

Les Francs gardèrent une bonne partie des établissemens romains, ils adoptèrent leur manière de lever les impôts, de faire des magasins de vivres pour leurs troupes, d'entretenir les chevaux et charrois pour les voitures des grands chemins, de donner des jeux publics, des courses de chevaux et des combats de bêtes.

Mort d'Eusèbe, évêque d'Orléans (21). — 511.

Mort de saint Maximin ou Mesmin, abbé du monastère 15 décembre 520. de ce dernier nom : il fut inhumé dans un caveau peu éloigné de Mixi, situé sur la rive droite de la Loire, dans un lieu qu'il avait désigné de son vivant pour être celui de sa sépulture.

Clodomir, roi d'Orléans, se réunit à Childebert et 523. Clotaire, ses frères, pour châtier Sigismond, roi de Bourgogne, qui retenait les biens de leur mère; et en peu de jours ils se rendirent maîtres d'une grande partie de son royaume (43-2).

Sigismond, roi de Bourgogne, appréhendant d'être li- 523. vré à ses ennemis par ses propres sujets, se travestit en moine et cherchait à se retirer dans l'église de Saint-Maurice, l'asile le plus sacré de ses provinces, lorsqu'il fut livré à Clodomir, roi d'Orléans, qui l'enferma lui, sa femme et ses enfans dans un château-fort près d'Orléans (43-2).

523.	Gondemar, frère de Sigismond, s'étant sauvé, recueillit peu à peu les débris de l'armée de son frère, et se mit en possession du royaume de Bourgogne (43).
524.	Clodomir, roi d'Orléans, ne pouvant souffrir que le royaume de Bourgogne fut passé dans les mains de Gondemar, frère de Sigismond, se ligua de nouveau avec Childebert, roi de Paris, pour l'en dépouiller.
12 mai 524.	Clodomir, roi d'Orléans, résolut, avant de marcher contre Gondemar, de se défaire de Sigismond, son prisonnier. Saint Avit, abbé de Saint-Mesmin, près Orléans, qui avait succédé à saint Mesmin, s'efforça en vain de l'en détourner par ses remontrances, y ajoutant, comme de la part de Dieu, des menaces de représailles sur lui et sur sa famille; mais le roi d'Orléans le traita avec mépris, il fit cruellement massacrer Sigismond, sa femme et ses enfans, et fit jeter leurs corps morts dans un puits. Ce puits se trouve maintenant dans l'église de Saint-Sigismond, village de la Beauce, qui prit son nom de Sigismond depuis ce meurtre (64).
524.	Cette année, on ressentit par toute la France quelques secousses de tremblement de terre, les premières constatées à Orléans (43).
524.	Clodomir, roi d'Orléans, est tué dans la bataille qu'il était allé donner à Gondemar, frère de Sigismond, roi de Bourgogne, qu'il avait fait cruellement massacrer avec sa femme et ses enfans. Avant le combat, les Bourguignons qui le reconnurent à sa longue chevelure royale (il n'y avait que les princes qui portaient les cheveux longs), lui coupèrent la tête et la mirent au bout d'une pique; les Francs, voulant venger la mort de leur roi, firent un horrible carnage des Bourguignons et conquirent toute la partie de ce royaume qui était la plus voisine d'Orléans.
524.	Clodomir, roi d'Orléans, meurt à l'âge de 30 ans et laisse trois fils encore enfans, nommés Théodebalde, Gontran, et Clodoalde, que sa mère, Clotilde, femme de Clovis Ier, prit sous sa tutelle, espérant que leurs oncles leur rendraient le royaume d'Orléans, lorsqu'ils seraient en âge de gouverner.
530.	Mort de saint Avit, abbé de Saint-Mesmin, qui avait succédé à saint Mesmin premier abbé de ce monastère. Son corps fut déposé dans la petite église de Saint-Georges, nouvellement construite hors de la ville et au nord des murailles.

Cette église prit alors le nom de St-Georges-et-St-Avit. 533.

Childebert Ier, roi de France, chasse le premier les Juifs de son royaume, à cause de leurs usures; ceux qui habitaient Orléans, en assez grand nombre, furent forcés de s'expatrier (43-64).

Second concile assemblé à Orléans, par ordre du roi de Paris Childebert et de ses frères Thierry, roi de Metz, et Clotaire, roi de Soissons, pour faire divers réglemens sur la discipline ecclésiastique et abolir les restes de l'idolatrie; ce concile déclara aussi qu'il n'y aurait que les infirmités existantes avant le mariage qui pourraient le faire rompre (21-43). 23 juin 533.

Léonce, évêque d'Orléans, meurt dans cette ville, après avoir gouverné son église pendant environ 22 ans (21). 533.

Childebert, roi de Paris, et Clotaire, roi de Soissons, dévorés d'ambition et craignant que la reine Clotilde ne fît reconnaître pour roi d'Orléans l'un des enfans de Clodomir, ses petits-fils, résolurent de se défaire de leurs neveux; ils demandèrent à la reine leur mère qu'elle leur envoyât les trois fils de Clodomir pour les remettre en possession du royaume de leur père. Clotilde le crut d'autant plus facilement qu'en effet ils ne l'avaient point encore partagé entre eux; mais lorsqu'ils eurent ces enfans entre leurs mains, ils massacrèrent inhumainement les deux aînés, le troisième, nommé Clodoalde, qu'on a depuis appelé saint Cloud, fut sauvé par les barons de son père, et après être demeuré caché quelque temps, il assura sa vie en se coupant lui-même les cheveux; il se retira au bourg de Nogent, près Paris, il y fit bâtir un monastère où il finit saintement ses jours, et où sont encore ses reliques, sous le nom de saint Cloud (43). 534.

Childebert, roi de Paris, et Clotaire, roi de Soissons, procèdent au partage du royaume de leurs neveux qu'ils avaient assassinés et mettent fin au royaume d'Orléans qui avait duré 23 ans. 534.

Childebert, roi de Paris et Clotaire, roi de Soissons, ne pouvant s'accorder pour partager le royaume d'Orléans, assemblent leurs troupes et marchent l'un contre l'autre; ils allaient en venir aux mains près Combleux, petit village non loin d'Orléans, lorsqu'un orage affreux dispersa leurs armées, ce qui mit fin à leurs querelles; ils pensèrent que le ciel se déclarait contre eux. 534.

15 janvier 537. Les premières pièces de monnaie qui parurent en France sont frappées à Orléans, sous Childebert Ier, sixième roi de ce royaume ; elles portaient le nom de la ville, et furent aussi les premières à l'effigie du monarque français. Avant on ne connaissait que la monnaie des empereurs et des rois d'Italie qui avait cours dans le royaume (43-1).

7 mai 538. Troisième concile assemblé à Orléans, sous les règnes de Childebert, roi de Paris ; de Thierry, roi de Metz, et de Clotaire, roi de Soissons, pour divers réglemens sur la discipline ecclésiastique et pour défendre aux Chrétiens de se marier avec les Juives, et aux Juifs de se marier avec les Chrétiennes ; pour ordonner aux Juifs de ne point communiquer avec les fidèles, ni se promener par les rues d'Orléans pendant la Semaine-Sainte, depuis le jeudi jusqu'au lendemain de la fête de Pâques dont ce concile fixa l'époque ainsi que celle du carême. Il fut défendu aux Juifs de s'assembler ces jours-là dans leur synagogue, qui était alors élevée non loin de Sainte-Croix, au sud de cette église, et qui devint après église sous le nom de Saint-Sauveur, rue Bourgogne (21-43).

538. Mort d'Antonin, évêque d'Orléans, après avoir gouverné l'église de cette ville pendant 5 ans environ (21).

539. Marc, évêque d'Orléans, successeur d'Antonin, ordonne prêtre Liphard, né dans cette ville, qui devint saint, et pour lequel les habitans, après sa mort qui eut lieu peu de temps après son ordination, bâtirent un oratoire dans le même lieu où il avait reçu le jour ; cet oratoire devint paroisse, et prit, ainsi que la rue placée au sud de Sainte-Croix, près la vieille Porte-Bourgogne, le nom de Saint-Liphard (8-12-21).

31 août 541. Quatrième concile assemblé à Orléans, pour régler la discipline ecclésiastique et mettre fin à la dépravation des mœurs : ce qui, pourtant, n'empêcha pas Clotaire, roi de Soissons, d'épouser Gondinique, la veuve de son frère Clodomir, dernier roi d'Orléans, dont il avait assassiné les enfans, et d'avoir jusqu'à cinq femmes ensemble, entr'autres deux sœurs à la fois, malgré les lois de ce concile qui avait pour but de réprimer les désordres des mariages entre les proches parens. Les rois de cette première race avaient aussi peu de retenue dans leurs amours que dans leurs vengeances (43).

Dans ce concile, où 42 évêques se trouvèrent assemblés, parmi lesquels Marc d'Orléans se fit remarquer, les époques de la Septuagésime, de la Sexagésime de la Quinquagésime et de l'Epiphanie furent arrêtées par les prélats qui s'y trouvèrent (21-43).

Marc, évêque d'Orléans, meurt dans cette ville après en avoir gouverné l'église pendant environ 3 ans (21). 541.

Le roi Childebert fait rebâtir la chapelle de Saint-Georges et Saint-Avit qui existait à quelques pas hors la ville et au nord des murailles, suivant le vœu qu'il en avait fait au cas qu'il réussît dans la guerre d'Espagne contre Theudis qui y régnait (8-43-64). 542.

Il rapporta de Sarragosse en France la tunique de saint Vincent, et fit bâtir à Paris une église en l'honneur de cette relique; cette église porte aujourd'hui le nom de Saint-Germain-des-Prés (8-12-43-64).

Saint Maur, disciple de saint Benoît, envoyé en France, vient à Orléans avec ses compagnons de voyage; il est si bien reçu dans cette ville, qu'il passe 10 jours dans le monastère de Saint-Aignan, pour lequel il obtint de grandes faveurs (8). 18 mai 543.

Félix, évêque d'Orléans, à la prière de saint Maur, fait bâtir un nouveau monastère pour les moines de l'abbaye de Saint-Aignan qui existait depuis 498 (8). 20 mai 543.

Tremblement de terre qui se fit sentir ce jour par toute la France et qui dura plusieurs secondes (43). 6 septembre 543.

Cinquième concile assemblé à Orléans, sous le roi Childebert, contre la secte des Nestoriens, et des Eutychéens, et aussi pour défendre aux diacres et aux prêtres de se marier, et leur enjoindre d'observer le célibat et la continence la plus parfaite (21-43). 28 octobre 549.

Ce cinquième concile fut tenu par 50 évêques et 21 députés.

Le 25e canon de ce concile enjoint aux évêques de prendre un soin particulier des pauvres lépreux. Ainsi, cette maladie est bien antérieure aux croisades et ce ne sont pas elles qui l'ont apportée en France (21-43-57). 550.

Sous le règne de Childebert, et Félix étant évêque d'Orléans, les habitans d'un petit hameau nommé Cléry, près d'Orléans, sont autorisés par l'évêque de la province à construire pour leur usage un oratoire qui fut dédié à la mère de Dieu (8-12-64).

550.   Ay (Agilis), vicomte d'Orléans, nouveau converti, fait bâtir l'église de Saint-Mesmin (Mixi). Cette nouvelle église remplaça la première chapelle élevée près du couvent (8).

558.   Le froid fut si excessif cette année que toute l'Europe en éprouva les rigueurs; la mer Noire fut prise par les glaces pendant 20 jours (28-43).

Décembre 561.   Clotaire Ier, septième roi de France, meurt à Compiègne dans sa soixante-unième année. Le royaume de France fut encore une fois partagé entre ses quatre fils, Charibert, Gontran, Sigebert, et Chilpéric (43).

Gontran, fils de Clotaire Ier, âgé de 36 ans, est nommé roi d'Orléans; son frère Sigebert, âgé de 30 ans, roi d'Austrasie; et Chilpéric, âgé de 25 ans, fut roi de Soissons.

562.   Gontran fait mourir dans cette ville son fils Gondebart qu'il avait eu d'une concubine nommée Venerande; ce fils avait été confié, par le roi, à Félix, évêque d'Orléans.

Le monarque avait été poussé à cette action par sa femme Mercalande, jalouse de cet enfant. Cette méchante épouse finit par être disgraciée et haïe de Gontran, qui la chassa sous le prétexte qu'elle était trop grasse; il prit bientôt après une suivante de Mercalande, laquelle suivante portait le nom d'Austrégilde (40-43).

562.   Ay, vicomte d'Orléans, donne une partie de ses biens et héritages, qui étaient considérables, au monastère de Saint-Aignan (8).

563.   Gontran réunit à son royaume, le Périgord, l'Agenais et la Provence (43).

569.   Félix, évêque d'Orléans, meurt dans cette ville après en avoir gouverné l'église pendant environ 28 ans (21).

570.   Tréclat, évêque d'Orléans, meurt dans cette ville après en avoir gouverné l'église l'espace de 10 mois seulement.

571.   Baudat, évêque d'Orléans, meurt après environ 14 mois de siége.

7 mai 572.   Charibert, huitième roi de France, meurt au château de Blois, à l'âge de 49 ans, et sans enfant (43).

572.   Ricomer, évêque d'Orléans, meurt dans cette ville après 1 année de siége (21).

11 septemb. 573.   Sigebert, roi d'Austrasie, ayant créé un évêque à Châteaudun, Gontran, roi d'Orléans, fait examiner son élection dans un concile à Paris. L'évêque nommé par le roi Sigebert est maintenu dans son siége par le pape

Benoît Ier, malgré la décision des évêques de ce concile et l'opposition de Gontran, roi d'Orléans.

Gontran, roi d'Orléans, se ligue avec Chilpéric, roi de France, pour détrôner leur frère Sigebert, roi de Soissons (43). 575.

Gontran, ayant perdu les deux fils qu'il avait eus de sa femme Austrégilde, quoiqu'il ne fût pas alors âgé de plus de 5o ans, n'en pria pas moins les Austrasiens de lui amener son neveu Childebert : il l'adopta et le mit avec lui sur son trône. 577.

Gontran fait mettre à mort ses deux médecins, sur les plaintes d'Austrégilde, son épouse, qui était mécontente de leur conduite pendant sa dernière maladie. 2 septembre 580.

Simon Ier, seigneur de Beaugency, donne une partie de ses biens à l'église de Saint-Firmin, cathédrale d'Amiens, en Picardie; il se déclara, lui et ses successeurs, vassaux de l'évêque représentant saint Firmin, et s'obligea d'offrir chaque année à la cathédrale d'Amiens un cierge du poids de cent livres (47).

Il chargea en outre des détenteurs d'héritages sis à Beaugency, qui les tenaient en fief de lui, de présenter tous les ans à Orléans, le jour de saint Firmin, une maille d'or ou pièce de monnaie en or de Florence, à un des écoliers de la nation de Picardie étudiant en l'université ou école de droit d'Orléans.

Numance, évêque d'Orléans, assiste, avec vingt autres évêques, au concile de Mâcon, assemblé par ordre de Gontran. (8-64). 21 décembre 583.

Orléans, comme les villes un peu considérables de France, était gouverné par des comtes ou juges : le premier qui gouverna ainsi Orléans se nommait Willechain; on a une pauvre idée des mœurs du temps où cette institution fut créée, lorsqu'on lit dans les Capitulaires l'ordre aux comtes d'être à jeun lorsqu'ils iront rendre justice (21-64-80). 583.

Les crues de la Loire furent si considérables cette année que tout le pays orléanais fut inondé (64).

Sous le règne de Gontran, cette ville fut presque détruite par un terrible incendie occasionné par le feu du ciel. Ce qui resta de cette malheureuse cité fut pillé par des voleurs : la misère des habitans fut affreuse pendant très-long-temps (64).

| 583. | Mort de Saint-Ay, vicomte d'Orléans; son corps fut inhumé dans un petit hameau, à quelques lieues au couchant d'Orléans, sur la route de Beaugency, lequel prit le nom de Saint-Ay (64-7). |

29 septemb. 584. Chilpéric, neuvième roi de France, est assassiné dans son palais de Chelles en Brie.

584. Gontran, à la nouvelle de la mort de son frère Chilpéric, se hâte de marcher sur Paris et s'empare de cette ville qu'il réunit momentanément à son royaume, ainsi qu'une partie de la Neustrie (43).

La tranquillité d'Orléans est troublée par un différent survenu entre les habitans de cette ville et ceux de Blois et de Châteaudun. Ils marchèrent en armes les uns contre les autres, pour soutenir certains droits, mais ils furent réconciliés par les comtes ou gouverneurs de ces provinces, qui parvinrent, non sans peine, à se rendre médiateurs (64).

4 juillet 588. Gontran fait son entrée dans cette ville; il y est, à son arrivée, harangué en langue hébraïque, syriaque et latine; le lendemain, il donna un grand festin dans son palais royal du Châtelet, près de la rivière, où il avait invité plusieurs évêques, parmi lesquels on distinguait Numance, évêque d'Orléans, et les plus notables habitans. Il fut servi au roi des vins d'Orléans, qui étaient déjà renommés et formaient une branche importante du commerce de cette ville.

Le roi se rendit si familier avec son peuple qu'on le vit même s'asseoir et manger à la table des simples bourgeois d'Orléans.

588. Le roi d'Orléans Gontran fait bâtir dans cette ville, au nord-ouest, la chapelle de Saint-Symphorien, à laquelle il fit plusieurs dons et largesses : une abbaye de religieux y fut établie dans le même temps (80).

4 septemb. 589. Un assassin s'approche de Gontran, pendant qu'il célébrait la fête de Saint-Marceau de cette ville; un couteau qui lui tomba des mains découvrit son dessein, le criminel fut arrêté, mais le roi ne trouva pas à propos de le faire mourir, parce qu'il avait été arrêté dans une église (64).

590. Numance, évêque d'Orléans, ambassadeur de Gontran, près Varroch, comte de Bretagne, meurt dans son voyage. Son corps fut rapporté dans son diocèse et

inhumé dans l'église de Saint-Aignan de cette ville : il avait été évêque pendant 18 ans environ (64-80).

Orléans est ravagé par une maladie contagieuse nommée *lues inguinaria* (peste ou plaie dans l'aîne), laquelle se répandit par toute la province (6-43). 590.

Gontran ordonne à un de ses chambellans et à un de ses gardes-chasse, qui s'accusaient réciproquement d'avoir tué un buffle, de se battre en champ-clos ; le champion que le chambellan avait mis à sa place et le garde-chasse s'entretuèrent tous deux : le chambellan étant convaincu du crime par la mort de son champion, fut attaché à un poteau et lapidé. Avant ce combat en champ-clos, on trouve peu de traces dans notre histoire du duel judiciaire ainsi ordonné. 591.

Mort de Gontran, à Châlons où il faisait sa résidence, à l'âge de 68 ans, et sans enfans. C'était un prince doux et humain, mais timide, et qui n'eut pas le courage d'empêcher les vexations que faisaient ses ministres, mais du reste, recommandable par sa haute piété ; il fit de grandes aumônes aux pauvres, il aimait les lettres, et il était plein de respect pour tout ce qui touchait à la religion (43). 28 mars 594.

Ce roi est le premier qui prit pour ses armes un écu d'azur semé de cailloux d'or. Quelques auteurs prétendent que la ville d'Orléans aura conservé pour ses armes ces cailloux que son roi avait adoptés, lesquels auront été réduits au nombre de trois, et surmontés de fleurs de lis lors de la réunion du royaume d'Orléans à la couronne (64). Nous ne partageons pas cet avis.

On rapporte de ce roi, qu'ayant trouvé dans les dépouilles du duc Mummol 340 marcs de vaisselle d'argent, il les fit briser afin de les distribuer en aumônes. « Je n'en ai réservé que deux plats, disait-il, et c'est autant qu'il en faut pour ma table. » Il était si aimé à Orléans, que le peuple allait au-devant de lui avec les bannières en criant *vive le roi*, et en lui donnant le titre de saint ; on ne l'appelait dans la ville que notre bon roi Gontran (64).

Childebert, roi d'Austrasie, succède à son oncle Gontran dans son royaume d'Orléans (43). Avril 594.

Childebert, roi d'Orléans et d'Austrasie, meurt à l'âge de 25 ans, n'ayant été que deux ans, seul roi d'Orléans ; il partagea son royaume entre ses deux enfans, Thierry et Théodebert. Ce roi avait choisi la ville d'Orléans pour sa demeure. 5 octobre 596.

Le jour même de la mort de ce roi d'Orléans, naquit Mahomet (31).

Octobre 596. Thierry, fils de Childebert, est élu roi d'Orléans et de Bourgogne à l'âge de 9 ans, sous la tutelle de Brunéhault, sa grand'mère. Son frère Théodebert est nommé roi d'Austrasie (43).

603. Brunéhault, grand'mère de Thierry, roi d'Orléans, avait parmi ses amans un seigneur nommé Protade, de race romaine, qu'elle voulait élever à la charge de maire du palais; mais Landry, qui l'exerçait alors, le força de fuir, le poussa jusqu'à Orléans et l'y asiégea (64-43).

Le roi Thierry, averti par sa mère, marche contre Landry, maire du palais, lui fait lever le siége d'Orléans et lui livre bataille entre cette ville et Etampes; la plus grande partie des troupes de Landry fut taillée en pièces. (43-64).

12 avril 604. Mort du pape Grégoire-le-Grand. C'est ce pape qui corrigea l'ancien plain-chant, et en composa un nouveau que l'on appela le chant grégorien qui se chante depuis cette époque dans toutes les églises de la chrétienté; c'est lui aussi qui institua la cérémonie des cendres, les pardons et les indulgences (43-53).

605. Clotaire II, roi de Paris, et frère de Thierry, roi d'Orléans, fait assiéger une seconde fois cette ville par Landry, maire de son palais; mais Thierry en fait lever le siége, gagne une bataille décisive sur Landry et le poursuit presque jusqu'à Paris (43).

Alboin et Langide, sa femme, fondent un monastère d'hommes à quelques lieues à l'est d'Orléans, lequel porta d'abord le nom d'abbaye de Fleury, et plus tard celui de Saint-Benoît-sur-Loire (6-80).

609. D'Austrin, évêque d'Orléans, meurt dans cette ville après avoir gouverné son église pendant environ 19 ans (21).

613. Thierry meurt à Metz. Il fut le dernier roi d'Orléans, ce royaume ayant été réuni au royaume de Paris à la mort de Thierry (43).

Dans ce temps, les rois n'étaient pas sacrés: ils étaient tous des rois égaux; celui de Paris n'avait point de prééminence sur ses frères, et le partage se faisait au sort; le nombre de leurs officiers était considérable, les principaux étaient les maires du palais, qui par suite s'emparèrent de toute la puissance royale, et finirent par se mettre la couronne sur la tête; les patrices, les ducs ou gouverneurs des provinces, les comtes ou gouverneurs des villes, et les vicomtes qui vaquaient aux affaires du gouvernement (2-43).

620.   Léodebode, abbé du monastère de Saint-Aignan d'Orléans, se faisait remarquer par sa piété, son esprit et par ses richesses, qui étaient très-considérables (6).

621.   Léodebode, abbé du monastère de Saint-Aignan, donne aux religieux de Fleury, qui existaient depuis 605 et dont il venait de nommer Mummol abbé, un terrain et des bâtimens qu'il possédait au nord-est d'Orléans, près de St-Marc. Ces religieux vinrent s'y établir au nombre de 10 ou 12; ils y élevèrent un prieuré sous l'invocation de saint Gervais et de saint Protais (80).

627.   Godin, maire du palais de Clotaire II, roi de France, vient à Orléans faire le serment de fidélité à ce prince dans l'église et sur les reliques de saint Aignan, qui étaient très-révérées par tout le royaume (36-64).

631.   Dagobert 1er ayant eu un fils de Regnetrude la même année qu'il l'avait épousée, il envoya prier son frère Aribert, roi d'Aquitaine, de vouloir le tenir sur les fonts; tous deux se rendirent à Orléans pour cette cérémonie qui se fit avec une grande pompe, et l'enfant fut baptisé par l'évêque saint Amand, qui lui donna le nom de Sigebert (64).

631.   Dagobert 1er, par un capitulaire relatif à l'appréciation de divers objets qui se vendaient dans son royaume, en fixe ainsi le prix: un bœuf, 2 sous; une vache, 1 sou; un cheval, 6 sous; une jument, 3 sous; une bonne cuirasse, 12 sous; un bouclier avec une lance, 2 sous, etc. Par le même capitulaire, la livre numéraire est divisée en 20 sous, et les 20 sous en 80 liards ou 240 deniers (43).

7 avril 631.   Mort de saint Loup, archevêque de Sens, natif d'Orléans. Ses parens firent élever une chapelle dans le château dont ses ancêtres avaient été possesseurs, et où il était né; il était situé hors des murs de la ville, au soleil levant, à une certaine distance de la Porte-d'Orléans, et près de la Loire (64).

634.   Leudégisile, évêque d'Orléans, meurt dans cette ville, après en avoir gouverné l'église pendant environ 25 ans (21).

19 janvier 638. Mort du roi Dagobert Ier à Espinay, près Paris, à l'âge de 38 ans. Sous le règne de ce roi, l'or et l'argent devinrent plus communs, ce qui fut occasionné par ses fréquentes expéditions en Italie. Le commerce qu'il établit avec les nations du Levant, fit aussi entrer en France une grande quantité de pierreries, de vases précieux et d'ornemens, ainsi que des soieries dont l'usage avait été apporté en Europe par deux moines missionnaires dans l'Inde; le luxe de la cour de France n'était pas moindre que celui qui avait lieu à celle des empereurs.

641. Jean de Fleury fonde à Orléans, au sud de Sainte-Croix, une petite chapelle ou oratoire qui fut desservie par des chanoines, et à laquelle il donna le nom de Notre-Dame-de-Bonne-Nouvelle; il institua pour abbé un nommé Fulcadus (6-7).

1 novemb. 642. La reine Nantille, veuve de Dagobert Ier, mère de Clovis II, et régente du royaume, fait assembler les principaux habitans d'Orléans, qui était devenue la capitale du royaume de Bourgogne, pour nommer un maire du palais; elle leur recommanda Flaochat, son proche parent, qui, selon ses désirs, fut élevé à cette dignité éminente (49-64).

645. Sixième concile assemblé à Orléans; il avait pour but la destruction des erreurs répandues en France par les hérétiques monothélites (21-43).

646. Mort de Léodebode, abbé des moines de Saint-Aignan d'Orléans. Il ordonna, par son testament, que de nouveaux bâtimens seraient faits à l'église de son monastère, et donna à son abbaye plusieurs bourgs et villages, tant en Beauce qu'en Sologne, avec tous les hommes, femmes et enfans qui les habitaient comme étant ses serfs (36) (*).

Léger, évêque d'Orléans, meurt dans cette ville, après en avoir gouverné l'église pendant environ 13 ans (21).

(*) *Trésor de Saint-Aignan.* — Ex testamento Leodebodi abbatis : « *Dono igitur ante dictæ Basilicæ Domini Aniani, vel Monachis ibidem deseruientibus*, vbi ad præsens diuinitate propitia funguntur officio, et de iure meo in ius ante dictæ Basilicæ à die præsenti, transfundo portiones terrulæ infra agrum Nogrometensem sitas, in territorio Biturico nuncupatas, Litiuaro et Mariniaco, quas de Aviana et Prosperiana fæminis per instrumenta chartarum visus sum recepisse, cum domibus, ædificiis, *mancipiis*, qui à me non liberati fuerunt, etc.

» Anno incarnationis dominicæ 646, data mense junio, anno II domini Clodouei Francorum regis filij Dagoberti senioris SS Dionysij, sociorumque eius loci mirifici constructoris. »

Mort de Léger Ier, évêque d'Orléans, après 13 ans d'épiscopat (21). 647.

Audon, évêque d'Orléans, meurt dans cette ville, après en avoir gouverné l'église pendant environ 3 ans. 650.

Mummol, deuxième abbé du monastère de Fleury, à l'est et à quelques lieues d'Orléans, envoie au Mont-Cassin un de ses religieux nommé Aigulfe, qui eut la facilité d'enlever les reliques de saint Benoît, et de les rapporter à son supérieur, lequel les plaça dans son église qui prit dès-lors le nom de Saint-Benoît-sur-Loire (64). 11 juillet 653.

Gaudon, évêque d'Orléans, meurt dans cette ville, après en avoir gouverné l'église pendant environ 15 ans (21). 655.

États-généraux du royaume assemblés à Orléans, par ordre d'Ébroin, maire du palais sous Clotaire III, roi de France, la salle de ces états avait été disposée dans une grande maison du faubourg Saint-Marceau (21-43). 666.

Sigobert, évêque d'Orléans, donne au monastère de Mixi-les-Orléans ou Saint-Mesmin, la petite chapelle de Saint-Mesmin, située devant la porte de l'église de Saint-Aignan (l'ancienne). Cette chapelle, dont on voyait encore les vestiges dans le cloître, avait été bâtie par le prélat Sigobert à peu de distance des murs, au levant de la ville; il y fonda un chapitre, et transféra dans cette nouvelle église les reliques de saint Mesmin et celles de plusieurs autres saints. 670.

Sigobert meurt après environ 5 ans de siége (21). 670.

Thierry, quinzième roi de France, succède à son frère Childéric II, à l'âge de 23 ans. Ce roi mit, pour la seconde et dernière fois, fin au royaume d'Orléans en le réunissant à celui de Paris. Ce royaume comprenait la Beauce, le Maine, l'Anjou, la Touraine, le Berry et même le Dauphiné, le Lyonnais et la Provence (43). 674.

Ebroin, maire du palais de Thierry, roi de France, fait massacrer saint Léger, qui habitait Orléans, et jeter son corps dans un puits de cette ville; ce puits, qui prit alors le nom de Saint-Léger, fût par suite renfermé dans l'enclos du cimetière de St-Victor, et fut appelé Puits-de-St-Victor, nom qu'il porte présentement. Ses eaux avaient, disait-on, la vertu de guérir la fièvre et l'hydropisie (64). 2 octobre 685.

Sévéric, évêque d'Orléans, meurt dans cette ville, après en avoir gouverné l'église pendant environ 27 ans (21). 697.

Baudac, évêque d'Orléans, meurt après environ 10 mois d'épiscopat. 697.

699.	Adhemar, évêque d'Orléans, meurt après environ une année de siége.
17 octobre 708.	Mort du pape Jean VII. Ce pape ordonna de construire des cimetières dans l'intérieur des villes, avec défense d'enterrer sur les routes et chemins qui avoisinaient les cités, comme cela se pratiquait alors (53).
720.	Léger II, évêque d'Orléans, meurt dans cette ville, après en avoir gouverné l'église pendant environ 21 ans (21).
11 octobre 732.	Charles-Martel, maire du palais de Thierry II, poursuivant les Sarrazins, peuple de l'Arabie, qui étaient entrés en France et qui avaient déjà dépassé Orléans, les atteint près de Tours, les défait et leur tue un nombre considérable de soldats; ce qui les força à retourner dans leur pays après une déroute complète (40-43).
733.	Savaric, évêque d'Orléans, meurt après environ 13 ans d'épiscopat (21).
11 février 733.	Eucher, évêque d'Orléans, et natif de cette ville, ayant défendu trop courageusement les droits et les possessions de l'église, est relégué à Cologne par ordre de Charles-Martel, maire du palais (64).
743.	Saint Eucher meurt après avoir été pasteur de l'église de cette ville pendant 10 ans; c'est lui qui prétendit avoir vu brûler dans les flammes éternelles Charles-Martel, maire du palais, qui l'avait fait exiler à Cologne (21-43).
748.	Bertin, évêque d'Orléans, meurt dans cette ville après un épiscopat de 5 ans environ (21).
	Childéric III, dit l'Insensé, 22e roi de France, est dépossédé, tondu et relégué dans le monastère de Saint-Bertin, en Artois, sous le pontificat et de l'avis de Zacharie, pape. Les grands du royaume, sous l'influence de Pépin, fils de celui qui avait été maire du palais sous Dagobert II, assemblent un parlement ou états-généraux qui portaient ce nom, à Soissons, pour dégrader ce pauvre roi Childéric, dernier de la première race, laquelle avait duré 332 ans, sous 22 rois, en ne comptant que ceux de Paris, et 36, si l'on y ajoute ceux de Neustrie, de Soissons et d'Orléans (43).

Sous cette première race, la férocité qui régnait dans les mœurs des princes formait le caractère de la nation; les meurtres, les parricides mêmes étaient un degré qui élevait aux premières charges; le mépris des lois fit tomber les Français dans une espèce d'anarchie, et le royaume fut comme au pillage (43).

A l'égard du caractère de la nation en particulier, le Français était jaloux de sa liberté et de son indépendance; impétueux, vaillant, toujours prêt à revendiquer ses droits à main armée; mais d'ailleurs généreux, se piquant de probité, plein d'attachement et de fidélité pour l'état. Quant aux mœurs, elles tenaient encore beaucoup du paganisme, même depuis que les Français avaient embrassé le christianisme; car le divorce, l'inceste, la polygamie étaient tolérés parmi eux (43).

On ne connaissait que deux sortes de biens : les bénéfices et les alleux, les bénéfices étaient les terres considérables que les rois mérovingiens avaient acquises par leurs conquêtes; les alleux ou terres saliques étaient ce que l'on tenait par succession de ses pères et celles que le propriétaire avait acquises.

Les armées n'étaient, comme nous l'avons déjà dit, que de l'infanterie composée de divers corps que fournissait chaque province.

Les assemblées du mois de mars se tenaient en rase campagne, le 1er de ce mois. C'étaient comme des états-généraux; on les appelait parlemens. Tous les seigneurs, ducs, comtes, évêques, et abbés y étaient convoqués; le roi dans ces assemblées était placé sur un siége sans dossier, revêtu de ses habits royaux et un sceptre de toute sa hauteur à la main; on y nommait les tuteurs des rois et les régens du royaume; on y faisait le procès aux seigneurs qui avaient manqué à leurs devoirs.

L'année commençait alors en France le 1er mars, à l'époque de ces assemblées.

Sous cette première race, le roi et les princes portaient les cheveux très-longs; le peuple était complètement rasé.

Pépin, dit le Bref ou le Petit, vingt-troisième roi de France, âgé de 38 ans, est élu par les États assemblés à Soissons, le 1er mars. Il fut le premier de la deuxième race dite des Carlovingiens, et le premier maire du palais qui porta le nom de roi, dont il avait le pouvoir depuis long-temps.

mars 751.

L'inauguration des rois de la première race, qui se faisait simplement en les élevant sur un pavois ou bouclier, et en les promenant autour du camp, fut changée sous le nouveau roi. Pépin y ajouta, comme Clovis, la cérémonie du sacre, en se faisant oindre ou bénir d'une huile sainte, à la manière des Juifs. Ce fut autant par politique que par religion. Des gens habiles lui firent entendre qu'il en serait plus vénérable, et que loin de le regarder comme un usurpateur, tous l'honoreraient après son sacre comme un prince donné de Dieu. Presque tous ses successeurs l'imitèrent à cet égard. Pépin reçut donc cette onction dans la cathédrale de Soissons, des mains de l'archevêque de Mayence, qui le couronna en même temps que ses deux fils Charles et Carloman.

Ce fut aussi le premier qui se mit sur un trône pour tenir sa cour. Ce trône était placé sur un théâtre, à la vue de tout le monde ; le prince s'y asseyait revêtu de l'habit royal, portant un sceptre à la main et une couronne sur la tête. Le trône ou siége du roi n'avait ni bras, ni dossier ; l'habit royal était un manteau carré, bleu et blanc, long par devant jusqu'aux pieds, traînant beaucoup par derrière, et descendant sur les côtés à peu-près jusqu'à la ceinture. Le sceptre ou bâton royal était une palme, la couronne était un bonnet fait à peu-près comme une mître, autour duquel le nom du roi était écrit en gros caractères formés de petits clous d'or.

Pépin réunit toute la monarchie, et Orléans ne fut plus qu'une des principales villes du royaume.

754. Adalin, évêque d'Orléans, meurt après environ 6 ans d'épiscopat (21).

26 avril 757. Mort du pape Etienne III, romain. C'est ce pape qui, le jour de son exaltation, se fit porter sur les épaules : cet usage s'est perpétué jusqu'à nos jours (31-53).

Décembre 763. Froid excessif et rigoureux : la mer Noire gela à une profondeur de 30 coudées sur une étendue de 100 milles.

764. La reine Berthe, femme de Pépin, arrive à Orléans, où elle fut reçue avec une grande pompe. Cette princesse resta dans la ville quelques jours, y fit de grandes largesses, et en partit pour se rendre à son château de Sully.

765. Constantin V, Copronyme, empereur d'Orient, envoie en présent au roi de France, Pépin, un buffet d'orgues : ce fut le premier connu en France (31).

767. Assemblée des états-généraux du royaume à Orléans, par ordre du roi Pépin qui y vint lui-même pour délibérer sur la guerre qu'il voulait entreprendre de nouveau contre Gaïfre, duc d'Aquitaine, qu'il avait déjà combattu avec succès (21-43).

La salle des états fut construite dans le faubourg Saint-Marceau, du côté sud de la Loire, à peu-près dans le même endroit où ils avaient été tenus en 666 (64).

Saint Daniet, natif d'Orléans, meurt dans cette ville; son corps fut emporté à Avignon et enterré dans une église qui porta son nom (6). *19 août 768*

Mort de Pépin, à l'âge de 54 ans. *24 sept. 768*

Charlemagne lui succède à l'âge de 30 ans (43). *768.*

Les moines de Saint-Aignan s'étaient relâchés à un tel point qu'ils sont supprimés par Nadatime, évêque de cette ville, d'après l'avis de Charlemagne; ils furent remplacés par des chanoines qui vivaient en communauté, et le lieu qu'ils habitaient était appelé monastère; cependant ils n'étaient obligés à aucuns vœux (36-64). *769.*

Charlemagne fait rebâtir l'église de Saint-Aignan d'Orléans, et lui donne en même temps toute justice sur les terres du domaine de l'église. Ce roi, selon la coutume qu'il avait lorsqu'il faisait bâtir quelque église, donna aux chanoines qui la desservaient une lettre d'or ou médaille de la valeur de 100 liv., où était inscrite l'année de sa fondation. *769.*

Charlemagne autorise les chanoines de Saint-Aignan d'Orléans à être membres de l'Université de cette ville et à jouir des droits attachés à ce corps, qui dès-lors était en grande réputation. *769.*

Charlemagne ordonne, par un capitulaire, que par tout son royaume il ne fût plus chanté dans les églises que le plain-chant grégorien (43). *769.*

Nadatime, évêque d'Orléans, meurt après 16 années de siége (21). *770.*

Charlemagne est le premier roi de France qui, dans ses capitulaires, se soit occupé des levées et turcies qui bordaient la Loire, et c'est de cette époque que datent les travaux qui ont été faits à Orléans, tant du côté du Portereau que de la ville, pour contenir ce fleuve dans son lit.

Charlemagne accorde à l'église de Saint-Aignan six vaisseaux ou grands bateaux sur la rivière de Loire et fleuves voisins, pour apporter de toutes parts les choses nécessaires pour la subsistance des chanoines, sans payer aucun tribut par toutes les terres de leur obéissance (64).

Une femme d'Orléans ayant vendu sa liberté et celle de *771.*

ses trois enfans à Saint-Aignan, fit dans cette église la cérémonie usitée en pareille circonstance : c'était de s'attacher le cou aux cordes des cloches en signe de servitude et pour marque de la tradition des personnes faite à l'église (36) (*).

Charlemagne fait une ordonnance pour empêcher les personnes libres de s'abandonner, sans sa permission, à la servitude sous le prétexte de servir l'église; ce qui avait encore lieu malgré la défense de ses prédécesseurs, non pas tant par un motif de religion que pour éviter d'aller à la guerre (43).

772. Charlemagne vient par dévotion en l'église de Saint-Aignan d'Orléans, pour obtenir (à ce que disent les anciennes chroniques) le pardon d'une faute dont il ne voulait faire l'aveu à personne (64-80).

Foulques fut le premier abbé-chanoine de Saint-Aignan d'Orléans connu sous le règne de Charlemagne. Cet abbé, d'après la volonté du roi, fixa le nombre des chanoines à 60, ni plus ni moins (36-64) (**).

Charlemagne donne à l'église de Saint-Aignan d'Orléans l'île qui est dans la rivière de Loire, vis-à-vis de Saint-Loup, qu'on appela depuis Ile-Charlemagne (64).

773. Charlemagne, pour arrêter la hardiesse des faux monnoyeurs, supprime tous les hôtels des monnaies de France pour en établir un seul dans son propre palais : en conséquence, la ville d'Orléans, dans laquelle on battait monnaie depuis l'origine de la monarchie, vit supprimer celui qui y existait (43-64).

(*) *Ex actis Monasterij Vindocinensis* — « Nouerit omnis cœtus Cœnobij Vindocinensis quod *Rainaldus* Monachorum famulus, cum esset vir ingenuus recognoscens quod Monachorum famulatui à puero altus et nutritus fuerat, et omnia quæ habebat sub eorum dominio acquisierat obtulit Deo et Sanctæ Trinitati omnia sua, atque semetipsum ad seruum eligens magis esse seruus Dei quam liber seculi, firmiter sciens et credens, quod seruire Deo regnare est, summaque ingenuitas sit, in qua seruitus comprobatur Christi, quod prius quidem fecit in Capitulo, ac deinceps in Monasterio inuoluens iuxta morem, *collum suum corda signi*, coram testibus subscriptis, etc. Factum hoc anno 1036. 6. Idus Martis. »

(**) *Ex tabulario ecclesiæ Sancti Aniani.* — *Charta Karoli Magni.* « Karolus G. D. R. F. et Longobardorum, ac Patricius Romanorum. Comperiat omnium fidelium solertia, quia *Fulco Abbas* Monasterij S. Aniani, postulabat, vt stipendia et res præfati *Monasterij Canonicis* attributas, auctoritatis præcepto ipsis *Canonicis* perpetuo possidendas et ordinandas confirmaremus. *Numerus Canonicorum* eiusdem Monasterij vltra citraque *sexagenarium* numerum non progrediatur aut minuatur. » (Cette charte est sans date, et il parait seulement quelques fragmens de scel.)

Sanson, duc d'Orléans, assiste Charlemagne dans la guerre que ce monarque fait contre les Sarrazins qui étaient entrés pour la seconde fois en France, et que le roi vainquit près la ville d'Agen (64). 774.

Ce Sanson épousa la sœur de Richard, duc de Normandie, lequel en mourant laissa deux fils, savoir : Ernes, qui lui succéda au duché d'Orléans, et Raho, qui fut qualifié du titre de comte de la même ville, par Charlemagne, quelque temps après, en 792 (38-64).

Le titre de duc qui existait dès la première race des rois de France, était de deux sortes sous Charlemagne: les uns tenaient les villes et terres, et étaient héréditaires comme celui d'Orléans; les autres étaient des commandans de tout un royaume, tant pour les armes que pour la justice, comme ceux d'Aquitaine, de Bourgogne, etc. (38-64).

Charlemagne couronne Louis, son fils puîné, roi d'Austrasie; mais comme cet enfant avait à peine 3 ans, il l'envoie à Orléans, sous la tutelle d'Arnould, gouverneur de cette ville (64). 781.

Déothine, évêque d'Orléans, meurt dans cette ville, après en avoir gouverné l'église pendant environ 12 ans (21). 782.

Guibert, évêque d'Orléans, meurt après environ 5 années d'épiscopat. 787.

Théodulfe, évêque d'Orléans, chasse du monastère de Saint-Mesmin, des séculiers qui s'y étaient établis lorsque ce monastère avait été pillé par les Visigots; il demanda des reliques à saint Benoît d'Arriane, qui lui en envoya et rétablit la régularité dans le monastère de Mixi-les-Orléans ou Saint-Mesmin (6-7).

Théodulfe, évêque d'Orléans, par un capitulaire adressé à tous les pasteurs de son diocèse, les exhorte à envoyer leurs neveux aux écoles de l'église de Sainte-Croix, à celle de Saint-Benoît, de Saint-Liphard, et à celle du monastère de Saint-Aignan et autres dont il était le directeur (64). 798.

Il fit, pour l'instruction des gens de la campagne, un article particulier qui porte que les curés des bourgs, villages ou hameaux situés dans l'étendue de leurs paroisses, tiendront ou feront tenir des écoles, afin que les enfans puissent apprendre à lire et les premiers élémens de la religion, sans aucune rétribution, mais uniquement par esprit de charité. Il créa aussi un théologal chargé d'enseigner la science qui a Dieu pour objet, et un scolastique pour diriger les études.

792. Raho, comte d'Orléans, fils de Sanson, qui avait été duc d'Orléans, non apanagiste, est élevé à cette dignité de comte par Charlemagne, pour le récompenser des bons et loyaux services rendus à sa personne royale. Ce Raho fut ennemi irréconciliable des moines de St-Benoît-sur-Loire, qui l'excommunièrent diverses fois, sans en avoir l'autorisation du pape Adrien Ier, auquel ils l'avaient demandée plusieurs fois inutilement (64-38).

800. Les chanoines de Sainte-Croix d'Orléans cèdent à des religieuses qui se consacraient à l'éducation des jeunes filles, un emplacement au sud et près leur église, pour y bâtir une chapelle ou oratoire, sous le nom de Notre-Dame-des-Filles (Sancta Maria Puellarum), parce qu'aux jours de la fête de la Vierge, les jeunes filles de la ville devaient s'assembler dans cette petite église pour y faire leurs dévotions et y faire chanter une grand'messe pendant laquelle elles offraient des pains à bénir.

Dès ce moment, le premier nom de Notre-Dame-de-Bonne-Nouvelle, que lui avait donné son fondateur en 641, fut changé, et l'oratoire qui avait été élevé à cette époque, fut relevé de ses ruines (64-80).

Cet emplacement avait été acquis par les chanoines de Sainte-Croix à l'extinction de ceux de Bonne-Nouvelle, qui y avaient été établis dans l'origine (64-80-21).

802. Charlemagne, empereur et roi de France, fait bâtir à Orléans, pour les religieuses de Sainte-Marie-le-Puellier, un monastère près l'oratoire ou chapelle de Notre-Dame, qu'elles possédaient devant Sainte-Croix, au sud (64-80).

En travaillant aux fondemens de ces nouveaux bâtimens, on découvrit les ruines d'un ancien temple ou château romain (21).

20 juillet 802. Charlemagne reçoit du roi de Perse, Aaron, un superbe éléphant, appelé Abulabaz; c'était le premier qu'on eut vu vivant en France (31).

811. Théodulfe, évêque d'Orléans, qui avait été abbé de Saint-Mesmin, ordonne aux ecclésiastiques de son diocèse de ne souffrir en leurs maisons aucune femme, pas même leurs mères ou leurs sœurs, d'autant que les autres femmes, qui ne sont pas leurs parentes peuvent venir dans leurs maisons, soit pour les voir ou autres occasions, ce qui pour-

rait les attirer à pécher; il ne leur permet de se faire servir que par des hommes âgés et non par de jeunes gens imberbes (64).

Il ordonne aussi que tous les prêtres aient à s'abstenir d'aller aux tabagies pour boire et manger avec les premiers venus, comme cela avait eu lieu jusqu'alors à Orléans.

Théodulfe est appelé à Aix-la-Chapelle par l'empereur et roi Charlemagne, qui y était dangereusement malade, pour y signer avec 9 autres évêques de France, quelques abbés et plusieurs seigneurs de la cour, le testament de ce prince, par lequel il dispose de ses meubles en faveur de l'église, des pauvres, de ses enfans et serviteurs (6-43). *2 janvier 814.*

Mort de Charlemagne, empereur d'Occident et vingt-quatrième roi de France, dans son palais d'Aix-la-Chapelle (43). *28 janvier 814.*

Orléans doit à sa munificence la presque reconstruction de Saint-Aignan (la première église) et de plusieurs autres églises et couvens, ainsi que plusieurs priviléges et dons considérables accordés au clergé de cette ville (43).

Au milieu des ténèbres épaisses qui couvraient son empire, il voulut faire régner les arts et les sciences; il ramena de Rome, où il fut couronné empereur d'Occident, par le pape Léon III, en 800, des maîtres de grammaire et d'arithmétique; il les dispersa en différentes villes de son royaume, et il établit partout des écoles.

Charlemagne recueillit bientôt le fruit de ses instructions, car les historiens remarquent qu'il était éloquent, qu'il s'exprimait avec facilité, qu'il parlait le latin aussi bien que le tudesque qui était sa langue naturelle, et qu'il entendait aussi bien le grec : il établit dans son propre palais une bibliothèque et une académie.

Lorsque Charlemagne monta sur le trône, le peuple de France était si adonné à l'ivrognerie que ce monarque fût obligé d'ordonner qu'à l'avenir, ceux qui se prendraient de vin seraient excommuniés et réduits à boire de l'eau trois ou quatre fois par semaine.

Ce roi, par un gouvernement et des lois équitables, tira en quelque sorte sa nation du chaos où elle se trouvait; c'est lui qui, à la fin de chaque assemblée du mois de mai, en fit rédiger les décisions sous le nom de capitulaires. On a des preuves indubitables que la puissance législative résidait alors dans le corps de la nation, et les capitulaires disent positivement que la loi n'est autre chose que la volonté de la nation publiée sous le nom du prince.

Sous ce roi il y avait une coutume bien extraordinaire qui se conserva encore long-temps après : c'est que les biens des églises entraient alors dans le commerce comme les biens de famille : on voit dans les cartulaires ou recueil de chartes, les vases d'églises, autels, les cloches, ornemens, calices, croix, chasses et reliques en faire partie ; mariait-on une fille, on lui donnait une cure dont elle affermait les dîmes et le casuel.

De ce temps, les autels furent construits en pierre, au lieu de bois simple ; ils furent ornés de sculptures recherchées dont le goût et les dessins avaient été apportés d'Italie.

Charlemagne fut le premier des rois de France qui parvint à ce que les grands consentissent à laisser entrer le peuple dans le Champ-de-Mai qui, par là, devint une véritable assemblée nationale ; il régla que chaque comté députerait à ces états douze représentans choisis parmi les citoyens les plus notables de chaque ville ; il fit tous ses efforts pour rendre à ses sujets une partie des droits que ses prédécesseurs avaient eu la faiblesse de leur laisser enlever par les seigneurs.

Ce règne doit être mis au rang des plus grandes époques de l'histoire de France. La prospérité des villes du royaume et le bien-être des habitans étaient dûs aux lumières et à l'amour de ce prince pour ses sujets.

FIN DE LA PREMIÈRE ÉPOQUE.

DEUXIÈME ÉPOQUE.

De la mort de Charlemagne (814) au siége d'Orléans par les Anglais (1428).

Louis Ier, dit le Débonnaire, vingt-cinquième roi de France, succède à son père Charlemagne, à l'âge de 35 ans, et est couronné à Orléans 2 ans après (43). An de J.C. 814.

Louis Ier défend à ses officiers d'Orléans d'exiger aucun droit, soit des trois barques, soit des charrettes qui portaient les provisions des religieux de l'abbaye de Saint-Mesmin-lès-Orliens (66-80). 12 juin 814.

Le pape Étienne IV, qui avait succédé à Léon III, vint à Orléans pour sacrer Louis-le-Débonnaire ; la cérémonie se fit avec une grande pompe, en présence de toute la cour, de plusieurs évêques, dont Théodulfe d'Orléans, des plus notables habitans et d'un grand concours de peuple (64). Août 816.

Le roi fournit au pape l'argent et les choses nécessaires pour son voyage, et lui fit présent d'une croix d'un grand prix pour être déposée à Saint-Pierre de Rome.

Théodulfe évêque d'Orléans, accusé d'avoir trempé dans une conspiration contre Louis Ier, est dégradé publiquement et confiné dans un cloître, à Angers. 817.

Théodulfe, dont l'innocence est reconnue par le roi Louis Ier, est mis en liberté et réinstallé dans sa chaire. 818.

Théodulfe, meurt dans cette ville, après avoir gouverné l'église pendant 33 ans. Il illustra le règne de Charlemagne et la chaire épiscopale : recommandable par ses écrits sur la discipline ecclésiastique, il fut admis au 821.

conseil de ce grand monarque; sa prudence et son habileté brillèrent dans des négociations importantes que l'empereur lui confia.

Ce prélat fit fleurir la musique à Orléans, et cet art fit des progrès étonnans pour le siècle, sous la direction de cet homme savant, qui était en même temps poète et musicien (64-80).

825. Jonas, évêque d'Orléans, successeur de Théodulfe, s'élève avec force, dans le concile de Reims, contre le culte mal entendu des images. Ce prélat fit dans cette assemblée preuve d'un grand talent oratoire et d'une force d'esprit qui était rare à cette époque; il composa trois livres pour la défense des images, et non leur adoration, et d'autres contre les iconoclastes ou briseurs des images, espèce d'hérétiques de cette époque.

825. Mort de Vulfin, célèbre poète latin né à Orléans (21).

826. Matfroy, comte d'Orléans, est privé de son gouvernement, lors des différends de Louis-le-Débonnaire et de ses enfans, et remplacé par Eudes (38-64).

827. Eudes Ier, comte d'Orléans, qui avait remplacé Matfroy dans le gouvernement de cette ville, contre la volonté des habitans et du clergé, s'empare des biens de l'évêque Jonas, et trouble par cette usurpation tout le clergé d'Orléans (38-64-80).

Mort d'Eudes Ier: cette mort rendit la paix à la ville, et amena la restitution des biens de Jonas, évêque de cette cité, que ce comte avait usurpés, pour se venger du clergé qui n'avait pas approuvé sa nomination; il laissa une fille en bas âge (38-64).

Matfroy, injustement dépouillé de son gouvernement, y est rétabli par l'appui de Pépin, roi d'Aquitaine.

830. Le roi Pépin, l'un des fils de Louis Ier, le Débonnaire, conjuré contre son père, vient à Orléans, non, comme il en avait pris le prétexte, pour faire la guerre à Bernard, comte de Languedoc, favori de son père, mais bien pour assouvir sa rage sur le fils de ce comte qui était dans cette ville: il lui fait crever les yeux (64).

Décembre 832. Louis-le-Débonnaire, pour appaiser la rébellion de ses enfans, convoque les États du royaume à Orléans, et y mande ses fils qui, au lieu d'obéir, font déposséder leur malheureux père par un synode assemblé à *Lions* (21-43).

1er janv. 833. Louis-le-Débonnaire, étant encore à Orléans, reçoit les présens que les évêques, les comtes et le peuple faisaient au roi tous les ans: ces présens étaient proportionnés aux revenus de chacun, et étaient payés en argent ou en nature (64-80).

Jonas, évêque d'Orléans, se trouve à Saint-Denis, avec 8 archevêques et 36 évêques qui remirent le sceptre et la couronne à Louis-le-Débonnaire, remonté sur son trône, après en avoir été chassé par ses enfans (64). 8 août 834.

Matfroy, comte d'Orléans, qui avait eu le malheur d'entrer dans la conspiration des enfans de Louis Ier, par égard pour son protecteur, Pépin, roi d'Aquitaine, l'un des fils du roi de France, obtient sa grâce et délivre, par sa soumission, la ville d'Orléans d'un siége qu'on se disposait à faire: les troupes royales étaient déjà campées entre Blois et cette ville (38-64). 834.

Jonas est envoyé par le clergé de France, pour le représenter au concile de Worms: ce prélat était regardé comme l'oracle de son ordre (64). 836.

Louis-le-Débonnaire donne aux religieux de Saint-Mesmin, près Orléans, quelques biens proche l'alleu qu'ils avaient reçu de Clovis Ier. Cet alleu, situé dans l'intérieur d'Orléans, au nord, et près des murailles, servait d'hospice à cette abbaye: elle fit élever pour cet usage des bâtimens adossés au mur de la première enceinte. 16 février 837.

Charles II dit le Chauve, roi de France, et Lothaire, son frère, empereur et roi d'Italie, marchent l'un contre l'autre, au sujet de quelques différends qu'ils avaient eus ensemble pour la couronne de France. Les deux armées se rencontrèrent près de la ville d'Orléans, et étaient au moment d'en venir aux mains, lorsque les deux frères furent réconciliés par les seigneurs de l'un et de l'autre parti. Cette réconciliation ne fut pas sincère, car l'année d'après, ils se donnèrent bataille à Fontenay, près Auxerre, où il y eut des deux côtés plus de 100,000 Français de tués: la victoire demeura à Charles-le-Chauve (43). 840.

La noblesse de Champagne y reçut un tel échec, que, pour la rétablir, il fallut accorder aux femmes nobles, le privilége spécial d'anoblir leurs enfans, bien qu'elles eussent épousé des roturiers: d'où est venue la maxime qui a eu lieu pendant long-temps, qu'*en Champagne le ventre anoblit.* 841.

Charles-le-Chauve arrive à Orléans, où il est couronné avec une pompe extraordinaire, dans l'église de Sainte- 842.

Croix, par Guélien, que, de clerc de sa chapelle, il avait fait archevêque, et qui par suite devint traître à son bienfaiteur, en voulant le livrer à son frère Louis, qui cherchait à s'emparer du royaume de France (64-43).

Le jour de son couronnement, le roi portait sur sa tête une couronne et un diadème; il était revêtu d'une espèce de dalmatique, vêtement commun alors à tout le monde, et qui tombait presque jusqu'à terre (64).

Jonas reçut le roi dans son palais épiscopal, et lui présenta, à l'occasion de son couronnement, une ode latine (64).

Charles-le-Chauve, pendant son séjour à Orléans, donna à l'abbaye de Saint-Euverte un champ appelé Hugon, lequel s'étendait au midi et au couchant, jusqu'aux murailles, près la porte Bourgogne (la vieille).

C'est ce roi qui donna le nom de l'Empereur à la rue qui s'appelle encore ainsi présentement, attendu qu'il passait très-souvent par cette rue (6-80).

20 déc. 842. Jonas, évêque d'Orléans, meurt dans cette ville, après en avoir gouverné l'église pendant 21 ans. Ce prélat laissa une grande réputation d'esprit et de science (21-64).

10 janvier 843. Le roi Charles-le-Chauve épouse Hermentrude, fille de Eudes Ier, comte d'Orléans, mort en 827; cette enfant ne faisait que naître à la mort de son père. La cérémonie du mariage se fit au château de Crécy-sur-Oise (38-64).

14 janvier 843. Concile tenu à Germigny, petite paroisse de l'Orléanais, pour la réforme des ordres monastiques (43).

27 déc. 844. L'archevêque de Sens, pour remédier à la confusion qui régnait dans le diocèse d'Orléans, par la vacance du siége, depuis près de deux ans, par la mort de Jonas, à l'instance et aux prières des chanoines et des laïcs, ordonne pour évêque de la ville, Agius, prêtre de l'église d'Orléans (64).

845. Charles-le-Chauve donne à l'église de Sainte-Croix d'Orléans l'église de Notre-Dame-des-Forges, ainsi nommée par rapport au quartier où elle était située, et près le puits public qui porte maintenant la dénomination de puits des Forges.

852. Charles-le-Chauve, roi de France, vient à Orléans visiter le tombeau de saint Euverte; il enrichit l'église de présens et de dotations.

Les grands du royaume d'Aquitaine, las du gouvernement de Pépin, leur roi, qui était ivrogne, violent et débauché, viennent à Orléans se soumettre à Charles-le-Chauve ; quant à Pépin, il fut pris, tondu et renfermé dans le château de Senlis (43).

Agius, évêque d'Orléans, donne la permission aux moines de Saint-Aignan d'établir un cimetière supplémentaire dans un terrain qui leur appartenait, non loin de leur église, au nord-est ; le leur étant encombré, attendu qu'il était le seul pour toute la ville. Cette donation fut signée par le doyen de Saint-Aignan, qui était la première personne du chapitre, après l'abbé (64-21) (*). 13 janvier 854.

Le premier cimetière qui existait seul à Orléans, avait été établi par l'évêque de cette ville, Diopet, en 347, et bien avant la bulle du pape Jean VII, qui ordonnait la construction des cimetières particuliers dans les villes, et défendait d'enterrer le long des chemins et sur les routes qui avoisinaient les cités, comme c'était l'ancien usage (40-64).

Mort du pape Léon IV. On met en cette année, après la mort de ce pape, l'étrange histoire de la papesse Jeanne : pendant plus de 500 ans, elle passa pour une vérité constante ; mais depuis, elle a été reconnue mensongère (43-53). 17 juillet 855.

Les Normands, peuples qui venaient de la Suède et du Danemarck, commandés par Bier, surnommé Côte-de-Fer, profitant de la division qui régnait entre Charles-le-Chauve et ses fils, viennent faire une invasion en France ; ils descendent à Nantes, de là à Angers, et remontant la Loire sur leurs vaisseaux ou grands bateaux, ils débarquent à Orléans qu'ils saccagèrent. Ils pillèrent principalement les églises de la ville et des environs, malgré Charles, roi de France, qui était avec son armée sur les bords du fleuve (43). 18 août 856.

Ils remontèrent la rivière jusqu'au monastère de Saint-Benoît-sur-Loire, qu'ils pillèrent entièrement, puis après, ils redescendent le fleuve pour s'en retourner en leur pays avec tout leur butin.

(*) *Ex Tabulario Ecclesiæ Sancti Aniani.* — « Anno Incarnationis Dominicæ D. CCC. LIIII. Indictione 2. Anno etiam ordinationis xj. Ego Agius nullis præcedentibus meritis, sed sola gratuita Dei miseratione Aurel. Episcopus, *Venerabilium Canonicorum Monasterij S. Aniani* nobilissimi Confessoris Christi, quod est in Orientali eiusdem ciuitatis parte constructum, rationabilem et per necessariam suscepi petitionem postulantium, scilicet vt quia Cimeterium in circuitu memorati Monasterij per multa curricula annorum, adeo iam tumulationibus decedentium refertum erat. »

Nous présumons que c'est en allant à Saint-Benoît-sur-Loire qu'ils auront abattu le premier pont dont parle César, dans ses commentaires, afin de faire passer leurs grandes barques chargées de trésors, qu'ils ne quittaient jamais, et comme ils firent sur la Seine, lorsqu'ils vinrent à Paris pour le même motif (61).

1 juillet 859. Agius, et plusieurs évêques de France, à dessein d'obtenir du roi Charles-le-Chauve la confirmation des priviléges de l'abbaye de Saint-Benoît-sur-Loire, se prosternent tous aux pieds de cet empereur dans une session ou séance du concile de Savone (6-64).

860. On bâtit dans le nouveau cimetière que les chanoines de Saint-Aignan avaient eu la permission d'établir dans un terrain qui leur appartenait, non loin de leur église, au nord-est, une chapelle dédiée à Saint-Aignan, dont elle a long-temps porté le nom. Cette église, dans la suite étant devenue église paroissiale, fut connue, sous le nom de Notre-Dame-du-Chemin, nom qu'elle avait emprunté de sa situation au bout du faubourg sur le grand chemin qui conduit en Bourgogne, au soleil levant de la ville (64-80-21).

5 sept. 860. Charles-le-Chauve, roi de France, remet à Pierre, abbé de Saint-Mesmin et à ses religieux, pour la grande vénération qu'il leur portait, un cens ou rente seigneuriale que ses prédécesseurs avaient sur le Loiret : cette remise fut faite par un acte authentique (8).

Juillet 864. Charles-le-Chauve, par un capitulaire ou ordonnance connu sous le nom d'Edit de Piste, ordonne l'établissement d'un hôtel des monnaies à Orléans. C'est le premier titre reconnu à ce sujet par le souverain ; mais on sait qu'on a battu monnaie dans cette ville bien avant cette époque, puisqu'il s'en trouve qui portent le nom d'Orléans, et qui ont été faites en 537, sous la première race des rois de laquelle elles montrent l'effigie (1).

Les pièces de monnaie de ce temps étaient frappées au marteau, les balanciers n'étant pas encore inventés (20).

865. Le corps de saint Euverte, qui avait été déposé à sa mort par saint Aignan, son successeur, en 388, dans un petit oratoire appelé Sainte-Marie-du-Mont, parce que le lieu où il était dominait la ville et la Loire, et situé hors des murailles, au soleil levant, dans l'héritage d'un nommé Tétradius, seigneur romain qui s'était fait catho-

lique, est enlevé par l'évêque d'Orléans, Agius, et déposé dans un endroit secret de l'église cathédrale, afin de le soustraire aux insultes des Normands, qui marchaient pour la seconde fois sur Orléans (64).

Sous l'épiscopat d'Agius, évêque d'Orléans, cette ville est une seconde fois troublée par une nouvelle invasion des Normands qui revenaient d'Italie; ils pillèrent de rechef cette cité, et les églises auxquelles ils mirent le feu. Sainte-Croix, Saint-Aignan, Saint-Euverte et tous les temples *intrà* ou *extrà muros* ainsi que les murailles furent en partie abattus et ruinés par ces barbares (21-64-8) (*).

Ces incursions sont un des grands événemens de notre histoire, et durèrent, à diverses reprises, plus de 80 ans (43).

On appelait du nom général de Normands, c'est-à-dire hommes du Nord, les barbares qui venaient du Danemarck, de la Norwège et des pays voisins (43-40).

La nécessité les forçait de sortir de leurs pays pour chercher leur subsistance ailleurs; car, de cinq ans en cinq ans, le nord surchargé d'habitans chassait de son sein une armée de jeunes gens sous la conduite d'un chef de leur nation; avides de butin et de gloire, ils se jetaient sur les plus riches provinces.

Ils entraient en France ou par la Seine ou par la Loire, souvent on n'a pu les éloigner du royaume qu'en leur donnant ce qu'ils voulaient (43).

La terreur qu'ils répandaient était telle, que dans les prières publiques, les Français demandaient à Dieu de les délivrer de la fureur des Normands. *A furore Normanorum, libera nos Domine*, se trouve encore dans plusieurs vieux manuscrits de la Bibliothèque publique d'Orléans de cette époque (8-43-4).

Guillaume, comte d'Orléans, fils d'Eudes Ier, est décapité à Senlis, par ordre de Charles-le-Chauve. Nous n'avons pu découvrir le motif de cette punition (38-64).

(*) *Ex Ann. Bertinianis* 865. — « Intercà Nortmanni residentes in Ligeri; cum maximo impetu, faciente diuino iudicio, secundo vento, per eundem fluuium vsque ad Monasterium Sancti Benedicti quod Floriacus dicitur, nauigant, et idem Monasterium incendunt, et in redeundo Aurelianis ciuitatem, *et Monasteria ibidem, et circum circa consistentia*, igne cremant præter Ecclesiam Sanctæ Crucis, quam flamma, cum inde multum laboratum à Normannis fuerit, vorare non potuit; sicque per amnis alueum descendentes, et vicina quæque depopulantes, ad stationem suam reuersi sunt. »

866.	Robert, surnommé le Fort, le Vaillant, succède à son cousin dans la charge de comte d'Orléans.
867.	Robert, comte d'Orléans, meurt dans cette ville, des blessures qu'il avait reçues en combattant les Normands.
	Eudes II, fils de Robert-le-Fort, succède à son père en qualité de comte d'Orléans. Il fut nommé tuteur de Charles-le-Simple (64).
868.	Menou, évêque de Dol en Bretagne, et une partie de ses chanoines, se réfugient à Orléans avec les reliques de saint Samson, pour se mettre à l'abri des cruautés des Normands qui ravageaient cette partie de la France; mais il s'en retourna peu de temps après, et laissa aux religieux de Saint-Symphorien une partie des reliques qu'il avait apportées et dont la châsse, qui y était exposée, fit donner à leur église le nom de Saint-Samson et oublier celui de Saint-Symphorien. Par suite, cette église devint chapitre, et les religieux chanoines vivaient ensemble sans faire de vœux comme ceux de Saint-Aignan, ce qui eut lieu en 930 (21-64-8).
	Une assemblée ou foire fut établie devant l'église, vu le grand nombre de fidèles qui se réunissaient pour adorer les reliques du nouveau Saint, et plus tard la place devint le lieu de rassemblement des domestiques des deux sexes, tant de la ville que de la campagne, qui se louaient à la Toussaint et à Noël; cela a encore lieu présentement (8).
868.	Agius, évêque d'Orléans, meurt dans cette ville après en avoir gouverné l'église pendant l'espace de 24 ans environ (21).
869.	Les religieuses de Notre-Dame-des-Filles ou de Sainte-Marie-le-Puellier s'étant éteintes et le monastère étant tombé en mains laïques, elles sont remplacées par des chanoines, qui reprirent l'ancien nom d'abbaye de Notre-Dame-de-Bonne-Nouvelle, au lieu de celui de Notre-Dame-des-Filles qu'ils ne pouvaient porter, et qui avait été donné aux religieuses en 800, lors de leur établissement (64-8-80).
1 décembre 872.	Il neigea à Orléans, comme dans tout le Nord de la France, presque sans discontinuer, depuis ce jour jusqu'à l'équinoxe du printemps de l'année 873 (43).
30 juin 873.	Anselme Ier, évêque d'Orléans, se rend au concile de Pontigo, et y signe les actes qui confirment le couronnement et l'élection de Charles-le-Chauve, roi de France, en qualité d'empereur, d'après le vœu du pape Jean VIII (64).

Charles-le-Chauve, empereur et roi de France, passe par Orléans; il fait rebâtir l'église de St-Aignan qui avait été en partie ruinée par les Normands, depuis dix ans; il séjourna quelques jours dans cette ville, et alla plusieurs fois visiter le tombeau du Saint et les travaux qu'il avait ordonnés à son église.

Le corps de saint Euverte, qui avait été caché dans un endroit secret de Sainte-Croix par Agius évêque d'Orléans, pour le soustraire à la fureur des Normands, lors du pillage de la ville, en 865, est réinstallé avec beaucoup de pompe, par Anselme Ier, évêque d'Orléans, dans l'église de Sainte-Marie-du-Mont, hors des murs, à l'est, comme avant son enlèvement.

Cette petite église, qui avait été rétablie et augmentée, perdit son premier nom, et prit exclusivement celui de Saint-Euverte (8).

Mort d'Adelande, célèbre archevêque de Tours, né à Orléans (21).

Sous l'épiscopat d'Anselme Ier, des Bretons s'étant réfugiés dans cette ville pour se soustraire aux troubles de leurs provinces, avec le corps de saint Maclou, on construisit, pour le déposer, une église au nord-ouest des murailles, non loin de la Poterne-Saint-Samson, laquelle prit le nom de Saint-Maclou (64).

Louis, roi de Saxe, attaque les droits de Louis et de Carloman à la couronne de France; il entre à main armée dans ce royaume pour s'en emparer; la nation lui députe Anselme, évêque d'Orléans, qui parvint à transiger avec lui sur ses prétentions (64).

Anselme Ier meurt après environ douze ans de siége (21).

Le corps de Saint-Martin et celui de Saint-Benoît sont déposés dans l'église de Saint-Aignan, qui était en partie rétablie : ces reliques avaient été apportées à Orléans par les religieux de Saint-Benoît-sur-Loire (6-8).

Charte ou titre du roi Carloman, en faveur de Sainte-Croix d'Orléans, donnée par lui pour relever de ses ruines cet édifice, que les Normands avaient en partie incendié (64-21).

Ce roi se rendit à Saint-Benoît-sur-Loire, et fit reconstruire le monastère avec une promptitude extraordinaire, ayant fait venir les ouvriers de tous les environs (6-8).

Gautier, évêque d'Orléans, fait relever les murailles de

la ville, qui avaient été en partie détruites par les Normands, en 856 et 865. Ce prélat généreux employa à cette dépense tous ses revenus pendant les premières années de son épiscopat. Ces murailles furent réédifiées sur celles construites par les Romains sous l'empereur Aurélien: ce qui explique le mélange de construction en brique et en pierres que l'on remarque encore dans certains endroits de cette première enceinte (64).

883. Gaufredus et son fils, seigneurs orléanais qui possédaient l'abbaye de Bonne-Nouvelle tombée en mains laïques, rendent aux chanoines qui y demeuraient certains biens que leur doyen avait usurpés sur eux: cette remise fut faite par une charte particulière.

Cette abbaye, située au sud de Sainte-Croix, portait anciennement le nom de *Sancta Maria Puellarum*, ou Notre-Dame-des-Filles, et avait été un couvent de jeunes filles sous Charlemagne, dont les religieuses, comme nous l'avons dit, furent remplacées par des chanoines, en 869.

888. Eudes, deuxième comte de Paris et d'Orléans, était fils de Robert-le-Fort qu'il avait remplacé dans le gouvernement de cette ville. Il est élu trentième roi de France par les grands du royaume assemblés à Compiègne (21-43).

Robert II, frère d'Eudes II, est nommé comte d'Orléans à la place de son aîné qui venait d'être nommé roi de France par les seigneurs assemblés (46-64).

3 janvier 889. Eudes, roi de France, qui avait été comte d'Orléans, voulant établir dans son royaume une justice sévère, ordonne que le prévôt de Paris, nommé Henri Copperel, qui avait fait pendre un homme innocent, mais pauvre, à la place d'un riche qui était condamné à mort, fût attaché au même gibet que sa malheureuse victime (2-43).

890. Sous le règne d'Eudes et l'épiscopat de Gautier, évêque d'Orléans, une dame noble et pieuse de cette ville, nommée Logia, donna à l'église de Saint-Aignan une vigne appelée le Clos-des-Arènes ou des Sables, qui est aujourd'hui le climat du Bouché, faubourg Bourgogne, ainsi que l'Ile-des-Martinets, dite l'Ile-aux-Bœufs, située en amont du pont, et la pêche de la rivière de Loire, à partir du chef du Dortoir de Saint-Loup jusqu'aux murs de la ville. (64) (*).

(*) *Charta Odonis regis Francorum.* — « IN N. D. Dei æterni et Salvator. N. I. Christi, Odo, gratia Dei, Rex. Nouerit omnium fidelium industria, quia Charissimus nobis *Robertus Dux Francorum et Abbas*

L'Ile-des-Martinets, ou aux Bœufs, commençait à cette époque, à 500 pas de la Tour-Neuve, et s'étendait jusqu'à la maison de l'Orbette; les murs de la ville commençaient dans ce temps à la Tour-Neuve, appelée ainsi parce qu'elle avait été réparée à neuf à diverses fois depuis sa construction.

Outre l'Ile-aux-Bœufs, ou des Martinets, il se trouvait encore, en remontant la Loire, la grande Ile-Charlemagne, ainsi nommée parce que cet empereur l'avait donnée en 772 à l'église Saint-Aignan, et qui fut aussi appelée Ile-Saint-Loup, parce qu'elle était vis-à-vis ce couvent, au sud (80).

Cette île commençait à l'Orbette, et s'étendait jusqu'à Saint-Jean-de-Braye, ne laissant de ce côté qu'un petit courant d'eau entre elle et la terre; la navigation se faisait dans ce temps du côté de Saint-Jean-le-Blanc et du Château-de-l'Ile où il y avait un petit port, et où plus tard il y eut un bac (13).

Concile tenu à Meung, près Beaugency, dans l'église de Saint-Liphard, qui venait d'être nouvellement construite; Gautier évêque d'Orléans s'y fit remarquer par sa prudence, sa sagesse et son savoir (47).

891.

Gautier meurt dans cette ville après en avoir gouverné l'église pendant environ 11. ans (21).

Trannin, évêque d'Orléans, meurt après 4 années d'épiscopat.

895.

Les Normands, qui avaient remonté la Loire, se présentent, pour la troisième fois, devant Orléans dans quarante grands bateaux, et se préparent à en faire le siége; mais les habitans de cette ville se rachètent du pillage moyennant une forte somme d'argent qui fut portée aux Normands par l'évêque Bernon. Ces barbares se rembarquèrent dans leurs vaisseaux et s'éloignèrent d'Orléans en descendant le fleuve (64-80).

895.

Bernon, évêque d'Orléans, meurt dans cette ville après environ 15 ans d'épiscopat.

910.

Robert, comte d'Orléans, qui était compétiteur de

Monasterij S. Aniani nostræ excellentiæ intimauit, quod quædam Dei ancilla nomine *Loyia* vineam clausi quod dicitur Arena, cum omnibus arcis in circuitu ipsius monasterij et prope ipsam vineam sitas. . . . . .
» D.
» Sig. O. I. S. S. R.
» N. »

Charles-le-Simple, roi de France, était aussi abbé du chapitre de Saint-Aignan de cette ville : en cette qualité il représenta au roi que les abbés, ses prédécesseurs, s'étaient servis du malheur des temps pour s'approprier les revenus de l'église, et que les chanoines étaient misérables; le roi lui donna des lettres patentes portant que les terres de Teilloy, Santilly et Trinay seraient dorénavant affectées pour le pain et la nourriture des chanoines, sans qu'aucun abbé y pût rien prétendre (64).

914. Robert, comte d'Orléans, qui aspirait à la royauté, cherche tous les moyens de se faire aimer de Rol, capitaine normand qui occupait la ville de Rouen, afin de s'en servir au besoin pour faire réussir ses projets; mais Charles, roi de France, en étant averti, déjoua sa trahison en proposant au Normand de lui donner en propre et à titre de duché la partie de la France qui se trouvait entre la mer, la Seine et la rivière d'Epte qui se jette dans la Seine. Il lui offrit même sa fille Giselle en mariage, s'il voulait se convertir à la foi chrétienne (43).

Rol, qui se plaisait beaucoup en France et qui déjà avait été battu plusieurs fois, se hâta d'accepter ces offres, il se fit catéchiser par Franco, archevêque de Rouen, et reçut le baptême la veille de Pâques. Robert, comte d'Orléans, eut la finesse de se rapprocher du roi, il fut même le parrain du Normand, et lui donna son nom (49).

Voilà comme cette portion du royaume de France prit le nom de Normandie, qu'elle porte encore aujourd'hui, et dont le premier duc fut ce capitaine normand, nommé Rol, qui prit le nom de Robert, son parrain.

14 déc. 917. Raymond, originaire d'Orléans et évêque de cette ville, va avec tout son clergé et un nombre prodigieux de fidèles au-devant du corps de saint Martin, que l'on transportait d'Auxerre à Tours, et qui passait par Orléans (64).

917. Robert ou Rol, premier duc de Normandie, meurt à Rouen, à jamais célèbre par la sévère justice et l'exacte police qu'il avait établies dans ses états (43).

Son fils Guillaume, depuis surnommé Longue-Épée, lui succéda; mais comme il était encore mineur, Robert, comte d'Orléans, parrain de son père, fut son tuteur (49-64).

25 juin 922. Robert, comte d'Orléans, dévoré de l'ambition d'être roi de France au préjudice de Charles-le-Simple, parvint

à gagner une grande partie des seigneurs de France; il se fait élire et couronner roi à Reims, par l'archevêque Hervé; alors il y eut deux rois en France (43).

Robert, comte d'Orléans, momentanément roi de France, et Charles-le-Simple, véritable souverain, ayant chacun de leur côté ramassé des troupes, marchent l'un contre l'autre, et se trouvent en présence près de Soissons; les deux armées en vinrent aux mains, Robert est tué d'un coup de lance que lui porta Charles-le-Simple, qui n'eut pas pour cela une victoire complète.

15 jui 923.

Robert ne régna pas une année, et n'est pas regardé comme roi de France, mais seulement comme comte d'Orléans (38-64).

Le parti de Robert ne perdit point courage par la mort de son chef; les seigneurs français élurent pour roi, Rodolphe ou Raoul, duc de Bourgogne, son beau-frère, qui fut couronné à Soissons, dans l'église de Saint-Médard, le fils de Robert, comte d'Orléans, nommé Hugues, ne se sentant pas assez fort, dans le moment, pour succéder à son père (43).

13 juillet 923.

Charles se laisse attirer dans le château de Péronne, par Hébert, comte de Vermandois, parent de Robert qu'il avait tué, lequel le retint prisonnier jusqu'à sa mort, arrivée le 7 octobre 929, six ans après, à l'âge de 50 ans.

La reine Agine, femme de Charles-le-Simple, se sauve avec son fils unique nommé Louis, chez son père, roi d'Angleterre, pour attendre une occasion favorable, et faire remonter cet enfant sur le trône de France.

Raoul ou Rodolphe, duc de Bourgogne, trente-deuxième roi de France, succède à Charles-le-Simple dont il avait usurpé la couronne, du consentement d'une partie des seigneurs français.

13 juillet 923.

Raymond, évêque d'Orléans, meurt après 15 ans d'épiscopat environ (21).

925.

Le pape Léon VI confirme la nomination d'Anselme II à l'épiscopat d'Orléans, laquelle avait été faite par le chapitre de l'église de cette ville, et le peuple assemblé à cet effet. La bulle du saint père impose la condition que le roi y ajoutât son approbation, et que le nouvel élu eût l'imposition des mains d'un des évêques suffragans (64).

12 janvier 929.

Hugues-le-Grand, fils de Robert II, étant comte d'Orléans, comme avait été son père, donne aux chanoines de

930.

Saint-Samson de cette ville, les deux petites églises de Saint-Sulpice et de Sainte-Lée, situées au nord, dans un faubourg de cette cité, lesquelles furent réunies à celle de Saint-Pierre dans ce même faubourg; ce qui fit donner à cette dernière, et par corruption, le nom de Saint-Pierre-en-Sentelée, au lieu de Saint-Pierre et Sainte-Lée (64-80-54).

Il existe aussi plusieurs titres qui désignent cette église de Saint-Pierre sous le nom de *Sanctus Petrus in sèmitâ Latâ*, ou Saint-Pierre-sur-la-Grande-Route (8-64).

Par la même charte, Hugues leur donne encore l'abbaye de Saint-Symphorien, bâtie près l'église de Saint-Samson; attendu que, de moines, ils s'étaient faits nouvellement chanoines, vivant ensemble sans faire de vœux (64-8).

934. Ebbon, seigneur de Dol, qui avait été grièvement blessé dans un combat donné contre les Normands, sur les confins de la Tourraine, se fait porter à Orléans, où il mourut de ses blessures. Il fut inhumé dans l'église de Saint-Aignan, à laquelle il laissa, par testament, des biens considérables.

936. Hugues, dit le Grand, comte d'Orléans, et beau-frère de Raoul, roi de France, n'ayant pu s'emparer du royaume, comme il en avait le projet, prit le parti d'envoyer une grande députation des seigneurs du royaume en Angleterre, afin d'engager Louis, fils de Charles-le-Simple, qui s'y était réfugié avec sa mère, à revenir en France pour y être couronné roi (43).

20 juin 936. Louis IV, trente-troisième roi de France, succède à Raoul ou Rodolphe, à l'âge de 20 ans. Le surnom d'Outre-Mer lui fut donné à cause de son séjour en Angleterre, chez son grand-père Edouard, qui en était le souverain.

9 janvier 938. Anselme, évêque d'Orléans, obtient du pape Léon VII des priviléges apostoliques pour tous les biens et droits appartenant à l'église d'Orléans; et ceux qu'elle pourrait acquérir à l'avenir sont mis par la même bulle sous la protection du saint siége (64).

Octobre 938. Anselme II, évêque d'Orléans, meurt après environ 13 ans d'épiscopat (21).

938. Le pape Léon VII autorise, par une bulle, les chanoines de Sainte-Croix d'Orléans à élire eux-même, c'est-à-dire sans le secours des habitans, l'évêque de cette ville,

toutes les fois que le siége serait vacant; en conséquence de cette permission, ils élevèrent à l'épiscopat Thierry Ier pour remplacer Anselme II qui venait de mourir (21-64).

Thierry Ier, évêque d'Orléans, meurt après 3 ans d'épiscopat. Il fut remplacé par Ermenthée.

Ermenthée étant abbé de Saint-Mesmin lorsqu'il fut nommé évêque d'Orléans, abandonne l'administration du temporel de cette abbaye à son économe nommé Benoît; celui-ci vexa de tant de manières le procureur du monastère, appelé Rotard, qu'il sortit de Mixi pour se retirer dans un monastère du Berry, emportant avec lui ce qu'il y avait de plus précieux dans le couvent et en particulier les chartes des anciens rois de France (64).

Benoît logea dans le monastère ses faucons, ses chiens de chasse, ses chevaux, ses domestiques qui étaient très-nombreux, sa femme et ses enfans. Il fit bâtir sur le Loiret une maison nommée Rirande, pour s'emparer de la pêche de cette rivière; il ne donna aux religieux de nourriture que ce qui leur était nécessaire pour ne pas mourir de faim; enfin il persuada à Ermenthée, évêque d'Orléans, son maître, de distribuer à ses gentilshommes les biens que les princes et les fidèles avaient donnés aux religieux de Mixi afin qu'ils priassent Dieu pour le salut de leurs âmes (64-8).

Plusieurs religieux du couvent de St-Evroux, de Bayeux en Calvados, arrivent à Orléans, apportant les reliques de leur Saint, qu'ils avaient eu la précaution d'envelopper dans des peaux de cerfs pour les soustraire à la fureur des soldats de Louis d'Outre-Mer, roi de France, et de Richard, duc de Normandie, qui se faisaient la guerre à outrance (64).

Ces religieux, au nombre de trente, avec la permission et même l'assistance des magistrats et des habitans, élèvent une petite église ou chapelle près la Porte-Dunoise, appuyée sur les murs de la première enceinte.

Les moines furent logés provisoirement dans les maisons voisines (64).

Herlin, abbé de Saint-Pierre-Empont et maître de la chapelle de Hugues-le-Grand, comte d'Orléans, est le premier chancelier ou garde-des-sceaux des ducs et comtes, connu dans cette place, à Orléans.

Hugues-le-Grand, comte d'Orléans, donne au chapitre

de Chartres, pour l'entretien des chanoines, la seigneurie et l'église d'Ingré, près d'Orléans.

Hugues-le-Grand, comte d'Orléans, meurt à cette époque, et transmet, par sa mort, le gouvernement de cette ville à son fils Hugues, dit Capet, qui devint roi en 987, et fut le chef de la troisième race des rois de France (43).

Jean XIII, pape, consacre à Rome la grosse cloche de l'église de Saint-Jean-de-Latran, et lui donne le nom de Jehanne, à cause du patron de cette basilique (31).

Cet usage de baptiser les cloches se répandit par toute la chrétienté, et celles d'Orléans subirent la même cérémonie au fur et à mesure qu'elles furent placées (31).

970. Ermenthée, évêque d'Orléans, meurt après environ 29 ans d'épiscopat (21).

972. Robert, fils de Hugues-Capet, comte d'Orléans, naît dans cette ville, d'Adélaïde, fille de Guillaume II, duc d'Aquitaine, et femme en premières noces de Hugues-Capet (64).

975. Hugues, duc de France, marquis d'Orléans, donne à l'évêque de cette ville, Arnould Ier, et au chapitre de Sainte-Croix, l'abbaye de Saint-Jean, près les murs de clôture, qui avait été ruinée par les Normands.

3 juillet 987. Hugues-Capet, ainsi nommé à cause de la grosseur de sa tête, trente-sixième roi de France, et le premier de la troisième race, à laquelle il donna le nom de capétienne, est nommé roi à l'âge de 46 ans par les seigneurs français assemblés dans la ville de Noyon. Il fut couronné et sacré par l'archevêque Adalberon, au préjudice de Charles de Lorraine, qui était de la race carlovingienne (43).

Hugues-Capet était comte d'Orléans, quand il monta sur le trône : il fut le dernier qui exerça dans cette ville cette charge qui ne fut pas rétablie. Les fonctions des comtes étaient alors de rendre la justice et de veiller au bon ordre des villes confiées à leurs soins; en temps de guerre ils commandaient les troupes (21-43).

25 août 987. Hugues-Capet, à la prière d'Almaric, abbé de Saint-Mesmin, permet aux religieux de cette abbaye de pêcher, un jour et une nuit, dans la partie du Loiret qui lui appartenait : cette permission fut donnée par lettres patentes (64).

29 déc. 987. Hugues-Capet, qu'une partie de la France ne reconnut point d'abord, voulut légitimer son pouvoir par les

suffrages d'un parlement libre (ou états-généraux) qu'il convoqua à Orléans, et dans lequel il obtint que son fils Robert, âgé de 16 ans, fût couronné et associé à la royauté (43).

Robert, fils de Hugues-Capet, roi de France, est couronné dans l'église de Sainte-Croix d'Orléans, par Arnould Ier, qui en était évêque; les seigneurs qui étaient assemblés dans cette ville, associèrent ce jeune prince à la royauté avec son père (43-64).

1 janvier 988

Ce roi et son fils furent les premiers souverains qui prirent le titre d'abbé de Saint-Aignan et de chanoines, avec la faculté de conférer le Doyenné, nom qui était donné à la première personne du chapitre après l'abbé (64) (*).

Charles de Lorraine, seul rejeton de la race carlovingienne dont Hugues-Capet avait usurpé la couronne, ayant eu l'imprudence de rentrer en France et de se fier à Ancelin, évêque de Laon, ville où Charles s'était fixé et où il vivait avec trop de sécurité, ce prélat, la nuit du Vendredi-Saint, ouvrit les portes et le livra à Hugues-Capet, avec sa femme et ses enfans, lequel les fit mener prisonniers à Senlis, et de là à Orléans où ils furent enfermés dans une tour, au levant des murs de cette ville (la Tour-Neuve) (43).

12 avril 991

Cette tour, appelée Tour-Neuve parce qu'elle avait été réparée plusieurs fois à neuf, faisait partie d'un château-fort dont les murs remontaient au nord; elle renfermait des prisons sous lesquelles il y avait des cachots ou oubliettes; un gouverneur y commandait, et une garnison y faisait le service: c'était une véritable prison d'état (43-64).

Arnould, archevêque de Reims, frère bâtard de Charles de Lorraine, est condamné dans le concile de cette ville, par ordre et sous l'influence du roi Hugues-Capet, à être dégradé de la prélature, et envoyé prisonnier à Orléans pour y être enfermé dans la même tour où

992.

(*) *Ex Tabulario Eccl. Sancti Aniani.* — « I. N. S. et I. T. Robertus, diuina prouidente clementia, Francorum Rex et *Abbas* Monasterij Sancti Aniani; Cunctis fidelibus, etc.

« Signum Sanctæ Crucis Domini Roberti S.
    Hugonis filij sui S.   Terolo Decanus.
    Odilmarus subs.   Robertus *archiclauus*, etc. »

était retenu son frère. Dans le concile qui avait prononcé ce jugement, Arnould, évêque d'Orléans, un des plus respectables prélats du royaume, se fit remarquer par un discours véhément contre les scandales de la cour de Rome (43).

992. Arnould, archevêque de Reims, prisonnier à Orléans, est remplacé dans son siége par Gerbert, de la seule autorité du roi Hugues-Capet, et sans l'approbation du pape Jean XV.

993. Le pape Jean XV, mécontent de ce que Arnould, archevêque de Reims, avait été dégradé, renfermé à Orléans et remplacé dans son siége sans son approbation, fait déposer Gerbert qui avait été élu à sa place, et par les menaces d'une terrible excommunication, oblige le roi Hugues-Capet à relâcher son prisonnier d'Orléans et à le réinstaller dans sa chaire.

21 mai 994. Charles de Lorraine meurt dans la Tour-Neuve d'Orléans, qui lui servait de prison depuis deux ans; on ne sait pas ce que devint sa femme. Il laissa deux fils et deux filles qui se retirèrent en Allemagne près de l'empereur Othon III, et qui moururent sans postérité (43-64).

996. En cette année, une maladie, que l'on nommait le *mal des ardens*, fit de cruels ravages en France; il prenait tout-à-coup, et brûlait les entrailles ou quelque autre partie du corps qui tombait par pièces; cette plaie emporta principalement dans l'Aquitaine, le Périgord, le Limousin et l'Orléanais plus de 40,000 personnes en peu de temps (43).

996. Robert, dit le Saint, trente-septième roi de France, succède à son père Hugues-Capet, à l'âge de 24 ans. Ce roi était né à Orléans, en 972.

997. Arnould Ier, évêque d'Orléans, obtient du roi de France l'autorisation de faire restituer à des seigneurs de cette ville les biens que ces derniers avaient usurpés à l'église de Saint-Chéron, petite église qui à cette époque était placée sur l'emplacement où fut depuis le couvent des Récollets (8).

999. Sous le règne de Robert roi de France et l'épiscopat d'Arnould Ier, un terrible incendie consuma une partie de cette ville; presque toutes les églises et les édifices publics disparurent : Sainte-Croix, à peine relevée de ses

ruines, et Saint-Aignan qui avait été rebâti par les soins de Charles-le-Chauve, furent réduits en cendres, ainsi que Saint-Euverte, etc. (21-64) (*).

Grégoire, archevêque de Nicopolis, meurt dans un petit hermitage, près Pithiviers, où il s'était retiré (8).

Arnould Ier, évêque d'Orléans, fait rétablir la nef, et le rond-point de l'église de Sainte-Croix, qui avaient été brûlés dans le terrible incendie de 999; en travaillant aux fondemens, les ouvriers trouvèrent un trésor, qui servit à payer une partie des travaux (21).

Le roi Robert, informé que la procession que devait faire annuellement l'église de Notre-Dame de Chartres avec tout son clergé, à la cathédrale de Sainte-Croix d'Orléans, n'avait pas eu lieu cette année, en fait faire ses plaintes par Arnould Ier, évêque de cette dernière ville, à Fulbert, évêque de Chartres, qui lui répondit, pour s'excuser, que les grandes occupations où se trouvait son clergé pour la réédification de leur église que le feu venait de consumer entièrement, l'empêchait de se rendre à Orléans le jour destiné, et qu'il le priait de vouloir bien souffrir qu'il remît cette obligation à un temps plus convenable (64).

L'origine et la suppression de cette procession ne nous sont pas connues; nous présumons que son extinction date de cette époque.

Robert fait élever un superbe portail au Châtelet d'Orléans, qui lui servait de palais. Ce portail était fait en forme d'une grosse et haute tour carrée et couverte, dont les appartemens servaient aux baillis et à leurs lieutenans qui y rendaient la justice (21).

Les chanoines de Saint-Aignan, ne pouvant plus faire le service divin dans leur église qui avait été brûlée l'année précédente, avaient fait disposer une petite église non loin de là, qui portait la dénomination de Saint-Martin-Cuisse-de-Vache. Ils continuèrent de célébrer l'office jusqu'au parfait rétablissement de la leur, à laquelle le roi Robert faisait travailler avec activité (9).

(*) *Ex Chartâ Eccl. S. Euuertij Aurel.* — « Avdito igitur inter alia, quod proxima solemnitate Natalis Domini, concilium habiturus sis cum Principibus Regni de pace componenda, gaudeo. Sed audito quod Aureliana ciuitas videlicet *incendio* vastata est, sacrilegiis profanata, et insuper excommunicatione damnata, nec post reconciliata …. etc. »

Il y avait encore dans le même cloître, à la place de la maison qui fait face au presbytère, une autre petite église portant le nom de Saint-Martin-de-l'Étel, dit Saint-Martin-cuisse-de-Bœuf. (Nécrologe de Sainte-Croix, année 1390) (9).

17 novem. 1000. Le roi Robert, natif d'Orléans, qui avait une grande dévotion pour Saint-Aignan, désigne le jour de la fête de ce saint pour en visiter les reliques; l'affluence des fidèles fut considérable dans l'église et le cloître (8).

La grande réunion des fidèles engagea les marchands de comestibles et autres marchandises d'y établir leurs petites boutiques ambulantes chaque année. Le cloître devint à cette époque le lieu de la réunion qui prit le nom de Foire-Saint-Aignan (76).

1000. Concile tenu à Saint-Denis, présidé par Séguin de Sens, vénérable par son âge et ses vertus, pour régler la discipline des religieux qui était horriblement relâchée. Les moines voyant que le concile allait prononcer contre eux, excitèrent une furieuse sédition pour les en écarter: Séguin, le président, y fut blessé, et Arnould, évêque d'Orléans, reçut un coup de hache entre les deux épaules; il y aurait laissé la vie s'il n'eût pas pris la fuite. Ce prélat fut ramené dans son évêché, et long-temps souffrant de sa blessure il finit par en mourir (43).

Achard, chanoine de Saint-Aignan d'Orléans, fait don à cette église de plusieurs moulins situés sur la rivière de Loire, près la Porte-Bourgogne, et de quelques maisons proche du cloître; il y ajouta quatre arpens de vignes et un pressoir sis à l'Orbette, quartier du faubourg Bourgogne (voir la charte, année 1093) (8-80).

Les vestiges de ces moulins se voyaient encore en 1658, à l'ancienne Porte-Bourgogne (8).

Renard, homme de grande condition, ayant usurpé sur l'église de Saint-Aignan deux courans d'eau sur la rivière de Loire, en fait une restitution solennelle et publique en présence de sa femme et de ses enfans (64).

Les chanoines de Saint-Aignan, qui vivaient en communauté, mais sans avoir fait de vœux, se retirent du monastère pour vivre doucement en leur particulier, exempts de la contrainte des règles et de la dépendance d'un supérieur (64-80).

A cette époque, les Juifs étaient très-nombreux à Orléans, et faisaient presque tout le commerce de cette ville; un quartier leur était assigné pour leurs demeures particulières, avec défense de loger ailleurs (8).

Robert fait construire une chapelle dans son palais du Châtelet d'Orléans, sous le nom de St-Vincent, pour lequel il avait une grande vénération. Plus tard cette chapelle prit le nom de Saint-Louis (21-64). 1001.

Le roi de France Robert fonde un monastère d'hommes près d'Orléans, et au nord, sous l'invocation de Saint-Vincent, lequel, après que les moines se furent éteints, devint paroisse qui prit le nom de Saint-Vincent-des-Vignes, par rapport à sa situation dans le vignoble, au milieu duquel elle se trouvait avant que ses environs fussent habités et devenus faubourg, lors de la dernière enceinte (8-64-80). 1002.

Arnould Ier, évêque d'Orléans, remarquable par son esprit, meurt des suites de la blessure qu'il avait reçue au concile de Saint-Denis, en 1000, après avoir siégé 33 années (21-43). 1003.

Cette année, la Loire déborda avec tant de violence qu'elle inonda toutes les campagnes voisines d'Orléans, abbatit des maisons, des ponts, et fit périr un nombre considérable de personnes et de bestiaux; le débordement fut si prompt qu'il surprit les laboureurs et les vignerons à leur ouvrage et les voyageurs sur les chemins (64).

Abbon, abbé de Saint-Benoît-sur-Loire et natif d'Orléans, est massacré en Gascogne, dans une émeute populaire suscitée par les femmes de la ville de Squirs, parce qu'il voulait réformer les mœurs corrompues des moines qui y avaient un couvent considérable (43). 13 novem. 1004.

Foulques, évêque d'Orléans, meurt après 6 ans de siége (21). 1009.

Les Juifs, dont il y avait un grand nombre à Orléans, écrivent au calife de Babylone qu'il ait à se précautionner contre les Chrétiens qui se préparaient à passer dans la Terre-Sainte pour s'emparer de Jérusalem. La nouvelle de cette perfidie ayant été connue en Europe, les Français les chassèrent de la plupart des villes du royaume, où plusieurs furent tués ou noyés; le porteur des lettres des Juifs, qui était d'Orléans, ayant eu l'imprudence de revenir dans cette ville, y est arrêté et brûlé vif (64).

Le roi de France, Robert, donne au chapitre de Saint-Pierre-le-Puellier, l'église de Saint-Paul, paroisse du 15 déc. 1012.

bourg d'*Avenum*, laquelle église était près des murs de clôture lorsque ce bourg fût entouré de murailles, de 1301 à 1329 (64).

L'église de Saint-Paul était voisine de la petite chapelle de Notre-Dame-des-Miracles (21-64).

Il donna aussi au même chapitre l'église de Saint-Michel, située au nord, et hors des murs de la ville, en avant de la Porte-Parisis (8).

1015. Fromond, frère de Raymond II, comte de Sens, ayant participé, avec son frère, à des vexations et des violences contre Léoteric, archevêque de cette ville, le roi Robert prend la ville de ce dernier, le prive de son comté, et fait renfermer Fromond dans la Tour-Neuve, à Orléans, où il mourut (43-64).

9 sept. 10.7. Les religieux de Saint-Benoît, qui avaient un clos de vignes au quartier de la Bourie-Noire, près Saint-Prouair (qui devint Saint-Paterne) au nord d'Orléans, se trouvant empêchés d'en faire la récolte, l'abbé s'avisa, en homme rusé, d'y faire porter les reliques de saint Maur et autres châsses, qu'il ne retira qu'après avoir fini sa cueillette, qu'il fit alors paisiblement, personne n'ayant osé profaner ce lieu en présence des saintes reliques (8-64-80).

1017. Il vint d'Italie, on ne sait quelle femme, imbue des idées de l'hérésie des Manichéens qu'elle inspira à deux des plus savans et des plus nobles du clergé d'Orléans: ceux-ci les transmirent à plusieurs personnes de diverses conditions. Le roi Robert, qui faisait sa résidence en cette ville où il était né, en étant informé, y assembla un concile pour les convaincre ; mais n'ayant pu y parvenir, on fit allumer un bûcher dans un champ proche la ville pour les jeter dedans, s'ils persistaient dans leurs erreurs ; mais bien loin de craindre les flammes, ils y coururent. Il en fut brûlé treize, parmi lesquels il y avait dix chanoines de Sainte-Croix, et des religieux (64-8).

Thierry II, évêque d'Orléans, prélat d'une grande renommée, meurt après avoir siégé dans cette ville pendant environ 8 années (21-64).

1021. Robert réinstitua de nouveau les chanoines de Notre-Dame-de-Bonne-Nouvelle, qui s'étaient presque éteints; il fit relever les bâtimens qui tombaient en ruine, et leur donna quelques biens (64).

1022. Assemblée de tous les prélats de la province, par ordre et en présence de Robert, qui résidait à Orléans, pour condamner Étienne, escolâtre de Saint-Pierre-le-Puellier (on appelait escolâtre, un chanoine qui était chargé d'enseigner gratuitement la théologie), et Lisoire, chanoine de Sainte-Croix d'Orléans, tous les deux natifs de cette ville, qui suivaient encore les erreurs des Manichéens.

Lorsqu'on menait ces malheureux au supplice du feu auquel ils avaient été condamnés, la reine Constance, deuxième épouse de Robert, femme altière et capricieuse, s'étant rendue sur leur passage, lança à Étienne, qui avait été son confesseur, un si violent coup de bâton sur le visage qu'elle lui creva un œil. Odolric, évêque d'Orléans, pour mettre le comble à tant de cruautés, fit exhumer un chantre de Sainte-Croix, mort depuis 3 ans, suspecté de la même hérésie, et fit jeter ses os à la voirie (8-64).

Le temple de Jérusalem ayant été abattu par le prince de Babylone en 1009, à l'instigation des Juifs, mais rebâti peu de temps après par la mère même du prince, qui était chrétienne; plusieurs seigneurs de France s'y rendirent par dévotion. Robert y envoya Odolric, évêque d'Orléans, lui donna une épée ayant la poignée et la gaîne d'or, parsemée de pierres précieuses, pour la présenter, de sa part, à l'empereur Constantin (64).

Odolric, évêque d'Orléans, arrive de Jérusalem, et revient à Orléans après 18 mois d'absence rendre compte au roi Robert, qui faisait sa résidence en cette ville, du succès de son voyage. Il présenta au roi un morceau de la vraie croix qu'il avait apporté avec lui, ainsi qu'une des sept lampes qui étaient suspendues dans le sépulcre du Christ, laquelle fut placée dans le chœur de Sainte-Croix d'Orléans (64). 1024.

Odolric fonde la chapelle de Sainte-Colombe, non loin de Sainte-Croix, au sud, entre la cathédrale et le couvent des chanoines de Notre-Dame-de-Bonne-Nouvelle (21). 1023.

Odolric donne l'église de Sainte-Colombe, qu'il avait nouvellement fondée à Orléans, à l'abbaye de Colombs, au diocèse de Chartres, et fait confirmer cette donation par le roi de France Robert.

Le roi Robert est le premier souverain de France qui lava les pieds aux pauvres; ce jour il en fit rassembler, à Orléans, mille, qu'il servit à genoux, et auxquels il toucha les écrouelles (64). 4 avril 1029. Jeudi Saint.

13 juin 1029.

Sous le pontificat du pape Jean XIX, le règne de Robert, roi de France, et l'épiscopat d'Odolric, évêque d'Orléans, on fit la dédicace de la nouvelle église de Saint-Aignan, que le roi Robert, qui avait une dévotion toute particulière pour ce Saint, avait fait achever, après vingt ans de travail : cette dédicace se fit avec une pompe extraordinaire ; par plusieurs évêques, en présence du roi et de sa cour.

Cette église fut bâtie sur de nouveaux fondemens, dans un autre emplacement beaucoup plus commode que celui qu'elle occupait avant, de 15 toises plus au sud et plus près de la Loire, et telle qu'elle est présentement.

Ce bâtiment avait 40 toises de long du levant au couchant, sur 12 de large du nord au sud, et 10 de hauteur intérieure ; il recevait le jour par 132 croisées ; le frontispice était d'une structure admirable, et surmonté d'un beau clocher ou tour ; dans l'intérieur il y avait 19 chapelles ou autels dont un destiné particulièrement pour recevoir la châsse de saint Aignan.

Il fut chanté, par le roi Robert lui-même, plusieurs hymnes qu'il avait composées, et qui sont encore à l'usage du chœur de cette église (8-64).

14 juin 1029.

Les ossemens de saint Aignan sont levés de terre de la vieille église, pour être déposés dans la nouvelle ; ils furent portés sur les épaules du roi Robert, qui après la cérémonie s'approcha de l'autel, où s'étant dépouillé de son manteau royal, et prosterné à genoux en présence de tout le peuple, il fit sa prière pour la prospérité de l'église et de son royaume, puis après il entonna une des hymnes qu'il avait composées, laquelle fut répétée en chœur par tous les assistans (64.)

La tête de saint Aignan fut déposée dans une châsse que le roi avait fait faire ; elle était couverte d'une lame d'or fin, du poids de 15 liv., enrichie d'une grande quantité de pierres précieuses, et placée sur un autel particulier dans le chœur de l'église. Le roi donna, en outre, une chasuble d'un tissu de soie, dix-huit chappes, aussi de soie, un vase d'argent, deux livres d'évangiles couverts d'or, deux autres livres d'évangiles couverts d'argent, un missel couvert d'ivoire et argent, douze phylactères ou tables de la loi du nouveau testament en or, un autel couvert d'or et d'argent, dans le milieu duquel était une pierre précieuse, appelée cornaline; trois croix d'or, cinq grosses cloches dont une pesait 11,600 liv. que le roi fit appeler de son nom Robert. Il assista à la bénédiction ou baptême de ces cloches. Il confirma aussi plusieurs donations et priviléges accordés par les rois Pépin, Charlemagne, Louis-le-Débonnaire, etc., ses prédécesseurs, à l'église de Saint-Aignan (8-64-80) (*).

Le roi Robert fait relever de ses ruines l'église de Saint-Victor d'Orléans qui avait été détruite lors du terrible incendie de 999, qui avait réduit la ville en cendres (64). 1029.

Odolric, évêque d'Orléans, donne à l'abbaye de Saint-Mesmin, la chapelle de Notre-Dame-des-Miracles, située près l'église de Saint-Paul, dans le bourg d'Avenum, au soleil couchant de la ville (64-80).

Le roi Robert fait bâtir une chapelle dans la forêt d'Orléans, à 3 lieues de cette ville, dans un petit endroit nommé Chanteau, et qu'il appelait sa Petite-Chapelle-des-Bois (21-64).

Gausselin, abbé de Saint-Benoît, refuse obéissance et soumission canonique à Odolric de Braye, évêque d'Orléans. Fulbert, archevêque de Chartres, excommunie l'abbé et prie les évêques de sa province d'en faire autant. Gausselin, intimidé, se range à son devoir et donne satisfaction au prélat d'Orléans (8). 29 sept. 1029.

Le roi Robert fait bâtir l'église de Saint-Hilaire d'Orléans devant son palais du Châtelet, et y établit un monastère dont les chanoines furent tirés de celui de Saint-Euverte : cette église servait de grande chapelle pour son palais (64). 1030.

(*) *Charta Roberti Regis.* — *Ex Tabulario Ecclesiæ Sancti Aniani.* — « I. N. N. S. E. I. T. Robertus, diuina prouidente clementia, Rex Francorum et *Abbas Monasterij* S. Aniani. Cunctis fidelibus Christianæ Religionis tam præsentibus quam futuris, notum esse volumus quod Canonici S. Aniani nostram celsitudinem humiliter deprecati sunt, ut præcepta et immunitates quas priores reges firmauerunt, videlicet Pippinus, Karolus, Ludouicus, Odo, nos etiam, pro retributione beatitudinis firmaremus quorum; petitiones libenter excepimus. »

Signum Roberti regis.

(*Cet acte est scellé d'un gros scel de cire blanche où est représentée l'effigie d'un roi couronné, tenant en sa main droite une double croix, et en la gauche une pomme, et autour sont écrits ces mots:* Robertus gratiá Dei Rex Francorum).

. Robert autorise la création de chanoines séculiers pour le service de l'église de Saint-Euverte d'Orléans.

20 juillet 1031. Robert, dit le Saint, natif d'Orléans, trente-septième roi de France, meurt à l'âge de 61 ans, à Melun (43).

Ce roi était né à Orléans, où il venait souvent habiter. Il fit de grands dons aux églises et aux pauvres de cette ville; à sa mort, il fut regretté de toute la France. Les historiens écrivent qu'à ses funérailles on entendait de tous côtés des soupirs et des sanglots.

On trouve dans l'histoire de sa vie un trait digne d'admiration. Une dangereuse conspiration contre son état et sa vie, ayant été découverte, et les auteurs arrêtés, comme les juges étaient assemblés pour les condamner à mort, Robert fit traiter splendidement ces malheureux, et les admit le lendemain à la sainte communion, et puis il voulut qu'on les mît en liberté, disant que l'on ne pouvait pas faire mourir ceux que Jésus-Christ venait de recevoir à sa table.

1031. Henri Ier, trente-huitième roi de France, succède à son père Robert-le-Saint, à l'âge de 21 ans.

1033. Par une bulle du Pape Jean XIX, et à la sollicitation de l'évêque d'Orléans, Odolric de Broyes, Notre-Dame-de-Beaugency est érigée en abbaye (47).

1035. Odolric de Broyes meurt dans cette ville après environ dix-huit ans d'épiscopat (21).

1036. Isambard de Broyes, frère de l'évêque d'Orléans, qui avait une femme nommée Bélisia, meurt avec elle cette année; son fils, Hugues Bardan, fait un don considérable à Geoffroy, abbé de Colombs, pour la rémission de ses péchés, ceux de son père, de sa mère, et même de sa femme.

1037. Cette année, la Loire sortit de son lit et inonda une partie de la ville basse d'Orléans, et la campagne, du côté du Portereau (64).

1039. Liger, chanoine de l'église de Saint-Euverte, demande au chapitre de Saint-Aignan la liberté pour son frère Adebrannus; les chanoines lui répondirent qu'ils ne pouvaient donner la liberté à aucun de leurs serfs sans l'exprès commandement du roi, qui était leur abbé, non pas à cause de ses droits en cette qualité, mais bien à raison de ceux de sa couronne, attendu que l'affranchissement d'un homme de corps était une espèce de détention du bien ecclésiastique (8-64).

Eudes, frère d'Henri Ier, roi de France, ayant conspiré contre ce dernier, est assiégé et pris dans un château où il s'était retiré et conduit sous bonne et sûre garde à Orléans, pour être renfermé dans la Tour-Neuve de cette ville, sans qu'on ait jamais su ce qu'il était devenu (43-64). 1041.

Henri Ier ordonne de ne lui servir sur sa table que des vins d'Orléans, principalement les vins blancs de Rebrechien, qu'il estimait le plus parmi ceux de toute la province (8-21-64-80). 1053.

La compagnie d'armes du gouverneur d'Orléans se réunit à la gendarmerie qui allait faire le siége de Mouzon-sur-Meuse ; nous n'avons pu découvrir les noms des premiers gouverneurs ou capitaines de la ville d'Orléans, ni la date de leur établissement dans cette cité (64). 20 sept. 1054.

Plusieurs ministres et officiers d'Henri Ier étant venus à Orléans pendant le temps des vendanges, firent fermer toutes les portes de la ville, parce qu'alors les habitans apportaient leurs cueillettes pour y faire leurs vins, et voulant exiger un certain droit d'entrée, il y eut une émeute très-considérable : les Orléanais firent porter leurs plaintes au roi par Isambard de Broyes, leur évêque, assisté de plusieurs notables bourgeois ; ils obtinrent la confirmation de leurs anciens droits et exemptions, qui furent, ainsi que les lettres du roi, déposés au trésor de la cathédrale de Sainte-Croix d'Orléans (64). 2 octobre 1057.

Isambard de Broyes, évêque d'Orléans, et Reignier, abbé de Saint-Benoît-sur-Loire, signent l'acte par lequel Henri Ier, roi de France, reconnaît, avant sa mort, pour son successeur, Philippe, son fils, âgé de 7 ans (43). 20 mai 1059.

Philippe Ier, roi de France, établit à Orléans un prévôt, qui fut logé dans une maison particulière, au nord du Châtelet et des prisons ; ce juge prononçait sans appel, et ses décisions étaient exécutées sur-le-champ. Le premier qui fut pourvu de cette charge s'appelait Malbert, son logement, qui prit le nom d'Hôtel de la Prévôté, était à l'opposite de la belle maison, appelée Maison-de-l'Ours, que nous présumons avoir été une habitation de prince ; elle se voit encore aujourd'hui, dans le Marché-à-la-Volaille, n° 4, et est occupée par un vannier (9-21-64). 1060.

Isambard de Broyes, meurt après environ 28 ans de siége (21-64). 1063.

Philippe Ier fait donation à l'abbaye de St-Martin-des- 1065.

Champs-de-Paris, de tous les droits qu'il recevait des personnes qui s'assemblaient à la Saint-Jean et à Noël dans la place St-Samson d'Orléans, pour y louer des domestiques, et les domestiques pour y trouver condition (64-80).

1067. Hadéric de Broyes, évêque d'Orléans, meurt après environ 4 années d'épiscopat (21).

Philippe Ier fait donation à Saint-Martin-des-Champs-de-Paris, de la maison collégiale de Saint-Symphorien de cette ville; la charte qui confirmait ce don fut signée par Malbert, prévôt d'Orléans; il y avait déjà plusieurs années que ce prince avait fait le don à la même abbaye des droits qu'il recevait des personnes assemblées devant cette église (64).

1077. Philippe Ier tient son parlement ou états-généraux, dans son palais du Châtelet à Orléans, où il confirma plusieurs donations qu'il avait faites à l'abbaye de Fleury ou Saint-Benoît-sur-Loire (8-64-80).

L'abbé de Saint-Benoît-sur-Loire relève de ses ruines le prieuré de Saint-Gervais, situé faubourg Bourgogne, qui avait été ruiné par les Normands, lors de leurs invasions dans l'Orléanais (80).

Philippe Ier, par lettres patentes datées d'Orléans, donne aux religieux de Saint-Gervais et Saint-Protais, établis au faubourg Bourgogne, l'église de Chanteau, dans la forêt, et les biens qui en dépendaient, avec un clos de vignes qui lui appartenait, au même endroit, et que Beaudoin, comte de Flandre, son tuteur, avait fait planter (64).

8 mai 1079. Raynier de Flandre, évêque d'Orléans, va à Beaugency pour y consacrer l'église du Saint-Sépulcre, qui avait été nouvellement finie et érigée en prieuré, par Lancelin III, seigneur de cette ville, qui la donna à l'abbaye de Vendôme, avec l'obligation, par le prieur, de lui présenter tous les ans, le jour de Pâques après la messe, à la porte de son château, et pour le décarêmer, treize œufs frits dans l'huile, treize petits pains unis ensemble, en forme de couronne, et deux pintes de vin rouge, dans deux pots de terre neufs (47).

1080. Raynier de Flandre, cède aux moines de Saint-Benoît-sur-Loire un terrain dans la ville, où ils bâtirent une maison et une chapelle, pour y déposer les reliques de leur patron, lorsque les circonstances les forceraient de quitter leur couvent, et de se mettre en sûreté dans Orléans. Cette donation fut confirmée par un diplôme de Philippe Ier (8-64).

Cette chapelle prit le nom de Saint-Benoît-du-Retour, par rapport aux divers voyages que les religieux furent obligés de faire à différentes époques (80).

Évrard, seigneur du Puiset, près Orléans, se révolte contre le roi Philippe Ier, qui vint l'assiéger dans son château; mais la vigoureuse résistance des assiégés oblige le prince à lever le siége, après y avoir perdu beaucoup des siens. Le Puiset était alors une place considérable : Constance, femme du roi Robert, l'avait fait fortifier pour s'opposer aux violences des seigneurs qui pillaient les biens ecclésiastiques de la province orléanaise (64).

Théodoric, seigneur orléanais, donne la seigneurie de Saint-Benoît-du-Retour de cette ville aux religieux de Saint-Benoît-sur-Loire, qui y avaient élevé une chapelle. Cette donation fut confirmée par Philippe Ier (8-80).

L'abbé *Stephanus Tornacensis*, abbé des chanoines séculiers qui desservaient Saint-Euverte d'Orléans, sollicite des secours pour rétablir son église qui avait été brûlée lors du terrible incendie de 999, lequel avait consumé une grande partie d'Orléans ; il répara en même temps le monastère, qui avait été, comme l'église, ruiné à cette époque (64-80).

Raynier de Flandre, évêque d'Orléans, meurt après environ quatorze ans de siége. Ce prélat était mal vu dans la ville, et avait été obligé de s'en absenter plusieurs fois (21). 1081.

Une femme pieuse nommée Maussende donne à l'abbaye de Saint-Mesmin, près Orléans, l'église de Saint-Marceau, faubourg de cette ville : elle venait de l'obtenir par sentence arbitrale de Richer, archevêque de Sens, sur les religieux de Bourgueil qui lui en disputaient la propriété. Dans ce temps, il était encore d'usage que les églises, les ornemens, les cloches, les calices, les ciboires, etc., entrassent dans le commerce comme les autres biens : on donnait en dot une église, un couvent avec leurs revenus (43-64-80). 1082.

Mort du pape Grégoire VII. C'est ce pape qui ordonna que le titre de pape, qui était alors commun à tous les évêques, appartiendrait seulement à l'évêque de Rome (31-53). 24 mai 1085.

1090.   Arnould II, évêque d'Orléans, meurt après environ neuf ans de siége (21).

La petite église de Saint-Bacchus est rétablie pour la rendre au culte. Elle était située cloître Saint-Aignan d'Orléans, sur l'emplacement d'une maison qui s'appelle aujourd'hui *porta patens*, à l'ouest de l'église, dans la petite rue qui descent à la rue de la Tour-Neuve (64-80).

28 décem. 1090.   Jean, archidiacre, est élu à la dignité épiscopale à Orléans, par l'exprès commandement du roi, quoiqu'il fût jeune et arrogant, et malgré le vœu du clergé et du peuple de cette ville; son élection eut lieu à cette date, jour de la fête des Saints Innocens: on chanta par toutes les rues de la ville, et par dérision, ce quatrain:

> Nous élisons un jeune enfant,
> Au jour fête des Innocens,
> Quoique la loi ne le demande;
> Le roi, pourtant, nous le commande (24).

Sous le règne de Philippe Ier et l'épiscopat de Jean Ier, évêque d'Orléans, Albert, seigneur de cette ville, affranchit un de ses esclaves nommé Letbert; la cérémonie eut lieu dans l'église de Sainte-Croix, et l'acte de manumission fut gravé sur une pierre et incrusté dans l'un des jambages extérieurs de la tour des cloches de cette cathédrale (64-80).

Jean Ier fait plusieurs réglemens pour les religieux de Saint-Laurent-des-Orgerils de cette ville, et leur permet de choisir, sans la participation des évêques, un vicaire pour exercer les fonctions curiales dans leur église, à la condition que les moines seraient toujours redevables, envers la cathédrale, de certains droits accoutumés, parmi lesquels on distinguait ceux d'être obligés de donner un repas au chapitre, la veille de la saint Laurent, et de fournir annuellement deux peaux de chèvres au chantre de l'église de Sainte-Croix, pour se faire des *bottes*, le jour de la fête des Rameaux.

Cette redevance d'une paire de bottes venait de ce qu'un chantre de la cathédrale avait refusé de faire ce trajet dans la boue, à travers les halliers qui existaient hors la ville, pour arriver à Saint-Laurent, et avait demandé que la procession des Rameaux se rendît dans une église plus proche.

Lors de cette procession des Palmes ou des Rameaux, l'officiant, monté sur un âne, s'arrêtait sur la place des

Papegaults, voisine, au couchant et en avant, de la porte Dunoise ; il s'y reposait quelques instans dans un fauteuil préparé à cet effet, et après avoir reçu six œufs frais dans une corbeille d'osier garnie de paille, il prononçait un discours. Pendant ce temps, le paisible animal, figurant celui que montait Notre-Seigneur à son entrée dans Jérusalem, mangeait à l'écart un picotin d'avoine que devait fournir, ainsi que les œufs frais, le possesseur d'une maison des environs; la procession reprenait ensuite sa marche, et l'officiant chantait l'*attollite portas* à la porte Dunoise qui se trouvait fermée (54-76).

A cette époque, la procession des Rameaux se rendait aussi près la porte Dunoise, à la Croix-*Boisée* ou Buisée, et en faisait le tour ; on y chantait une antienne et on y plaçait du buis nouveau (8-64-80-54).

Philippe Ier, par une charte, approuve la donation de tous les biens qu'Henry, son père, et Robert, son aïeul, avaient faite à l'église de Saint-Aignan, et confirme le don de quelques moulins sur la rivière, près de la porte Bourgogne, fait en 1000, par Achard, chanoine de cette église (*). 1093.

Jean Ier est envoyé par le roi Philippe Ier, son protecteur, au concile de Clermont, en Auvergne. Dans ce concile, fut institué l'office de la Vierge Marie, dans l'intention du succès du voyage de la Terre-Sainte ou croisade que l'on projetait déjà (64). 1095.

Jean Ier, évêque d'Orléans, meurt après environ cinq ans de siége (21). 1095.

Yves, évêque de Chartres, écrit à Sanction, évêque d'Orléans, pour se plaindre qu'au jour de sa joyeuse entrée, délivrant les prisonniers, il avait mis en liberté un 1096.

(*) *Charta Philippi. — Ex tabulario eccl. Sancti Aniani.* — « IN. N. S. E: I. T. *Philippus*, diuinæ prouidentiæ clementia, Rex Francorum et *Abbas* Monasterij S. Aniani ; cunctis fidelibus diuinæ religionis, tam præsentibus quam futuris, notum esse volumus quod *Helias* Decanus et Canonici B. Aniani nostram celsitudinem humiliter deprecati sunt, vt præceptum et immunitatem quam antecessores nostri videlicet *Robertus*, auus meus Rex, et *Hainricus*, pater meus Rex, de dimissionne Acardi Canonici, scilicet *molendinorum* in Sancti aqua et sua, etc.

» Hæc datio cum firmitate, firmitas cum datione facta est anno Incarnationis domini 1093, Indictione prima, Epacta autem vigesima concurrentibus quinque. »

(*Cet acte est scellé d'un gros scel de cire jaune, où est représentée l'effigie du roi Philippe Ier, couvert d'un manteau royal; et ayant une couronne à l'antique sur la tête.*)

ecclésiastique criminel qui lui avait été recommandé, mais que le même jour, il l'avait fait battre et dépouiller par ses domestiques, ce qui était violer les lettres de grâce accordées pleines et entières en pareil cas (64).

Pierre Lhermite prêche la première croisade.

L'évêque Sanction étant malade, le chapitre de Sainte-Croix lui nomma pour coadjuteur Jean II : c'est le premier exemple de cette manière d'agir à Orléans.

Philippe Ier chasse les Juifs de son royaume, pour cause d'usure : c'était la troisième fois qu'ils étaient expulsés de la France. Orléans perdit de 1000 à 1200 familles qui habitaient cette ville, dans un quartier qui leur était particulier, et dont ils ne pouvaient sortir (8-43).

Sanction, évêque d'Orléans, meurt après environ quatre ans de siége (21).

Les religieuses de Saint-Pierre-le-Puellier s'étant éteintes, elles furent remplacées par des chanoines dont un nommé Renauld était doyen. Jean II, évêque d'Orléans, réunit les revenus de l'abbaye au doyenné de cette église, lesquels revenus étaient passés en mains laïques ; cette abbaye devint alors un canonicat (64).

Foucher, gentilhomme d'Orléans, qui commandait une partie des troupes de pied de l'armée chrétienne, en Asie, est tué auprès de la ville de Nicée, devant laquelle les Croisés avaient éprouvé une déroute, bien qu'ils eussent fini par emporter cette place (9).

Hervé possédait paisiblement le comté de Gien, dans l'Orléanais ; le comte de Nevers veut le lui enlever : Hervé lui livre bataille et le défait dans les plaines de Gien (8-38).

L'usage des moulins à vent, qui n'était pas connu en France, et qui nous fut apporté des pays orientaux par les Croisés, commença, en cette année, à se répandre partout le royaume (43).

L'origine des armoiries date de cette époque ; au retour de la croisade, les princes et les seigneurs croisés avaient mis sur leurs étendarts et à la tête de leurs camps des signes différens, pour ranger chacun ses vassaux sous son enseigne, dans une armée composée de trente nations et de 12 à 1,300,000 hommes. Lorsqu'ils revinrent en France, ces marques de distinction excitèrent bientôt la jalousie de la noblesse ; peu à peu, cet usage devint général, tous les seigneurs et gentilshommes, même ceux qui n'avaient pas fait le voyage de la Terre-Sainte, voulurent avoir des armoiries. Avant les croisades, il n'y avait que les rois, les princes et quelques seigneurs privilégiés qui avaient des armes particulières, ce qui prouve que l'origine en est antérieure à ces lointaines expéditions.

Richard, légat du pape Paschal II, et plusieurs évêques font l'ouverture du premier concile de Beaugency, assemblé pour obliger Philippe Ier, roi de France, à se séparer de Bertrade, son épouse, fille du duc de Montfort (43-47). *30 janvier 1104.*

Les religieux de Notre-Dame-de-Beaugency sont établis chanoines, sans faire de vœux, avec la règle de saint Augustin (47).

Baudoin, abbé de l'abbaye de Bourgueil, fait donation aux religieux de Mixi-lès-Orléans ou de Saint-Mesmin du bénéfice qu'il possédait sur l'église de Saint-Marceau, dans le faubourg sud d'Orléans, pour se conformer à la décision que Richer, archevêque de Sens, avait prononcée arbitralement, en 1082, en faveur d'une femme pieuse qui en était l'unique propriétaire, et qui, à cette époque, l'avait donné auxdits moines de Saint-Mesmin (8-64-21-80). *1105*

Baudry, orléanais, sage, religieux, versé en la connaissance des bonnes-lettres, et encore plus recommandable par son éminente vertu, est sacré évêque de Chartres (8). *25 décem. 1107.*

Philippe Ier, roi de France, meurt à Melun, à l'âge de cinquante-six ans, après un règne de quarante-huit ans et deux mois. Son corps fut porté par son fils à Saint-Benoît-sur-Loire, et inhumé dans l'église du couvent, où un tombeau lui est élevé dans le chœur (43-64). *29 juillet 1108.*

Sous ce roi, on ne connaissait point ce que nous appelons les magistrats et gens de robe; chacun était jugé selon les lois de son état, et par les gens de sa profession; les ecclésiastiques par les évêques, et selon les canons; les Gaulois selon le droit romain; les Français selon la loi salique; la milice par les gens de guerre; les nobles par les gentilshommes; le peuple, dans les villes et dans les villages, par des juges appelés prévôts, centeniers, ou par les comtes (43).

Louis VI, dit le Gros, quarantième roi de France, succède à son père Philippe Ier, à l'âge de dix-neuf à vingt ans (43). *1108.*

Il fut sacré et couronné dans l'église de Sainte-Croix *4 août 1108.*

d'Orléans, par Daimbert, archevêque de Sens, assisté de tous ses suffragans. Cette cérémonie à laquelle assistèrent toute la cour et les principaux seigneurs du royaume, se fit avec la plus grande pompe, en présence d'un concours immense de citoyens et d'étrangers (2-43-64).

Août 1108. Louis VI, pendant son séjour à Orléans, sur les plaintes que lui fit Jean II, évêque de cette ville, que Lionnet de Meung s'emparait des biens de son église, et avait surpris le château de Meung où il s'était fortifié, vient l'y assiéger et l'en chasse; les assiégés se retirent dans l'église de Saint-Liphard, qui en est proche, et s'y défendent; Louis y fait mettre le feu, et les flammes obligent la plupart d'entre eux à se jeter du haut des voûtes (47-64).

Louis VI, à peine monté sur le trône, s'occupe à réprimer les vexations et les brigandages des seigneurs français qui, pour ce motif, firent une ligue contre lui; mais le roi, par sa fermeté, déjoua leurs projets, et le séjour qu'il fit à Orléans pendant et après son couronnement, fut employé à affermir son autorité contre les perturbateurs (43-80).

1109. Louis VI fait conduire à Orléans et renfermer dans la Tour-Neuve les religieux de l'abbaye de Saint-Denis qui, après la mort de leur abbé, nommé Adam, en avaient élu un autre sans son ordre. Ils restèrent enfermés pendant deux mois, et n'en sortirent qu'à la prière du pape Pascal II (64).

1110. Le seigneur Dreux de Mouchy, qui ravageait les terres et usurpait les biens des églises d'Orléans, en est puni d'une manière exemplaire par Louis VI, qui fit ruiner et incendier tous ses villages, et même son château près d'Orléans (8-64).

1 octobre 1110. Les évêques de France, dont une partie passa par Orléans, tiennent une assemblée à l'abbaye de Saint-Benoît-sur-Loire, à l'effet d'obliger les religieux de Maurillac en Auvergne, d'obéir à leur abbé, contre lequel ils s'étaient révoltés (80).

1112. Louis VI fait bâtir une léproserie à Orléans, hors des murs de la ville au nord (sur l'emplacement où fut depuis le couvent des Chartreux, faubourg Bannier), et fait desservir cet hospice par des frères réguliers de l'ordre de Saint-Augustin (64).

Louis VI fait bâtir à Orléans, hors des murs de la ville

et au couchant, dans le voisinage de Saint-Laurent-des-Orgerils, une petite chapelle sous le nom de Saint-Jean-l'Évangéliste (64-80).

Jean II, évêque d'Orléans, et son clergé consentent à ce que Yves de Chartres, et Raoul de Beaugency, vident par le duel les différens qui existaient entre eux : l'évêque désigna l'endroit et le jour où le combat devait avoir lieu; mais Thibaud IV, comte de Blois et de Champagne, parvint à les réconcilier. (47).

1112.

Louis VI, et le chapitre de Sainte-Croix, donnent à des religieuses de l'ordre de Fontevrault, un hôpital où l'on retirait de pauvres filles étrangères, situé à peu de distance à l'ouest d'Orléans, et qui portait le nom de la Madeleine (64-80).

Cet ordre de Fontevrault avait été institué par Robert, natif du village d'Arbrissel, diocèse de Rennes; les monastères étaient doubles, c'est-à-dire d'hommes et de femmes, vivant sous la règle et l'habit de St-Benoît; le premier fut bâti dans les bois de Fontevrault, à trois lieues de Saumur, sur les confins du Poitou. Le saint fondateur fut obligé de séparer les hommes d'avec les femmes, et de les placer loin les uns des autres dans des cellules particulières (43).

Mort d'Odard, célèbre évêque de Cambrai, natif d'Orléans (21).

1114.

Étienne de Guarlande, doyen de Saint-Aignan d'Orléans, chancelier de France sous Louis VI, puis son grand sénéchal, homme d'une ambition démesurée, disposait de tout en France; il osa un jour insulter la reine Adèle, femme du roi, qui le chassa de sa cour et l'envoya en exil à Orléans; là, il fit tout son possible pour troubler l'état; mais n'y ayant pas réussi, il fut forcé de vivre tranquille, et mourut ignoré dans cette ville (64).

L'église de Saint-Pouair (qui, plus tard, devint Saint-Paterne), située près des murs, au nord d'Orléans, est donnée à l'abbaye de Saint-Pierre de Chartres; cette donation fut confirmée par lettres patentes latines de Louis VI (64-8).

1115

Saint Norbert, prédicateur apostolique, vient à Orléans où il prêche publiquement pendant quelque temps, non-seulement dans les temples, les couvens, les chapelles et les oratoires, mais même dans les rues et places publiques. Il fonda, dans l'Orléanais, l'abbaye du Gué-de-

6 avril 1115.

l'Orme ou des Prémontrés de l'ordre de Saint-Augustin (8).

19 avril 1118. Les trois compagnons de saint Norbert, parmi lesquels était un sous-diacre d'Orléans, tombent malades et meurent; le sous-diacre fut enterré dans l'église de Bonne-Nouvelle, les deux autres dans Saint-Pierre-en-Sentelée.

1118. Jean II, évêque d'Orléans, les doyens et chanoines de Sainte-Croix donnent à l'abbé Amélaricus et à ses religieux de l'ordre de Saint-Bernard-de-Citeaux le lieu de la Cour-Dieu, près d'Orléans, ainsi que plusieurs héritages, pour l'établissement de leur couvent (64).

1119 Isabelle, comtesse de Chartres, établit, près de Romorantin, l'abbaye du Lieu, de l'ordre de Citeaux.

Louis VI donne aux religieuses de Fontevrault, ou de La Madeleine d'Orléans, qui étaient déjà au nombre de 135, la terre de Chaumontois, dans la forêt d'Orléans, où elles établirent une nouvelle communauté qui prit le nom de religieuses de Chaumontois, filiation de La Madeleine d'Orléans.

Louis VI donne aux religieuses de La Madeleine d'Orléans le droit de prendre dans ses forêts, une charretée de bois tous les jours pour les besoins de leurs couvens.

16 janvier 1120. Foulques, vicomte du Gâtinais, premier seigneur connu d'Yèvre-le-Châtel, vend cette terre au roi de France Louis VI, dit le Gros, par acte daté de ce jour (8).

novem. 1120. Renault, prud'homme ou chef (titre qui équivalait à celui de maire) de Boule, gros bourg à trois lieues d'Orléans, engage, par contrat, la conduite ou police dudit bourg à Jean II, évêque d'Orléans, pour la somme de 36 liv. une fois payée.

1122. Beatrix, veuve d'Hervé, et Constantia, surnommée Courte-Louve, veuve d'Étienne, ayant donné pour le repos de l'âme de leurs maris, l'église et terre de St-Sigismond, à l'alleu de Saint-Mesmin et au couvent du même ordre, sont obligées d'en aller demander l'agrément à l'évêque d'Orléans, Jean II, et d'observer une formalité ancienne et remarquable; c'est que la dame Beatrix, en faisant le don de sa terre, remit entre les mains de l'évêque un chandellier doré; et Constance, en faisant celui de l'église, remit aussi à l'évêque un couteau ayant le manche noir. Dans ce temps, encore, les églises, les ornemens, les calices, les ciboires, et les cloches étaient la propriété des laïques et entraient dans le commerce (64).

Louis VI, par lettres patentes datées de Lorris, donne à Brice, évêque de Nantes, et à ses successeurs, l'église de Saint-Donatien et Saint-Rogatien d'Orléans. 1123.

Louis VI, par des lettres patentes datées de Lorris, confirme la réunion qui avait été faite en 1099 par Jean II, évêque d'Orléans, des revenus de l'abbaye de Saint-Pierre-le-Puellier au doyenné de la même église. 1125.

Le duc d'Aquitaine amène Robert, comte d'Auvergne, à Orléans, pour demander pardon au roi Louis VI, qui y était alors, et subir tout ce qui lui serait ordonné en réparation des vexations et des tyrannies qu'il avait fait éprouver à ses vassaux et au clergé (8). 1126.

Louis VI donne au chapitre de Sainte-Croix la permission de bâtir dans le cloître des maisons pour loger les chanoines. L'évêque Jean II leur céda une portion de la cour de son palais, qui était appuyé contre les murs d'Orléans (64). 1127.

Concile tenu à Orléans, et présidé par Umbault, légat apostolique et archevêque de Lyon, sous le pape Honorius II, à l'effet de confirmer l'ordre des Templiers (18-43).

Innocent II, souverain pontife qui était élu depuis quelques mois, vient à Orléans, avec son légat en France; il fut reçu avec une grande pompe par le roi Louis VI et toute sa cour, arrivés dès la veille dans cette ville. Le pape revenant du concile de Clermont en Auvergne, avait couché à l'abbaye de Saint-Benoît-sur-Loire; il partit d'Orléans peu de temps après son arrivée, pour se rendre à Tours (64-80). Mai 1130.

Louis VI donne aux religieux de Saint-Victor le lieu de Chanteau et celui d'Ambert, dans la forêt d'Orléans, où ces révérends pères firent bâtir un couvent (21-64). 1134.

Jean II, évêque d'Orléans, meurt après environ 36 années de siége (21). 1135.

Louis VI, dit le Gros, quarantième roi de France, meurt à Paris à l'âge de 49 ans, après un règne de 29 ans (43). 1 avril 1137.

C'est à ce roi que l'on doit l'affranchissement des principales communes du royaume; Orléans fut du nombre, ses habitans se rachetèrent de la servitude, les droits des citoyens furent rétablis, et la cité fut régie par des coutumes particulières assorties aux progrès de sa civilisation (2-43).

Sous ce roi, les armes de France représentaient le monarque assis dans une chaise à bras, vêtu d'une espèce d'aube, un sceptre à trois pointes, et ayant sur la tête une couronne armée de croix (43).

1137. Louis VII, par une charte de concession, accorde aux habitans d'Orléans la promesse que la monnaie de leur ville, ainsi que toutes celles des seigneurs de la province orléanaise, quoique sujettes à de grands changemens, resteraient sur le pied où elles étaient à la mort de son père, Louis VI, et qu'elles ne souffriraient point d'altération pendant tout le cours de son règne (4-8-80).

Élie, évêque d'Orléans, meurt après environ 2 ans de siége (21).

Louis VII, défend à Guillaume Billard, son prévôt à Orléans, de condamner à l'amende ceux des habitans bourgeois de la ville qui frapperaient ou fouetteraient leurs esclaves (64).

Louis VII fait une taxe sur les nobles et le peuple : les ecclésiastiques en furent exempts. Ce roi est le premier qui taxa ses sujets (43).

Les bourgeois d'Orléans, qui avaient acquis le droit de créer leurs magistrats populaires, s'assemblent pour les élire ; ils leur donnent le pouvoir de réunir les habitans et de les armer, afin de les opposer à la trop grande puissance des seigneurs de l'Orléanais, qui continuaient à les vexer ; mais comme ils usaient de ce droit sans en avoir sollicité et obtenu l'autorisation du roi Louis VII, ce dernier prétendant que cela était au préjudice de sa couronne, marche avec son armée sur Orléans dont il s'empare, et alors il y rétablit l'ancien ordre de choses (43).

1138. Herbert, seigneur orléanais, ayant eu un différend avec les chanoines de Saint-Aignan de cette ville, pour avoir fait abattre des fourches patibulaires (qui existaient alors hors la ville, au nord-est, près Saint-Marc, et non loin de la croix appelée des Chafauds encore aujourd'hui), *auxquelles* les chanoines avaient fait pendre un larron, Manassès Ier fut choisi pour arbitre par les deux partis. Le prélat obligea le seigneur à relever lui-même, et de ses propres mains, les fourches patibulaires, et ordonna de plus qu'au lieu du voleur, il y suspendrait une chemise remplie de paille, ce qui fut exécuté sur-le-champ, en présence de témoins (8-64-80).

Jean de la Chaîne, doyen des chanoines d'Orléans, *enfant et serviteur de la Croix*, s'oppose généreusement aux entreprises de quelques courtisans usurpateurs : ceux-ci soudoient des assassins qui *navrent* la face du saint homme, et lui portent un si grand coup sur la couronne cléricale qu'ils le tuent (64). 13 mars 1139.

Manassès Ier de Garlande, évêque d'Orléans, bénit la nouvelle église de Saint-Laurent-des-Orgerils qui avait été reconstruite avec une chapelle souterraine ou *crypte*, au même endroit où était l'ancienne, au soleil couchant de la ville. 4 mars 1140.

Le prélat ayant été soupçonné d'avoir reçu quarante sous d'or pour cette consécration, fut déféré comme simoniaque, c'est-à-dire trafiquant des choses saintes, au pape Innocent II, par Raoul, archidiacre d'Orléans; mais cette accusation n'ayant pas été suffisamment prouvée, elle n'eut point de suites.

C'est à cette époque que les religieux de Saint-Laurent furent supprimés et l'église rendue paroisse, ayant son temporel réuni à celui de la chapelle de Notre-Dame-de-Recouvrance, qui existait dans le bourg d'Avenum (8-80).

Cadulque, doyen de Saint-Aignan, est nommé chapelain de Louis VII, puis ambassadeur auprès du pape. Lorsqu'il revint de Rome à Paris, le roi le reçut fort honorablement ; il lui présenta la rose d'or, ce qui était alors un présent fait seulement aux ministres le plus en faveur et qui jouissaient de la confiance du monarque (64-36). 1140.

Simon II, seigneur de Beaugency, donne à l'abbaye de Saint-Euverte d'Orléans deux moulins situés à La Ferté-Nabert, présentement La Ferté-Saint-Aubin, pour célébrer les anniversaires de la mort de Raoul, son père, de ses prédécesseurs, et de son épouse Éléonore, qui était morte cette année (47). 1145.

Manassès, par une charte en faveur du prieur de Saint-Nicolas-*de-Laude*, paroisse de Chilleurs, accorde aux religieux qui habitaient ce prieuré le droit de prendre dans ses bois tout ce qui leur serait nécessaire pour se chauffer, pour bâtir et soutenir leurs vignes (8).

Lettres latines de Louis VII, qui, pour le repos de l'âme de son père, exempte les serfs de l'un et de l'autre sexe 1147.

qu'il avait dans Orléans, de lui payer le droit de main-morte, ou droit qu'il avait sur les biens des mourans, ce qui était extrêmement onéreux : il supprima aussi d'autres charges, en leur faveur (64-4).

Louis VII prit le premier des fleurs de lys pour ses armoiries, par allusion à son nom de *Loys*, et parce qu'on le nommait *Ludovicus Florus*. Dans le sceau d'une charte du 12e siècle, ce monarque est représenté tenant une fleur de lys, sa couronne en est ornée; et lorsqu'il fit sacrer son fils, il voulut que la dalmatique et les bottines du jeune roi fussent de couleur d'azur et semées de fleurs de lys d'or. Il prit aussi pour la première fois le titre de roi de France au lieu de celui de roi des Français, que ses prédécesseurs portaient et faisaient mettre sur leurs monnaies (2-43).

Louis VII, avant de partir pour la Terre-Sainte, écrit au régent du royaume, l'abbé Suger, né à Toury, d'envoyer à Arnould, évêque de Lisieux, son très-cher ami, soixante muids de son meilleur vin d'Orléans (64).

Les vins d'Orléans étaient déjà pour la province une branche de commerce très-considérable, et leur réputation était telle que les rois de France en faisaient leur boisson favorite (21-8).

1143. Manassès, homme de grand esprit, mais ambitieux et déréglé dans sa conduite, pourvoit d'un curé de son choix l'église de Saint-Germain de cette ville. Cette entreprise, faite au préjudice du chapitre de Saint-Aignan, qui seul en avait le droit, oblige les chanoines à recourir à l'autorité du pape Eugène III, qui était pour lors en France, dans la ville de Tours. Ils obtinrent de lui une bulle par laquelle il déclare que l'église de Saint-Aignan est exempte de la juridiction de l'évêque, et n'est sujette qu'à celle de Rome, non seulement par priviléges des papes, mais encore par une possession immémoriale (64).

Les religieux, chanoines de Notre-Dame-de-Bonne-Nouvelle, située près de Sainte-Croix, au sud de cette cathédrale, s'étant éteints pour la seconde fois, depuis leur fondation, Manassès gratifia les religieux Bénédictins de Marmoutiers des bâtimens et de l'église de cette communauté qu'il avait reçue de Simon II, de Beaugency, qui en était abbé. Ces Pères vinrent s'y établir en grand nombre et s'y livrèrent à l'étude (21-47).

Manassès ayant fait quelques dons à l'abbaye de Saint-

Denis de Paris, exigea que l'abbé et les religieux de cette église donnassent chaque année, le jour de l'exaltation de la croix, deux livres d'encens et autant de cire, à titre de redevance (64).

Les habitans d'Orléans s'opposent à la prise de possession, par l'abbé de Saint-Mesmin, de l'église de Saint-Paul, située dans le bourg d'Avenum, de l'église de Saint-Mesmin au bourg de Saint-Aignan (ou Bourgogne), et de la léproserie de Saint-Hilaire (Saint-Mesmin), que diverses personnes auxquelles elles appartenaient avaient, par dévotion, données à l'abbé et au monastère de Saint-Mesmin. L'évêque Manassès Ier prit la défense des moines, et menaça les Orléanais de son excommunication, s'ils ne rentraient pas dans l'ordre (64).

Manassès Ier meurt après environ onze ans de siège. Ce prélat fit beaucoup parler de lui, tant sous le rapport de son esprit que sous celui de l'irrégularité de sa conduite (8-64).

Etienne de Garlande, doyen de Sainte-Croix d'Orléans, donne des maisons qu'il avait près de la porte Parisis, au nord de la ville, et appuyées sur les murailles, pour en faire un hôtel destiné à recevoir les pauvres malades d'Orléans. Cette maison, qui devint l'Hôtel-Dieu, fut appelée à cette époque l'*Infirmerie des Chanoines*, par rapport à son fondateur, doyen des chanoines de Sainte-Croix (8-64-80).

1150.

Cet hospice ou infirmerie fut dirigé par des religieux de l'ordre de saint Augustin (8).

Louis VII donne à l'Infirmerie des Chanoines ou Hôtel-Dieu d'Orléans, nouvellement établi pour y recevoir les pauvres malades de la ville, le droit de prendre chaque jour une voiture de bois dans ses forêts près de la ville (8-64).

Louis VII qui poursuivait chaudement sa séparation d'avec sa femme Éléonore, fait assembler tous les prélats du royaume dans la petite ville de Beaugency, à quelques lieues d'Orléans, et obtient une décision conforme à ses désirs (21-43-47).

18 mars 1152.

Louis VII ayant répudié Éléonore, envoya demander Élisabeth, fille d'Alphonse VII, roi de Castille, par Hugues, archevêque de Sens, qui fit la cérémonie de ce mariage à Orléans, et y couronna la nouvelle reine, malgré les protestations de l'archevêque de Reims qui prétendait qu'à lui seul appartenait ce droit (43-64).

1152.

Le roi, pendant tout son séjour à Orléans, logeait avec sa jeune épouse au Châtelet, près de la Loire, appelé alors la Cour-le-Roi, et où il régala les principaux habitans avec une somptuosité peu ordinaire à cette époque (8-64).

Louis VII, qui avait ramené avec lui, de son voyage de Jérusalem, des religieux de Sainte-Marie-du-Mont-Sion, les envoya à Orléans et les plaça au monastère de Saint-Samson de cette ville, qui était desservi alors par des chanoines avec lesquels il les incorpora (64).

L'église de Saint-Flou d'Orléans est bâtie au soleil levant de la ville, appuyée sur la muraille romaine de la première enceinte : la consécration en fut faite par Pierre Ier, évêque de la province (8-64).

Cette église était aussi connue sous le nom de Notre-Dame-d'entre-les-Murs-et-les-Fossés, par rapport à sa situation. C'était un monastère de religieux de l'ordre de saint-Augustin, dépendant de l'abbaye de Sens. L'emplacement avait été donné par l'évêque à ladite abbaye, afin que l'abbé pût envoyer ses religieux étudier les lettres à l'université d'Orléans, au nombre de six seulement (21-64-80).

L'église prit exclusivement le nom de Saint-Flou, à la dispersion des moines qui eut lieu en 1477 (64-80).

1154. Louis VII, qui avait ramené avec lui de la Terre-Sainte douze chevaliers de l'ordre de Saint-Lazare, les établit dans la commanderie de Boygni, près d'Orléans, et il les institua pour diriger et gouverner toutes les maladreries de son royaume (64).

Peu de temps après, ces chevaliers vinrent habiter à Orléans une grande maison hors des murs, au nord, entre la porte Parisis et Saint-Pierre-en-Sentelée, avec les Frères de Sainte-Croix dont on ne connaît pas la fondation (8)(*).

1155. Fin des travaux pour la construction de la petite église de Saint-Jacques, située à l'extrémité de la ville, au soleil couchant, et près du Châtelet et de la Loire, sous le règne de Louis VII (8-64).

1156. Pierre Ier, évêque d'Orléans, profitant d'un instant de faiblesse que Simon II, seigneur de Beaugency, avait eu pendant une maladie grave, lui fait rendre quelques biens

---

(*) Cette maison, appelée la Grande-Babylone, est située rue d'Escures et habitée, aujourd'hui (1836), par M. Geffrier de Pully.

que ses prédécesseurs avaient donnés à l'église du Saint-Sépulcre de cette ville; il lui écrivit : « Je vous avertis de songer au salut de votre âme : le seul moyen d'appaiser la colère de Dieu irrité contre vous, pour vous être emparé du revenu des serviteurs de J.-C, est de reconnaître que ces religieux doivent partager avec vous le revenu de Briou, dont la moitié leur avait été donnée par vos prédécesseurs (47). »

1163. Les chanoines qui desservaient l'église de Saint-Euverte d'Orléans embrassent la règle de saint Augustin, et la maison de Saint-Euverte devint une abbaye célèbre, dont un nommé Rogerius fut le premier abbé. Les religieux étaient logés alors séparément dans de petites cellules placées vis-à-vis l'une de l'autre. Ces cellules avaient entrée sur un couloir commun fort étroit; il en était de même pour les religieux de Saint-Hilaire d'Orléans qui en étaient une filiation (21-64-80).

1164. Fin des travaux de l'abbaye du Gué-de-l'Orme ou des Prémontrés, de l'ordre de saint Augustin, fondée en 1118, par saint Norbert, pendant son séjour dans l'Orléanais : la nouvelle église fut consacrée sous l'invocation de la Vierge et de saint Laurent (8).

1170. Les chanoines de Sainte-Croix abandonnent à l'infirmerie ou Hôtel-Dieu d'Orléans le revenu de deux prébendes qui leur appartenaient, pour augmenter le revenu des pauvres et payer leur nourriture (21-64-80).

Alexandre III, pape, confirme la fondation de deux prébendes que le chapitre de Sainte-Croix d'Orléans avait créées sur l'infirmerie ou Hôtel-Dieu de cette ville, et dont les revenus lui avaient été affectés sous le nom de J.-C., que le chapitre regarde comme son premier chanoine (21-64).

23 déc. 1170. Le pape Alexandre III accorde par un bref, aux maîtres-frères de l'infirmerie ou Hôtel-Dieu d'Orléans, la faculté de conserver les biens qu'ils possèdent et ceux qui leur seront donnés par la suite, par toutes voies légitimes, comme donations de nos rois ou oblations des fidèles (8-64).

22 janvier 1171. Les Juifs qui habitaient Orléans ayant été accusés d'avoir tué un enfant chrétien et d'avoir jeté son cadavre dans la Loire, on en prit plusieurs qui furent condamnés à être brûlés vifs, ce qui eut lieu à l'extrémité du quartier qu'ils

occupaient; les autres furent chassés impitoyablement de la ville et fort maltraités par tout l'Orléanais (64-80).

1174. La reine Adèle, troisième femme de Louis VII, donne à l'église de Saint-Aignan d'Orléans la ville et la terre d'Artenay, en Beauce, déclarant qu'elle entend que tous les serfs qui étaient tant dans la ville que dans l'étendue de la justice fussent désormais sujets de Saint-Aignan, sauf un vieillard nommé Hugues, et toute sa postérité, qu'elle voulut à l'avenir être reconnus bourgeois de l'église (8-21-36) (*).

1175. Hervé, seigneur de Vierzon, donne aux religieux chanoines séculiers de Saint-Samson d'Orléans le prieuré de Framé, en Sologne (64).

1176. Louis VII donne la petite chapelle de Saint-Louis, située dans son palais du Châtelet d'Orléans, ainsi que ses revenus, au monastère de Saint-Euverte, situé alors dans les bois et hors des murs, au nord-est de la ville.

Louis VII enrichit l'église de Saint-Hilaire d'Orléans qui servait de chapelle à son palais du Châtelet, il lui donne, par une charte, le titre de chapelle royale, et nomme le prieur chapelain du roi; il lui donne aussi, par le même titre, le droit de prendre quatre muids de blé dans ses greniers ou dans ses moulins situés sous le pont d'Orléans (8-64).

1173. Henry, prêtre qui tenait, par succession, d'un de ses ancêtres nommé Brice, évêque de Nantes, l'église des saints martyrs Donatien et Rogatien d'Orléans, que ce dernier tenait des libéralités de Louis VI, en 1123, la donne à l'abbaye de Saint-Euverte, pour n'en jouir cependant qu'après sa mort : cette donation fut approuvée par l'évêque d'Orléans Pierre Ier, et par le chapitre de Sainte-Croix (64-80).

Louis VII accorde plusieurs priviléges aux habitans d'Orléans et des environs. Il y en a un qui porte qu'ils ne

---

(*) *Ex Tabulario Eccl. Sancti Aniani.* — *Charta Adelæ reginæ.* — « I. N. N. S. E. I. E. A. *Adela* Dei gratia Francorum Regina, omnibus in perpetuum notum fieri volumus tam futuris quam præsentibus, quod cum Ecclesia S. Aniani *quandam* villam in pago Stampensi Sunchalo dictam nobis dimisisset atque in perpetuum habendam concessisset, præter *Ecclesias* quæ iam ibidem constructæ apparebant vel in futurum Deo annuente construendæ erant, etc.

» Actum publicè Bosco communi Anno Incarn. Dominicæ 1174. »

seront obligés au duel judiciaire que pour une somme au-dessus de cinquante livres ; un autre porte exemption de payer pour les voitures qui s'arrêteront à la porte Dunoise, et un, particulier aux Orléanais, leur permet de prélever sur les hommes de Saint-Martin-du-Loiret (Olivet), lors de leur entrée en ville, une taxe individuelle (64).

L'évêque d'Orléans, Pierre Ier, et le chapitre de Sainte-Croix, en approuvant la donation de Saint-Donatien et de Saint-Rogatien à Saint-Euverte, obligent, par acte, les religieux de cette abbaye à reconnaître leur juridiction et à continuer la redevance de cette paroisse envers eux : elle consistait à leur donner une collation le jour de la fête de saint Donatien et de saint Rogatien, lorsque le chapitre y allait annuellement en procession ; et ils les obligent aussi à continuer le service que le desservant devait à l'église de Sainte-Croix (64-8).

Louis VII défend au portier du Châtelet d'exiger le droit d'entrée sur le foin appartenant aux habitans d'Orléans et qu'ils transportaient en ville pour la nourriture de leurs animaux (64-4).

Les bâtimens de l'abbaye de Saint-Benoît-sur-Loire sont entièrement brûlés, par l'imprudence d'un domestique qui, ayant voulu activer le feu d'une cheminée, y jeta de l'huile (64). *Janvier 1179.*

Ce malheur eut lieu le jour que Louis VII y arrivait, lorsqu'il conduisait vers son époux sa fille Agnès de France, nouvellement accordée au jeune Alexis Commène, empereur de Constantinople.

Louis VII, par lettres latines, affranchit tous les serfs qu'il avait dans la ville d'Orléans, et à cinq lieues aux environs, tant hommes que femmes. Il n'y eut plus alors à Orléans d'autres serfs que ceux de l'église de Saint-Aignan, qui restèrent encore quelque temps en servitude (8-80). *Août 1180.*

Louis VII dit le Jeune, sixième roi de la troisième race, et quarante-unième roi de France, meurt à Paris, âgé de soixante-deux ans, après en avoir régné quarante-trois. *13 sept. 1180.*

Sous Louis VII, on parlait à Orléans, et par toute la France, aussi bon latin qu'à Rome, sous les Antonins : les actes, les discours, les harangues, et même les obligations entre particuliers étaient écrits dans cette langue : l'instruction des habitans d'Orléans était renommée partout le royaume (64).

Ce roi fut le premier qui se fit couper la barbe, qui avait été portée longue par ses prédécesseurs, ce qui en amena la mode en France (45).

Octobre 1180. Philippe II dit Auguste, ou le Conquérant, septième roi de la troisième race, et quarante-deuxième roi de France, succède à son père Louis VII, à l'âge de quinze ans (43).

Décem. 1180. Philippe II, par lettre latine, confirme l'affranchissement des serfs de la couronne, tant hommes que femmes, à Orléans, que son père, Louis VII, avait ordonné dans les commencemens de cette année (64) (*).

1181. Philippe II autorise l'établissement à Orléans de plusieurs étaux de bouchers qui furent placés dans le Grand Marché, près de Saint-Hilaire (50-64).

Gauzlin, qui était alors abbé de Saint-Benoît-sur-Loire, fait relever de leurs cendres les bâtimens de l'abbaye consumés en 1179 (64).

Philippe II fait publier par tout son royaume un édit contre ceux qui prononceraient les horribles blasphêmes de cor-bleu, tête-bleu (corps et tête de Dieu), les condamne à payer certaine amende pécuniaire, s'ils étaient gens de condition, et à être jetés à l'eau s'ils ne l'étaient pas. Cet édit est le premier connu contre les blasphémateurs, en France (7).

1183. Philippe, poussé par un faux zèle religieux, fait chasser tous les Juifs de ses états et confisque tous leurs biens; il fit faire une exacte recherche par tout son royaume de ceux qui étaient accusés d'hérésie, et les faisait brûler vifs; il bannit aussi de sa cour les comédiens, les bateleurs, les jongleurs et les troubadours (43-2).

(*) *Ex Archivo Civitatis Aurel.* — « I. N. S. et 'I. T. Ludovicus D. G. Fr. R. Cognoscens manus Dei circà nos, et extitisse semper et existere copiosam, innumera ipsius beneficia, et si non quantum debemus, et tamen devotione qua possumus confitemur. Inde est quod intuitu pietatis et Regiæ clementiæ motu ob remedium animæ nostræ et antecessorum nostrorum et Philippi filij nostri Regis, omnes *servos et ancillas quos homines de corpore appellamus*, quicunque sunt *Aurelianis* et in *suburbiis, vicis* et *villulis infra quintam leucam* existentibus in cuiuscunque terra manserint, scilicet *Magduni, Geminiani, Chaani*, et aliis, ad præposituram Aurelianensem pertinentibus, etc.

» Actum publicè Parisius ann. ab inc. Dom. 1180, astantibus in palatio nostro quorum nomina supposita sunt et signa.

» S. Comitis Teobaldi Dapiferi nostri. S. Cuidonis Buticularij. S. Reginaldi Camerarij. S. Radulfi Constabularij.

» Data per manum P-L Hugonis Cancellarij. »

Le roi Philippe II, qui venait de chasser les Juifs de ses états, ordonna que leur synagogue d'Orléans, placée au sud de Sainte-Croix, entre l'église de Saint-Pierre-Empont et les Bénédictins, fût convertie en chapelle. Les Orléanais exécutèrent avec empressement les ordres du prince, et fondèrent des prébendes pour les clercs qu'ils placèrent dans la nouvelle chapelle de Saint-Sauveur, qui avait été élevée à la place de cette synagogue (64-80).

L'établissement de cette chapelle donna naissance aux chanoines qui prirent le nom de Saint-Sauveur (64).

Philippe II confirme, par lettres patentes, la donation de l'église de Saint-Donatien et de Saint-Rogatien d'Orléans, faite, en 1178, au monastère de Saint-Euverte, par Henry, prêtre (8-24-64).

Le pape Luce III, par une bulle datée de Seguy, confirme l'exemption de l'église de Saint-Aignan de toute juridiction diocésaine que lui avait accordée Eugène III, en 1148, pour la soustraire aux vexations des évêques (*). 1184.

Le roi Philippe II donne à l'infirmerie (Hôtel-Dieu) d'Orléans, la porte Parisis, qui y était appuyée, pour jouir de tous les droits qui y étaient perçus, à la condition de la couvrir et d'en entretenir la couverture (7).

Cette porte, placée au nord de la ville, était appuyée sur le côté ouest de l'infirmerie, et fut long-temps seulement à l'usage des piétons, quoique assez large pour les voitures. Les gonds de cette porte se voient encore aujourd'hui 1836, sur le mur de l'Hôtel-Dieu, au couchant (6-8-64-77).

Pierre Ier, évêque d'Orléans, meurt après environ trente-huit ans de siége (21). 1186.

(*) *Ex Tabulario Eccl. Sancti Aniani. — Bulla domini Lucij PP. III pro eiusdem Eccl. Sancti Aniani exemptione* 1183. — « Lucius episcopus seruus seruorum Dei, dilectis filiis Cadurco Decano Ecclesiæ Sancti Aniani Aurel. eiusque fratribus tam præsentibus quam futuris canonicè substituendis in perpetuum. Cum omnium Ecclesiarum attentam curam et solicitudinem, ex iniuncto nobis à Deo apostolatus officio gerere debeamus, de illis tamen præcipuè nos esse opportet sollicitos, etc.

» Datum Segniæ, per manum Alberti, Sanctæ Romanæ Ecclesiæ Presbyteri Cardinalis et Cancellarij, 8 Kal. Julii, Indictione 1. Incarnationis Dominicæ anno M. C. LXXXIII; pontificatus vero Domini Lucij Papæ III anno secundo. »

(*Ici est la place d'un sceau en plomb où sont représentées deux têtes, l'une de saint Pierre et l'autre de saint Paul; et derrière sont écrits ces mots :* Lucius PP. III.)

7 sept. 1187.   Henri Ier, de Dreux, évêque d'Orléans, accompagné des abbés de Saint-Benoît, de Saint-Euverte, et de Beaugency, pose la première pierre de l'église de Sainte-Croix de cette ville, qu'il réédifia (47-9-64).

Décem. 1188.   Henri, de Dreux, se rend à Paris pour assister à une grande assemblée que Philippe II y avait convoquée, à l'effet de remédier aux malheurs que Saladin, empereur de Syrie et d'Égypte, avait fait éprouver à la religion chrétienne, en arrachant la cité sainte de Jérusalem et la vraie Croix des mains de Guy de Lusignan, qui en était roi. Il fut résolu, de l'avis des évêques et des barons présens à ce parlement ou assemblée des états, qu'on prendrait la dixième partie de tous les biens meubles et immeubles de toutes personnes, tant ecclésiastiques que laïques, du royaume, pour faire les frais d'une nouvelle croisade : on nomma cet impôt la Dîme-Saladine (2-43).

1190.   Mort de Jacob, célèbre rabbin juif, né à Orléans (21).

Taille du pain et du vin établie à Orléans par le roi Philippe II.

On appelait taille le droit qu'on levait dans cette ville, de deux deniers par chaque muid de blé, deux deniers par chaque muid d'avoine et autres grains, et de deux deniers par chaque muid de vin que les habitans faisaient entrer à Orléans, pour leurs provisions (64).

Cette taille fut établie par le roi, pour remplacer l'exemption de cinquante livres auxquelles étaient condamnés les habitans d'Orléans, pour toute espèce de crimes, hormis l'homicide (voir en 1178, page 102) (8-64).

Philippe II, avant son départ pour la Terre-Sainte, établit à Orléans quatre prud'hommes ou échevins, qui, par suite, furent portés au nombre de treize (64).

Philippe II, quelques mois avant son départ pour la croisade, qui était la troisième, autorise les chanoines de la province orléanaise à nommer seuls, et sans le concours du peuple, les évêques qui seraient à élire pendant son absence, et aux moines, celui d'élire leurs abbés, en en demandant cependant la permission à la reine Adèle, sa mère, et à Guillaume, archevêque de Reims, son oncle, régent du royaume. Le droit pour la nomination des évêques avait déjà été en partie autorisé par le pape Léon VII, en 938, pour la nomination de Thierry Ier à l'épiscopat d'Orléans (64-80).

Philippe-Auguste part pour la Terre-Sainte. Cette troisième croisade ne fut pas plus heureuse que les deux premières, car après quelques succès, les maladies contagieuses firent mourir une grande partie des Croisés; et le roi Philippe lui-même revint en France, attaqué d'un mal qui lui fit tomber les cheveux, les sourcils et les ongles (43-2). *2 mars 1191.*

Cadulque, doyen de Saint-Aignan, assigne, par acte, un revenu de trois muids de blé au curé du Crucifix, pour son *gros* (revenus). Ce curé desservait l'église paroissiale qui avait été incorporée dans Saint-Aignan, et dont l'autel était placé près du jubé, sous le crucifix qui y était adossé (64-80). *1192.*

Le débordement de la Loire et de la Seine fut si effroyable cette année, qu'Orléans, Paris et toute la partie du royaume appelée l'Ile de France furent inondés, et les habitans eurent peur d'un second déluge (43-61). *Mars 1196.*

Philippe II donne à l'église de Saint-Pierre-le-Puellier d'Orléans une superbe lampe pour être suspendue dans le chœur de cette église, et 15 sous par jour pour son entretien (64). *1197.*

Philippe II donne des réglemens aux parfumeurs d'Orléans, qui, à cette époque, formaient un corps assez nombreux dans cette ville (6-8). *4 janvier 1198.*

Philippe II, pour favoriser le cours de la Loire, établit des péages dont une partie de la recette était employée au curage de la rivière, et à la police de la navigation; un commissaire, chargé de la perception, résidait à Orléans; d'autres étaient placés dans les principales villes que le fleuve traverse (64). *7 janvier 1198.*

Henri, de Dreux, évêque d'Orléans, meurt après 12 ans de siége. Ce prélat est le premier qui prit pour son confesseur l'abbé de Saint-Euverte de cette ville, et qui ordonna que son corps fût inhumé dans cette église, usage qui fut adopté par ses successeurs à l'épiscopat (8-64). *1198.*

Stephanus Tornacensis, qui avait été chanoine de Saint-Euverte, envoie à Hugues de Garlande, son ami, qui venait d'être nommé évêque d'Orléans, en présent pour le jour de sa joyeuse entrée, un bâton pastoral de cyprès, que ce prélat porta tout le temps de la cérémonie (64).

Les Juifs, qui avaient été chassés quatre fois de France,

à diverses époques, rentrent dans le royaume sous le roi Philippe II, qui les avait lui-même renvoyés en 1183; mais ils promirent au roi un présent considérable en argent comptant, et à chaque seigneur, sur les terres duquel ils établiraient leurs demeures une redevance tous les ans. Moyennant ces conditions, le roi et les seigneurs les prirent sous leur sauve-garde; mais cette protection, si favorable en apparence à la sûreté des Juifs, ne servit que d'occasion pour augmenter le poids de leur servitude; le prince et les seigneurs les regardaient comme esclaves, les vendaient, les échangeaient, ou assignaient sur eux le paiement de leurs dettes (2-43).

1199. Hugues de Garlande, évêque d'Orléans, donne à l'infirmerie d'Orléans (Hôtel-Dieu), un domaine, situé dans la paroisse de Chanteau, nommé le Moulin-d'Ardret, que cette maison possède encore aujourd'hui (8-64).

1200. Philippe II fait don aux chevaliers du temple de la chapelle Saint-Sauveur d'Orléans, située au sud de Sainte-Croix, entre l'église de Saint-Pierre-Empont, à l'ouest, et des Bénédictins, à l'est; cette chapelle cessa alors de servir au culte public ainsi qu'elle le faisait depuis 1183 lors de l'expulsion des Juifs de la ville, dont ce local avait été la synagogue. L'emplacement est occupé présentement par une imprimerie (21-64-80).

Presque tous les biens des frères du temple, étaient la dépouille des Juifs, et la donation de cette chapelle d'Orléans mit fin au chapitre de Saint-Sauveur, qui y existait (21-64).

Avril 1201. Philippe II, par lettres patentes latines, institue deux foires à Orléans; l'une à Pâques, et l'autre à la Toussaint. Ces foires étaient annoncées pendant trois jours avant l'ouverture par les crieurs de la ville avec leurs sonnettes; elles duraient chacune sept jours, ainsi employés (8-64-80):

Le 1er jour, mercredi, pour les *Couturiers* et les pelleteries (couturiers ou tailleurs).

Le 2e jour, jeudi, pour les *bouchers*.

Le 3e jour, vendredi, pour les *teinturiers*, foulons et autres.

Le 4e jour, samedi, pour les boulangers, appelés alors *talémeliers*.

Le 5e jour, dimanche, pour les *texiers* (tisserands).

Le 6e jour, lundi, pour les *fèvres* (ouvriers en métaux.)

Le 7ᵉ jour, pour les cordonniers et savetiers (64).

Les changeurs tenaient leurs banques tous ces jours-là, devant l'église de Sainte-Croix; les états ou professions qui tenaient foire étaient exempts du service du guet pendant tout le temps qu'elle durait.

Guillaume Manérius est nommé bailli à Orléans. C'est le premier connu dans cette charge, qui existait cependant depuis l'année 1000, sous le roi Robert, qui avait logé le sien dans les chambres du portail, ou tour de la porte du Châtelet qu'il avait fait construire (21-64). 1201.

Hugues de Garlande, évêque d'Orléans, meurt après environ 8 ans de siége (1). 1206.

Manassés de Signelay, évêque d'Orléans, marche avec ses vassaux à la croisade contre les Albigeois; mais il en revient sans congé, parce qu'il prétendait n'être obligé d'aller à l'armée que lorsque le roi y était en personne. Philippe II, roi de France, qui régnait alors, mécontent, fit saisir ses *régales*, c'est-à-dire les biens qu'il tenait du monarque, non pas ses dîmes, offrandes et autres droits attachés nécessairement à ses fonctions épiscopales. L'évêque d'Orléans en fit ses plaintes au pape Innocent III, par des envoyés, puis les porta lui-même. Le pape ayant examiné la cause, trouva qu'il avait manqué contre les coutumes et les droits du royaume, de sorte qu'il fallut qu'il payât l'amende au roi, pour rentrer dans son temporel, et fut même plus tard forcé de retourner à la croisade avec ses serfs (64-80). 1208.

Manassés, furieux d'avoir été condamné à une amende pour avoir quitté avec ses vassaux et sans congé, la croisade contre les Albigeois, et de perdre son temporel que le roi avait fait saisir, met son diocèse en interdit, avec défense aux prêtres de célébrer le service divin, d'administrer les sacremens; il ordonne de fermer toutes les églises, chapelles, oratoires, d'éteindre les cierges et défend de sonner les cloches (8-64). 1209

Le chapitre de Saint-Aignan refuse d'obéir à l'interdit de Manassés, et fait valoir à cet effet la bulle du pape Eugène III, datée de Tours, en 1148, bulle par laquelle le souverain pontife déclare que l'église de Saint-Aignan est exempte de la juridiction des évêques, et n'est sujette qu'à celle de Rome, et en vertu de ce pouvoir exceptionnel, le chapitre de Saint-Aignan continua à célébrer le service divin comme à l'ordinaire, à haute-voix, les portes de l'église ouvertes, les cierges allumés et à faire sonner les cloches (8-80).

Les fidèles d'Orléans, qui se portaient en foule à Saint-Aignan, la seule église ouverte dans la ville, rendirent nul et incomplet l'interdit de Manassés, évêque de cette cité, qui se vit obligé de le lever et de rendre au culte son libre exercice.

16 décem. 1209. Le pape Innocent III écrit en faveur de Manassés dont le roi Philippe II, mécontent, avait fait saisir le temporel, et parvient à mettre fin à cette discussion après que l'évêque eût levé l'interdit qu'il avait mis par représailles sur son église (8-80-64).

1210. Les religieuses de la Calle, dont on ne connaît pas la fondation à Orléans, et qui prirent plus tard le nom de Saint-Loup, occupaient à cette époque un terrain, faubourg Bannier, au nord de la ville : le nom de religieuses de la Calle leur venait du mot latin *calceata* ou chaussée, pour désigner le lieu qu'elles habitaient, entre l'aumône St-Pouair, près de Saint-Paterne et la léproserie de Saint-Lazare, sur un terrain où est aujourd'hui bâtie l'auberge du Cigne; à cette époque, le faubourg Bannier commençait au Martroi où était placée la porte de la ville (21-64-8).

Janvier 1212. Regnault, doyen de Saint-Aignan, et le chapitre de ladite église, affranchissent et rendent libre Anseline, fille de Gaufredy Machui, leur homme de corps, et lui délivrent un acte de manumission (8-80).

1213. Les chanoines de Sainte-Croix et ceux de Saint-Aignan d'Orléans n'apportaient aucune exactitude à remplir leurs devoirs : ils recevaient leur prébende et ne faisaient aucun service à l'église; les deux chapitres, d'après l'injonction du pape Innocent III, firent des statuts par lesquels aucun chanoine ne recevrait plus l'émolument de sa place, s'il n'assistait personnellement, au moins l'espace de six mois de l'année, à l'une des trois grandes heures du jour, qui sont les Matines, la Grand'Messe et les Vêpres (64-7).

Innocent III, par une bulle, ordonne au doyen et aux chanoines de l'église de Jargeau, de venir en procession la veille de l'Invention de la Sainte-Croix, à Orléans, dans la cathédrale, pour y rendre hommage à la Vraie Croix, qui faisait partie des reliques de cette église, et charge Manassés de Signelay, évêque de cette dernière ville, de veiller à l'exécution de cette bulle (64-80).

1213. L'église de Saint-Marc, près d'Orléans, au nord-est, est donnée aux Templiers, qui prirent le nom de *fratres militiæ templi Sancti Marci Aurelianensis*, frères templiers de l'église Saint-Marc d'Orléans (21-64).

Les religieuses de Citeaux viennent s'établir à Voisins, dans un endroit près d'Orléans, qui était habité par des ermites : elles firent de suite élever une nouvelle église, et prirent le nom de religieuses de Voisins (7-64).

L'inquisition ou tribunal pour juger les hérétiques, est installée dans les principales villes de France, pendant la guerre contre les Albigeois ; les membres de ce tribunal étaient des moines dominicains désignés sous le nom d'inquisiteurs de la Foi. Orléans eut aussi ses inquisiteurs ; mais on ne sait si ce fut à cette époque ou en 1407, date à laquelle leur existence dans la ville est certaine (8-80).

Manassés retourne conduire ses vassaux à la croisade contre les Albigeois, après être rentré en grâce avec le roi, par l'entremise du pape Innocent III ; il laissa ses troupes à Carcassonne, où elles passèrent sous le commandement du comte de Montfort ; l'évêque Manassés célébra pontificalement la messe sous une tente au camp des Croisés, et y proclama le général soldat de J.-C. (39-64).

Fondation de la chapelle de Saint-Martin, située sous la basse voûte de Saint-Aignan, par un prévôt de Thillay, qui s'appelait Terclin, lequel donna au *chapelain* et à ses successeurs trois arpens de vignes et un tiers, sis au village de Chécy ; et trois muids de blé, avec pareille quantité d'avoine de rente annuelle, à prendre sur une métairie, *appelée* Mullinville, en la paroisse de Thillay ; et après avoir pourvu d'un *chapelain* cette *chapelle*, déclara qu'il entendait qu'arrivant le décès du *chapelain*, le droit de collation appartiendrait au chapitre. (*Trés. de Ste-Croix.*)

Manassés consacre le grand autel de la nouvelle église des religieuses de Voisins, sous l'invocation de la Vierge. Ces religieuses étaient établies dans ce petit endroit depuis environ deux ans (64).

Manassés, qui possédait des richesses immenses, fait bâtir à Jargeau et à Meung, et de ses propres deniers, des ponts de pierre pour remplacer ceux de bois qui y étaient auparavant ; il fit aussi rétablir le château de Meung, et le fit fortifier pour se défendre des insultes de ses vassaux (47-8).

La ville d'Orléans souffre beaucoup des malheurs causés par un incendie considérable qui consume une grande partie des maisons et quelques édifices publics (64).

1217. Philippe II baille, à titre de cens, aux abbés, religieux et couvent de St-Mesmin, la rivière du Loiret, moyennant VIII liv. tournois et XL deniers par *chacun an*. (*Titre de la Source.*)

1218. Les Dominicains, connus depuis sous le nom de Jacobins, sont envoyés à Orléans pour y fonder une communauté de leur ordre, qui fut placée hors la ville, au nord, en avant de la Porte-Parisis, dans une petite chapelle portant le nom de Saint-Germain-des-Fossés; la réputation de ces Pères devint telle que plus tard on plaça dans leur monastère l'école de théologie et celle de droit (64).

1219. Honorius III, pape, défend, par une bulle, et sous peine d'excommunication, d'enseigner le droit civil à Paris et à Orléans, aux ecclésiastiques qui désertaient l'étude de la théologie pour suivre celle de droit, qui leur était plus lucrative. On croit que cette bulle fut donnée à la prière de Philippe II (8-64).

1220 Philippe II, par une charte, donne la place où est la Grande-Boucherie d'Orléans à cens et à rente, aux bouchers de cette ville, qui après y firent construire une grande halle et des étaux pour y débiter leur viande. Les étaux, pendant plusieurs siècles, n'ont appartenu qu'à des bouchers, et ils avaient des statuts particuliers pour la succession de ces étaux dans leurs familles, lesquels sont confirmés par l'article 275 de notre ancienne coutume. Un article de la nouvelle coutume y déroge, et remet dans le droit commun la succession de ces étaux, qui depuis n'appartinrent plus aux bouchers, mais à différens particuliers qui les donnèrent à ferme aux bouchers: suivant d'anciens réglemens, la ferme de chaque étal ne pouvait excéder la somme de 150 liv. (50).

Philippe II est le premier qui fit paver les villes principales de son royaume, et qui entoura de murs celles qui ne l'étaient pas; c'est pourquoi nous présumons que le pavage des rues les plus fréquentées d'Orléans date de cette époque. Les rois prédécesseurs de Philippe, qui ne faisaient consister leurs principales forces que dans leurs nombreuses armées, avaient peu de places fortifiées comme Orléans; la plupart des villes de France n'étaient fermées que par un fossé sec, et les cités non pavées n'étaient habitées que par les prêtres et des ouvriers ; les nobles vivaient dans leurs terres, ceux qui étaient riches et puissans avaient une cour chez eux : autant de seigneurs, autant de petits souverains (2-40-43).

Manassés, évêque d'Orléans, le doyen, et le chantre de Sainte-Croix de la même ville, sont nommés, par le pape Honorius III, pour être juges dans une contestation qui avait lieu entre Robert de Courtenay, grand-boutellier de France, petit-fils de Louis-le-Gros, et frère de Pierre de Courtenay, empereur de Constantinople, et les religieux de l'abbaye de Beaugency, ville dont Robert était seigneur. Robert fut condamné à laisser jouir paisiblement les moines du péage sur la Loire, à la charge par eux de lui donner la somme de 40 liv. une fois payée (47).

Manassés confirme le droit que le chapitre de la cathédrale de cette ville avait de dîmer dans la paroisse de St-Martin, qui avait le surnom de *de Latâ Arcâ*, le desservant de cette église, avait de son côté le droit de prendre chaque année dans les greniers du chapitre deux muids de seigle pour sa subsistance (8-64). *Juin 1221,*

Cette église de Saint-Martin était située au nord de Sainte-Croix, près du Grand-Mail actuel et de la Halle-aux-Blés, dans la rue qui porte présentement le nom de Saint-Martin-du-Mail (6-21-64).

Manassés de Signelay, évêque d'Orléans, meurt après environ 14 ans de siége. Ce prélat fut comme son prédécesseur, assisté dans ses derniers momens par l'abbé de St-Euverte, et inhumé dans son église (21-80). *1221.*

Philippe II, surnommé Auguste, meurt à Mantes, près Paris, à l'âge de 58 ans, après un règne de 44 ans (43). *14 juillet 1223.*

L'abbé de Saint-Mesmin du Loiret affranchit plus de 200 hommes de corps ou serfs de son abbaye ; mais par l'acte de manumission, il retient sur eux des droits de justice, taille, cens, etc. (64). *11 mars 1224.*

Ingeburge, deuxième femme de Philippe II, roi de France, qui était retournée dans son pays à la mort de son époux, revient en France et se fixe à Orléans après le décès de son père Waldemar-le-Grand, roi de Danemarck (43-8). *Avril 1226.*

Louis VIII, surnommé le Lion, huitième de la race, et quarante-troisième roi de France, meurt à l'âge de 39 ans, au château de Montpensier en Auvergne, empoisonné par un grand de la cour, après un règne de 3 ans. Le testament *8 novembre 1226.*

que fit ce roi portait des legs pour 1,000 léproseries ou hôpitaux de lépreux, et pour 60 abbayes de moines ; c'est une preuve sensible des ravages que faisait la lèpre et de l'accroissement rapide des ordres religieux en France (2-43-80).

Septembre 1227. Un nommé Pierre Balleau, bourgeois d'Orléans et paroissien de l'église de Saint-Loup, près et au soleil levant de cette ville, donne, par acte, un quartier de vignes à la fabrique et au desservant de cette église, qui était paroisse avant que d'être un couvent de nonnes (7-8).

1227. Louis IX, par un édit, condamne à une amende les gens qui jouaient aux échecs dans son royaume (43).

La nef et le rond-point de l'église de Sainte-Croix d'Orléans, que l'évêque de cette ville, nommé Arnould, avait fait rétablir en l'an 1000, l'année d'après le terrible incendie qui avait consumé une partie d'Orléans, avaient été bâtis si peu solidement qu'ils tombèrent inopinément, et heureusement sans occasionner d'accidens graves (9-64).

1228. Les deux églises de St-Paul et celle de Notre-Dame-des-Miracles, qui étaient adossées l'une à l'autre, sont réunies en une seule ; les deux curés eurent chacun une portion de celle de Saint-Paul, et la nomination, pour une des cures, resta toujours aux religieux de Saint-Mesmin, auxquels l'église de Saint-Paul avait été donnée en 1148, par des personnes dévotes, et l'autre aux chanoines de Saint-Pierre-le-Puellier, qui exerçaient ce droit en commun (21-64-80).

1229. Les docteurs de l'Université de Paris se retirent à Orléans avec leurs élèves. Cette Université faisait le plus bel ornement du royaume, par le nombre considérable d'écoliers qui y venaient de toutes les parties de l'Europe, et apportaient de grandes richesses dans la capitale ; les élèves ayant été maltraités dans une batterie par les bourgeois, et n'en ayant pu avoir raison comme ils le désiraient, quittèrent tous Paris, avec leurs professeurs, non sans avoir publié des chansons et des vers licencieux qui noircissaient la réputation de la reine Blanche, mère de saint Louis, et celle de Romain, cardinal légat du pape Grégoire IX, qui la dirigeait ; mais le conseil du roi, craignant que la capitale ne fût long-temps dépouillée d'un si grand avantage, trouva moyen d'apaiser ces esprits emportés et de les faire revenir à Paris (43-64-8).

Ingeburge, reine de France, veuve de Philippe II, qui s'était retirée à Orléans à la mort de son père, roi de Danemarck, donne à perpétuité aux révérends pères de la Cour-Dieu une maison de vignes qu'elle possédait dans la paroisse de Chécy (8). *11 décemb. 1231*

Louis IX donna aux religieuses de La Calle d'Orléans plusieurs biens, afin qu'elles priassent pour le repos de son père, Louis VIII. Ces religieuses de La Calle prirent plus tard le nom de Saint-Loup (8). *1234.*

Philippe de Jouy, évêque d'Orléans, meurt après 13 ans environ de siége (21).

Louis IX, avec l'agrément de la reine Blanche, sa mère, donne encore aux religieuses de La Calle ou de la chaussée du faubourg Bannier, trois arpens de vignes, au soleil levant d'Orléans, dans un endroit où il y avait une petite chapelle, appelée Notre-Dame-du-Chemin, qui était hors la ville dans ce temps (64).

Le pape Grégoire IX excommunie les religieux de l'ordre de Saint-Augustin, qui dirigeaient l'infirmerie des chanoines de Sainte-Croix (Hôtel-Dieu), pour cause de relâchement dans leurs mœurs (64). *1235.*

Ingeburge, reine de France, veuve en secondes noces de Philippe II, et fille de Waldemar-le-Grand, feu roi de Danemarck, meurt à Orléans qu'elle habitait depuis 10 ans environ (7-8). *26 février 1236.*

Sédition arrivée à Orléans, entre les étudians en droit et les bourgeois de cette ville : plusieurs élèves de grande condition y furent tués ; le neveu de Thibault, comte de Champagne et roi de Navarre ; le cousin-germain de Pierre Montclerc, duc de Bretagne ; le neveu de Hue, comte de La Marche, furent de ce nombre ; d'autres furent noyés dans la Loire : les écoliers sortirent de la ville et se cachèrent dans les vignes ; mais assistés de leurs parens et autres seigneurs, ainsi que de leurs domestiques, ils rentrèrent dans Orléans, où ils se vengèrent sur les habitans : ils en tuèrent plusieurs. Louis IX fut obligé d'interposer son autorité et rendit satisfaction aux uns et aux autres. Une femme était la cause première de cette violente querelle (8-64). *Juin 1236.*

Philippe de Berruyer, d'après l'autorisation du pape Grégoire IX, relève de leur excommunication les religieux de l'ordre de Saint-Augustin, qui dirigeaient l'infirmerie *1235.*

des chanoines de Sainte-Croix (Hôtel-Dieu), lesquels avaient encouru cette punition en 1235, pour cause de relâchement dans leurs mœurs (64).

Philippe de Berruyer est nommé archevêque de Bourges, et est remplacé par Hilaire (21).

1237

Louis IX, par une nouvelle donation, dote les religieuses de La Calle de 168 arpens de terre à Champteau (Chanteau), près d'Orléans, et les appelle religieuses de l'ordre de Cîteaux (64).

Hilaire, évêque d'Orléans, meurt après une année environ de siége (21).

25 mars 1238.

Les deux curés qui existaient dans l'église de Saint-Paul depuis 1228, époque où l'église de Notre-Dame-des-Miracles lui avait été réunie, curés dont l'un était nommé par les religieux de Saint-Mesmin, et l'autre par les chanoines de Saint-Pierre-le-Puellier, avaient vécu paisiblement entre eux jusqu'à ce jour, lorsque les chanoines de Saint-Pierre-le-Puellier voulurent ôter ce droit à ceux de Saint-Mesmin, pour être seuls possesseurs de l'église et de la cure; les religieux portèrent plainte au pape Grégoire IX, qui, d'après l'avis de son légat Raynold, évêque d'Ostie, confirma, par une sentence, l'état actuel et décida que, vu la réunion des deux églises, qui avaient chacun un curé, St-Paul en posséderait deux comme par le passé: il voulut que la nomination se fît par les chanoines et par les religieux comme au temps de la réunion (64-8).

1238.

Guillaume de Bussy, évêque d'Orléans, meurt après une année de siége (21).

1239.

Robert de Courtenay, évêque d'Orléans, donne la majeure partie de son palais épiscopal pour réédifier Sainte-Croix et l'accroître du côté du septentrion, et va habiter non loin de là (9-8).

1240.

Les religieux Cordeliers viennent s'établir à Orléans, dans une place que la ville leur donna hors des murs et des fossés de cette cité, au nord entre la porte Parisis et l'église de Saint-Pierre-en-Sentelée, vis-à-vis la grande maison habitée par les Frères de Sainte-Croix et les chevaliers de l'ordre de Saint-Lazare, que Louis VII y avait placés en 1154 (64).

L'Eglise et le couvent furent élevés dans le lieu occupé anciennement par l'abbaye de Saint-Jean, donnée en 975, par Hugues, marquis d'Orléans, à l'évêque Arnould Ier et au chapitre de Sainte-Croix, laquelle abbaye, ayant été ruinée par les Normands, ne fut pas relevée (8-64).

Lors de la construction des bâtimens des Cordeliers, la petite église de Saint-Chéron qui se trouvait aussi sur cet emplacement fut abattue (7).

Grégoire IX, pape, à la prière de Louis IX, renouvelle par une bulle, et comme l'avait fait son prédécesseur Honorius III, en 1219, la défense aux professeurs des écoles de droit de Paris, Toulouse et Orléans, de recevoir comme élèves des ecclésiastiques (64).

25 juin 1242.
Acte passé entre Pierre Descantillis, bailli du roi, et Adam de Montroyal, bailli de Robert de Courtenay, évêque d'Orléans, par lequel ils empruntent de l'abbé de Saint-Mesmin la cour de l'alleu Saint-Mesmin, à Orléans, pour y décider par le duel le différend survenu entre eux sur leur compétence au sujet d'un meurtrier que l'un et l'autre voulaient juger (64-80).

(Il paraît que cette affaire fut terminée à l'amiable entre les parties) (77).

1243
Henri III, roi d'Angleterre, qui était entré en France par Bordeaux, ayant été défait à Blaye par les troupes de Louis IX, est forcé de faire sa paix avec ce roi. Ayant demandé de traverser la France pour retourner en son pays, il passe par Orléans, où il est reçu, d'après les ordres de Louis, avec une pompe toute royale (43).

9 avril 1245.
Pierre et Agnès, sa femme, bourgeois d'Orléans, vendent une maison à l'abbaye de Saint-Euverte. Les religieux s'obligent, en échange, à leur fournir deux pains par semaine, deux livres de pois en fèves aussi par semaine, un porc de vingt sous par an, et au temps des vendanges, deux poinçons de vin blanc sain et pur (8).

Mars 1248
Plusieurs Frères-Inquisiteurs Dominicains passent par Orléans où ils sont reçus avec distinction.

Avril 1248.
Louis IX, qui avait fait vœu dans une grande maladie d'aller à la Terre-Sainte, lorsqu'il serait entièrement rétabli, fait commandement à Robert de Courtenay, évêque d'Orléans, de le suivre dans son voyage qu'il venait d'arrêter pour cette année. Le prélat d'Orléans, avant son départ, reçut des fidèles de cette ville plusieurs dons : l'abbé de Saint-Mesmin, Ebradus, y ajouta une charrette et trois chevaux pour porter ses bagages (21-64-8).

2 sept. 1249.   Robert de Courtenay, de retour de son voyage à la Terre-Sainte, qu'il avait quittée quelques jours après la prise de Damiette, le 5 juin de cette année, fait son entrée à Orléans; il est reçu avec pompe par les habitans: on portait devant lui des reliques qu'il avait apportées d'Asie (64).

18 sept. 1249.   Innocent IV, souverain-pontife, par une bulle, déclare nulles les sentences rendues par Robert de Courtenay, évêque d'Orléans, contre les serviteurs et bienfaiteurs des religieuses de Voisins, près de cette ville, qui allaient moudre au moulin et cuire au four de ces nonnes (8-7).

30 décem. 1249.   Robert de Courtenay donne aux religieuses de la *Calle*, l'église de Saint-Loup, située faubourg Bourgogne, à l'est de la ville, et à quelque distance de la porte Bourgogne: il venait de l'obtenir pour elles du chapitre de Saint-Pierre-Empont qui en avait le patronage. Lorsque les religieuses prirent possession de l'église, qui était depuis long-temps paroissiale, elles quittèrent le nom de religieuses de la Calle, et prirent exclusivement celui de St-Loup (64-21-8).

1250.   Jean, abbé de Saint-Benoît-sur-Loire, décide qu'il y aurait douze de ses moines qui viendraient demeurer dans le prieuré de Saint-Phalier ou de Saint-Gervais et de Saint-Protais, près Saint-Marc, prieuré que le couvent possédait depuis l'année 621, afin qu'ils pussent étudier les lettres à l'école de droit d'Orléans. Il fit réparer les bâtimens, et affecta des revenus suffisans pour l'entretien de ces religieux (64-80).

5 octobre 1250.   L'abbé de Saint-Mesmin-lès-Orléans s'étant plaint que son monastère était accablé par des provisions ou collations d'office donné par les papes, Innocent IV l'en décharge par un bref daté de Lyon (8-64).

11 juin 1251.   Une troupe assez nombreuse de fanatiques, composée principalement de bergers, qui couraient la France, sous prétexte de former une croisade pour la délivrance de Louis IX, et dont le vrai but était de se livrer au pillage, s'arrête à Orléans. On leur donnait le nom de *Pastouraux*. Un de leurs chefs, moine apostat, hongrois de nation, qui s'appelait le Maître de Hongrie, s'étant mis à prêcher sur la place publique de cette ville, qui était alors le cloître Saint-Sulpice, fut traité d'imposteur par un écolier de l'école de droit: sa réponse fut un coup de hache dont il fendit la tête de l'écolier; les autres Pastouraux se jettent à

l'instant sur l'assemblée qu'ils dispersent et poursuivent (21-64).

Le massacre commença dans la rue qui a pris le nom de rue des Pastouraux, et fut considérable : ils s'attachèrent principalement au clergé et aux étudians. Les historiens contemporains disent qu'il y eut plus de vingt-cinq ecclésiastiques tués et jetés dans la rivière : un plus grand nombre fut blessé. Le peuple d'Orléans ne prit aucune part à cet événement et ne chercha point à défendre le clergé dont il était mécontent, à cause de sa conduite et de ses trop grandes richesses, ce qui fit que l'évêque Robert de Courtenay mit pour quelque temps la ville en interdit (64-21-8).

Les bandits-Pastouraux quittèrent Orléans et passèrent dans le Berry, où les habitans et la noblesse qui les attendaient, les chargèrent et les mirent en déroute : il en fut pendu un bon nombre, puis cette bande se dissipa et s'évanouit peu-à-peu (64).

Étienne de Montfort, doyen de Saint-Aignan d'Orléans, l'un des plus grands hommes de son siècle, est envoyé à Paris par les Orléanais, pour prêter, avec tous les grands du royaume, serment de fidélité à Blanche de Castille, mère de Louis IX, régente du royaume pendant l'absence et la captivité de son fils (36). *22 juin 1251.*

Mort du pape Innocent IV : c'est ce pape qui le premier donna le chapeau rouge aux cardinaux (31-53). *7 décembre 1254.*

Les chanoines de Saint-Aignan, par un capitulaire, renouvellent la rigueur du stage auquel étaient tenus les nouveaux chanoines, avant que d'avoir voix délibérative au chapitre. Ce stage consistait en une observance exacte des réglemens, et en la présence non interrompue à tous les offices, pendant six mois et vingt-cinq jours. (64-8). *1254.*

Louis IX, qui était revenu en France de sa première croisade, depuis environ deux ans, s'étant embarqué au port d'Acre, le 24 avril 1254, visite ses états, et partout il laisse des marques de sa générosité, de sa bonté et de sa piété : il établit à Orléans une maison pour loger vingt-trois pauvres ; ils étaient renouvellés annuellement, et on les baptisait tous à Pâques. Le roi payait leur nourriture, et en sus, le loyer de la maison, dans laquelle étaient aussi logées des personnes pieuses, pour les instruire. Les pauvres devaient y rester de deux cent vingt-cinq à trois cents *1256.*

jours, et n'en sortaient qu'après leur baptême qui se faisait encore par immersion (8-80).

Cet établissement avait été formé par le saint roi, à Orléans, pour diminuer le nombre de quelques payens cachés, et pour obvier à la négligence des personnes qui ne faisaient pas baptiser leurs enfans.

Louis IX envoie à Orléans, en qualité de commissaire-enquesteur, Godefroy de Bully, archidiacre de Sully, pour s'informer des injustices qui auraient été faites dans cette ville, par ses officiers, et les réparer sur-le-champ. Ce commissaire était distingué des inquisiteurs qui étaient tous Dominicains. Plusieurs restitutions furent faites par cet envoyé du saint roi (8-64).

La congrégation des filles dévotes, désignées sous le nom de Béguines d'*Orlians*, était déjà établie dans cette ville, à cette époque, sans que nous ayons pu découvrir la date de sa création (8-7).

La petite église de Saint-Pierre-Lentin, qui existait à cette date, tirait alors son nom de l'usage où l'on était d'y porter à baptiser les enfans qui naissaient à l'infirmerie de la ville (Hôtel-Dieu) qui en était proche; ils étaient ensuite placés dans une maison voisine que l'on avait louée à cet effet, et dont le prix de loyer est passé cette année en compte au bailli d'Orléans, Girard de Révers (21-80).

Les anciens titres de cette église portent les noms de *Sanctus Petrus Lactentium* (Saint-Pierre des enfans à la mamelle) (8-4).

Établissement des Frères-aux-Sacs, à Orléans: Ces Frères-aux-Sacs, ou Sachets (de leurs habits faits en forme de sacs) suivaient l'observance des Pères Augustins, auxquels ils furent incorporés plus tard (21-64).

1257.
Girard de Révers, bailli d'Orléans, rend compte au roi Louis IX du revenu d'un clos de vignes, près d'Orléans, au soleil levant, qui appartenait à ce prince: cette portion de terre portait alors le nom de Clos-du-Roi (8-80).

Isabelle, femme abandonnée de son mari, se fait religieuse de Saint-Loup, et donne à ce couvent de grands biens en terres et maisons, ce qui fut une des premières sources de la prospérité de ce monastère (8).

26 octobre 1259
Dimanche.
Le corps de saint Aignan est transféré d'une châsse dans une autre par Robert de Courtenay, en présence de plus de deux cents personnes, tant ecclésiastiques que séculiers.

Cette cérémonie fut d'autant plus solennelle que le roi Louis IX et ses deux fils aînés, Philippe et Tristan, y assistèrent. Ce roi porta la châsse sur ses épaules, lors de la procession qui se fit à l'extérieur de l'église, puis après, il se rendit dans le cloître Saint-Aignan, où, étant assis *par terre* avec ses deux fils, il entendit une prédication qui y fût faite par Robert de Courtenay, évêque de cette ville (64-8-80).

1259. Louis IX, pendant son séjour à Orléans, fait construire, hors de la ville au nord, une petite église dédiée à saint Mathurin, et à côté, un hospice pour y retirer les pauvres aveugles (8-64).

Cette église, élevée entre le terrain où plus tard fut établi le Martroi actuel, et entre l'église Saint-Pouair ou Saint-Paterne d'aujourd'hui, fut remplacée (en 1621) par le couvent de la Visitation, rue Bannier (21-64-8).

Juin 1260. Louis IX donne pour douaire, à son épouse Marguerite de Provence, et par lettres patentes, *la cité d'Orliens, é Chastiau-Néuf, é Checi, et Nonvilliers, sans en excepter Clari* (64-8).

1261. Le chapitre de Saint-Aignan d'Orléans achète des Maîtres-Frères de l'infirmerie d'Orléans (Hôtel-Dieu) une petite église paroissiale, sous l'invocation des saints Sergius et Bacchus, dont le bâtiment et le cimetière tenaient à une maison près de la grande porte de leur cloître, et appelée dans les anciens titres *Porta paténs*, à la charge, outre le prix, de s'arrêter à la procession du troisième jour des Rogations devant la porte de cette maison, pour y chanter le répons, le verset et la collecte des saints Martyrs (64-8-80).

Cette église existait déjà en 1090, et était passée entre les mains des Frères de l'infirmerie d'Orléans (64-80).

1262. Louis IX fixe, par lettres patentes, les étaux de bouchers à Orléans au nombre de quarante, tant dans la ville que les faubourgs, au prix de 38 sols parisis chaque (64).

Urbain IV, pape, institue la Fête-Dieu ou du Saint-Sacrement. Cette fête ne fut observée en France que quelques années après (31-40).

1265. Les Pères Carmes viennent s'établir à Orléans, dans une maison hors de la ville, au soleil couchant, assez près de l'église de Saint-Laurent-des-Orgerils, dans le terrain qui porte encore aujourd'hui le nom de *Vieux-Carmes* (64).

14 octobre 1266. Sous le règne de Louis IX et l'épiscopat de Robert de Courtenay, un seigneur de La Ferté, nommé Regnault de l'Ile, ayant envahi plusieurs terres nobles de Sologne qui appartenaient au chapitre de Saint-Aignan d'Orléans, Rainulfe, conservateur apostolique, fulmina contre lui une excommunication. Regnault la supporta avec endurcissement pendant l'espace d'un an; le chapitre, voyant que sa censure ne produisait aucun effet, obtint un bref du pape Clément IV pour faire dénoncer publiquement l'excommunication de Regnault, ce qui eut lieu au son des cloches, à chandelles éteintes, la croix renversée, enfin, avec toutes les solennités de l'église usitées en pareille circonstance (64-8).

1266. Louis IX ordonna que tous les Juifs qui étaient dans son royaume porteraient devant et derrière une pièce d'étoffe jaune sur leurs habits, pour les distinguer de ses sujets qui n'étaient pas de cette religion : cette pièce d'étoffe s'appelait rôelle (43-2).

Robert de Courtenay fait construire, vis-à-vis et au nord de Sainte-Croix, hors des murs de la ville, une petite chapelle sous la protection de Notre-Dame et de saint Vrain : elle fut ensuite incorporée aux bâtimens du grand cimetière qui fut établi dans ce temps (64).

Robert de Courtenay donne à la communauté des maîtres-écrivains de cette ville la chapelle qu'il venait de faire nouvellement élever dans un terrain qui devint à cette époque un cimetière commun, sous la dénomination de Grand-Cimetière. Cette chapelle de Saint-Vrain fut plus tard appelée Sainte-Anne (8-64).

Le prélat laissa aux frères-maîtres-écrivains la nomination d'un chapelain pour la desservir : c'était proprement la chapelle du cimetière, dans laquelle s'acquittaient les fondations pour les morts, par des prêtres et des clercs nommés par lesdits confrères (8-80).

Les écrivains étaient très-nombreux à Orléans, et occupaient à eux seuls une rue qui a conservé le nom de rue de l'Écrivinerie, jusqu'au moment où elle fut abattue pour faire place à celle de la Préfecture actuelle (8-21-77).

1269. Robert de Courtenay, évêque d'Orléans, meurt dans cette ville, après trente-un ans de siége : cet évêque était petit-fils de Louis-le-Gros, roi de France (21).

1270. Les doyens des chapitres de Sainte-Croix et de Saint-

Aignan, qui avaient le droit de main-morte et héritaient des clercs et habitans d'Orléans qui mouraient sans avoir fait de testament, se présentent chez le conservateur apostolique, pour terminer à l'amiable un différend pour la jouissance de ce droit (64).

Louis IX, par un édit, ordonne à ses sujets de faire tous les actes civils par devant notaire; et c'est de cette date que nous avons trouvé dans les archives les premiers actes rédigés par ces officiers publics (4-43). *10 août 1270.*

Louis IX meurt en Afrique, devant Tunis, à l'âge de cinquante-cinq ans, après un règne de quarante-quatre ans. (43). *25 août 1270.*

Philippe III, surnommé le Hardi, succède à son père Louis IX à l'âge de vingt-cinq ans (2-43). *Août 1270.*

Saint Bonaventure, général des Frères-Mineurs ou des Cordeliers, vint tenir un chapitre à Orléans, dans le couvent de cet ordre, qu'il désigna comme le premier de France pour l'instruction des religieux (64-8). *Février, 1271.*

Philippe-le-Hardi donne à rente perpétuelle, pour la somme de seize livres, aux merciers d'Orléans, onze estacons (étaux ou échoppes) placés autour du chef de l'église de Saint-Hilaire-du-Châtelet, dans le Grand-Marché (8). *Mars 1274.*

Mort de Gilles d'Orléans, célèbre prédicateur du roi, né à Orléans (21).

Philippe III ordonne que les Juifs de son royaume, qui portaient déjà un habillement particulier et une rôelle ou bande d'étoffe jaune par dessus, ajouteraient encore à leurs bonnets, par devant, une corne de plusieurs pouces de longueur (43). *1277.*

Gilles Pastay, évêque d'Orléans, fait terminer par un architecte habile, dont le nom n'est pas parvenu jusqu'à nous, le rond-point et la nef de l'église de Sainte-Croix qui s'étaient écroulés inopinément en 1227. Cette cathédrale était alors construite depuis la petite porte de l'évêché jusqu'à la sacristie, du côté opposé (9-21-64). *1278.*

Gilles Pastay, qui avait entrepris de faire terminer l'église de Sainte-Croix, cède à cet effet au chapitre tous ses droits dans les revenus de cette cathédrale; il sollicite et obtient de Philippe III la permission de prendre dans ses forêts et d'extraire de ses carrières tous les matériaux nécessaires à cette construction (9-21-64). *1278.*

Gilles Pastay, aidé des seigneurs et des habitans de la *11 sept. 1278.*

ville qui avaient fourni des fonds, fait reprendre les travaux pour terminer l'église de Sainte-Croix. La première pierre de ces nouveaux ouvrages fut posée par l'évêque au second pillier à gauche, en entrant dans le temple par la porte latérale sud. Ce pillier est remarquable par une pierre platte et carrée sur laquelle devait être gravée la date de cette cérémonie : on conserva, dans le plan qui fut fait et arrêté alors, les tours et le portail qui avait été peu endommagé lors des divers désastres arrivés à cet édifice. Ces tours et le portail étaient plus renfoncés à l'est que celles qui existent présentement; les deux tours anciennes n'étaient pas semblables par leur couronnement : celle du nord, appelée de l'Échange, était terminée en flèche, et celle du sud, où étaient placées les cloches, avait un toît à deux basses-gouttes. Les jours de foire, les changeurs (banquiers) se plaçaient sous celle du nord (9-48-64).

11 février 1279. Guillaume Morand, bourgeois d'Orléans, donne aux religieux de Saint-Euverte le pressoir des Bordes, paroisse de Saint-Denis-en-Val, avec trois arpens de vignes, à condition que l'abbaye de Saint-Euverte lui donnerait toutes les semaines un pain blanc; tous les ans, à Pâques, un cochon de vingt sous, et aux vendanges, un poinçon de vin blanc.

Déjà, en 1245, les religieux de Saint-Euverte payaient une même redevance en nature à Pierre et Agnès, sa femme, bourgeois d'Orléans, pour le prix d'une maison vendue par eux à l'abbaye (8-80).

1280. Des laboureurs du bourg de Cléry, près d'Orléans, trouvent sous le fer de leur charrue une statue de la Vierge, la placent dans leur petite chapelle, qui avait été bâtie en 550, du temps du règne de Childebert, sous le nom de la Mère-de-Dieu, mais qui perdit ce nom pour prendre celui de Notre-Dame-de-Cléry qu'elle porte encore aujourd'hui (8-64-80).

Les religieux Augustins viennent s'établir à Orléans, et sont logés au Portereau, faubourg de la ville, au sud de la Loire; les habitans les reçurent très-bien et leur firent bâtir une église sous l'invocation de la Vierge, en face et près des tourelles du pont (21-64).

2 avril 1282. On ressentit à Orléans, à Paris, à Chartres, et dans plusieurs villes du centre de la France, une forte secousse de tremblement de terre : elle fit plus de mal à Paris que partout ailleurs. Cette capitale, qui semblait être le point

central de la commotion, fut presque inondée par la Seine qui sortit de son lit et submergea les quartiers bas de la ville. On remarqua que, depuis midi jusqu'à deux heures, le soleil fût obscurci, et dans la nuit la lune parut ténébreuse (43-61).

1284.

Un chanoine de Sainte-Croix avait dans son jardin une poule et ses six poussins; ces animaux, en grattant, découvrirent, dans un coin, des vases pleins de pièces d'or antiques, le chanoine, en offrant à l'évêque Gilles Pastay et au chapitre ces pièces d'or pour avancer l'œuvre des bâtimens neufs de Sainte-Croix, y mit pour condition qu'en mémoire de ce fait on suspendrait dans l'une des chapelles de cette cathédrale, la figure d'une poule et de six poussins en argent doré (8-64).

6 juin 1285.

Gilles Pastay, par une ordonnance, enjoint aux chanoines de Jargeau, qui s'étaient affranchis de l'ordinaire et se servaient d'un bréviaire particulier, de se conformer à l'usage de la grande église du diocèse, dans la psalmodie et la célébration des louanges de Dieu (64).

Sous l'épiscopat de Gilles Pastay, Guillaume de Saint-Mesmin, en qualité d'un des prud'hommes (procureurs ou échevins de la ville), signe la transaction qui fut passée entre Messire Jean Flagicialo, doyen de l'église de Sainte-Croix, et les habitans de cette cité, au sujet du droit de main-morte que les doyens prétendaient sur la succession de ceux qui mouraient sans faire de testament et de legs en faveur des églises (64-8).

Cette transaction coûta aux habitans d'Orléans 5,150 liv. parisis, somme exorbitante pour l'époque, laquelle somme fut répartie ainsi (4) :

    3,000 liv. pour les réparations de Sainte-Croix (64-4-8).
    1,000 liv. pour les chanoines.
    400 liv. pour la fondation d'une chapelle.
    300 liv. pour des messes.
    300 liv. pour l'évêque.
    100 liv. pour le neveu du pape Sixte V, pour l'approbation de son oncle.
    50 liv. pour le notaire qui avait rédigé l'acte.

5,150 liv. Somme égale.

Fondation, aux frais des habitans d'Orléans, dans l'église de Ste-Croix d'Orléans, d'une chapelle sous le nom de la Main-morte, en vertu de la transaction passée entre les Orléanais et le doyen de la cathédrale, relativement au rachat du droit de main-morte, *ab intestat* (8-64).

Septembre 1285. Gilles de Pastay, évêque d'Orléans, meurt après 16 ans de siège. C'est à l'activité de ce prélat que l'on doit une grande partie de la construction de Sainte-Croix (21-64).

5 octobre 1285. Mort de Philippe III, surnommé le Hardi, à Perpignan, âgé de 45 ans, après en avoir régné 16 (2-43).

Octobre 1285. Philippe IV, dit le Bel, succède à son père Philippe III à l'âge de 17 ans.

15 avril 1286. Transaction passée le lendemain de Pâques entre Guillaume de Crespy, doyen, et le chapitre de Saint-Aignan, au sujet de la paroisse du Crucifix dans l'église de Saint-Aignan, par laquelle transaction il est accordé que la collation (ou droit de conférer un bénéfice) de l'église du Crucifix, qui était paroissiale, demeurerait au doyen, auquel le chapitre la disputait (8-64).

1286. Philippe IV dispense les Juifs de son royaume de porter un habit particulier, la rôelle ou pièce d'étoffe jaune, et la corne qu'ils avaient sur le devant de leurs bonnets, moyennant une forte somme d'argent (2-43).

15 février 1287. Pierre II de Mornay, évêque d'Orléans, donne à son église cathédrale la somme de 300 liv. à prendre sur son château de Pithiviers, pour la fondation de son *obit* et celui de ses père et mère. (On appelle *obit* le service qu'on fait pour une personne défunte) (64).

11 septem. 1287. Pierre II de Mornay pose la première pierre des nouveaux travaux faits à Sainte-Croix d'Orléans, au pilier placé à main droite de l'arcade qui termine la grande chapelle de la Vierge ; la cérémonie se fit en présence des abbés de Saint-Euverte, de Saint-Benoît, de Beaugency, et d'une grande quantité d'ecclésiastiques et de peuple : il ne fut pas encore touché aux tours ni au portail principal.

1287. Philippe-le-Bel nomme Étienne de Lorris et Macé de Chilly bourgeois d'Orléans, comme arbitres d'un procès *mu* entre le chapitre de Saint-Aignan et les habitans d'un lieu appelé *Lallun*, près Janville.

Macé de Chilly apposa son sceau aux lettres expédiées à cet effet et les contre-scella des armes de la ville, portant trois pièces pareilles aux cœurs de lys actuels improprement appelées cailloux (64-89) (*).

Philippe-le-Bel ordonne à Jean de Chevreuse, bailli d'Orléans, de faire rendre par le doyen de Sainte-Croix, les biens qu'il avait fait saisir sur un jeune homme mort sans avoir fait de testament en faveur des églises, attendu que c'était déroger à la transaction que les habitans de cette ville avaient passée et payée en 1285 pour se racheter de cette servitude (8-64). 7 février 1288.

Pierre de Mornay, meurt après 3 ans de siége (21). 1288.

Ferri de Lorraine fait placer, pour la première fois, dans le chœur de Sainte-Croix d'Orléans, dont il avait été nommé évêque, des stalles à l'usage des chanoines et des paroissiens les plus distingués, avec défense, par le chapitre, d'y recevoir ni bouchers, ni barbiers, ni artisans exerçant un état mécanique, lesquels seraient chassés ignominieusement de l'église s'ils enfreignaient cette défense (8). Juin 1289.

Ferri de Lorraine s'empare de tout ce qui concernait la juridiction spirituelle de la maison ou hospice pour les lépreux que Louis-le-Gros, roi de France, avait fait construire en 1112, faubourg Bannier, et laissa aux religieux de l'ordre de Saint-Augustin qui la desservaient, tout ce qui regardait le temporel, dont cependant ces derniers furent tenus de rendre compte à la ville comme représentant le fondateur. 1289.

Jeanne de Châtillon, comtesse de Blois, donne par testament quelques biens aux religieuses de La Madeleine d'Orléans, pour lesquelles elle avait beaucoup d'attachement. On remarque dans ce testament que le nom de la ville d'Orléans est écrit : *Olliens* et *Orliens*, et que les religieuses sont appelées les *Nonnains de l'Hôtel-des-Olliens*. Elle donna aussi aux pauvres d'Orléans une somme de 120,000 liv., et chargea Ferri de Lorraine, évêque, d'en faire la distribution (64-21). 28 janvier 1290.

Guillaume Thibaut, garde de la prévôté d'Orléans, rédige et signe l'acte par lequel Philippe-le-Bel achète à Raoul, dernier seigneur de Beaugency, le château de cette ville. Cette terre et ses dépendances furent vendues au monarque 5,000 liv. et 400 liv. de pension viagère; Raoul se 26 mars 1291.

(*) Bouton ou extrémité du pistil des lys auxquels sa situation dans le centre de la fleur a fait donner la dénomination de cœurs de lys.

réserva, du consentement du prince, le logement à Beaugency et la jouissance du château et du jardin qui en dépendaient (47).

1294. Philippe-le-Bel fixe, par une ordonnance, l'étoffe dont ses sujets devaient se vêtir, le prix qu'ils y pouvaient mettre et celui qu'ils devaient donner de façon, chacun selon sa naissance, son âge et sa profession. Philippe ne fut point obéi, et l'on vit naître de son temps plus de modes qu'auparavant, et les plus bizarres du monde; témoins, ces souliers pointus qui furent appelés à la Poulaine, du nom de l'homme qui les faisait. Les pointes de ces souliers étaient plus ou moins longues, selon la qualité des gens ; elles étaient pour les gens riches au moins d'un pied et demi, et de deux ou trois pour les princes, et armées de quelques signes grotesques. Cette chaussure fut en vogue jusqu'à Charles V, qui eut peine à l'abolir (43).

1295. Philippe-le-Bel fait venir d'Italie douze religieux célestins, et les établit près d'Orléans, dans un petit bourg nommé Chanteau : il leur donna aussi le prieuré de Chanteau et d'Ambert, dans la forêt, qu'il échangea avec Eudes, abbé de Saint-Victor, qui le tenait de ses ancêtres, auxquels Louis-le-Gros en avait fait le don, l'an 1134, contre une rente de 40 liv. parisis, sur le péage de la rivière de Loire (6-8-64).

Le pape Boniface VIII donne cent jours d'indulgences à tous les fidèles de la chrétienté qui visiteraient l'église de Sainte-Croix d'Orléans, qui s'y confesseraient et donneraient quelque chose pour les réparations de cette église, qui était encore en reconstruction (64).

Aout 1297. Ferri de Lorraine permet aux confrères écrivains de la ville d'Orléans de fonder un hôpital au nord et hors des murs de cette ville, sous le nom de Saint-Pouair, parce qu'il était près de l'église qui portait ce nom, et aussi sous la dénomination de l'Aumône-des-Garçons, attendu qu'il était destiné à retirer pendant la nuit, particulièrement en hiver, les pauvres garçons qui n'avaient pas où se loger ; l'évêque laissa aux fondateurs l'entière disposition du temporel de cet hôpital.

29 octobre 1297. Raoul Gros-parein, doyen de l'église d'Orléans (Sainte-Croix), cède à Ferri de Lorraine, évêque de cette ville, toute sa juridiction, moyennant une pension annuelle de 200 liv.

Raoul, seigneur d'Orléans, fonde la chapelle de la Sainte-Vierge dans l'église de Saint-Paul de cette ville, et y institue un vicaire perpétuel pour la desservir (8). *1297.*

Les membres de l'école de droit d'Orléans s'assemblent afin d'envoyer des députés à Paris, au second concile de cette ville, dans lequel on convint des meilleurs moyens pour concilier les différends survenus entre Philippe-le-Bel, roi de France, et le pape Boniface VIII (43-64). *22 mars 1298.*

Ferri de Lorraine, pour célébrer la canonisation de Louis IX ou saint Louis, par le pape Boniface VIII, ordonne une fête par tout son diocèse, pour le 25 août, laquelle fut chômée ce jour, et pour la première fois, dans la chapelle de Saint-Louis au Châtelet d'Orléans (64). *25 août 1298.*

Le pape Boniface VIII ayant fait dresser le sixième livre des décrétales ou rescrits, le publia à cette époque et l'adressa directement aux membres de l'école de droit d'Orléans, dont il estimait beaucoup l'instruction (64-7). *1298.*

Ferri de Lorraine, évêque d'Orléans, meurt dans cette ville, après environ 9 ans de siége. Plusieurs historiens prétendent qu'il fut tué par un cavalier d'Orléans, dont il avait séduit la fille (64-8). *4 juin 1299.*

Premier jubilé connu à Orléans: il avait été ordonné par le pape Boniface VIII, et fixé de cent ans en cent ans; mais ses successeurs le placèrent de cinquante en cinquante, puis de trente en trente, et enfin de vingt-cinq en ving-cinq années (8). *2 janvier 1300.*

Simon de Melun, maréchal de France, seigneur de la Salle de Cléry, fonde le chapitre de Cléry. Cette fondation est approuvée par Bertrand de Saint-Denis, évêque d'Orléans, sitôt après la prise de possession de son évêché (64). *1300.*

La chapelle de Saint-Evrou, qui existait près la Porte-Dunoise, et appuyée sur les murs de la première enceinte, est détruite; et les reliques du Saint, qui avaient été apportées à Orléans, en 945, sont transportées à Saint-Pierre-Empont (8).

Bertrand de Saint-Denis, docteur de Sorbonne, qui était nommé évêque d'Orléans depuis près de 18 mois, fait son entrée dans cette ville avec le cérémonial qui s'est pratiqué à l'entrée des évêques jusqu'en 1357, où Jean de Montmorency, évêque à cette époque, y ajouta quelques cérémonies (voir année 1357) (64).

1301. Philippe-le-Bel passe par Orléans pour aller à Beaugency habiter avec toute sa cour l'abbaye de Citeaux ; il laissa la reine Jeanne de Navarre, sa femme, à Orléans, où elle séjourna huit jours (7).

Commencement des murs de clôture du bourg d'Avenum ou d'Avignon, situé au couchant d'Orléans, dans un ancien champ d'avoine (8-80).

Ce bourg, à cette époque, était séparé de la ville par un fossé qui longeait la rue Sainte-Catherine ; au bout de laquelle, au sud, il y avait une demi-lune fortifiée et trois portes : celle du Châtelet ou Saint-Jacques, à l'ouest de la ville ; celle du pont, au sud, entre Orléans et le bourg ; et la troisième à l'est du bourg d'Avenum et pour son usage particulier, presqu'en face de celle de St-Jacques (8-80).

30 janvier 1302. Philippe-le-Bel érige en titres d'office douze clercs notaires et tabellions du Châtelet d'Orléans, charges qui existaient déjà en 1270, lorsque Louis IX ordonna à ses peuples de faire leurs actes devant ces officiers publics, mais qui étaient commis par les juges. Philippe leur donne, par l'édit de création, le privilége de recevoir des actes partout le royaume, à la charge, néanmoins, qu'ils ne pourront s'établir ni résider hors la ville et auront suivi le cours de l'école de droit de cette ville (8-64).

1302. Philippe-le-Bel et son parlement établissent juges et conseillers clercs d'Orléans, Bertrand de Saint-Denis, docteur de Sorbonne et évêque de cette ville, ainsi que le chantre de Sainte-Croix (6-7-8-80).

Les moines religieux célestins d'Ambert font élever, près d'Orléans, sur la route de cette ville à Châteauneuf, une petite chapelle sous l'invocation de la Vierge, laquelle, plus tard, prit le nom de Pont-aux-Moines, lorsque les religieux firent construire un pont près de cette chapelle (8-64).

Jean de Lorris, chevalier, gouverneur de la Tour-Neuve d'Orléans, donne à l'église de Saint-Aignan, quantité de biens situés à Fleury et à Saran, ainsi qu'une censive près de la Porte-Bourgogne (8-36).

19 mai 1303. Saint Yves, breton de nation, vient à Orléans pour y étudier le droit civil, sous Pierre de la Chapelle, alors professeur en cette faculté. Ce fut dans cette ville qu'il se forma à l'étude des lois dans laquelle il s'illustra (7-8).

30 novem. 1303. Les chanoines d'Orléans intentent un procès à Bertrand

de Saint-Denis, évêque de cette ville, pour avoir fait mettre en prison Jean Rougecol, leur confrère : l'évêque, mécontent, fulmine une sentence d'excommunication contre deux autres chanoines, et interdit tout le chapitre (64-8).

Philippe-le-Bel établit la juridiction de la Bazoche à Orléans en faveur des clercs de notaires et de procureurs. Cette juridiction jouissait de certains priviléges, comme de nommer un chef qui portait le nom d'empereur, de marcher sous une bannière particulière, de porter l'épée, d'avoir le droit de paraître à toutes les fêtes ou cérémonies en corps, et de celui de *ban* qui consistait à percevoir une somme de 12 liv. 6 sous sur les premières noces, et 6 liv. 8 sous sur les secondes, de tous gentilshommes, officiers d'épée et de robe, bourgeois vivant noblement, employés dans les affaires du roi, praticiens et huissiers ; ils percevaient cette rétribution dans tout le pays régi par la coutume d'Orléans. Ce corps avait, en outre, le droit d'installer les lieutenans particuliers lorsqu'ils entraient en charge ; leur fête se faisait avec de grandes réjouissances le 1er mai de chaque année ; et un arbre vert était ce jour-là planté dans la cour du Châtelet de cette ville. C'était aussi à cette époque que se renouvelaient le chef ou empereur, le caissier et autres officiers. Les clercs des notaires et des procureurs des petites villes de la juridiction de l'Orléanais étaient désignés sous la dénomination de *Béjaune* ou Bec-Jaune, et obligés de payer annuellement et chacun une petite galette, et 5 sous au trésorier de la Bazoche résidant à Orléans. Ce corps, formé de la plus jeune, de la plus brillante, ainsi que de la plus instruite partie de la population orléanaise, a rendu, à diverses époques, des services importans aux magistrats, soit en prenant les armes pendant les émeutes, soit en protégeant l'arrivage des subsistances pour la ville, et on l'a vu surtout pour ce dernier motif se réunir et marcher à plus de dix lieues d'Orléans, au nombre de 3 ou 400 volontaires, braves et bien armés. Leur drapeau était de taffetas écarlate, sable et argent, et sur le tout était peint l'écusson de l'empire des Romains, qui est d'or, à l'aigle de sable à deux têtes diadémées, languée, becquée et membrée de gueules. Cet écusson était aussi placé sur le laurier qu'ils présentaient aux nouveaux mariés, dont ils

1303.

recevaient un droit, mais dans ce cas il était en cire (8-64-80-77).

27 juillet 1304. Le pape Clément V, nouvellement élu, français d'origine, donne plusieurs bulles pour ériger l'école de droit d'Orléans en Université : en reconnaissance, y était-il exprimé, de ce qu'il y avait étudié (64).

1304. *Erreur.* Pont construit par les moines Célestins d'Ambert, sur la route d'Orléans à Châteauneuf, sur la petite rivière du Cens. Ce pont, qui était formé de trois voûtes ogives, était près de l'endroit où avait été bâtie par les mêmes moines, en 1302, une chapelle qui prit, depuis, la dénomination de Chapelle-de-Pont-aux-Moines, comme le pont lui-même fut appelé Pont-aux-Moines, pour dire : *Pont bâti par les moines* ou *appartenant aux moines* (7-8-64).

2 décem. 1305. Clément V, pape, qui avait érigé l'école de droit d'Orléans en Université depuis environ une année, défend, sous peine d'excommunication, aux élèves de porter des armes de jour et de nuit, attendu, est-il dit dans la bulle, qu'ils étaient très-nombreux, composés d'étrangers de diverses nations, et surtout fort querelleurs. Les historiens prétendent qu'ils étaient à cette époque de 4 à 5,000 environ (7-64-7-80).

10 août 1306. Bertrand de Saint-Denis, évêque d'Orléans, meurt après 7 ans de siège (21).

18 sept. 1306. Raoul Grospain, évêque d'Orléans, meurt dans la même année de son épiscopat.

Conformément aux dernières volontés de Raoul Grospain, mort cette année, évêque d'Orléans, la distribution des biens de ce prélat, qui étaient immenses, est faite à l'infirmerie de la ville (Hôtel-Dieu), aux pauvres honteux, à Saint-Aignan, Saint-Pierre-Empont, Saint-Pierre-le-Puellier, Saint-Avy et Sainte-Croix (64).

1306 Mort de Jean Lalleu, chancelier de l'Université de Paris, né à Orléans.

Mort de Guillaume Guiart, poète français, né à Orléans.

1 décem. 1307. Philippe-le-Bel ayant aboli l'ordre des Templiers et confisqué les biens qu'ils possédaient dans le royaume, fait le don de l'église de Saint-Marc, près d'Orléans, au nord-est de cette ville, qui leur avait appartenue, aux chevaliers de Malte. Cette cure fut depuis à la présentation du commandeur de ce dernier ordre (21-64).

Philippe-le-Bel, qui avait depuis quelques années accordé aux Juifs de son royaume la faveur de ne plus porter des marques distinctives, moyennant une forte somme d'argent, les fait tous arrêter cette année par toute la France, et les bannit, après avoir confisqué tous leurs biens; en conséquence, ceux qui habitaient Orléans sortirent de la ville, et le quartier, qu'ils occupaient seuls dans cette cité, resta totalement abandonné et désert (43-8). 22 juillet 1306.

Les docteurs régens et les écoliers de l'école de droit d'Orléans, nouvellement érigée en Université, munis des priviléges que le pape Clément V leur avait accordés en 1304, s'assemblent au couvent des pères Jacobins, situé dans le faubourg au nord de la Porte-Parisis, en font la publication, et promettent de les faire observer envers et contre tous (62). 28 décem. 1308.

Philippe-le-Bel donne à l'église de Cléry une grosse cloche, qui était à cette date une des plus belles et des plus fortes qui fût en France (8). Décem. 1308.

Les bourgeois d'Orléans s'opposent, à main armée, à ce que les écoliers de l'école de droit de cette ville profitent des bulles du pape Clément V, qui érigeaient cette école en Université, avant que le roi n'y eût donné sa sanction royale. La résistance des élèves fut cause de troubles et de séditions qui durèrent trois ans, c'est-à-dire jusqu'à l'époque où le roi, par sa sanction, mit fin à ces querelles (43). 1309.

Arrêt du parlement, qui autorise le *chevecier* ou *chefvecier* (chanoine chargé de veiller aux chappes et au luminaire) de Ste-Croix d'Orléans, à saisir toutes les cires ouvrées qui se vendaient sans sa permission dans l'étendue du diocèse d'Orléans, excepté dans la circonscription de la juridiction de Saint-Aignan, où le chefvecier de cette église avait le même droit (7-8-64).

Arrêt du parlement, qui condamne 25 habitans d'Orléans qui avaient insulté les docteurs et les élèves de l'école de droit, et les avaient troublés dans la jouissance de leurs priviléges, à 1,000 liv. d'amende, et en outre à faire une procession publique. Ils devaient partir des halles, passer par la grande rue, qui était alors la rue Bourgogne, et sortant par la Porte-Parisis, entrer dans l'église des Jacobins, chacun devait tenir un cierge de cire blanche, du poids de 2 liv., et l'offrir sur l'autel de l'église, en habit décent, puis se mettre à genoux devant les docteurs et les élèves 5 mars 1310 pour leur demander pardon à haute et intelligible voix (64-80).

1 avril 1310. Les docteurs et les élèves de l'école de droit d'Orléans s'assemblent au sujet de l'arrêt du parlement portant condamnation contre les habitans qui les avaient troublés dans leurs priviléges; ils décidèrent de ne pas faire exécuter la sentence dans toute sa rigueur, et se contentèrent des excuses des coupables, qui furent amenés en leur présence aux Jacobins (8-80).

1 mai 1310. Le clergé d'Orléans et celui de Chartres passent un acte par lequel ils conviennent, afin de former entre eux une union parfaite, d'être reçus chanoines de l'un et de l'autre chapitre, de participer également aux distributions journalières, de se prêter secours mutuel dans les procès et différends, ou tous autres cas (64-8).

Simon de Montigny, bailli d'Orléans, par ordre du roi Philippe-le-Bel, fait faire aux moulins que ce prince possédait sous le pont de cette ville, des réparations considérables. La construction de ces moulins, qui s'appelaient les Moulins-Pendus, parce qu'on pouvait hausser et baisser les roues, selon que la rivière était haute ou basse, était attribuée aux Romains, et depuis un temps immémorial ils appartenaient aux rois de France (9-8).

1310. Philippe-le-Bel permet aux docteurs de l'école de droit d'Orléans d'établir au couvent des Jacobins, où étaient les écoles, une cloche ou horloge, pour donner aux étudians le signal de l'ouverture des classes qui s'y faisaient. Cette cloche ou horloge fut construite aux frais du chapitre de Sainte-Croix, qui en fit le don (8-80).

Jean de Flagny est nommé procureur du roi à Orléans. C'est le premier connu dans cette charge (21).

Philippe-le-Bel, par un édit, exempte de tous impôts les docteurs régens, les écoliers étudians, les bedeaux et autres employés à l'école de droit d'Orléans (64).

16 janvier 1311. Philippe-le-Bel, par lettre latine adressée à Simon de Montigny, son bailli à Orléans, défend toutes injures, violences et oppressions des habitans, envers les docteurs et les écoliers de l'école de droit de cette ville, et le rend personnellement responsable de l'exécution de ses volontés royales.

26 janvier 1312. Philippe-le-Bel donne l'ordre à Simon de Montigny, bailli à Orléans, de remettre tous les biens que les Tem-

pliers avaient possédés, entre les mains des frères de l'hôpital de Saint-Jean-de-Jérusalem, appelés aussi chevaliers
de Malte, auxquels il avait déjà donné, en 1307, l'église
de Saint-Marc (8-21-64).

Philippe-le-Bel, qui avait déjà donné plusieurs exemptions et priviléges à l'école de droit d'Orléans, lui donne
à cette époque le titre d'Université, avec la clause formelle qu'on n'y enseignerait ni médecine, ni théologie, ni
philosophie, ni grammaire; mais seulement le droit civil et canon (64).

Cette école, qui existait depuis un temps immémorial
avec une grande célébrité, n'avait point le droit de gra-
duer; elle ne possédait ni sceau, ni aucune marque distinc-
tive d'une compagnie formée et approuvée par le prince,
malgré les bulles du pape Clément V qui la déclaraient
Université.

Le roi en fit alors un corps enseignant, légitimé et
autorisé par lui; il créa huit docteurs, un pour chaque
nation (ces nations étaient: la Normandie, la Picardie,
la Champagne, la Bourgogne, l'Aquitaine, la Touraine,
l'Allemagne, l'Écosse), dont cinq pour le droit canon; de
plus, il institua pour chaque division un bibliothécaire,
des bedeaux particuliers portant sur leurs masses ou massues les armes de chaque province; de plus, un officier ou
espèce d'économe pour chacune d'elles. Avant cette époque, on trouve bien la trace de la division des étudians en
nations; mais rien n'annonce qu'elles fussent reconnues,
ni même aussi nombreuses. Ainsi, depuis 580, la nation
de Picardie recevait la médaille d'or de Florence, fondée
par Simon, premier seigneur de Beaugency (8-64-47).

Philippe-le-Bel accorde à l'école de médecine d'Orléans 1312.
les mêmes droits que ceux de l'Université de cette ville
(64).

Milles de Chailly, évêque d'Orléans, permet aux con- 28 mai 1313.
frères et aux écrivains de la ville d'agrandir, d'une aile,
leur chapelle du Grand-Cimetière (8).

Les chevaliers de Malte, qui avaient hérité des biens 2 juin 1313.
des Templiers, s'étant mis en possession de ceux que ces
derniers avaient à Orléans, afferment à Vincent Bogi,
harencher (marchand de harengs) de cette ville, et à
Adelot de Lour, sa femme, *un estacon à harengs vendre*

qui *fut jadis assis au coin du temple et de la porte harencherie d'Orléans* (64-80).

1314. Milles de Chailly, meurt après 8 ans de siége (21).

Gautier et Philippe de Launay, frères et gentilshommes normands, accusés d'adultère avec les femmes des trois fils de Philippe-le-Bel, sont condamnés à être écorchés vifs, mutilés, puis décolés; leurs corps furent pendus par les aisselles au gibet (43-2).

Les historiens d'Orléans prétendent que cette exécution eut lieu à Orléans, dans la place Saint-Sulpice; Mézerai dit qu'elle eut lieu à Paris; Daniel dit qu'ils furent jugés à Pontoise, le vendredi après la *Quasimodo* (21-43).

Avril 1315. Louis X, par lettres patentes, accorde aux écoliers de l'Université d'Orléans le droit de vendre, en gros, le vin qui leur restait en provision lorsqu'ils quittaient la ville, mais non en détail, ni dans le cours de l'année. C'était l'économe chargé des provisions de bouche, du logement et même des habits de chaque division par nations, qui était autorisé à faire cette vente (64).

1315. Louis X réforme les religieux du Mont-Sion, que Louis VII avait ramenés avec lui de son voyage de Jérusalem, en 1152, et que ce dernier avait placés à leur arrivée à Orléans, dans le monastère de Saint-Samson de cette ville (7-8-64).

27 mai 1316. Les docteurs et les élèves de l'Université d'Orléans n'ayant pas eu la satisfaction qu'ils désiraient de Simon de Montigny, bailli de cette ville, pour une insulte faite à quelques-uns des leurs, par les habitans, se retirent tous à Nevers, et font avec les magistrats de cette ville, un concordat pour y faire une longue résidence (8-64-80).

8 décem. 1317. Roger-le-Fort, évêque d'Orléans, fait observer dans son diocèse la fête de la Conception de la Vierge qui venait d'être instituée nouvellement par le pape Jean XXII. La première eut lieu dans cette ville (8).

Ce même pape avait, en 1316, institué la prière de l'*Angelus*.

17 décem. 1317. Philippe V, roi de France, accorde à tous les notaires d'Orléans le titre de notaires de son domaine (80).

1318. Philippe V ordonne que les habitans d'Orléans soient désarmés, et nomme un capitaine pour résider dans la ville, avec commandement à cet officier de ne délivrer les armes aux citoyens de cette place que lorsqu'ils seraient commandés pour la guerre (4-8-7).

Procession dite de la Croix-Boisée ou Buisée, remarquable cette année par les bannières (le coq et le dragon) qui y furent portées (voir les comptes de ville à la présente date) (9). — 27 mars 1320.

Roger-le-Fort, d'après la bulle du pape Jean XXII, qui renouvelait celle d'Urbain IV, ordonne que le jeudi d'après l'octave de la Pentecôte, on célèbre dans toutes les églises de son diocèse la fête du Saint-Sacrement ou Fête-Dieu, et que le soleil soit porté à la vue du peuple, avec révérence et grande dévotion, processionnellement, de Sainte-Croix à Saint-Pierre-Empont, accompagné du clergé de toutes les églises de la ville et des ordres religieux (64-8). — 29 mai 1320.

Cette fête avait déjà lieu à Rome depuis quelques années (7).

Philippe V autorise les habitans d'Orléans à faire bâtir à leurs frais, pour les religieux Augustins, qui étaient depuis l'année 1280, dans leur ville, un couvent près des tourelles du pont, au Portereau ou Petit-Port, au sud d'Orléans. Ce premier couvent fut élevé près de l'église construite par les Orléanais lors de l'arrivée de ces pères dans leur ville, et placé comme elle, près de la porte du pont (8-21). — 1320.

La reine Clémence, veuve de Louis X, est mise par le roi Philippe V, son fils, en possession de la petite ville d'Yèvre-le-Châtel, près Pithiviers, à la condition de présenter annuellement à Sainte-Croix d'Orléans, la veille de la fête de cette église, une gouttière de cire du poids de 213 liv. $^1/_2$, qu'on appelait la gouttière de la reine Clémence (6-7-8-64-80).

La Croix-Morin, qui existait devant la Porte-Dunoise, hors des murs, au couchant d'Orléans, à la place où est le Coin-Maugas, rue Royale, est enlevée et reportée plus loin que les nouvelles murailles, qui étaient presque terminées et qui renfermaient le bourg d'*Avenum* dans la ville. Elle fut placée environ 600 pas plus au couchant dans le faubourg, devant la porte Renard, à l'endroit où nous la voyons présentement (8).

Le nom de *Morin*, que portait cette croix, lui était venu de ce qu'elle avait été élevée dans un champ, qui était la propriété d'un sieur Morin, à l'époque de son érection (9-8-64).

Philippe V fait perfectionner la fonte des cloches dans son royaume; il fit couler, par Jean Jouvente, la première qui le fut en France, et la fit placer sur le palais à Paris. Toutes celles dont on se servait dans le royaume venaient de l'étranger (20).

Les docteurs et les élèves de l'Université d'Orléans, après quatre ans de séjour à Nevers, où ils s'étaient retirés par mécontentement, reviennent à Orléans, pour obéir à l'injonction qui leur avait été faite par le roi Philippe V. Ils furent maintenus dans tous leurs priviléges, surtout celui qu'avaient les docteurs de taxer le loyer, le pain, le vin et autres vivres que les élèves achetaient, ce qu'ils faisaient de concert avec un habitant que la ville nommait à cet effet. Le retour de l'Université fit beaucoup de bien à Orléans; car 5000 élèves, ou à-peu-près, qui y étudiaient alors, presque tous fils de seigneurs français et étrangers riches, leurs domestiques, leur équipage, répandaient de l'argent dans la ville et la rendaient florissante (8-64-80).

Mars 1321

Les commissaires, chargés de la perception de la régale de l'évêché de Ste-Croix d'Orléans, reçoivent ce jour, et portent dans leurs comptes de redevances:

La gouttière du sire de Sully.	213 liv.	1/2 de cire.
Deux gouttières de M. Jehan de Saint-Brisson	427	
Les gouttières à la dame de la Grange, pour sa terre de Granville.	213	1/2
La gouttière du seigneur sire de Léguénois.	160	
La gouttière de la reine Clémence, pour le château d'Yèvre	213	1/2
Total.	1,227 liv.	1/2 de cire (9).

On appelait gouttières des massifs de cire faits en forme de gouttière ou de gueuse, présentés à l'évêque ou à l'église, comme redevance sur des biens, ou comme dons religieux (8-9-64).

Philippe V, par acte authentique, nomme Ancel, seigneur de Janville, près d'Orléans, pour un de ses exécuteurs testamentaires (8). *27 août 1321.*

Jean d'Huisy est créé, par Philippe V, notaire des eaux et forêts. C'est le premier qui exerça cette charge à Orléans (9). *1 janvier 1322.*

Les docteurs régens de l'Université s'assemblent, par ordre du roi Charles IV, et sous la présidence d'André de Pistori, régent, pour fixer leurs statuts et faire des changemens aux anciens. On remarque, parmi les articles, celui qui porte que nul ne pourra être reçu docteur avant d'avoir exercé publiquement pendant cinq ans, dans une des écoles de la ville ; celui qui fixe le nombre des docteurs à huit, dont cinq pour le droit civil et trois pour le droit canon ; celui qui détermine les appointemens des docteurs à 700 liv. au plus, et 200 liv. au moins par an ; enfin celui qui divise les élèves de l'école en huit sections, et nomme un surveillant, pour chacune d'elles, qui devait prendre soin des logemens, de la conduite, du travail et de la dépense des étrangers confiés à son inspection. Indépendamment de ce surveillant il y avait pour chaque section un receveur, un assesseur ou adjoint, un bibliothécaire et en outre un bedeau qui portait la robe et une masse où étaient gravées les armes de la section ou nation à laquelle il était attaché (64-8). *9 juin 1322.*

Le parlement, par un arrêt, autorise les gens de Roger-le-Fort, évêque d'Orléans, à porter les armes sur ses terres, depuis le soleil couché jusqu'à ce qu'on eût sonné à Saint-Pierre-Empont le couvre-feu, c'est-à-dire l'ordre d'éteindre feux et lumières qui éclairaient les boutiques, magasins, ateliers ou autres établissemens donnant sur la voie publique, lesquels devaient être fermés au son de cette cloche, le tout sous des peines sévères, soit pécuniaires, soit corporelles (64-8). *4 juillet 1322.*

Il y avait sur la tour de St-Pierre-Empont une cloche appelée *Beffroy* ou de l'*Effroi* ; elle servait à annoncer le couvre-feu, l'ouverture et la fermeture des portes de la ville, les réjouissances, l'allarme en cas d'incendie ou de révolte. Cette cloche portait encore le surnom de *Chasse-Ribaux*, parce qu'elle avertissait les habitans qui étaient en ribotte ou fêtes dans les cabarets des faubourgs, de rentrer en ville, parce qu'on allait en fermer les portes. Il y avait sur le haut ou plate-forme de cette ancienne tour de Saint-Pierre-Empont, une petite maisonnette pour le guet ou gardien, et à une des extrémités, un étendard aux armes de la ville (8-64-80).

Le gardien ou le guet était payé 4 liv. par mois, il devait, à minuit, à une heure et à deux heures du matin, faire entendre la cloche par quelques coups seulement, pour prouver qu'il était éveillé (9-59-60).

1322. On démolit deux anciennes tours qui existaient entre celles de Saint-Samson et celle des Carneaux, pour y bâtir de nouvelles maisons, les murs de la ville ayant été reculés à l'ouest (8-9).

1323. Roger-le-Fort, évêque d'Orléans, passe au siége de Limoges après avoir gouverné celui d'Orléans pendant 9 ans. Il fut remplacé par Jean III de Conflans (21).

Juin 1325. Charles IV, par lettres patentes latines, confirme les réglemens faits par Robert-Chapeau, son prévôt d'Orléans, pour le corps des chandeliers de cette ville, qui étaient déjà nombreux (21-4).

1326. Charles IV donne à Jean Chercheneau, chancelier de France, la nouvelle synagogue que les Juifs venaient de faire construire hors la ville d'Orléans, au nord, pour en disposer à sa volonté, et passer à sa famille après sa mort. C'était la deuxième synagogue de Juifs qui avait existé à Orléans (64-80).

1327. Les docteurs et les élèves de l'Université d'Orléans ne pouvant obtenir des bourgeois de cette ville tout ce qu'ils prétendaient, avaient fait le serment solennel de ne plus faire aucun acte ni exercice de leurs études, et aussi de ne plus recevoir de nouveaux écoliers ni condisciples. Ce différend fut terminé à l'amiable (7-64).

1328. Jean de Conflans voyant que le chœur de Sainte-Croix ainsi que la nef étaient rétablis, convoque une assemblée de tout le clergé de son diocèse, ainsi que les abbés de Saint-Mesmin et de Saint-Euverte, et fait en leur présence le dépôt, dans cette église, des reliques de saint Marc, de saint Romain, de saint Germain, de saint Sulpice, de saint Denis, de saint Symphorien et autres martyrs (64).

1329. Jean de Conflans, par un décret, fait une seule et même paroisse de l'église de Saint-Paul et de Notre-Dame-des-Miracles, qui étaient sous le même toit, mais avec deux cures différentes, sous le nom exclusif de St-Paul;

il confirme les droits du chapitre de Saint-Pierre-le-Puellier et des religieux de Saint-Mesmin sur cette église, et joint les fonctions et les revenus des deux curés qui ne furent plus divisés, et partageaient également entre eux (8-64).

Jean de Conflans, voulant enrichir son église de Sainte-Croix des reliques de Saint-Aignan dont elle était privée, il lui en est donné quelques parties par le chapitre de Saint-Aignan (36).

Jean de Conflans meurt après environ 6 ans de siége (21).

A cette époque on remarquait déjà dans la rivière une île qui s'était insensiblement formée sous le pont, à peu près au tiers de sa longueur, du côté de la ville. Cette île qui s'étendait à égale portion au levant et au couchant, communiquait au pont par un escalier. Plus tard les deux portions de cette île portèrent des noms différens, qu'elles tirèrent de leur destination et des bâtimens qui y furent construits (8-9-64).

En cette même année fut terminée la clôture qui joignait le bourg *d'Avenum* ou d'Avignon à la ville, après vingt-neuf années de travaux souvent interrompus (9).

La muraille partait au nord de la poterne St-Samson où est le collége; elle allait jusqu'au tiers du Martroi actuel, à une porte dite *Bannier*, située dans ce temps à-peu-près devant la rue Royale actuelle; au couchant de cette porte Bannier, les murs se dirigeaient jusqu'à la porte Renard, dont le marché actuel a pris le nom; de cette porte Renard les murs se continuaient vers le cimetière St-Paul, de là ils descendaient en droite ligne à la rivière, en passant par la rue de l'Ecu-d'Or, le long du chevet de l'église de Recouvrance, et enfin, au sud, ils allaient de cette église à l'entrée du pont près du Châtelet (8-80).

La population d'Orléans était estimée de 18 à 20,000 âmes; le nombre des maisons de 1,900 à 2,000, et sa superficie ayant été augmentée du bourg *d'Avenum* qui occupait 30,000 toises, elle en avait alors 100,000. Orléans, en 1428, lors du siége des Anglais, avait encore cette étendue (80-54).

Les portes de la ville, qui étaient au nombre de quatre, furent portées à six par la construction des portes Renard et Bannier; c'étaient la porte Bourgogne, la porte Parisis ou Parisi, la porte Bannier, la porte Renard, la porte de l'Abreuvoir, la porte du Pont, non comprises les petites portes ou poternes (80).

Les tours de ville furent augmentées de neuf, placées au circuit des nouvelles murailles, ce qui en porta le nombre à quarante, non comprises celles des portes; mais peu de temps après elles furent réduites à trente-quatre, par la démolition de celles qui se trouvaient dans l'intérieur de la ville, la porte Dunoise, la poterne St-Samson et la portion ouest des murs de la clôture romaine disparurent entièrement par suite de la nouvelle enceinte.

Mai 1330. Philippe de Valois passe par Orléans pour aller poser la première pierre de la nouvelle église de Notre-Dame de Cléry; le monarque fut reçu dans cette ville avec une grande pompe et d'une manière toute royale; il autorisa la formation de deux compagnies d'arbalètriers (8).

1330. Philippe de Valois donne à l'église de Cléry une belle et grosse cloche, laquelle réunie à celle que Philippe-le-Bel avait donnée en 1308, forma la sonnerie de ce temple, la plus belle du diocèse (7-8-64).

1331. Philippe de Valois, à son passage par Orléans pour aller à Cléry, ayant autorisé la formation de deux compagnies d'arbalètriers bourgeois de cette ville, les magistrats leur désignèrent pour le lieu de leurs exercices, après les avoir divisés en deux compagnies, à l'une, une place entre la porte Parisis et la poterne St-Samson, à l'autre, une butte sur les fossés en avant de l'ancien bourg de Dunois ou d'Avignon, dans la place occupée par les bâtimens des Minimes, et présentement par la bourse (64-76).

1334. Lancelot Barrat, vicomte d'Orléans, avait à cette époque le patronage de l'église de St-Jean-le-Blanc, située au levant du faubourg du Portereau, au sud et vis-à-vis Orléans, et portait le titre de seigneur de Saint-Jean-le-Blanc (64).

La fondation de cette église de St-Jean-le-Blanc est attribuée aux seigneurs du Puiset, et l'on prétend que dans son origine, elle était desservie par des chanoines réguliers qui étaient vêtus de robes blanches, et que c'est ce vêtement qui fit donner le surnom de Blanc à cette église, qui était dédiée à saint Jean (8-64-80).

Elle se trouvait dans ce temps plus près de la Loire, à la place du couvent des Capucins; qui fut bâti sur le terrain qu'elle occupait à quelque distance de la nouvelle église élevée plus au sud (8).

Mort du pape Jean XXII, Jacques d'Euse, de Cahors; 14 décemb. 1334. ce pape avait été élève de l'Université d'Orléans (53-21).

24 mai 1337.

Les docteurs régens et les procureurs des nations de l'Université d'Orléans conviennent dans une assemblée tenue en l'église de Bonne-Nouvelle ou des Bénédictins, que tous les différends qui surviendraient entre eux seraient terminés à l'amiable par des arbitres désignés à cet effet (64).

1337.

L'Université d'Orléans, dont les cours se tenaient depuis long-temps aux Récolets, hors de la ville, au nord de la porte Parisis, est transportée dans un nouveau local, rue de l'Ecrivinerie, dont les croisées donnaient sur la rue des Gobelets, au nord de l'église des Bénédictins de Bonne-Nouvelle, église dans laquelle les docteurs et les procureurs de ladite Université s'étaient assemblés cette année.

16 avril 1338.

Philippe de Valois donne pour apanage à son fils Philippe, âgé de deux ans seulement, le duché d'Orléans, qu'il avait détaché de la couronne pour cet effet: c'est le premier duc apanagiste connu de cette province, et ce titre passa successivement à divers princes de la maison de France (43-64-8).

1338.

La France (et principalement le centre de ce royaume) fut tourmentée cette année par une horrible famine, causée en partie par les gens de guerre qui couraient toutes les provinces, mettant le désordre partout où ils passaient. Dans cette calamité, les Orléanais furent secourus généreusement par les habitans de la petite ville de Meung (43-47).

C'est depuis cette époque que les citoyens de cette ville hospitalière sont appelés *les ânes de Meung,* qualification qui, loin d'être injurieuse, se rattache à un souvenir honorable pour eux. Dans ce moment de disette, les meuniers et boulangers, qui y sont en grand nombre, apportaient avec empressement leurs marchandises à Orléans, non en voiture, mais sur des ânes; et à leur arrivée, les Orléanais affamés venaient au-devant d'eux en criant: *Allons chercher du pain, voilà les ânes de Meung qui arrivent.*

1340.

Philippe de Valois donne à son fils Philippe Ier, duc d'Orléans, la ville de Beaugency pour être réunie à son duché (2-43-8).

Jehan Petit est élu à la charge de lieutenant-général au bailliage d'Orléans: c'est le premier connu dans cette ville (21-8).

13 janvier 1341. Philippe de Valois accorde à Jean Grosse-Tête, seigneur de Cormés, vicomte d'Orléans, le droit de percevoir dans cette ville 50 livres en argent, un minot de sel, un cent de harengs et l'une des plus belles lamproies qui paraîtraient au marché d'Orléans (4-8-80).

1343. Le duc de Bourgogne, avec le consentement du roi Philippe de Valois, ayant acheté beaucoup de blé à Orléans et aux environs, le peuple se révolta; le pain étant fort cher, on empêcha le départ sur la rivière. Le roi en ayant eu connaissance envoya des commissaires; ils recherchèrent les coupables, qui furent pendus aux gouttières des plus hautes maisons de la principale rue d'Orléans (64-80).

Le roi Philippe de Valois donne aux religieux de Chanteau, Célestins d'Ambert, dans la forêt, 600 livres de rente à prendre sur la recette de la ville d'Orléans (7-64).

Mai 1344. Le chapitre de Saint-Aignan, par acte de manumission, délivre de la servitude tous les serfs qu'il avait à Orléans et aux environs, même en Beauce; il leur fait remise de toute sujétion, de manière à ce qu'ils soient francs bourgeois: il ne conserve d'hommes de corps que ceux de la Sologne, qui le furent encore pendant quelque temps (8-64-80).

1er octobre 1344. Jean IV, évêque d'Orléans, réunit à la paroisse de Saint-Pierre-en-Sentelée, la pénitencerie de l'église d'Orléans: ce qui fut confirmé plus tard par bulle du pape Clément VI. Le pénitencier fut chargé, indépendamment de ses fonctions curiales, de confesser et assister à leurs derniers momens les chanoines de Sainte-Croix, qui, pour cette peine, le gratifièrent des revenus de Saint-Pierre-en-Sentelée (21-64).

31 décemb. 1344. Le duc d'Orléans, Philippe Ier, second fils de Philippe de Valois, est marié avec Blanche de France, fille posthume du feu roi Charles-le-Bel. Clisson, connétable de France, et quatorze gentilshommes bretons ou normands venus à Paris, sur l'invitation du roi, pour assister au tournoi et autres réjouissances données à ce sujet, sont arrêtés et décapités sans forme de procès. Cette exécution arbitraire irrita Édouard roi d'Angleterre: il se réunit aux seigneurs bretons, et fit une descente en France. De là datent toutes

les calamités qui affligèrent le royaume pendant plus de cent ans que les Anglais y séjournèrent (2-43).

Clément VI, souverain pontife, confirme par une bulle l'union de la pénitencerie du diocèse à la paroisse de St-Pierre-en-Sentelée, que Jean IV avait attachée à cette église (21-64). 20 avril 1345.

Jean IV, évêque d'Orléans, meurt après environ dix-sept ans de siége (53-21). 7 août 1346.

Funeste bataille de Crécy, entre le roi de France Philippe de Valois et Edouard, roi d'Angleterre : le gain de la bataille ne fut dû qu'à six pièces de canon qu'Edouard avait fait placer au haut de la colline; ces canons, dont les Anglais se servaient pour la première fois, et dont l'usage était inconnu en France, firent un si grand effet sur les troupes françaises que le succès de cette journée ne fut dû qu'à la surprise qu'ils causèrent (43). 1346.

Edouard, roi d'Angleterre, fait son entrée dans Calais, à la tête de ses troupes et *tambour battant* : ce fut la première fois qu'on entendit en France cet instrument de guerre, qui fut de suite adopté par les Français, et ensuite par toutes les puissances de l'Europe (2-20-43). 26 août 1347.

Jehan Cordier, garde de la prévôté d'Orléans, est chargé par le roi Philippe de vérifier les lettres de donation faites par Clovis Ier, de tout ce que ce monarque avait donné à l'abbé de St-Mesmin du Loiret (21-64). 16 décemb. 1347.

Pierre du Coignet, défenseur des causes de M. le duc d'Orléans, est nommé avocat du roi au bailliage de cette ville; c'est le premier connu dans cette charge à Orléans (21). 1347.

Les Frères de Ste-Croix et de St-Lazare, dont la communauté était établie depuis 1154 hors des murs d'Orléans, au nord, entre la porte Parisis et St-Pierre-en-Sentelée, dans une grande maison, vis-à-vis les Cordeliers, appelée la Grande-Babylone, sont supprimés par décret de Philippe III, évêque de cette ville (8-64). 1348.

Nous n'avons pu découvrir l'époque de l'établissement de l'ordre des Frères de Ste-Croix ni le motif de la suppression des deux ordres; nous savons seulement que les Frères de St-Lazare avaient été amenés en France par Louis VII, lors de son voyage à la Terre-Sainte, placés à cette époque à Boigny, dans l'Orléanais, et nommés gouverneurs de toutes les maladreries de France en 1154.

Philippe de Valois établit magnifiquement l'état des 27 janvier 1350.

officiers de la maison de son fils puîné, premier duc d'Orléans; l'ordonnance fut ainsi conçue:

« C'est l'ordonnance de l'hôtel de monseigneur le duc d'Orléans, en suite de celle de l'hôtel du roi (9-8).

» Voila ici présent.

» Nombre des gens de l'hôtel de monseigneur le duc qui mangeront en salle, s'ils sont à cour, et non plus:

» Le comte de Dampmartin, le comte de Sancerre, un maître d'hôtel, deux chambellans, un chapelain, un secrétaire, un valet tranchant, un valet de chambre, un huissier de salle, un écuyer d'honneur, deux sommeliers de chambre, trois menétriers, un bouffon, Thibault le nain, un pannetier. — Un échanson, un sommelier (de l'échansonnerie). — Un queux (chef cuisinier, lardant les volailles), un fruitier. — Un écuyer, deux valets de palefroi (de l'écurie).

Crue d'officiers.

« Un physicien, un valet de pied, Guillemin Dis., Malle Craissance, un valet de levrier, messire Philippe Chalo, un écuyer de cuisine.

» Somme des gens de monsieur le duc d'Orléans qui mangeront en salle : XXXIII.

» C'est le nombre des gens à monsieur le duc d'Orléans qui prendront lui raison, s'ils sont à cour, et non plus, voici présent :

» Un chambellan, un valet de chambre, un sommelier, un confesseur, le compagnon du confesseur, en la manière que l'on à accoutumé, le garde huche, le valet de la garderobe, un valet pour la garde des petits chiens, un page qui chevauche un coursier devant monsieur le duc.

« Ils prendront chacun six pains, une carte de vin, et une pièce de *char* pour le jour.

» Somme de ceux qui prendront raison VIIII
» Somme de ceux qui mangeront en salle, à cour. XXXIII

» Sommes. XXXXII

1350. Jeanne d'Anjou, comtesse de Provence, reine de Naples, vend au pape Clément VI la ville et le comtat d'Avignon avec tous les habitans, moyennant 20,000 florins d'or, ce qui réuni au comtat, que les croisades contre les

Albigeois avaient en quelque façon procuré au saint Siège, en fit une souveraineté que les papes vinrent habiter souvent depuis leur possession du comtat (43).

1352

Les changeurs (banquiers) qui étaient placés dans le cloître Ste-Croix et sous les tours de cette cathédrale, au nombre de douze, dans des petits bureaux ou sorte d'échoppes, sont établis dans de nouveaux *estaçons* près des halles (8-64).

Février 1354.

Philippe III, évêque d'Orléans, meurt après environ huit ans de siége (21).

1355.

Le chapitre de Sainte-Croix d'Orléans établit, pour remplacer au chœur les chanoines malades ou absens, deux chanoines non capitulaires, appelés Mamertins (64-21).

1356.

Le roi de France, Jean Ier, établit à Orléans et dans les principales villes de son royaume, des *élus*, dont les fonctions étaient relatives à la perception des impôts (64-80).

8 février 1357.

Jean de Montmorenci, cinquième du nom, successeur de Philippe III, évêque d'Orléans, veut se soustraire à la cérémonie de l'entrée et au serment d'usage, sous le prétexte que le pays était infecté de gens de guerre. Il est obligé de prendre un sauf-conduit et d'observer l'ancien usage, le chapitre de St-Aignan n'ayant point voulu consentir à le dispenser de cette obligation. L'évêque, forcé de céder, le fit de bonne grâce, et ajouta même plus de pompe en réglant ainsi le cérémonial de son entrée (64) :

« La surveille de l'entrée ce nouveau evesque s'achemine à l'abbaye de la Cour Dieu (qui a esté fondée par ses predecesseurs et chapitre de S. Croix) ou luy et sa suite doivent estre traittez et logez.

» Le lendemain qui est la veille de son entrée, l'evesque estant accompagné de son grand vicaire, son official, du procureur et syndic du chapitre, de son bailly et autres officiers, il se transporte au monastère de S. Euverte d'Orléans, et à l'entrée d'iceluy se presente l'abbé ou le prieur clostral, accompagné des religieux portant croix, chandeliers, encensoir, et livres des Saincts Evangiles, que l'abbé ou le prieur humblement presente, et fait baiser au reverend evesque, puis fait une harangue latine congratulatoire de sa bien venuë, à laquelle le reverend evesque respond en mesme langue, apres il entre processionnellement avec les religieux en l'eglise se mettant à genoux devant le maistre autel en un lieu preparé, ou il fait son oraison, pendant que les religieux chantent le cantique *Te Deum laudamus*, et iceluy finy avec les oraisons, le reverend evesque donne sa benediction à tous les assistans.

» Ce fait l'abbé ou prieur conduit le reverend evesque au logis abbatial pour y loger, prendre le repas et y coucher luy et sa suitte, ou estant le reverend evesque demande à l'abbé ou prieur si le divin service se dit à heures competantes, si les religieux s'y rendent assidus; si aux occasions necessaires, ils s'assemblent et tiennent chapitre, s'ils ont un precepteur pour les novices, le reverend evesque sur la responce de l'abbé ou Prieur, declare qu'il charge leur conscience de ce qui est du regime et gouvernement des religieux, et s'en repose sur eux.

» Le lendemain le reverend evesque sortant de la maison de l'abbé accompagné de ses officiers, de son chapelain et porte crosse, curé de l'église de S. Maurice, autrement S. Eloy, estant revestu de son rochet et camail, il entre en l'eglise de S. Euverte et devant le maistre autel, fait à genoux son oraison, puis se revestit d'un amict et aube de lin blanc, une estolle et mitre de damas blanc, estant nuds pieds, sa crosse couverte et entourée d'un linge blanc, il se presente devant le maistre autel, ayant fait sa prière sort de l'église en cet habit simple, afin qu'il reconnoisse qu'il ne se doit enorgueillir de sa splendeur en laquelle il paroistra incontinent, ainsi sortant de l'eglise, se presentent messieurs les maires et eschevins de cette ville d'Orleans, revestus de robbes d'escarlate doublées de velours noirs, et par l'un des advocats, officiers est fait une harangue latine au seigneur reverend evesque, sur sa ioyeuse entrée.

» Comme aussi messieurs les recteurs et docteurs regens de l'Université d'Orleans, revestus de robbes d'escarlate, assistez des procureurs des nations, de leurs officiers, bedeaux et massiers, se presentent au reverend evesque et par l'organe du recteur, est fait une harangue latine au reverend evesque, qui fait responce en latin avec démonstration de bienveillance, et les maires, eschevins, et docteurs regens s'estant retirez.

» Les venerables doyen, chanoine et chapitre de l'eglise d'Orleans, revestus de Chappes d'or frisées de soye, se presentent processionnellement, estant en leur rang et ordre, sans aucun chant, faisant la reverence à leur seigneur evesque, marchant devant le chapitre, les colleges de Sainct Pierre Empont, Sainct Pierre le Puellier, les curez et vicaires des eglises et parroisses de la ville, les quatre ordres des mendians, les reverends peres capucins et les deux colleges des enfans de l'aumosne generale, avec leurs croix et bannieres, en tel ordre qu'il se fait aux processions generales, et l'un des chanoines de S. Croix revestu d'une tunique de velours, faisant office de soudiacre, portant le livre des Saincts Evangiles ouvert qu'il offre à baiser au reverend evesque, lequel le baise en humilité, marche devant le reverend evesque; et le curé de S. Eloy avec la crosse couverte de linge blanc; proche du seigneur evesques, marchans nuds pieds, pres duquel est son official, promoteur, chevecier, syndic, revestus de chappes, son aumosnier et secretaire revestus de surplis, suivent les corps de messieurs les recteurs, et docteurs de l'Université, maire et eschevins, leurs officiers qui s'acheminent par la ruë de l'Estellon à la grand ruë de la porte Bourgogne, toutes les maisons des ruës estant parées de tapisseries et ornemens, par lesquelles le reverend evesque passant donne sa benediction au peuple, et destournant par le coin du puits des forges se rend devant la croix de S. Michel, et d'icelle par la ruë de l'Oriflam il entre en cet ordre au cloistre de l'eglise S. Aignan, ou estant le reverend evesque à la porte du cloistre se presentent les venerables doyen, chanoines et chapitres de l'eglise S. Aignan, revestus de chapes avec chandeliers et encensoirs, par le doyen est presenté au reverend evesque la croix avec le livre des Saincts Evangiles qu'il baise, à l'instant le doyen harangue en latin, et presente au reverend evesque les privileges et exemptions de l'eglise S. Aignan, et supplie le reverend evesque les vouloir continuer et les y maintenir, ce que le reverend evesque promet, par apres le doyen prenant par la main dextre le reverend evesque et le sous doyen par la senextre, le conduisent à l'eglise chantans; en entrant en icelle le reverend evesque se met à genoux devant le maistre autel en un lieu preparé ayant fait ses prières, se levant il est mené par le doyen et sousdoyen en la marelle et revestiaire de l'eglise, ou estant assis en une chaise, se presentent devant lui les marguilliers clercs d'icelle eglise, lesquels lavent avec eau tiede dans un bassin, ou il y a des herbes odorantes, les pieds du reverend evesque, les ayant essuyez et nettoyez d'un linge; ils luy chaussent ses sandales et souliers; par dessus son aube, le vestent de sa tunique de taffetas incarnat mettant l'estolle et chappe de velours rouge, et sur sa tete sa mitre couverte de pierreries et broderies avec gands de soye cramoisi rouge, et son anneau episcopal, descouvrant sa crosse du linceul dont elle estoit couverte; ausquels marguilliers est donné par le secretaire du reverend evesque quarante sols p^{is} comme est la coustume.

» Ce fait le reverend evesque doit estre reconduit par le doyen et aucuns chanoines de l'eglise devant le grand autel, ou le doyen luy remonstre que ses predecesseurs evesques à leur nouvelle entrée ont accoustumé de iurer sur les Saincts Evangiles de maintenir et conserver eglise de S. Aignan, les beneficiers et habituez d'icelle en leurs privileges, exemptions et libertez comme exempts de la iuridiction episcopale; et requiert le seigneur reverend evesque de iurer sur l'autel et le livre des Saints Evangiles; ce que le reverend evesque iure de conserver les privileges, exemptions et immunitez de l'eglise de S. Aignan selon son pouvoir ainsi qu'il est tenu; comme ses predecesseurs evesques ont accoustumé de faire, sauf son droit et celuy de son eglise. Apres lequel serment le doyen et sous doyen menent le reverend evesque dans le chœur de l'eglise, ou il prend place et siège de chanoine pres le sous doyen, puis le reconduisent à la porte du chœur, ou les venerables doyen et chapitre de l'eglise Sainte-Croix l'attendent. Et là les quatre premières dignitez et sous-chantres de l'eglise Saint-Aignan se presentent pour porter le reverend evesque, en une chaise par eux preparée au lieu, jusques à la porte, hors de leur cloistre, ainsi qu'il est accoustumé, lequel reverend evesque est porté par iceux en icelle chaise sur leurs espaules, marchant devant luy, le sous-diacre portant le livre des saincts evangiles, et son porte-crosse, depuis la porte de l'eglise jusques à la porte du cloistre de Sainct-Aignan à l'opposite de la ruë des quatre degrez, où les venerables doyen et chapitre prenent congé du reverend evesque et se retirent.

» Auquel lieu le reverend evesque fait station, et appele par son bailly les seigneurs et barons qui sont tenus de se trouver à son entrée pour l'assister et porter dudit lieu jusques à son eglise, et par le sergent de la justice de l'evesché, sont appelez à haute voix les barons, lesquels comparans à l'aide de leurs serviteurs enlevent sur leurs espaules le reverend evesque assis en une chaise, comme estant sujets à cause de leurs baronnies.

» Apres que le reverend evesque a donné sa benediction au peuple assistant, il est porté processionnellement de la porte Sainct-Aignan, par la ruë S. Cosme, dans la grande rue de la *vieille* porte Bourgogne, jusqu'à la porte de *l'ancienne* ville, appelée la ruë de *la vieille porte Bourgogne*, où il s'arreste et se presente au reverend evesque son official, duquel il prend le serment sur le livre des saincts evangiles et l'interroge s'il a aucuns prisonniers detenus pour crimes, qu'il aye à les faire amener pour leur donner liberté, graces et remission de leurs delicts et offenses, ainsi que ses predecesseurs evesque ont tousiours fait aux prisonniers detenus ès prisons de cette ville, au jour de leur entrée en icelle.

» Comme aussi comparaissent messieurs les officiers du baillage et siege presidial d'Orleans, et par l'organe de messieurs lieutenant general et juge magistrat criminel, sont faits separement harangues en latin, auxquels le reverend evesque fait aussi responce; ce fait, se presente monsieur le prevost et officier de la prevosté d'Orleans, qui fait aussi harangue en latin, et y respond le reverend evesque.

» Après comparaissent les officiers des eauës et forests du duché d'Orleans, le bailly de la justice temporelle de l'evesché, le prevost de la Mareschaussée d'Orleans, à tous lesquels et à chacun d'eux respectivement. Le reverend evesque les enquiert par serment, après avoir par chacun d'eux mis la main l'un apres l'autre sur le livre des saincts evangiles, quels prisonniers ils ont detenus en leurs prisons pour crimes.

» Lesquels declarent n'avoir autres prisonniers pour crime que ceux que les geoliers du Chastelet d'Orleans et de l'evesché d'Orleans ont amenez devant le seigneur reverend evesque.

» Et à la representation d'iceux prisonniers au reverend evesque, ils luy crient à haute voix, miséricorde; lors il enioint à son bailly et à ses officiers de les oster de la garde des geoliers, les faire marcher devant luy deux à deux, assister à la procession de son entrée, et à la messe qu'il celebrera dans l'eglise de S. Croix.

» Aussi le reverend evesque adiure les geoliers, s'ils detiennent aucuns prisonniers, ou recelent aucuns par dol ou fraude, lesquels declarent qu'ils n'en retiennent aucun et les ont tous representez, desquels ils ont donné les noms des criminels à son official et bailly, lorsqu'ils se transporterent en leurs prisons pour faire inquisition des criminels qui estaient en leur garde, dont il fait faire un roolle de leurs noms par son secretaire.

» Ce fait, le reverend evesque est derechef enlevé et estant en sa chaise par les barons sur leurs espaules, à l'ayde de leurs gens, et se continuë la procession de sa nouvelle entrée, marchant les corps depuis icelle vieille porte Bourgogne par la grande ruë, où sont basties les églises de S. Liphard, Nostre Dame de Bonnes Nouvelles et S. Sauveur, jusques au coing de S. Pierre Empont, en tournant à main droite par la ruë de la Veronicque, allant le long d'icelle jusques à la porte du cloistre de l'eglise S. Croix, proche de l'Hostel-Dieu.

» En icelle procession marche apres le reverend evesque monsieur le gouverneur, les seigneurs et gentilshommes, puis messieurs du presidial à main droite, messieurs les maire et eschevins à gauche, derriere iceux, les officiers des eauës et forests, estant les conseillers de la prevosté à main droite apres les officiers du presidial.

» Le reverend evesque estant arrivé devant la grande porte et principale entrée de l'eglise d'Orleans, avec sa compagnie, se presentent à luy les venerables doyen, chanoines et chapitre d'icelle eglise, lesquels avec complimens et reverences reçoivent leur seigneur evesque, auquel par le venerable doyen est presentée la croix que le reverend evesque humblement baise, aussi le livre des saincts evangiles ouvert, puis le doyen fait au reverend evesque une harangue latine congratulatoire de sa bienvenuë, à laquelle il fait responce en latin. La harangue faite, le sieur doyen presente au reverend evesque un livre ancien escrit en parchemin, dans lequel sont escrits et inserez les sermens accoustumez d'estre faits devant icelle porte, par les reverends evesque d'Orleans, à leurs nouvelles entrées.

» Lesquels sermens en latin le reverend evesque fait, ayant la main sur le livre des saincts evangiles, sçavoir :

qu'il jure de conserver et garder son eglise, les personnes ecclesiastiques, droits, privileges, coustumes anciennes et approuvées, les garder, comme aussi jure qu'il gardera les biens et droits de son evesché d'Orleans, selon son pouvoir, qu'il n'alienera et vendra aucuns biens de l'eglise ou droits de l'evesché, sans le consentement du chapitre d'Orleans, et que sy aucuns biens ecclesiastiques ont esté alienez, qu'il les revocquera selon son pouvoir.

» Ce serment fait, la grande porte de l'eglise est ouverte par laquelle on fait entrer les prisonniers et mettre à genoux à costé senestre du grand autel pour ouyr la messe du reverend evesque.

» Apres, entrent les colleges, communautez et chapitres qui se rangent et placent en la nef et ès aisles d'icelle eglise.

» Le reverend evesque entrant dans l'eglise accompagné des dignitez, le venerable chantre de l'eglise commence à chanter le cantique *Laus honor*, qui est continué par les chanoines, chapelains et choristes. Estant le reverend evesque au pied de la tour de l'eglise, luy est baillé le bout de la corde d'une cloche qu'il tire et fait sonner, pour monstrer qu'il prend le gouvernement et administration de son eglise, de laquelle il promet estre l'organe et la trompette salutaire en la predication de la parole de Dieu.

» Apres, le reverend evesque s'achemine devant le grand autel, et se met à genoux en un lieu preparé, où il fait son oraison pour l'eglise et le troupeau à luy commis, puis il baise humblement et devotement l'autel, se va seoir en sa chaise episcopale de laquelle il prend possession, comme estant la chaise de sa dignité episcopale, pour se souvenir que c'est dieu qui l'a eslevé en ce trosne de gloire ou ses predecesseurs ont tenu leur siege comme princes de l'eglise.

» Et de sa chaise episcopale le reverend evesque se transporte dans le chœur de l'eglise, et prend seance avec les chanoines en la première des chaises hautes du costé dextre du chœur, ou messieurs les evesques d'Orleans ont accoustumé se seoir, pour monstrer le signe d'amour et dilection qu'il porte comme pasteur et pere envers les chanoines.

» Apres les installations est chanté le cantique *Te Deum laudamus* par les orgues et le chœur de l'eglise alternativement. Les prieres achevées, le reverend evesque sort de sa place du chœur, suivy des doyen, soubs-doyen, archidiacre et chevecier, va à la marelle se revestir d'ornemens pontificaux, et revient au grand autel, au devant duquel marche le scholastique avec l'archichore, revestus de chapes, portant leurs bastons; puis suivent les enfans de chœur portant la croix d'argent, les chandeliers et cierges, le soubs-diacre, diacre, porte crosse; puis celebre le reverend evesque solemnellement la saincte messe, laquelle achevée, et la benediction donnée, il se retire en son hostel episcopal, ou se trouvent les doyen, chanoines, chapitre de l'église et autres colleges qui ont assisté à la procession, les barons et gentilshommes, les officiers du siege du presidial, de la prevosté, maire et eschevins, officiers de l'Université, officiers des forests et autres notables bourgeois, qui sont traitez et servis en diverses tables de viandes exquises (en tel festin se sont trouvez quatre cents personnes, comme plus tard à celui de l'entrée de Mgr. de l'Aubespine, evesque d'Orleans, le 14 septembre 1608); imitant les pontifes romains, lesquels à l'entrée de leurs dignitez faisaient un festin tres-sumptueux et magnifique, ainsi que rapporte Macrobe, livre 3, chapitre 13, du pontife *Metellus*.

» Dans la cour de l'hostel episcopal est dressé un eschafaud, sur lequel se retirent les criminels, auxquels sont portez et baillez les viandes desservies de la table du seigneur reverend evesque.

» Et a l'yssue du disner apres actions de graces rendues à Dieu, le chanoine theologal revestu de son surplis, se met à une fenestre de la salle, fait une exhortation aux prisonniers estant sur l'eschafaud, à ce qu'ils ayent repentance des crimes et offenses qu'ils ont commis, evitent d'y retomber, requerent pardon à Dieu, et qu'ils ayent à supplier le seigneur reverend esvequé leur donner sa grace, ainsi qu'il est accoustumé faire aux nouvelles entrées des evesques d'Orleans, qui ont par grace et privilége special puissance de délivrer les prisonniers criminels detenus ès prisons d'Orleans.

» Apres laquelle exhortation le reverend evesque demande aux prisonniers s'ils ont ouy la remonstrance à eux faite, s'ils sont repentans de leurs crimes et fautes, se deliberent d'amender leur vie, se garder de plus tomber en peché. A quoi les prisonniers respondent que ouy, criant misericorde, après laquelle exclamation le reverend evesque, suivant le privilege et authorité que ses predecesseurs evesques ont de tout temps jouy en leur entrée de cette ville, il donne aux prisonniers sa benediction, pleine grace et remission de la peine corporelle, laquelle chacun d'eux avait encourue, pour les crimes par eux commis, à la charge par chacun d'eux aller par devant son penitencier pour estre ouys en confession et recevoir de lui absolution de leurs pechez, declarant qu'en ce cas il les remet, restitue, restablit en leur bonne et pristine renommée, satisfaisant par eux à leurs parties civiles. » (*Antiquités de la ville d'Orléans.*)

Le corps de la ville d'Orléans fait pour la première fois présent à l'évêque Jean de Montmorenci, le jour de son entrée en possession, de 50 bouteilles de vin, de 50 livres de cire jaune, de 50 pots de confitures sèches ; le vin était présenté dans plusieurs gros flacons d'étain, contenant à-peu-près vingt bouteilles chacun et déposés à la Maison de Ville, où on en voyait encore de semblables bien long-long-temps après cette époque (4-8). 8 février 1357.

Jean de Montmorenci est le premier prélat qui fit arrêter le cortége devant une croix qui était placée entre la porte Bourgogne (la vieille) et St-Aignan pour y faire sa prière ; cette croix portait le nom de St-Michel (64).

Le chapitre de Sainte-Croix d'Orléans obtient les fiefs des Montées et des Bordes, situés près Orléans, malgré la prétention de Philippe-Grosse-Tête, qui se qualifiait de chevalier vicomte d'Orléans (7-8-9). 11 novem. 1357.

Le roi Jean, prisonnier en Angleterre, fait confirmer par le régent, son fils aîné, les réglemens faits par Philippe-Auguste, en 1198, pour le corps des parfumeurs d'Orléans, qui étaient depuis long-temps en renommée (4-8). 20 décem. 1357.

Jean de Montmorenci, évêque d'Orléans, fait construire une chapelle à la place de la Croix-de-Saint-Michel, qui existait vis-à-vis Saint-Aignan, au nord de cette église, et à l'est de la porte Bourgogne (la vieille). Cette chapelle prit le nom de petit Saint-Michel (64).

Jean de Montmorenci demande au chapitre de Sainte-Croix une maison dans le cloître pour s'y loger plus commodément, attendu qu'une partie du palais épiscopal, occupé par ses prédécesseurs, avait été donnée par eux pour accroître l'église et qu'il était mal logé. Le chapitre lui accorda sa demande, en exigeant de lui qu'auparavant il 2 janvier 1358.

— 156 —

déclarerait ne prétendre aucune juridiction dans le cloître, et qu'il n'y demeurerait que sous le bon plaisir et du consentement du chapitre (64-9).

28 juillet 1358. Un chanoine de l'église d'Orléans (Sainte-Croix) meurt sans héritiers. Le duc d'Orléans prétend à sa succession ; le chapitre de cette église la réclame comme à lui appartenant. Jean de Buaville, bailli de la ville, la fait adjuger au chapitre par sentence, et déboute le duc d'Orléans de sa prétention (21).

Septembre 1358. Jean de Montmorenci meurt après environ quatre ans de siége.

Novembre 1358. Le pape Innocent VI, instruit que les Anglais désolaient les environs d'Orléans et une partie de la province, au point que le labourage des terres était entièrement arrêté, ce qui avait occasionné une famine suivie de la peste, donne plein pouvoir à Hugues de Montmorenci, évêque d'Orléans, de conférer à tous les curés de cette ville, le droit d'absoudre tous ceux qui mourraient même sans confession (7-9-64).

1359. Le prince de Galles parcourt une partie de la Beauce et marche sur Orléans avec une forte division (43-64).

Les habitans d'Orléans, sous la conduite de Jean Maleton, prévôt de cette ville, détruisent une partie des églises, couvens et chapelles qui existaient hors des murs, pour ôter au prince de Galles, qui voulait faire le siège d'Orléans, les moyens de loger ses soldats aussi près de la ville (8-9).

Hugues de Montmorenci reçoit dans son palais épiscopal les reliques de Saint-Loup, pour les soustraire à la brutalité des soldats du prince de Galles (8-9-13).

L'église de Saint-Pierre-en-Sentelée, hors des murs de ville, ayant été détruite pour l'empêcher d'être occupée par les troupes du prince de Galles, l'évêque Hugues répartit les paroissiens entre la chapelle de Sainte-Catherine et celle de Saint-Jacques, près du Châtelet (13).

Le prince de Galles arrive sous les murs d'Orléans, achève de ruiner l'église de Saint-Aignan et celle de Saint-Euverte. Il établit un cimetière pour enterrer ses morts, non loin et au levant de Saint-Euverte (8-13).

Le prince de Galles, avec ses Anglais, tente, mais en vain, de s'emparer d'Orléans ; et il est repoussé par les habitans qui avaient abattu eux-mêmes les faubourgs et les églises qui y étaient construites sur la droite de la rivière. Ce n'était que le prélude des sacrifices qu'ils avaient l'intention de faire : ils exposèrent leurs vies avec tout le courage de gens déterminés à s'ensevelir sous leurs murailles plutôt que de se rendre. Le prince de Galles ne fit pas le siége en règle : peu de temps après il fut rappelé par son frère Edouard, roi d'Angleterre, qui rendit, moyennant rançon, la liberté au roi Jean par le traité de Bretigny.

Il reçut plusieurs otages parmi lesquels se trouvait le duc d'Orléans (2-43).

Hugues de Montmorenci, évêque d'Orléans, meurt après deux ans environ de siége, qui furent troublés par la présence des Anglais (21-43). 1360.

Le roi de France, Jean Ier, ordonne que pour distinguer les Juifs d'avec ses autres sujets, ils porteraient une large plaque d'étain, visiblement attachée sur l'épaule gauche. Cette ordonnance fut exécutée à Orléans avec une telle rigueur, qu'ils aimèrent mieux quitter la ville que d'obéir (7-43-8).

Deux habitans d'Orléans sont envoyés en otage en Angleterre, pour remplacer le duc d'Orléans qui revint en France à l'arrivée de ces deux Orléanais. Ils se nommaient Gédoin de La Guelle et Arnould Regayer (4-8). 1361.

Le corps de ville décida qu'il leur serait fait à chacun d'eux une pension annuelle de 600 liv. pendant tout le temps de leur séjour en Angleterre.

Les religieux Célestins d'Ambert, que Philippe-le-Bel avait fait venir d'Italie et établis à Chanteau en 1295, achètent à Orléans une maison, rue de l'Épée-d'Écosse, laquelle prit le nom de Petit-Ambert, et la font disposer pour leur servir de lieu de retraite pendant les guerres (64). 29 janvier 1363.

Ils acquirent cette maison moyennant 700 royaux d'or sur les enfans mineurs de Pierre et Jean Moireau, autorisés à vendre par sentence de la Prévôté d'Orléans, rendue le jour précédent, par Louis Paste, garde de la Prévôté de cette ville (21-64).

Les habitans d'Orléans ayant fait saisir sur quelques ecclésiastiques de la ville, une quantité de vin que ces derniers prétendaient avoir le droit de vendre sans payer aucun droit, mirent trois tonneaux sur des charrettes qu'ils firent conduire par l'exécuteur de la haute justice, avec trompettes, clairons et cornemuses, par toutes les rues de 1363.

la ville ; ils laissaient répandre le vin et jetaient des noix aux enfans en leur disant : « Ayez souvenance, enfans, que » ces vins des clercs sont menés et répandus par les rues » parce qu'ils n'ont demandé congé à M. le duc, ni à ses » officiers, de vendre leurs vins et les mettre sur les chan- » tiers, *ains* les ont vendus sans demander *congié* de ce » faire. » Les vins ainsi répandus, les vaisseaux furent réunis et brûlés par les mains du bourreau (64).

12 mars 1364. Jean Christianisati, bourgeois d'Orléans, donne à l'abbaye de Bonneval une maison rue Sainte-Catherine, vis-à-vis la chapelle, laquelle maison portait le nom du Cheval-Blanc, et avait été une hôtellerie comme la plupart des maisons de cette rue. Les religieux la firent disposer en hospice et maison de refuge à l'usage de leur communauté (*).

1364. Hugues de Fay, nommé évêque d'Orléans, depuis quelque temps ne pouvant venir à l'église de Saint-Aignan, pour prêter son serment, vu que l'église était en partie ruinée, et que les environs d'Orléans étaient battus par les Anglais, croyait pouvoir se dispenser de cette cérémonie, mais les chanoines de cette église ne voulant pas perdre leurs droits, firent élever un autel à la porte Bourgogne (la vieille) où l'évêque fut obligé de prêter son serment (64-80).

Hugues de Fay, à peine entré dans son diocèse, défend, sous peine d'excommunication, qu'on commençât l'année des études par des repas où régnaient la débauche, ainsi que l'usage s'en était introduit à Orléans (8-64).

13 janvier 1365. Il donne, par un décret, le titre de paroisse à la chapelle de Sainte-Catherine : l'emplacement de celle de Saint-Pierre-en-Sentelée, ruinée en 1357, est destiné à la sépulture des paroissiens de ces deux églises, qui avaient été réunies à cette époque (64-80-8).

1365. La chapelle de Sainte-Catherine fut agrandie pour contenir les paroissiens (8).

Charles V défend, par un édit, dans tout son royaume, les jeux de boules, de quilles, du palet, de la paume et tous les autres jeux qui ne contribuaient point à apprendre le métier des armes (2-43).

Hugues de Fay rend une ordonnance par laquelle les

(*) Cette maison est occupée aujourd'hui par M. Defay-Lefebvre, et porte le n° 40.

écoliers de l'Université qui recevaient le degré de licencié seraient tenus à prêter serment entre les mains de leur chancellier, et ordonne que les nouveaux arrivés à cette école paieraient, pour leur bien-venue, une somme d'argent au trésor de cette Académie (64).

1366.

Un nommé Hervé, libraire (marchand de livres manuscrits, l'art d'imprimer n'étant pas encore découvert à cette époque), bourgeois d'Orléans, donne aux pères Carmes de cette ville un terrain qu'il possédait près d'Orléans, au couchant de la nouvelle porte Renard, pour y construire leur couvent qui fut connu sous le nom de Grands-Carmes. Les religieux, lorsque les travaux furent terminés, abandonnèrent celui qu'ils occupaient près de l'église de Saint-Laurent-des-Orgerils, dont le terrain conserva toujours le nom de Vieux-Carmes (21-64).

Philippe Ier, duc d'Orléans, à cause de son apanage, et comme étant au lieu et place de son père Philippe VI, roi de France, prend le titre d'abbé de Saint-Aignan (8).

25 déc. 1366.

Hugues de Fay, évêque d'Orléans, est appelé à Paris pour assister au conseil que Charles V tint au Louvre afin d'aviser aux moyens de défendre la France contre les incursions des Anglais (8-43).

Juin 1367.

Émeute des habitans d'Orléans, qui s'emparent de la Tour-Neuve et insultent le gouverneur, en le menaçant et en mettant la main sur la bride de son cheval. La cause de cette émeute n'est pas venue à notre connaissance (8).

Juillet 1367.

Philippe Ier, duc d'Orléans, instruit de la révolte des habitans de cette ville contre le gouverneur de la Tour-Neuve, consent à leur pardonner, après avoir reçu les excuses des magistrats (78).

1367.

Charles V lève une taxe sur les habitans d'Orléans, pour l'entretien des guides employés dans la ville. Ces guides étaient des commissaires chargés de veiller à l'arrivée des étrangers de marque, de les loger convenablement, de leur faire voir les beautés de la ville, et de les accompagner dans toutes leurs courses pendant le temps de leur séjour à Orléans (8).

4 octobre 1367.

Hugues de Fay menace les écoliers de l'Université de la ville d'Orléans de son excommunication, s'ils continuent de faire payer le *Béjaune* ou droit qu'ils exigeaient des nouveaux venus à l'école de droit, attendu que ces derniers payaient déjà cette rétribution à l'Université, et cela conformément à l'ordonnance qu'il avait rendue en 1365 (64).

10 mars 1368. Violente querelle entre les écoliers de l'Université d'Orléans et les officiers du duc d'Orléans. Cette émeute fut si chaude et si meurtrière que Charles V déplaça, pour le punir, Henri de Louvain, gouverneur de la ville, qui était accusé de l'avoir autorisée (64-4).

Ce gouverneur mourut dans l'année de sa destitution (21).

1er mai 1368. Philippe Ier, duc d'Orléans, ordonne à son bailli, Jean Riolle, d'empêcher les fermiers et collecteurs des monnaies, de comprendre dans la levée qu'ils font des 5,000 liv. qu'il demandait, les notaires, sergens et autres officiers exerçant dans son duché (8).

1368. Henri de Louvain, ex-gouverneur ou ex-capitaine d'Orléans, le premier connu dans cette charge, meurt à cette époque dans le Châtelet de cette ville où il était logé (21).

Thomas de Vaudenay, conseiller du duc d'Orléans, est nommé gouverneur ou capitaine de ville, en remplacement d'Henri de Louvain (21).

Jean de Meung, grand propriétaire en Sologne, qui avait rendu quelques services à Charles V, obtient du monarque et des comtes de Champagne et de Blois la permission de construire sur ses terres quatre forteresses auxquelles il donna le nom de ses quatre enfans. Ces petites forteresses ou *fertés* portaient les dénominations de *Nabert*, qui par suite prit celui de Senneterre ; la seconde, celui de *Ferté-Hubert* ; la troisième, *Ferté-Aurain* ; la quatrième, celui de *Ferté-Imbault* : désignations qu'elles portent encore aujourd'hui (4).

1370. Les habitans d'Orléans, dans l'appréhension d'être assiégés par l'armée anglaise, qui avait déjà ravagé tout le pays d'alentour sous le commandement de Robert Kanolle, se déterminent encore à abattre eux-mêmes les faubourgs de leur ville et les églises qui s'y trouvaient, qui sortaient à peine de leurs ruines ; mais, heureusement, Duguesclin attaque Kanolle, et poursuit les Anglais jusqu'à Calais, leur place de refuge (43).

4 janvier 1371. Pierre de Beaufort, archidiacre de Sully et chanoine prébendé de l'église d'Orléans, est ordonné prêtre, et le

lendemain couronné pape sous le nom de Grégoire XI. Il fut un pontife distingué (64-36).

Hugues de Fay passe au siége d'Arras après 7 ans d'épiscopat dans Orléans. Il fut remplacé par Jean Nicot (21). 1371.

Jean Nicot, évêque d'Orléans, est obligé de se rendre à Saint-Aignan pour la cérémonie de son entrée, quoique l'église fut presque démolie, et d'y prêter son serment sur un autel que le chapitre, jaloux de ses droits, avait fait élever au milieu des ruines (64). 1372.

L'époque de sa mort est incertaine (64).

Les confrères de Saint-Lazare-du-Martroi *aux corps d'Orléans* (le Grand-Cimetière) et les confrères écrivains ont entre eux une grande discussion pour la jouissance de la chapelle du cimetière que les premiers prétendaient devoir être possédée en commun (8-64). Novemb. 1373.

Cette chapelle de Saint-Lazare-du-Martroi était adossée au Grand-Cimetière, et avait été bâtie par les chapelains de Sainte-Croix, qui en avaient placé l'entrée au sud, devant leur église; long-temps ils en eurent seuls la direction et le patronage. Nous ne savons pas le résultat de la discussion dont il est parlé ci-dessus (8).

Charles V fait rétablir l'église de Saint-Aignan d'Orléans, et l'enrichit de plusieurs dons (7-8-64). 1375.

Mort de Philippe Ier, fils cadet du feu roi Philippe de Valois. Ce prince fut le premier duc d'Orléans apanagiste, et mourut sans postérité. Par ce décès, le duché d'Orléans fit retour à la couronne (64). 1er septem 1375.

Ce duc fut inhumé avec pompe dans l'église de Sainte-Croix d'Orléans. Son corps fut placé dans un tombeau en pierre très-élevé, construit au milieu du chœur de la cathédrale (64-21-80).

Charles V fait don à l'église de Saint-Aignan d'Orléans du droit de pêche en la rivière de Loire, et de la justice haute, moyenne et basse sur icelle, et sur les îles et terres adjacentes (64). 16 septem. 1375.

Charles V prévient les Orléanais que le duché restant vacant par la mort de Philippe Ier, qui en était duc, cette province est réunie à la couronne avec cette clause expresse qu'elle ne pourrait jamais en être séparée, et que les rois ses successeurs jureraient à leur sacre l'exécution de cette disposition sur le saint livre de l'Évangile et sur leur parole royale. Ce qui pourtant ne fut pas exécuté. Octobre 1375.

1375. Guillaume Bruneau, riche habitant d'Orléans, donne à un de ses parens une maison hors des murs de ville, au soleil couchant, un peu au-dessus de l'église des Grands-Carmes (elle se trouve aujourd'hui la troisième en remontant après la rue de l'Ange actuelle, et porte encore le nom *du Mouton*), à la condition, par le nouveau propriétaire, d'entretenir une des chambres, ouvrant sur la route, pour loger quatre pauvres toutes les nuits, de leur offrir deux lits, de leur donner une écuelle de soupe pour deux, et de faire graver sur la porte un bas-relief représentant la sainte Vierge, saint Paul et quatre pauvres assis à une table, et un écriteau expliquant ce que signifiait la sculpture (8-80-7).

25 juillet 1376. Charles V, par lettres latines, en reconnaissance de ce que les églises d'Orléans et les maisons hors de cette ville avaient été abattues par les habitans lorsque les Anglais se portèrent sur cette place pour en faire le siége, en 1370, décharge ces habitans de toutes poursuites que les propriétaires, et notamment les chapitres, dirigeraient contre eux en indemnité. A cet effet, il déclare que son parlement est chargé de cette affaire, pour rendre une ordonnance y relative (4-80).

22 août 1376. Charles V ordonne que les notaires ou autres officiers d'Orléans soient tenus de contribuer à la taxe, comme les habitans de la ville, pour le rétablissement des fortifications et travaux pour la défense de cette place (4-8).

24 décem. 1377. Les Juifs, qui avaient été antérieurement chassés d'Orléans, y rentrent; les habitans de la ville obtinrent l'autorisation de les contraindre encore à demeurer dans un seul quartier qui leur fut désigné à cette époque, rue au Lin, au levant du Châtelet, avec défense d'aller dans les autres rues; il leur fut permis d'avoir une synagogue, près des halles, non loin de leurs demeures, avec ordre de ne pas exercer leur culte dans un autre endroit de la ville. C'était le troisième temple qu'ils avaient eu à diverses fois à Orléans, savoir :

Le premier au sud de Ste-Croix, entre St-Pierre-Empont et les Bénédictins, détruit en 1183, sous Philippe II, et converti en une petite église qui prit le nom de St-Sauveur, près de la rue Roche-aux-Juifs, et donnée en 1200 aux chevaliers du Temple (8-21-64).

Le deuxième, élevé hors des murs d'Orléans, au nord,

près de St-Vincent, et donné en 1320, par Charles-le-Bel, au chancelier de France Jean Cherchereau.

Le troisième, celui dont nous parlons ci-dessus, placé près des halles du Châtelet.

Charles V, par lettres patentes, permet à l'abbé et aux religieux de St-Euverte d'Orléans, de fortifier Boulay en Beauce, sans quoi lesdits religieux et abbé ne pouvaient faire cultiver leurs terres, vu les troupes pillardes anglaises et autres qui couraient les campagnes (7-8). 16 septem. 1378.

Le chef de St-Aignan fut tiré par l'évêque d'Orléans, Foulques de Chénac, de la châsse où était le corps entier, pour le mettre dans un grand reliquaire d'argent fait en forme de chef ou tête et placé sur l'autel principal de cette église (36-64). 31 mars 1380.

Charles V dispense les religieux de St-Euverte d'Orléans d'aller monter la garde et de former la garnison de Janville et de Yèvre-le-Châtel, où les magistrats d'Orléans les envoyaient, attendu que ces derniers avaient déclaré que pendant la guerre avec les Anglais, tous les citoyens de la ville, sans distinction de rang et de classe, seraient soldats volontaires, pour la sûreté de la place et des châteaux voisins (4-8). 7 mai 1380.

Charles V nomme Foulques de Chénac, évêque d'Orléans, et le chantre de Ste-Croix, juges pour présider aux Grands-Jours qu'il voulait tenir dans la ville de Troyes (7-8-4). Juin 1380.

Charles VI succède à son père Charles V à l'âge de douze ans; lors de son sacre, ce roi jura que jamais la province orléanaise ne serait détachée du domaine de la couronne sous aucun prétexte (43-2-80). 25 septemb. 1380.

La ville d'Orléans, qui avait été divisée en douze quartiers depuis longues années, ne l'est plus qu'en huit, par ordre de Jean du Cimetière, prévôt de cette ville, et de l'avis du gouverneur Guillaume Bonnet; il fut nommé pour chaque quartier un chef, qui portait le nom de quartenier, celui-ci commandait à dix dixainiers, qui à leur tour recevaient les rapports relatifs à l'ordre public des chefs de rues, établis en nombre égal à celui des rues; cette police était exacte et rigoureuse; les habitans, qui se nommaient entre eux, choisissaient toujours les plus notables pour remplir ces fonctions (4-8-80). 1380.

Charles VI divise les trésoriers de France en quatre généralités, et place Orléans dans celle de Bourges (2-43-80).

Décemb. 1380. Charles VI établit la compagnie des marchands fréquentant la rivière de Loire et le Loiret dans sa partie navigable; les officiers étaient chargés de veiller à ce que la rivière fût libre dans son cours, de la faire creuser et nettoyer, pour qu'elle eût toujours la même profondeur.

19 décemb. 1380. Charles VI supprime les péages établis sur la Loire en 1198 par Philippe-Auguste; dès lors l'employé qui résidait à Orléans cessa ses fonctions (4).

Décembre 1382. Charles VI étant sorti du royaume pour aller en Flandre, les bourgeois d'Orléans, à l'exemple de ceux de Paris et de plusieurs villes du royaume, prennent les armes à cause de la rigueur des impôts, malgré les remontrances de Jean Barreau, bailli, et celles de Guillaume Bonnet, gouverneur de cette ville; les princes et les grands, qui cherchaient à profiter des rançons et des confiscations, persuadent au roi que le peuple avait conspiré contre la royauté. Ce jeune prince, âgé de quatorze ans et naturellement emporté, traita cruellement les habitans de ces villes. Il ordonna la mort d'un grand nombre d'entre eux, en proscrivit d'autres, révoqua les privilèges, mit des taxes excessives; à Orléans, il fit abattre les portes de la ville, enlever les chaînes qui y étaient et supprima la magistrature des notables qui avaient l'administration de la cité (43-8-4-80).

2 mars 1384. Les habitans d'Orléans, rentrés en grâce auprès de Charles VI, sont autorisés par lui à élire, pour l'administration de leur ville, douze notables bourgeois, appelés *procureurs* ou *prud'hommes*: ils s'assemblèrent à cet effet sous les halles et y procédèrent à la nomination de ces magistrats (4-64).

12 mars 1384. Charles VI, par lettres patentes françaises, autorise les *procureurs* de ville nouvellement élus et les receveurs d'Orléans, qui étaient inquiétés dans leurs fonctions par la chambre des comptes, à continuer ces fonctions comme par le passé, en payant aux changeurs du trésor, et en présence du bailli Raoul Pot, la somme de 5,000 écus d'or; il les dispense aussi, par les mêmes lettres, de rendre compte de leurs recettes à la chambre des comptes.

1384. Foulques de Chénac, qui venait d'être élu évêque d'Orléans, après que le siége eut été quelques années vacant, fait son serment avec toutes les cérémonies d'usage, sur le chef de saint Aignan, qui fut mis ensuite, et pour la première fois, sur le grand autel de cette église (64).

Charles VI chasse les Juifs de son royaume avec défense de revenir, à peine d'être brûlés vifs, sous le faux prétexte qu'ils avaient fait mourir en croix un enfant chrétien le jour du vendredi saint. Ce prétexte avait déjà motivé la persécution de 1171: Tous les Juifs qui habitaient la rue au-Lin vidèrent les lieux, et leur synagogue, qui était près des halles, fut entièrement abattue (64-80). 1385.

L'île qui s'était formée sous le pont d'Orléans et qui était divisée par lui en deux parties presqu'égales, portait alors dans sa partie *est* le nom de Motte-Saint-Antoine, et à l'ouest, celui de Motte-Poissonnière ou des Chalans percés : cette île servait à plusieurs usages. La Motte-Poissonnière était couverte de petites habitations occupées par des pêcheurs et des marchands de poissons, qui conservaient leurs marchandises dans des *chalans percés*, que nous appelons maintenant *bascules*; celle de St-Antoine était occupée par un hospice appelé l'Aumône-des-Etrangers, portant le nom de St-Antoine, et par quelques bâtimens pour le logement de la gouvernante de cette maison et de ses domestiques. Un compte de ville fait à cette époque, nous fait connaître que Marguerite de la Chaumette, maîtresse de l'Hôtel-Dieu, qui était dans la rivière, vis-à-vis la ville et sous le pont, du côté de l'orient, recevait pour la garde dudit Hôtel-Dieu et les soins qu'elle donnait aux pauvres voyageurs, qui ne devaient y loger qu'une nuit sous peine de la corde, la somme de 100 sous parisis par an; il y avait aussi pour régir cet hospice des administrateurs nommés *proviseurs*, qui l'étaient en même temps des deux îles et du pont. De ce pont on descendait dans l'île par un escalier en pierre (4-8-64-80). 1386.

Le roi Charles VI mande à tous les ecclésiastiques du royaume d'envoyer à l'armée des chevaux et des chariots; le chapitre de Saint-Aignan et autres, du duché d'Orléans, sont déclarés n'être point sujets à cette charge, par un acte émané du maître des comptes du roi (64). 12 août 1388.

L'église de Saint-Jacques-du-Châtelet d'Orléans est désignée par Foulques de Chénac pour servir à la confrérie des Pélerins: la prise de possession se fit avec pompe; et une procession qui partit de Sainte-Croix pour se rendre à Saint-Jacques, fut remarquable par la présence de cent soixante pélerins de cette ville, qui tous avaient fait le voyage de Compostelle, en Espagne (8-64-80). 1388.

Charles VI donne le duché d'Orléans à son frère Louis, duc de Touraine, malgré les remontrances que firent les bourgeois d'Orléans par le ministère de leur évêque, qui représenta au roi que Blanche de France, veuve de Philippe Ier, premier duc de leur province, vivait encore, et que lui-même avait promis et juré à son sacre que jamais Orléans ne serait aliéné de la couronne ; mais toutes ces représentations furent inutiles, le duc d'Orléans fut maintenu (8-80).

Le duc d'Orléans, Louis, conseille au roi Charles VI, son frère, qui avait atteint sa vingtième année, de prendre en mains l'administration de son royaume, afin d'éloigner ses oncles des affaires et d'être seul auprès du monarque (2-43).

Les reliques de saint Éloi ayant été jointes à celles de saint Maurice, dans la même église, au sud-ouest de Sainte-Croix, cette paroisse prit le nom de Saint-Maurice-Saint-Éloi (7-21-64-80).

Le duc de Bretagne, d'intelligence avec les Anglais, attire dans un guet-à-pens Clisson, connétable de France, et le renferme dans une tour de son château de l'Hermine, près de la mer ; mais, à la sollicitation du seigneur de Laval, beau-frère de Clisson, et moyennant 100,000 livres, il lui rendit la liberté. Le roi, indigné de l'action du duc de Bretagne, le cita à comparaître devant lui à Orléans, où il se rendit avec sa cour. Le duc n'y vint pas, mais il envoya ses excuses : Clisson plaida sa cause lui-même, l'accusa de trahison, de scélératesse, et jeta son gage de bataille au milieu de la salle du palais royal du Châtelet de cette ville, où le monarque tenait séance : personne ne le releva. Le duc, peu de temps après, vint trouver le roi à Paris et obtint son pardon au grand déplaisir de Clisson (43-8-64).

13 janvier 1389. Lettres latines du parlement de Paris qui ordonne que les gens d'église d'Orléans paieront les trois quarts des travaux pour la réédification des maisons et églises, hors de la ville, qui avaient été démolies par les habitans, pour la sûreté de la place, en 1370 ; et que l'autre quart serait aux frais des bourgeois de cette ville (4).

28 mars 1389. Le roi Charles VI dispense ses sujets d'Orléans d'aller faire le *guet et garde ès villes fermées, châteaux seigneurials et forteresses* étant entre les rivières de Loire et

Somme, et ordonne aux officiers de sa couronne d'en prendre de suite le commandement (7-8-80).

Le duc d'Orléans épouse Valentine de Milan : c'est d'elle que vinrent les droits de la maison d'Orléans sur le duché de Milan. Cette princesse lui donna en dot 400,000 florins d'or, avec des bagues et joyaux d'un prix inestimable. *Mai 1389.*

Charles VI ordonne que les habitans d'Orléans ne seraient appelés en justice que dans leur ville : des écoliers de l'Université venaient d'en citer quelques-uns d'eux devant les abbés de Caen, Saint-Remy et Reims, ce qui était contraire aux priviléges des Orléanais (4-64). *30 juin 1389.*

Charles VI établit un grenier à sel à Orléans, et par son ordre le sieur Étienne Molet en est nommé grénetier; par suite, ce privilége passa aux *procureurs* ou échevins de la ville (4-8). *1389.*

Transaction passée entre les échevins ou *procureurs* d'Orléans et les docteurs de l'Université de cette ville, qui exempte les écoliers de l'école de droit de garder les portes de la place, moyennant une somme d'argent (64-4).

Guillaume Beauharnais, seigneur de Miramion, près Orléans, épouse Marguerite de Bourges, originaire d'Orléans (7). *26 janvier 1390.*

Les Beauharnais possédaient dans le faubourg Madeleine un castel appelé le Chaussi ; et les actes de naissance de cette ancienne et noble famille sont sur la paroisse de Saint-Laurent-des-Orgerils d'Orléans (64).

Les Beauharnais avaient réuni dans leur castel du Chaussi la première collection de livres ou bibliothèque connue à Orléans ; ils possédaient aussi à Orléans, en guise de pied-à-terre, une maison au centre de la ville, rue des Trois-Maries (8-76) (*).

Le clergé d'Orléans, les abbés et autres ecclésiastiques de la ville passent avec les procureurs ou échevins une transaction par laquelle ils reconnaissent qu'ils sont sujets pour un sixième aux subsides et impôts ayant pour objet de parachever les fortifications d'Orléans (4-64). *17 avril 1390.*

Le roi Charles VI, par lettres patentes, fixe les gages de Jean Prunelay, gouverneur d'Orléans, à 100 livres par an, vu la cherté des vivres et autres objets (4-7). *23 juillet 1390.*

(*) Cette maison porte le n° 11 ; elle est occupée aujourd'hui par M. Guyot, imprimeur.

Guillaume Bonnet, gouverneur de la Tour-Neuve d'Orléans, fait rétablir les fortifications de cette prison, qui était très-étendue. Il s'y trouvait des casemates pour le logement du gouverneur et des troupes, ainsi que des officiers : les munitions de guerre et de bouche y étaient mises en magasin (4-80).

Le bailli d'Orléans, Louis de Tignonville, contraint le sieur de Montdidier, notaire, à accepter la place de procureur de ville ou échevin à laquelle il venait d'être nommé. Celui-ci alléguait, pour s'excuser, la nature de sa place, et sa qualité de père de huit enfans : ce qui alors était une mauvaise excuse; car les procureurs de villes étaient payés, exempts de plusieurs charges et taxes; ils recevaient, en entrant en fonctions, une robe de satin et une toque, renouvelée tous les ans (4-8-64).

29 juin 1391. Louis, duc d'Orléans, qui avait atteint l'âge de vingt ans, et qui prétendait à l'administration du royaume, comme étant le frère cadet de Charles VI, en est privé par les états assemblés à Paris, qui la déférèrent au duc de Bourgogne. Cette faveur accordée à ce dernier fit éclater les haines meurtrières qui divisèrent les maisons d'Orléans et de Bourgogne (43-80-2).

1392. Mort de Jean Prunelay, chevalier, sire d'Herbault, Marchainville et Beauverger, chambellan du roi et du duc d'Orléans, gouverneur de la ville (21).

Charles VI réunit les offices de bailli et de gouverneur d'Orléans dans les mains de Pierre de Mormay, successeur de Jean de Prunelay.

Louis, duc d'Orléans, qui avait une affection singulière pour les Célestins d'Ambert, voulant acquitter quelques dettes que leur devait son domaine, et satisfaire en même temps sa piété, leur donna la terre de Chané, paroisse de Saint-Sigismond en Beauce, plusieurs maisons à Paris et à Orléans, et leur assigna une rente de 300 fr. sur la recette de cette dernière ville; il fit de plus bâtir l'église et le nouveau monastère d'Ambert (21-64-80).

Jean Saudry, né dans la Sologne, dont les habitans n'avaient pas encore été affranchis de la servitude par les chanoines de Saint-Aignan, comme ils avaient fait en 1344 en faveur de leurs serfs d'Orléans et de la Beauce, ayant pris la tonsure cléricale dans une autre ville, sans le consentement du chapitre de Saint-Aignan d'Orléans, fut privé par l'évêque Foulque de Chénac, du privilége de cléricature, et redevint serf ou homme de corps.

A cette époque encore les seigneurs avaient sur leurs serfs qui avaient quitté leur territoire sans congé, le droit de les poursuivre comme fugitifs et de les contraindre par la confiscation de leurs biens et toutes autres voies, de revenir habiter sur leurs terres (2-43).

Si un homme de corps ou une femme de corps se mariaient, hors de la seigneurie, à une personne libre, ils devaient dédommager leur seigneur par la moitié de leurs biens, et en outre, si ce mariage s'était fait sans son consentement, ils payaient une amende et restaient encore hommes de corps. Ainsi, ceux qui s'étaient mariés hors du territoire de leurs seigneurs, devenaient sujets de deux seigneurs, payaient les droits de servitude à ces deux seigneurs, leurs enfans étaient partagés entre ces deux seigneurs ; que si c'était un homme de corps qui eût épousé une femme libre, ou la femme de corps un homme libre, les enfans se partageaient à Orléans et dans la province, entre le seigneur et celui des père ou mère qui étaient de franche condition (2-43-50) (*).

Mort de Blanche de France, duchesse d'Orléans, veuve de Philippe Ier, fils puîné du roi Philippe de Valois. Cette princesse, par son testament, ordonne que son cœur soit inhumé dans une chapelle de Sainte-Croix d'Orléans, église où son époux avait été enterré en 1375, que son cœur soit porté sur un drap d'or, avec 200 torches du poids de 4 liv. chacune, et que 500 cierges soient mis tant dans la chapelle ardente qu'au chœur de l'église pendant le service (64). 7 janvier 1393.

La princesse Blanche, veuve de Philippe duc d'Orléans, lègue à sa mort au chapitre de Sainte-Croix un reliquaire

---

(*) *Ex Tabulario Eccl. Sancti Aniani.* — Traduction. — « Le vendredy, jour de saint Mathias, en février 1392, fut fait *partage* des enfans de feu Estienne Meline, homme de corps de monseigneur le comte de Blois, et de Jehanne, sa femme, femme de corps de ladite église, et pour la part dudit père ont esté prises Jehanne et Benoiste, et pour la part de ladite église, à cause de ladite mère, a esté prise Theuenotte. »

Ex Tabulario Eccl. Sancti Aniani. — Traduction. — « Le 14, vendredy, jour de saint Mathias, en février, l'an 1438, fut fait partage des enfans de Jehan Soupire, en son vivant homme de corps du seigneur de Romorantin, et de Perrette, femme de corps de l'église de Saint-Aignan d'Orléans ; pour la part dudit père a esté pris Macé, et pour la part de ladite église, à cause de la mère, a esté prise Marion. »

où il y avait du sang miraculeux de Notre Seigneur Jésus-Christ, à elle donné par le duc de Berry, son frère.

1393. Le duc d'Orléans, voulant donner à Paris, dans son hôtel, une brillante fête appelée *Grands-Jours*, invite les procureurs de la ville d'Orléans à y assister. Ces magistrats portèrent à ce prince, de la part des habitans, un présent consistant en *plusieurs oies et quatorze mines de navets mis dans une botte* (en bottes) (4-64).

Cette fête fut donnée à l'occasion de la naissance de son fils. Il institua aussi le même jour l'ordre du *Porc-Épic*, consistant en un haut de col, un collier en or ou argent, auquel pendait la figure d'un porc-épic avec les mots : *De près, de loin*. Plusieurs des députés orléanais en furent décorés (64-8).

1er mars 1395. Foulque de Chénac, évêque d'Orléans, meurt après environ 10 ans de siége (21).

Mai 1395. A cette époque, on réunit la halle aux pains et celle aux poissons, à Orléans. — « C'est, à savoir : deux estaçons devant, où l'on vend poissons et harengs, et deux derrière, où l'on vend pain, séans à Orléans, ensemble près de Saint-Hilaire (4-80). »

1395. Petite émeute des boulangers d'Orléans, qui voulaient s'opposer à la vente du pain sur le pont, par les marchands forains; plusieurs des mutins furent punis de prison, d'amende et de suppression de leur état, leurs fours ayant été bouchés (4-7).

Février 1396. Le duc d'Orléans achète de Gyversay, chevalier, un terrain qu'on appela le Jardin-des-Ducs-d'Orléans : il était situé près de St-Jean-le-Blanc, dans un endroit où il y avait un vieux château ruiné par les guerres, et qui portait le nom de château de St-Jean-le-Blanc (64).

9 juillet 1396. Charles de Blois disputait la possession de la Bretagne à Jean de Montfort; deux chevaliers bretons vinrent à la cour du premier pour y intriguer contre lui; découverts, ils prennent la fuite; le gouverneur de Blois les poursuit, les atteint entre Olivet et Orléans, où ils sont exécutés à mort sur la place, sans autre forme de procès (64-8).

1397. Jean Tessier et sa femme, bourgeois d'Orléans, fondent la chapelle de St-Jean près l'église de St-Paul de cette ville (64).

2 octobre 1398. Mascon, sous-chantre de Ste-Croix, donne aux prieur et religieux de St-Samson d'Orléans une somme d'argent

pour une fondation suivant laquelle dix pauvres de la paroisse seraient nourris et chauffés pendant tout le carême de chaque année ; la donation expliquait, que depuis le premier jour du carême jusqu'au lendemain de Pâques, on leur donnerait à dîner seulement un potage et du pain, suffisamment, à chacun une chopine de vin, un hareng blanc, de la moutarde et des noix à la fin du dîner, le tout devant un feu de deux buches et un fagot : et avant de les renvoyer on devait leur donner un fagot à chacun. Les religieux devaient de plus faire trois services par an pour le repos de l'âme du fondateur (8-80).

1399.

Guillaume Lemoine, commis à la recette des grains appartenant au duché d'Orléans, présente aux magistrats son compte pour le terme de la Chandeleur ; on y remarquait ce passage : « A Agnès Du Gué, maîtresse du béguignage, et à Marguerite la marchande béguine, *illec*, lesquelles prennent de rente à vie sur ladite recette, savoir : ladite Marguerite 18 deniers parisis par semaine et 20 sous pour robes par an, et ladite maîtresse 11 sous parisis par semaine et 50 sous pour robes par an (21-64-4). »

Ces béguines étaient des filles pieuses vivant ensemble du travail de leurs mains, et menant une vie moitié religieuse, moitié laïque, à-peu-près comme faisaient les sœurs du tiers ordre de St-François qui leur ont succédé ; ces filles avaient leurs logemens aux halles où vendaient les tanneurs, dans une grande chambre en forme de souspente. Ces béguines existaient à Orléans depuis 1256.

Septembre 1400.

Pierre de Soye, procureur (échevin) de ville, est envoyé à Bonneval pour traiter avec Jehan Bouterou et André Gomelli, maçons, de la reconstruction des tours de la porte Bourgogne (la vieille) qui menaçait ruine ; la ville lui accorda pour son voyage la somme de 36 sous (9-59).

20 février 1401.

Charles VI, voyant que les Anglais faisaient des progrès dans l'intérieur de la France, ordonne de fortifier toutes les villes du centre de son royaume, et fait passer l'ordre de mettre Orléans en état de défense. La lettre portant cet ordre était ainsi conçue : « Avons reçu l'humble supplication des bourgeois, manans et habitans de la ville d'Orléans, contenant comme naguère nous, ayant ordonné que les bonnes villes et châteaux de notre royaume soient fortifiés et *emparés*, il suit ainsi que la ville d'Orléans qui est une grande et notable ville et cité, assise en passage sur la rivière de Loire, soit de présent *petitement* fortifiée et *emparée*, et parce, consigne grande somme de deniers pour icelle emparer et fortifier sur côfre, et être avant, levé en manière de taille sur les vins (8-84-64-59-80). »

15 mars 1401. Charles VI, par lettres patentes latines, frappe Orléans d'un impôt sur les vins, pour le produit en être appliqué, un quart pour les fortifications, un quart pour les frais de la ville, la moitié devait lui revenir ; cet impôt fut appelé *l'appetissement* (diminution) de la pinte ou courte-pinte (4-64-8).

Impôt de deux sous pour livre du loyer des maisons des forains ou étrangers, lorsqu'elles étaient couvertes en ardoises ou *bardeaux* (petites planches), le tout pour les frais des fortifications (9-64-8).

27 août 1401. Charles VI accorde des lettres de protection aux religieuses de Voisins, et nomme, pour les défendre, six des premiers citoyens d'Orléans (4).

1401. Procès entre les *talmeliers* (boulangers) de la ville et les talmeliers de la campagne. Les procureurs (échevins) prirent parti pour les derniers, qui réussirent dans cette affaire relative à la vente et au poids de leurs marchandises. Les talmeliers *extra muros* eurent la liberté de venir vendre leurs marchandises les jours de marché : leurs places étaient désignées sur le pont et auprès du puits Tudelle au Portereau ; ils ne pouvaient faire le pain du même poids que ceux de la ville ni leur en vendre (4-64).

1402. Les nommés Thomas et Guillaume Lardies reconnaissent, par acte, qu'ils sont gens de corps de l'église Saint-Aignan d'Orléans, main-mortables et taillables de quatre deniers chacun par an (64-80).

Le duc d'Orléans est chargé par Charles VI de gouverner l'état pendant les accès de sa maladie, qui était la démence (43).

Août 1403. Le duc d'Orléans fait son entrée dans Orléans où il est reçu avec une grande pompe ; il fut harangué à la porte de la ville (Bannier) par Raoul de Refuge, docteur et professeur de droit à l'Université de cette ville (64).

Ce prince, par une déclaration datée d'Orléans, ordonne qu'il soit accordé des confesseurs aux criminels qui seraient condamnés à mort dans son duché : peu de temps après, cet usage fut observé par toute la France (8).

19 octobre 1403. Le duc d'Orléans, qui résidait encore à Orléans, fait don d'un calice à chaque église de cette ville (64).

Le droit de *courte-pinte* ou de l'appetissement, établi en 1401 par le roi Charles VI, est perçu pour la première fois à Orléans; ce droit consistait dans le douzième pris sur les vins de la province seulement, vendus à Orléans (4-8). 7 novem. 1403.

Robert Sauvage fonde une messe dans l'église des *frères prêcheurs* ou Jacobins d'Orléans, moyennant un gros d'argent à chaque messe annuelle, qui sera annoncée aux fidèles par trente coups de la grosse cloche, lesquels coups seront divisés en trois parties (8-64). 10 décem. 1403.

Maître Guillaume Danguin, chanoine de l'église de St-Aignan d'Orléans, faisant l'office de syndic, ayant été poursuivi et grièvement blessé par quelques écoliers de l'Université, le chapitre se plaignit et fit appeler les coupables de cet assassinat en la cour du parlement. Le prévôt de la ville, Alain du Bey, licencié ès-lois, mécontent de ce que cette cause lui échappait, trouva moyen d'engager l'Université dans ses intérêts, et la poussa à demander un décret pour priver le chapitre de la jouissance de ses droits et privilèges, s'il ne faisait renvoyer l'affaire devant le juge conservateur. Le duc d'Orléans, en sa qualité d'abbé de St-Aignan arrêta l'affaire, et les membres de l'Université, croyant que c'était à l'instigation du chapitre, le privent de ses privilèges: sur quoi le chapitre se pourvut en parlement (64). 1403.

Les trois ouvertures qui étaient à la porte Parisis pour y placer les archers, qui tiraient des flèches lors des guerres, sont diminuées de hauteur et élargies pour servir de canonnières: ces travaux furent faits par Chassargie, maçon d'Orléans (9-59-60). Février 1404.

Le corps de ville fait faire par un nommé Poitevin d'Orléans une *trompe* (trompette) pour *tromper* au clocher de St-Pierre-Empont, *où est St-Effroy* (où est la cloche du beffroy.) Mars 1404.

La tour ou clocher de St-Pierre-Empont était à cette époque couronnée d'une plate-forme sur laquelle il y avait une petite maisonnette pour y loger un guet ou sentinelle qui veillait la nuit, lequel avait une trompette qu'il devait faire entendre de temps en temps, pour qu'on sût qu'il ne dormait pas et pour avertir des incendies.

Charles VI crée un élu à Orléans pour la perception des impôts de la ville; le premier connu dans cette cité fut le sieur Jean de l'Etoile (21). 1404.

Les procureurs (echevins) d'Orléans font placer sur la porte Bourgogne (la vieille) les armes de France et celles de la ville malgré Pierre de Mornay, gouverneur, qui prétendait que cela ne pouvait être fait sans son avis (4-64).

13 août 1405. Le parlement déclare que l'Université d'Orléans avait eu tort de priver le chapitre de St-Aignan de ses privilèges, en 1403, par suite de l'insulte faite à l'un d'eux par des élèves en droit, et condamne ce corps à l'amende de 1,000 marcs d'argent, qui furent réduits à 100 marcs, et aux dépens envers ledit chapitre (8-64).

1405. Un prêtre nommé Fulcon, qui se disait médecin, ayant refusé d'obéir à la justice royale, qui l'avait envoyé par devant le collége de médecine d'Orléans pour être examiné, les procureurs de ville d'Orléans députèrent l'un d'eux nommé Jean Poirier vers l'évêque Guy de Prunelay, qui obtint que défense fut faite à ce Fulcon de pratiquer la médecine dans la province (2-64).

Octobre 1405. Charles VI, par lettres patentes, dispense les procureurs (échevins) d'Orléans d'aller à la guerre.

« Payé à Jh. Baguenault, col^r (collecteur) à Sainct-Mesmin-Sainct-Ylaire, qui donna aulx procureurs la lettre scellée faisant mention comme lesdits procureurs étoient excusés d'aller en la guerre, XVIII^s parisis (4). »

9 août 1406. Le chancelier du duc d'Orléans et madame la chancelière arrivent à Orléans avec un sieur Cousinot; la ville leur fit présent de huit tabliers garnis de *touaille* (toile fine) contenant trente-trois aunes, savoir : six à M. le chancelier et deux à M. Cousinot (9-59-60).

Madame la chancelière reçut quatre tabliers de dix-huit aunes de long, aussi garnis de *touaille*.

On appelait tabliers des nappes de table ; la partie qui pendait et faisait garniture était de toile plus fine que celle qui couvrait la table ; cette sorte de linge fin avait le nom de *touaille*, et servait aux convives pour essuyer les mains et la bouche, les serviettes n'étant pas encore en usage.

14 octobre 1407. Pierre de St-Mesmin, lieutenant au bailliage d'Orléans, fait placer sur l'ancien pont une croix en métal, qui fut appelée la Belle-Croix. Cette croix, posée sur un piédestal très-élevé, était en bronze doré. Elle était ornée de quatre bas-reliefs aussi en bronze, le 1er représentant la vierge, le

2ᵉ saint Pierre et saint Paul, le 3ᵉ saint Jacques et saint Etienne, le 4ᵉ saint Aignan et saint Euverte; le tout était entouré de treillis de fil de fer (4-21-64-80).

L'inquisition contre les hérétiques, qui avait été établie du temps des Albigeois, en 1208, existait encore à Orléans à cette époque. Un frère Jehan Polet, Dominicain, inquisiteur de la foi, enjoint au bailly de la justice de St-Benoît de cette ville de faire arrêter un nommé Chalemeau et Belone sa sœur, qui avaient été excommuniés pour cause de religion, et les faire remettre en mains du notaire de l'Inquisition (8-64). 18 octobre 1407.

Henry le Vistre, natif de Lyon, meurt à Orléans, et est inhumé dans l'église de l'infirmerie d'Orléans (Hôtel-Dieu) à laquelle il fit don de sa terre et dépendances de Gidy, à la condition qu'il serait chanté une grand-messe annuelle pour le repos de son âme, et qu'il serait établi une apothicairerie garnie de drogues pour les pauvres, avec un médecin et un chirurgien experts pour les visiter. Une pierre gravée, qui relate ce don, se trouve présentement incrustée sur les murs de l'Hôtel Dieu, à l'est (8-64). 1er nov. 1407.

Le duc d'Orléans, Louis Iᵉʳ frère du roi Charles VI, est assassiné à Paris, par ordre du duc de Bourgogne. Il laissa trois fils de Valentine de Milan sa femme, savoir: Charles, qui fut duc d'Orléans, Philippe, comte de Vertus, et Jean, comte d'Angoulême; il eut aussi un fils naturel, qu'on appela d'abord le Bâtard d'Orléans et ensuite le comte de Dunois, qui fut le héros de son siècle, sous le règne de Charles VII, et un des libérateurs de la ville d'Orléans (2-43). 23 nov. 1407, 11 heures du soir.

Par son testament, Louis Iᵉʳ avait fait en faveur des chapitres de Ste-Croix et de St-Aignan les dispositions suivantes:

« Ie veux et entend que lxiiij. l. pariˢ. de rente amortie, soient baillées et assises au chapitre de Sainte Croix d'Orléans, qui est ma principale ville, ou vingt francs pour livre pour une fois, pour icelle, avec tout amortissement, que mes executeurs seront tenus luy faire avoir à mes propres frais et dépens, *et autant* pareillement au chapitre de *Saint-Aignan* de ma dite ville d'Orléans, *dont ie suis abbé*, à condition que chacun d'iceux chapitres seront tenus de faire dire chacun iour pour moy, ma compagne, mes parens et héritiers, et amis, *une Messe copetée par trente coups*, en l'honneur des 30 deniers que nostre Seigneur

I C. fut vendu, et sera fait à Sainte-Croix près du poinct du jour, et à un autel qui sera fait et ordonné, peint à mes armes, près du grand huis par lequel on entre dans la nef au chœur de ladite eglise, *et à Saint Aignan* à ladite heure, et à l'autel derrière le grand autel, par quatre chapelains, ou vicaires, ou officiers; auront iceux chapelains pour chacune messe deux sols pari^s., se soumettront de payer cinq sols au profit de la fabrique de ladite église pour chacune messe qui sera délaissée à estre dite; le reste desdits lxiiij. livres pari^s. sera converti au soûtenement des messes, calices et ornemens desdits chapitres, qui seront maintenus en bon et suffisant estat, avec deux cierges de cire de chacun une livre ou environ pesant, en chacune eglise, qui arderont à dire les messes, et une torche de trois à quatre livres qui ardera à l'elevation du precieux corps de nostre Seigneur I. C. avec deux autres cierges de chacun trois ou quatre livres de cire blanche pesant, qui seront mis ez dites eglises devant le grand autel, en deux grands chandeliers de cuivre faits à mes despens, et portant mes armes, qui arderont à toutes les messes qui y seront dites, des l'elevation du benoist corps de nostre Seigneur I. C. iusques à la perception d'iceluy : et si auparavant lesdits cierges estoient fondez par autres ausdits grands autels, ils seront mis ausdites messes ainsi par moy fondées, et en reparations et fabriques desdites eglises. Cy aura sur ledit autel Sainte Croix une image d'un crucifix, ou d'un Dieu de pitié, en remembrance de la passion de nostre Seigneur, et soit fait de peinture, avec mes armes autour, et sur l'autel de Saint Aignan les images de nostre Dame, de Saint Aignan et de Saint Victor, peints et ordonnez comme dit est de Sainte Croix. »

26 nov. 1407. Les Orléanais ayant appris l'assassinat du duc d'Orléans lui firent faire un service remarquable; tous les corps administratifs et judiciaires s'assemblèrent en grand deuil dans l'église de St-Hilaire, près des halles, où tout le clergé et les religieux de tous les ordres s'étaient réunis; ils vinrent en procession jusqu'à l'église de St-Samson, où quarante prêtres à la fois célébrèrent autant de messes pour le repos de l'âme du duc (8-64-80).

30 nov 1407. Assemblée générale à Orléans des archevêques et évêques de Sens, de Chartres, d'Orléans et autres prélats et docteurs pour excommunier le duc de Bourgogne et ses

adhérens. Il fut dressé sur la place des exécutions criminelles un échafaud sur lequel le hérault de la ville prononça, au son des trompettes, l'excommunication du duc de Bourgogne, ensuite sur la même place des prières eurent lieu, et il se fit une procession générale ; les habitans en deuil, les prélats en habits pontificaux y assistèrent avec un grand concours de peuple ; les cloches des églises de toute la ville sonnèrent d'un ton lugubre ; les cierges et chandelles furent éteints, à cause de l'excommunication qui venait d'être prononcée (4-8-7-64).

Charles, qui était devenu duc d'Orléans par la mort de son père, passe par Orléans en bateau pour se rendre à Blois ; le gouverneur, à la tête des procureurs (échevins) de ville, des officiers et des plus notables bourgeois va, escorté d'archers, au-devant de lui dans des bateaux, et lui présente, au-dessus du pont, 12 chapons de haute *graisse*, 12 faisans, 24 perdrix, 144 alouettes, lesdites viandes *appétissantes* (apprêtées), du pain blanc et jaunet qu'on mit dans son bateau avec plusieurs pièces de vin blanc et clairet du cru du pays.

Lettre de Valentine de Milan, veuve du duc d'Orléans, 13 décem. 1407, qui ordonne à son bailli et gouverneur d'Orléans Pierre de Mornay, de faire ouvrir la porte Parisis qui avait été fermée lors de la présence des Anglais devant cette place en 1370, afin que les gens d'église et les habitans puissent plus aisément et plus promptement se rendre au couvent des frères *prêcheurs* ou Jacobins : l'usage n'en fut rendu qu'aux gens de pied et non aux voitures (4-9).

« Acte de justice par maistre Jehan le chandellier, bailli 1408. de la justice de Cormes, pour Pierre Grosseteste, seigneur de ladicte terre, portant condamnation de Jehan Ferreder, faulx tesmoing, à être mis en l'échelle (carcan) au dict lyeu de Cormes, ayant en teste une mître de papier où estoit escript son péché (son crime) : ce qui fust aussitôt mis à exécution par l'exécuteur de la haulte justice d'Orléans (96). »

Guy de Prunelay, évêque d'Orléans, du consentement 10 mars 1408. du chapitre de l'église de Ste-Croix, voyant que la communauté qui s'était formée dans la chapelle de l'Alleu-Saint-Mesmin était tombée, rend cette chapelle paroisse et y réunit celle de St-Martin-de-la-Mine qui en était voisine, laquelle fut supprimée par cette réunion (8-64).

4 décemb. 1408. Valentine de Milan meurt de douleur de n'avoir pu venger la mort de son mari. Cette princesse s'était retirée de la cour et du monde; elle avait pris pour devise : *Plus ne m'est rien, rien ne m'est plus.*

17 décem. 1408. La ville d'Orléans baille à Jean Luillier, dit Charlot, pour 40 sous de rente, une place *près les halles où s'assemblent les habitans de la ville*, pour en faire une halle à la friperie, laquelle place avait 21 toises 1/2 de long sur 4 toises 1/2 de largeur (9-59).

1409. Mort d'Isabelle de France, duchesse d'Orléans, femme du duc d'Orléans (21).

Alain du Bray, prévôt d'Orléans, par une sentence, condamne Jehannette la Huaude, Marie de Hart, Guillemette la Quarré, Allison Crispine et six autres filles de vie de leur consentement, à payer chacune dorénavant, de quinze jours en quinze jours, à maître Pierre Robert, exécuteur de la haute justice de M. le duc d'Orléans, quatre deniers parisis, pour certain droit que ledit exécuteur prend sur lesdites filles de vie, de leur consentement, et *a accoutumé de prendre* (4-8-64-80-54).

Guy de Prunelay, évêque d'Orléans, s'étant permis de faire annoncer en chaire dans toutes les églises de la ville, que ceux des habitans qui porteraient ou feraient porter des ordures, des gravois et autres immondices hors la porte Parisis, seraient excommuniés et mis par lui en la compagnie du diable, le duc d'Orléans et les habitans portèrent leurs plaintes au roi, qui fit ajourner indéfiniment cette punition par arrêt de son parlement (8-80).

Mars 1410. Naissance de Jeanne d'Arc, Pucelle d'Orléans, à Domremy, en Bassigny, de l'élection de Langres, fille de Jacques d'Arc, laboureur, et d'Isabeau Romé, vivant honnêtement du travail de leurs mains, quoique dans une situation voisine de la pauvreté (41).

Cinq enfans, trois fils et deux filles, naquirent de leur union; l'aîné portait le nom de Jacquemin, diminutif du nom de son père, le second s'appelait Jean et le troisième Pierre; la fille aînée, dont on ignore le nom, était morte en bas âge, et la plus jeune fut Jeanne d'Arc. Elle est baptisée à Domremy par Jean Minet, curé de ce hameau, dans l'église de St-Remi, qui existe encore (41).

12 juin 1411. Exécution d'un jeune blasphémateur orléanais.

Alain Dubay d'Orléans, etc.... à Guillaume, receveur des exploits de la dite prévosté, payé à maistre Pierre Robert, exécuteur de la haulte justice pour monseigneur le duc d'Orléans, la somme de XV sous parisis pour son salaire d'avoir exécuté samedy dernier passé Sansonnet de Berry, de la cour de mondit seigneur le duc, pour auculnes vilaines et horribles paroles que le dict Sansonnet avoit dictes de Dieu et de la Vierge Marie, en la manière quy en suict :

« C'est à sçavoir :
» De l'avoir percé la langue d'une broche de fer et lui avoir coppé l'oreille dextre . . . . V s. p.
» Pour l'avoir mené par les carrefours d'Orléans V s. p.
» Et pour le mectre au pilory et luy flétrir les lèvres d'une broche chaulde. . . . . V s. p.
» Donné soubs le sceaul de la dicte prevosté, le XXVIIe jour de mars M. IIII. C. et unze, avant Pâques (8). »

Le duc de Bourgogne, jaloux de l'autorité du jeune duc d'Orléans, dont il avait fait assassiner le père, se fait un parti, et la France se divise en deux factions: celle d'Orléans prend le nom d'Armagnac, du comte d'Armagnac, l'un des principaux chefs, et l'autre le nom de Bourguignons; la première portait sur le bras une croix droite, et la seconde portait la croix qu'on appelle de St-André (43).

1411.

Le duc d'Orléans, Jean de Brie et Charles d'Armagnac signent à Gien le traité connu sous le nom de traité de ligue de Gien contre le duc de Bourgogne : ce traité fut signé après par les ducs de Berry, de Bourbon et de Bretagne, les comtes de Clermont et d'Alençon (2-43).

24 août 1411.

Le duc d'Orléans rassemble des troupes pour marcher contre Jean-sans-Peur, duc de Bourgogne, et amène, par force, une partie des habitans de Gien et de Montargis. Le parti orléanais portait pour devise sur ses étendards ces mots : *Je l'envie*. Un bâton d'or noueux était peint au-dessous : ce qui signifiait que le duc d'Orléans donnerait sur les doigts du duc de Bourgogne, qui entreprenait sur son autorité. Ceux de la faction bourguignonne avaient pour devise le mot flamand : *Hictron*, qui signifie : *Je le tiens*, avec un rabot peint, signifiant qu'ils applaniraient le bâton noueux (43).

Décembre 1411.

Jacques, comte de la Marche, qui commandait l'armée bourguignonne, s'étant jeté sur la Sologne, se laissa surprendre par les seigneurs de Gaucour et Barbazan; il est amené prisonnier à Orléans (8-80).

6 nov. 1411.

Décemb. 1411. Synode tenu à Orléans, et présidé par l'archevêque de Sens. Il y fut jugé que l'excommunication lancée par le pape Jean XXIII, contre ceux qui troublaient la France, ne pouvait regarder le duc d'Orléans. Orléans resta seule dans son parti, qui fut réduit au désespoir par les Bourguignons (8-64).

6 juin 1412. Le duc d'Orléans ordonne que la garde de la ville d'Orléans soit confiée aux habitans. En conséquence, des citoyens furent désignés pour faire le recensement des hommes en état de porter les armes, et accompagnés de deux procureurs (échevins) et d'un *scribe* (écrivain public), ils se transportèrent dans toutes les maisons pour prendre les noms. Ce scribe fut payé (pour papier et vacations), 20 sous pour ses écritures (9-59-60).

7 juin 1412. Le guet ou la garde d'Orléans étant organisé, le corps de ville arrête qu'en temps de paix, le service n'aura lieu que de jour, pour ne pas surcharger les habitans de service, la ville étant bien fermée par les portes, les ponts-levis, leurs chaînes et barrières, et gardée par le guet placé sur la tour de Saint-Pierre-Empont; mais qu'en temps de guerre il aurait lieu aussi de nuit, et que tout le monde alors ferait son service personnel.

Le sieur Jacques Dreux fut chargé d'ouvrir et fermer les *huis* (portes), à monter sur les murailles, qui n'étaient point terrassées du côté de la ville. C'est par ces huis que passaient les sentinelles.

Un autre citoyen, nommé Robin-Mesmin, fut chargé d'aller visiter toutes les portes de ville et la Tour-Neuve, pour s'assurer de l'exactitude du service (9).

Le gouverneur, Pierre de Mornay, et quelques citoyens commandaient une garde à cheval, laquelle parcourait la ville depuis la chûte du jour jusqu'à minuit, et à cette heure, un autre division commandée par le prévôt Jehan-Barbelier et un procureur (échevin), reprenait le service jusqu'au jour, à l'heure où l'on plaçait les sentinelles de jour sur les murailles.

1er juillet 1412. Les Orléanais donnent 1,000 liv. à Arménion d'Albert et à Poinçon de Latour, pour les déterminer à retirer leurs troupes des environs d'Orléans; quand les soldats traversèrent la ville pour passer du côté opposé, les chaînes des rues furent tendues, le guet et les sergens prirent les armes (7-8).

Les sieurs André Hurault, charpentier, et Jéhan Ca- *12 juillet 1412.*
rault, serrurier, sont chargés des réparations des herses
placées au milieu des voûtes des portes, des contre-poids,
des chaînes, des crochets et des cordes pour les lever et
baisser (59).

On appelait herses ou barrières tombantes des portes
à claire-voie, composées de planche de quatre à cinq
pouces de largeur. Ces portes ne pouvaient s'ouvrir, étant
faites d'une seule pièce et incrustées dans l'épaisseur des
murs. On les faisait monter dans les chambres qui
étaient au-dessus du portail de chaque porte, et placées au
milieu de la longueur de la voûte dont elles avaient la
hauteur, elles étaient entre le pont-levis ou barrière volante et la porte de l'intérieur du côté de la ville. Lorsqu'on voulait lever les herses, on le faisait par le moyen
de contre-poids suspendus par des chaînes et des cor-
dages (9-59-60).

Ces herses servaient à arrêter les assiégeans lorsqu'ils
avaient forcé le pont-levis : dans ce cas, on les laissait
tomber de tout leur poids sur ceux qui voulaient arriver
à la porte de ville, ce qui les écrasait et les séparait ; alors
les assiégés les faisaient périr facilement, en jetant sur
eux, par des ouvertures pratiquées dans des chambres su-
périeures, des blocs de pierre, de l'huile bouillante, de la
poix enflammée, des cendres brûlantes et des cercles de
fer rouge.

Le seul moyen d'empêcher l'effet des herses était, de la
part des assiégeans, de charger des soldats braves et
adroits de venir placer dans les rainures où ces machines
meurtrières descendaient, des madriers de six ou sept
pieds de longueur pour les empêcher de tomber jusqu'à
terre.

Le parlement, par un arrêt, ordonne que les professeurs de l'Université d'Orléans, dont le nombre était fixé
à cinq pour le droit canon, et trois pour le droit civil,
seraient à l'avenir onze, dont huit pour le droit civil et
trois pour le droit canon (64).

Les Orléanais, cinq ans après l'assassinat de leur duc, *14 juillet 1412.*
arrêtent un de ses meurtriers, auquel ils firent faire le
procès, comme on le voit par ordonnance de Jean Barbe-
lier, prévôt d'Orléans, à la date du 14 juillet 1412, adressée au receveur du domaine, laquelle est ainsi conçue :

« Pour bailler à maître Robert, exécuteur de la haute justice de M. le duc d'Orliens, pour avoir exécuté Olivier Bourgaut, du pays de Bretagne, samedi dernier passé, parce qu'il avait été consentant et coupable de la mort de feu Monseigneur le duc d'Orliens, dont Dieu ait l'âme, la somme de 55 sols parisis (4-9-8).

» C'est à savoir :

» Pour lui avoir copé la main au Pilori. . . . . 5 s.

» Pour lui avoir copé la tête et décollé 5

» Pour lui avoir copé les quatre membres, par chaque, 5 sols . . 20

» Pour icelui avoir pendu en quatre lieux ordonnés et accoutumés pour ce. 20

» Pour avoir brûlé et *ars* le corps dudit Olivier. 5

} 55 sols parisis. »

1413. Le roi Charles VI rappelle auprès de lui le duc d'Orléans, qui rentra tellement en grâce, que le monarque voulait toujours l'avoir à ses côtés, le faisait habiller des mêmes étoffes que lui, coucher dans sa chambre et même dans son lit.

Il était d'usage à cette époque de coucher plusieurs dans le même lit, une seule chambre à coucher servait pour toute une famille, fut-elle composée de six ou huit personnes (2-43-45).

5 février 1414. La Loire sortit de son lit et se répandit dans les campagnes des environs d'Orléans (4-8-64).

1414. Les procureurs de ville (échevins) d'Orléans ordonnent aux frères et sœurs qui gouvernaient l'hôpital de Saint-Lazare, de ne recevoir que les malades pestiférés natifs de la ville et y résidant, attendu le grand nombre de gens atteints de cette maladie qui se présentaient à l'hospice (4).

25 octobre 1415, Vendredi. Charles Ier, duc d'Orléans, est fait prisonnier par les Anglais à la bataille d'Azincourt (2-43).

Le duc d'Orléans demeura plus de vingt ans en Angleterre (43).

15 juillet 1416. Ses partisans et les Bourguignons conclurent la paix à Auxerre, par l'intervention du dauphin et du grand-maître de Rhodes; le duc d'Orléans et le comte de Vertus,

pavas s'appliquât sur le dos : ils avaient trois pieds et demi de haut et mettaient à couvert de la tête aux pieds, ceux qui les portaient ainsi pour monter à l'escalade ; les deux mains étant libres, permettaient de gravir aux échelles et de recevoir avec moins de danger les pierres et autres choses que jetaient les assiégés.

La ville fait faire, par Macé-Pillos, cordier d'Orléans, huit douzaines de frondes à bâton.

Les frondes à bâton étaient composées d'une espèce de manche ou bâton, au bout duquel pendaient deux cordes, au milieu desquelles était un endroit tressé de la largeur de la main pour recevoir la pierre ou la balle de plomb, ou le carreau de fer qu'on voulait lancer sur les ennemis.

30 août 1417. Les Orléanais choisissent entre eux dix-huit habitans chargés de s'assurer si tous les bourgeois de la ville étaient fournis de leurs *harnais* militaires.

Ces dix-huit citoyens ou commissaires furent payés pour leur salaire, et étaient ainsi répartis :

Quatre procureurs de ville, quatre notaires, quatre bourgeois, quatre sergens de ville.

Ils furent accompagnés de Jehan-Bruneau et de Philippe Le Tessier, *scribes*.

Le harnais ou l'habit militaire consistait en une *heuque* ou *jaquette* (sorte de robe comme nos blouses), sans manches, qu'on mettait par dessus les autres vêtemens ; elle ne descendait que jusqu'au milieu des cuisses, elle était de couleur bleue ; on attachait une croix blanche à la partie de la *heuque* qui répondait à la poitrine. Ces croix distinguaient le Français des Anglais qui en portaient de rouges. Ces *heuques* étaient ceintes par des courroies de cuir nommées *orties* ; un casque de fer léger, sans visières et sans *gorgerin* (mentonnière), couvrait la tête : on l'appelait *bacinet*.

Les armes consistaient en arcs, arbalètres, épées, guissarmes, haches d'armes, pics et maillets de plomb.

25 octobre 1417. Pierre de Mornay, gouverneur d'Orléans, fait une visite des murs et des fortifications de la ville, tant à l'extérieur qu'à l'intérieur ; il était accompagné par Robert Paré, Étienne Gaudin, des procureurs de ville (échevins), plusieurs maçons, charpentiers, serruriers, et Naudin Bouchard, célèbre Orléanais, fondeur de canons et fabricant

son frère, qui étaient absens lors de la conclusion de cette paix, la jurèrent comme les autres (2-43).

Présentation de la maille d'or de Florence dans l'église de Saint-Pierre-le-Puellier. Cette présentation, qui se faisait tous les ans depuis l'année 580, avait lieu le jour de la fête de Saint-Firmin, patron de la nation picarde. Cette cérémonie consistait à présenter, pendant l'épître de la messe qu'on célébrait solennellement, à un élève de l'Université, natif de la Picardie, une maille d'or (pièce de monnaie) du poids de deux deniers, dix-sept grains *trébuchant*. A cette époque, la fête fut remarquable par la présence de plus de six cents jeunes gens de la province de Picardie. (Pour l'origine de cette fondation, voir page 43.) (47). *13 janvier 1417.*

Un peintre, nommé Étienne, est chargé, par les magistrats, d'écrire sur les murailles, tout autour de la ville, le nom des six chefs cinquanteniers, et des dixainiers de la garde bourgeoise d'Orléans (9-60). *Juin 1417.*

Les murs de la ville furent divisés dans leur circuit en six portions dont chacune avait un chef pour en faire la garde; chaque chef avait sous lui cinq dixainiers et cinquante habitans choisis à commander (9-59-60).

Les six chefs à cette époque étaient :

1er, Robin de St-Mesmin; 2e, Jehan-Monicet; 3e, Huget-Morinet; 4e, Guillon-Dufossé, procureurs; 5e, Jehan-Mignon; 6e, André Lemaistre (9-59-60).

Cette garde était renouvelée tous les jours, mais seulement par cinquante; ce qui faisait que tous les six jours les tours de garde revenaient : il n'y avait que les six chefs qui étaient toujours en fonctions.

Guillot-Lebrun, sellier, est chargé de mettre à point les *pavas* (boucliers) de la ville, *comme y faire les tenans*, *les clouer avec clo* (clous) *à ardoises*, *ainsi que cuir à icelle et autres choses*. *Juillet 1417.*

Le même jour Pierre Barantin vend huit tonneaux pour faire lesdits *pavas*.

Les *pavas* ou boucliers étaient faits avec des douves de tonneaux, assemblés avec des tenans et des clous d'ardoises, afin d'en faire un châssis sur lequel on clouait un cuir; il y avait encore deux douves fixées en travers à des hauteurs différentes, auxquelles on attachait des courroies de cuir entre lesquelles on passait les deux bras, afin que le

de poudre à canon. Le gouverneur arrêta dans cette inspection tous les travaux qui devaient être faits successivement pour mettre la place en respectable état de défense; il ordonna de commencer par la construction de *boulouards* (boulevards) en avant de toutes les portes de la ville.

Ces boulevards ou *boulouards* étaient faits en terre, lardés de fascines, de petits fagots et de piquets; ils étaient de formes différentes, mais de la grandeur des portes et des tours dont ils défendaient l'approche; des sentinelles étaient placées à chacun des angles pour surveiller les côtés accessibles; ils communiquaient de plain-pied avec les ponts-levis de la porte de ville. Du côté de la campagne, non pas en face de la porte, mais sur un des côtés, le boulevard conduisait au terre-plein par un autre pont divisé en deux parties, l'une encore en pont-levis, l'autre construite sur des chevalets qui s'enlevaient à bras, ainsi que les garde-foux, pour garantir les passans de tomber dans les fossés qui avaient trente pieds de large sur douze de profondeur. Ces fossés étaient, à leurs crêtes, du côté par où pouvaient arriver les ennemis, garnis de pieux de six pieds de saillie, extrêmement pointus, couchés en avant et liés ensemble par des traverses de planches de bateaux fournies par la ville.

Monseigneur de Vertus, frère du duc d'Orléans prisonnier en Angleterre, arrive à Orléans, apanage de son aîné, pour visiter les fortifications de la ville; il donna aux Orléanais la permission d'aller prendre dans ses forêts tout le bois qui leur serait nécessaire pour achever la construction des *boulouards* qui devaient entourer la place. *5 décemb. 1417.*

Les procureurs de ville (échevins) présentèrent au prince deux *goieres* (tourtes), sucrées avec un quarteron de sucre.

Les religieuses de Voisins nomment une mère prieure pour gouverner l'hospice qu'elles venaient de faire construire dans le cloître de Saint-Pierre-Empont, au nord-ouest de l'église, et communiquant dans la rue du Coq-d'Inde, vis-à-vis celle des Trois-Maries. *1417.*

Cette maison fut élevée par les religieuses pour leur servir de refuge pendant les guerres (8-64-76).

Le prince de Vertus voulant encourager les *compagnons* (soldats) qui commençaient alors à creuser les fossés de la *3 mars 1418.*

porte Bannier (l'ancienne), leur donna 20 deniers pour se régaler de vin et d'échaudés.

Mars 1418. Les procureurs de ville font forger 1,000 fers de *dondaine* ou *matras*, sorte de traits pour les arbalètes d'acier.

Avril 1418. Fin du concile de Constance, où il se trouva six cent quatre-vingt-six députés, cardinaux, archevêques, évêques, abbés et docteurs, parmi lesquels on remarquait Tierry de Saint-Dieu-Donné, député de l'Université d'Orléans. Entre plusieurs canons rendus par cette assemblée, il fut ordonné qu'à l'avenir, et sous peine d'excommunication, nul prêtre ne pourrait communier les laïques sous les deux espèces du pain et du vin (2-43-64-8).

23 avril 1418. Pierre de Mornay, seigneur de Gaulnes, gouverneur d'Orléans, vend sa charge à André Marchand, chambellan du roi, moyennant une forte somme d'argent. Ce qui fait présumer que les charges étaient déjà vénales (4-8).

25 avril 1418. Ce jour-là furent essayés, pour la première fois, dans le champ de Mompatour, les canons et les bombardes de la ville d'Orléans (9-59-60).

Chastelain, charretier, fut payé pour avoir amené quatre *arres* (charretées) de pierres de *pariere* (carrière) de Montmaillat, pour faire des pierres à canons.

Caban et Prévost, tourneurs, fournirent 10,000 *tappons* (tampons) à bombardes.

Les maçons de la ville fournirent 422 pierres à bombardes. Savoir : les grosses à 6 liv. le cent ; les moyennes à 6 liv. 8 sous le cent ; les petites à 4 liv. 16 sous le cent ; toutes rondes et de pierre dure.

Les bombardes étaient des espèces de gros mortiers ou canons courts ; on les chargeait de pierres rondes en partie, du poids de quatre jusqu'à cent soixante-quatre livres (9-59).

Celle qui fut placée au pont pesait, avec son affût, 120 mille, elle jetait des pierres de 164 livres : il avait fallu 26 toises de bois carré et 32 journées d'ouvriers pour faire son affût.

Après le siége, lorsque cette bombarde fut portée de la porte du pont à l'arsenal, qui était à la tour de Saint-Samson, il fallut vingt-deux chevaux attelés pour la voiturer.

Les tampons de bois se plaçaient entre la poudre et les boulets de pierres.

Les boulets de pierre étaient aussi de pierre dure, ronds partout.

Plusieurs de ces boulets se voient encore aujourd'hui, dans notre maison, rue Bannier, n° 83, et dans la rue du Pot-de-Fer, où ils servent de bornes à la maison qui porte le n° 2 (76-77).

Jehan-Godart, *frappier* (fripier), est chargé, par les procureurs de ville, de fournir deux *coëstes*, deux *coëssins*, chacun de deux *lés* (lits de plumes et traversins de deux lés chacun), deux couvertures, l'une de drap vermeil, et l'autre en courte-pointe, et une charretée de paille, mise en la Tour-Neuve, pour garnir la chambre occupée par les deux procureurs de ville, qui faisaient le guet ou sentinelle (9-59-60). 6 janvier 1419.

Ces deux magistrats y demeuraient pendant huit jours, d'un vendredi à l'autre; ils couchaient dans des lits faits en forme de coffre, fermés dessous et sur les côtés; on y étendait la paille, et les *coëstes* ou lits de plumes étaient placés par-dessus; il y avait dans la chambre, pour la meubler, une table de neuf pieds, soutenue par deux tréteaux et deux selles *engoussées* (rembourrées) pour s'asseoir. Ils étaient payés pour ce service (9.)

Raoul de Recourd et ses *compagnons* (collègues), procureurs de la ville, vont à la Tour-Neuve souper avec Simonin de Saint-Mesmin et autres de ses confrères, qui étaient de guet ce jour là. Il en coûta pour ce repas, composé de cinq ou six personnes : 8 janvier 1419, 6 heures après-midi.

« Pour le pain .... 1 sou
» Pour deux pots de bon vin, de six pintes .... 2.   } 13 sous.
» Viande appétissante (cuite). . 10.
» Le tout y fut bu et *mangié* (mangé). »

Le chapitre de Sainte-Croix d'Orléans, désirant changer de place le tombeau de Philippe de France, premier duc d'Orléans, mort en 1375, qui avait été élevé dans le milieu du chœur de l'église, et qui gênait pour le service divin, obtient de Charles, duc d'Orléans, la permission de le transporter ailleurs : il fut enlevé et placé dans le sanctuaire, du côté de l'épître (9). 5 février 1419.

Cette permission fut envoyée d'Angleterre où le prince était prisonnier de guerre depuis plus de trois ans (8-80).

Le gouverneur André Marchand fait lui-même la visite des chaînes de sûreté de la ville, accompagné des ouvriers; 17 février 1419 nécessaires et de deux procureurs de ville; il ordonne la réparation des crochets, des poteaux, des manivelles, des treuils, des léviers, des chaînons et chaînes, et charge Jehan Thiart, *faber* (serrurier), de tous ces travaux (9-59-60).

Il fut employé pour ces ouvrages 5,204 liv. de fer ouvragé.

Les chaînes de sûreté étaient très-fortes, les chaînons avaient huit pouces de long et le fer un pouce d'épaisseur ou trois de circonférence; elles étaient fixées d'un bout au pan du mur de la maison faisant le coin de la rue, par un énorme crochet recourbé et bien scellé, afin qu'on ne pût pas les enlever; de l'autre bout, elles passaient dans la maison, vis-à-vis, par un trou fait exprès, et là, elles étaient placées sur un treuil que l'on faisait tourner par le moyen d'une manivelle double ou par de forts léviers. Ces chaînes étaient bien différentes de celles des marchés qui furent en usage plus tard; elles étaient tendues à hauteur de ceinture, au lieu que celles des marchés étaient traînantes, afin d'être franchies facilement par les habitans et n'empêcher que les charrettes de passer. Ces dernières étaient placées tous les jours de marchés; mais celles de sûreté n'étaient tendues qu'en cas de siége ou d'émeute populaire.

Elles étaient placées à toutes les portes de ville et rues qui les avoisinaient : on connaît encore les endroits où étaient placées celle de la rue Saint-Étienne, devant l'hôtel de la Corne-de-Cerf, qui donna le nom de Corne-de-Cerf à la rue où cet hôtel était situé; celles de Saint-Pierre-Empont, du guichet de la Tour-Neuve, des tourelles, des rues Aux-Ours, des Trois-Aveugles, de la Poterne-Saint-Samson, du Coin-Maugas, de la Porte-Parisis, du clocher de Saint-Pouair (Saint-Paterne), etc.

2 mars 1419. Naudin Bouchard, *saintier* de son état (fondeur de cloches), est chargé par le corps de ville de fondre quatre cloches pour les sentinelles. Savoir :

Pour le pont, pesant	106 liv. de métal.
Pour la porte Bannier, pesant . . .	66 liv.
Pour la porte Parisis, pesant	55 liv.
Pour la porte Bourgogne, pesant .	78 liv.
Total	305 liv.

Ces quatre cloches furent ainsi placées pour que la nuit elles pussent s'entendre et se répondre mutuellement et être entendues des sentinelles placées sur la tour de Saint-Pierre-Empont, et de celle qui venait d'être nouvellement mise sur la tour de Saint-*Pol* (Paul).

Outre les signaux par le nombre de coups de cloche donnés par tous les guets, les deux de St-Pierre-Empont et de St-*Pol* avaient chacun une *trompe* (trompette) pour correspondre entre eux deux seulement, et pour donner le signal à la garde à cheval qui parcourait la ville pendant la nuit.

Eliot de la Chassaigne, maçon, et ses enfans, sont chargés par les procureurs de ville d'*ouvrer* de maçonnerie et de *taille* un campanier (clocher) près St-Antoine sur le pont pour *asseoir* une des cloches des sentinelles, faites par Naudin Bouchard, *saintier*.

A cette époque on donnait le nom de saintier aux fondeurs de cloches, parce que les cloches portaient le nom du saint de l'église. On ne disait pas alors la cloche de St-Pierre, la cloche de St-Paul, de St-Antoine, etc.; mais l'on disait voilà St-Pierre, St-Paul, St-Antoine, etc., qui sonne (9-59-60-21).

Ce jour, fut essayé pour la première fois, en présence du gouverneur André Marchand, des procureurs de ville et des ouvriers qui avaient été employés, la grande baliste, appelée aussi catapulte, engin ou couillard, qui fut placée après sur le pont, près le Châtelet (9-59-60).

5 mars 1419.

On acheta pour quatre deniers d'oing pour la graisser, pour 16 deniers de foin pour mettre au fond de la fronde, pour empêcher que les pierres ne portassent sur le cuir de Hongrie avec lequel celle-ci était faite; on dépensa 16 sous pour faire boire les 50 compagnons (soldats) qui essayèrent le couillard, le vin étant à 8 deniers la pinte.

L'usage de l'artillerie était alors connu à Orléans; plusieurs canons furent fondus dans cette ville et placés sur les remparts; mais ces premiers canons, sans affûts, montés sur des chevalets immobiles, ne produisaient pas l'effet qu'ils eurent plus tard. C'est ce qui explique ce mélange d'armes anciennes et nouvelles dont on se servait alors à Orléans. Les habitans voulant pouvoir éloigner les ennemis de leurs murs et les écraser par le jet de fardeaux énormes, établissent dans plusieurs endroits de la place des balistes ou catapultes ; il en fut placé une près le pont à côté du Châtelet, une autre à la porte Renard sur la tour de St-*Pol*, nommée alors l'*Eschiff* ou mur en pente, servant de base à un escalier.

Macheu, charpentier d'Orléans, fournit des ouvriers qui ont *vaqué* (employé) 346 journées à faire l'engin qui est à St-*Pol*.

Le même ouvrier fournit un demi-cent de bûches pour faire les chevilles.

Vaichot, *fevre* (serrurier), fournit 692 livres de fer *ouvragé* et 3,000 *clos* (clous) *fetez* (faits) de deux sortes.

Macé Pillos, cordier, fournit un cable, deux cordes pour les bras, le tout formant 20 toises et pesant 274 liv.

Il fut employé 84 journées de manœuvre pour aider à lever l'engin de St-Pol et à faire un grand fossé dessous.

Trois poulies en cuivre furent fournies pour ledit engin.

Régnault-Baune, voiturier, pour avoir amené les six pierres qui ont servi pour essayer ledit engin et les avoir ramenées, fut payé 7 sous, à raison d'un sol par pierre et un sou pour lui pour les charger : elles étaient si grosses que deux suffisaient pour faire une voiture.

Les balistes, ou catapultes, ou engins étaient de grandes frondes, consistant dans une pièce principale appelée verge, de 30 pieds de long, à l'extrémité de laquelle on attachait un sac de cuir de Hongrie, dans lequel on plaçait une pierre si grosse qu'il fallait une voiture pour en transporter deux ; cette verge était fixée à son extrémité opposée au sac de cuir qui renfermait la charge, par des cordes que l'on tournait sur un treuil par le moyen de leviers, et arrêtée par une roue dentelée avec un crochet que l'on détendait à volonté pour donner le jet à la pierre, laquelle par le quart de cercle que décrivait avec force la verge qui avait été retenue en arrière et qui était arrêtée verticalement par une traverse en charpente, lançait sa charge à plus de mille ou douze cents toises (9-59-60-62).

5 mars 1419.

Le duc d'Orléans, prisonnier en Angleterre, instruit que les troupes anglaises faisaient des excursions dans les provinces voisines de l'Orléanais, ce qui rendait nécessaires des travaux, afin de mettre sa ville en sûreté, ordonne aux magistrats de rétablir et même de construire les barrières des *fauxbourgs*. Il y en eut alors quinze autour de la place, savoir : 4 dans le *fauxbourg* St-Marceau, 4 dans le *fauxbourg* Renard, 2 dans le *fauxbourg* Bannier, et 5 dans le *fauxbourg* Bourgogne, ainsi placées (9).

Au Portereau.
- Portereau Tudelle, près du puits Tudelle.
- Portereau, Turcie Saint-Jean-le-Blanc.
- Portereau St-Marceau.
- Portereau du Coq, près de l'auberge qui lui donne ce nom.

Faubourg Renard.
- Une près de la Croix-Morin.
- Une près du couvent des Grands-Carmes.
- Une à St-Laurent, près de la Croix-*Buisée* ou *Boisée*.
- Une à la Turcie-St-Laurent.

Faubourg Bannier.
- Une à la hauteur de la rue du Colombier actuelle.
- Une à l'hospice St-Pouair (au sud de St-Paterne actuel).

Faubourg Bourgogne.
- Une à la chapelle Saint-Aignan (Notre-Dame-du-Chemin).
- Une au puits des Forges (rue Bourgogne).
- Une près de l'église St-Euverte.
- Une près de l'église St-Avit (le séminaire actuel).
- Une au Grand-Cimetière (la halle au blé) (9-59).

Ces barrières étaient de deux espèces, les grandes pour les voitures, les petites pour les gens de pied. Les premières n'étaient ouvertes qu'au moment où les voitures voulaient passer; les secondes l'étaient toute la journée en temps de paix : pendant la guerre on ne passait ni par les unes ni par les autres. Une chambre ou maisonnette à cheminée était construite à côté de chacune d'elles et servait de corps-de-garde, pour les habitans des faubourgs les plus intéressés à ce que leurs propriétés fussent bien gardées (9).

Ces barrières s'ouvraient à volonté: celles qui donnaient passage aux piétons étaient supportées par leurs gonds, mais celles qui servaient aux voitures avaient à l'extrémité opposée. aux poteaux qui les retenaient une petite roue pour en supporter le poids et les ouvrir plus facilement.

Avril 1419.	Les magistrats d'Orléans font faire les réparations de toutes les *basses-cours* qui existaient sous les portes de la ville et les ponts-levis (9-59-60).

On appelait basse-cour une partie du fossé pavée en pente et dans laquelle on descendait par plusieurs degrés, au bout desquels on arrivait à une porte placée sous le pont-levis : c'était par cet endroit que l'on faisait sortir la garnison sans être obligé de baisser le pont-levis, ni d'ouvrir les portes de la ville (9).

Jean Martin, faiseur d'arbalètes et *artillier* de son état (armurier), livre à la ville huit grandes arbalètes d'acier, qui furent marquées aux armes de la ville; on les plaça sur les murs à divers endroits avec quatre hommes pour les servir (9-59-60).

Les arbalètes étaient des arcs en acier d'une grande dimension avec une corde tendue par le moyen d'un morceau de fer nommé *tignolet*; on lâchait les arcs par le moyen d'une détente fixée à une noix de cuivre, lorsqu'on avait miré le but qu'on voulait atteindre. Pour cet effet, et pour mieux ajuster, on redressait une petite plaque ou lame de cuivre qui était ordinairement couchée sur le bois de l'arc nommé l'arbrier, et qui était percée de petits trous à son extrémité. L'arbrier portait aussi en-avant de la lame de cuivre deux petits montans en fer perpendiculaires, auxquels était attaché un fil de fer qui soutenait un grain de chapelet; lorsque ce guidon atteignait le trou de la lame de cuivre, et que l'arbalète était placée dans la direction du but, on était sûr d'arriver (9).

Ces arbalètes lançaient des flèches de cinq pieds et même six pieds de longueur (9).

On fit aussi à cette époque de grands *ribaudequins* (espèces d'arbalètes) qui avaient des arcs de 15, 18 et 20 pieds de long : ils étaient placés sur un arbre d'un pied de large et creusé en forme de gouttière, ils chassaient des piques de 10 et 12 pieds (9-59-60).

Plusieurs *fevres* de la ville sont chargés de faire un millier de grands fers à ferrer, et un millier de grosses *vires* (piques) pour les *ribaudequins*.

La ville achète 10,000 traits tout *empennés* (garnis de plumes) non ferrés (9-59).

Cochon, *fevre*, d'Orléans, est chargé de faire 2,500 fers pour les petites arbalètes, dits martinets (9-59-60).

Trois voituriers sont envoyés près d'Ambert, dans la

forêt d'Orléans, pour amener du bois de saule pour faire des traits pour les martinets.

Les martinets étaient de petits arcs à l'usage d'un seul homme. La ville fit faire un grand nombre de ces arcs, et les fit distribuer aux habitans qui n'avaient pas le moyen d'en faire la dépense. Ils servaient à lancer des traits de deux façons: les petits étaient faits en pyramides quadrangulaires et nommés *quarreu*, les plus gros s'appelaient *viretons*, les uns et les autres étaient garnis de dents profondes, qui en rendait l'extraction difficile et même souvent mortelle (9).

Les arbalétriers et les archers formaient à Orléans deux corps distincts: les premiers faisaient leurs exercices dans les fossés allant de la porte Renard à la porte Bannier; les seconds se réunissaient dans les fossés allant de la porte Parisis à l'église de St-Pierre-en-Sentelée (8-64).

Les arbalétriers et les archers avaient des réglemens particuliers, un roi ou chef, des buts placés sur des mottes appelées buttes, une fête au 1er mai de chaque année, époque où se faisaient les grands exercices du tir, et où se distribuaient les prix à ceux qui avaient atteint le but (8-64).

Ils firent construire dans les fossés, lieux de leurs exercices particuliers, de grandes baraques en planches appelées *bauges*, pour se mettre à couvert en temps de pluie (8-64).

Les magistrats d'Orléans font construire, par Hurault, charpentier de la ville, 129 mantelets ou *barbacanes* pour placer sur les murailles de la place (9-59-60).

Les mantelets étaient des parapets portatifs en charpente et à hauteur d'homme; ils étaient percés de distance en distance par des ouvertures de plusieurs pouces de large et dix-huit ou vingt de hauteur. Ils servaient à abriter les assiégés, qui pouvaient tirer sur les ennemis sans danger; ces sortes de cloisons avaient de quinze à dix-huit pieds de longueur sur trois ou quatre pouces d'épaisseur et se déplaçaient à volonté, à force de bras ou avec des roulettes (9-59-60-62).

Ces mantelets, qui portaient aussi le nom de barbacanes, furent placés d'abord sur les murs de la porte Parisis, au nord d'Orléans, près d'un petit chemin de ronde, qui par suite devint impasse, et qui prit le nom de Cul-de-Sac-des-Barbacanes (9).

Le dauphin, fils de Charles VI, envoie à Orléans un de ses officiers, nommé Descroix, porteur d'un mandement qui ordonnait de démolir et abattre tous les *fauxbourgs* de la ville, si cela devenait nécessaire (9-59-60).

Ce messager reçoit un présent du corps de ville.

Mai 1419. André Marchand, gouverneur d'Orléans, fait réparer les *eschiffres* qui servaient à monter de l'intérieur de la ville sur les murailles.

Silvain, charpentier, et deux autres de ses confrères, sont chargés de réparer tous ceux de la ville et d'en faire trente-et-un neufs.

On appelait eschiffre, non-seulement la pente douce qui supportait les escaliers, mais l'escalier lui-même : ils étaient bardés de planches; une porte les fermait, et un citoyen en avait la clé (9).

4 octobre 1419. Guillaume de St-Mesmin, chanoine de Ste-Croix d'Orléans, par acte de dernière volonté, donne 30 sous pour être distribués aux chanoines ses confrères qui assisteront à son enterrement (7).

17 mars 1420. Six mille Ecossais, commandés par le comte de Bouzan, Jean Stuart et le connétable d'Ecosse, passent par Orléans pour aller au secours du dauphin (8-80).

Les procureurs de ville leur firent une brillante réception : ils leur donnèrent un plat de poisson du Loiret et du vin clairet (4).

Ces troupes étaient armées d'arcs, d'épées et de *guisarmes* ou *bésaiguës*, armes à deux tranchans. La guisarme était composée d'un fût de quatre ou cinq pieds de hauteur, ayant d'un côté une hache assez large et faite en forme de croissant; de l'autre un morceau de fer très-pointu, et à l'extrémité une bésaiguë à deux tranchans; avec la hache on faisait une large plaie, avec la pointe on perçait l'armure, et avec la bésaiguë on donnait la mort d'une manière cruelle (8-70).

20 mars 1420. Le roi Charles VI achève l'église de St-Aignan, que son père Charles V avait fait commencer en 1375 (21-64-36).

Mai 1420. Les procureurs de ville prennent à loyer une grande chambre sous la voûte de St-Hilaire, près de la Prévôté, pour y déposer les objets de guerre et attirails, qui étaient déjà considérables (9-59-60-4).

Aignan de St-Mesmin fait faire sur le boulevard de la porte Renard deux défenses (9-59-60).

Ces défenses consistaient en deux petites tours où il y avait une barrière coulante qui défendait l'entrée du pont dormant sur chevalets portatifs, placé à cette porte Renard du côté de la campagne (9).

La barrière était appelée coulante, parce qu'elle consistait en une forte traverse en bois de la longueur de huit à dix pieds, qui coulait dans les mortaises faites à deux poteaux placés vis-à-vis l'un de l'autre, à six pieds de distance; un d'eux avait un petit treuil pour faciliter le mouvement de ladite traverse, qui se fermait d'un bout avec une serrure (4-8-9).

Juin 1420.

Le gouverneur d'Orléans, André Marchand, fait construire par des maçons de la ville des *machicoulis* sur les murailles au sud du côté de la rivière, pour empêcher l'escalade de ce côté (9-21-59-60).

On appelait *machicoulis* une saillie qui se trouvait au haut de la muraille; cette saillie ou avancé de maçonnerie était ouverte de distance en distance par des jours pratiqués entre les dalles de pierres qui les formaient. Ces jours ou ouvertures se fermaient en temps de paix par des volets qui les couvraient hermétiquement; par ces ouvertures, les assiégés jetaient sur les assiégeans de l'huile bouillante, des cendres rouges, de la poix enflammée, des quartiers de pierre, etc., etc. (9).

Il existait encore en 1835 de ces machicoulis à la porte de St-Laurent, qui servait de serre au Jardin des Plantes de la ville (76-77).

Juillet 1420.

Guy de Prunelay, évêque d'Orléans, fait rapporter dans la ville les reliques de tous les saints de la province, dans la crainte des Anglais qui rôdaient dans son diocèse (66).

10 octobre 1420.

Jehan Martin, ouvrier d'Orléans, fait pour le compte de la ville plusieurs *tuyaux* et *chambres* pour les canons et bombardes (9-59-60).

On appelait *chambre* une boîte en fer ou en cuivre assez épaisse qui servait à recevoir la poudre pour la charge des pièces et qui se mettait au fond de ces mêmes pièces: les tuyaux servaient de conduit pour y mettre le feu (9).

Les chambres remplaçaient nos gargousses actuelles et les tuyaux tenaient lieu de mèche et de lumière (77).

Novembre 1420.

Une femme, de Séez en Normandie, est envoyée par les magistrats d'Orléans jusqu'à Châteaudun pour découvrir les Anglais; elle les trouva près du moulin de *Philippeau-*

Gaubert; les Anglais lui prirent son *mantel* et 2 sous 8 deniers qu'elle avait dans ses poches (9-59-60).

La même femme est envoyée jusqu'à Brou en Perche, pour savoir ce que faisaient les Anglais et de quelle *part* ils avaient *tiré.* Elle rapporta que ceux qui avaient passé près d'Orléans étaient retournés à Verneuil et faisaient *grand achat* de *convois.*

Jehan Callet est envoyé en Normandie pour savoir des nouvelles des Anglais qui y étaient.

Jehan Betheme, religieux des Carmes, est envoyé à Dreux pour savoir ce que faisaient les Anglais et combien ils étaient.

Jehan Chabot rapporta à Orléans des lettres faisant mention que les *Godons* (Anglais) avaient deux *espiesses* (espions) français dans la ville.

A cette époque on se servait à Orléans de plusieurs espions pour connaître la position des ennemis, leurs forces, leurs démarches; les Anglais de leur côté en avaient aussi jusque dans Orléans.

Décembre 1420. Le jeune Bâtard d'Orléans, qui fut connu plus tard sous le nom de Dunois, passe par Orléans; le corps de ville lui fit des présens de gibier et de volaille; il avait environ dix-sept ans à cette époque.

20 août 1421. Jean Fleuvart, consul d'Ecosse, qui habitait Orléans, fonde dans l'église de Ste-Croix de cette ville une messe, dite messe d'Écosse, moyennant 1,050 écus d'or, laquelle devait être annoncée aux fidèles par trente coups de la grosse cloche (8-21-64-80).

1421. Henri V, roi d'Angleterre, ayant appris que son frère le duc de Clarence avait été tué en Anjou, et furieux de la défaite de ses troupes, fait une descente en France avec une puissante armée, et arrive jusque sous les murs d'Orléans. Il se logeait déjà dans les faubourgs de cette ville, quand une violente dyssenterie, qui lui tua plus de 3,000 hommes, le força de décamper; lui-même fut attaqué d'une fistule, maladie dont on ne connaissait pas alors le remède; il en mourut peu de temps après, âgé de 36 ans. Il avait nommé le duc de Glocester protecteur d'Angleterre, et le duc de Bedfort régent de France (43).

Avril 1422. Les procureurs de ville chargent Vachot, *fevre,* de réparer toutes les serrures des portes d'Orléans et d'en faire huit fortes neuves avec leurs clés (9-59-60).

En temps de paix ces clés étaient confiées à des habitans auxquels on payait une somme d'argent par mois; en temps de guerre on les leur retirait, et les procureurs de ville en avaient en depôt chacun une : ils avaient la surveillance de la porte à laquelle elle appartenait.

Charles VII succède à son père Charles VI, à l'âge de vingt ans (2-43). *Octobre 1422.*

Charles VII ordonne que les monnaies marquées à son coin seraient les seules qui auraient cours dans toute l'étendue de son royaume; dès lors, l'évêque d'Orléans, Guy de Prunelay, qui tenait de ses prédécesseurs le droit de frapper monnaie, fut privé de ce privilége.

Guy de Prunelay, évêque d'Orléans, meurt après vingt-quatre ans de siége (21). *1423.*

Charles VII, roi de France, nomme à Orléans deux notables bourgeois préposés pour l'entretien des *turcies* (levées) de la Loire dans toute l'étendue de la province orléanaise (8-21-64).

Les Orléanais ayant le projet de détacher le duc de Bourgogne de l'alliance qu'il avait contractée avec les Anglais, députent vers M. de La Trémouille, seigneur de Sully, pour le prier de se charger de cette négociation, et de faire tous ses efforts pour que le prince ne réunît pas ses troupes à celles des étrangers pour accabler la ville d'Orléans. Ce seigneur exigea des députés 2,000 écus d'or, disant qu'il lui fallait cela pour les frais, et 500 écus pour son *joyau* (gratification). Dans cette position difficile, les chanoines d'Orléans fournirent les 500 écus, les habitans d'Orléans le tiers des 2,000 écus, les deux autres tiers furent donnés par ceux du comté de Blois et du Dunois; le tout fut remis à Framberge, procureur de M. de La Trémouille; mais ce seigneur garda les espèces et ne fit rien. Les Orléanais envoyèrent plus tard des députés nouveaux directement au duc de Bourgogne, à Paris (9-8-64-80). *20 avril 1425.*

Le gouverneur, André Marchand, loue au prieur de Saint-Samson d'Orléans, la tour de Saint-Samson, pour y placer l'arsenal de la ville, qui y fut tout de suite établi (9).

Depuis long-temps, à cette époque, le corps de ville tenait ses séances dans une salle qui dépendait de cette tour, et qui était aussi louée au même prieur (9-8-4).

Les procureurs de ville forcent, sans distinction de rang

et de profession, les habitans d'Orléans à venir, à tour de rôle, creuser les fossés de la place : ceux qui ne se présentaient pas pour lesdits travaux, étaient taxés à une somme d'argent, fixée par lesdits procureurs et payée entre leurs mains (9-59-60).

La ville fournissait aux travailleurs, hottes, pics, pioches, pelles, petits *charriots à bras* (brouettes) à une roue, et un *quipos* (espèce de marre fendue dont se servent encore les vignerons des environs d'Orléans) (9-59).

Septembre 1425. Les échevins reçoivent 600 liv. des habitans de la ville et des faubourgs qui ont *défailli* à venir, à leurs jours commandés *ès fossés des boulouards*, pour y terrasser, laquelle somme fut portée en recette (9-59-60).

États-généraux tenus à Orléans : on y rendit la taille perpétuelle pour fournir la solde des troupes, qui depuis ce temps furent salariées par le prince, et non amenées à l'armée par les seigneurs, comme avant; les roturiers seuls étaient obligés de la payer, les nobles et les ecclésiastiques en étaient exempts (2-21-43-64).

12 août 1426. Construction de la chambre du portier et du guet de la barrière Saint-Pouaire.

« Payé à Jh. Tassin (Roillard dit) pour avoir faict une chambre pres la barriere Sainct Pouayr (petite église sur les fondemens de laquelle fut élevée celle de St-Paterne), ou sont chasque jour les portiers *de* (du) forbourgs et le guet, XLVIII sous p. (4). »

Avril 1427. Ordonnance du prévôt d'Orléans, Jean Le Prestre, qui défend, sous des peines sévères, de se promener en robe de chambre la nuit, sur les remparts de la ville (30).

Cette défense fut faite pour ôter aux malintentionnés le moyen de cacher des armes meurtrières, et surtout pour mettre fin à la conduite de certaines gens dont ce vêtement favorisait la coupable débauche.

1427. « Jehan de Marescot, seigneur de la Source du Loiret, acquiert des religieux de Sainct Mesmin de *Mixy*, la rivière du Loiret depuis le bouillon de la Source jusqu'à la rue des Courtiniers, moyennant une redevance annuelle de six muids de bled mouture (95). (*Titres de la Source*). »

André Marchand, gouverneur d'Orléans, meurt en fonctions et est remplacé par Raoul Auguste, sieur de Gaucourt (21).

Février 1428. La Loire sort de son lit ordinaire, emporte avec elle une partie des marchandises qui étaient sur ses bords, et inonde la portion basse de la ville, principalement les rues qui avoisinent le Châtelet (8-4-80).

Ordonnance d'Henry VI, roi d'Angleterre, relative au siége d'Orléans (*). 18 mars 1428.

« A tous ceulx qui ces presentes lettres verront, Simon Morhier, cheualier, seigneur de Villiers, conseiller du Roy notre Sire, et garde de la preuosté de Paris, salut. Sauoir faisons, nous, l'an de grace mil quatre cent vingt huit, le vendredi dix-huitieme jour de mars, auoir veu unes lettres du Roy notre dit Seigneur scellées de son grand scel en double queue en cire jaune, desquelles la teneur s'ensuit :

« Henry, par la grace de Dieu, Roy de France et d'An-
» gleterre, à tous ceulx qui ces presentes lettres verront
» salut. Sauoir faisons que nous considerans la tres grant
» et exessiue finance que auoir convient necessairement
» pour la conduite et entretenement du siege mis par nous
» deuant la ville d'Orleans, pour ycelle mettre en notre
» obeissance, lequel siege a desja duré longuement et
» pourroit encore plus durer si pour icellui mener a con-
» clusion n'estoit procedé puissamment, ainsi que le cas
» le requiert; attendu mesmement que la despense pour
» ce necessaire par chacun mois monte a la somme de qua-
» rante mile francs et plus, et que pour ceste cause, notre
» tres cher et tres amé oncle le regent le royaume de
» France, duc de Bedfort, a liberalement fait bailler et de-
» liurer en prest grant somme de ses finances; par l'aduis de
» notre dit oncle et des gens de notre grant conseil, auons
» ordonné et ordonnons par ces presentes que tous nos of-
» ficiers quelxconques ils soient et de quelque estat que ce
» soit prenant de nous gaiges a cause de leurs offices, ensui-
» vant ce que notre dit oncle a fait et preste pour lui
» mesme, nous presteront leurs gaiges pour ung quartier
» d'an, pour les deniers qui en viendront emploier a la

(*) Pour rendre plus facile la lecture des ordonnances d'Henri VI roi d'Angleterre et de France, qui sont relatives à *Jehanne-d'Arc*, nous avons cru devoir mettre les points sur les *i*, qui ne se trouvent pas dans les originaux, tout en conservant cependant la plus grande exactitude dans le style et l'ortographe de ces pièces rares et très-curieuses, tirées en 1775 des archives de Saint-Martin-des-Champs, à Paris, et qui se trouvent présentement à la bibliothèque du Roi.

» conduite et entretenement dudit siege d'Orleans, et non
» ailleurs, sans donner pour ce nouvelle charge a nos sub-
» jez; desquels gaiges ainsi a nous prestez, pour faire res-
» titution et paiement a ceulx de qui ils auront été receus,
» sur nos reuenus quelxconques ils soient en nos royau-
» mes de France et duchié de Normandie, tant de do-
» maines, comme d'aides, gabelles et confiscations, et
» aussi sur les prouffis de guerre quelxconques qui sont
» escheus et escherront a nous et a notre dit oncle en nos
» dits royaume de France et duchié de Normandie : si don-
» nons en mandement a nos ames et feaulx conseillers les
» tresoriers generaulx, gouuerneurs de nos finances de
» France et de Normandie, que par le changeur de notre
» tresor a Paris, pour France, et par le receueur general
» de Normandie, es termes de sa recepte, et par tous les
» vicomtes et receueurs tant de domaine comme d'aides,
» et par les grenetiers des greniers a sel et autres quelx-
» conques faisant de par nous fait de recepte, ils fassent
» praindre et receuoir pour la cause dessus dite de tous nos
» officiers quelxconques aiant et prenant gaiges par leurs
» mains, et tant de notre dit conseil comme autres leurs
» gaiges pour ung quartier d'an ; c'est assauoir de chacun
» telle somme et portion que montent leurs dits gaiges
» pour trois mois que fait ung quartier d'an, en baillant sur
» ce a ung chacun lettre de recepisse par laquelle rappor-
» tant auecque lettres de mandement de nous sur ce que
» voulons estre baillé a ceulx qui particulierement le re-
» querront, au vidimus de ces presentes, restitutions et
» paiement sera fait de la somme ainsi prestée des deniers
» de nos revenus dessus dits, et sans aucune difficulté.
» Toutes voyes, se aucuns de nos officiers dessus dits ne
» vouloient nous faire prest ainsi que dit est, nous vou-
» lons et mandons que ils soient privez de leurs gaiges pour
» demi an, et que les deniers d'iceulx gaiges en soient
» prins, tournez et convertis au fait dudit siege d'Orleans
» ou autres nos affaires de guerre. En temoing de ce, nous
» auons fait mettre notre scel a ces presentes données à
» Paris le IIIe jour de Mars, l'an de grace mil quatre cent
» vingt huit, et de notre regne le VIIe.
» Ainsi signé par le Roi, à la relation du conseil tenu
» par M^r le régent de France, duc de Bedfort.
» J. MILET.

» Ausquelles lettres cy dessus transcriptes estoient atachées unes lettres de Messeigneurs les Tresoriers et Gouverneurs Generaulx de toutes les finances du Roy notre Sire, en France et en Normandie. Soubz l'un de leurs signez, et en la marge d'embas, estoit plaqué sur cire vermeille ung autre de leurs signez contenant ceste forme :

« De par les Tresoriers et Gouverneurs Generaux de
» toutes les finances du Roy notre Sire, en France et en
» Normandie; Pierre Surreau, receveur general desdites
» finances de Normandie, par vertu des lettres du Roy,
» ausquelles ces presentes sont atachées, soubz l'un de
» nos signez, nous vous mandons et enjoignons que le con-
» tenu es dites lettres vous accomplissez ou faites accom-
» plir de point en point, selon la teneur, par tous les offi-
» ciers prenant gaiges et pensions par votre main et par
» les vicontes et receveurs tant de domaine comme d'ai-
» des et par les grenetiers des greniers à sel, et autres
» quelxconques faisant fait de receptes ou païs de Nor-
» mandie, et autres lieux dont auez la charge, tout ainsi
» et par la fourme et maniere que le Roy notre dit Sei-
» gneur veult et mande par ses dites lettres.

» Donné à Paris, le dix septieme jour de mars, l'an
» mil quatre cent vint et huit.

» Ainsi signé : N. de Bailly. »

» Et nous ad ce present transcript auons mis le scel de ladite preuoste de Paris, l'an et jour premiers et devant diz.

» Ainsi signé : M. d'Auvergne, avec paraphe. »

(*Sur le replis est écrit* : Collation faite. — *Le sceau est tombé*) (14).

Mars 1428.

La ville de Montpellier envoie à celle d'Orléans quatre arbalètes d'une si grande dimension qu'elles pesaient chacune plus de 100 livres; et la voiture en fut payée à Jehan Martin, voiturier, 90 livres (9-59-60).

La même ville y ajouta aussi cinq balles de salpêtre et de soufre, pesant *sept cents et demi* (750 livres); il fut payé pour chaque cent un *mouton d'or* (pièce de monnaie qui valait 44 sous) (4-60).

29 août 1428.

Le comte de Salisbury, général anglais, qui marchait sur Orléans, fait assaillir la petite ville de Janville, qui fut obligée de se rendre, malgré la belle résistance des habitans.

1er sept. 1428. — Le duc de Bedfort, régent de France pour le roi d'Angleterre, qui possédait toute la partie-nord de France, envoie une portion de l'armée anglaise, sous les ordres de Salisbury, pour inquiéter les environs d'Orléans, dans l'intention d'en faire le siége sitôt que les renforts qu'il attendait seraient arrivés, voulant, par la prise de cette ville, s'emparer du midi de la France (43).

2 septemb. 1428. — Raoul de Gaucourt, gouverneur d'Orléans, fait tout disposer pour mettre la ville à même de résister aux Anglais, en complétant les moyens de défense que l'on préparait déjà depuis plusieurs années.

Il renouvela le dénombrement des hommes en état de porter les armes, comme cela avait été fait en 1412; il parvint à réunir environ 5,000 citoyens choisis; mais il vit par la suite que les femmes, les vieillards, les enfans, les ecclésiastiques, les élèves de l'Université, enfin toute la population d'Orléans, étaient animés d'un patriotisme si ardent, qu'il pouvait en attendre les plus éminens secours et les plus grands sacrifices (8-13).

3 septem. 1428. — Le gouverneur Raoul de Gaucourt ordonne aux habitans d'Orléans de faire des provisions d'armes et de vivres; il renouvela les deux sentinelles placées sur les tours de Saint-Pierre-Empont et de Saint-Paul (l'ancienne), en leur adjoignant plusieurs aides pour veiller jour et nuit, afin de découvrir ce qui se passait autour de la place.

4 septemb. 1428. — Les Orléanais, d'après l'ordre qu'en avait donné Charles VII, en avril 1419, n'étant encore que Dauphin, sortent, sous la conduite de Raoul de Gaucourt, pour disposer les approches de la place et détruire encore une fois toutes les églises, les couvens, maisons ou autres constructions qui pouvaient aider les ennemis à se loger près de la ville; en conséquence, les églises de Saint-Aignan, Saint-Euverte, Saint-Pierre-en-Sentelée, Saint-Laurent et toutes les autres qui étaient hors la ville furent détruites, et le terrain, à plus de deux cents toises des fortifications, fut garni de pieux et de chausse-trapes.

Les Orléanais s'imposent volontairement; le clergé, les docteurs de l'Université et leurs élèves donnèrent de l'argent. On permit aux marchands l'*appétissement* sur les vins et boissons, c'est-à-dire la diminution d'un douzième sur la quantité, sans rien changer au prix; on mit aussi un emprunt de deux sous parisis sur toutes les maisons couvertes en ardoises ou en tuiles, et 1 sou parisis sur celles qui l'étaient en *chaume*; il fut défendu au cabaretiers de vendre d'autre vin que celui d'Orléans, et les boulangers forains, appelés *bernassiers*, eurent la permission de vendre du pain sur le pont et dans les rues, avec promesses d'avoir une prime, si leurs marchés étaient toujours bien fournis (8-9-13).

Les habitans de Meung-sur-Loire envoient vers le comte de Salisbury, et ils livrent le pont, le château et la ville aux Anglais. Cette trahison fut très-préjudiciable aux Orléanais, par l'avantage que les ennemis en retirèrent, en faisant leur magasin général dans cette place. 6 septemb. 1428.

Charles VII connaissant l'importance d'Orléans, donne l'ordre au bâtard d'Orléans d'aller se jeter dans cette place avec un convoi de vivres et plusieurs seigneurs de sa cour (2-43). 7 septemb. 1428.

Jean, bâtard d'Orléans, était fils naturel de Louis de France, duc d'Orléans, qui avait été assassiné dans Paris le 23 novembre 1407, par ordre du duc de Bourgogne. Jamais enfant ne donna de plus grandes espérances, et lorsqu'à la mort sanglante de leur père il parut avec ses frères légitimes, il les effaça tous. Valentine de Milan, leur mère, n'avait pu s'empêcher de dire que cet enfant serait celui qui saurait le mieux venger la mort de son père. Ce prince, qui avait à cette époque environ vingt-quatre ans, avait déjà fait huit campagnes, et aucune exécution hardie ne s'était passée sans qu'il n'y eût contribué (13-43).

Les Orléanais volontaires et quelques troupes de la garnison sortent de la ville par la porte Parisis, pour aller au-devant d'un convoi qui leur arrivait; mais ayant appris que les Anglais, dont une division rodait de ce côté, s'en étaient emparés, ils s'arrêtèrent à la Croix-Fleury, plus loin que l'église de Saint-Vincent-des-Vignes, et revinrent sur leurs pas (9-13). 9 septemb. 1428.

Les habitans d'Orléans font une sortie où ils furent repoussés par les Anglais: le seigneur de Montpipeau, le sieur Dorval, Jean Strame y furent tués, leurs corps furent rapportés dans la ville, et on leur fit un service dans Sainte-Croix. 11 septem. 1428.

Les religieuses de la communauté de Voisins, près d'Orléans, abandonnent leur couvent et parviennent à se réfugier dans la ville; elles allèrent habiter la maison 14 septem. 1428.

qu'elles avaient fait établir, cloître Saint-Pierre-Empont, en 1417, pour leur servir de lieu de refuge (8-64).

15 septem. 1428. Le connétable de Richemont s'étant retiré de la cour, attendu les différends qu'il avait eus avec le roi, ce dernier charge le bâtard d'Orléans de marcher au secours de Montargis que les Anglais assiégeaient. Il assembla tout ce qu'il pût trouver de gens de guerre, sans trop dégarnir les places exposées, et soutenu de La Hire, Poton de Xaintrailles et autres seigneurs, il attaqua le quartier du comte de Suffolk, le 15 septembre, tailla en pièces plus de 1,500 hommes; il délivra Montargis, ranima le courage des Français et se dirigea sur Orléans, comme il en avait reçu l'ordre de Charles VII. C'était la première fois que le bâtard d'Orléans commandait en chef. Parmi ceux qui suivaient le prince, un prêtre, nommé Cerquenceau, se distingua par sa bravoure. Cet ecclésiastique commandait un corps de troupes et se servait d'une massue en fer, avec laquelle il assommait ses adversaires, attendu que les lois de son état lui défendaient de répandre le sang humain (64-13).

17 septem. 1428. Les religieuses de Saint-Loup viennent se réfugier à Orléans, dans une maison qu'elles possédaient, en face de l'église de Saint-Germain, où elles restèrent tout le temps du siége par les Anglais (8-21-64).

L'église de Saint-Aignan ayant été détruite pour la troisième fois, les chanoines viennent célébrer leurs offices dans l'église de Saint-Germain, en ville (8-64-80).

1er octobre 1428. Le bâtard d'Orléans, avant de faire son entrée dans Orléans, marche sur la ville de Châteaudun, qui avait été prise par les Anglais. Il s'empara de la ville, située dans le pays Dunois. Cette affaire, très-glorieuse pour ce jeune guerrier, lui fit donner, par le roi Charles VII, le titre de comte de Dunois, qu'il conserva jusqu'à sa mort et qui passa à sa famille (2-43-8).

2 octobre 1428. Jean de la Poule, capitaine anglais, s'empare du pont de Jargeau et fait battre la ville qui se rendit, la place étant très-faible (8-80).

6 octobre 1428. De là, il se porte sur Châteauneuf, et s'en rend le maître sans trop de résistance.

7 octobre 1428. Procession générale et solennelle faite à Orléans, pour implorer le secours du Ciel et la protection du saint patron de la ville. On offrit à saint Aignan, une rouelle de cire de 110 livres pesant; le corps de ville n'ayant pu, vu ses excessives dépenses, acheter au-delà de 34 livres de cire, deux riches particuliers d'Orléans, Guyot de Mareau et Jehan Voulon, fournirent les 76 autres livres.

Cette rouelle faite en forme de pain-béni, était portée par des habitans; il y avait tout autour de petits cierges allumés, et au milieu deux étendards aux armes de la ville. Cette procession sortie de Sainte-Croix, fit intérieurement le tour des murailles (9-13).

Jean de la Poule se porte rapidement sur Saint-Martin-du-Loiret (Olivet) et y prend de force ses logemens, en repoussant la garnison sur Orléans (9-8-64). 9 octobre 1428.

Le comte de Salisbury, général anglais, étant revenu d'Angleterre avec 6,000 hommes, rassemble une forte armée, composée de plus de 10,000 soldats; il s'empare de plusieurs places et parcourait toute la partie sud de l'Orléanais, lorsqu'il parut à la vue d'Orléans, le 12 octobre, sur la rive méridionale de la Loire (9-13-41). 12 octobre 1428.

Les Orléanais, à l'approche des Anglais, se retirent dans la forteresse du pont, au sud de la ville, appelée les Tourelles, après avoir mis le feu au couvent et à l'église des Augustins, ainsi qu'au faubourg du Portereau, dont les maisons en bois furent en peu de temps toutes en flammes; par cette résolution, ils arrêtèrent les ennemis à une certaine distance et eurent le temps de compléter leurs moyens de défense.

Les Anglais sont forcés de s'arrêter et de rester dans l'inaction à distance du faubourg pour attendre la fin de l'incendie (9-13-41).

Les Orléanais se hâtent d'achever le *boulouard* en avant des *Tournelles*. Ce boulevard était formé, selon l'usage de ce temps, de fagots fortement liés les uns aux autres et soutenus par de gros pieux profondément enfoncés dans le sol; les intervalles étaient remplis de terre et de décombres entassés; la population entière de la ville, hommes, femmes, vieillards, enfans, travailla à l'envi, afin d'aider la garnison, qui était alors à peine de 2,000 hommes, nombre qu'elle conserva, à peu de chose près, pendant tout le temps du siége, les pertes et les secours se balaçant (8-9-13-41).

Dunois fait son entrée dans Orléans. Il revenait de Châteaudun, d'où il avait chassé les Anglais : il arriva par la porte Renard. Il était suivi des prisonniers qu'il avait faits 13 octobre 1428.

à Montargis, à Châteaudun et au Mans, de 800 hommes d'armes, d'un convoi, et surtout des seigneurs français, Jean de Boussac, de Sainte-Sévère, Chabanne, La Hire, Lafayette, Poton de Xaintrailles, du prêtre Cerquenceau, et autres capitaines. Il avait à peine vingt-cinq ans à cette époque (8-9-13-41-43).

Les bourgeois d'Orléans s'assemblent pour envoyer des députés à Paris, près le duc de Bedfort que le roi d'Angleterre avait nommé régent du royaume de France, et lui représenter que les princes de la maison d'Orléans, qui étaient prisonniers en Angleterre, n'avaient pu rien faire qui autorisât à les dépouiller de leurs places. Ils demandaient que la ville fût mise en séquestre entre les mains du duc de Bourgogne, allié de son roi, pendant toute la durée de la guerre (8-13-41-43).

Dunois permet à Poton de Xaintrailles de se joindre aux députés que les Orléanais envoyaient au duc de Bedfort, pour y appuyer la demande de ces zélés citoyens; il le charge de présenter ces députés au duc de Bourgogne (8-9-13-41-43).

FIN DE LA DEUXIÈME ÉPOQUE.

TROISIÈME ÉPOQUE.

Du siége d'Orléans (1428) à la Saint-Barthelémy (1572).

Le comte de Salisbury ayant jugé que le manque de vi- <small>13 octobre 1428,
Mercredi.</small>
vres, plutôt que la force, le rendrait maître de la
ville, fit commencer les travaux de circonvallation, pour
empêcher qu'aucun convoi ni aucun secours pût y entrer:
malgré les nombreuses sorties et les attaques des Orléanais, ces travaux furent exécutés (8-13-41).

Les Anglais établirent au Portereau une forteresse sur <small>15 octobre 1428,
Vendredi.</small>
les débris du couvent des Augustins, dont ils employèrent
les matériaux à cet usage. Ce fort était devant le boulevard
des Tourelles du pont, et n'en était alors séparé que par
un chemin assez étroit (13).

Ils appelèrent cette forteresse des Augustins du nom
de Londres (8-54-65-67).

Les Anglais s'emparent du couvent de Saint-Loup, que
les dames religieuses avaient abandonné pour se retirer
dans la ville; ils y élevèrent une forteresse au milieu de
laquelle ils laissèrent subsister l'église de la communauté;
ils conservèrent à cette forteresse le nom de Saint-Loup.

Les Anglais établirent une batterie de canons entre <small>17 octobre 1428,
Dimanche.</small>
Saint-Jean-le-Blanc et le Portereau. Ces canons, appelés
passe-volant, lançaient des pierres du poids de 80 livres et
plus: une d'elles tua une femme, à la poterne Chénau,
d'autres endommagèrent plusieurs maisons voisines, ainsi
que l'église de Saint-Donatien (9-13).

Ils mirent aussi en batterie des *bombardes* (canons

courts) qui jetaient des pierres d'un volume extraordinaire qui pesaient 116, 124 et même 180 livres (8-9-13).

18 octobre 1428, Lundi.
Les douze moulins à eau qui étaient placés près de la Tour-Neuve, sont détruits par les boulets en pierre que les Anglais lançaient de leurs batteries de Saint-Jean-le-Blanc : ce qui força les habitans d'Orléans à fabriquer des moulins à bras et à chevaux, qui leur furent très-utiles tout le temps du siége (8-9-13).

19 octobre 1428 Mardi.
Les Anglais portent des forces au couchant de la ville et détruisent entièrement le couvent des Grands-Carmes, hors des murailles, dont une partie avait été conservée par les Orléanais, lorsqu'ils avaient ruiné les faubourgs de la place (3-9-13-41).

Les Anglais terminent leur troisième grande forteresse sur les ruines de Saint-Laurent-des-Orgerils, au couchant d'Orléans, ils lui donnèrent le nom de Windsor. Cette construction compléta leur moyen d'attaque, et en partie la ligne de circonvallation, qui consistait à cette date en trois grandes forteresses, cinq bastilles ou *boulouards*, et une batterie de canons ainsi placés :

Grandes forteresses :
- Saint-Laurent, appelée Windsor (67).
- Saint-Loup, faubourg Bourgogne (67).
- Les Augustins, appelée Londres (54-65-67).

Bastilles ou boulouards :
- A Saint-Privé.
- Sur la petite île de Charlemagne, devant la Madeleine.
- A la Croix-*Boisée* ou Buisée.
- Au Champ-Turpin, route de Châteaudun.
- Du Pressoir-Ars, appelée Rouen.

Batteries de canons et bombardes.
- A Saint-Jean-le-Blanc, vis-à-vis la poterne Chénau (43).

Tous ces boulevards, bastilles et forteresses étaient solidement faits en bois, en pierres ou en terre. Les troupes passaient de la forteresse Saint-Laurent à la bastille du Pressoir, appelée Rouen, à couvert du feu de la place, par le moyen des tranchées faites dans le terrain (8-9-13-41).

Les Anglais établissent un cimetière sur la place qui, plus tard, porta le nom de Champ-Carré, au nord d'Orléans, près de Saint-Vincent-des-Vignes. Nous pensons que le nom de Champ-Carré a été donné à cet endroit, parce que le lieu de sépulture des Anglais était entouré de barrières ou piquets qui formaient sans doute un carré parfait (8-9-77).

En 1359, un autre cimetière avait déjà été établi par eux dans l'endroit où se trouvent présentement les fossés de la ville, vers Saint-Marc. (*Voir page* 156.)

Les Orléanais font une sortie par la porte Renard; ils passent devant les ruines du couvent des Grands-Carmes, pour aller déloger les Anglais de leur bastille de la Croix-*Boisée* ou *Buisée*; mais les ennemis ayant reçu des secours de leur forteresse de Saint-Laurent et des autres postes environnans, les Français furent repoussés par les Anglais avec tant de vigueur, que plusieurs de ces derniers entrèrent pêle-mêle avec eux dans la ville et se cachèrent derrière la petite chapelle de Saint-Eufroy, non loin des murs: ils en furent bientôt délogés et faits prisonniers. Plusieurs qui voulurent faire résistance furent jetés dans le puits d'une maison de la rue du Tabourg qui alors avait le nom de Grand'Rue. Le puits porta la dénomination de *London* ou *Loudon*, à cause des Anglais qui y avaient été précipités (8-9-13-41). 20 octobre 1428, Mercredi.

Les Orléanais mettent en mouvement leur grande baliste de Saint-Paul pour écraser les Anglais qui s'approchaient, afin de se loger plus près de la porte Renard (8-9-13-59-60). 21 octobre 1428; Jeudi.

Le comte de Dunois, qui avait fait fondre un grand canon, par un nommé Jean Duisy, des matériaux que lui avaient fourni avec empressement les Orléanais, le fait placer entre la porte Renard et la Loire, dans un endroit qu'on éleva sur les murailles; il fut si bien servi, que les assiégeans en éprouvèrent un grand dommage, et furent même obligés de retirer leur poste des Grands-Carmes, pour se réfugier dans la forteresse de Saint-Laurent, laquelle fut même endommagée par cette arme meurtrière (8-9-13).

Ce canon avait le nom de *Chien*. Ce qui fit dire aux

assiégeans, lorsqu'ils voyaient une pièce d'artillerie qui portait loin : « C'est comme le *Chien d'Orléans, il aboie de loin*, » pour dire elle porte loin, elle s'entend de fort loin. Ce dicton est passé en proverbe jusqu'à nos jours (9-13).

Raoul de Gaucourt, gouverneur d'Orléans, établit dans une maison de la rue des Hôtelleries, une fabrique de poudre à canons et à bombardes (13).

22 octobre 1428, Vendredi. Les Anglais, qui avaient fait passer toutes leurs forces au Portereau, attaquent avec fureur les *Tournelles* du pont d'Orléans, lesquelles sont défendues avec une grande valeur par les habitans et la garnison, sous les ordres de Dunois. Les femmes apportaient de la ville des tuiles, des graisses brûlantes, de la chaux, des cendres, de la poix, des cercles de fer rouge, des chausse-trappes, etc. Les ennemis, après quatre heures d'assaut, abandonnèrent leur entreprise. Ils eurent plus de 200 hommes tués ou blessés (9-13).

Ils étaient parvenus à s'approcher des murs des Tourelles par le moyen de galeries couvertes, après avoir fait des *taudis* pour se loger dans le fossé.

On appelait taudis, des logemens faits sur-le-champ avec des branchages, fagots, planches, claies en osier, sacs à terre, balles de laine, etc. (8-9-13).

Un nommé Jehan Courroyer, surnommé le Maître-Jean, natif de Lorraine, qui était en garnison à Orléans, se fit remarquer à cette affaire d'une manière toute particulière, par son grand courage et son adresse extraordinaire à se servir d'une coulevrine, avec laquelle il abattait toujours deux ou trois Anglais à la fois.

La coulevrine dont ce brave homme se servait, était moins longue et moins pesante que celles des remparts ; mais elle l'était encore assez pour être portée sur un petit chariot : il la chargeait de plusieurs balles de plomb, de fer ou avec des cailloux.

23 octobre 1428, samedi. Mort du brave capitaine français Pierre de La Chapelle, qui avait été blessé grièvement à la défense des Tourelles. Son corps fut porté avec pompe à l'église de Sainte-Croix, où on lui fit un beau service (9-13).

Salisbury, général anglais, envoie un grand nombre de ses soldats piller et dévaster Notre-Dame de Cléry : ils profanèrent ce lieu saint et apportèrent à leur camp les vases sacrés, les ornemens qu'ils y avaient volés et surtout, à ce que dit un historien, une belle et grosse cloche, enlevée dans les environs d'Orléans. (Cette cloche pouvait être celle donnée à l'église de Cléry en 1308, par Philippe-le-Bel.) (*Voir page* 133.)

Les Anglais, qui n'avaient pu s'emparer des Tourelles du pont d'Orléans par escalade, se mirent à creuser une mine sous la porte et les boulevards de cette forteresse. Ils réussirent dans cette entreprise (8-9-13). 24 octobre 1428. Dimanche.

Les Français sont forcés d'abandonner les Tourelles du pont, dans l'appréhension de l'explosion de la mine que les Anglais étaient parvenus à faire malgré eux sous les murailles de cette forteresse. Ils ne firent cette retraite qu'après les avoir en partie ruinées, et ils vinrent se retrancher près de la Belle-Croix placée vers le milieu du pont et de la descente des îles ou mottes Saint-Antoine et Poissonnière, après avoir rompu une arche en avant de ce retranchement (13). 25 octobre 1428. Lundi.

Les Anglais entrent dans les Tourelles, ils en réparent les dégats, y font de nouvelles constructions pour les rendre plus fortes, et rompent deux arches du pont (13). 26 octobre 1428. Mardi.

Le jour même de la prise de cette forteresse et vers la chute du jour, le comte de Salisbury, général anglais, voulant contempler l'assiette de la ville par une croisée qui donnait de ce côté, eut la joue emportée et le crâne atteint d'un coup de pierrier, dont il mourut peu de temps après à Meung-sur-Loire où on l'avait transporté. Le comte de Suffolck lui succéda dans le commandement des troupes anglaises (8-9-13-43).

Raoul de Gaucourt, gouverneur d'Orléans, établit un nouvel arsenal et un magasin de poudre dans une maison entre le Châtelet et St-Hilaire, près de la voûte et de la chambre louée en mai 1420 par les procureurs de ville qui y avaient déposé les attirails de guerre depuis ce temps (9-59-60-13). 2 novemb. 1428 Mardi.

Le gouverneur nomma un officier pour faire la distribution des armes et de la poudre qui étaient renfermées dans ce nouvel arsenal (13-60).

Ordonnance de Henri VI, roi d'Angleterre, relative au siège d'Orléans. 6 novemb. 1428.

« Jehan Saluam, cheualier, bailli de Rouen et de Gisors, au vicomte de Rouen ou a son Lieutenant salut. Pour la paine, voyage, despens et sallaire de Adenet Grosse, messager, d'estre allé hastivement a cheval, par notre commandement, de ceste ville de Rouen a Orbec, porter certain notre mandement executoire des lettres du Roy notre Sire, au Vicomte dudit lieu, et lettres closes de par nous à notre Lieutenant de cappitaine audit lieu d'Orbec, afin que icelluy, Vicomte, fist cryer en sa dicte viconté que tous nobles et autres tenans en fief qui ont acoustume seruir et frequenter les armes, incontinent et sans aucun delay se missent sus en armes a tel nombre de gens qui hastiuement pourroient recouurer montez, armez en notre campaignie en la ville de Chartres, devers Monsieur le Regent de France, duc de Bedfort, pour resister à l'entreprinse des aduersaires du Roy, notre dit Seigneur, que l'on disoit estre assemblez à Blois, pour le fait du siege que Monsieur le conte de Salisbury tenoit la ville d'Orleans; et lesdittes lettres closes faisoient mention que nostre dit Lieutenant de cappitaine fust deuers nous en la ville de Louviers demancé ou lundi au plus tard à tout le plus grand nombre de gens quil pourroit former pour aller en notre compaignie devers mondit seigneur le Regent pour servir le Roi, notre dit Seigneur; duquel voyage icelluy Gosse a vaqué, tant en allant, sejournant que retournant, par quatre jours, et parti lundi *denain* (mot non lisible) passé; nous, à icelluy Gosse, auons taxé et tauxons par ces presentes la somme de quinze sols tournois pour chacun d'iceulx jours : si vous mandons que des deniers de votre recepte, vous paiez et deliures audit Gosse la somme de soixante sols tournois pour les quatre jours dessus dit, et par rapportant ces presentes avecques quittance suffisante d'icelui Gosse ladicte somme sera aloée en vos comptes et rabatue de votre recepte ainsi qu'il appartiendra.

» Donné a Rouen, soubs le petit scel aux causes dudit bailliage, le samedi sixième jour de novembre, l'an mil quatre cent vingt-huit.

» Ainsi signé : Dubust, avec paraphe. » (*Le sceau est tombé.*)

19 novem. 1428.
Vendredi.

D'Illiers, brave capitaine français, vient au secours des Orléanais avec quelques soldats volontaires qu'il avait eu l'adresse de faire entrer avec lui dans la ville. Ces vaillans hommes furent de ceux que l'on remarquait dans les petites sorties qui avaient lieu presque tous les jours (9, 13).

Dunois fait pendre à un arbre dans le faubourg Bour- 28 novemb. 1428, Dimanche.
gogne deux soldats français accusés de la trahison des Tourelles ; leurs corps furent rendus à leurs parens qui étaient dans Orléans, lesquels les firent enterrer à la place de l'exécution, et y firent élever une croix de bois, qui, souvent renouvellée, se voit encore aujourd'hui, en avant de la porte Bourgogne, sur la gauche, en allant à Saint-Marc (8-9-13).

Talbot, général anglais, arrive aux Tourelles du pont 1er décem. 1428, Mercredi.
avec 300 hommes de renfort. Il établit sur les levées de nouvelles batteries de bombardes qui lançaient des pierres de 160 à 180 livres, qui firent beaucoup de mal (8-13).

Les Orléanais font des *taudis* sur les mottes St-Antoine 7 décembre 1728 Mardi.
et Poissonnière, sous le pont, dans la maison de l'Aumône des pauvres voyageurs et dans celle occupée par Montmonicau, pour y loger ceux des leurs qui étaient chargés de défendre le boulevard de la Belle-Croix et celui du pont (8-9-13).

Raoul de Gaucourt, gouverneur d'Orléans, prévenu que 10 décemb. 1428, Vendredi.
les assiégeans voulaient faire une tentative sur la ville du côté du faubourg Bourgogne, y fit passer des secours et y accourt lui-même ; mais il se déboîta le bras gauche, son cheval s'étant abattu devant St-Pierre-Empont. Il fut porté aux étuves qui en étaient peu éloignées.

Les étuves étaient des lieux hermétiquement fermés que l'on échauffait beaucoup et dans lesquels on plaçait les malades pour les faire suer, dans l'espérance de les guérir par la transpiration (70).

Il y avait plusieurs étuves à Orléans, savoir : deux pour les hommes et une pour les femmes. Celles des hommes étaient placées à la porte Parisis, et près de St-Donatien et St-Rogatien, rue du Petit-Puits ; celles des femmes, au vieux marché de l'ancien bourg d'*Avenum*, marché aux Veaux actuel, près de l'Aumône St-Paul (8-9-13).

A trois heures du matin, la cloche du *beffroy* avertit les 23 décemb. 1428. Jeudi.
habitans d'Orléans que les Anglais voulaient franchir le pont en avant des Tourelles qu'ils occupaient, pour marcher sur la ville (9-13).

Trêve convenue entre les assiégés et les assiégeans, de 25 décemb. 1428. Samedi, jour de Noël.
neuf heures du matin jusqu'à trois heures après midi, à cause de la solennité de la fête de Noël.

La trêve expirée à trois heures, les Français se portent

devant les Tourelles par le pont pour détruire les redoutes en terre que les Anglais y avaient construites pour franchir ledit pont (6-9-13).

Le maître Jehan se fit remarquer à cette action avec sa grosse coulevrine; il feignait de tomber mort, puis de se faire porter en ville; il revenait quelques momens après se faire voir aux ennemis et se moquait d'eux en leur lâchant la charge de sa coulevrine (9-13).

31 décemb. 1428, Vendredi. — Les Anglais se portent en masse à la porte Renard et aux Tourelles, à deux heures après midi, pour faire croire à plusieurs attaques et diviser les forces des Orléanais qui surent pourvoir à tout et ne furent pas dupes de cette ruse de guerre.

3 janvier 1429, Lundi. — Arrivée à Orléans de 954 porcs gras et de 400 moutons que les assiégés parvinrent à faire entrer par la porte Bannier, pendant qu'ils faisaient de grandes démonstrations par la porte Renard et par celle du faubourg Bourgogne.

5 janvier 1429, Mercredi. — Louis Deculan, maréchal de France, passe la Loire au-dessus du port de St-Loup, alors au sud de la rivière, avec 200 hommes et parvient à entrer avec eux dans la place d'Orléans.

6 janvier 1429, Jeudi. — Grande escarmouche contre les petits forts ou postes que les Anglais avaient établis de St-Laurent à St-Privé en s'appuyant sur les grèves de la Loire et fermant le cours de la rivière. Pendant ce temps les Orléanais firent entrer dans la place et par une des portes opposées un convoi assez considérable de poudre à canon (8-9-13).

A la suite de l'escarmouche du matin, un défi ou cartel est proposé par les Français aux Anglais qui assiégeaient Orléans : il fut accepté. Il devait avoir lieu entre six Français et six Anglais, devant la porte Bannier. A l'heure convenue les six Français sortent de la ville et attendent plus d'une heure leurs adversaires qui n'y vinrent pas: les remparts de ce côté d'Orléans étaient couverts de spectateurs.

7 janvier 1429, Vendredi. — Combat à l'avantage des Anglais, entre la porte Renard et la petite rivière nommée Flambert, qui prenait sa source dans les collines situées au nord d'Orléans, venait passer à quelque distance des murs de ville en suivant la direction du nord au midi, et se jetait dans la rivière de Loire, vis-à-vis une petite île ou grève appelée la Barre-Flambert, qui se trouvait à la hauteur de la rue de Recouvrance actuelle (13-80).

Plusieurs auteurs ne reconnaissent pas l'existence de cette petite rivière nommée Flambert, tout en indiquant le combat ci-dessus près de la porte Renard (9-67).

L'abbé Cerquenceau fut blessé à ce combat où il se fit remarquer avec plusieurs autres ecclésiastiques, qui comme lui, faisaient partie de l'armée et se battaient avec une massue de fer (9-13).

La batterie de canons placée à la Belle-Croix sur le pont dirigée par le maître Jehan le coulevrinier, fait sauter la couverture et le comble des Tourelles, après avoir tué plusieurs *Godons* (Anglais) qui l'occupaient (9-13). *12 janvier 1429, Mercredi.*

Dunois donne une alarme de nuit aux Anglais en allant attaquer leur poste de St-Laurent; mais ses gens n'ayant pas gardé assez de silence, ils furent découverts et cette affaire n'eut pas tout le succès que Dunois en espérait (9-13). *15 janvier 1429, Samedi.*

Douze cents combattans, conduits par les chevalier Jean Fuscot, Anglais, arrivent à St Laurent et renforcent ce poste ennemi (13). *16 janvier 1429, Dimanche.*

Lahire sort d'Orléans avec trente hommes de bonne volonté pour aller à la découverte et rentre sans accident quelque temps après, ayant passé heureusement entre les forts et bastilles des Anglais (13). *24 janvier 1429, Lundi.*

Plusieurs barques de vivres étaient sur le point d'entrer à Orléans, lorsque les habitans de la Sologne en avertissent Glacidas, officier anglais, qui envoya des troupes au port de St-Loup, qui alors était de ce côté, pour s'opposer à leur passage. Les Orléanais s'étant portés en avant se firent transporter sur une île qui en était voisine; mais malheureusement ils donnèrent dans une ambuscade et ils furent obligés de battre en retraite; plusieurs braves y périrent; le maître Jehan faillit se noyer, il perdit même sa grosse coulevrine et son petit chariot (9-13). *25 janvier 1429, Mardi.*

Les Anglais partagèrent les vivres qu'ils venaient de prendre avec les traîtres de Sandillon qui les avaient avertis de leur passage.

Les Orléanais sortent par la porte Bannier et sont repoussés par les Anglais. La poursuite fut si chaude que les ennemis vinrent planter leurs étendards sur le bord du fossé. Plusieurs Français furent tués par le canon de la place, tant la confusion était grande. *26 janvier 1429, Mercredi.*

Cinq cents hommes de bataille, anglais, viennent atta- *27 janvier 1429, Jeudi.*

quer, pour la première fois, en plein jour, à trois heures après midi, la porte Renard en faisant de grands cris. Le maréchal de Sainte-Sévère met ses troupes en ordre de bataille, sort de ses retranchemens et refoule les Anglais jusqu'à leur bastille fortifiée de St-Laurent.

29 janvier 1429, Samedi. Les Anglais attaquent avec toutes leurs forces de la rive droite de la Loire la porte Renard à huit heures du matin; mais les gens de guerre et les Orléanais les reçurent si bien qu'ils ne purent avoir aucun succès; ils y perdirent même un grand personnage qu'ils enlevèrent avec beaucoup d'empressement.

Le même jour, Lahire, capitaine français et Lancelot-de-l'Ile, officier anglais eurent une *heure de sûreté* pour le soir, afin de causer sans danger; mais en se séparant au moment de la fermeture des portes, l'Anglais fut tué par un boulet de canon parti de la ville, qui lui enleva la tête; cette action fut blâmée par Dunois et les autres officiers Français.

30 janvier 1429, Dimanche. Dunois, voulant aller lui-même au-devant des secours qu'il attendait, sort d'Orléans au milieu de la nuit par la porte Renard. Il faillit être pris par les Anglais qui l'aperçurent; mais il poursuit heureusement sa route, favorisé par l'obscurité.

31 janvier 1429, Lundi. Les Anglais se répandent dans les environs de St-Jean-de-la-Ruelle pour enlever tous les échalas des vignes. Il en résultat un rude combat, dans lequel un brave Orléanais nommé Miron de Beauzener fut tué (9-13).

3 février 1429, Jeudi. Plusieurs chevaliers français, conduits par Sainte-Sévère, sortent de la ville et courent jusqu'au boulevard de la forteresse de St-Laurent, dans l'espoir de faire sortir les Anglais et de les attirer dans la plaine; mais ils furent forcés de rentrer à Orléans, sans avoir pu les faire mettre en ligne (13).

6 février 1429, Dimanche. Sainte-Sévère, à la tête de 200 combattans choisis, marche sur le petit poste de la Madeleine; s'en empare après avoir tué les Anglais qui le gardaient, y met le feu et rentre en ville.

7 février 1429, Lundi. Theaulde de Valperges et Jean Lescot, chevaliers gascons, arrivent à Orléans en annonçant la nouvelle d'un secours envoyé par le roi.

Février 1429. Charles VII, instruit que les Anglais qui assiégeaient Orléans, gagnaient insensiblement du terrain et resserraient de plus en plus la place par le moyen des renforts qu'ils avaient reçus à diverses époques, ce qui avait porté leurs forces jusqu'à 20,000 hommes, résolut de délivrer cette ville : il demanda de l'argent aux principales villes qui lui restaient encore; aucune n'en refusa (43).

Le chapitre de St-Aignan prêta 200 écus d'or vieux; les habitans, malgré tous les sacrifices qu'ils avaient déjà faits, se taxèrent eux-mêmes à une forte somme. Bourges donna 1,600 livres ; La Rochelle 400 livres, etc., etc. (Le marc d'argent valait à cette époque 5 livres 8 sous parisis ou 6 livres 15 sous tournois). De cet argent on leva des troupes pour les faire passer dans Orléans; mais un secours plus puissant et tout surnaturel ne devait pas tarder à venir changer le sort d'Orléans et les destins de la France.

Une jeune fille âgée de près de dix-neuf ans, née en mars 1410, à Domrémy, hameau près de Greux, prévôté d'Andelot, au baillage de Chaumont en Bassigny, élection de Langres, de Jacques d'Arc, laboureur, et d'Isabeau Romé, vivant honnêtement du travail de leurs mains, quoique dans un état voisin de la pauvreté ; cette fille, la dernière de cinq enfans, forte de stature et de santé, crut sentir une inspiration qui l'appelait au secours d'Orléans. Persuadée que Dieu voulait se servir de son bras pour relever la monarchie, elle fit part de son dessein à ses parens, qui s'opposèrent d'abord à ses résolutions, puis enfin lui permirent d'aller à Vaucouleurs, qui était peu éloigné de Domrémy, chez un de ses oncles nommé Henri, charron de son état; celui-ci, après beaucoup d'instances de la part de sa nièce, la conduisit enfin chez le seigneur Baudricourt, gouverneur de Vaucouleurs, auquel elle parla en ces termes :

7 février 1429, Lundi.

« Capitaine messire, sachez que Dieu, depuis un temps en ça, m'a plusieurs fois fait à savoir que j'allasse devant le gentil dauphin, qui doit être et est vrai roi de France, et qu'il me baillât des gens d'armes, et que je leverais le siége d'Orléans et le menerais sacrer à Reims (13-41-43). »

Cet officier la traita de folle, de visionnaire ; mais intérieurement frappé de la candeur de son maintien et de l'assurance de ses réponses, il crut en devoir donner avis à la cour par un exprès.

Jeanne d'Arc revint le lendemain chez le gouverneur Baudricourt et lui dit : « Au nom du ciel, vous mettez

8 février 1429, Mardi.

trop à m'envoyer, car bientôt le gentil dauphin aura assez près d'Orléans un bien grand dommage, et sera-t-il encore taillé de l'avoir plus grand si ne m'envoyez bien vite vers lui. »

Le gouverneur ne voulant pas lui rendre une réponse conforme à ses désirs, sans en avoir reçu lui-même une du roi, la renvoya encore, et Jeanne d'Arc fut obligée de retourner à son hameau, bien marrie de son refus.

8 février 1429, Mardi. — Mille combattans d'excellentes troupes, envoyés par le roi et conduits par Guillaume Steurand, 900 sous la bannière de Guillaume d'Albert, et 120 autres attachés à la fortune de Lahire, entrent dans Orléans pendant la nuit.

9 février 1429, Mercredi. — Lafayette, seigneur français, amène 300 hommes; le même jour, Chabanes et 20 à 25 combattans voulant aller à Blois, sont rencontrés à leur sortie de la ville par des Anglais, qui en firent plusieurs prisonniers. Chabanes et un autre chef furent assez heureux pour se sauver.

10 février 1429, Jeudi. — Dunois qui avait été à Chinon auprès du roi pour lui faire connaître la détresse d'Orléans, revient dans cette ville où il trouve le secours qu'il avait demandé; mais il en repart tout de suite avec 1,500 hommes pour aller attaquer un convoi considérable, que l'on savait être parti de Paris et destiné aux Anglais.

12 février 1429, Samedi. — Baudricourt, gouverneur de Vaucouleurs, ayant reçu du roi Charles VII, par Cadet de Vienne son envoyé, réponse à la nouvelle de la visite de Jeanne d'Arc et l'ordre de lui envoyer tout de suite cette fille inspirée, en même temps que l'annonce de la détresse d'Orléans et des pertes éprouvées devant cette place, se hâte de faire revenir Jeanne près de lui, lui prépare un cheval qu'il paya, lui donna des habits d'homme, consistant en une robe, des bottines, et le reste des vêtemens particuliers au sexe dont elle adoptait le costume.

13 février 1429, Dimanche. — Combat de Rouvray-St-Denis, appelé Journée des Harengs, parce que la plupart des chariots qui composaient le convoi qui y donna lieu étaient chargés de cette sorte de poisson, destiné aux Anglais pendant le carême. Les Français ayant voulu l'enlever, ils furent battus. La division qui régna parmi les chefs fut cause de cet échec; beaucoup de seigneurs y furent tués, et Dunois y fut blessé ainsi que plusieurs Orléanais qui l'avaient suivi dans cette expédition (13-41-43-67).

Départ de Jeanne d'Arc de Vaucouleurs avec sa petite escorte, composée de sept personnes, dont six de son pays, et le septième l'envoyé du roi (41);

Savoir :

Noble homme Jean de Novelompant, de Metz, chevalier, demeurant à Vaucouleurs; noble homme Bertrand de Poulingy, écuyer; Pierre d'Arc, troisième frère de Jeanne d'Arc; Cadet de Vienne, messager qui avait été envoyé par le roi au gouverneur et qui s'en retournait vers son maître; Richard, archer; Julien, valet de Poulingy; Jean de Hannecourt, serviteur de Jean de Metz.

Tous se rendent à Chinon où était Charles VII et sa cour (41).

Rentrée à Orléans des débris des troupes françaises qui avaient été battues à Rouvray-St-Denis par les Anglais. La vue des morts de distinction et de tous les blessés jeta la consternation dans la ville. Les corps des seigneurs tués furent portés à l'église de Ste-Croix, où un service pompeux eut lieu en leur honneur (13). *16 février 1429, Mercredi.*

Les Anglais qui avaient escorté et défendu le convoi des harengs, reviennent dans leur fort devant Orléans; plusieurs se portant jusque sous les remparts de la ville narguèrent les Français en criant : *A mes harengs, mes biaux, mes biaux harengs.* Les Orléanais leur répondirent par quelques coups de canon, qui en tuèrent plusieurs et firent taire les autres. *17 février 1429, Jeudi.*

Le comte de Clermont quitte Orléans avec à-peu-près 2,000 hommes, disant qu'il voulait aller trouver le roi à Chinon, ainsi que Jean de St-Michel, évêque de cette ville, ce qui mécontenta beaucoup les Orléanais (13). *18 février 1429, Vendredi.*

Dunois, le maréchal de Ste-Sévère, Poton de Xaintrailles, restèrent fidèles à la mauvaise fortune des Orléanais.

Les Anglais portent une de leurs divisions sur la ville de Beaugency, et s'en emparent après une faible résistance (13-47). *19 février 1429, Samedi.*

Combat entre les Anglais des forteresses du nord-ouest et les Orléanais, qui furent repoussés jusqu'au champ Turpin, à un jet de pierre de la ville; mais qui ne purent être poursuivis plus loin, soutenus par les secours qu'ils reçurent de la place (13). *20 février 1429, Dimanche.*

Dunois et ses principaux officiers, craignant que les An- *21 février 1429, Lundi.*

glais qui paraissaient paisibles ce jour-là ne cherchassent à s'approcher des murailles pour les renverser par la mine, fit pour la première fois l'usage du moyen que le nommé Robert Carré lui avait proposé pour s'en assurer (9).

Ce moyen consistait à placer en avant des murailles et des fossés sur le terre-plein, plusieurs grands bassins en cuivre. Ces bassins étaient enfoncés à plusieurs pieds en terre, à fleur du terrain et de distance en distance, ensuite remplis d'eau jusqu'au bord. On examinait si le liquide frémissait; car s'il en était ainsi, c'était une preuve qu'on travaillait sous terre; on n'avait rien à craindre si la surface de l'eau était calme.

Il fut payé 58 sous 8 deniers à Naudin-Bouchard, *saintier* (fondeur), pour un certain nombre de bassins à laver, et une *accare* (équère) pour s'assurer si les ennemis minaient et si les murs ne perdaient pas leur aplomb (8-9-59-60).

22 février 1429 Mardi. — Les capitaines anglais Talbot, Descalles et Suffolk, admirateurs du courage de Dunois qui défendait Orléans, lui envoyèrent par un hérault un plat de figues, de raisins et de dattes, en le priant de leur faire passer de la panne noire pour leur faire des robes, attendu la rigueur de la saison. Dunois se hâta de leur faire passer ce qu'ils demandaient (9-13).

24 février 1429, Jeudi. — Jeanne d'Arc arrive avec son escorte à Chinon où était le roi Charles VII, après avoir fait 150 lieues en onze jours, sans accident et presque toujours dans un pays occupé par les ennemis. Jeanne d'Arc était à cette époque âgée de dix-neuf ans, d'une taille assez élevée, belle, forte et bien faite, sa voix était douce et son regard tendre et mélancolique; elle était exempte de la plupart des faiblesses attachées à son sexe; habituée à une vie dure et frugale, elle supportait sans fatigue les exercices les plus pénibles et montait sans crainte le cheval le plus fougueux (41).

25 février 1429, Vendredi. — Les Anglais qui étaient devant Orléans s'emparent du bac qui allait de l'église de Saint-Loup au port de Saint-Loup, de l'autre côté de la Loire, du côté de la Sologne, et se laissant aller en *dérive* (descendant le cours de la Loire) cherchaient à arriver sur le port de la Tour-Neuve; mais ils en furent empêchés par les Orléanais qui s'étaient aperçus de ce projet (9-13).

Jeanne d'Arc, arrivée dès la veille à Chinon, est conduite dans une grande salle où le roi Charles VII était avec les seigneurs de sa cour. Elle lui parla avec tant de noblesse, d'esprit et de jugement que toute la cour en fut dans l'admiration (41).

Arrivée de Villars et Jamet de Tillay à Orléans, pleins de l'enthousiasme que Jeanne d'Arc leur avait inspiré à Chinon d'où ils revenaient, ils racontent à Dunois tout ce qu'ils avaient vu de cette fille surprenante. Dunois fit assembler le peuple d'Orléans et la garnison; il leur fait part de l'arrivée prochaine de celle qui s'annonçait comme leur libératrice (13). *27 février 1429, Dimanche.*

Grand débordement de la Loire : les eaux furent si hautes qu'elles s'élevaient à la hauteur des embrasures des forts que les Anglais avaient élevés sur l'île Charlemagne (la petite) et à St-Privé, ainsi que devant les Tourelles. Cela fit espérer aux Orléanais la destruction de tous leurs forts; mais les Anglais travaillèrent jour et nuit, et avec une telle activité, qu'ils parvinrent à les sauver. *28 février 1429 Lundi.*

Le même jour, la bombarde placée au boulevard de la Belle-Croix abat un pan de la muraille des Tourelles.

Les Orléanais font une sortie pour empêcher les nouveaux travaux que les Anglais faisaient pour leurs tranchées qui communiquaient d'une bastille à l'autre du côté de St-Laurent. *3 mars 1429, Jeudi.*

Le maître Jehan tua plusieurs ennemis, entre autres lord Gray, neveu de feu le comte de Salisbury.

Malgré quelques avantages, les Français furent repoussés jusque sous le canon des boulevards de la porte Bannier; s'étant jetés dans le fossé, il en fut tué plusieurs par les Orléanais, qui ne les reconnaissaient pas.

Les Anglais poursuivent plusieurs pauvres paysans de St-Jean-de-la-Ruelle qui étaient retournés travailler à leurs vignes et enlèvent leurs échalats pour se chauffer. *4 mars 1429, Vendredi.*

Arrivée à Orléans, et à plusieurs reprises dans la journée, de chevaux chargés de vivres, qui entrèrent furtivement dans la ville par les portes Bannier et Bourgogne, points le plus mal gardés. *5 mars 1429, Samedi.*

Prise d'une damoiselle anglaise et de six marchands qui se rendaient aux forts des ennemis du côté de Saint-Laurent. *6 mars 1429, Dimanche.*

Mort d'un chef anglais de marque, tué par un coup de coulevrine de la place : les Orléanais ne surent pas son *7 mars 1429, Lundi.*

nom; mais les ennemis mirent beaucoup de pompe à ses funérailles.

8 mars 1429, Mardi. Le comte Dunois et le gouverneur Raoul de Gaucourt sont avertis que l'on cherchait à faire entrer nuitamment les ennemis dans la ville. L'auteur de cette trahison était le supérieur des religieux desservant l'infirmerie des chanoines (Hôtel-Dieu). Ils se transportent à cet hospice, et virent effectivement qu'il avait été pratiqué un trou à passer un homme par la muraille de la ville près de la porte Parisis. Ce trou communiquait par l'intérieur dans cette maison. Le supérieur, averti à temps, se sauva par le faubourg Parisis, et échappa ainsi à la fureur des Orléanais qui voulaient le massacrer.

15 mars 1429, Mardi. Le Bâtard de Langres parvient avec peine à s'introduire dans Orléans pendant la nuit, avec six chevaux chargés de poudre à canon.

Les Anglais de la forteresse de St-Loup se déguisent en femmes, et, feignant de ramasser de petites buchettes de bois, s'approchent insensiblement des paysans qui travaillaient dans leurs vignes de St-Marc, en prennent une douzaine qu'ils traînent dans leurs forts, et ne les relâchent qu'après les avoir rançonnés.

16 mars 1429, Mercredi. Le maréchal de Ste-Sévère, obligé de quitter la ville à cause de la mort d'une de ses parentes dont il devait recueillir l'héritage, ajoute encore aux craintes des Orléanais, qui ne voyaient point arriver le terme de leurs malheurs ni la délivrance qu'on leur annonçait depuis quelque temps.

17 mars 1429, Jeudi. Le roi Charles VII ayant laissé quelque temps de repos à Jeanne d'Arc, et voulant s'assurer encore plus de la mission de cette fille extraordinaire, la fait conduire à Poitiers pour la faire interroger par les membres et les docteurs de son parlement qui y résidait alors (8-9-13-41).

Le parlement nomma des *matrones*, présidées par la reine de Sicile, belle-mère de Charles VII, qui déclarèrent toutes qu'elle était vierge, et lui en expédièrent des lettres patentes; de leur côté les membres du parlement décidèrent qu'elle paraissait être envoyée de Dieu.

Mort d'Alain Dubay, prévôt d'Orléans, chéri par ses vertus et l'intégrité de ses jugemens. On pensa que les malheurs de sa patrie avaient avancé ses jours. Ce citoyen estimable fut regretté de tous les Orléanais, qui lui firent un service public aux dépens de la ville (13).

19 mars 1429, Samedi. Les Anglais, qui avaient été informés du départ du ma-

réchal de Ste-Sévère et de l'affaiblissement de la garnison, firent les plus grands efforts pour terminer au plutôt un siége si long et si meurtrier pour eux; en conséquence, toute leur artillerie, canons et bombardes, commença dès le matin à faire sur Orléans un feu terrible qui foudroya et écrasa les édifices de la ville et répandit par toute la place la consternation et l'épouvante.

Trève convenue entre les assiégés et les assiégeans pour la solennité de la fête de Pâques-Fleuri, jour des Rameaux. 20 mars 1429, Dimanche. Jour de Pâques-Fleuri.

Les Orléanais et les gens de guerre, animés par l'ardeur de se venger de l'horrible bombardement de la surveille, sortent de la ville en grand nombre; réunis avec les habitans de la campagne, ils attaquent avec fureur les nouveaux boulevards que les ennemis venaient d'élever pendant le jour de trève, à la droite de la grange Cuivret, entre la porte Bannier et la porte Renard, d'où l'on tirait sans cesse sur Orléans. 21 mars 1429, Lundi.

Les Anglais, cédant à l'impétuosité des assaillans, prennent la fuite et se réfugièrent dans leur forteresse de Saint-Laurent; mais Suffolck leur général les rallie; ils repoussent à leur tour les Orléanais jusqu'à l'Aumône-St-Pouair, et la journée se passa en succès et en revers alternatifs.

Un nouveau combat a lieu au champ Turpin; les environs de la Croix-Morin et de St-Pouair en furent le théâtre. Un Anglais qui s'était trop avancé tomba dans un puits de campagne où il fut tué. 22 mars 1429, Mardi.

Une fausse attaque et des bruits de trahison forcèrent les habitans et la garnison d'Orléans d'être en armes jour et nuit, pendant plus de quarante-huit heures sur les murs et les boulevards extérieurs. 24 et 25 mars, Jeudi et vendredi.

Grande distribution de vin et de blé faite à la garnison d'Orléans par maître Jehan Leprêtre, prévôt de la ville, en présence de Jehan le Caily, notaire au Châtelet d'Orléans, du consentement des bourgeois, manans et habitans de la ville (9-13), savoir : 25 mars 1429, Vendredi.

« Aux Écossais etant en icelle ville	3 tonneaux 1/2 de vin,	3 muids 1/2 de blé	pour 560 hommes.		
A Monseigneur de Graville.....	1 —	1/2 —	1 —	1/2 —	240 —
A Madre..................	1 traversin »	—	1/2 —	»	160 —
A Denis de Chailly........	1 tonneau 1/2	—	1 —	1/2 —	180 —
A Thibault de Termes.......	1 traversin »	—	5 mines »		80 —
A Monseigneur de Gutry.....	1 —	»	8 —	»	80 —
A Monseigneur de Coaraze...	1 —	»	5 —	»	80 —
A Messire Thiande.........	1 tonneau 1/2	—	1 muid 1/2	—	260 —
A Messire Cernay..........	1 traversin »	—	6 mines »	—	240 —
A Poton de Xaintrailles....	1 tonneau »	—	10 —	»	160 —
Aux soldats de Sainte-Sévère....	2 —	»	2 muids »		320 —
A Monseigneur de Villars......	1 tonneau 1/2	—	1 —	1/2 —	240 —
				Total.....	2,600 hommes »

On voit par ce compte que la garnison, avant l'arrivée de la Pucelle, montait à 2,600 hommes.

Le muid de blé était de douze mines; la mine pesait 50 livres; le tonneau de vin contenait deux traversins ou poinçons; le traversin ou poinçon contenait 210 pintes d'Orléans, équivalentes à 240 litres; la futaille était la moitié d'un poinçon, ou le quart du tonneau (9).

26 mars 1429, Samedi. Jeanne d'Arc revient à Chinon auprès de Charles VII. Ce monarque lui confia aussitôt la mission de secourir Orléans. La nouveauté de cet événement, qui s'était répandu par toute la France, attira sous ses étendards un grand nombre de soldats qui furent commandés, concurremment avec la Pucelle, par des officiers expérimentés et sur qui le comte de Dunois et le maréchal de Rieux avaient la grande main (8-9-13-4-143).

Charles VII donne un *état* à la Pucelle, c'est-à-dire une maison montée pour son service, et de plus un chapelain ou aumônier, nommé Jehan Pasquerel, de l'ordre des frères ermites de Saint-Augustin (41).

27 mars 1429, Dimanche, Jour de Pâques. Trève convenue entre les Orléanais et les Anglais, pour la solennité de la fête de Pâques (813).

Malgré cette suspension, les deux partis se préparaient à de nouvelles attaques; les Français, pour tenir jusqu'à l'arrivée des secours promis sous la conduite de Jeanne d'Arc, et les Anglais dans l'espérance de prendre la ville avant que cette fille héroïque, dont ils avaient entendu parler, fût en mesure de venir les attaquer (13).

1er avril 1429, Vendredi. Les assiégés et les assiégeans se présentent les uns devant les autres, à la hauteur du boulevard de la Grange-de-Cuiveret, entre les portes Bannier et Renard; ils restèrent en présence, et se canonèrent une partie de la journée, en se tuant quelques hommes sans en venir aux mains.

2 avril 1429, Samedi. Les Anglais sortent de Saint-Laurent, au nombre de 400, et déploient deux étendards; l'un portant leur couleur ordinaire; l'autre était l'étendard de Saint-Georges, mi-parti de rouge et de blanc. Un Saint-Georges y était peint avec une croix au milieu.

Les Français qui s'étaient portés en avant, sont d'abord repoussés jusqu'à Saint-Mathurin (au milieu de la rue Bannier actuelle), et au champ Turpin, qui en était voisin, où ils furent ralliés par Dunois. Alors le combat devint terrible, sans que l'un ou l'autre parti eût l'avantage (13).

Plusieurs canons sont montés sur des affûts roulans et conduits à différentes places des remparts.

2 avril 1429, Samedi.

Il fut payé III liv. II sous à Jehan Chaumart pour XVII journées des charpentiers qui ont *mis à point* les affûts roulans et les ont mis en place.

(Jusqu'alors, les canons n'étaient point montés sur des affûts roulans, ils étaient placés sur des chevalets immobiles).

Combat de jeunes pages français et anglais, lesquels, après s'être défiés mutuellement, en vinrent aux mains, après en avoir reçu l'autorisation de leurs chefs.

3 avril 1429, Dimanche.

Le lieu choisi était entre les îles Saint-Laurent et le pont, dans la petite île appelée *Flambert* ou Barre-Flambert. Ce combat, qui fut à l'avantage des pages français, eut lieu à la fronde et avec des pierres lancées à la main. Les combattans avaient pour armes défensives des boucliers en osier. L'action eut lieu en présence de tous les gens de guerre de l'un et de l'autre parti, qui n'y participèrent en aucune manière.

Les pages anglais reprirent leur revanche et eurent à leur tour l'avantage. Cependant il y eut des deux côtés plusieurs de ces jeunes gens tués et blessés par les pierres.

4 avril 1429, Lundi.

Quelques vivres envoyés de Châteauneuf, entrent furtivement dans la place, et on apprend la nouvelle d'un succès remporté sur les Anglais par la garnison de cette petite ville.

5 avril 1429, Mardi.

Quarante Anglais, qui apportaient une forte somme d'argent aux troupes qui étaient devant Orléans, sont attaqués, pris et dépouillés.

9 avril 1429, Samedi.

Arrivée à Orléans de plusieurs sommes d'argent, lesquelles réunies à celles qui avaient été prises quelques jours avant aux Anglais, servirent à payer la garnison, et répandirent la joie et un peu d'abondance dans la ville.

12 avril 1429, Mardi.

Un petit convoi de munitions de guerre entre nuitamment dans la place par la porte Bourgogne.

13 avril 1429, Mercredi.

Les Anglais, voyant que les Français faisaient souvent entrer des munitions de guerre et de bouche par les portes Bourgogne et Bannier, qui n'étaient pas assez gardées par eux, élèvent une belle et forte bastille, très-bien faite, à un jet de pierre, au nord de la porte Bannier, entre Saint-Pouair et Saint-Ladre, à laquelle ils donnèrent le nom de Paris.

15 avril 1429, Vendredi.

Pour élever cette forteresse, ils abattirent la petite église de Saint-Pouair (où est Saint-Paterne) et se servirent des matériaux pour rendre leur fort plus solide.

16 avril 1429, Samedi.

Arrivée de subsistances envoyées de Blois : on parvint à les faire entrer dans la ville par la porte Parisis, après avoir passé par le chemin de Fleury, sans que les Anglais en eussent connaissance.

17 avril 1429, Dimanche.

Poton de Xaintrailles revient à Orléans avec les autres députés que les habitans de cette ville avaient envoyés à Paris, près de Bedford, régent de France, pour le roi d'Angleterre. Ce régent leur avait dit que les Orléanais ne seraient reçus à traiter que sous la condition de se soumettre aux Anglais.

Cette décision révolta les Orléanais, qui jurèrent de se défendre jusqu'à la dernière extrémité.

Les députés ramenaient avec eux un trompette de la part du duc de Bourgogne, qui avait été touché des marques de confiance que lui avaient donné les Orléanais en voulant remettre la ville entre ses mains, et était mécontent du duc de Bedfort, qui n'avait pas voulu y consentir. Ce trompette, accompagné d'un seigneur de la cour du duc de Bourgogne, appelé Baudet Mixy, était chargé de rappeler les troupes bourguignonnes au service des Anglais. Ce qui fit que Champenois, Picards et Bourguignons quittèrent les Anglais : ceux-ci en furent très-affaiblis (13-41).

Cet envoyé et son trompette furent bien reçus par les habitans d'Orléans, qui donnèrent au seigneur un présent de quatre écus d'or, valant 8 liv. 16 sous, et au trompette vingt salus ou sous d'or, valant 58 liv.; ils furent, de plus, régalés chez un nommé Thévenon Villedart, qui reçut pour la dépense et *bonne chair* faite en son hôtel, 22 liv. parisis (8-13-41-59-60).

L'écu d'or valait 48 sous (le nouvel écu).

L'écu d'or valait 62 sous (l'écu vieux).

Le salus ou sous d'or valait 58 sous (9-59).

18 avril 1429, Lundi.

Les Orléanais et la garnison sortent la nuit, et sans bruit, de la ville et parviennent, à la faveur de l'ombre, à pénétrer jusqu'à portée du grand parc des Anglais, égorgent la garde et font un carnage horrible dans les cabannes où les soldats étaient endormis (913-41).

Les Anglais se rallient, et faisant marcher un corps de

cavalerie, ils repoussèrent les Orléanais jusqu'aux pieds de leurs remparts, après une vive résistance (13).

Quoique la perte fut égale des deux côtés, elle fut très-sensible à Orléans par la mort d'un nombre considérable de citoyens dans cette malheureuse affaire (9-13).

On se rendit de part et d'autre dans la journée et jours suivans, les restes mortels de tous ceux qui avaient péri, afin de leur faire des funérailles dignes de leur courage. (8-9-13).

Jeanne d'Arc se trouvant prête à partir de Chinon et à quitter le roi Charles VII, fait la revue de ses troupes; il s'y trouva 7,000 hommes; le maréchal de Rieux et l'amiral de Culant lui servaient de lieutenans. *24 avril 1429, Dimanche.*

Le roi voulut lui donner une épée qu'elle refusa : elle désigna un endroit où il y en avait une qu'elle désirait avoir (9-13-41).

Après qu'on la lui eut apportée, elle prit congé du roi et partit pour Blois, où était le rendez-vous des troupes (8-9-41).

Quelques habitans déterminés d'Orléans passent la Loire en silence à deux heures du matin, attachent leurs nefs au rivage de Saint-Jean-le-Blanc, décrivent un demi-cercle derrière les bastilles de la Sologne et arrivent jusqu'à l'église de Saint-Marceau, où cinquante Anglais s'étaient enfermés à leur approche; ils en percent les murailles, s'emparent de leurs ennemis qu'ils ramènent prisonniers dans la ville, après les avoir embarqués dans les mêmes bateaux qui leur avaient servi dans cette expédition audacieuse. Ils ne perdirent que deux hommes. (9-13).

Jeanne d'Arc, après être restée quelques jours à Tours, arrive à Blois pour se mettre à la tête de toute l'armée réunie. Avant de quitter cette ville pour se rendre à Orléans, cette vertueuse fille chargea son aumônier, Jean Pasquerel, de réunir un certain nombre de prêtres qui étaient rassemblés sous une bannière particulière; ils étaient destinés à marcher à la tête de l'armée en chantant des hymnes en l'honneur de la Sainte Vierge, et à recevoir à toutes les heures du jour la confession de quiconque désirerait accomplir cet acte religieux dont elle donnait souvent l'exemple (9-41). *26 avril 1429, Mardi.*

C'est dans cette ville que l'on vit, pour la première fois,

l'héroïque fille revêtue de l'armure que Charles VII avait fait faire exprès pour elle.

Cette armure était composée d'un casque en fer poli, ayant la forme d'un œuf, sans panache, mais ciselé; d'une cuirasse à sa taille, aussi travaillée; de brassards à écailles; d'une cotte d'armes sous laquelle était un petit jupon d'étoffe un peu plus long et découpé par le bas; ses souliers étaient très-pointus, longs et rayés comme ceux des grands de la cour. Nous donnons, ci-joint, une gravure faite sur un bas-relief du temps, représentant Charles VII tenant conseil au milieu de ses généraux : l'héroïne y est ainsi représentée.

Cette lithographie est accompagnée de ce début d'une chronique du temps :

« Au nom du Père et du Fils et du Saint-Esprit, de la
» glorieuse Vierge Marie, de Monseigneur Saint-Denis,
» patron de France, et de toute la béatitude céleste. —
» Cy commence la chronique du temps de très-sapient
» roi Charles septième de ce nom, roi de France, faite
» et compilée par moi, Frère Jehan Chartier, religieux
» et chantre de l'église, Monseigneur Saint Denis, en
» France, député par le Roi mon Souverain Seigneur. »

On y voit Charles VII en conseil sur son trône entouré du comte de Richemont, de Messire Bureau, de Joachim Rouau, de Messire de Bellay, du comte de Dunois, de Jeanne la pucelle, et autres généraux (49).

Jeanne d'Arc, avant de partir de Blois, fait écrire une lettre au régent anglais, Bedfort, qui résidait à Paris, pour le sommer de restituer à Charles un royaume qui lui appartenait légitimement, sinon qu'elle l'y contraindrait bien par la force; les Anglais se moquèrent de ses menaces, ils arrêtèrent son hérault prisonnier et résolurent, dès cette époque, de la faire brûler comme sorcière (9-13-41).

Jeanne d'Arc, qui ne savait pas écrire, ne fit que dicter la lettre, et la signa seulement par deux traits en croix (41).

27 avril 1429. Mercredi.

Elle part pour Orléans avec 500 hommes d'élite, et un convoi de vivres; le reste de l'armée la suivait à peu de distance, pour soutenir sa marche. A son insu, on lui fait prendre le chemin par la Sologne; ce qu'elle n'avait pas voulu. L'armée s'arrêta à la fin du jour et passa la nuit au milieu des champs (9-41).

28 avril 1429. Jeudi.

Jeanne d'Arc et toute l'armée arrivent aux environs

Peinture et Fac-simile tirés de la Chronique de Charles VII par frère Jean Chartier religieux de S.t Denis, Manuscrit N.o 112, de la Bibliothèque de la Ville de Rouen.

d'Orléans du côté du Loiret, et passèrent encore cette nuit sur le haut côteau de cette petite rivière, d'où cette fille héroïque put contempler Orléans.

De grand matin, l'armée se porte au-dessus de la bastille que les Anglais avaient élevée à la place de l'église de Saint-Jean-le-Blanc. On se hâta d'embarquer le convoi dans des *nefs* ou bateaux que les Orléanais avaient conduits au port de Saint-Loup ; mais la rivière étant très-basse, et le vent contraire, il ne fut pas possible de faire passer les troupes sans les exposer à une perte certaine, les Anglais ayant porté une grande partie de leurs forces de ce côté : alors il fut décidé que l'armée retournerait à Blois pour revenir à Orléans par la Beauce, mais que Jeanne d'Arc, qui ne voulait pas rétrograder, passerait avec quelques troupes pour aller à Orléans. 29 avril 1429, Vendredi.

Jeanne d'Arc s'embarqua dans une nef avec Dunois qui était venu au-devant d'elle. Elle aborda de l'autre côté du fleuve avec 200 *lances* formant 1,200 hommes, et fut loger à Chécy, chez Guy de Cailly, seigneur de ce petit endroit, lequel seigneur s'attacha à cette héroïne pendant tout le temps du siége (41).

Le convoi, qui avait été chargé sur des barques, n'arriva à Orléans qu'avec des peines inouïes. L'armée se mit en marche pour retourner à Blois par le même chemin, sans être inquiétée par les ennemis, qui semblaient stupéfaits de ce qui se passait en leur présence.

Jeanne d'Arc, après plusieurs heures de repos, part de Chécy le vendredi 29 avril, après-midi, et vient se présenter à une porte de la ville, au levant, appelée la Porte Bourgogne (l'ancienne), comme elle en était convenue avec le comte de Dunois et le gouverneur Gaucourt. Les assiégés, dans l'intention de tromper les assiégeans, firent des sorties de tous les côtés de la place. Dunois, qui était rentré dans Orléans avec le premier convoi, vint au-devant d'elle pour favoriser son entrée. Jeanne d'Arc ne tarda pas à signaler son courage ; elle attaqua hardiment les Anglais qui voulurent s'opposer à sa marche : elle fit d'abord entrer un second convoi dans la ville ; ensuite elle y entra elle-même, à huit heures du soir, avec les soldats formant les deux cents lances qui avaient passé la Loire avec elle (9-13-41). 29 avril 1429, Vendredi. 6 heures du soir.

Jeanne d'Arc, en entrant dans Orléans, tenait déployée

sa bannière sur laquelle il y avait deux images peintes, l'une du Christ, l'autre d'une annonciation, avec les sacrés noms de Jésus et de Marie (9-13-41-43).

Cette bannière fut commandée par elle : elle disait à ceux qui lui demandaient ce qu'elle voulait en faire : « C'est moi qui la porterai autant qu'il me sera possible, parce que je ne veux pas me servir de mon épée, ni en percer personne ; et j'aime quarante fois mieux ma bannière que mon épée (41). »

Fidèle à sa résolution, Jeanne d'Arc ne se servait de son épée qu'à la dernière extrémité ; et même, lorsqu'elle se trouvait engagée dans la mêlée, elle se contentait de repousser ses adversaires à coups de lance ou de les écarter avec une petite hache qu'elle portait suspendue à son côté (9-41).

Ce fut un vrai triomphe que l'entrée de Jeanne d'Arc dans Orléans : elle était montée sur un cheval blanc ; le comte de Dunois et le maréchal de Rieux marchaient à ses côtés ; elle était suivie de son frère, des deux gentilshommes et de leurs valets, qui étaient venus avec elle du pays de Barrois. Le gouverneur, tous les braves qui arrivaient et ceux qui étaient dans la ville, fermaient le cortége avec leurs gens d'armes. Elle traversa une partie d'Orléans pour aller à l'église de Sainte-Croix, à la lueur des torches que portait le peuple, et se mit à genoux devant l'autel principal, pour y rendre des actions de grâces à Dieu. Après sa prière, elle fut conduite près de la porte Renard, dans l'hôtel de Jacques Boucher, trésorier du duc d'Orléans, où elle logea. Tous les habitans poussaient des cris de joie et se mettaient à genoux devant elle en criant : « Voilà la libératrice que le ciel nous envoie (8-9-13-41). »

« Arrivée chez son hôte, dit un historien contemporain, on lui avait fait appareiller à souper bien et honorablement, en présence de nobles personnes, mais elle fit seulement mettre du vin dans une tasse d'argent où elle mit moitié d'eau, et cinq ou six soupes dedans qu'elle mangea, et ne prit autre chose de tout le jour pour *mangier* ni boire (cependant elle avait été tout le jour à cheval), puis s'alla coucher en la chambre qui lui avait été ordonnée, et avec elle étaient la femme et la fille dudit trésorier, laquelle fille coucha avec ladite Jeanne, sur le même *couessain* (8-9-41). »

Les 200 lances qui entrèrent dans Orléans avec Jeanne

d'Arc formaient un corps de 1,200 hommes : une lance était composée de six soldats, savoir : trois archers, un *coustillier*, qui portait une *coustille*, c'est-à-dire une épée longue et étroite, l'homme d'armes et son page qu'on appelait souvent son *varlet* (8-9).

Jeanne d'Arc, le lendemain de son arrivée, se présente sur le pont et y est insultée par les Anglais qui occupaient les Tourelles, et auxquels elles voulait parler (9-41). 30 avril 1429, Samedi.

Elle se rend chez Dunois pour se concerter avec lui afin de faire revenir l'armée le plutôt possible de Blois (8-41).

Dunois, D'Aulon, et quelques autres seigneurs, sortent par la porte Renard pour aller chercher l'armée à Blois. Jeanne d'Arc, pour protéger leur voyage, sort aussi de la place avec les habitans et les gens d'armes (8-9-13-41). 1er mai 1429, Dimanche.

Le même jour, Jeanne d'Arc parcourut les rues de la ville à cheval, étant accompagnée de quelques seigneurs et écuyers; ensuite elle sortit de la place par la porte Renard, s'avança plus loin que les ruines du couvent des Grands-Carmes, à-peu-près à la Croix-*Boisée* (Buisée), dans l'intention de parler aux Anglais, qui l'insultèrent comme ils l'avaient fait la veille aux Tourelles (13-41).

Jacquet Leprêtre, garde de la Prévôté d'Orléans, est chargé de présenter à Jeanne d'Arc, au nom de la ville, sept pintes de vin à six deniers la pinte (59).

Jeanne d'Arc se fait ouvrir les portes de la ville et va faire une reconnaissance générale autour de toutes les forteresses et bastilles des Anglais : elle revient ensuite entendre les vêpres dans l'église de Sainte-Croix (8-9-13-41). 2 mai 1429, Lundi.

Charles VII nomme Mr Louis de Comte, seigneur des Valins, près d'Orléans, pour être page de Jeanne d'Arc, et la servir en cette qualité pendant tout le temps qu'elle resterait dans cette ville (8-13).

Les garnisons de Montargis, Gien, Château-Renard, du pays de Gâtinais, de Châteaudun, avec un grand nombre de gens de pieds armés de traits et de guisarmes, entrent dans Orléans, pour contribuer à sa défense. 3 mai 1429, Mardi.

Procession de la Vraie-Croix faite ce jour à Orléans. Jacquet Leprêtre est chargé de payer, à ceux qui portent les torches à cette cérémonie, deux sous parisis (59).

L'armée française, conduite par le comte de Dunois, quitte Blois et vient, après une marche forcée, passer la nuit à quelques lieues d'Orléans (41).

Raoulet de Récour, procureur de ville, est chargé de présenter à Jeanne d'Arc une belle *alouse* (alose).

4 mai 1429, Mercredi.

Jeanne d'Arc, avertie de l'arrivée de l'armée, sort de très-grand matin de la ville avec une partie des Orléanais et de la garnison pour aller à sa rencontre (8-41).

L'armée était précédée par le corps de prêtres que Jeanne d'Arc avait formé avant son départ de Blois; l'un d'eux portait la bannière que l'héroïne de Vaucouleurs leur avait donnée; ce corps était sous la conduite de frère Jean Pasquerel, aumônier et confesseur de la jeune inspirée, et tous chantaient le *Te Deum* en marchant (41).

Les Anglais, saisis d'étonnement, virent défiler cette armée sans l'inquiéter; Talbot ne pût les faire sortir de leurs retranchemens, tant ils étaient interdits (8-9-41).

Dans la même journée de l'arrivée de l'armée, Jeanne d'Arc et le comte de Dunois, voulant profiter de la stupeur des Anglais, sortent de la ville avec 1,500 hommes, et vont attaquer la forteresse que les ennemis avaient élevée sur l'emplacement du couvent de Saint-Loup; ils s'en emparent, la brûlent, la démolissent et reviennent dans Orléans avec 40 prisonniers, après avoir tué 114 Anglais, en avoir brûlé plus de 80 qui s'étaient réfugiés dans le clocher de l'église, et dispersé le reste (9-13-41).

Plusieurs soldats anglais qui, pour s'échapper, s'étaient revêtus d'habillemens sacerdotaux, furent sauvés de la mort par Jeanne d'Arc, vu le grand respect qu'elle avait pour les choses saintes (13-41).

5 mai 1429, Jeudi, jour de l'Ascension.

On assemble un conseil de guerre, présidé par le comte de Dunois: le gouverneur Raoul de Gaucourt, le connétable de Rieux, Jeanne d'Arc, les principaux chefs de l'armée, et plusieurs habitans notables d'Orléans y assistèrent (8-13-41).

L'avis de Jeanne était que l'on attaquât le fort que les Anglais avaient aux Augustins, le lendemain à quatre heures du matin; celui des chefs fut d'en retarder l'attaque, tout en faisant les préparatifs nécessaires (9-45-59).

Ce jour, Jeanne d'Arc fait écrire, sous sa dictée, une seconde lettre aux Anglais; elle fit attacher cette lettre à une flèche, et pour la leur faire tenir, on la lança dans leur camp (9-134-1).

La ville fait faire de grandes provisions d'huile d'olive

destinée à oindre les fagots pour l'assaut des Tourelles, et d'autres matières ainsi qu'il suit (59) :

» Huile d'olive, 98 liv. ½ pesant.

» Poix noire, 89 liv. ½ id.

» Souffre, 32 liv. id.

» Poudre à canon, 10 liv. pesant, pour être jetée sur le taudis de fagots des Tourelles.

» Résine, 15 liv., et oing, pour oindre les fagots et pour engraisser les *drappiaux* pour mettre le feu aux boulevards des Tourelles. »

La poudre à canon était faite dans ce temps avec du salpêtre, du souffre, du charbon et du vinaigre ; elle était renfermée dans des sacs de cuir ou dans des caques à harengs, pour la préserver de l'humidité (9-59-60).

Jeanne d'Arc, qui avait présidé toute la nuit aux préparatifs de cette journée, se présente dès le grand matin à la porte Bourgogne qu'on refuse d'abord de lui ouvrir ; mais les soldats qui la gardaient la voyant suivie par un nombre assez considérable d'habitans de bonne volonté et remplis de respect et d'admiration pour cette guerrière, la laissent sortir après plusieurs sommations de sa part (9-41).

6 mai 1429
Vendredi.

Jeanne d'Arc s'élance dans les bateaux qu'elle avait fait préparer. Dunois, La Hire, Poton de Xaintrailles, le connétable de Rieux, Lafayette et les autres chefs qui avaient été contre cette expédition, ayant été prévenus de la résolution de l'héroïne, changent subitement de décision, et se hâtent de sortir de la place, tenant à honneur d'être de cette attaque et d'en partager les dangers avec elle.

Ils abordent au nombre de 3,000 sur une petite île appelée l'île aux Toiles, qui n'était séparée de la levée du Portereau que par un bras ou ruisseau. Dunois, suivi de ses braves, culbute les ennemis qui sont mis en déroute et poursuivis dans leur forteresse des Augustins dont les Français s'emparent (9-13-41).

Tout ce qui s'y trouva fut passé au fil de l'épée, et sans les canons des Tourelles et les traits qui leur étaient envoyés par les créneaux, tous les Anglais qui se trouvaient de ce côté de la Loire auraient été anéantis (8-9-41).

Jeanne d'Arc, quoique blessée au talon par une chausse-trape, voulait qu'on attaquât tout de suite les Tourelles du pont ; mais Dunois fut d'avis que l'on remît cette affaire au lendemain, afin de donner du repos aux troupes et de faire entrer en ville les prisonniers qui avaient été faits dans cette mémorable journée. Elle coûta aux Anglais six cents prisonniers et plus de mille tués et blessés (8-9-13-41).

Environ 200 Français pris pendant le siége furent délivrés : parmi eux se trouva le hérault que Jeanne d'Arc avait envoyé avec une lettre au régent anglais, avant son départ de Blois. (9-13-41).

Le Maître Jehan retrouva sa coulèvrine et son charriot qu'il avait perdus dans un combat. (*Voir page* 215.)

On pansa la petite blessure que Jeanne d'Arc avait au talon, laquelle lui avait été faite par la pointe d'une chausse-trape. On appelait chausse-trape, quatre pointes de fer disposées en triangles, de telle sorte qu'il y en avait toujours trois qui portaient à terre et une qui demeurait en l'air ; les plus petites avaient des pointes de trois pouces de long, et les plus grandes de cinq. On en semait les champs que devait parcourir la cavalerie, afin que les chevaux en fussent encloués, et aussi sur les remparts et dans les fossés afin de blesser les assiégeans (41-70).

Les généraux français laissèrent une forte division en présence des fortifications des Tourelles, pour empêcher les Anglais de venir réparer la bastille des Augustins et rentrent dans la ville avec les autres (41).

Les magistrats d'Orléans se hâtent de faire passer des vivres aux troupes restées au Portereau ; les Orléanais, à l'envi l'un de l'autre, passaient la rivière dans de petits bateaux pour leur porter des provisions. Les comptes de ville en fournissent la preuve ; on y lit :

« Jehan Lignage, boulanger, fournit huit douzaines de gros pains chauds (59-60).

» Pilard, boulanger, sept douzaines de grands pains et un petit.

» Charlot Luillier, cinq tonneaux de vin, pour mener devant les Tourelles.

» Jean Morchoasme, huit pourceaux pour les gens d'armes devant les Tourelles.

» Par le même, pour l'achat de quatre douzaines de tasses de Beauvais, envoyées devant les Tourelles. »

L'attaque des Tourelles étant arrêtée pour le lendemain 7 mai, samedi, les procureurs de ville ordonnent de fournir aux troupes tout ce dont elles pourraient avoir besoin pour cette affaire (41-59-60).

« Jehan Martin, *artillier* (armurier), fournit deux douzaines de fusées incendiaires pour bailler à Maître Jehan, le coulevrinier, pour faire sauter et brûler le pont des Tourelles. (59-60).

» Jehan de Vonies donna quatorze peaux de mouton, pour faire les lances et fusées données à Jehan le coulevrinier (9-59-60).

» Guilleman, le charron, fut chargé de fournir vingt-deux grandes lances pour aller faire le siége des Tourelles.

» Jehan le Camus fournit deux crocs pour porter à l'attaque des Tourelles (9-59).

» Emery, le *fèvre* (le serrurier), donna deux pinces de fer pesant ensemble 54 liv., pour être portées devant les Tourelles (9-59-60). »

Les fusées incendiaires étaient déjà connues à cette époque; nous n'avons pu nous procurer des renseignemens certains sur leur forme, et leur composition ainsi que sur les moyens de s'en servir : nous savons seulement qu'elles étaient recouvertes de peau de mouton pour les préserver de l'humidité, et qu'elles étaient quelquefois attachées à une flèche ou fer très-aigu qui les fixait sur les objets qu'elles atteignaient (9).

Le Maître Jehan, auquel elles furent remises, était cet habile et brave soldat qui se fit si souvent remarquer au siége. Des auteurs prétendent qu'il était du pays de Jeanne d'Arc ; d'autres en doutent, parce que la vierge de Vaucouleurs ne lui fit pas plus d'accueil qu'aux autres soldats de la garnison. Cet homme de cœur fut chargé de détruire, avec ses fusées incendiaires, le pont des Tourelles, seul endroit par où les Anglais pouvaient se sauver.

Les lances fournies aux soldats français étaient destinées à écarter les ennemis qui voudraient défendre les approches du fossé.

Les crocs et les pinces de fer devaient servir pour ébranler et renverser les piquets qui soutenaient les palissades.

Jehan Hilaire, procureur et receveur des deniers communs appartenant à la ville d'Orléans, paie et baille des deniers de sa *récepte* à Monseigneur le *Bastard* d'Orléans

(Dunois), la somme de 500 liv. tournois pour 14,000 traits qu'il avait fait venir de Blois (9-59).

Copie de la quittance qu'il donna au payeur :

« Nous, Jehan, *bastart* d'Orléans, comte de Porcieu, et de Martaing, *grant* chambellan de France, et lieutenant de Monseigneur le Roi sur le fait de la guerre et *duchié* d'Orléans, *contez* de Blois, et de Dunois, *confessons* avoir *eu* et *réceu* des bourgeois, manans et habitans de la ville d'Orléans par la main de Jehan Hilaire, receveur des deniers appartenant à *icelle* ville la somme de V C livres tournois à nous *deue* pour quatorze milliers de traits à *arbalestres* ou environ, que avons fait mener de la ville de Blois en *ceste* dite ville d'Orléans en *ung* tonneau, trois traversains et deux *casses* (caisses) pour bailler aux gens de traits *estant* en icelle ville pour lever le siége des Anglais *estans* devant, de laquelle somme de VC liv. tournois, nous, nous tenons à *contend* et en *quietons* ladite ville, ledit receveur, et tous autres *tesmoings*, nos *scel* et *saing manuel ci mis* le sixième jour de may 1429.

» Le *Bastart* d'Orléans (9-41-59). »

7 mai 1429, Samedi.

Jeanne d'Arc, secondée par Dunois, le connétable de Rieux, et toutes les troupes qui la veille avaient attaqué la forteresse des Augustins, passe la rivière à la pointe du jour, suivie de plusieurs habitans volontaires; les soldats se forment en colonne et tombent à six heures du matin sur le fort des Tourelles, au bout du pont, du côté du faubourg du Portereau. Ce fort était défendu par Glacidas, un des plus vaillans capitaines de son temps, et 1,200 hommes de garnison (9-13-41).

Il y avait déjà huit heures que l'attaque durait sans résultat, Dunois fit sonner la retraite; Jeanne d'Arc, étonnée de cet ordre, voulait ne pas quitter l'assaut; vaincue par les observations des chefs, elle consent à ce que les troupes prennent un peu de repos et des alimens; pour elle, se retirant dans un lieu écarté, elle se mit en prières (41).

Quelques instans après, elle revint disposer les troupes pour renouveler l'assaut; la première, elle descend dans le fossé qui était en avant des Tourelles et du pont-levis; la première aussi elle s'empare d'une échelle et y monte; son exemple est suivi des troupes électrisées par son courage et animées par sa voix qui leur criait d'un ton inspiré :

« A moi, mes amis, ils sont à nous, entrons dans l'*estoque*. »
Alors rien n'arrête les Français, les armes des Anglais, les pierres énormes qu'on roulait sur eux, les maillets de plomb, les massues avec lesquelles on les assommait, ne firent que redoubler leur ardeur (9-13-41).

Les Orléanais arrivent en masse par le pont; mais arrêtés par la rupture des arches en avant des redoutes de la Belle-Croix, ils se mirent à traîner, à force de bras, des poutres, des solives; elles se trouvent trop courtes, un charpentier ajoute à la plus longue une autre pièce de bois le plus solidement possible; on pousse en avant ce pont chancelant et il va se joindre à l'autre bord; on place un étai dessous. Le frère Nicolas de Giresme, commandeur de l'ordre des chevaliers de Saint-Jean de Jérusalem, et Charles de Martres y passèrent les premiers. (9-41).

D'autres apportent des échelles, des planches et même les gouttières des maisons de la ville voisines du pont; alors le boulevard du nord des Tourelles se trouve assiégé en même temps que les Tourelles au sud (9-13-41).

Il y avait déjà quatorze heures que le combat durait; les Français avaient été repoussés jusqu'à quatre fois, autant de fois Jeanne d'Arc les avait ramenés à la charge, en se signalant par des actions de valeur qui remplissaient d'admiration les deux partis. Enfin le fort des Tourelles est pris d'assaut, et la Pucelle d'Orléans qui était montée une des premières sur les créneaux, y planta son étendard : les soldats qui la suivaient et les habitans d'Orléans le saluèrent de leurs cris d'allégresse. Six cents Anglais furent taillés en pièces, plus de deux cents se noyèrent en voulant repasser avec trop de précipitation le pont-levis qui communiquait aux Tourelles, et qui avait été en partie ébranlé et brûlé par les fusées incendiaires de Maître Jehan le coulevrinier (9-40-59).

Le capitaine Anglais Glacidas trouva la mort dans les flots de la Loire, par la rupture de ce pont. Jeanne d'Arc, ayant fait recueillir son corps, le rendit à ses compatriotes (8-9-13-41).

La Pucelle fut blessée d'un coup de flèche, entre le cou et l'épaule, au-dessus du sein gauche. Elle rentra en triomphe dans Orléans, en passant par le pont dont on avait complètement rétabli la communication à la Belle-

Croix, par le moyen d'un grand nombre de solives et de planches qu'on avait apportées de la ville : arrivée à son logement de la porte Renard, elle fit panser sa blessure sur laquelle on appliqua de l'huile et du lard (9-41).

Un Orléanais, brave soldat et excellent capitaine, nommé Lebourg de Labar, fait prisonnier de Jean Talbot, depuis quelques jours, fut confié à un moine Augustin, anglais de nation, qui, pour s'assurer de son captif, lui avait fait mettre les fers aux pieds. Le religieux, ne sachant pas, à la porte Bannier où il était, ce qui se passait sur le pont, voulait remettre son captif aux Anglais qu'il croyait encore maîtres de la bastille de Saint-Pouair, nommée Paris; mais le prisonnier, plus au fait des événemens, saisit le moment, se jette brusquement sur l'Augustin en lui serrant fortement la gorge; il ne lui accorda grâce que sous la condition qu'il le porterait sur ses épaules jusqu'au milieu d'Orléans. Sa présence d'esprit rendit un service d'autant plus grand, que le religieux, captif à son tour, donna sur l'armée anglaise les détails les plus importans (9-13).

Les procureurs de ville (échevins) font distribuer de l'argent aux soldats blessés pour se faire panser par les gens de l'art (9-59-60) : au nombre de ces soldats était Berthault Coulon, homme d'armes de la compagnie Audin de Boissy, lequel avait été blessé d'un coup de canon, à l'assaut du boulevard du Portereau d'Orléans (9-59);

« A Raoulet de Récour, procureur, pour remettre à *ung* homme qui a été blessé aux Tourelles ;

» A Jehan Mahy, pour donner à trois *Escossois* (soldats écossais) qui *estoient* blessés, pour leur aider à vivre (9-50). »

Il paraît qu'à cette époque il n'y avait point d'hôpitaux militaires, et que lorsqu'un soldat était blessé, on lui donnait de l'argent pour se faire panser (9-50).

Jehan Hillaire, procureur de ville et receveur des deniers communs, fait payer les personnes qui pansaient les blessés et les malades, savoir :

« Thomas Curogier, pour son salaire d'avoir *appareillé* (pansé) les hommes d'armes qui ont été blessés, par l'ordonnance des procureurs (9-59).

» Jehan Pichoré, barbier, pour avoir visité les *bléciez* (blessés) en ladite ville et *appareillé* (pansé), par l'ordonnance des procureurs.

» Au même, *pourcequ'il* a revisité des gens d'armes *bléciez* (blessés) devant le siége des Tourelles (9-59-60). »

Les paiemens faits par les procureurs de ville, comme il est détaillé ci-dessus, prouvent qu'indépendamment de l'argent qu'on distribuait aux soldats blessés pour se faire panser eux-mêmes, il y avait des gens de l'art qui étaient salariés par les procureurs (9-59).

Les Anglais, voyant que leurs principaux forts étaient pris, ainsi que les Tourelles, et que les vivres et les munitions de guerre pouvaient entrer facilement dans Orléans, se décident à se retirer, ce jour, 8 mai 1429, dès le matin, après un siége de six mois et vingt-six jours, ayant commencé du 12 au 13 octobre 1428. Ils avaient perdu de 5 à 6,000 hommes, de l'artillerie, des munitions, des effets de campement, d'habillement et des sommes immenses ; leurs dépenses ayant été évaluées à 40,000 livres par mois, ce qui fait environ 1,333 livres par jour, somme énorme pour l'époque (8-9-13-41).

8 mai 1429, Dimanche.

La levée de ce siége, le plus fameux qu'on ait soutenu depuis le commencement de la monarchie française, fit regarder Jeanne d'Arc comme l'ange tutélaire de la France, et lui acquit le glorieux surnom de Pucelle d'Orléans (9-13-43).

La ville était une des plus fortes de l'Europe ; le Bâtard d'Orléans, Poton de Xaintrailles, La Hire, Dorval, Thouars, Chabannes, Lafayette, le maréchal de Rieux, et tout ce que la France avait de plus vaillans hommes s'y étaient renfermés ; le roi y avait envoyé le peu de soldats qui lui restaient, lesquels furent puissamment soutenus par les habitans, hommes, femmes, enfans, élèves de l'Université, et surtout par Raoul de Gaucourt, gouverneur, qui s'y acquit une grande réputation de conduite et de courage (9-13-41).

Pour fêter avec pompe la levée du siége par les Anglais, et en rendre des actions de grâces à Dieu, Jeanne d'Arc ordonna qu'on apportât une table en avant de la porte Renard, et à la vue des ennemis qui se retiraient par Châteaudun, elle fit décorer cette table des ornemens religieux, et se prosternant humblement à genoux, avec toute l'armée française et les Orléanais, rangés en bataille devant cet autel élevé à la face du ciel, au milieu des champs, entre la ville et les Anglais, on y célébra deux messes que cette multitude armée entendit avec une attention respectueuse, et dans le plus profond silence : les Anglais, eux-mêmes, en se retirant, n'osèrent troubler cette auguste et imposante cérémonie (9-41).

Même jour, vers midi. Une procession générale est faite, de l'église de Sainte-Croix à celle de Notre-Dame-des-Miracles, à laquelle assista une grande partie des Orléanais, le clergé, les religieux de tous les ordres, les magistrats, les militaires, et surtout la Pucelle d'Orléans, portant son étendard victorieux, le plus bel ornement de cette première fête (9-41).

Les procureurs de ville, au nom des Orléanais, font plusieurs présens à Jeanne d'Arc, et chargent l'un d'eux, Jehan Hilaire, receveur des deniers communs, de les payer et de les faire présenter à cette héroïque fille (9-59). Il paya :

« A Jacquet Compaing, pour demy aulnes de vers (étoffe), achestés pour faire les orties (ornemens ou broderies représentant des plantes nommées orties) des robes de la Pucelle Jehanne, le jour du lièvement du siége d'Orléans, VI^s parisis.

» A Massot Bariant, pour avoir tiré à *clert* un tonneau de vin prins chez Jh. Morchoasme, pour donner à Jehanne le jour du lièvement du siége d'Orléans, VI^s parisis.

» A. Jh. Lebrun, sellier, pour l'achat d'ung bast à bahu (selle arrondie sur le dessus), et pour ung bahu (coffre dont le couvercle est arrondi et couvert de clous de cuivre) serrures, courroys, sangles, et pour touailles (toile) pour le guernir par dedans avec couverture pour donner à Jehanne la pucelle, pour le tout, LXXVI^s parisis.

» A Jh. Morchoasme, pour argent baillé pour l'achat de VI chapons, IX perdrix, XII congnins (lapins) et ung fésan presenté à Jehanne la pucelle, VI liv. XII^s III deniers parisis. »

Dunois ne fut pas oublié par les Orléanais qui lui firent présent (par les mains des leurs procureurs) de plusieurs choses.

« Jehan Leberche, est chargé de l'achat d'un *luz* (poisson) *ung bar* (barbillon) et autres poissons pour être présentés à M. le bastard d'Orléans, comte de Dunois.

» Jacquet Leprestre est chargé de faire faire deux cents *mestiers d'oublies* (sortes de petites tartelettes sucrées de l'épaisseur d'une oublie) pour M^r. le bastard d'Orléans. »

Les Orléanais, reconnaissans des services rendus pendant le siége de leur ville par les diverses capitaines et gens de guerre qui étaient dans la place, chargent leurs magistrats de leur payer et répartir la somme de 2,400 liv. En conséquence, le payeur des deniers communs de la ville remit à M. le bastard d'Orléans la somme de 2,400 liv. parisis, valant 3,000 liv. tournois de la monnaie qui avait cours au mois de mai 1429, à 20 liv. tournois le marc d'argent ; laquelle somme, les gens d'église, bourgeois, manans et habitans de la ville d'*Orliens accordirent* audit mois de may *païer* et bailler pour payer les *cappitaines* et gens de guerre *estant* en *ceste* ville, *ad ce que* vers le temps où fut mis le siége devant la ville de Jargeau (9-59). »

Plusieurs Orléanais et des soldats de la garnison sortent de la ville au nombre de cent cinquante environ, sous la conduite de La Hire, et suivent les Anglais pendant plusieurs lieues, pour s'assurer si c'était bien par Châteaudun qu'ils se retiraient (9-13-41).

Les Orléanais se répandent en foule, ce jour et les suivans, dans toutes les bastilles, forts et batteries abandonnés par les Anglais, renversent tout, et rentrent dans la ville avec les vivres, les munitions de guerre, les bombardes, les gros canons que les ennemis n'avaient pu emporter dans leur fuite (9-41).

Un historien dit qu'ils retrouvèrent une grosse et belle cloche que les Anglais avaient enlevée dans les environs.

Cette cloche, que les Anglais n'avaient sans doute pas eu le temps de fondre, était peut-être celle donnée à l'église de Cléry, par Philippe-le-Bel, en 1308. (*Voir page* 133 *et* 210) (8-79).

Jeanne d'Arc quitte Orléans qu'elle avait habité pendant dix jours (du 29 avril au 9 mai). Elle avait logé tout ce temps, ainsi que son frère Pierre d'Arc, près la porte Renard, dans l'hôtel de Jacques Bouchier, trésorier du duc d'Orléans ; appelé aujourd'hui la maison de l'Annonciade. Elle mangeait chez lui d'une manière si frugale que, par le compte arrêté plus tard par les échevins et le trésorier Bouchier, sa dépense personnelle en son hôtel, celle de son frère, de son aumônier, de son écuyer, de son page et de trois chevaux, pendant dix jours, ne s'éleva qu'à vingt livres parisis. Elle couchait dans la chambre de la femme de son hôte, dans le même lit que sa fille, au rez-de-chaussée : cette chambre se voit encore présentement (8-9-13-41-49-50).

A son départ, les Orléanais lui témoignèrent leur admiration et leur reconnaissance : plusieurs se mettaient à ses genoux et baisaient ses habits en criant : « Voilà notre libératrice ! » Elle sortit de la ville par la porte Renard, et conduisit à Chinon les troupes qui avaient défendu Orléans, étant toujours accompagnée par le comte de Dunois (9-13-41).

C'est depuis le siége d'Orléans que le surnom de *chiens* fut donné aux habitans de cette ville par les Français. Cette épithète, loin d'être injurieuse, comme elle pourrait le paraître au premier abord, n'a rien au contraire que d'honorable : le chien est le symbole de la fidélité, et la fidélité des Orléanais, pour leur patrie et leur roi, venait d'éclater au plus haut degré. Indépendamment de leur service personnel, ils se taxèrent volontairement à des sommes énormes. Soixante-dix pièces de bombardes, canons ou coulevrines furent fondues en partie à leurs frais et les matériaux fournis par eux ; les catapultes, les engins, les arbalètes, les traits, les autres attirails de guerre, payés de leurs deniers ; les munitions de bouche, les armes, la poudre, en presque totalité, fournies par eux ; enfin les soldats de la garnison étaient logés chez les habitans qui, à tour de rôle, les reçurent à leurs foyers, comme leurs frères, pendant tout le siége. Lors du séjour de Jeanne d'Arc, leur nombre s'élevait de 6,000 à 6,500 (8-9-13-41-49).

État nominatif et alphabétique des principaux habitans d'Orléans qui se distinguèrent pendant le siége de cette ville, par leur courage, leurs sacrifices ou leur patriotisme, recueilli aux archives de la Mairie et à la bibliothèque publique, sur les manuscrits de cette époque (4-9).

Acarie (Guillaume).
Acarie (Pierre).
Anquetil (Sandrin).
Allais (Jehan des).
Aubelin (Jehan).

Boillève (Girard).
Boillève (Guyot).
Boilleau (Girard).
Boilleau (Guyot).
Boilleau (Aubery).
Boilleau (J.), âgé de 30 ans.

Boilleau (J.) âgé de 57 ans.
Bonneval (Jehan de).
Brunet (Perrin).
Beauharnais (Guillaume).
Boillevache (Pierre).
Baudry (Louis).
Barbier (Domainguin).
Barantin (Pierre).
Brune (Louis).
Brune (Renault).
Bouchier (Jacq[s]), trésorier.
Bouché (Pasquier).

Berruyer (Guillaume le).
Blois (Jehan de).
Bezard (Guillot).
Boissy (Thomas de).
Barbeau (Étienne).
Bruneau (Jehan).
Bourges (Étienne de).
Bordier (Jehan).
Bec (A. du), prévôt d'Orl.
Bourdon (J.), seign' de l'Ile.
Bourdon (Pierre).
Boulard (Philippon).
Baguenault (Guillaume).

Cony (Cosme de).
Chef-de-Ville (Jehan).
Champeaux (Jehan de).
Champeaux (Fouquet de).
Coulons (Jehan de).
Coulons (Guillaume de).
Chauvreux (Girard).
Chenu (Guillaume).
Chartres (Jehan de).
Chartres (Pierre de).
Compaing (Jehan).
Compaing (Jacquet).
Chauveau (Guillot).
Charles (Philippon).
Chartier (Jacquet).
Chartier (Raoul).
Chapellier (Raoulet le).
Cangy (Denis de).
Cormereau (Jacquet).
Cormereau (Pierre).
Caba (Innocent).
Caba (Gentien).
Colas (Guillot).
Comte (Antoine de).

Dureau (Jehan).
Durant (Guillaume).
Durant (Jehan).

Dumuys (Jehan).
Daviau (Jehan).
Doucet (Guillaume).
Deloynes (Jacquet).
Delistelle (Regnault).

Filleul (Simon).
Filleul (Michelet).
Faubert (Thomassin).
Faure (Simon le).
Framberge (Pierre).
Fossé (Simon du).
Fossé (Guyon du).

Gauthier (Robin).
Girault (Guillaume).
Godin (Gervaise).
Gault (Perrin).
Garnier (Jehan).
Guitry (Michau).
Gastellier (Perrinet le).

Hueret (Jehan).
Hatte (Jehan).
Hue (Jehan).
Hue (Perrinet).

Janvier (Jehan).
Julian (Guillaume).
Jaquet (Girard).

Luillier (Jehan).
Luillier (Jacques).
Luillier (Charlot).
Leclerc (Jehan).
L'homme (Jacquet de).
Lelong (Charlot).
Legier (Jehan).
Legier (Pierre).
Legier (Drouet).
Langlois (Jehan).
Largentier (Jacquet).
Langevin (Jehan).

Ladmirault (Étienne).
Lallemand (Jehan).
Lallemand (Bernard).
Laurent (Hervé), lieut.-gén.
Lemaire (Guillaume).
Leprestre (Jehan).
Lefebvre (Robin).
Lefebvre (Raoulet).
Lefebvre (Étienne).
Laureau (Guillaume).
Lelievre (Macé).
Lecharpentier (Jehan).
Legrand (J.), âgé de 60 ans.
Legrand (J.), âgé de 48 ans.
Lamy (Perrin).
Lestrahy (Jacquet).
Lecharron (Jehan).
Lecharron (Guillaume).
Lecamus (Jehan).
Leprince (Pierre).
Langlois (Grégoire).

Mahy (Colin).
Mahy (J.), âgé de 59 ans.
Mahy (J.), âgé de 50 ans.
Moreau (Henry).
Mareau (Perrinet).
Mareau (Henry).
Mareau (Guyot).
Mareau (Robin).
Martin (Jehan), tailleur.
Martin (Jehan), coutellier.
Mesmin (Gille de Saint).
Mesmin (Aignan de Saint).
Mariette (Vincent).
Milet (Pierre).
Monceau (Jehan).
Merlin (Guillaume).
Monsire (Jehan).
Morchoasme (Jehan).
Malier (Huguet).
Mango (Étienne).

Maillard (Jehan).
Menager (Jehan).
Miron (Claude-Jehan).

Nicolas (Denis).
Nicolas (Estienne).
Nolet (Colin).
Nolet (Pilippot).

Ogier (Jehan).
Odeau (Gillet).

Petit (J.), place St-Sulpice.
Petit (J.), rue Ste-Catherine.
Prevost (Jehan), tanneur.
Prevost (Jehan), fèvre.
Pillos (Jehan), de Viallon.
Petit-Bois (Jehan).
Paré (Jehan).
Papin (Jehan).
Pencoreille (Me Guillaume).
Potier (Guillaume).
Pinurier (Samson).
Planché (D^s des), châtelain.
Paris (Philippe).

Renvoisél (J. le), d'Orbec.
Roiche (Jehan de la).
Rousseau (Guillaume).
Rousseau (Colin).
Rivière (Thomas de la).
Rome (J. de la), âgé de 20 ans.
Rome (J. de la), âgé de 40 ans.
Renier (Étienne).
Regnault (Jehan).
Regnault (Henry).
Regnault (Pierre).
Rose (Jehan).
Rose (Fouque).
Rou (Jehan).
Renard (Berthier).
Recour (Raoul de).

Simon (Jehan).
Simon (Guyon).
Simon (Gaultier).
Saget (Gilet).
Sancerre (Jacques de).
Salmon (Jehan).
Saunier (Estienne).
Soulaire (Jehan).
Sevin (Jehan).
Sevin (Thonion).
Sevin (Berthault).
Souldan (Phillippot).

Troyes (Jehan de).

Thaumestières (Bernard de).
Triquoys (Jehan).
Thou (Sevestre de).
Tassin (Roillard).

Ville-en-Desert (Jehan).
Volant (Jehan).
Vincent (Noël).
Villedard (Estienne).
Vellier (Jacques de).

Ytasse (J.), âgé de 20 ans.
Ytasse (Jehan), rue au lin.
Ysembert (Jehan).

On voit qu'en 1428, l'usage était de ne donner à chaque personne qu'un seul nom de baptême (4-9).

Lorsque deux personnes portaient le même nom de famille et le même nom de baptême, on les distinguait par leurs professions ou la rue de leurs domiciles, ou enfin par leur âge.

On voit encore qu'à cette époque plus d'un tiers des Orléanais portaient le nom de Jehan; puisque sur les 205 noms ci-dessus il y en a 76 ayant ce prénom.

Jeanne d'Arc arrive à Blois, le roi Charles VII, qui était dans cette ville, la reçut ainsi que le comte Dunois, avec les témoignages de la plus vive reconnaissance; il appela la Pucelle le sauveur de l'état; il l'anoblit, ainsi que son père, ses trois frères, et toute leur postérité, même féminine; changea le nom de leur race, qui était d'Arc, en celui *du Lis*, et leur donna pour armes un écu d'azur à l'épée mise en pal, ayant la croisée et le pommeau d'or, accoté de deux fleurs de lis, et soutenant une couronne de même sur la pointe. Elle reçut ces honneurs avec la modestie qui accompagnait toutes ses actions; en même temps elle déclara à ce prince que le premier objet de sa mission avait été de délivrer Orléans, et que le second était de le mener à Reims pour y être sacré (41-43). *10 mai 1429.*

Le roi Charles VII, résolu de se mettre à la tête de son armée, prend le parti de profiter de la consternation des Anglais pour balayer tout le pays qui environnait Orléans, avant que de se rendre à Reims; la chose étant de difficile exécution, parce qu'il fallait traverser 40 lieues *Mai 1429.*

de pays occupé par les ennemis, on fit d'abord marcher des troupes sur la petite ville de Jargeau, dans l'Orléanais, et Jeanne d'Arc fut chargée de cette expédition (9-41-43).

1er juin 1429.

Jacquemin ou Jacques d'Arc, frère aîné de Jeanne d'Arc, arrive à Blois pour partager les travaux de sa sœur et de son frère Pierre, qui n'avait pas quitté la Pucelle (8-9).

7 juin 1429.

Charles VII fait partir Jeanne d'Arc et le duc d'Alençon de Blois, avec ordre de se rendre à Jargeau, pour en chasser les Anglais qui occupaient cette ville, que Jean de la Poule, un de leurs capitaines, avait prise avant le siége d'Orléans. Les deux frères de la Pucelle, Jacques et Pierre d'Arc, furent de cette expédition (9-41).

9 juin 1429.

Les procureurs de ville font faire deux seings pour *signer* (poinçonner) les pioches, pics, pelles et autres attirails de guerre appartenant à la ville, et qu'on lui avait donné ordre de tenir prêts pour le siége de Jargeau, afin de ne pas les confondre avec les autres (59-60).

Jehan d'Orléans, le hérault de la ville, va crier par toutes les places et carrefours que le lendemain, jour de la Fête-Dieu, on porterait le *corpus Domini*, et que les gens d'église seraient nu-pieds (9-59).

Le hérault de ville était une espèce d'officier qui portait une robe, sur laquelle étaient peintes, devant et derrière, les armes de la ville; il avait dans sa main droite une masse et sur sa tête une toque; ses fonctions étaient d'annoncer par la ville les ordres du corps des procureurs (échevins) ainsi que les fêtes civiles et religieuses. On l'appelait aussi *cœur de lis*, à cause des armes de la ville où se trouve le pistil de cette fleur. Dans certaines occasions de ses fonctions, il portait encore la dénomination de poursuivant, parce qu'il était chargé de poursuivre ceux qui n'obéissaient pas à ses ordres et les citait à la chambre de la ville (9-59).

10 juin 1429.
Vendredi.

Grande procession de la Fête-Dieu, où fut porté le *corpus Domini* (Saint-Sacrement), remarquable parce que les gens d'église furent nu-pieds, et par les chapeaux de fleurs ou couronnes qui étaient sur la tête des procureurs de ville, qui portèrent le *ciel* ou dais sur leurs épaules.

Ces chapeaux de fleurs, qui furent achetés par Jacquet Leprestres, étaient faits en forme de couronne, avec des bandes qui se réunissaient en pointe au-dessus de la tête.

Jeanne d'Arc arrive à Orléans, en allant à Jargeau pour en faire le siége. Elle fut reçue comme en triomphe et saluée des acclamations et des bénédictions des habitans de cette ville (9-41).

Jeanne d'Arc quitte Orléans pour se porter sur Jargeau avec les troupes qui étaient sous ses ordres et plusieurs braves Orléanais qui la suivirent dans cette expédition, composée d'environ 8,000 combattans (41). 11 juin 1429.

Le Maître Jehan, le valeureux coulevrinier, qui s'était fait remarquer au siége d'Orléans, voulut aussi participer à ce siége, auquel il se rendit avec sa grosse coulevrine, son petit chariot et ses *varlets* (9-13).

Les procureurs de ville paient par les mains de Jehan Morchoasme, l'un d'eux, à Thevenon Villedart, la dépense *que ont faicte en son hostel les frères de la Pucelle* pendant leur séjour dans Orléans (9-59).

Jehan Morchoasme, procureur de ville, est chargé de *bailler auxdits frères de la Pucelle pour don à eulx fait trois écus d'or qui ont cousté chacun 64 sous parisis.*

Charlot le Long, par ordonnance des procureurs, fournit aux frères de la Pucelle, trois paires de *houseaux* (guêtres en cuir qui s'attachaient avec une broche en fer en place de boutonnières) et aussi trois paires de souliers.

Prise de la ville de Jargeau, laquelle fut saccagée : les assiégés sont passés au fil de l'épée. Jeanne d'Arc étant montée à l'escalade une des premières, fut renversée dans le fossé par un Anglais qui lui jeta sur la tête un gros caillou, et sur le point d'être prise, lorsque le Maître Jehan vint à son secours avec sa grosse coulevrine; il tuait tous les ennemis qui s'approchaient d'elle, et parvint à la sauver (41). 12 juin 1429.

Le frère du comte de Suffolck est fait prisonnier à Jargeau et envoyé à Orléans pour y rester sur parole jusqu'à ce qu'il eût payé sa rançon.

La ville de Meung est assiégée par une division de l'armée du roi Charles VII; mais la garnison anglaise, intimidée par ce qui s'était passé à Jargeau, se rendit à la première sommation (43). 13 juin 1429.

Le siége est mis devant la ville de Beaugency, les Anglais qui l'avaient fortifiée firent voir qu'ils voulaient la défendre avec opiniâtreté. Le roi Charles VII confia à Dunois et à Jeanne d'Arc, qui étaient revenus près de lui, le soin de réduire cette place (43-41). 29 14 juin 1'.

Le connétable de Richemont, fâché de n'avoir point de part à ce retour de fortune pour la France, et se dissimulant à lui-même l'aversion que le roi avait pour lui, assemble un corps de 2,000 hommes de pied et de 1,200 chevaux, et vient offrir ses services à Charles VII, qui les accepta avec joie (41-43).

Son armée se joignit à celle du roi, et la prise de Beaugency fut le résultat de cette réunion, malgré la résistance des Anglais. Jeanne d'Arc s'y fit remarquer par son intrépidité.

18 juin 1429.
Vendredi.

Les Anglais qui ignoraient la prise de Beaugency, qu'ils croyaient pouvoir résister long-temps, se mirent en marche pour en faire lever le siége, et l'on comprit bientôt qu'on ne pouvait éviter une bataille : on fit d'abord retirer le roi pour ne pas exposer sa personne dans un combat douteux.

Les Anglais étaient campés au bourg de Patay, en Beauce, près d'Orléans, au nombre de 5,395 hommes. Le connétable de Richemont, auquel le roi avait donné le commandement de toute l'armée française, résolut de les surprendre, d'après l'avis de Jeanne d'Arc qui lui avait assuré le gain de la bataille ; il les attaqua à la pointe du jour et dans le temps qu'ils n'étaient pas préparés au combat ; Talbot qui les commandait fit la plus vive résistance, mais ses troupes furent enfoncées, il fut fait prisonnier avec 1,200 soldats, et les Français remportèrent une victoire complète (9-41-43).

24 juin 1429.

L'armée victorieuse arrive à Orléans pour se renforcer de toutes les troupes qui se rendaient dans cette ville (41).

26 juin 1429.
Dimanche.

Jeanne d'Arc revint pour la troisième fois à Orléans ; elle fit *tirer* par devers le roi tous les gens d'armes avec habillemens et charroy. A mesure que de nouvelles troupes arrivaient dans la ville, elle les passait en revue dans la place du marché et les dirigeait sur Gien où était le rendez-vous général de l'armée. Elle se donnait beaucoup de peine pour hâter l'armement et l'envoi des troupes, et ne se permettait aucun repos (9-41).

30 juin 1429.
Jeudi.

Jeanne d'Arc quitte Orléans pour se rendre à Sully où était le roi Charles VII ; elle fut escortée pendant plusieurs lieues par une grande partie des Orléanais, qui ne pouvaient se lasser de la voir et de lui témoigner leur reconnaissance, pressentant qu'ils ne la reverraient plus.

A la nouvelle des victoires de Charles VII, qui se ré- 1er juillet 1429.
pandit rapidement, toute la noblesse de France accourut à
l'armée du roi, et le retour de la fortune ramena au monarque la plupart des seigneurs que son adversité avait
écartés. Louis III, roi de Sicile, frère de la reine, y vint
aussi, amenant avec lui un escadron de vaillans hommes
(41-43).

Le roi de France quitte Gien, où il était venu camper,
et s'avance à la tête de son armée, qui se montait à environ 12,000 hommes, vers la ville de Reims, où la Pucelle
le pressait de se rendre pour accomplir le second point de
sa mission.

Charles VII fait son entrée triomphante dans la ville de 14 juillet 1459
Reims, ayant à ses côtés le roi de Sicile, son beau-frère,
et derrière lui la Pucelle, portant son étendard déployé;
le comte de Dunois, le connétable de Richemont, le maréchal de Rieux, Lahire, Xaintrailles, Lafayette et une
foule d'autres capitaines.

Jean de Saint-Michel, évêque d'Orléans, part de cette
ville pour se rendre à Reims, où il avait été appelé par
Charles VII, pour assister à son sacre en qualité de pair
ecclésiastique (21).

Charles VII est sacré à Reims avec toute la pompe qui 17 juillet 1429,
convient à cette cérémonie. Jeanne d'Arc, placée dans un Dimanche.
lieu apparent, tenant toujours son étendard, était le plus
bel ornement de cette fête, en partie son ouvrage; elle
s'agenouilla devant le roi, et l'embrassant par les jambes,
lui dit : « Gentil roi, or est exécuté le plaisir de Dieu qui
voulait que je levasse le siége d'*Orliens*, et vous menasse
en cette cité recevoir votre saint sacrement (9-40-41-43). »

La cérémonie étant terminée, la vierge de Vaucouleurs
exposa au roi que sa mission était finie et le pria de lui
permettre de se retirer dans son pays; le roi s'y opposa et
voulut qu'elle continuât de l'aider de sa valeur (41-43).

Charles VII nomme Pierre d'Arc, le plus jeune des
frères de la Pucelle, celui qui était venu avec elle à Chinon et qui ne l'avait jamais quittée, prévôt de Vaucouleurs, en récompense des services de sa sœur. Pierre
quitta Jeanne d'Arc pour aller prendre possession de sa
nouvelle charge, et fut suivi de Jacques, son frère aîné,
qui était venu les trouver à Blois (41).

Charles part de Reims, et est reçu dans toutes les villes 1er août 1429.

devant lesquelles il se présente : Senlis, Beauvais, Compiègne et plusieurs autres villes lui ouvrirent leurs portes et lui firent des offres (43).

8 août 1429. Fameuse journée de Mont-Piloër, où, depuis le lever jusqu'au coucher du soleil, les guerriers les plus vaillans de France et d'Angleterre combattirent par groupes détachés, à la manière des héros d'Homère, firent à l'envi des prodiges de valeur, et ne purent toutefois s'enlever la victoire ; Jeanne d'Arc se fit remarquer par son courage, ainsi que Suffolck, et Talbot, qui ayant été fait prisonnier à la bataille de Patay, était parvenu à payer sa rançon (41).

25 août 1429. Charles VII réunit toutes ses forces, et sous la conduite de Jeanne d'Arc et de ses autres généraux, prend Saint-Denis et campe à Montmartre dans le dessein de se rendre maître de Paris (41-43).

7 septem. 1429. Les procureurs de la ville d'Orléans font réparer les Tourelles du pont et le pont lui-même, dont les arches avaient été endommagées, lesquels ouvrages furent faits *hâtivement* par ordre du prince (59-60).

9 septem 1429. Vendredi. Charles VII fait attaquer le faubourg St-Honoré de Paris, par Jeanne d'Arc et le comte de Dunois, qui la quittait rarement dans ses expéditions ; mais leurs troupes y furent battues, la Pucelle y fut blessée et renversée dans les fossés ; on la tira du milieu des morts. Le roi voyant qu'il serait trop difficile de se rendre maître de la capitale, retourna à Bourges en Berry, où Jeanne d'Arc fut transportée pour y rester en convalescence (41-43).

12 octobre 1429. Procession générale pour l'anniversaire du siége que les Anglais avaient mis devant Orléans, le 12 octobre 1428 (9-49).

Les procureurs de ville font payer 4 sous parisis par Jacquet Leprestre, l'un d'eux, à *ung* pauvre homme qui avait ôté un cheval mort qui *estait* devant l'hostel de Marescot, pour cause de la procession générale faite le douzième jour d'octobre, pour mémoire du jour que les *Godons* (Anglais) *mesdrent* (mirent) le siége devant *Orliens* (Orléans).

28 octobre 1429. Bombachellier, paveur d'Orléans, est chargé de réparer le pavé du pont de cette ville, dans la longueur de quarante-huit toises et demie, à l'endroit du boulevard de la Belle-Croix ; lesdits travaux estimés 8 livres (4-59-60).

Fin de l'assemblée des trois états à Orléans; les députés de la ville furent les citoyens Girard, Boyleve, Étienne Luilier, maître Raoul, maître Philippe, Guillaume Compaing, Jehan Mignai, et Thevenet de Bourges. On paya leur nourriture pendant la tenue des états, depuis le 21 jusqu'au 29 octobre; mais on ne paya pas leur nourriture le samedi 24 et le dimanche 25, parce qu'il n'y eût point de séance ces jours là (4-59).

29 octobre 1429.

Destruction de la catapulte ou grand couillard de la tour de Saint-*Pol*, les bois sont portés en la chambre de ville (4-9-59).

Octobre 1429

Les procureurs de ville chargent Jehan, charretier, de ramasser les tabliers et de les *ardre* (brûler).

Nous présumons qu'on appelait tabliers, des registres ou des tarifs qui restaient constamment sur les tables de l'octroi, lesquels étaient toujours à la disposition du public qui voulait les consulter. Les placards se mettaient aux coins des rues, places et carrefours, les tabliers restaient sur les tables. L'on disait alors : Donnez-moi le tablier, pour dire : Donnez-moi le registre ou le livre qui reste sur la table; ce qui peut donner quelque poids à cette opinion, c'est que dans plusieurs ordonnances des rois de France relatives au tarif des vins, notamment dans celle de l'année 1304, le nom de tablier est donné au bureau de l'octroi lui-même (4).

On appelait aussi tablier des espèces de nappes en grosse toile qui se mettaient sur les tables, lesquelles avaient des garnitures ou pendans en toile plus fine qui servaient à s'essuyer les mains et la bouche, les serviettes n'étant pas encore en usage.

Raoul Beaupigné, charron d'Orléans, est chargé de faire l'*eschaffault* à Sainte-Croix, pour y brûler les tabliers, et de fournir plusieurs *étantières* (pièces de bois) pour faire ledit *eschaffault* qui brûlait avec les registres.

Jean VII de Saint-Michel, évêque d'Orléans, meurt dans cette ville après en avoir gouverné l'église pendant environ six ans : ce prélat était écossais (21-64).

1429.

Charles VII exempte les Orléanais, pour tout le temps de sa vie, de tailles, subsides, taxes, aides, ban et arrière-ban, et de logement militaire, pour les récompenser des services rendus à sa personne et à son royaume, pendant le siège de leur ville et ses guerres avec les Anglais. Les régens, les docteurs et les élèves de l'Université furent également exemptés de plusieurs charges et eurent des priviléges, en récompense de leur conduite pendant le siége (9-64).

1er février 1430. Les procureurs de la ville d'Orléans chargent Jehan Mahy d'acheter neuf cents de harengs, à 20 sous parisis le cent; 6 mines de pois, à 12 sous parisis; 6 mesures d'*uille*, à 4 sous parisis la mesure, pour être présentés et donnés aux quatre ordres *mandiens d'Orliens pour le Karesme* (4-9-59).

20 avril 1430. Frère Richart, *précheur* (prédicateur) de la ville, ayant prêché le *Karesme* à Orléans, est payé par les procureurs et reçoit des présens; il est défrayé de sa dépense pendant son séjour dans cette ville.

Guillaume Grelier, *hostellier*, est payé 9 livres 6 sous parisis pour toute la dépense faite par frère Richart, *précheur* de la ville, en son *hostel* et celui de son père, depuis la veille de Pâques-Fleuri jusqu'au mercredi d'après la quasimodo.

Jehan Moreau, libraire, est chargé de relier *le livre à frère Richart*, prêcheur de la ville, dont il a *baillé ses parties*.

Philippot *d'Orliens* reçoit des procureurs de ville 108 sous parisis, pour avoir taillé *ung Jehsus en coëvre* (Christ en cuivre) pour frère Richart, prêcheur. Cette somme lui avait été payée en six *salus* d'or ayant coûté chacun dix-huit sous parisis.

8 mai 1430. Les échevins de la ville d'Orléans donnent 48 sous parisis à monseigneur l'*arcediacre* (archidiacre) de Beaugency, pour payer les *sonneurs* qui sonnèrent à Sainte-Croix le jour de la procession faite le 7 mai, et aussi les chantres qui y assistèrent.

Rien ne dit si cette procession a été faite pour l'anniversaire de la délivrance d'Orléans ou pour un autre motif, le fait est qu'elle a eu lieu.

La ville donne 48 sous parisis à Jacquet, pour bailler à *ceulx* qui portèrent les châsses de *monseigneur* saint Aignan, de *monsieur* saint Mesmin, de *messieurs* saint Benoist, saint Éloi, et autres corps saints, ainsi que pour payer quatre sergens qui furent à la *dicte* procession, pour arranger le peuple, et pour payer *ces* (ceux) qui portèrent les *eschielettes* (cloches).

La reine de France, Marie, fille de Louis XI, duc d'Anjou et roi de Naples, passe par Orléans où elle est reçue avec pompe. Les Orléanais, par les mains de leurs procureurs, donnèrent à Jehan Lecler, orfèvre d'*Orliens*, 165 livres 18 sous parisis pour l'achat de six grandes tasses d'argent pesant dix-neuf marcs six onces *achactées* chacun marc sept royaux d'or, valant six-vingt dix-huit livres ou cent trente-huit réaux et un quart, qui ont *cousté* chacun réau 24 sous parisis.

Charles VII donne des lettres d'anoblissement à Guyot de Mareau, bourgeois de cette ville et procureur (échevin) d'Orléans, en récompense de sa conduite pendant le siége (4-8).

Charles VII revient à Orléans quelques mois après son sacre et le siége de Paris, avec les princes, les seigneurs de la cour et ses officiers; il ne fit que passer par la ville et se rendit de suite à Jargeau, où il tint ses Grands-Jours et son conseil : il y appela Guillaume Charrier, évêque d'Orléans (41).

Jeanne d'Arc ne put s'y trouver, étant restée à Bourges, pour se guérir des blessures qu'elle avait reçues à Paris (41-43).

Par une ordonnance datée de Jargeau, Charles VII accorde aux habitans d'Orléans quelques indemnités pour réparer les murailles de leur ville, ainsi qu'au chapitre de Saint-Aignan, pour relever son église (4).

Charles, duc d'Orléans, quoique prisonnier en Angleterre, gouvernait l'Orléanais par ses officiers, qui lui faisaient passer ses revenus et recevaient ses ordres. Une ordonnance, parvenue d'Angleterre en France, renouvelle le droit que l'exécuteur de la haute-justice d'Orléans avait de faire payer annuellement une certaine somme d'argent aux filles de mauvaise vie qui demeuraient alors dans la rue Rebouche-Penil ou rue Saint-Flou. Ce droit ayant été suspendu par l'effet du siége de cette ville, fut renouvelé par cette ordonnance, en vertu de celle de 1409 (4-8).

Jeanne d'Arc, à peine guérie des blessures qu'elle avait reçues au siége de Paris, se rend à Compiègne avec Poton de Xaintrailles, pour défendre cette ville assiégée par les troupes du duc de Bourgogne, qui, depuis peu, avait quitté le parti du roi pour reprendre celui des Anglais. Elle arriva devant la ville avant le jour et y entra à l'insu des ennemis : elle prépara tous les moyens de résistance, et fit voir autant de prudence et de courage à ce siége qu'à celui d'Orléans (43-41).

Jeanne d'Arc, ne pouvant renoncer à l'espoir de faire lever le siége au duc de Bourgogne, fait une sortie avec une partie de la garnison de Compiègne, et pénétrant jusqu'aux retranchemens des assiégeans, y met le désordre. Toute l'armée ennemie étant tombée sur elle, elle fit sa retraite avec la plus grande présence d'esprit; mais, comptant rentrer dans la ville, elle trouva les portes fermées. Quelques historiens croient que ce fut par une horrible trahison de Flavy, gouverneur de la place : ils prétendent que, par une basse jalousie contre cette héroïne, il avait résolu de la faire périr ; il avait la réputation d'un vaillant homme de guerre, mais il était cruel et sans mœurs (9-41-43).

La Pucelle, ayant eu son cheval tué sous elle, tombée par terre, épuisée de fatigue, entourée d'ennemis qu'elle combattait encore avec courage, est enfin accablée par le nombre : elle est forcée de se rendre prisonnière de guerre (9-41-43).

27 mai 1430. Les Anglais, en apprenant la prise de Jeanne d'Arc, firent des feux de joie : les soldats anglais accouraient en foule pour considérer cette fille qui avait vingt ans à peine accomplis, dont le nom seul, depuis une année, portait la terreur jusque dans leurs rangs. Leur camp retentissait de cris d'allégresse : jamais les victoires de Crécy, de Poitiers et d'Azincourt n'avaient excité de pareils transports; ils allaient jusqu'à l'ivresse. Ils n'eurent point de repos qu'ils ne vissent entre leurs mains la Pucelle d'Orléans qui leur avait fait tant de mal. Le comte de Ligny, du parti bourguignon, la leur vendit pour une somme de dix mille livres tournois comptant (évaluée soixante-six mille francs de notre monnaie actuelle) et une rente annuelle de cinq cents livres tournois (*).

Ordonnance de Henri VI, roi d'Angleterre relative au procès de Jeanne d'Arc, datée du 1er mars 1430.

« Thomas Blouut, cheualier, tresorier et general gou-

(*) Les historiens de France semblent s'être copiés l'un l'autre en écrivant que Jeanne d'Arc a été prise le 27 mai 1430, et ne pas avoir connu les ordonnances de Henri VI, roi d'Angleterre, relatives à la Pucelle. Ces pièces donnent la preuve que cette héroïne fut prise en mars 1430, c'est-à-dire deux mois avant l'époque indiquée par eux.
(*Voir la preuve dans les ordonnances qui suivent.*)

verneur des finances du Roy notre Sire ou (au) païs et duchié de Normandie ; Pierre Surreau, receueur general des dittes finances, veu par nous les lettres du Roy notre dit Seigneur, ausquelles ces presentes sont attachées, soubs notre signet, nous vous mandons que, des deniers de votre recepte, vous païez, baillez et deliurez à maistres Jehan Beaupere, Jacques de Thouraine, Nicole Midi, Pierre Morice, Girard Fucellet, docteurs, et à Thomas de Courcelles, bachelier formé en theologie, à chacun d'iceulx, la somme de vint sols tournois, pour chacun jour qu'ils affirmeront auoir vacqué en la matiere declarée es dittes lettres royaux, tout ainsi pour les causes et par la forme et manière que le Roy notre dit Seigneur le veult et mande par ses dittes lettres, et que contenu est en icelles.

» Donné à Rouen, le premier jour de mars mil CCCC et trente.

» Ainsi signé : LUILIER, auec paraphe. »

« Venerables et discrettes personnes, maistres Jehan Beaupere, Jacques de Thouraine, Nicole Midi, Pierre Morice, Girard Fucellet, docteurs, et Thomas de Courcelles, bachelier formé en theologie, confessent auoir eu et recue de honorable homme et sage Pierre Surreau, receueur general des finances du Roy notre Sire, en Normandie, la somme de six vint liures tournois, en deduction et rabat de ce qu'il leur peut et pourra estre due à cause de certaine tauxation à eulx faicte par le Roy notre dit Seigneur ; c'est assauoir de XX soulx tournois pour chascun d'iceulx maistres et bachelier, pour chascun jour qu'ils affirmeront vacquer ou auoir vacqué au proces ecclesiastique commencé contre celle femme qui se fait appeller Jehanne la Pucelle, à compter du XVIIIe jour de feurier derrenier passé isseluy, jusques à leur retour à Paris, de laquelle somme de VI^{xx} livres tournois les dits maistres et bachelier se tiennent pour bien païez et contens et en quictent le Roy, notre dit Seigneur, icelluy receueur et tous autres temoings. Le seing manuel de moy Jehan Thiessart, notaire du Roy, icy mis le IVe jour de mars mil CCCC et trente.

» Ainsi signé : THIESSART, auec paraphe. »

Ordonnance de Henri VI, roi d'Angleterre relative à l'achat de Jeanne d'Arc.

« Assiete faicte par nous Edouard Apparuel, escuier es leuz d'Argenthen (*), Exmes, Dampfront et Sainct-Silrem, l'an mil CCCC trente, le XX.ᵉ jour de septembre; presans ad ce et appellés, Gilles Brochart, lieutenant general du bailli d'Allencon, Mace Delahaye, lieutenant-general du vicomte d'Argenthen et Exmes, Guillaume Millet et Jehan de Pierres, procureur et aduocat du Roy notre Sire, les sergens et autres notables personnes, de la somme de III M. VI. C. XXX liures tournois sur les communs et habitans des villes et paroisses de ladite vicomte d'Argenthen et d'Exmes. Icelle assiete faicte par vertu des lettres dont la teneur ensuit; Thomas Blouut, cheualier, tresorier et general gouuerneur des finances du Roy notre Sire, en Normandie, et Pierre Surreau, receueur general des dittes finances, commissaires du Roy notre dit Seigneur en ceste partie, aux es leuz, sur le fait des aides, à Argenthen et Exmes, et au vicomte du dit lieu ou à leurs lieuxtenans, salut. Recues par nous les lettres du Roy notre dit Seigneur, données à Rouen, le second jour de ce present moys de septembre, par lesquelles nous est mandé et commis : asseoir, faire cueillir et lever et recepuoir de dans le derrenier jour d'iceluy moys la somme de quatre vint mil liures pour le premier paiement de l'aide de VI^{xx} mil liures tournois octroier au Roy notre dit Seigneur, par les gens des trois estas du duchié de Normandie et païs de conqueste faicte par feu de bonne memoire son feu Seigneur et Pere dont Dieu ait l'ame, en l'assemblée faicte à Rouen, ou moys d'aoust derrenier passe, pour tourner et conuertir, c'est assauoir : dix mil liures tournois au paiement de l'achat de Jehanne la Pucelle, que l'on dit estre sorciere personne de guerre conduisant les ostz du Daulphin; dix mil liures tournois ou fait du siege de Louuiers, ou Bons Moulins, se sans siege Louuiers se peult deliurer, et le demourant ou paiement des gaiges des cappitaines et souldoyers du dict duchié de Normandie et païs de conqueste, du quartier d'an fini à la Sainct Jehan ; et de ce présent quartier finant à la Sainct Michel prouchain venant, et auecques la ditte somme de IV^{xx} mil liures tournois nous est mandé asseoir sur les dits bourgeois, manans

---

(*) Argentan (Argenthonium), ville de France dans la Basse-Normandie, département de l'Orne, diocèse de Séez. Son commerce est considérable : elle est située à 5 lieues de Séez, 5 lieues 1/2 de Falaise et 44 lieues de Paris.

et habitans la somme de dix mil liures tournois, pour tourner et conuertir ou paiement de plus grant nombre de gens que des cent lances qui auoient esté auec eux pour ledit siege, et entendu du second moys d'icelui, nous, en sur ce l'aduis et deliberation de plusieurs des conseillers et officiers du Roy notre dit Seigneur, auons ordonné et ordonnons par ces presentes estre assiz, cueilli et leué sur les habitans des dittes villes et vicomtes d'Argenthen et Exmes, pour leur cotte part et portion d'icelles sommes la somme de trois mil deux cent soixante et une liures, et par assietes par vous faictes sur chacune des villes et paroisses d'icelle vicomte, non comprens en ce les gens d'eglise, nobles, viuans noblement, frequentans les armes, ou qui par impotence du corps en sont excusez, et miserables personnes lesqueles le Roy notre dit Seigneur en exempte par ses dittes lettres. Si vous mandons, et par pouuoir à nous donné, commetons que tantost et sans delay appellez auecques vous les conseil et procureur du Roy aux dits lieux d'Argenthen et Exmes, les sergens d'icelle vicomte et autres personnes notables, en nombre suffisant, vous faicte assiete bonne et loyalle de la ditte somme de trois mil deux cent soixante cinq liures tournois par sergenterie, et sur chacune des villes et paroisses d'icelle vicomte, selon la puissance des habitans d'icelles, au mieulx et plus loyalement et egalement que faire se pourra; et icelle assiete faicte, la bailliez ou faites bailler aux habitans d'icelles villes et paroisses, particulierement soubs vos seingz manuels, pour leur portion asseoir sur eulx, et à cueillir, leuer et apporter par deuers vous Jehan Duual, vicomte du dit lieu d'Argenthen, lequel nous auons commis et, par ces presentes, commettons à icelle somme recepuoir hastement, telement que dedans le dit derrenier jour de ce dit present moys de septembre elles puissent estre païées, deliurées et apportées franchement, entierement et sans aucune diminution par deuers nous Pierres Surreau, receueur general de Normandie dessus dit, pour les conuertir et employer es choses dessus dittes, de toutes lesquelles choses leurs circonstances et deppendances faire et accomplir donnons pouuoir à vous, au dit vicomte et à chacun de vous; si comme à lui appartiendra, mandons à tous les officiers et subgiés d'icelui Seigneur, que à vous et à vos commis et deputez, sur ce faisant, obeissent et entendent diligamment.

» Donné à Rouen, le tiers jours de septembre, l'an mil CCCC et trente.

» Ainsi signe V. FABRE.

» Item ensuit la tenneur d'unes lettres closes enuoyés par messire Thomas Blouut, cheualier, tresorier, et Pierre Surreau, receueur general de Normandie :

« Chiers et bons amis,

» Il nous a presentement, par le Roy notre Seigneur,
» et par ses lettres patentes données cejourd'hui, esté or-
» donné et mandé asseoir et faire cueillir et leuer en du-
» chié de Normandie et païs de conqueste, la somme de
» dix mil liures tournois oultre et par dessus l'impost que
» vous a derrenierement esté enuoié, pour conuertir ou
» paiement de certain nombre de gens d'armes et de trais de
» creue aduisez estre necessaires pour le siege que l'on met
» presentement deuant Louuiers; si vous mandons et es-
» troictement enjoignons, par vertu du pouuoir à nous
» donné et commis par icelui seigneur, que incontinent
» et sans delay, vous asseoiez, cueillez et leuez sur les ha-
» bitans de votre vicomte, auecque l'impost dessus dit par
» dessus icelui, et tout par un assis, la somme de trois cent
» soixante et une liures tournois, pour votre part et por-
» tion de la ditte somme de deux mil liures tournois; et
» icelle assiete faicte, vous, vicomte, conseillers et re-
» cepueur, telement et se diligamment que dedans le der-
» renier jour de ce present moys elle soit par vous appor-
» tée ou enuoyée par deuers nous, en la ville de Caen, sur
» paine d'encourir l'indignation du Roy et priuation de
» votre office, si gardez que en ce n'ait faulte, et de la re-
» ception de ces lettres nous certifiez par cest message, no-
» tre Seigneur soit gardé de vous escript.

« A Rouen, le XIVe jour de septembre, l'an mil CCCC
» et trente. »

» Et en la marge est escript : Thomas Blouut, cheualier, tresorier et Pierre Surreau, receueur general de Normandie, et signé V. Fabre; et auecque ce y est assis la somme de dix livres dix soulx tournois, pour les coustages et despenses de la ditte assiete baillée à honorable homme et sage Jehan Duual, vicomte de la ditte vicomté, pour en faire recepte soubs notre signet et seing manuel de Jehan de Dompierre, clerc de la ditte eslection. Les parties par sergenteries ensuiuent ; *elles sont sur quatre colonnes, signées, au bas de chaque colonne* : DOMPIERRE, *avec paraphe.*

» *La vicomté d'Argenthen.* — *La sergenterie d'Argenthen.*

St-Germain et St-Martin d'Argen.	9-20 liures.
Mannonuille	20 liures.
Collandon	20 liures.
La Gramuille	60 soulx.

La sergenterie d'Almenesches.

Boissay	33 liures.
Saint Christofe	7 liures.
Juurguy	13 liures.

La sergenterie de Lange.

Carrel	4 liures 10 soulx.
Esios	19 liures 10 soulx.
Liemy	10 liures.
Auban le Pantouf	24 liures.
Anneuille	12 liures.
Guarmeselle	30 liures.
Lisorres	15 liures.
Labeurrière	18 liures.
Mesnil Durant	29 liures.
Saint Glore	7 liures 10 soulx.
Notre Dame de Victe	15 liures.
Saint Michel de Linet	13 liures 10 soulx.
Romille	21 liures.
Les Escolles Argenthen et Exmes	60 soulx.
Mesnil Bacquille	6 liures.

La sergenterie d'Escouchie.

Escouchie	210 liures.
Tresesseaux	15 liures.
Joue Duplan	24 liures.
Vieusport	35 liures.
Auoigner	30 liures.
Goul	7 liures 10 soulx.
Seurer	33 liures.
Sainte Croix sur Ourne	10 liures.
Putangle	12 liures.

Laudigatel	15 liures.
Bouu	30 liures.
Carrouges	10 liures 10 soulx.
Louu	30 soulx.
Sainte Marie la Robert . . .	75 soulx.
N. D. du Chastelier et le Homme. .	15 liures.
Mesnil Filleur	6 liures.
Saint Gerves de Messie . . .	53 liures.
Saint Andrieux de Messie. . .	30 liures.
Saveam.	22 liures.
Chancelliers tauxé en Exmes. .	»
F. Fresnes le Buffard. . . .	9 liures.
Rouitemy	75 soulx.

Chancelliers tauxé en Exmes.

Vaulx le Baudril, Arg. et Exmes. .	18 liures.
Merry	31 liures.
N. D. et St. Nicholas des Vignes. .	16 liures 10 soulx.
Perronnellon	60 soulx.
Saint Bartolomien des Houguettes.	21 liures.
Brieux	10 liures 10 soulx.
Cera Argenthen et Exmes. . .	38 liures 10 soulx.
Montabor tauxé en Exmes. . .	*Non lisible.*
Beauuois tauxé en Exmes. . .	*Id.*
Hablouuille tauxé en Exmes . .	*Id.*
Lacourbe, Argenthen et Exmes .	100 soulx.
Engles Chenille, neant . . .	»
F. Fourcheu.	4 liures 10 soulx.
S. Lambert, Argenthen et Exmes.	34 liures 10 soulx.
Pont Escreppin, Arg. et Exmes.	60 soulx.
Segrie Fontaine.	20 liures.
Lalande Saint Symeon . . .	23 liures.

(*Première colonne signée* Dompierre, *avec paraphe.*)

Mesnilage et Courtilles tauxé en Exmes.

Milli.	34 liures.
Ru Argenthen et Exmes . . .	10 liures.
Pierre Fute Argenthen et Exmes.	4 liures 10 soulx.
Say	4 liures.
Goullet, Argenthen et Exmes. .	31 liures.
Montgueroul, argenthen et Exm^s.	12 liures.
Cuy.	10 liures.

Moulins, Argenthen et Exmes.	23 liures.
Centilly.	7 liures.
Drou.	18 liures.
Ners, neant.	»
Fontenoy tauxé en Exmes.	»
La Gouppilliere.	6 liures.

La sergenterie de Trun.

Trun tauxé en Exmes	»
Saint Pierre de la Riuiere.	11 liures 10 soulx.
Auernes, Argenthen et Exmes.	16 liures 10 soulx.
Neauffle.	6 liures.
Ligneris, Argenthen et Exmes.	6 liures 10 soulx.
Tournay, Argenthen et Exmes.	42 liures.
Fontaines les Basses tauxé en Ex^s.	»
Les Moussiers, Argent. et Exmes.	15 liures.
Bailleul.	32 liures.
Champpeaux, Argenthen et Exm^s.	12 liures.
Mesnil Geuffroy.	12 liures.
Crouptes.	4 liures 10 soulx.
Montgommery, Argent. et Exmes.	34 liures.
Pont Denie.	100 soulx.
Camenbert.	23 liures.
La Chapelle St. Egon, Arg. et Ex^s.	6 liures.
Mesnilybert.	4 liures.
Regnouard, Argenthen et Exmes.	33 liures.
Bonmesnil, neant.	»
Champposoul tauxé en Exmes.	»
Aubert en Exmois.	10 liures 10 soulx.
FFresney le Sauxon.	27 liures.
Teren tauxé en Exmes.	»
Sainte Eugenie.	4 liures 10 soulx.
St. Gerues des Sablons tauxé en Ex^s.	»
Le Marescey, Argenthen et Exm^s.	60 soulx.
Saint Legier des Anaceys, neant.	«
Sournies tauxé en Exmes.	«
Louuiers tauxé en Exmes.	«

La vicomté d'Exmes. — La sergenterie d'Exmes.

Exmes.	105 liures.
Chargny	6 liures.
Court Mesnil.	17 liures.
Argentille.	18 liures.

Saint Arnould	8 liures.
Villeburge	7 liures.
FFel	28 liures.
Mesnil Hubert	23 liures.
Anneperus	25 liures 10 soulx.
Champeauber et courgeron. . .	13 liures.
Auernes tauxé en Argenthen . .	»
Gysnay	20 liures.
Sourmes, Argenthen et Exmes. .	20 liures.
Saint Pierre de la Riviere. . .	27 liures.
Champposoul, Argent. et Exmes.	19 liures.
Chámppaulx tauxé en Argenthen.	»
Neauffle.	20 liures.
Chambon	43 liures.
Saint Anataize	17 liures.
Lepin.	100 soulx.

(*Seconde colonne signée* Dompierre, *avec paraphe.*)

Ville Adam	45 soulx.
Belestel.	4 liures.
Lachelure	100 soulx.
Chauffour	10 liures.
S. Lambert tauxé en Argenthen.	»
Lebourg Saint Losnard . . .	10 liures.
Saint Denis des Ys	100 soulx.
Hommeel	100 soulx.
Auernilles	20 liures.
Nonnant	50 liures.
Meranuilliers	27 liures.
La Roche de Nonnant. . . .	27 liures.
Mont Marion	10 liures.
Saint Germain de Clere Feuille. .	42 liures.
Goduon.	27 liures.
La Frenoc Fruel.	14 liures.
Mesnil Frogier	28 liures.
Montrexuel.	10 liures.
Saint Legier des Armoye. . .	4 liures.
Grebert.	4 liures.
Les Astelles, néant	»
Lamessoure.	60 soulx.

La sergenterie Mesnil.

Sancloux.	28 liures.

F Fontenay, Argent. et Exmes.	28 liures.
Tanques.	25 liures.
Beneraulx.	6 liures.
Goullet tauxé en Argenthen.	»
Cuigny.	9 liures.
Moulins tauxé en Argenthen.	»
Vaux le Bordel tauxé en Argent.	»
Ru tauxé en Argenthen.	»
Pommiuelle.	4 liures 10 soulx.
Sarugny.	18 liures.
Silly.	22 liures.
Vieux Trou.	60 soulx.
Pierre Fute tauxé en Argenthen.	»
Aimon.	30 liures.
Le Hammel de Chantellou.	6 liures.
Mesnilage, Argenthen et Exmes.	30 soulx.
Sogus.	28 liures.
Lacourbe tauxé en Argenthen.	»
Pont Escrepin tauxé en Argent.	»
Cummeaulx.	7 liures.
Montgommery tauxé en Argent.	»
Chaniellières, Argent. et Exmes.	8 liures.

La sergenterie Auberton.

Murigny.	40 soulx.
Muron.	4 liures.
Les Reppers.	100 soulx.
Belffons.	11 liures.
Saint Ypolite.	60 soulx.
F Francheuille.	100 soulx.
La Lande Dermil.	40 liures 10 soulx.
Saint Christofe.	15 liures.
Saint Hahier.	9 liures.
Saint Père de Vugny.	7 liures.
Saint Martin en Argent. et Exmes.	30 liures.

La sergenterie de Montagne.

Collomers.	21 liures.
Lhommay.	20 liures.
Lapoterie.	60 soulx.
Quesprey.	16 liures.

(*Troisième colonne signée* DOMPIERRE, *avec paraphe.*)

F Fontaines les Basses, Arg. et Ex.	15 liures.
Louuiers, Argenthen et Exmes.	25 liures 10 soulx.
Monstereul.	6 liures.
Quatre Favoris.	12 liures.
Lefouquereau.	60 soulx.
Les Ligneres tauxé en Argenthen.	»
Escroches et Vary.	16 liures.
Vimoustiers.	34 liures 10 soulx.
Crouptes.	24 liures.
Renouard tauxé en Argenthen.	»
Montgueroul tauxé en Argenthen.	»
Guernetot.	7 liures 10 soulx.
St. Gerves des Sablons, Arg. et Ex.	7 liures 10 soulx.
La Chapelle Hastigon tauxé en Arg.	»
Le Marescq tauxé en Argenthen.	»

La sergenterie aux Bruns.

Ottaignes.	17 liures.
Montabar.	17 liures.
Tournay tauxé en Argenthen.	»
Teren, Argenthen et Exmes.	50 soulx.
F Fougie.	7 liures.
Grentes Mesnil.	20 liures.
Nourcy.	18 liures.
Abbeuille.	14 liures.
Baron.	18 liures.
Les Moustiers tauxé en Argenthen.	»
Semtilly.	14 liures.
Mannoier.	60 soulx.
Beauuois, Argenthen et Exmes.	28 liures.
Montcaut.	18 liures.
Engles Cheville, Arg. et Exmes.	45 soulx.
Mesnil Aize, neant.	»
Cresy.	100 soulx.
Olendon, neant.	»

La sergenterie de Montpineon.

Revillon.	60 soulx.
Vandeloges.	12 liures.
Louuaigny.	17 liures.
Sort.	47 liures 10 soulx.
Pont près Sort.	30 soulx.
Notre Dame de Fresnay.	16 liures.

Huertement.	22 liures 10 soulx.
Montpincon.	18 liures.
Lagrauille	60 soulx.
Sainte-Busue.	7 liures 10 soulx.

La sergenterie de Hableuille.

Ciru tauxé en Argenthen. . .	»
Beel.	2 liures.
Hableuille, Argenthen et Exmes. .	26 liures.

La sergenterie de Mellerauil.

Le Mellerauil.	45 soulx.
Saint Losnard	4 liures 10 soulx.
Les Ostrily près le Merlle. . .	9 liures.
Gasprée.	40 soulx.
Sainte Collombe.	7 liures.
Tallonay.	18 liures.
Carnetes.	7 liures.
Lagenyeuure.	20 liures.
Saint Germain le vieil, neant, pour ce que ny demeure personne. . .	»

(*Quatrième colonne signée* Dompierre, *avec paraphe.* — *Plus bas paraît la place et une légère empreinte du sceau.*)

Les procureurs de ville font détruire la grande cata- Mars 1430 pulte ou baliste qui était placée près le Châtelet : elle était si considérable qu'on en retira vingt-six *arres* (voitures), qui furent faites par Bouchetot, voiturier, du Châtelet, à aller à la chambre de ville qui était près la tour Saint-Samson (9-49-50).

Ordonnances de Henri VI, relatives à l'achat de Jeanne d'Arc.

« Thomas Blouut, cheualier, tresorier, et general gou- 24 octobre 1430. uerneur des finances du Roy notre Sire, ou païs et duchié de Normandie, Pierre Surreau, receueur general des dittes finances, accomplissie le contenu es lettres du Roy notre seigneur ausquelles ces presentes sont attachées, soubs notre signet, en faisant acheter des deniers de votre recepte au despence du Roy notre dit Seigneur la somme de deux mil six cent trente et six nobles d'or de deux soulx ung denier esterling, monnoie d'Angleterre, et en païant, baillant et deliurant icelle somme à Jehan Bruyse, escuyer, garde des coffres du Roy notre dit seigneur, tout ainxi pour les causes et pour la fourme et manière que le Roy notre dit seigneur le veult et mande par ses dittes lettres, et que contenu est en icelles.

» Donné à Rouen, le XXIVe jour d'octobre, l'an mil CCCC et trente.

« Ainsi signé : LUILIER, avec paraphe. »

6 décemb. 1430. « Sachent tous que je Jehan Bruyse, escuyer, garde des coffres du Roy notre Sire, confesse auoir eu et receu de Pierre Surreau, receueur general de Normandie, la somme de ung mil deux cent quarante neuf liures, dix neuf soulx, dix deniers oboles tournois, pour la pourpage et restitution de deux mil six cent trente six nobles d'or et de deux soulx cinq deniers esterlings, monnoie d'Angleterre, qui, par lectres du Roy notre dit Seigneur, données à Rouen, le XXe jour d'octobre derrenier passé, expediées par monsieur le tresorier de Normandie, m'ont esté ordonnés estre païés et restitués par ledit receueur, pour ce que par l'ordonnance du Roy notre dit Seigneur, je les auoye baillés des deniers de ses dits coffres et tresor, pour emploïer en certaines ses affaires, touchant les dix milles liures tournois païées par ledit Seigneur, pour auoir Jehanne qui se dit pucelle prisonnierre de guerre, lesquels ont esté eualués à la somme de VII (*il est bien ainsi écrit* VII) mil deux cent quarante neuf liures dix neuf soulx dix deniers oboles tournois, de laquelle somme de cinq mille deux cent quarante neuf liures dix neuf soulx dix deniers oboles tournois à moi païés comptant, c'est assauoir : en deux cents nobles d'or et le demorant en monnoye. Je suis content et bien païé et en quicte par ces presentes le Roy notre dit Seigneur, ledit receueur et tous autres, et en tesmoing de ce j'ay signé ceste presente quitance de mon seing manuel et scellée de mon signet, le VIe jour de decembre, l'an mil CCCC trente.

» Ainsi signé JOHN BRUYSE, avec paraphe. »

(*Le sceau est tombé*)

Décembre 1430. François Brachet, intendant de la maison de la reine Isabelle d'Arragon, veuve de Louis d'Anjou, roi de Jérusalem, natif d'Orléans, fait bâtir hors des murs de la ville, au nord de la porte Parisis, une grande maison qui porta le nom de Grand'Maison; puis lorsqu'elle fut occupée par les rois, elle prit celui de Maison-Royale; enfin les intendans d'Orléans, avant qu'ils habitassent celle de l'Etape, l'ayant louée pour y fixer leur demeure, elle fut appelée l'Intendance, et présentement elle porte la dénomination de Vieille-Intendance (appartenant maintenant à M. Dufaur de Pibrac) (21).

Le Maître Jehan, le brave coulevrinier qui était allé trouver Jeanne d'Arc et qui était entré dans la ville de Compiègne avec elle, revient à Orléans quelques mois après que cette héroïne avait été vendue aux Anglais (9-4-59).

Le jour de son arrivée à Orléans, il fut payé à Renault Brune, 48 sous parisis, pour dépense faite par lui, pour donner à souper à Maître Jehan le coulevrinier, qui *estait* venu de Compiègne.

Jeanne d'Arc, prisonnière vendue aux Anglais, au lieu d'être respectée par ses ennemis, en fut traitée avec la dernière indignité; ils l'enfermèrent dans une cage de fer, la conduisirent à Rouen dans cet état et comme en triomphe. Elle avait été d'abord renfermée dans le château de Beaulieu pendant quatre mois, puis dans celui de Beaurevoir, près de Cambray, du donjon duquel cette valeureuse fille s'élança pour échapper à une cruelle détention. Les Anglais eurent envers cette héroïne une conduite qui était contraire aux lois de l'honneur, de la guerre et du droit des gens (9-41).

Arrivée à Rouen, elle fut enfermée dans la Grosse-Tour; elle avait les pieds retenus par des ceps de fer qui tenaient aux murs par une forte chaîne et au moyen d'une serrure fermant à clé, attachée à une grosse pièce de bois (41).

À la nouvelle que Jeanne d'Arc était enfermée à Rouen où elle avait été ramenée, Renaud de Chartres, chancelier de France, le maréchal de Boussac et Poton de Xaintrailles, résolurent d'aller dans cette ville sur la foi d'un petit bergeret, nommé Guillaume, qui avait promis de les y introduire; mais les Anglais en étant avertis, les combattirent en chemin, défirent leur troupe et la dispersèrent; ils firent même Poton de Xaintrailles prisonnier. Le bergeret Guillaume, pris également par les ennemis, fut chargé de chaînes et promené de ville en ville par dérision (41-43).

Ce coup de main manqué prouve au moins que les généraux français, compagnons de la gloire de la vierge de Vaucouleurs, firent leurs efforts pour la sauver (43).

2 janvier 1431. « Un capitaine arragonnois, nommé François de Surienne, qui estoit au service des Anglois, surprit la ville de Montargis de cette sorte : S'estant familiarisé avec une damoiselle qui estoit amoureuse du barbier du gouverneur, il luy promit de grandes sommes d'argent et la foy de mariage, si elle introduisoit ses gents dans la place par sa maison, qui estoit joignante à la muraille. La damoiselle gagna le barbier par le désir de l'argent, sans lui parler de l'autre poinct, tous deux aydèrent aux Anglois à planter les eschelles et à monter ; mais la place prise ils furent mis dehors, de peur qu'ils ne fissent un pareil marché avec les Français, et n'eurent que des mocqueries et des reproches pour récompense (34). »

3 janvier 1431. Les Anglais forcèrent le lambeau d'Université de Paris, qui était resté sous l'influence de ces étrangers, à présenter une requête au roi d'Angleterre, leur souverain, pour demander qu'il fût fait justice de la malheureuse Jeanne d'Arc, en l'accusant en cour d'église comme sorcière, séductrice, hérétique, et ayant forfait à son honneur. Le roi d'Angleterre donna des lettres patentes pour autoriser la mise en jugement de Jeanne d'Arc (41).

Des quatre chefs d'accusation portés contre elle, un seul fut prouvé, savoir, qu'elle avait porté l'habit d'homme et pris les armes ; ce qu'ils lui imputaient à crime, parce que, disaient-ils, ce changement d'habit blessait la pudeur de son sexe et violait la défense de Dieu (41-43).

9 février 1431. Pierre Cauchon, évêque de Beauvais, dans le diocèse duquel elle avait été prise, le vicaire de l'inquisition, quelques autres docteurs en théologie et en droit canon, au nombre de soixante, parmi lesquels on remarquait le chanoine Loiseleur, infâme délateur, furent désignés par le parlement de Paris et sous l'influence des Anglais, maîtres de cette capitale, pour être ses juges; le chapitre de Rouen leur permit de siéger sur son territoire.

21 février 1431, Mercredi. Ce jour, à huit heures du matin, dans la chapelle du château de Rouen, eut lieu la première séance du tribunal inique qui devait juger Jeanne d'Arc. Elle fut interrogée par Cauchon, évêque de Beauvais, qui présidait ce tribunal (43-41).

Après plusieurs interrogatoires captieux, les juges

de Jeanne d'Arc condamnèrent cette vertueuse fille à une prison perpétuelle, au pain de douleur, et à l'eau d'amertume (41).

Ordonnances de Henry VI, roi d'Angleterre, relatives au procès de Jeanne d'Arc. *9 avril 1431.*

« Venerables et discrettes personnes, maistres Jehan Beaupere, Jacques de Thouraine, Nicole Midi, Pierre Morice, Girard Fueillet, docteurs, et Thomas de Courcelles, bachelier formé en theologie, confessent auoir eu et receu de honorable homme et sage Pierre Surreau, receueur general des finances du Roy notre Sire, en Normandie, la somme de six vint liures tournois, oultre et par dessus deux cent quarante liures tournois qu'ils ont receue pour XL jours, en deduction et rabat de ce qu'il leur peut et pourra estre due à cause de certaine tauxation de XX^s tournois à eulx faicte par le Roy notre Sire, pour chascun d'iceulx, pour chascun jour qu'ils affirmeront auoir vacqué ou proces ecclesiastique commencé contre celle femme qui se fait appeler Jehanne la Pucelle, à compter du XVIIIe jour de feurier derrenier passé inclus jusques à leur retour à Paris; ou quel proces ils ont affirmé auoir vacqué continuellement, depuis le dit XVIIIe jour de feurier jusques au jour duy, et vacquent encore de jour en jour : de laquelle somme de six vint liures tournois les dits maistres et bachelier se tiennent pour bien paiés et contens et en quictent le Roy notre dit Seigneur, icelluy receuer et tous autres tesmoings. Le seing manuel de moy, Jehan Thiessard, notaire du Roy, le IXe jour d'auril, l'an mil CCCC et trente ung apres Paques.

» Ainsi signé : THIESSARD, avec paraphe. »

« Henry, par la grâce de Dieu, Roy de France et d'Angleterre, à notre ame et feal Thomas Blouut, cheualier, tresorier et general gouuerneur de toutes nos finances de nos païs et duchié de Normandie, salut et dilection. Nous voulons et vous mandons que par l'aduis des gens de notre grant conseil estant à present par deuers nous, que par notre ame Pierre Surreau, receueur general de nos dittes finances et des deniers de sa recepte faites paier bailler et deliurer à notre chier et bien ame maistre Jehan Lemaistre, prieur du couuent des frères Prescheurs de *14 avril 1431.*

Rouen, et vicaire, au dit lieu de l'inquisiteur de la foy, la somme de vint salus d'or, laquelle, nous, par l'aduis que dessus, lui auons, ordonnée et tauxée; ordonnons et tauxons par ces presentes auoir et prendre de nous pour une fois, des deniers de nos dittes finances, pour ses peines, trauaulx et diligences d'auoir esté et assisté au proces qui s'est fait de Jehanne, qui se dit la Pucelle, accusée en la matiere de la foy, auecques reuerend pere en Dieu notre ame et feal conseiller l'euesque de Beauuais, son juge ordinaire, et par rapportant auecques ces presentes quictance suffisante sur ce du dit vicaire de l'inquisiteur, nous voulons la ditte somme de XX salus estre alloueés comptes et rabatue de la recepte de notre dit receueur general, par nos ames et feaulx les gens de nos comptes, auxquels nous mandons que ainsi le facent sans contredit ou aucune difficulté.

» Donné en notre ville de Rouen, soubs notre scel ordinaire, en absence du grand, le XIVe jour d'auril, apres Paques, l'an de grace mil CCCC et trente ung et le IXe de notre regne. »

(*Au dessous est écrit* : « Par le Roy, à la relation du grant conseil estant deuers lui. » *Plus bas* : « Signé CALOT, avec paraphe. » *Le sceau est tombé.*)

21 avril 1431. « Henry, par la grace de Dieu, Roy de France et d'Angleterre, à notre ame et feal Thomas Blouut, tresorier et general gouuerneur de toutes nos finances en Normandie, salut et dilection. Nous voulons et vous mandons que, à nos bien ames maistre Jehan Beaupere, maistre Jacques de Thouraine, frère mineur, maistre Nicole Midi et maistre Girart Feuillet, docteurs en theologie, lesquels vont presentement, de par nous, en notre bonne ville de Paris, par deuers notre tres chier et tres ame oncle le duc de Bedford, les gens de notre grant conseil estant illec, et notre tres chiere et tres amée fille l'Uniuersité de Paris, exposer, dire et declarer le proces et demne, touchant le fait de celle qui se dit Jehanne la Pucelle, et tout ce qui en ceste partie a esté fait par deca, afin que sur ce lesdits de l'Uniuersité renuoyent leur deliberation et conclusion, et que se mestier est lesdits docteurs, pour ceste cause, retournent par deuers nous, à Rouen ou ailleurs ou nous serons, vous, des deniers de nos dittes finances de Normandie, faites, par notre bien ame Pierre Surreau, receueur

general d'icelles, païer et deliurer la somme de cent liures tournois pour une fois; c'est assauoir, à chacun d'eulx vint cinq liures tournois. Laquelle somme de cent liures tournois pour aidier au dessus dits quatre docteurs à supporter les frais qu'il leur conuiendra faire, tant en allant en notre ditte ville de Paris si comme en retournant d'icelle par deuers nous, leur auons, par l'aduis des gens de notre grant conseil estant à Paris par deuers nous tauxe et ordonne, tauxons et ordonnons par ces presentes et par rapportant auecques ces présentes quictance et suffisant sur ce de chacun des dits quatre docteurs, pour sa dite part et portion seulement, nous voulons ladite somme de cent liures tournois estre allouée es comptes de notre dit receueur general et rabatue de sa recepte par nos ames et feaulx les gens de nos comptes, à Paris, auxquels nous mandons que ainsi le facent sans contredit.

» Donné en notre ville de Rouen, soubs notre scel ordinaire, en l'absence du grant, le XXIe jour d'auril, l'an de grace mil CCCC trente ung, et le IXe de notre regne, apres Paques. »

(*Au dessous est écrit :* « Par le Roy, à la relation du grant conseil estant par deuers lui. » *La signature et le sceau sont tombés.*)

« Thomas Blouut, cheualier, tresorier et general gouuerneur de toutes les finances du Roy notre Sire, en Normandie, à Pierre Surreau, receueur general des dittes finances, salut. Veus par nous les lettres du Roy notre dit Seigneur, ausquelles ces presentes sont attachées, soubs notre signet, nous vous mandons et expressement enjoignons que vous païez, baillez et deliurez à maistres Jehan Beaupere, Jacques de Thouraine, Nicole Midi et Girart Feuillet, docteurs en theologie, la somme de cent liures tournois : c'est assauoir, à chacun d'eulx XXV liures tournois pour aidier à supporter certains frais qu'il leur conuiendra faire tant en allant, séjournant que retournant ou voïageant; dont es dittes lettres est faite mencion, et tout pour les causes et par la forme et maniere que le Roy notre dit seigneur le veult et mande par icelles lettres.

» Donné à Rouen, soubs notre dit signet, le XXIIe jour d'avril, l'an mil CCCC trente et ung.

» Ainsi signé : LUILLIER, avec paraphe. »

(*Le sceau paraît à moitié.*)

22 avril 1431.

« Thomas Blouut, cheualier, tresorier et general gouuerneur de toutes les finances du Roy notre Sire, en Normandie, à Pierre Surreau, receueur general des dittes finances, salut. Veues par nous les lettres du Roy notre dit Seigneur, ausquelles ces presentes sont attachées, soubs notre signet, nous vous mandons que les dittes lettres vous accomplissés de point en point, selon leur forme et teneur, en païant, baillant et deliurant à maistre Jehan Lemaistre, prieur du couuent des frères Prescheurs de Rouen, et vicaire audit lieu de l'inquisiteur de la foy, nommé en icelles, la somme de vint salus d'or, pour les causes et tout ainsi et par la forme et manière que le Roy notre dit Seigneur le veult et mande par icelles lettres.

» Donné à Rouen, le XXVIIe jour d'auril, l'an mil CCCC et trente ung.

» Ainsi signé : LUILLIER, avec paraphe. »

(Il reste environ le quart du sceau.)

Les Anglais, qui n'avaient pas été satisfaits du jugement atroce et injuste prononcé contre la Pucelle d'Orléans, pressèrent les juges de la condamner à mort; à cet effet, ils subornèrent de faux témoins qui déclarèrent qu'elle avait récidivé en reprenant les habits d'homme : ce qui effectivement avait eu lieu; ils en avaient fait mettre dans sa prison, en place des siens, que l'on avait enlevés pendant son sommeil. Le comte de Warwick, anglais, menaça même les juges de sa colère, s'ils ne la condamnaient pas à mort (41-43).

Jeanne d'Arc est excommuniée, déclarée sorcière, séductrice, hérétique, relapse, et condamnée à être brûlée vive; sa sentence définitive lui fut lue par le misérable Cauchon, évêque de Beauvais, qui voulut avoir cet infâme plaisir avant la mort de sa victime.

Copie de cette sentence :

« *In nomine Domini. Amen.*

» Nous, Pierre, par la misération (miséricorde) divine, humble évêque de Beauvais, et nous frère Jehan Magistri, vicaire de l'inquisition de la Foi, juges compétens en *ceste* partie comme loy, Jehanne, *ditte* la Pucelle après être par nous trouvée *estre* rechùe en divers erreurs et crimes, de ydolatries, de innovation de *dyables*, et plusieurs autres meffais, et pour ces causses, par juste jugement nous te eussions déclarée telle, toutes *foys* pour ce que l'église ne *cloyt* (refuse) les bras à *ceulx* qui veulent rétourner à elle, nous estimasmes que de pleines pensées et de foy non *saincte* tu te *feusses* retirée de toutes telles erreurs aux qu'elles tu *avoys* renoncé, voué, juré et promis publiquement de jamais ne *reucheoir* (retomber) en telles erreurs, ne en quelconques autres hérésies, mais *demourer* (demeurer) en l'*union* catholique et communion de notre église, et de notre S. Père le pape, ainsi qu'il est en une cédule de ta propre main, toutes fois de rechef tu es *reucheue* (retombée) comme le chien qui a coutume de retourner de à son *vomir* (ce qu'il a vomi) ce que nous *récytons* à grande douleur, pour laquelle cause nous te déclarons avoir encourue les sentences d'excommunication *esquelles* tu *estois* premièrement *encheue* (tombée) et être *reucheue* (retombée) en tes erreurs précédentes, pourquoi te déclarons hérétique, et par cette sentence séant ès siége, tribunal de justice en cest *escript*........ (plusieurs mots non lisibles) *proférons* (prononçons) comme membre *pourry* te avons débouté et rejetté, de l'unité de l'église, et te avons déclaré à la justice séculière à laquelle nous prions, te traiter *doulcement* et humainement, soit en perdition de vie ou d'aucun membre (9-4-41).

        » Pierre CAUCHON,
        » *Humble évêque de Beauvais.*

        » Jehan MAGISTRI,
        » *Vicaire de l'inquisition de la Foy.* »

La vertueuse Jeanne d'Arc est livrée comme une victime au bras séculier, qui la fit brûler vive le 30 mai 1431, à onze heures du matin, dans le Vieux-Marché de la ville de Rouen ; elle était vêtue d'habits de femme, montée dans un chariot ; à côté d'elle se placèrent son confesseur, frère Martin, l'adviseur et l'appariteur, Jehan Masson, ainsi que le frère Isambert ; plus de 800 hommes d'armes anglais entouraient la voiture (9-41-43). *30 mai 1431. Mercredi.*

C'est dans ce moment qu'elle fit paraître toute la grandeur de son courage et la ferveur de sa piété ; elle monta avec précipitation sur l'échafaud fait de plâtre et de moëllons, qui avait été élevé avant le jugement, vis-à-vis de deux autres, où ses juges assassins et les prélats se placèrent pendant l'exécution (9-41-103).

Montée sur le bûcher, elle parla au peuple avec tranquillité et une modestie admirable ; elle pardonna à ses bourreaux, à ses juges iniques, et assura que Dieu tenait le bras levé sur les Anglais, et que le moment approchait où ils seraient chassés de la France (9-41-43).

On ceignit sa tête de la mitre ignominieuse de l'inquisition, sur laquelle étaient écrits les mots suivans : *Hérétique, relapse, apostate* (103).

Ceux-ci se lisaient sur un tableau, devant l'échafaud :

« Jehanne qui se fait nommer la Pucelle, menteresse, pernicieuse, abuseresse du peuple, deuineresse, superstitieuse, blasphemeresse de Dieu, mal creant de la foy de Jhesus Christ, venteresse, idolastre, cruelle, dissolue, inuocatrice de dyables, schismatique et heretique (103). »

Deux bourreaux anglais l'attachèrent avec rudesse sur le bûcher avec des chaînes de fer, et ensuite y mirent le feu.

Jeanne, voyant la flamme venir à elle, pria son confesseur de se placer au bas de l'échafaud, d'élever devant elle la croix du Seigneur, afin qu'elle ne la perdit pas de vue, jusqu'à son dernier soupir ; ensuite répétant sans cesse le nom sacré de Jésus, elle attendit la mort d'un air serein ; le feu consuma ce qu'elle avait de terrestre ; mais sans doute que la plus noble partie d'elle-même, cette âme, qu'elle avait conservée pure et sans tache, alla se réunir aux esprits bienheureux que nous honorons en qualité de martyrs (41-43).

Le cardinal d'Angleterre ordonna que les cendres, les os, et en un mot tout ce qui restait de cette fille vertueuse, fussent jetés dans la Seine : ce qui fut exécuté ; mais avant, les Anglais avaient eu le soin, dans la crainte qu'on ne dît qu'elle s'était évadée, d'ordonner aux bourreaux qu'ils écartassent le feu, afin qu'on la vît morte étant encore entière (41).

Ainsi périt cette vertueuse fille, à l'âge de vingt ans neuf mois et quelques jours, sans que l'ingrat Charles VII qu'elle avait sauvé et dont elle avait reconquis le royaume fit une seule démarche pour la sauver (8-9-41-43).

« Que faisait-il, ton roi ? Plongé dans la mollesse,
Tandis que le malheur réclamait son appui ;
L'ingrat ! il oubliait aux pieds d'une maîtresse
La vierge qui mourait pour lui ! »
(*Casimir Delavigne.*) (76).

De quelqu'œil qu'on envisage cette fille extraordinaire, soit qu'on croie qu'elle tint sa mission du Ciel, soit même qu'on veuille penser qu'elle fut mise en avant par un coup d'adresse et de politique des grands et de Charles VII, pour relever le courage des Français abattus, il n'est pas moins certain qu'elle fit des actions d'une valeur inouïe et au-dessus de son sexe, et que ses exploits seront toujours regardés comme miraculeux (47-9-41-43).

Ordonnances de Henry VI, roi d'Angleterre, relatives au jugement de Jeanne d'Arc (14). 6 juin 1430.

« Henry, par la grace de Dieu, roy de France et d'Angleterre, à notre ame et feal conseiller, Thomas Blouut, cheualier, tresorier et general gouuerneur de nos finances en Normandie, salut et dilection. Sauoir vous faisons que nous considerans les grans peines, diligences, et labeurs que notre chier et bien ame maistre Guillaume Erard, docteur en theologie a prins par plusieurs jours pour vacquer et entendre auec autres maistres docteurs et clercs tant en theologie comme en droit canon, ou proces ecclesiastique de celle femme qui se faisait nommer Jehanne la Pucelle, nagueres condempnée comme errante en notre saincte foy catholique. Le voulant aucunement recompenser des charges, despenses et frais qu'il lui a conuenu faire à la cause dessus dicte à icellui, par l'aduis et deliberation des gens de notre grant conseil estant par deuers nous, auons taxé et ordonné, tauxons et ordonnons par ces presentes la somme de vint sols tournois pour chacun jour qu'il a vacqué, besogné et entendu en la matiere dessus dicte; si vous mandons, commandons, enjoignons expressement que par notre bien ame Pierre Surreau, receueur general de nos dictes finances de Normandie, vous faciez bailler et deliurer audit maistre Guillaume Erard la dicte somme de vint sols tournois, pour chacun jour qu'il affirmera auoir vacqué, besogné et entendu en icelle matiere, et par rapportant ces presentes, au vidimus d'icelles fait soubs seel royal auec quictance d'icellui maistre Guillaume, affirmatoire des jours qu'il aura vacqué, besogné et entendu en ce que dit est, tout ce que paié et baillé aura esté audit maistre Guillaume Erard, sera alloué, compté et rabattu de la recepte du dit Pierre Surreau, par nos ames et feaulx les gens de nos comptes, à Paris, ausquels nous mandons que ainsi le facent sans contredit et difficulté aucune.

» Donné à Rouen, le VI° jour de juing, l'an de grace mil CCCC et trente ung, et de notre regne le neufviesme. »

(*Au dessous est écrit* : « Par le Roy, à la relation de son grant conseil estant par devers lui. Ainsi signé : NEBMEL, avec paraphe. » *Le sceau est tombé*.)

8 juin 1431.

« Thomas Blouut, chevalier, tresorier et general gouverneur des finances du Roy notre Sire, en Normandie, Pierre Surreau, receveur general des dittes finances, accomplissés le contenu es lettres du Roy notre dit Seigneur ausquelles ces presentes sont atachées soubs notre signet, en païant, baillant et delivrant, des deniers de votre recepte, à maistre Guillaume Erard, docteur en theologie, la somme de vint sols tournois pour chacun jour qu'il aura vacqué ou proces ecclesiastique de celle femme qui se faisoit nommer Jehanne la Pucelle, nagueres, comme errant en la foy chretienne, condempnée, tout ainsi et par la forme et maniere que le Roy notre dit Seigneur le veult et mande par ses dittes lettres.

» Donné à Rouen, le VIII° jour de juin, l'an mil CCCC et trente ung.

» Ainsi signé : LUILLIER, avec paraphe. »

(*Il paraît environ la moitié du sceau*.) (14).

8 juin 1431.

« Je, Guillaume Erard, docteur en theologie, confesse avoir eu et receu de Pierre Surreau, receveur general de Normandie, la somme de trente une livres tournois que deue m'estait à cause de vint sols tournois à moy tauxés par le Roy notre Seigneur, pour chacun jour que j'ay vacqué et entendu avec autres seigneurs maistres docteurs et clercs, tant en theologie comme en droit canon, ou fait et proces de celle femme qui se faisoit nommer Jehanne la Pucelle, nagueres condempnée comme errant en la foy chretienne, avecque lesquels ie affirme avoir vacqué et entendu ou fait et proces dessus dit, en ceste ville de Rouen, par trente ung jours commençant le VI° jour de may derrenier passé, et finit le V° jour de ce present moys de juing inclus, et encore y vacque et ay vacqué depuis lors jusques aujourd'huy. Ce paiement à moy fait par ledit receveur, par vertu des dittes lettres du Roy notre dit Seigneur, données le VI⁰ jour de ce present moys, expediées par Monsieur le tresorier de Normandie, de laquelle somme de trente une liures tournois je suis content et bien paié et en quicte par ces presentes le Roy notre dit Seigneur, le dit receueur general et tous autres tesmoings.

» Mon seing manuel icy mis le VIII⁰ jour de juing, l'an mil CCCC et trente ung.

» Ainsi signé G. EVRARD, avec paraphe. » (14).

« Venerables et discrettes personnes maistres Jehan Beaupere, Nicole Midi, Pierre Morice, docteurs et Thomas de Courcelles, bachelier formé en theologie, confessent auoir eu et receu de honorable homme et saige Pierre Surreau receueur general de toutes les finances du Roy notre Seigneur, en Normandie, la somme de cent deux liures tournois à eulx deue de reste à cause de la tauxation de XX sols tournois à eulx faicte par le Roy notre dit seigneur, pour chascun d'iceulx pour chascun jour qu'ils affirmeront auoir vacqué ou proces ecclesiastique fait a esté contre ceste femme qui se faisoit appeler Jehanne la Pucelle, ou quel proces les dessus dits ont affirmé et affirment auoir vacqué en la maniere qui s'ensuit, c'est assauoir: le dit Beaupere, depuis le XVIII⁰ jour de feurier M. CCCC. XXX ung jusques au XXVIII⁰ jour de may ensuiuant semblablement inclus, ou quel temps, a cent jours qui, à la ditte estimacion de XX sols tournois pour chascun desdits jours, montent à cent liures tournois, dont il a receue du dit receueur, en quatre parties, IIII XX V liures tournois : ainsi reste à lui dû XV liures tournois. Ledit Nicole Midi, depuis ledit XVIII⁰ jour de feurier jusqu'au X⁰ jour de juing ensuiuant, l'un et l'autre inclus, ens son retour à Paris, ou quel temps, a cent treize jours qui à l'estimacion dessus ditte valent C XIII liures tournois, sur quoi il a receu du dit receueur, en quatre parties, IIII ˣˣ V liures tournois : ainsi reste à lui deu XXVIII liures tournois. Le dit Pierre Morice, depuis le dit XVIII⁰ jour de feurier jusqu'au VII⁰ jour de juing ensuiuant, l'un et l'autre inclus, ou quel temps, a cent dix jours, dont sont à deduire douze jours qu'il a esté absent pour ses propres besognes et affaires; restent IIII ˣˣ XVIII jours qui à l'estimacion dessus ditte montent à IIII ˣˣ XVIII liures tournois, sur quoy il a receu du dit receueur, en

12 juin 1431.

quatre parties, C XXVI liures tournois : ainsi reste à lui deu XXII liures tournois. Et le dit Thomas de Courcelles, depuis le dit XVIIIe jour de feurier jusqu'au Xe jour de juing'ensuiuant, l'un et l'autre inclus, compris ens son rètour, ou quel temps, à cent treize jours, qui à l'estimation dessus ditte montent à C XIII liures tournois, sur quoy il a reçu dudit receueur, en quatre parties, C XXVI liures tournois : ainsi reste à lui païer XXXVII liures tournois; lesquels restes font ensemble la ditte somme de cent deux liures tournois; de laquelle somme lesdits maistres se tiennent pour bien païés et contens et en quictent le Roy notre dit seigneur, icelluy receueur et tous autres tesmoings.

» Le seing manuel de moy Jehan Thiessard, notaire du Roy, cy mis, le XIIe jour de juing, l'an mil CCCC et trente ung.

» Ainsi signé : THIESSARD, avec paraphe (14). »

A la nouvelle du supplice de Jeanne d'Arc, les Orléanais furent dans une consternation inexprimable : le souvenir des exploits de cette héroine était toujours présent à la mémoire des habitans reconnaissans (4-8).

Une assemblée générale est convoquée, et, par une résolution unanime et spontanée, il est arrêté qu'un service solennel sera célébré annuellement pour le repos de l'âme de Jeanne d'Arc, et aura lieu au jour de sa mort ; qu'une fête nationale et religieuse se fera aussi tous les ans au jour de la levée du siége de la ville par les Anglais, à laquelle assisteraient le clergé, les magistrats, les compagnies, les corporations, la bourgeoisie, etc., enfin qu'une messe des morts sera célébrée pour les morts que cette délivrance avait coûtés (8-14).

Le pape Eugène IV confirme, par une bulle, la résignation que fit Jean Pelin, curé de l'église de Saint-Germain d'Orléans, de son église, au chapitre de Saint-Aignan dont elle dépendait de temps immémorial. Le motif de cette résignation fut que l'église de Saint-Aignan ayant été détruite depuis trois ans, lors du siége des Anglais, et n'y ayant pas d'apparence qu'elle fut si tôt rebâtie, les chanoines ne sachant où célébrer leurs offices, avaient besoin d'une église, la chapelle de Saint-Aignan ou Notre-Dame-du-Chemin, ayant été pareillement abattue en même temps que Saint-Aignan (8).

Cette église de Saint-Germain était située dans le quartier des Juifs, qui avaient eu une synagogue dans le voisinage, non loin de la rue Roche-aux-Juifs, supprimée et abattue en 1768. Sa place a augmenté le jardin actuel de la Préfecture (8).

Henri VI, roi d'Angleterre, âgé de neuf ans, fait son entrée dans Paris : il y est couronné et sacré avec de grandes cérémonies, dans l'église de Notre-Dame, sous le titre de roi d'Angleterre et de France (41-43). 2 décembre 1431.

Dunois, bâtard d'Orléans, surprend la ville de Chartres par le moyen d'un roulier qui avait feint d'y voiturer des marchandises ; pendant qu'il tenait le pont-levis embarrassé de sa charrette chargée, il sortit 100 hommes d'un endroit près de là, où on les avait cachés la nuit ; et, au signal qu'ils firent, Dunois et Gaucourt, qui avait été gouverneur d'Orléans lors du siége, se présentent avec 3,000 hommes ; la garnison, sans coup férir, s'enfuit à Evreux par une autre porte ; quelques bourgeois firent résistance à l'exemple de leur évêque Jean de Fitigny, zélé Bourguignon ; il fut tué les armes à la main, sur les degrés de la grande église de cette ville (43). 1431.

Première procession religieuse, civile et militaire pour l'anniversaire de la délivrance d'Orléans, par la pucelle Jeanne d'Arc, conformément aux vœux des magistrats et des habitans de cette ville, et telle qu'elle avait été arrêtée l'année d'avant (4-8). 8 mai 1432.

A cette fête, il fut dressé le long des rues des échafauds sur lesquels étaient placés des chanteurs qui faisaient entendre des hymnes et des motets en l'honneur de Jeanne d'Arc et contre les Anglais (*). On remarqua à cette fête une portion des vêtemens de cette héroïne, qu'on avait pu se procurer, qui furent portés en triomphe, ainsi que son étendard qui avait été retrouvé.

Pour la première fois on célèbre dans l'église de Saint- 9 mai 1432.

(*) HYMNE

Chanté devant l'église de Notre-Dame-des-Miracles-de-Saint-Paul, le 8 mai, jour de la fête de la ville.

I.

« Noble cité de moult grand'renommée,
Ville puissante, en tous lieux bien famée,
Chambre de Roy digne d'estre nommée,

Aignan, la messe des morts, pour les braves tués au siège d'Orléans.

30 mai 1432. Service anniversaire pour le repos de l'âme de Jeanne d'Arc, célébré pour la première fois dans l'église de Saint-Samson d'Orléans. Le receveur de la ville eut ordre de donner 9 liv. de cire pour être employée à la confection de quatre cierges et d'un flambeau (9).

26 septem. 1432. Daniel Chartier, né à Orléans, meurt dans cette ville.

Lieu decoré de decrets et de loix,
Toy, Orliens, richement à orné,
De guerre en paix la mercy Dieu tournée,
Rejouis toy à icelle journée,
Peuple vaillant, et tres loyal françois.

II.

» A la doulce priere
Dont le Roy Dieu pria,
Vint pucelle bergère
Qui pour nous guerroya;
Par diuine conduite
Anglois tant fort greua,
Que tous les mit en *fuitte*
Et le siege leua.

III.

Chantez, ô le clergé, et messieurs les bourgeois;
Vous, notables marchands, aydez nous, ceste fois,
Commune d'Orliens, esleuez votre voix
En remerciant Dieu et la Vierge sacrée,
Quand jadix, à tel jour, huictieme de ce mois,
Regarda en pitié le peuple Orlienois,
Et tellement chassa nos ennemis Anglois,
Que la duchié en fust en ioye deliurée.

IV.

» O reine de là sus, en grand'deuotion,
Icy, deuant Sainct Pol, vous en remercions;
D'en celebrer le jour sommes par trop ioyeux.
Chascun an y faisons belle procession,
Portons nos bieaux ioyaux par decoration
En chantant chants de paix et motets gracieux,
O benoist Sainct Aignan, tant digne et precieux,
O Sainct Euverte aussy, nos patrons glorieux,
Du tresor d'Orliens garde et protection. »

MOTET

Chanté à la porte Dunoise.

« Grandement reiouyr te doibs
Deuost peuple Orlienois,
Et comme tres loyal François,
Remercier Dieu à haulte voix,

Il fut éditeur des œuvres de maître Alain Chartier, son parent, celui qui reçut un baiser sur la bouche de Marguerite d'Écosse, femme de Louis, fils de Charles VII, depuis Louis XI, roi de France, non pas pour sa beauté, mais pour son bien dire (43).

Froid très-rigoureux et excessif en France (43-28). 31 décem. 1433.

Démolition du moulin à eau qui était sous l'ancien 1435. pont d'Orléans. Ce moulin était devenu d'une si faible exploitation, par le manque d'eau, la rivière se portant toute du côté du Portereau, que les proviseurs de l'hôpital St-Antoine auquel il appartenait le firent détruire.

    Quand cinq jours apres la grand' feste
    De la digne et benoiste croix,
    Le huictieme iour de ce mois,
    Par une pucelle, une fois,
    Chassas tes ennemis Anglois
    Qui tant te firent de tempeste.

    » Voici la croix du fils de Dieu;
    Voici la France le milieu,
    La noble cité d'Orliens:
    Fuyez, Anglois, de ce beau lieu!
    Et vous souuienne, apres tous jeu,
    Que ne gaignates rien lians.

    » Judith et Esther, nobles dames,
    Et plusieurs aultres vaillantes femmes,
    Par le vousloir du Dieu des Dieux,
    Bataillerent pour les Hebrenx,
    Et eurent de belles victoires,
    Comme nous trouuons es histoires:
    Tout ainsi, pour nostre querelle,
    Bataille Iehanne la Pucelle.

    » Ne sailliez jamais d'Angleterre,
    Anglois, pour gaigner notre terre;
    Regardez comment Glacidas
    Fust noyé, et d'aultres grants tas,
    Sallebry, frappé d'un canon
    Dont mourut à confussion,
    Car Notre Dame et Sainct Memart
    Les gresuerent de toute part;
    Sainct Euuerte les mit aussy
    Et Sainct Aignan en grant soucy,
    En la vertu, comme ie crois,
    De Dieu et de sa digne croix.

    » Or, prions donc pour le bon capitaine
    Sage et prudent, monseigneur de Dunois:
    Que Dieu le mette en la gloire hautaine,
    Poton, La Hyre et tous les bons Francois;

20 février 1435. Hiver très-long et malheureux : la gelée commença le 31 décembre 1434 et continua pendant deux mois et vingt jours, sans interruption (43).

2 mars 1435. Les trois moulins *pendus*, placés sous le pont (le vieux) d'Orléans, et qui appartenaient au roi, sont emportés par les glaces de la desserre, il ne resta plus que le moulin de la Commanderie ou *Mardereau*, porté sur des chalans, et le petit à main, près les Mottes. Les trois moulins détruits rapportaient au prince un revenu annuel de 107 muids de blé tout *mousturé* (en mouture) (4-9).

1er mai 1435. Les échevins ou procureurs de ville, à Orléans, font faire, par Gauchier, peintre, les jusarmes (armes), haches et une fleur de lis et deux *Godons* (Anglais), pour faire la fête du *lievement* (de la levée) de *Thourelles*, dont la cérémonie devait avoir lieu le 8 de ce mois (4-9-59).

Mai 1435. Le duc de Bedfort, régent de France pour le roi d'Angleterre, meurt quatre ans après Jeanne d'Arc, et dans ce même château de Rouen où sa victime avait été enfermée, en partie de remords et de chagrin, de voir la ruine de la puissance des Anglais en France (41-43).

Réglement du prévôt d'Orléans, Jehan Cailly, pour la police du marché aux blés, qui se tenait alors cloître Saint-Sulpice, et pour empêcher d'obstacler la petite rue ou passage d'*Etrille-Sac*, qui communiquait de ce marché à la rue Neuve (9).

Le nom d'Étrille-Sac fut donné à cette rue, parce qu'elle est si étroite, que les sacs de grains que l'on y passait sur l'épaule, frottaient sur les deux murs de droite et de gauche qui formaient cette venelle.

30 mai 1435. Anniversaire de la mort de la Pucelle d'Orléans. Dans

> Et rendons tous graces au Roy des Roys
> Quy à tel iour nous mist hors de gran' peine,
> Et adorons sa precieuse croix,
> Le vray salut de creature humaine. »

« (*En la bannière était mis :*)

> « A la Vierge, tous deux,
> Quant vous a plu tourner
> En liesse nos deuils,
> Tres humblement aussy
> Vous en remercions »

(*Tiré du Livre du Trésor de la Ville.*)

les cérémonies qui eurent lieu, il fut présenté à la messe cinq pintes et chopine de vin, deux petits pains et *un blanc* (petite monnaie) attaché au flambeau offert à la messe de cet anniversaire (4-9-59).

La ville fait paver par Bombachelier, paveur d'Orléans, le boulevard de la porte Bourgogne (la vieille) *ou* long des *loiges* (loges, échoppes ou petites boutiques) ou besognent les savetiers de la ville.

La fête de ville qui avait eu lieu le 8 de mai de cette année fut, à ce qu'il paraît, très-remarquable par les cérémonies qui y eurent lieu; car ce jour, 17 juillet, les procureurs payèrent pour la dépense de cet anniversaire, savoir : 17 juillet 1435.

« Payé c ıı sous parisis pour xxxvı liv. de la cire la plus belle mise en cierges, pour les douze procureurs de ville, qui les portèrent à la procession des Tourelles.

» Payé ıı sous pour une main de papier employé à couvrir les cierges par l'endroit où on les tient, et douze petits *boisselets* (cornets) pour retenir la cire qu'elle ne *chée* sur les personnes, et pour demi-cent d'épingles (brochettes en bois) à attacher les écussons, et un quarteron de *clo* (clous) à attacher lesdits *boisselets*, et les *boissai* des torches.

» Payé vı sous à Etienne, le peintre, pour douze écussons peints aux armes de la ville, pour mettre et pendre auxdits douze cierges. »

Les maîtres écrivains qui formaient à Orléans une communauté très-nombreuse, puisque seuls ils habitaient une rue qui portait le nom de l'Écrivinerie, font enclore de murs le grand cimetière ou charnier de la ville, qui leur appartenait, et font ouvrir une porte près de celle appelée porte Parisis, qui était vis-à-vis l'infirmerie des chanoines (l'Hôtel-Dieu). A cette époque, les lieux où l'on enterrait étaient encore appelés *cœmeteria id est dormitoria*, cemetoire ou bien *dormitoire* (64). 20 mars 1436.

Le comte Dunois, l'un des libérateurs d'Orléans, et le maréchal de Rieux, font des courses jusqu'aux portes de Paris; ils escaladent, avec l'Ile-Adam, un des côtés de cette ville et s'y logent; puis après en chassent les Anglais qui se rendent à discrétion et sont conduits prisonniers à Meaux. Le roi Charles VII revient alors dans sa capitale : ce succès confirma la prédiction faite par Jeanne d'Arc à sa mort (43). 13 avril 1436.

Charles VII fait son entrée dans Paris, que les Anglais occupaient depuis plus de seize ans. Cet événement fut cé- 20 avril 1436.

lébré par toutes les villes de France, et Orléans ne fut pas la dernière à faire éclater sa joie (64).

25 juil. 436. Les Orléanais sont avertis, par un messager, qu'une dame des Armoises, se disant la Pucelle sauvée miraculeusement du bûcher de Rouen, existait en Lorraine, qu'elle se proposait de se faire reconnaître par le roi Charles VII, et après, venir passer quelques jours dans leur ville. Il fut payé :

« Le xxve jour dudit mois de juillet.... pour faire boire *ung messagier* qui apportoit lettre de Jehanne la pucelle, et *allait* par devers Guillaume Bellier, bailly de Troyes, III s. parisis.

9 août 1436. » A Fleurs de *Lyls* (c'est le même que Cœur de Lis, hérault de la ville), le jeudy, veille de Saint-*Lorent*, pour don à luy *faict* pour ce qu'il avait apporté lectres à la ville de par *Jehanne* la pucelle, deux reaulx, à XXIV sous p. XLVIII s. parisis.

21 août 1436. » A Jehan Dulis, frère de la Pucelle, le mardy XXI, d'oust l'an M CCCC XXXVI, pour XII poulets, XII pigeons, II oisons et II *levrotz*, XXXVIII s. parisis.

» Pour dons à luy *faict* la somme de XII liv. tournois, pourceque le *dict* frère de la Pucelle, vint en la chambre de la *dicte*, requerir aux procureurs de la ville qu'ils *luy* voulissent aider *d'aulcung poy* (peu) d'argent pour s'en retourner par devers sa *dicte* sœur, disant qu'il venait de devers le roy luy annoncer que sa sœur *Jehanne* existoit et que le roy luy avoit ordonné (promis) XXX fr. et commandé que on les bailla, ce dont on ne *fist* rien, et ne *luy* en *fust* baillé que XX dont il avait *despendu* (dépensé) les XII et ne *luy* en restoit plus que VIII fr. qui *estoit poy* (peu) de choses pour s'en retourner à Metz, devers sa sœur *Jehanne veu* qu'il *estoit son* (soi ou lui) cinquième à cheval.... on luy donna XII fr. valent IX liv. XII s. parisis.

Octobre 1436. » A *Cueur* (cœur) de *Lys*, herault de la *dicte* ville, le XVIIIe jour d'octobre M CCCC XXXVI, pour *ung veïage* qu'il a *faict* pour la *dicte* ville, par devers la Pucelle, laquelle *estoit* à Arlon, en la *duchié* de Luxembourg, et pour porter les lettres qu'il apporta de la *dicte* Jehanne la pucelle à *Loïche* (Loches), par devers le roy qui la *estoit ou* (au) quel *veïage* il a vacqué XLI jours; c'est ascavoir : XXXIV jours au *veïage* de la Pucelle; et VII jours à aller devers le Roy et par ledit *Cueur* de *Lys*, pour aller devers la *dicte* Pucelle, le mardy dernier jour de juillet, et retourna le 11ᵉ jour de septembre en suivant, ainsi sont XLI jours qu'il a demeuré à vacqué a faire le *dict veiage*, pour tout, VI liv. parisis.

» Le *dict* 11ᵉ jour de septembre, pour pain, vin et cernaulx dépensés en la chambre de la *dicte* ville à la venue du *dict Cueur de Lys* qui apporta les *dictes* lettres de Jehanne la pucelle, et pour faire boire le *dict Cueur de Lys*, lequel disoit avoir grand soif, pour ce, II s. IV d. parisis. »

(Les articles ci-dessus sont relatifs à la dame des Armoises, qui se fit passer pour Jeanne d'Arc, Pucelle d'Orléans, sauvée du bûcher de Rouen, et qui vint en juillet 1439, c'est-à-dire trois ans après, passer plusieurs jours à Orléans, qu'elle prétendait avoir sauvé, mais dont elle partit furtivement après en avoir trompé les habitans. (*Voir page* 286.)

Procession générale pour les biens de la terre, à cause de la grêle qui tomba ce jour, laquelle était grosse comme le poing (59-4-9). 27 octobre 1436.

Jacquet des Lieux, frère mineur, fut chargé de faire *ung* sermon à la procession générale, *pour prier Dieu pour les biens de dessus la terre, à cause de la grele qui chut grosse comme euf, une balle de paulme et comme le poing d'un homme.*

« Lettre du roi Charles VII, donnée à Orléans, accordée à Pierre de Fonteille, à l'effet d'expulser à mains armées, du château de Cormes, Nicolas Grosseteste, et de faire suivre la saisie au parlement (*Titres de Cormes*). » 20 novem. 1436.

Mort de Jean L'Alleu, chancelier de France, né à Orléans. 1436.

Charles VII ordonne aux procureurs de ville d'Orléans de faire un réglement ou tarif du pain calculé sur le prix du blé, et de renouveler ce travail toutes les semaines, le samedi, jour du marché au blé (4-8).

Le tonnerre tombe sur le clocher de Saint-Pierre-Empont, brûle la corde qui servait à sonner le *Beffroy*, et fait beaucoup de dommage à la tour (4-9-59). 13 mars 1437.

Guillery, cordier, est chargé de fournir sept toises de corde pour attacher au *patau* (battant) du *saint* (cloche) de quoi on sonne l'*effroi* à Saint-Pierre-Empont, *pourceque celle qui y était fut brûlée et rompue par la tempeste.*

Le même jour, le tonnerre tomba aussi à Sémoy, près d'Orléans, endommagea le clocher et vint frapper le sonneur qui eut la jambe cassée.

« La ville paya 48 sous parisis à Jehan, prévôt, guette (*garde*) de Sémoy, pour lui aider à se faire *tailler*, pour pitié de ce qu'il s'était rompu la jambe à *cheoir* de l'*eschelle* comme il montait au clocher dudit Sémoy, dernièrement, quand le tonnerre tomba dessus. »

Guillaume Charrier, évêque d'Orléans, passe au siége de Montpellier, et est remplacé, après 8 ans d'épiscopat, par Regnaud de Chartres (21).

1438. Charles VII assemble à Bourges un grand nombre de docteurs, de théologiens et de députés de l'Université d'Orléans, pour examiner les demandes des pères du concile réuni à Bâle. Le roi fit un réglement connu sous le nom de Pragmatique Sanction. Ce réglement, qu'on appela long-temps le *Palladium* ou le rempart de l'église gallicane, ôtait aux papes le pouvoir qu'ils s'étaient attribué de conférer les bénéfices et de juger les causes ecclésiastiques en France. Ce réglement eut force de loi (43).

Mars 1439. L'église de Saint-Aignan étant en partie rétablie, les chanoines qui avaient été forcés de faire les offices dans l'église de Saint-Germain, depuis le 17 septembre 1428, revinrent dans leur première église, comme auparavant (64).

8 mai 1439. Fête de la ville avec toute la pompe d'usage, et de plus le simulacre du siége des Tourelles (4-9-59).

La ville paya 112 sous pour l'achat d'un étendard qui fut donné à Monseigneur de Roys, *pour faire la manière de l'assault comment les Tourelles furent prinses sur les Godons*.

30 mai 1439. Le service qui se faisait annuellement dans l'église de Saint-Samson d'Orléans pour le repos de l'âme de Jeanne d'Arc, est interrompu, vu la présence, en Lorraine, de la dame des Armoises qui se disait être la Pucelle d'Orléans (9-63).

28 juillet 1439. Cette prétendue Pucelle, qui disait avoir été sauvée miraculeusement du bûcher à Rouen, et qui s'était mariée au seigneur des Armoises, d'une famille illustre de Lorraine, vint à Orléans où elle fut reçue avec distinction. Les procureurs de ville, trompés par elle, lui firent au nom des habitans plusieurs dons (8-9-64).

« Il fut payé à Jacquet Leprestre, le xxviiie jour de juillet, pour vin présenté à *Jehanne* des Armoises, xiv s. parisis.

» *Idem* pour vin présenté le xxixe jour, xiv s. parisis.

» *Idem* le xxx, pour viande présentée à *madicte Jehanne* des Armoises, lx s.

» *Idem* xxi pintes de vin à *disner* et souper, présenté à la *dicte Jehanne* des Armoises, xxi s. parisis.

» *Idem* le xxxi juillet, pour vin présenté à elle à *disner* et au souper, xxviii s. parisis.

» *Idem* le 1er d'aoust, pour x pintes et *chopines* à elle présentées à *disner*, quand le même jour elle se *parti* de ceste ville, xiv s. parisis.

» A *Jehanne* d'Armoises, pour don à elle *faict* le 1er jour d'aoust par délibération *faicte* avec le conseil de la ville et pour le bien qu'elle a *faicte* à la *dicte* ville durant le siége, donné à elle le même jour que elle se parti, pour ce, ii c. et x liv. parisis.

» *Idem* à luy (Jacquet Leprestre), pour viii pintes de vin *despensées* à *ung* souper, où *estoit* J. H. Luillier et Thevenot de Bourges, pour ce qu'on le *cuidoit* (le devait) présenter à la *dicte Jehanne*, laquelle se *party* (se sauva) plutot que le *dict* vin ne *fust* venu, x s. viii d. parisis. »

(Cette fausse Pucelle qui depuis environ trois ans se faisait passer pour la véritable, avait eu l'art de se faire reconnaître de la mère et des frères de Jeanne d'Arc, lesquels trompés de bonne foi, vinrent avec elle à Orléans, où ils se fixèrent lorsque la fourberie de la dame des Armoises fut reconnue et qu'elle se sauva. *Voir p.* 284.)

Isabeau Romé, mère de Jeanne d'Arc, Jean du Lis et Pierre du Lis, ses fils, se fixent à Orléans. La ville les logea dans la rue des Pastoureaux, sur la paroisse de Saint-Hilaire; de plus, les procureurs leur fournirent leurs vivres et nécessités, et en outre la somme de 60 sous tournois, seulement pour Isabeau, pour se *maintenir* et habiller, laquelle somme montant à 2 écus et demi ou environ (l'écu valait 25 sous), fut payée jusqu'à sa mort.

Girard de Crussol, archevêque de Tours, est sacré dans l'église de Sainte-Croix d'Orléans, par l'archevêque de Bordeaux et l'évêque d'Avranches, avec une pompe extraordinaire et un grand concours de fidèles (8). 13 octobre 1439.

Le roi Charles VII fit cette année une grande assemblée des seigneurs et députés de ses états à Orléans, où il fut résolu que l'on rechercherait la paix avec les Anglais, et que l'on travaillerait à la délivrance du duc d'Orléans, 25 octobre 1439.

toujours prisonnier en Angleterre. L'évêque d'Orléans, Régnault de Chartres, et Adam de Cambray, président au parlement de Paris, furent nommés députés pour traiter de cette affaire (21-64).

27 octobre 1439. Le cardinal de Chartres, archevêque de Reims, qui avait sacré Charles VII, et qui était aussi évêque d'Orléans, arrivé en cette ville pour assister aux états par ordre du monarque. Les échevins ou procureurs lui firent une réception brillante et de grands présens, surtout ceux de six *traversins* de vin (traversin ou poinçon contenant 240 litres d'aujourd'hui) et douze muids d'avoine (le muids contenait 12 mines) (64).

29 octobre 1439. Il y eut une débâcle si forte à Orléans, et la Loire fut si élevée, que plusieurs arches du pont furent emportées du côté de la belle croix. Ces malheurs eurent lieu pendant que les états de France étaient encore assemblés.

30 décem. 1439. Charles VII, par lettres patentes, ordonne que, de la taxe établie pour payer la délivrance du duc d'Orléans, et arrêtés par les états, il n'y aurait d'exemptés que les nobles qui servaient à l'armée, les *anciens* (vieillards), les docteurs, et les élèves de l'Université d'Orléans (4).

1439. Charles VII ordonne la reconstruction de Saint-Aignan d'Orléans qui n'était pas encore complètement terminée. Pour cet effet, le roi autorise le chapitre de cette église à prélever un droit de 6 deniers de taxe par minot de sel qui serait vendu dans les gabelles du Languedoc (4-8).

7 janvier 1440. Charles, duc d'Orléans, prisonnier en Angleterre, donne l'ordre à son prévôt d'Orléans, Jehan Cailly, de permettre aux cordoniers et autres ouvriers qui se servent d'alênes, de travailler toute la nuit, malgré l'avertissement donné par la cloche du couvre-feu, avec défense de se servir du marteau pendant ce temps. Cette permission fut accordée moyennant la somme de 2 sous 8 deniers par chaque *ouvrier besognant* (4-9-59).

10 janvier 1440. Le duc d'Orléans, qui était prisonnier en Angleterre depuis vingt-cinq ans, à la suite de la bataille d'Azincourt, est tiré de sa prison par Philippe, duc de Bourgogne, fils du duc de Bourgogne qu'il avait fait tuer; lequel désirant terminer la funeste querelle de sa maison avec celle d'Orléans, employa tous les moyens pour le délivrer, et lui aida à payer sa rançon qui avait été fixée par les Anglais à 300,000 écus somme énorme pour le temps (43).

Le roi Charles VII donna 160,000 liv. et de plus 6,000 liv. de rente.

Le duc de Bourgogne donna une forte somme d'argent, et les Orléanais firent le reste.

Les Orléanais députent vers le comte de Dunois, pour le prier d'aller, au nom de la ville, recevoir à Calais le duc d'Orléans qui revenait en France. A la nouvelle de son débarquement, on fit dans Orléans des feux de joie, les cloches des églises furent sonnées à toutes-volées, et des actions de grâces furent rendues à Dieu; dans les *carfours* de la ville et des faubourgs furent posées des tables chargées de vin et de viandes, pour y faire joyeuse chère. 17 janvier 1448.

Charles, duc d'Orléans, à peine revenu d'Angleterre, vint avec Marie de Clèves, sa jeune épouse, à Orléans. Les Orléanais le reçurent avec pompe, il fut harangué par les procureurs de ville. 24 janvier 1440. Vendredi.

L'entrée, dont le détail et la dépense suivent, se fit par la porte Bourgogne, appelée aussi la porte Saint-Aignan. Il y eut douze échafauds, savoir : Au dehors de la porte Saint-Aignan, à Saint-Victor, à Saint-Etienne, au cloître Sainte-Croix, à Saint-Pierre-Empont, au Pilory et autres lieux et carrefours, *où furent joués divers personnages, comme celui des laboureurs, des vertus morales, le combat de Goliath et de David*, et autres agréables sujets.

Le duc et la duchesse, accompagnés de plusieurs seigneurs et dames d'honneur, rendirent leurs actions de grâces à Dieu dans l'église cathédrale de Sainte-Croix, et de là furent conduits en leur hôtel du Châtelet d'Orléans, en grande cérémonie. Les procureurs de la ville avaient fait venir Oudin de Saint-Avy, qui menait la bande des *hauts-ménétriers*, et Jehan Champeaux, qui conduisait la bande des joueurs de *luth*, pour faire honneur au prince et réjouir le peuple d'Orléans. Le duc et la duchesse occupèrent la grande salle du Châtelet qui donnait sur la rue au Lin; les seigneurs de la cour furent logés en partie dans la portion du Châtelet que le gouverneur habitait, lequel fut obligé, pendant les douze jours que le duc resta en ville, d'aller demeurer autre part. Le reste des seigneurs fut logé chez les principaux habitans.

Le duc d'Orléans reçut, en partant, des procureurs de la ville, un présent de 4,000 écus d'or (l'écu d'or valait 25 sous parisis) et de plus la *tavisserie navale* orléanaise.

Cette tapisserie, faite par un Orléanais qui avait établi son atelier dans le préau de Saint-Aignan, sous les galeries neuves, passait pour un chef-d'œuvre (8).

Cette merveille était une toile peinte, de deux toises et demie de hauteur, et d'une longueur suffisante pour environner le cloître Saint-Aignan où elle était étalée : elle représentait tout le cours de la rivière de Loire avec ses villes, villages, hameaux, bourgs, châteaux, passages, ports, ponts, depuis Roanne jusqu'au Croisic. Elle fut démontée et roulée en trente grosses pièces et présentée au prince qui l'envoya à son château de Blois où elle fut malheureusement brûlée par accident, avec une partie de cette habitation, en 1540 (8-64).

Détail des frais de cette entrée (49-59-64).

« Payé à Gauchier, peintre, pour avoir fait une fontaine et plusieurs autres personnages et moralités en plusieurs lieux pour la venue de Monseigneur et Madame d'Orléans XXXII livres.

» Payé au même, pour marché fait avec lui, pour faire la peinture qu'il fallait autour du *ciel* (dais) et les *bastons* à soutenir ledit ciel, et devait quérir tout l'or fin qu'il fallait pour faire la *dicte painture*, VI sous (4-59).

» Payé à lui pour quatre cents petits *pennonceaux* (drapeaux), pour bailler aux petits enfans pour aller au-devant de Monseigneur d'Orléans en sa venue, XLVIII sous.

» Payé à lui pour avoir mis du *réban* (ruban) et *clos* (clous) et avoir attaché au chassis du ciel, VII sous.

» Payé à Anneau, charpentier, pour avoir fait le chassis pour le ciel, VIII sous.

» Payé à M. le trésorier Jacques Bouchier, pour avoir envoyé aux procureurs de ville les armes de Madame d'Orléans *painte* pour les mettre sur la vaisselle qu'on lui faisoit, V sous.

» Payé à Jacques de Thou, pour *ung* drap d'or acheté de Jehan Mahy, dont on fit le ciel qui fut présenté à Monseigneur d'Orléans, XVI livres XVI sous.

» Payé pour six *aulmes* de *sandail* (étoffe) pour mettre autour du ciel, VI livres.

» Payé pour une livre *ung* gros et demi de soie, pour faire les franges d'autour du ciel dessus dit, VIII livres.

» Pour six *aulnes* de toile perse à couvrir le dit *ciel*, XL sous.

» A maistre Jehan de Lepine, pour avoir fait *ung* sermon à Sainte-Croix à une procession que Monseigneur d'Orléans avait requis être *faicte* après sa venue, xvi sous.

» Pour faire sonner les *cloiches* et mercier Dieu des bonnes nouvelles, quant Monseigneur d'Orléans viendrait, et fut ordonné de faire les feux et faire tables rondes aux quarrefours pour faire joyeuse *chiere*, et fut despensé tant en ville que aux faubourgs, à *ceste* cause, xxvi livres.

» A Oudin, de Saint-Avy, pour *despenses faictes*, lui et les *menestrels* de sa bande, le jour que Monseigneur d'Orléans arriva le vendredi, lendemain, *et là* l'ordonnance de la Chambre, furent envoyés jouer parmi la ville, et pour *resjouir* le peuple de la venue de mon *dict* seigneur, ix. s.

» Pour la bonne *chiere* faite par les *menestrels* d'un *luz* (brochet), qui estoient *venus* de par les procureurs, xxiii sous viii deniers.

» Pour xxvii flambaux qui ont été *despensez* à la venue de Monseigneur, xxiii sous viii deniers.

» A Messor, le xxv janvier, pour *despence faicte* à dîner quand on eut présenté les iv c. écus d'or à Monseigneur d'Orléans, qu'on lui devait du reste des x m. écus qu'il avait demandés, xlvi sous.

» A Jehan du Moustier, et Laurencin du Moustier, et à Gillet le *basele* (bateleur), pour avoir été jouer par la ville aux *chauffaulx* pour la venue de Monseigneur, xlviii sous.

» Pour don fait à six *haux* (habiles) *menestrels* qu'on avoit fait venir de Saint-Benoist, d'*Yenville* (Janville) et de Clery, pour la venue de Monseigneur d'Orléans, x livres viii sous.

» Pour les *despences* en vin faites par les *menestrels* depuis le mardi xxiv janvier *jusacs* (jusqu'au) au jeudi, qui furent en *ceste* ville, lxiv sous iii deniers.

» Pour un *souffelt* (soufflet de foyer) et pour faire porter la tapisserie (navale orléanaise), qu'on avoit empruntée pour mettre aux *eschauffaulx* où étoient les personnages (acteurs), iv sous.

» Pour *Le Biernays*, pour avoir fait *un eschauffaulx* au-dehors de la porte Saint-Aignan où *estoient* les personnages des *laboureux*, xx sous.

» Pour avoir mis plusieurs personnes à *appareiller* (nettoyer) les chemins de par où Monseigneur d'Orléans vint à la porte Saint-Aignan pour aller à l'église, xx sous.

» Pour les douze *eschauffaulx* pour mettre les personnages, xiii liv. iv sous.

» Pour trois *jaloies* (mesure de liquide) de *clairet* (vin blanc) qui a été despensé à la fontaine qui estait auprès de Saint-Vincent, la jaloie tenant quinze pintes, à ii deniers la pinte, viii sous.

» Pour faire acheter du lait pour mettre dans la *dicte* fontaine Saint-Vincent, iv sous.

» Pour mettre un flambeau pour la *dicte* fontaine, ii sous iv deniers.

» Pour Denis le pâtissier, pour entretenir ceux qui firent Goliath et David, devant Saint-Pierre-Empont, pour leurs dépenses à attendre *venir* Monseigneur le duc, iv liv.

» Pour avoir salarié le joueur de *tabourg* (le tambour) à faire fête quand Monseigneur devait venir le jour qu'il coucha à *Yenville* (Janville), iv sous.

» Pour *despenses faictes* par Jehan l'Allemand et Faverin et Coulon, qui *estaient* à faire des personnages à la rue Saint-Etienne, vi sous.

» Pour cc xi marcs, cinq onces et trois gros d'argent pour le don et présent fait à mes seigneurs et dames, les ducs et duchesses d'Orléans, en vaisselle d'argent à leur joyeuse venue m ccc iv^{xx} xvii liv., ix deniers (4-9-59-64).

» Pour la façon *dudict* vaisselle aux orfèvres qui l'avait *faicte*, et en outre xii sous par marc, c xxvi livres et xviii deniers.

» Pour xc *duycats* (ducats) d'or baillés aux orfèvres pour dorer la *dicte* vaisselle, lxxxviii liv. i sou.

» Pour deux *penniers* (panniers) et *ung* drap et demi, pour envelopper la *dicte* vaisselle xvi sous. »

On remarqua principalement dans cette fête, qui fut si pompeuse, les fontaines distillant le lait et le vin, placées sur des échafauds.

Procession générale à Sainte-Croix, en laquelle furent portées les châsses des saints, savoir :

La châsse de saint Mesmin, portée par	12 hommes.
La châsse de saint Aignan, portée par	12
La châsse de saint Mamert, portée par	6
La châsse de saint *Heuverte*, portée par	20
La châsse de saint Benoît, portée par	16
La châsse de saint Samson, portée par	8
Les châsses de Bonneval, portées par	12
Total.	86 h. (64).

A *icelle* procession assista Monseigneur le Duc avec sa cour (64).

Le duc d'Orléans, sa jeune épouse et toute la cour ayant quitté Orléans depuis quelques jours, les procureurs lui firent porter à Blois, par Jehan de Champeaux, Philippe Paris et Cournu de Cosny, la vaisselle qu'on avait *faicte en ceste* ville, *pource que mon dit seigneur d'Orliens demandoit à donner du vin* (4-9-59).

17 février 1440.

Le seigneur d'Yèvre-le-Châtel, près de Pithiviers, qui avait, par succession de ses ancêtres, la propriété de ce lieu, vient pour la dernière fois acquitter la redevance due au chapitre de Sainte-Croix d'Orléans d'une gouttière en cire du poids de 213 livres et demie, qu'on appelait la Gouttière de la reine Clémence, parce que cette redevance avait été imposée à cette princesse en recevant cette seigneurie de son fils Philippe V, en 1320 (8).

2 mai 1440.

Le seigneur d'Yèvre-le-Châtel relevait de l'évêché d'Orléans, et était obligé, conjointement avec plusieurs autres barons de la province, de porter l'Evêque le jour de son entrée; cette redevance annuelle de la gouttière fut supprimée à cette époque, moyennant une somme d'argent une fois donnée.

Les procureurs d'Orléans chargent Aignan de St-Mesmin, l'un d'eux, de faire faire de la poudre à canon et poudre fine pour coulevrines (4-9-59-60).

15 mai 1440.

Il fut payé à Naudin Bouchard 6 livres 8 sous pour cinq *quartes* (petits quarteaux) de vinaigre, qu'il avait employés pour faire 65 livres de poudre fine à coulevrines.

(Il y avait alors deux sortes de poudre, l'une grosse pour les bombardes et canons, l'autre plus fine pour les coulevrines; le vinaigre était toujours employé dans leur composition.)

Les coulevrines étaient des pièces d'artillerie longues et moins fortes que les canons et bombardes; il y en avait même de petites montées sur de petits charriots qui suivaient le mouvement des troupes, comme celle de maistre Jehan, qui la faisait suivre toutes ses expéditions; elles se chargeaient avec des balles de plomb de 2 livres chacune; le service en était fait par un militaire que l'on appelait coulevrinier, qui avait à sa disposition un servant.

Les coulevrines portaient ce nom, parce qu'elles se terminaient par un bouton à la culasse qui avait la tête d'une couleuvre.

Naudin Blanchard, *saintié* (fondeur) et *artillier* (artilleur), livre aux procureurs de ville six coulevrines emmanchées, et les *moles* (moules) à faire des *plommiers* ou balles.

8 juin 1440. A cette époque l'Orléanais fut tellement désolé par la présence des loups, que plusieurs personnes et des enfans furent dévorés par ces animaux carnassiers jusqu'aux portes de la ville (4-9-59).

Il fut payé 3 livres 5 sous à Favereau, *lovetier* (louvetier), pour faire diligence de prendre les loups qui mangeaient les petits enfans (4-59-60).

Septemb. 1440. Charles VII fait admonester par son parlement de Paris la dame des Armoises, qui se fesait passer pour la Pucelle d'Orléans, et qui avait reçu l'année d'avant plusieurs sommes d'argent des Orléanais; elle subit l'arrêt prononcé contre elle dans la grande cour du palais, où elle fut montrée au peuple, montée sur la table de marbre qui était au centre; depuis ce jugement elle ne parut plus (4-8-43).

1440. Jean, comte de Dunois, bâtard d'Orléans, fait élever les bâtimens de droite et le grand escalier en pierre du château de Meung (47).

Mort du célèbre médecin Danglebermes né à Orléans.

Décembre 1440 Le receveur de la commune présente son compte de l'année 1440 aux procureurs d'Orléans (échevins), lequel est arrêté par eux et signé: Estienne Barbeau, Jehan Luillier, Theven de Bourges, Jean de Champeaux, Perrin Triquot, Collin le Pelletier, Guillaume le Long, Raquet de Thou, Sanson, Pierrin Sevin, Pierre Monceau, et Gillet Morchoasme, receveur (4-59-64).

Extrait des articles principaux de ce compte.

RECETTES.

« Pour le droit d'*ouances* dû par divers bourgeois et marchands d'Orléans, qui sont de chacun *es* personnes qui en est dix deniers obole parisis, *esquelles* Monseigneur l'Evêque d'Orléans, Régnaud de Chartres, prend moitié, et paye la moitié de la dépense, dont *echest* en dépense tant pour pourceaux achetés et distribués aux personnes d'icelles ouances, comme pour autres dépenses pour le droit d'icelles, XXXII livres IX sous IV deniers, et celle de X livres VIII sous à partager entre Monseigneur le Duc et Monseigneur l'Evêque d'Orléans (4-9-59), recette XLII livres XVII sous IV deniers. »

Ces ouances étaient des repas que les seigneurs des dits particuliers devaient en échange de quelque argent (9).

Chaque redevable donnant 10 deniers obole, il s'en trouvait 1,028 à Orléans pour former la somme de 42 livres 17 sous 4 deniers reçue.

« Pour le loyer du Champ-aux-Cordes, contenant cinq arpens, et l'aubraye de Saint-Jean-le-Blanc, environ cinq quartiers, XXXII sous. »

Le Champ-aux-Cordes était entre la levée, près les Capucins, et la Loire.

« Pour loyer de cinq *estaçons* assis du *costé* de l'église et prieuré de Saint-Hilaire, par devant la prévôté d'*Orliens*, LXXIII sous.

» Pour le loyer d'un *estaçon* qui était *débouls* (placé près) le degré des *plaidouer* de la *prévosté d'Orliens*, LX sous.

» Reçu des merciers pour onze *estaçons* autour du chef de l'église Saint-Hilaire, baillés à rente perpétuelle par le roi Philippe, l'an 1271, *et sont répondant l'un pour l'autre*, XVI livres.

» Reçu des bouchers qui tenaient la Grande-Boucherie et la Petite-Boucherie, et une place devant les issues de la Petite-Boucherie qu'ils tenaient, savoir : LXXXIII livres XII sous pour la grande, XVIII livres IV sous pour la petite, et X sous pour la place, le tout CI livres XVI sous.

» Reçu des *burelliers* (bourreliers) et les pelletiers, pour le loyer de leurs halles, XII liv. VIII sous.

» Reçu des *frappiers* (frippiers), pour une place ou *souloit estre* la halle aux *frappiers d'Orliens* (contenant 21 toises 1/2 de long, et 4 toises 1/2 de large), XL sous.

» Reçu pour le *cimetiere des Juifs*, assis en la paroisse de Saint-Euverte, sur la rue qui va de Saint-Victor à Saint-Euverte, *ja pie ca*, baillé de rente, X sous.

» Reçu pour la maison de la *geole* (prison), affermée XXX livres.

» Reçu de l'office de la maîtrise des *talmelliers* (boulangers) d'Orléans, XXIV livres.

» Reçu des *courvées* (couvreurs), et des charpentiers VIII livres.

» *Item* des *courvées* (couvreurs) et des *recouvreurs* LVIII sous.

» *Item* de la *coutume* (communauté) des savetiers VII ˢ.

» *Item* du droit du *mestier* des chandeliers, vi livres iv sous ii deniers.

» *Item* pour le droit octroyé à monseigneur le duc, par les cordonniers et *poignes* d'aleines (qui se servaient d'alènes), pour les laisser travailler de nuit, tant qu'il plaira à mon dit seigneur, depuis le mois de septembre jusqu'au mois de mars, par chacun ii sous viii deniers, au nombre de six cent trente travailleurs, lxxxiv livres. »

DEPENSES.

« A l'exécuteur de la haute justice, pour l'année, ii livres.

» Donné iv m. gros morceaux de gros bois, et m. de fagots, chacun au prévost d'Orléans et au receveur, pour leur chauffage annuel, xx livres.

» Pour pavé fait devant la halle au lin (rue au Lin), près le Châtelet, donné aux maîtres des chaussées, cv livres.

» Pour Monsieur Raoul de Gaucourt, gouverneur, par jour xvi sous.

» Pour Monsieur Jehan Leprestre, garde de la prévosté, par chaque jour, v sous.

» Pour Monsieur Robin Bacfart, commis à la *recepte* d'Orléans, par an, lxxx livres.

» A Macé Rogeret, procureur général de Monseigneur le duc d'Orléans, pour son année, xxx livres.

» Au même, pour l'*ampliement*, pour l'année, xxx livres.

» Donné à Girard Boillève, *advocat* defenseur des causes de Monseigneur le duc d'Orléans, pour ses gages de l'année, xxx livres.

» Au même, pour l'*ampliement*, xx livres.

» Donné à Jehan Cantor dit Le Blanc, sergent et maître du guet d'Orléans, ainsi qu'aux autres sergens de la sixaine (soixante) du guet d'Orléans, par jour chacun, x deniers.

» Au même, pour sa robe, x livres.

» Donné à Jehan Victor, souverain maistre enquesteur, des eaux et forêts, et chacun des maistres des gardes, à raison de ii sous dits sous parisis, par jour, et c sous pour leurs robes, c xx livres. »

9 janvier 1441. Les administrateurs du pont, de l'hôpital Saint-Antoine et de la place Saint-Antoine, donnent à bail une place assise au Portereau, sur le chemin du puits Tudelle, pour la vie, aux Bardeurs frères et sœurs, et jusqu'à l ans après la mort du dernier vivant.

Les procureurs de ville paient à Geuffroy Dijon, apothicaire, « pour avoir baillé choses nécessaires de son mestier à la mère Jehanne Ysabeau, mère de la Pucelle, qui a été *très-fort malade*, LVI sous IV deniers. »   Mars 1441.

Jacquet Leprestre, comme *varlet* de ville, reçoit pour sa nourriture, par mois, vingt-quatre sous, parce qu'il était trop âgé.   Septemb. 1441.

Déclaration de Charles, duc d'Orléans, au chapitre de Sainte-Croix de cette ville, par laquelle il est dit : « qu'il n'entend porter atteinte en aucune manière aux droits du chapitre, bien que la chambre des comptes se tint depuis plusieurs années dans une maison près le Châtelet qui leur appartenait, maison occupée en partie par Davy, chanoine, leur confrère (8).   9 février 1442.

Le corps de ville d'Orléans qui tenait ses assemblées dans une partie de la tour de Saint-Samson (comme il est prouvé par des quittances et par l'ajournement donné par trois sergens de ville, le premier juillet 1408, à plusieurs habitans d'Orléans, pour venir à Saint-Samson, *en la chambre où conversent les procureurs de ville*), se trouvant logé très à l'étroit et peu convenablement, achète l'hôtel des Crénaux, rue Sainte-Catherine, paroisse de Saint-Pierre-en-Sentelée, et quelques maisons voisines, près de l'église Sainte-Catherine, et fait jeter les fondemens d'un édifice destiné à lui servir de lieu de réunion (4-9).   22 mars 1442.

Cette acquisition de l'hôtel des Crénaux coûta à la ville la somme de 400 écus d'or (4-9-59).

« Comptes de ville :

» *Achapt* de *l'hostel* des Crénaux, rue à aller de la *Chollerie* (clouterie, commerce de clous), à *sainct Samxon*, de Jh. Renard, pour IVe. escus d'or, du poids de IV ^{ıı} (.80) au marc (à peu près 5 marcs 7 onces, ce qui fait, à 80 livres l'once, 3,760 livres de notre monnaie), *ung hostel* en la paroisse de *Sainct* Pierre en Sentelée, couvert d'ardoises, *auec* les *caues*, courts, jardins, droit de vue et *egoults*, et *aultres* appartenances *d'iceluy hostel*, sur la rue, à aller de la Chollerie à l'eglise *Sainct Samxon*, tenant d'une part à l'*hostel* de la femme Françoise Belliere ; d'autre part, à *ung* petit *hostel* appartenant au *Sainct Samxon*, et par derriere (rue Sainte Catherine), *aulx* murs anciens de la cité et à l'*hostel* de dame Gille Morelle, tenue en censive de *Sainct Samxon*. »

(Jehan Renard, vendeur de l'hôtel des Crénaux, avait été interdit en 1436, dans une assemblée de famille; au nombre des parens figure un nommé Guillemain Beauharnais.)

Août 1442. Jehan Lallemand, receveur de la commune d'Orléans, par commandement des procureurs de la ville, paye à la mère *Jehanne* Ysabeau, mère de la Pucelle, qui résidait à Orléans, la somme de quarante-huit sous, pour don qu'on lui fait par mois, depuis le 9 novembre 1440, pour son *vivre* pendant le mois d'août (4-9-59-64).

18 octobre 1442. Cauchon, évêque de Beauvais, l'un des juges de Jeanne d'Arc, meurt subitement au concile de Bâle, pendant qu'on lui coupait les cheveux (41-43).

8 juin 1443. Charles VII, par une ordonnance, contraint tous les habitans d'Orléans à faire le guet et la garde de la ville, sous la conduite d'un sergent ou maître qui existait déjà depuis plusieurs années, et que la commune payait, ainsi que ses aides ou sergens de *sixiaines*.

8 mai 1444. Fête de ville, remarquable parce qu'il y fut porté, pour la première fois, la bannière de la ville, par Pichon, *varlet* de ville à cette époque.

Cette bannière était une toile peinte qui formait un carré long et qui était attachée à un bâton disposé en croix avec celui qu'on tenait à la main; elle représentait les Tourelles du pont et les *Godons* qui les défendaient. Pichon, *varlet* de la ville, reçut 2 sous parisis pour son salaire.

15 mai 1444. Les procureurs de ville font construire le portail du passage obscur qui communique du marché à la volaille ou du Châtelet, à la halle à la friperie, ainsi que l'escalier qui passe sous les maisons de la rue Sainte-Catherine, pour communiquer à cette rue. A cette époque, le receveur des deniers communs recevait, pour le loyer de l'emplacement des fripiers, 40 sous parisis par année.

10 novemb 1444. Charles VII taxe Orléans à une somme de 2,000 l. tournois. Les procureurs envoient un sergent de ville pour *adjourner* plusieurs bourgeois à être dans l'*austel* de ville, *pour avoir leurs conseils et avis* d'un *aide* (impôt) *que le Roy nostre sire y demandait aux bourgeois, manants et habitans d'icelle ville.*

1444. Thévénot de Bourges, procureur de ville, est condamné à 20 sous d'amende par la cour de l'official, tribunal ecclésiastique, à cause d'une procession faite par la ville sans *congé* (permission).

Regnault de Chartres, cardinal archevêque de Reims, chancelier de France et administrateur perpétuel de l'évêché d'Orléans, meurt à cette époque. Il avait été cinq années évêque de cette dernière ville (21).

Guillaume Dugué, évêque d'Orléans, meurt après environ une année de siége (21).

Le corps de ville fait don de 118 sous à un Cordelier, gardien de Vendôme, lequel prêcha pendant le *Karesme*, de plus cinq aulnes de *gris* pour lui faire *ung* habit, qui a *cousté* chacun aulne 22 sous, et 8 sous pour la façon du *cousturier* (tailleur) (4-9-59). *31 mars 1445.*

Les procureurs de ville arrêtent que, parmi les frais pour la fête de ville, on comprendrait la somme de 8 sous pour un ceinturon de cuir, pour pendre la bourse qui soutenait le bout du bâton *de quoi se porte la bannière de la ville à la procession des Thourelles.* *8 mai 1445.*

Item qu'il serait payé 2 sous aux enfans de *cueur* (chœur) de Sainte-Croix et autant à ceux de Saint-Aignan, pour avoir des petits *pastés*.

Charles VII, par un édit, lève des subsides sur les vins d'Orléans, malgré les promesses d'exemptions qu'il avait faites aux habitans, en 1429 (4). *17 juin 1445.*

L'église et le couvent de Saint-Euverte, qui avaient été détruits en 1428, à cause du siége des Anglais, sont totalement reconstruits à cette époque (8). *1445.*

Fête de la ville, remarquable par les mystères de Saint-Etienne qui furent joués par les *compagnons*. Le receveur des deniers de la ville leur donna 4 liv. 16 sous pour leur aider à soutenir la dépense de leurs *chaffaulx* et autres (4-9-59). *8 mai 1446.*

L'église de Saint-Laurent-des-Orgerils, qui avait été ruinée par les Orléanais lors du siége des Anglais, fut complètement réédifiée à cette époque (8). *1446.*

Gillet Morchoasme, Guyon Dufoussé, et Jehan Colin, procureurs de la ville, sont commis et députés par les autres procureurs leurs collègues, à faire diligence et poursuite de viandes pour le présent qu'ils avaient intention de faire de la part de la ville, à Monseigneur Dugué, évêque d'Orléans, à son entrée dans ladite ville. Ils reçurent la somme de 20 livres 4 deniers, pour payer vingt-cinq *5 janvier 1447.*

chapons de haute *gresse* (graisse), *fillolez* (c'est-à-dire décorés de papier doré coupé en ruban), garnis de *Margolaines*, *peines et portaiges* (portage) et aussi pour payer certains *messaiges* (messagers) envoyés en Beauce et en *Souloigne*, pour faire chasser *venoisons*, *voultiers* (oiseaux) *sauvadines*, pour dépens de chasseurs, *oiseleux*, et pour voitures pour amener et apporter ce que pris avait été, tant *venoisons* que *voultiers*, le tout présenté au nom de la ville à mondit seigneur évêque (4-9-59).

4 octobre 1447. Mort de noble Jacques de Thou, procureur de ville d'Orléans, ancêtre du célèbre de Thou, historien français. Il fut inhumé dans l'église des Récolets de cette ville (21).

20 octobre 1447. Charles VII, par lettres patentes datées de Bourges, autorise les habitans d'Orléans à lever sur eux la somme de 1,500 liv. tournois, pour donner à Monseigneur le duc d'Orléans, afin de le mettre en *estat* de recueillir la succession du duc de Milan, dont il était le seul héritier (4-9-59).

2 décemb. 1447. Arrivée à Orléans de plus de 120 *Sarrasins*, hommes, femmes et enfans, se disant envoyés par le pape Nicolas V, pour aller par toute la chrétienté faire pénitence. Ils séjournèrent plusieurs jours dans la ville (4-59).

Il leur fut payé 4 liv. 8 sous par commandement du lieutenant-général de Monseigneur le gouverneur. Ils se rendirent à l'*ostel* de ville demander *que on leur donnât à passer pays*.

1447. Jean Duguet, évêque d'Orléans, meurt après environ 3 ans de siége (21).

3 octobre 1448. Charles VII arrive à Orléans, où il est reçu avec de grandes cérémonies. Il fut logé à la trésorerie du duc d'Orléans, chez Bouchier le trésorier, le même qui avait reçu Jeanne d'Arc.

La maison de la trésorerie se trouvant trop petite pour loger les cuisiniers du roi, le chef et toute sa bande, ceux-ci furent placés hors la ville, dans le faubourg de la porte Renard, en l'hôtel de Guillot d'Angeau. Il fut payé par les procureurs, quatre sous à Jehan Bergure, garde des clés de la porte Renard, pour la tenir ouverte de jour et de nuit, afin de laisser librement, et à toutes heures, passer les gens de la cuisine du Roi.

26 novemb. 1448. Charles VII ordonne que le bedeau général, les deux

bedeaux des nations, les trois libraires et les trois parcheminiers de sa *fille* l'Université d'Orléans, soient exempts et francs des tailles, impôts et taxes qui se percevaient dans la ville (4-8-64).

Les religieuses de Saint-Loup, qui s'étaient réfugiées à Orléans, pendant le siége, reprennent possession de leur église et de leur couvent qu'elles avaient fait réédifier, après avoir fait abattre les fortifications et la bastille que les Anglais avaient élevées en 1428 (8).

1448.

Pierre Bureau, évêque d'Orléans, dans l'année de sa nomination, conformément à l'article 9 du Synode tenu à Tours, par l'archevêque de cette ville, Jehan Diénon, pour la réforme des mœurs, défend de faire devant les portes des personnes veuves qui se remariaient, des *safreniers* (ivrognes), des banqueroutiers, de ceux qui se laissaient battre par leur femme, aucunes assemblées, huées, et sonneries, par dérision, avec battemens de bassins, poëles, chaudrons, cloches, et choses semblables, qu'on appelait *charivaris;* comme aussi de mener ces personnes dans un charriot variant et branlant, ou sur un âne à reculon, ayant une mître de papier peint sur la tête, de les élever sur une échelle pour les exposer quelque temps aux regards du public, et leur faire entendre les mocqueries, discours et chansons satyriques que l'on fesait contre eux, de les appeler *mitrés*, le tout à peine d'excommunication et toutes autres arbitraires, à la volonté de l'Evêque (9-64).

A cette époque on remarquait à l'entrée du pont d'Orléans un pauvre qui demandait l'aumône, et qui, pour attirer la pitié des passans, montrait sa langue qui avait été percée d'un fer rouge pour avoir blasphémé et juré le nom de Dieu; cette punition était alors infligée en France avec une grande rigueur, conformément à l'ordonnance de Charles VI, en 1411 (8-43).

1449.

Don fait à l'Hôtel-Dieu d'Orléans.... d'une place et cour *assize* derrière la maison de la Souche, rue de la Porte-Bourgogne, *tenante* d'un long à *la maison de la Pucelle*, d'autre long à Guillaume Escot, d'autre bout sur la rue Coquille. (*Titres de l'Hôtel-Dieu.*)

1450.

Le comte de Dunois est chargé par le roi Charles VII de chasser les Anglais de France; il est nommé par le prince généralissime d'une armée de 40,000 hommes, avec laquelle il chassa les ennemis devant lui, fit son entrée à

1451.

Bordeaux, prit la Guyenne, la Normandie, la Saintonge, et rejeta les Anglais hors du royaume de France; la ville de Calais fut la seule qu'ils gardèrent encore long-temps (43).

Juillet 1451. — Le roi Charles VII ayant chassé les Anglais des provinces du centre de la France, ordonna à Pierre III de Bureau, évêque d'Orléans, de faire une procession générale à Notre-Dame-des-Miracles-de-Saint-Paul, pour laquelle il avait beaucoup de vénération (21-8).

Octobre 1451. — Grande procession pour les biens de la terre, faite à Orléans par ordre de l'évêque Pierre Bureau (4-9-59).

Le payeur de la ville, Jean de Troyes, donne 8 sous pour être *départis* entre les marguilliers de Sainte-Croix et des autres paroisses de la ville, pour plusieurs sonneries qu'ils ont faites pour sonner *la disposition des terres*.

Mars 1452. — Mort de Flavy, gouverneur de Compiègne, accusé d'avoir trahi la Pucelle dans cette ville pour la livrer aux Anglais. Cet homme vaillant, mais cruel, fesait mourir sans pitié tous ceux qu'il regardait comme ses ennemis. Ayant fait périr le père de sa femme, vieillard de 70 ans, et menacé sa femme du même sort, celle-ci lui fit couper la gorge par son barbier; elle ne fut pas punie de ce crime, qui fut regardé comme une punition du ciel et comme une expiation de la mort de l'héroïne d'Orléans (41-43-64).

7 avril 1452. — Le cardinal d'Estouteville, légat du pape Nicolas V en France, accorde aux fidèles qui assisteraient à la procession de la ville ou de la Pucelle à Orléans, à la messe du jour et au service des morts du lendemain, un an et cent jours de pardon, ce qui produisit beaucoup d'argent à l'église d'Orléans et contribua à l'éclat de la cérémonie (8).

1452. — Pierre Bureau, évêque d'Orléans, passe au siège de Beziers après cinq années d'épiscopat à Orléans; il fut remplacé par Jean IX (21).

Jean IX, patriarche d'Alexandrie, administrateur commandataire de l'évêché d'Orléans, meurt cette année (21).

1er avril 1453. — Jehan de Troyes, receveur des deniers communs d'Orléans, rend ses comptes à Jehan Framberge, licencié ès loix, garde de la prévôté de cette ville. Nous en avons extrait les articles ci-après (4-9-59), savoir :

« Pour avoir, par Jehan de Troyes, *festoyé* en son hôtel ordinaire, à dîner et à souper, Perin Menicet, sommellier du roi Charles VII, vi sous iv deniers.

» A Pierre Chauvreu, notaire, lequel vaqua l'espace de cinq jours à inventorier les coffres de la ville, XXIV sous.

» Pour l'achat de six chapons gras, XLVIII sous VIII deniers.

» Pour l'achat d'un baril de harengs, CIV sous.

» Pour neuf mesures d'huile, à III sous la mesure, XXVII sous.

» Pour neuf mines de pois, à III sous la mine, XXVII sous.

» A messire Lienard Gomet, prêtre, pour avoir chanté à l'église de Saint-Hilaire une messe par chaque jour de l'an, d'accord par an, XXVIII sous.

» Pour *despense* faite par Guillaume Rouillard, procureur (échevin) de la ville, assisté de maître Renault Mathurin, avocat au conseil de la ville; de Martin Monbodet, notaire, et examinateur du Châtelet; deux *varlets* en leur compagnie, et cinq chevaux pour faire un voyage à Tours vers le Roi, lequel a duré quatorze jours; ci en tout pour despenses d'eux cinq et cinq chevaux, XX liv. VII sous.

» Pour le salaire dudit Martin, à XII sous par jour, VIII livres VIII sous.

» Pour salaire du clerc, III sous par jour, XLII sous.

» Guillaume Rouillart, pour le louage de quatre chevaux, outre un par-dessus, celui de maître Renault, à II s. par jour, VI livres XII sous.

» Pour l'achat de trois tonneaux de vin rouge, à trois pièces par tonneau, XXX écus; pour achat de quatre poinçons de vin clairet, XVI écus; formant ensemble XLVI écus, les XLVI écus qui, à XXII sous par écu, valent L livres XII sous.

» A Jehan Pichon, *varlet* de l'Hôtel de ville, pour dépenses faites à dîner, auquel furent maître Florent Bourgaing, Martin de Monbodet et plusieurs procureurs de la ville, outre ce qui était demeuré des jours précédens, par tête (4-9-59), IX sous.

» Audit Pichon, pour dépense faite au dîner du prévôt, IV sous.

» Pour achat d'un cent de beurre net (4-9-59), LXII sous.

» A Philippe, prévôt, pour l'achat de quatre chapeaux pour les quatre prudhommes qui portèrent sur leurs épaules le *ciel* qui couvrait le *Corpus Domini* le jour de la Fête-Dieu de l'année 1453, XVI sous.

» A Jehan Pichon, pour *despense* par lui faite et son

cheval, pendant huit jours, dans un voyage fait à Moulins devers le roi de France, XLII sous.

» Pour l'achat de deux chapons, deux perdreaux, un levreau et deux pigeons, XII sous.

» Pour un dîner par lui donné à deux commis du Parlement, en tout LXVI sous.

» Pour l'achat de deux chapons, deux lapins, deux perdrix, deux bécasses et un faisan, XVI sous IV deniers.

» Pour l'achat de deux brochets, quatre *carreaux* (barbillons), douze grandes carpes, douze lamproyes, douze anguilles, le tout pour être présenté par la ville à Monseigneur l'évêque d'Orléans, Thibault d'Aussigni, pour sa joyeuse entrée, et coûta ledit poisson XXIV écus d'or, à XXII sous parisis, fait XXVI livres VIII sous.

Notice sur le prix de divers objets, à cette époque (4-9).

	Livres.	Sous.	Deniers.
La mine de blé froment.	»	2	4
La pinte de vin rouge.	»	»	6
Une vache.	»	44	»
Un mouton.	»	10	»
Un agneau.	»	3	»
Un porc.	»	26	»
Un cent d'œufs.	»	3	»
Une paire de pigeons.	»	»	8
Un cent de harengs.	»	6	»
Une livre de beurre salé.	»	»	7
— — frais.	»	»	8
— de saffran.	3	8	»
La cire, la livre.	»	3	»
Un veau.	»	18	»
Une douzaine de poulets.	»	8	»
Une livre de sucre.	»	5	»
— de poivre.	»	4	4
Un muid de sel, mesure de Paris.	2	»	»
La pinte de vin ordinaire clairet.	»	»	4

Cette mercuriale a été copiée par nous, mot à mot sur les registres du temps, qui sont aux archives de la mairie d'Orléans, à la date de l'année 1453 (4-9-59).

Thibaut d'Aussigny, évêque d'Orléans, confirme, par

lettres latines, les jours d'indulgences que le cardinal légat du pape Nicolas V avait accordés en 1452, le 7 avril, à ceux des fidèles qui assisteraient à la procession de la ville qui a lieu annuellement le 8 mai (8).

Les procureurs de ville font faire des cuillers de fer-blanc pour charger les pièces de canon placées sur les murailles d'Orléans. *Juillet 1453.*

Il fut payé 2 sous à Naudin Bouchard, *saintier* de son état (fondeur), pour une feuille de fer-blanc pour faire les cuillers à charger les canons qui sont sur les murailles de la ville (4-9-59-60).

Les procureurs de ville, en faisant élever leur nouvel hôtel, rue des Hôtelleries ou Sainte-Catherine, près de l'église qui porte ce nom, avaient en même temps fait disposer, réparer et exhausser une ancienne tour *quarrée* qui faisait partie de la première enceinte de la ville (les ouvriers étaient conduits par Colin Galier, maçon), pour y placer l'horloge ou beffroy d'Orléans; cette tour fut partagée en plusieurs étages et couverte en pointe (4-9-59-48-56).

Charles VII fait rédiger toutes les coutumes des provinces de France: celles d'Orléans le furent à cette époque; elles furent primitivement appelées coutumes de Lorris (4-8-64). *1453.*

Thibault d'Aussigny fait des réglemens pour défendre l'entrée du chœur de Sainte-Croix à tous les chanoines de cette cathédrale qui ne porteraient pas les marques de leur dignité: ils les faisaient alors porter par leurs domestiques ou s'excusaient en disant les avoir oubliées. Les chanoines opposèrent, mais sans succès, à cet ordre, leurs priviléges de liberté, et furent obligés par la fermeté du prélat à se conformer à cette discipline (8).

François Villon, poète célèbre, mais déréglé dans ses mœurs, est pris, malgré toutes ses ruses, par l'ordre de Thibault d'Aussigny, évêque d'Orléans, et renfermé au château de Meung, d'où il sortit quelques mois après par la protection du roi Charles VII, auquel il avait eu le bon esprit de dédier un ouvrage fait pendant sa captivité (8-7-10).

Talbot, général Anglais, le fléau de la France, qui avait été fait prisonnier le 18 juin 1429, à la bataille de Patay, près d'Orléans, et échangé contre le brave Poton de Xaintrailles, qui avait été pris par les Anglais lorsqu'il voulut tenter la délivrance de Jeanne d'Arc, retenue à Rouen, est tué en combat singulier, en présence des deux armées française et anglaise, près de la ville de Castillon, en Poitou, de la main de Jean de Brosse, dit maréchal de Boussac, qui lui avait déjà pris sa bannière; cette mort avait été précédée de la déroute de ses troupes et de la perte de son fils, ainsi que de la prise de Bordeaux (4-43).

Charles VII taxe les Orléanais à un impôt connu sous le nom de *lance*, pour s'acquitter avec eux d'une somme de 2,000 livres qu'ils lui avaient prêtée pour payer ses troupes : chaque lance était fixée à 31 livres par mois (4).

22 septem 1433. Les procureurs de ville font venir à Orléans le nommé Robin Boyvin, *saintier* (fondeur) de Moulins, pour fondre la grosse cloche du Beffroy (4-9-59).

Louis Carel, maître faiseur de mouvemens d'horloge, fut chargé de faire ceux de cette horloge.

Gillet Bataille, charpentier, fut chargé de monter la grosse cloche à l'étage qui lui était destiné.

Jehan Prieur, charpentier, fut employé pour placer les quarts de cette horloge à l'étage supérieur.

La cloche, qui pesait 9,000 livres, fut fondue deux fois. La première fonte n'ayant pas réussi, on appela un *saintier* ou fondeur, de Tours, qui remarqua qu'on n'avait pas mis assez d'étain dans le mélange : Robin Boyvin recommença son travail, et reçut un supplément à la somme qui lui avait été adjugée pour chaque millier du poids de la cloche, fournitures et travail.

Détails des frais de l'horloge d'Orléans.

1453. « A Jh. Garnier, pour *despences* qu'il *fist* à *Roen* (Rouen) avec les faiseurs de mouvemens d'*orloiges* (d'horloges) et de *cloiches*, pour *scavoir* le *pris* qu'ils demanderoient de faire le *dict* mouvement et *cloiche* de l'*orloige* de la *dicte* ville d'*Orliens*, où il assembla *ceulx* qui y avoient *cognnoissance* et pour leur montrer les mouvemens et *cloiche* de l'*orloige* de *Roen*, IV sous parisis.

» Pour *ung voïage* à Chartres *avecq Jehan* Mesmin, faiseur de mouvemens d'*orloige*, pour *veoir* les mouvemens à Jh. Mesmin, *demourant* à Nevers, faiseur de mouvemens de *orloige*, VIII sous parisis.

» Pour *estre* venu de *Monlison* (Montluçon) avec *Loys* Carrel, faiseur de mouvemens d'*orloige*, X sous parisis.

» Pour avoir son conseil comment on feroit le mouvement sur une *cloiche* en *l'ostel d'ycelle* ville d'*Orliens*, et combien il en *vouldroit* avoir, lequel en demanda ccc *escus*, et pour ce que on ne *peut marchandier*, à *luy fust* baillé *congié*, et pour sa peine et *voïage*, v *escus* d'or valant cx sous parisis.

» A *maistre Loys* Carrel, sur la somme de cc lv francs qu'il doit avoir de faire le mouvement de la *cloiche* de *l'orloige*, xxii livres parisis.

» Pour la *voicture* des biens (effets) que ledict *Loys* Carrel a *envoyé* de *Molins* à *Orliens*, xx sous parisis.

» A Robin Boyvin, *saintier* (fondeur de cloches), pour la façon de la *cloiche* qui *poise* viv milliers, pour *chascun* millier x francs et demy (10 francs 10 sous) à *accompte* sur son travail et fournitures de son état, xxii livres.

» Pour m vii c iv xx xiv livres (1794) de mitraille pour le *faict* de la *cloiche* de *l'orloige* de la *dicte* ville, à viii livres et *demye* le cent, viii xx x livres vii sous iv deniers.

» Pour m cccc l livres de mitraille, du compte de vi milliers que le dict Boyvin a vendus, iv xx xx livres x sous viis deniers.

» Pour mener *ladicte* mitraille du puits (sans doute le lieu où on l'a prise) en *l'ostel* de la ville, xxv sous.

» Pour v *saulmons* et xxvi livres d'*estain* pesant ensemble m ccc li livres un quart à xiii livres et *demye* le cent, vi c liv livres viiii sous.

» A Henry Lemaygnan, pour m cccc liv livres de mitraille à vii livres xviii sous le cent, c xi livres xi sous.

» Pour ii *saulmons* d'*estain* pour mettre avec la mitraille, à x livres xviii sous le cent, xx livres xvi sous.

» Pour demy cent d'*estain* en vaisselle, à x livres xvi sous le cent, v livres viii sous.

» Pour même quantité à x livres xiii sous le cent, v livres vi sous vi deniers.

» Pour *despense faicte* en la *chambre* (Hôtel-de-Ville) le xxii *juing* dernier passé, le jour que *fust* fondue la *cloiche* de *ladicte* ville, pour la première fois, xxx sous parisis.

» Pour *Estienne* Bouchard, *saintier*, *demourant* à Tours, pour *advoir* son *advis* comment on avoit *failli* à fondre *ladicte* cloiche, la première fois, pour *voïage* et *advis*, xi livres iii sous parisis.

» Pour xx li. livres d'*estain quand* la *cloiche fust* fondue à la seconde fois, pour *mestre* dedans, v livres ii sous parisis.

» Pour despenses, le ixe jour de septembre que *fust* la *dicte* cloiche refondue, xx livres i sous iv deniers parisis.

» Pour *resfaire* le *mosle* (moule) de la *cloiche* qui *fust* failli à fondre, par fortune de temps, viii livres.

» Pour une boucle de fer à pendre le *petal* de *ladicte cloiche*, pesant iii livres, iii sous parisis.

» Pour *ung petal* (battant) pour *ladicte cloiche* pesant c c c vi livres, à iii sous la livre ouvragée, xv livres xviii sous.

» Pour Gillet Bataille, charpentier en *grosserie*, pour avoir monté la *cloiche es* (en) place, avoir rompu les jambages de l'*uisserie* et les jambes (montans) de la *fenestre* de *ladicte* tour, pour ce que la *dicte cloiche estait* plus large que *lesdictes uisseries* et *fenestres* pour passer *ladicte cloiche soubs* la *voultz* (voûte), pour tout, xvi livres parisis.

» A *maistre Loys* Carrel, faiseur de mouvemens d'*orloige*, pour avoir *faict ung* marteau d'*orloige* pesant cxx et viii livres, pour frapper la *dicte cloiche*, viiii liv xii sous. parisis.

» A Jh. Prieur, pour avoir monté les iv *cloiches* du *hault* jusqu'en leurs lieux où *ils* sont, et avoir *faict* les chaffaulx et les *engeins* et les *fustaiges*, pour le *faict* des *dictes* iv *cloiches*, xx livres iv sous parisis.

» Pour pendre les iv petites *cloiches*, iv *bellieres* et les *aultres appeaulx* pour les *cloichettes* de l'*orloige*, x livres parisis.

» A Pierre Perret et Jh. Yrland, *paintres*, pour leurs *paines* et *sallaires* d'avoir *painct* les *deulx* cadrans des *deulx coustés* de la tour de *ladicte* ville, xvi *escus* d'or valant ensemble pour tout, xvii livres xii sous parisis.

» *Item*, pour une vitre bordée et *armoyée* en la chambre des mouvemens de la *dicte orloige*, xx sous parisis.

» A la femme de Jh. Petit *dict* Prieur, pour plusieurs pertes de *meinage* (ustensiles de ménage) qu'elle disait avoir perdus quand on *fondit* la *cloiches*, x sous parisis.

» A ceux qui ont *vacqué chascun* iv jours à laver les cendres qui ont *esté faictes* en fondant la *cloiche* de l'*orloige* de *ladicte* ville, et pour avoir fondu *ledict* métail qui est *yssu* des *dictes* cendres, et pour le charbon que le *dict* Bonnin a livré pour ce *faict*, pour ce, xxii sous parisis.

» Pour la messe du *Sainct Esprit* qui *fust dicte* le jour que la *cloiche* de *l'orloige* de *ladicte* ville *sonnat* pour la première fois, xii sous parisis.

» Reçu de Guillemain Bouchard, *saintier*, pour iv ˣˣ et 1 livres de *laveuses* de métail du reste de la *cloiche de l'orloige* de *ladicte* ville, c iii sous parisis (4-9-59). »

Cette horloge était la seule à Orléans; elle réglait les heures des offices, celles du travail des ouvriers, annonçait les fêtes et réjouissances, l'ouverture et la fermeture des portes de la ville, ainsi que le couvre-feu.

La cloche se trouvant trop large pour entrer dans la tour, à l'étage où elle fut placée, on fut obligé de faire abattre un des montans du jambage d'une des croisées longues qui s'y trouvent.

Les procureurs de ville font payer à Allain Corolleau, peintre d'Orléans, *demourant* en la paroisse de *Saint-Gratien* (premier nom de l'église Saint-Donatien), la somme de 8 sous, pour douze écussons aux armes de la ville pour la fête. — 8 mai 1454.

Thibault d'Aussigny établit dans l'église des bénédictins de Bonne-Nouvelle de cette ville une paroisse sous l'invocation de la Madeleine (8-21). — 1454.

Charles VII, par lettres patentes, envoie des secours aux chanoines réguliers de Saint-Euverte, qui, ruinés par les Anglais lors du siége d'Orléans, étaient réduits à une telle extrémité, qu'ils n'avaient pas de pain (8). — 20 mars 1455.

Charles VII engage les parens de Jeanne d'Arc, Ysabeau Romé, sa mère et ses deux frères, à demander des juges au saint siége pour reviser le procès de l'héroïne. Sur leur requête, le pape Calixte nomma des commissaires, qui furent l'évêque de Rouen, celui de Reims; et les évêques de Paris et de Coutances, lesquels s'étant assemblés à Rouen virent et examinèrent les procédures, ouirent plusieurs témoins, et sur leurs dépositions justifièrent entièrement Jeanne d'Arc, firent lacérer et brûler par la main du bourreau l'arrêt qui l'avait condamnée; leur sentence fut publiée à Rouen, en la place Saint-Ouën et au Vieux-Marché où avait eu lieu son martyre, et où depuis il fut élevé une fontaine publique surmontée de la statue de Jeanne d'Arc. La publication de leur jugement se fit aussi avec pompe à Orléans, à Paris et en plusieurs autres villes du royaume. Le ciel sembla se prononcer contre ses juges en — 22 mars 1455.

les faisant périr la plupart d'une mort violente ou subite (43-14).

Juin 1455. Thibault d'Aussigny et le chapitre de Sainte-Croix font remplacer dans le chœur de Sainte-Croix les stales qui avaient été en partie dévastées pendant le siége de la ville.

1455. Charles VII accorde aux procureurs de la ville, le privilége de vendre du sel; en conséquence ils disposent dans leur nouvel hôtel de la rue Sainte-Catherine, qui était à peine fini, un magasin souterrain qui porta le nom de *sallouer* ou saloir (64-65-67).

Le comte de Dunois devient possesseur de Cléry à la mort du dernier Dauphin d'Auvergne, qui venait de mourir sans postérité (8-43).

Thibault d'Aussigny fait plusieurs réglemens pour la bibliothèque du chapitre, qui était placée dans le cloître-sud de Ste-Croix. Cette bibliothèque possédait beaucoup de manuscrits, presque tous écrits à Orléans, mais très-peu de livres imprimés. Ces derniers étaient si rares, que les soins les plus minutieux étaient pris pour en empêcher l'enlèvement, au point que les plus précieux étaient attachés à une chaîne de fer, et le doyen avait seul la clé du cadenas qui les fermait. A cette époque il n'existait pas encore en France d'imprimerie (8).

22 mars 1456. Entre les témoins qui furent appelés pour la justification de la Pucelle, en présence de Guillaume Brouillé, doyen de l'église de Noyon, de Jehan Patis Brihal, vice-inquisiteur de la foy, envoyé dans la ville d'Orléans avec l'évêque de Coutances, on remarquait dans une seule famille Gilles de Saint-Mesmin, bourgeois de cette ville, âgé de 70 ans; Aignan de Saint-Mesmin, aussi bourgeois, âgé de 87 ans; Jehanne, femme de Gilles de Saint-Mesmin, âgée de 70 ans; Jehan Beauharnais, bourgeois d'Orléans, âgé de 50 ans; et Perrette, sa femme, aussi du même âge; quarante-et-un autres témoins, tous d'Orléans, furent entendus, comme il se voit dans le procès-verbal du procès de la Pucelle, déposé à la bibliothèque de Sainte-Croix de cette ville, et qui se trouve présentement à la bibliothèque publique (8-41).

Philippe Macquart, écuyer, fils de Jehan Macquart, capitaine du château de Chartres, et de Françoise de Métry, épouse Jeanne du Lys, fille de messire Pierre d'Arc, et *nièce de feue Jehanne d'Arc, dite Pucelle d'Orléans* (4-8-59).

Le contrat de mariage a été passé à Goudrecourt (en Bassignie), pardevant Maillot et Rambonneau, notaires ; il annonce que Pierre d'Arc donne à sa fille, en dot, les revenus de plusieurs biens qu'il possède dans l'Orléanais, entre autres l'*Isle-aux-Bœufs*, *sise lès* Orléans.

PREUVES : « En 1477, payé LXXVII sous à Jehan Dulars, laboureur, pour la façon de deux mille trois cents fagots faits de saules, pris sur l'Isle-aux-Bœufs, appartenante à Jehan du Lys, écuyer.

» Payé CXV sous à Jean du Lys, écuyer, pour le forestage (droit de péage) de deux mille trois cents fagots, à raison de V sous le cent. »

Thibault d'Aussigny défend aux prêtres de son diocèse de porter des souliers pointus, dits à la poulaine, et introduit le premier l'usage de porter des robes courtes en place des robes traînantes que portaient les ecclésiastiques d'Orléans (8). *10 juin 1456.*

Grande procession ordonnée par les commissaires chargés de réviser le procès de la Pucelle. Elle alla de Sainte-Croix à l'église Saint-Samson (41-59). *21 juillet 1456, Lundi.*

Il fut payé 4 sous à six hommes qui portèrent ce jour-là les six torches de la ville à une procession qui fut *faicte* de la cathédrale en l'église de Saint-Samson d'Orléans, par l'ordre du seigneur évêque de *Cotences* (Coutances) et de l'inquisiteur de la foy, pour le fait de Jehanne la Pucelle (4-8-59).

Item 22 sous 8 deniers à Bertrand Tournois *poulaiver* (poulailler), pour douze poussins, deux lapereaux, douze pigeons et *ung levrat* (levraut), achetés de lui le mardi 22 juillet, et qui, ledit jour, furent présentés par la ville à Monseigneur l'évêque de Coutances et à l'inquisiteur de la foy (4-8-41-59). *22 juillet 1456 Mardi.*

Payé 8 sous 9 deniers à Jehan Pichon, pour dix pintes et chopine de vin, présentées par la ville aux *reviseurs* du jugement de Jehanne la Pucelle, au prix de 10 deniers la pinte.

Pierre du Lys, frère de Jehanne d'Arc, qui avait l'année d'avant marié sa fille à Philippe Macquart, écuyer, maria son fils le 18 juillet 1457, au château de Villiers, en Sologne, situé à quelques lieues d'Orléans, maison qui lui appartenait. La ville à cette occasion lui fit présent, par les mains de Michelet, procureur, de cinquante-et-une bou- *18 juillet 1457.*

teilles de vin blanc et vermeil, et de 20 livres tournois dans une bourse de velours (4-59).

17 octobre 1457. Le duc d'Orléans, Charles Ier, arrive dans cette ville avec toute sa cour; il est logé au Châtelet, demeure ordinaire du Gouverneur; la réception fut tout brillante et royale; la ville y dépensa en présens, réjouissances et festins, la somme de 286 livres 15 sous 8 deniers (4-59).

Le prince resta dans Orléans seize jours; il y tint ses grands jours, y fit beaucoup de largesses et de dépenses.

19 décemb. 1457. La duchesse d'Orléans étant accouchée de son premier enfant, le duc en donna avis par un exprès aux habitans d'Orléans.

Le corps de ville lui fit présent d'une vaisselle d'argent.

Il fut payé 3,000 livres pour trois cents marcs de vaisselle donnés à la duchesse d'Orléans pour son premier enfant, à raison de 9 livres le marc, et une livre pour la façon de l'ouvrier.

1457. L'église de Saint-Pierre-le-Puellier, qui avait été endommagée lors du siége par les Anglais, en 1428 et en 1429, fut entièrement réparée cette année (8).

6 mars 1458. Sentence du bailli d'Orléans, Raoul Auguste, sieur de Gaucourt, qui était en même temps gouverneur de la ville, laquelle condamne Thibault d'Aussigny, évêque d'Orléans, à payer trente jallées de vin à Aignan de Saint-Mesmin, religieux de Saint-Benoît et prieur de Saint-Gervais-les-*Orliens*. (4-8).

28 novemb. 1458. Ysabeau Romé, mère de Jeanne d'Arc, meurt à Orléans, qu'elle habitait avec ses deux fils, Pierre et Jean, rue des Pastoureaux (41-64).

Elle fut enterrée sur la paroisse de Saint-Hilaire, après un séjour continuel de 19 ans dans Orléans (64).

Pierre et Jean, ses deux fils, retournèrent dans leur pays natal quelque temps après la mort de leur mère.

Cette famille vivait des bienfaits du duc d'Orléans et de la ville, qui leur donnait 48 sous parisis ou 60 sous tournois par mois. Ce qui à cette époque faisait une somme assez forte, attendu que le pain d'une livre coûtait 2 deniers, le vin 6 deniers la pinte, deux bœufs gras, 10 liv. 8 sous, etc.

Décembre 1458. Dans un compte rendu à cette époque, on trouve:

« A messire Pierre du Lys, chevalier, frère de feue

Jehanne la Pucelle, la somme de x4viii sous (48 sous) parisis, que le *gouuerneur* a ordonné lui être payée pour le don que la ville d'*Orliens* faisait chaque mois à feue Ysabeau, leur mère, pour lui aider à vivre, et pour le mois de novembre dernier passé, auquel mois elle trépassa, x2viii (28) jours, pour laquelle cause ladite somme a été ordonnée être baillée audit messire Pierre, son fils, pour faire du bien pour l'âme d'elle, et pour accomplir son testament pour ce cas là, x4viii sous parisis »

Charles VII fait élever à Orléans un monument en l'honneur de Jeanne d'Arc. Il fut placé sur le pont, près de la ville et du côté du couchant; il était en bronze et composé de quatre figures presque de grandeur naturelle, savoir : celle du Christ et de la Vierge, celle de Jeanne d'Arc et celle du roi ; les accessoires étaient une grande croix en bronze, ainsi que les attributs de la Passion. Dans ce premier monument, le Christ était en croix et la Vierge debout, embrassant ses genoux; Charles VII à gauche et la Pucelle à droite, tous les deux à genoux sans coussin. Il n'y avait alors, ni le pélican, ni le serpent qui ont été ajoutés plus tard (8-9-4). 1458.

Il fut frappé des médailles représentant ce monument, qui fut, à ce qu'on prétend, le second fondu en France (4-8-9).

Les historiens d'Orléans que nous avons compulsés avec soin, ne sont pas d'accord sur l'érection de ce premier monument : les uns prétendent qu'il est dû à la piété et à la reconnaissance de Charles VII; les autres disent qu'il fut élevé par les Orléanais avec les dons de ces derniers et du produit des bijoux et des présens faits par les dames et demoiselles de la ville.

Les Cordeliers d'Orléans forment un établissement de leur ordre à Meung, et obtiennent, à cet effet, le prieuré de Saint-Martin, monastère de religieuses qui avait été détruit par les Anglais lors des guerres (47). Mai 1459.

Le connétable de Richemont, qui passait par Orléans avec d'autres seigneurs et les princes de France, se rendant à Vendôme pour le procès du duc d'Alençon, fut prié par les procureurs de la ville de présider à la bénédiction de la cloche de l'horloge de la ville, alors nouvellement placée. Le prince donna à cette grosse cloche le nom de Cœur de Lys (43-64). Juin 1459.

6 septemb. 1459. Aignan de Saint-Mesmin, second du nom, prête foi et hommage à Charles, duc d'Orléans, à cause de son château de Saint-Jean-le-Blanc, situé au sud de cette petite église dans le faubourg du Portereau d'Orléans (58).

10 mars 1460. Charles Ier, duc d'Orléans, établit, pour la sûreté d'Orléans, une compagnie du guet, régulièrement organisée, d'après une ordonnance : il fait des réglemens pour le service et les fonctions de l'officier qui la commandait sous la dénomination de maître des grand et petit guets (4-8-64).

Avant cette ordonnance, le service du guet n'était point régulier, ni cette compagnie vêtue d'un habit uniforme (64).

20 mars 1460. Le duc d'Orléans ordonne au maître des grand et petit guets qu'il venait d'établir à Orléans, de se transporter, avec sa compagnie, à Saint-Loup, faubourg Bourgogne, pour maintenir le bon ordre parmi le concours du peuple qui se réunissait dans l'église et aux environs, la veille et le jour de la fête qui a lieu le second jour après Pâques; il ordonne également qu'il sera donné à ladite compagnie, par la communauté, une oie, un quartier de mouton, une douzaine de pains de chacun deux deniers parisis, et deux jallées de vin, l'une de vieux et l'autre de nouveau (4-8-64).

21 mars 1460. Le duc d'Orléans, par une ordonnance crée à Orléans, un roi de *l'an-guy-l'an-neuf*, lequel assisté du maître des grand et petit guets et de ses sergens armés et vêtus de leurs uniformes, allait prélever un droit modique qu'on faisait payer aux habitans de cette ville qui se mariaient en secondes noces. Ce droit était appelé la cueillette sur les bigames (64).

L'étymologie du mot *l'an-guy-l'an-neuf* remonte au temps des Druides qui coupaient religieusement et avec de grandes cérémonies, au premier de l'année, le guy de chêne et le distribuaient par forme d'étrennes (40-64).

Dans plusieurs villages et petites villes de l'Orléanais, le premier jour de l'année et à Pâques, on crie encore l'an-guy-l'an-neuf.

8 mai 1460. Procession des Tourelles, ou fête de la ville d'Orléans, remarquable par le dais que les procureurs portèrent sur leurs épaules, les couronnes de fleurs qu'ils avaient sur la tête, ainsi que par la présence des enfans de chœur de Sainte-Croix et de Saint-Aignan (8-4-59).

Il fut payé 32 sous pour faire *rembourer* les bras du dais, à l'endroit des épaules où on le porte. (Rembourer, ou égaler, ou égaliser les bras du dais.)

Le brancard où était fixé le dais, était porté par les procureurs de ville et sur leurs épaules, et comme ils n'étaient pas tous de la même taille, il fallait mettre des hausses rembourées au bras du brancard. La veille on prenait mesure sur le dos des échevins. Le mot *égaller* se trouve à tous les mémoires des jours de cette fête (76).

Payé, à Jehanne Mireau, 18 sous pour 18 chapeaux de violettes qu'elle avait baillés aux enfans de chœur de Sainte-Croix et de Saint-Aignan, pour porter à la procession des Tourelles.

Le duc d'Orléans, la duchesse et Mademoiselle leur fille, Marie, âgée de trois ans, arrivent à Orléans par la porte du Pont : le cortége qui les accompagnait les conduisit à Sainte-Croix, et de cette cathédrale au Châtelet, où ils logèrent.

Parmi les dépenses faites par la ville pour cette entrée, on remarque :

« Pour Macé Avecdet et autres *haulz menestrels*, pour avoir été jouer à la venue de ma dite demoiselle et l'avoir conduite jouant depuis les Augustins jusqu'à Sainte-Croix, et depuis Sainte-Croix jusqu'à la Cour-le-Roi (cour du Châtelet), et avoir *esté* jouer le dit jeudi au soir à la Cour-le-Roi, que les femmes de la ville sont allées danser devant Mademoiselle jusqu'à onze heures de nuit, LXVI sous.

» Pour quatre hommes qui ont porté quatre torches à la Cour-le-Roy, pour *convoyer* les femmes qui dansèrent, v sous IV deniers.

» Pour poires *achactiez* (achetées) pour donner aux enfans de l'*escolles* qui furent au-devant de Monseigneur d'Orléans, et crièrent *noël* à son entrée dans la ville, XVI sous.

Le pape Pie II confirme la permission donnée par l'évèque d'Orléans, Thibault d'Aussigny, à l'abbé commandataire des Moines de Saint-Euverte de cette ville, d'officier en habits pontificaux par tout le diocèse, et de porter la mitre, la crosse et l'anneau (64).

Le roi Charles VII, par lettres patentes datées de Bourges, annoblit Aignan de Saint-Mesmin, bourgeois d'Orléans, lui, les siens nés et à naître de l'un et de l'autre sexe, pour les services qu'il a rendus à l'état, et en particulier en sa ville d'Orléans, pendant le siége que les Anglais, ses ennemis, en firent les années 1428 et 1429, voulant que lui et les siens, nés de légitimes mariages, jouissent de tous les droits, priviléges, franchises et libertés dont jouissent toutes les personnes nobles de son royaume (58).

1460. Les couvreurs et les maçons d'Orléans font construire une aile à la chapelle du Petit-Saint-Michel, faubourg Bourgogne, vis-à-vis et au nord de Saint-Aignan, dans laquelle chapelle était le siége de leur confrérie (64).

Gilles Marie, couvreur et maçon d'Orléans, donna cette année quelques rentes à cette petite église, à la charge que tous les ans, le lendemain de la fête de Saint-Michel, on y dirait une messe pour les confrères trépassés (8).

14 avril 1461. Le roi Charles VII crée pour Orléans des lieutenans-particuliers du bailliage. Le premier connu fut Michel de Baccons, licencié en droit (21).

22 juillet 1461. Les procureurs de la ville d'Orléans font faire des jetons en cuivre pour faire les comptes de la chambre de la ville (4-8-59).

« Il fut payé 1 liv. 10 sous à Gillet-Morchoasme pour un cent de *gitons* en *çoive* pour *jitter* et faire les comptes de la chambre de ville. »

Juillet 1461. Mort de Charles VII à Mehung-sur-Yèvre, en Berry, à l'âge de soixante ans, après un règne de 38 ans (43).

Sous ce règne, l'habit long était en usage pour les nobles. On ne portait d'habits courts qu'à l'armée ; les ornemens de ces habits étaient de broderies, de martre ou d'hermine. On commença à se servir de chapeaux, d'abord pour la pluie ou à la campagne, ensuite en tout temps, et on abandonna les toques pour se couvrir. Ce ne fut qu'à cette époque que les femmes en France prirent des pendans d'oreilles et des bracelets.

Il était dans la destinée de Charles VII d'accorder tout aux femmes et de leur devoir tout ; en effet, quatre femmes le servirent peut-être plus utilement que ses ministres et ses généraux : Jacqueline de Hainault divisa ses ennemis, Marie d'Anjou, sa femme, et Agnès Sorel, sa maîtresse, relevèrent son courage abattu, et Jeanne d'Arc, la pucelle d'Orléans, le fit triompher.

Louis XI succède à son père Charles VII à l'âge de trente-huit ans. *Juillet 1461.*

Il entre dans Orléans par la porte Bannier et à la nuit; *30 septem. 1461.* il fut reçu avec une pompe toute royale (4-8-59).

On remarque dans les frais de cette entrée les articles ci-après :

« Aux enfans de *cueur* (chœur) qui avaient apporté un buffet d'orgue (orgue portatif). Ils touchèrent l'orgue sur un *echauffault*, et pour avoir chanté à l'arrivée du roy, XVI sous.

» Payé pour faire les *echauffaults* au Coin-Maugas et à la porte Dunoise, pour faire des *personnages*, XII sous.

» Payé pour faire deux étoiles de fer-blanc doré et *ung* diadème auquel il y avait une croix *dorée d'or* fin; six paires d'ailes d'anges de plumes de paon, pour six chefs d'anges et six d'hommes, et quatre barbes pour faire des personnages, XXX liv. »

Henri VI, roi d'Angleterre, qui s'était fait nommer *2 décemb. 1461.* roi de France pendant son séjour à Paris, et au nom duquel Jeanne d'Arc fut sacrifiée, après s'être vu deux fois détrôné par la maison d'Yorck, et avoir passé la plus grande partie de sa vie dans la captivité, périt massacré par les ordres de son cousin Edouard (41-43).

Les boulets de pierre dont on se servait pour les canons, furent remplacés par des boulets de fer coulé, et long-temps après ils étaient encore appelés boulets de pierre de fer (4-8-9-59). *1461.*

« Il fut payé à des compagnons (soldats) 3 sous 4 deniers pour avoir serré dans la Tour-de-Ville d'Orléans les pierres de fer appartenant au roi notre sire. »

Les procureurs de ville font sculpter la statue de Notre-Dame-des-Miracles, celle de Saint-Paul, les armes du roi couronné, celles du duc d'Orléans jointes à celles de Milan, ainsi que celles de la ville pour être, le tout, placé sur le fronton de la porte Renard d'Orléans.

« Il fut payé 15 liv. 8 sous à Herment-Spéradon, tailleur *d'images* de pierre, pour avoir taillé *ung ymage* de Notre-Dame-des-Miracles, *ung* autre de Saint-*Paoul* (Paul), les armes du roy couronné, celles de Monseigneur (le duc) d'*Orléns* et de Milan, avec les armes de la ville; tout couvert de deux *tabernacles* (niches), lesquels ont été ordonnés être *assises* au portail du *boulouard* (boulevard) de la porte Renard, en fournissant tout. »

22 juillet 1462. Le doyenné de Saint-Pierre-le-Puellier d'Orléans n'étant que de 30 livres par an, l'évêque Thibault d'Aussigny, trouvant que le titulaire, à cause de la modicité d'un tel revenu, ne pouvait vaquer sans sollicitude aux fonctions de sa charge, unit audit doyenné une prébende de la même église (64).

1462. Mort de Raoul Auguste, sieur de Gaucourt, gouverneur d'Orléans, l'un des héros du siège de cette ville (21-41-43).

Louis XI obtient du pape Pie II que des commissaires nouveaux informeraient de rechef de la vie de la Pucelle d'Orléans : deux de ses juges étaient encore vivans ; ils furent arrêtés, on leur fit juridiquement leur procès ; ils confessèrent l'innocence de Jeanne d'Arc, et furent punis de la même peine qu'ils avaient fait souffrir à cette vertueuse fille. Les cadavres des autres juges furent exhumés et livrés aux mêmes flammes (29).

8 mai 1463. Pour la première fois, à la fête de la ville, on construit un grand théâtre en avant, au sud des Tourelles du pont, sur lequel furent des musiciens et des ménestriers, qui par des fanfares réjouissaient le peuple, indépendamment des *eschaffaulx* élevés dans les rues par où devait passer le cortège, et sur lesquels plusieurs personnes étant placées chantaient des cantates, des motets et débitaient des vers satiriques contre les Anglais. (48-8) (*Voir page* 279).

1463. Les commissaires du roi Louis XI font supprimer le pont-levis et boucher la petite porte en fer qui était au sud de la Tour-Neuve, attendu son inutilité, la Loire ne baignant plus le pied de cette prison d'état, près de laquelle on ne pouvait plus approcher en bateau (4).

Le gouverneur d'Orléans, Jehan Fouqueau, fait construire en avant de la porte Parisis, un pont-levis pour le passage des voitures. Cette porte ne servant que pour les gens de pied, il fit aussi élargir le chemin, arracher les vignes, les haies et les broussailles pour en débarrasser les abords, qui furent plantés de grands arbres (4-58-59).

Mort de Jehan Colman, célèbre astrologue, natif d'Orléans (21).

24 octobre 1464. Louis XI donne à Thibault d'Aussigny, évêque d'Or-

léans, et à Jehan de Bar, chevalier, seigneur de Cormes, vicomte d'Orléans, certains droits d'entrée et de sortie sur plusieurs sortes de marchandises et denrées (4).

Charles Ier, duc d'Orléans, ayant parlé des désordres de l'état dans une assemblée des grands que le roi avait convoquée à Tours, ses remontrances, qu'il avait le droit de faire, vu sa réputation, son âge et son rang, furent reçues par Louis XI avec une telle fureur, un tel mépris, que le duc en mourut de douleur deux jours après (43). *4 janvier 1465.*

Quelques historiens prétendent que la Loire fût glacée cette année, au mois de juin; ils attribuent ce singulier événement, dont rien ne prouve l'authenticité, à une cause surnaturelle. *Juin 1465.*

Louis II, fils de Charles Ier, duc d'Orléans, hérite des grands biens de son père et de son duché d'Orléans (21-43). *1465*

Il fait présent à l'église de Sainte-Croix d'Orléans, de cinq belles tapisseries qui furent posées dans le chœur, au-dessus des stalles des chanoines : elles représentaient l'esclavage, la délivrance, le don des gouttières de cire, la cérémonie de la présentation et la dédicace de Sainte-Croix : les quatre premières étaient relatives aux barons de Sully, donataires de ces gouttières de cire, après leur retour d'Afrique, où ils avaient été prisonniers (3). *Janvier 1466.*

Louis XI vient à Orléans où il séjourna quelque temps; la réception qu'on lui fit fut brillante. *17 février 1466.*

Louis XI fait sa première entrée dans l'église de Saint-Aignan d'Orléans, où il est reçu en qualité d'abbé et de chanoine. On lui présenta le surplis dont il se vêtit, l'aumusse et une bourse où il y avait cinq sous parisis (8-64). *20 février 1466.*

Louis XI fait établir des quais et les abords de la Loire, du côté de la ville, à Orléans, pour décharger les marchandises et les mettre à l'abri des innondations; il fit aussi exhausser les chaussées du côté des Augustins (4-8-64). *Mars 1466.*

Les chanoines de Sainte-Croix, mécontens de Thibault d'Aussigny, évêque d'Orléans, qui avait rétabli la discipline parmi eux, font saisir par les racines les vignes que possédait ce prélat, pour avoir le paiement de plusieurs sommes assez fortes qu'il leur devait. L'évêque, pour mettre fin à ce scandale, fut obligé de s'acquitter tout de suite (6-7). *7 sept. 1466*

Antoine de Chatenaud, grand-boutillier de France, *26 octobre 1466.*

prisonnier au château de Meung, comme traître envers Louis XI qui lui avait fait *moult* de bien, passe par Orléans, sous bonne et sûre garde, pour être transféré au château de Sully-sur-Loire. Peu de temps après, le bruit courut qu'il avait été noyé par ordre du roi (6-47).

20 décem. 1466. „ Louis XI étant à Orléans, en dévotion à Saint-Aignan, pour lequel il avait une grande vénération, voulut, pour mettre cette église en sûreté, la faire renfermer dans la ville ; en conséquence, il fit assembler les habitans pour faire arrêter la nouvelle enceinte (4-8-64).

22 décem. 1466. Les habitans d'Orléans s'assemblent aux halles, conformément à l'ordre de Louis XI, pour y délibérer sur l'agrandissement de la ville. Dans cette réunion, les chanoines de Sainte-Croix, de Saint-Pierre-Empont, de Saint-Aignan, et ceux de Saint-Pierre-le-Puellier furent opposans, à cause de quelques unes de leurs maisons qu'il fallait abattre pour faire les travaux : mais ce fut sans succès ; car un chanoine de Saint-Aignan, nommé Chénu, étant allé trouver le roi, pour lui présenter un mémoire de la part de ses confrères, revint sans avoir réussi : alors les travaux furent commencés (4-8).

25 décem. 1466. Louis XI fait faire une châsse d'argent pour mettre le corps de Saint-Aignan, ainsi que deux autres petites aussi d'argent, pour placer séparément, dans l'une la mentonnière, et dans l'autre le bras du même saint ; enfin, il fit aussi le don d'une grosse et pesante cloche qui portait son nom (8).

31 décem 1466. Louis XI fait continuer les travaux de la réédification de l'église de Saint-Aignan, ainsi que ceux de la petite chapelle de Notre-Dame-du-Chemin, qui en dépendait.

Pendant tout le temps que ce roi passa à Orléans, c'est-à-dire près de onze mois, les larrons, les crocheteurs et les autres malfaiteurs furent pendus, d'autres battus au derrière de la charrette du bourreau, par les carrefours de la ville. Ce prince, en quittant Orléans, recommanda la plus grande promptitude dans les travaux de clôture, afin de renfermer dans son enceinte l'église de Saint-Aignan.

Octobre 1467. Louis XI s'étant emparé de la ville d'Évreux, exige pour ôtages dix des plus riches habitans qu'il fit enfermer dans la Tour-Neuve d'Orléans. Les magistrats de la ville, touchés de leur malheur, les firent sortir de captivité et leur donnèrent la place pour prison (43).

Le roi Louis XI avait convoqué à Tours les *estats géné-* 21 avril 1468.
raux ; la ville d'Orléans y envoya pour députés élus par les
bourgeois, manans et habitans d'*icelle*, réunis *ès halles :*
Mathieu Targuy, docteur, et deux serviteurs, pour les
gens d'église ;
Maître Jehan Leprestre, chancellier du duc d'Orléans,
et quatre serviteurs, pour la noblesse ;
Jacques des Comtes, *ung* serviteur, Pierre Jogues et
deux serviteurs, pour les bourgeois (4-8-9-59).

Ces députés partirent le 23 mars et revinrent le 21 avril
suivant : ils dépensèrent 115 livres 10 sous, non compris
14 livres 16 sous pour huit poinçons de vin *clairet* qu'on
paya pour leur *boieste* (boisson).

Il fut payé 8 livres 16 sous à Michau Angebault, voiturier par eau, pour avoir mené de cette ville (Orléans) à
Tours, et ramené dudit lieu (de Tours) en *ceste* ville, par
la rivière de Loire, les susdits députés.

Jehan Foucault, sieur de Saint-Germain, gouverneur 1468.
d'Orléans, fait, sous l'inspection de son lieutenant et par
des sergens de ville, démolir et rompre les haies, buis-
sons, murailles et vergers nuisant et empêchant à l'entrée
de la ville par la porte Parisis, *estant* entre le boulevard
et les Jacobins, qui avaient déjà été *nestoyés*.

Louis XI achète du comte Dunois, seigneur de Cléry, 7 mars 1469.
l'église de ce petit bourg près Orléans, dont ce monarque
avait déjà l'intention de faire sa chapelle particulière.

Les religieux et les religieuses qui desservaient l'hospice 19 mars 1469.
de la ville ou infirmerie des chanoines (Hôtel-Dieu), s'ac-
cordent ensemble pour choisir pour leur supérieur frère
Martin-Etienne Boivin ; ils en passèrent acte en présence
de maître Jehan Pouret, notaire juré à Orléans.

Le duc d'Orléans, Louis II, passe par Orléans avec la 26 mars 1469.
duchesse sa mère, se rendant par eau de Châteauneuf à Vendredi.
Blois, leur résidence ordinaire ; ils arrivèrent à Orléans
vers une heure après midi, et s'arrêtèrent devant la ville,
près et au-dessous du pont, vis-à-vis Notre-Dame-de-Recouvrance (4-8-9-59).

Plusieurs *chalans* (bateaux) remplis des plus notables
personnes de la ville, hommes et femmes, de chantres,
enfans de chœur, joueurs d'instrumens et musiciens les
accompagnèrent depuis Saint-Loup jusqu'au port, après
le pont.

On donna au prince et à la princesse le divertissement du jeu de quintine. C'était un timbre placé au haut d'un mât, lequel timbre était entouré d'un bourlet assez gros qui en était éloigné d'un pouce environ, pour ne pas en arrêter la vibration lorsqu'on le touchait. L'adresse des joueurs était de le faire résonner en le frappant dans l'endroit où il n'était pas couvert, avec des morceaux de plomb en forme de balles, attachés au bout d'une longue perche ou gaule mince et ployante.

Pendant ce jeu, le prince et sa mère étaient à table devant une collation servie sur une grande plate-forme construite sur plusieurs chalans liés ensemble, le tout couvert de tapisseries et semé de fleurs odoriférantes.

Il fut présenté sur la table des princes huit douzaines de pains blancs, dix-huit fleurs de lis, dix-huit dauphins et 18 *doriolles* faites de pâte sucrée et de crême de lait, six ratous, douze joyeux, six cents pommes, partie Capendu (pommes rouges) et partie Servoyon (   ); on acheta 4 liv. de sucre fin, à raison de 8 sous la livre, pour *respendre* sur la pâtisserie dessus *dicte*; on servit des *fraises*, de la crême, un pannier de guignes ou cerises, deux cabas (panniers de jonc) de raisins qui furent présentés audit seigneur le duc d'Orléans et à la duchesse, et 5 livres de dragées et confitures en sucre, distribuées par demi-livres, en petites boîtes rondes, à 7 sous 4 deniers la livre.

La dépense totale se monta pour la ville à cc iv livres, ii sous iv deniers.

1 août 1469. Louis XI institue, dans son château d'Amboise, l'ordre royal de Saint-Michel, en mémoire de ce que ce saint archange avait contribué à la délivrance d'Orléans, en combattant les Anglais (43).

1469. Mort de Jehan Foucault, sieur de Saint-Gervais, gouverneur d'Orléans (21).

30 juin 1470. Dimanche. Naissance de Charles, dauphin, fils du roi de France, Louis XI (43).

La ville d'Orléans donna une fête qui dura trois jours, c'est-à-dire du dimanche au mercredi (4-8-9-59).

Notice des principales réjouissances qui eurent lieu à cette occasion :

» Il fut élevé, devant l'Hôtel-de-Ville, près Sainte-Catherine, une fontaine qui répandait du vin par un robinet, représentant la tête d'un serpent. Il fallut six poinçons de vin pour l'alimenter pendant le jour. Cette fontaine était gardée par six hommes habillés en sauvages. Un grand baquet couvert d'un drap était sous la cannelle.

» Des tables rondes furent placées dans tous les carrefours de la ville, on y distribua cinquante-quatre douzaines de pains, tous les dauphins (pâtisseries) qu'on pût faire avec six mines de farine; quarante-quatre grandes tartes dans lesquelles il entra cent œufs, quatre livres de beurre et vingt-trois grands fromages; on acheta deux livres de sucre pour les sucrer; on acheta aussi plus de cent livres de cerises, un demi-cent de pommes de Capendu (pommes rouges), deux cent cinquante poires de Johannet et trois cents plus petites.

» Le mardi soir, la fontaine laissa couler vingt-quatre pintes d'*hypocras*, breuvage fait avec du vin, du sucre, de la cannelle, du gérofle, du gingembre, et on distribua trois boîtes et demie d'*oblis* et cornets à ceux qui burent de l'hypocras : on paya 72 sous de sucre et *espices* à faire l'hypocras.

» Il y eut par toute la ville des danses communes et générales de la plus grande et saine partie des bourgeoises, manans et habitans d'icelle ville, vêtus et parés le plus honnêtement que possible leur fut.

» Le mardi après dîner, vers une heure, et icelui même jour après souper, à cinq heures jusqu'à environ dix heures de nuit, par tous les quartiers de la ville en lesquels les danses furent, se trouvèrent tous les *joueux* d'instrumens d'icelle ville. Ces joueurs d'instrumens étaient, savoir :

 » Deux personnes ayant chacun un orgue.
 » Deux ménestrels (joueurs de violon).
 » Trois tabourineux (tambours).
 » Sept guitareux (guitaristes).
 » Harpeux (joueurs de harpe).
 » Et au retour de la danse la fontaine a jeté hypocras.

» Autres ont été faites plusieurs danses et diverses *moresques* (maures) par plusieurs *compagnons* (soldats) habillés les *ungs* en habits faits aux armes de Monseigneur le duc, les autres armés tout à blanc, les autres en chemises et les *autres nuds*, et autres plusieurs manières en bon ordre, grande *joyeuseté* et sans *conténs* (querelles) *ne* moins Dieu aidant. »

Cette fête coûta à la ville 506 liv. 2 sous 4 deniers.

1470. Louis XI fait reconstruire une partie de l'église de Cléry, et *l'aumône* de 2,380 écus d'or, et de plus pour le service de ladite église, donne la somme 7,328 liv. 15 sous. Il fit aussi à la même église le don de deux figures en argent fin ciselé (8).

Thibault d'Aussigny, évêque d'Orléans, est le premier qui fit placer un grand buffet d'orgues à Sainte-Croix, et fit des réglemens pour la musique du chœur. Il porta le nombre des musiciens à dix-sept, non compris les enfans de chœur. Il les logea tous dans une maison particulière appelée Maîtrise ou Apsalette, placée au sud de Sainte-Croix, sous la surveillance des chanoines; il ordonna la forme de leurs vêtemens, de leur coiffure, fixa leur nourriture, leurs honoraires qu'il exigea leur être comptés tous les samedis de chaque semaine.

Les procureurs de ville donnent la permission à leur receveur, Jehan Prévost, de payer 8 sous parisis aux *compagnons* (soldats) qui ont porté en l'Hôtel-de-Ville *ung* canon dont le bois (l'affut) était pourri, lequel canon *estait* sur la muraille, près des *étuves*, derrière Saint-*Gratien* (église Saint-Donatien et Saint-Rogatien (4-8-9-59).

Les chanoines de Sainte-Croix permettent à un libraire de la ville, de placer dans leur cloître, au sud de la cathédrale, près leur bibliothèque, une petite boutique ou échoppe, pour y vendre livres, à la condition de ne point vendre de livres impies, et d'être inspecté toutes les semaines. Par suite, plusieurs libraires eurent la permission de venir aussi s'y placer, et le cloître alors prit le nom de Cloître-des-Libraires (8).

Mort, à l'âge de soixante-dix ans, du comte de Dunois, (43).

Ce prince fut inhumé dans la chapelle de Saint-Jean, son patron, qu'il avait fait bâtir dans l'église de Cléry, pour servir de sépulture à lui et à sa famille. Son cœur fut porté à Châteaudun. Il laissa un testament remarquable par lequel il déshérita sa fille qui s'était mariée sans son consentement.

14 mars 1471. L'official d'Orléans, par lettres latines, confirme les quarante jours d'indulgences accordés par le légat du pape

Paul II, à tous les fidèles qui assisteront à la fête de la ville ou fête de la Pucelle (8).

Le prince de Piémont, qui passait par Orléans, tombe malade dans cette ville et y meurt. Son corps fut emporté dans son pays par les gens de sa suite (4). *26 juin 1471.*

Guillaume Compaing, prédicateur de Louis XI, nommé doyen de Saint-Pierre-Empont, fait son entrée dans cette église : il est installé, revêtu d'un habit séculier avec des éperons dorés, une ceinture, une épée et un oiseau sur le poing. Ce doyen avait droit à une redevance annuelle assez bizarre : le seigneur de Bapaume et le *chef* (maire) de la paroisse d'Ouvrouer-les-Champs étaient obligés de lui présenter tous les ans, la veille de l'Ascension, pendant qu'on chantait le cantique *Magnificat*, un belier suranné, vêtu de sa laine, avec les cornes dorées auxquelles devaient être attachés deux écussons aux armes de St-Pierre, et portant au col une bourse qui contenait 5 sous parisis. La cérémonie se faisait hors de l'église, dans le cloître où les officiers de la justice du doyenné se trouvaient accompagnés d'un boucher auquel on faisait prêter serment avant de lui faire visiter le belier, pour savoir s'il était recevable, après quoi l'on dressait un procès-verbal du tout (8). *1471.*

Louis XI, par lettres patentes, donne à l'église de Notre-Dame de Cléry 4,000 écus pour dire chaque jour une messe solennelle et deux messes basses à l'autel de la Vierge (7). *1471.*

Louis XI fait un édit pour que la prière de l'*Angelus*, instituée en 1316 par le pape Jean XXII, fut récitée par toute la France au son de la cloche, qui se ferait entendre trois fois par jour, le matin, à midi et le soir (43). *1 mai 1472.*

Les Orléanais, toujours pleins de zèle pour le roi Louis XI, envoient aux habitants de Beauvais en Picardie, que les Bourguignons tenaient assiégé, cent pièces de leur meilleur vin pour « *les raffraîchir et aider à besogner à l'encontre desdits Bourguignons.* » Le siège de cette ville fut levé le 10 juillet de cette année, par la valeur des femmes de Beauvais, à la tête desquelles était Jehanne Hachette. En mémoire de cette héroïne, il se fait à Beauvais une procession annuelle où les femmes marchent avant les hommes (43-59-60). *1 juillet 1472.*

L'église de Cléry, appelée Notre-Dame qui avait été re- *1472.*

construite en partié par Louis XI depuis quelques années est presqu'entièrement détruite par un incendie (8).

Mort de Thibault d'Aussigny, évêque d'Orléans. Il meurt dans cette ville après en avoir gouverné l'église pendant vingt ans : son corps fut inhumé dans l'église des Cordeliers de Meung (21-64).

Louis XI ordonne que les provisions de vin pour sa table soient prises dans l'Orléanais. Il regardait ce vin comme propre à entretenir sa santé dont il était très-soigneux (21).

8 mars 1473. Édit de Louis XI qui autorise la vente des offices de judicature en France. C'est le premier roi qui rendit les charges vénales (43).

Avril 1473. La communauté des marchands fréquentant les rivières de Loire et Loiret, bâtissent de leurs propres deniers la chapelle de Notre-Dame-de-la-Pitié, dans l'église des Jacobins d'Orléans. Cette fondation fut acceptée par le chapitre de l'ordre de Saint-Dominique à Bâle en Suisse (8-43-21).

1473. François de Bailhac, évêque d'Orléans, voyant que le grand cimetière, près de la cathédrale, ne suffirait pas pour enterrer tous les morts de la ville, surtout depuis que des familles nombreuses de la Bourgogne et de l'Auvergne avaient quitté forcément leurs pays pour se soustraire à une maladie contagieuse qui les dévastait, fit disposer un emplacement hors de la ville au nord et près de Saint-Vincent-des-Vignes, dans un endroit où les Anglais, lors du siége d'Orléans, inhumaient leurs morts, et qui portait le nom de Champ-Carré. Ce terrain fut béni par le prélat et servit momentanément de lieu de sépulture (8).

1475. Marie de Bretagne, abbesse de Frontevrault, fait rebâtir l'église et le monastère de La Madeleine, près d'Orléans, qui avaient été abattus en 1428, lors du siége de cette ville et où les Anglais avaient construit une forteresse. Cette abbesse entreprit la réforme des religieuses de La Madeleine et y établit une confrérie sous le nom de Saint-Gabriel-Archange, dont l'évêque approuva l'institution. Plus tard elle fit élever une ferme non loin du couvent, au nord, à laquelle les religieuses propriétaires donnèrent le nom de ferme de Saint-Gabriel (8).

1476. Mort de Charles de Bouville, chevalier, sieur d'Arbouville, et de Buno, conseiller et chambellan de Madame la duchesse d'Orléans, gouverneur de cette ville (21).

Marie de Bretagne, protectrice des religieuses de La Madeleine, meurt à Orléans et est inhumée avec pompe dans le chœur des dames de cette communauté.

1477.

Louis XI, tout en faisant achever les travaux de l'église de Saint-Aignan, fait bâtir, pour son usage personnel, une belle et vaste maison en briques au soleil levant de cette église. Cette maison prit le nom de Maison-Royale, à cause de son fondateur, et aussi parce que plusieurs rois y ont logé à diverses époques (8).

Mort de Guillaume de Mornay, seigneur de Villiers, de Bonne, de Vieuville et gouverneur d'Orléans (21).

Les nommés Étienne et Mathieu, hommes de corps de Saint-Aignan, sont mis en liberté, à la condition de ne se retirer jamais du service de l'église; ils jurèrent pour eux et leur postérité de porter honneur et révérence au chapitre et de conserver ses droits sous peine d'ingratitude et d'être rappelés à leur première condition : les canons de l'église permettant aux seigneurs de rappeler à la servitude leurs affranchis ingrats (8-43).

Les religieux de l'ordre de Saint-Augustin qui résidaient au monastère de Notre-Dame d'entre les murs et les fossés de la ville, sont dispersés et l'église devint paroissiale sous le nom de Saint-Flou, puis après sous celui de la Conception lors de la suppression d'une petite église qui était dans le voisinage (8-21).

Louis XI ayant pris Arras, ville de Picardie, les habitans se révoltèrent plusieurs fois. Le roi forme la résolution de la dépeupler et de la faire habiter par d'autres familles françaises prises dans diverses villes de son royaume; Orléans fut taxée à fournir soixante-dix *ménagiers* (chefs de ménage), lesquels furent mis pendant deux ans en franchise dans Arras (8-9-43-59).

Les familles qui sortirent d'Orléans se composaient de

4 Boulangers.	1 Pâtissier.
3 Maçons.	2 Cordiers.
3 Charpentiers.	2 Chaussetiers.
1 Serrurier.	1 Peigneur et cardeur.
3 Maréchaux.	1 Texier en drap.
1 Bourrelier.	1 Tondeur.
1 Corroyeur.	1 Teinturier.

2 Chapeliers.	2 Barbiers.
1 Boucher.	1 Mercier.
2 Menuisiers.	1 Texier en toile.
2 Pelletiers.	1 Fabricant de serge.
1 Charron.	1 Hostellier.
3 Cordonniers.	1 Coutellier.
1 Savetier.	1 Cousturier (tailleur).
1 Mégissier.	1 Tavernier.
1 Faiseur d'œuvre blanche.	4 Marchands.
1 Sellier.	

Enfin dix-sept autres familles, formant soixante-dix ménages. Les quatre marchands étaient François Cailleau, Jehan Levassor, Guillaume Levassor, frère du précédent, et Estienne Ouvien. Les procureurs d'Orléans leur firent donner par Jehan Luillier, receveur de la ville, 100 *escus* d'or pour le transport de leurs effets, outils et marchandises.

15 octobre 1478. Le pape Sixte IV, sous le prétexte de venger l'honneur des ecclésiastiques, qu'il disait avoir été attaqué par les Florentins, avait commencé une rude guerre contre eux avec les foudres de l'Eglise. Le roi de France, Louis XI, s'entremit comme médiateur; n'ayant pu réussir il prit la défense des Florentins; mais, afin d'intimider le pape, il parla d'assembler un concile et d'exécuter avec plus de rigueur la pragmatique sanction, à laquelle les papes avaient déjà porté atteinte. Il fit donc convoquer, pour cet effet, tous les prélats et les députés des universités du royaume à Orléans, et dépêcha au pape une célèbre ambassade, dont Guy d'Arpajon, vicomte de Lautrec, était le chef; il lui demanda de lever l'excommunication qu'il avait fulminée contre les Florentins, et de punir sévèrement les complices de la conspiration (le pape soutenait une des factions qui divisaient l'Italie).

Octobre 1478. Les procureurs de ville et les gens d'église d'Orléans, donnèrent l'ordre à Jehan Luillier le jeune, receveur de la commune, de payer 6 écus d'or, valant 7 livres 16 sous, aux fourriers du roi, *qui ont esté par long-temps en cette ville* pour faire les *logées* (les logemens) de Messeigneurs les prélats, gens d'église et universités, qui estaient assemblés en grand nombre en cette ville.

1478. François de Brilhac, évêque d'Orléans, fait commencer les croisées du bas de la nef de la cathédrale et presse les autres travaux de ce bel édifice (9).

Louis XI fait une ligue avec les Suisses; il stipula qu'il donnerait 20,000 liv. par an aux cantons et autant à quelques particuliers, moyennant quoi ils lui fourniraient 6,000 hommes, dont 100 seraient choisis pour sa garde particulière. C'est de cette époque que date l'usage que les rois de France avaient pris de faire garder leur personne par des étrangers (43).

1479.

Ces cent Suisses, formant la garde royale, étaient armés de hallebardes, ils portaient une pique, une large épée et des arquebuses; leurs habits étaient différens de ceux des autres troupes de France, ainsi que leurs coiffures, qui étaient extraordinaires.

Le cardinal de Saint-Pierre, envoyé en France par le pape Sixte IV pour *moyenner* la paix entre le roi Louis XI et l'empereur Frédéric, et aussi pour former une ligue contre les Turcs, passe par Orléans, où il est reçu, par ordre de la cour, avec de grandes cérémonies, et les honneurs dûs aux souverains (8-64).

Louis XI fait faire à Orléans, au prix de 24 sous parisis la pièce, 1,000 piques, 1,000 dagues et 200 hallebardes (4-8-9-59-60).

Les piques avaient douze pieds de longueur, compris le fer et le bois (8-9-59).

Les dagues étaient de gros poignards avec un petit manche (8-9-59).

Les hallebardes étaient de huit pieds, à deux tranchans, surmontées d'une large lame en forme de dard.

François de Brilhac fait placer sur l'autel de Ste-Croix de cette ville six colonnes d'airain, sur lesquelles *estaient les images vives et enlevées* (en relief) de six anges, le tout d'un travail admirable (64-8-21).

Louis XI fait faire au sud de l'église de Saint-Aignan, du côté de la rivière, une très-belle terrasse ou esplanade, où il aimait à se promener quand il séjournait à Orléans et qu'il habitait sa grande maison du cloître. Cette terrasse était très-élevée et se terminait, au levant et au couchant, par deux tourelles en forme de cabinets ou petits pavillons en pierre; elle communiquait aussi de plein pied par un couloir avec l'église Saint-Aignan (48-59).

Juin 1480.

Louis XI fait présent à l'église de Saint-Aignan, qui était celle de son palais, ou maison royale, de plusieurs vases sacrés en argent doré et gravés, qu'il offrit dans un cof-

Juin 1480.

fret ou meuble en bois sculpté en relief, et représentant une des principales époques de sa vie, de son règne et de son couronnement. Ce coffre se trouve présentement au musée d'Orléans (8).

Juillet 1480. Louis XI fait mettre au-dessus de la nouvelle porte Bourgogne d'Orléans, qui venait d'être terminée, ainsi que les murailles au soleil levant de cette ville, son image gravée en pierre, à genoux devant celles de la Vierge et de Saint-Aignan; le tout couvert d'un *tabernacle* (niche) avec cette inscription:

> Ici voyez le Roy pourtrait
> Louys onzième, qui parfait
> A Saint-Aignan, puis en briefs jours
> A clos les murs, fossez et tours.
> Ses bienfaits lui soient examen;
> Priez pour lui, dites amen (8-24).

Novemb. 1480. Louis XI ordonne aux habitans d'Orléans de fabriquer dans leur ville et à leurs frais 1,000 piques de 22 pieds de long, ayant le fût en fresne, lesquelles étaient destinées à repousser la cavalerie. Elles coûtèrent 379 livres 16 sous 6 deniers, qui furent payés par les procureurs de ville sur les deniers communs (4-8-9-59).

1480. Louis XI, qui avait acheté Notre-Dame de Cléry de Dunois, l'avait fait rétablir presqu'entièrement et l'avait comblée de dons à diverses époques, en fait présent aux chanoines de cette église (8).

Les travaux pour la deuxième accrue ou troisième enceinte d'Orléans, commencés en 1466, par ordre de Louis XI, sont entièrement terminés après quatorze ans de travail presque continuel, et suivant les plans arrêtés lors de leur commencement. Ces murs allaient:

Au midi, de la Tour-Neuve, en remontant la Loire jusqu'au fort de la Brebis (Motte-Sanguin, ou plus tard fut placé le fort Alleaume);

Au levant, du fort de la Brebis à la nouvelle porte Bourgogne, et de cette porte en droite ligne à la Tour Saint-Euverte;

Au nord, de la Tour-Saint-Euverte à la porte de la Forêt, et de cette porte au coin de la rue des Bouteilles. Enfin dans la même direction, elle venait joindre l'ancienne clôture au coin de la rue du Bourdon-Blanc, dans la basse-cour de l'évêché, où était la Tour de la Fauconnerie.

Les portes de la ville furent augmentées de deux, celle

de la Tour-Neuve et celle de la Forêt, ce qui en porta le nombre à huit, savoir:

Porte Bourgogne, au levant;
Porte de la Forêt, au nord;
Porte Parisis, aussi au nord;
Porte Bannier, au nord;
Porte Renard, au couchant;
Porte du Pont, au sud;
Porte ou Poterne-Cheneau, au sud;
Porte de la Tour-Neuve, au sud.

Les fortifications furent augmentées de cinq tours, ce qui en porta le nombre à 39 non compris celles des portes et deux forts Cavaliers; mais plus tard ces 39 tours furent réduites à 33. Les six qui se trouvaient dans l'intérieur de la nouvelle enceinte furent démolies. Des priviléges et des exemptions furent accordés à ceux qui firent bâtir des maisons dans cette enceinte, ainsi qu'à ceux qui vinrent les habiter. Il fut défendu de construire maisons, fabriques, jardins ou closeries à plus d'une lieue des nouvelles murailles de clôture (4-8-21).

La population de la ville s'élevait alors de 26 à 28,000 âmes; le nombre des maisons était de 2,000 à 2,500, et la superficie qui venait d'être augmentée de 40,000 toises fut de 140,000 toises (8).

Louis XI établit les postes aux chevaux sur les grandes routes de son royaume : d'abord de Paris à Amboise, en passant par Orléans, pour avoir des nouvelles du dauphin, son fils, qui était malade à Amboise, et ensuite par toute la France pour savoir promptement tout ce qui se passait dans son royaume et ce que l'on disait de son gouvernement (43).

Louis XI passant par Orléans, sur la prière du provincial des Augustins, frère L'Ange, voulut clore et joindre le Portereau à la ville par une muraille, comme il avait fait pour la ville neuve de Saint-Aignan. La muraille aurait commencé vis-à-vis la portion de mur de la porte Bourgogne ou Motte-Sanguin, aurait enfermé au sud Saint-Marceau, les Augustins et les Portereaux ou faubourg du sud (8).

Les travaux qui avaient déjà été commencés, furent arrêtés par les débordemens de la Loire, qui détruisirent ceux qui étaient faits, et firent renoncer à leur continuation.

Le nom de Portereau donné à ce faubourg, sud d'Orléans, est un diminutif de celui de port. Des titres latins n'appellent point autrement ce faubourg que *Porticellus* (petit port) (8-21).

Louis XI fait établir un bureau de poste aux chevaux à Orléans. Auparavant, les courriers qui venaient de Paris pour se rendre à Amboise, ou de cette dernière ville à Paris, ne faisaient que traverser la ville, et ne s'y arrêtaient pas (8).

Jugement rendu par Jacques le Fuselier, garde de la prévôté d'Orléans, qui condamne le nommé Moreau, vigneron à la Bergère, près Saint-Mesmin, à plusieurs jours de prison, pour avoir vendu du mauvais vin qu'il avait fait lui-même sans raisin; à la saisie de tout celui qui était chez lui, lequel fut répandu à tous les coins, places et carrefours de la ville, par les mains du bourreau; celui-ci, pour perpétuer le souvenir de ce fait dans la mémoire des enfans, leur jetait à la tête des noix qu'il prenait à pleines mains dans des sacs que portaient ses valets (4-8).

7 janvier 1482. François de Brilhac fait attacher à la voûte du chœur de Sainte-Croix d'Orléans, au-dessus de l'autel une nuée de laquelle sortait une main qui bénissait l'église. Cette main fait partie des armoiries du chapitre (8-21).

10 janvier 1482. Jean Robin, cardinal légat du pape Sixte IV, accorde, par lettres latines, cent jours d'indulgences aux fidèles qui assisteraient à la fête de la ville d'Orléans, qui a lieu le 8 mai de chaque année (8-9).

Février 1482. Louis XI, par lettres patentes, exempte les habitans paroissiens de l'église de Saint-Phalier, près Orléans, faubourg Saint-Vincent-des-Vignes, de toutes tailles, emprunts, impôts et taxes (4).

1 avril 1482. Louis XI donne l'ordre à son secrétaire, Antoine Beaune, de faire relever de ses ruines l'église de Notre-Dame de Cléry, qui avait été presque entièrement détruite par un deuxième incendie (8-64).

15 novemb. 1482. Charlotte de Savoie, deuxième épouse de Louis XI, fait reconstruire les bâtimens de l'abbaye de Saint-Gervais et Saint-Protais, près Saint-Marc. L'église fut mise sous l'invocation de la Conception de Notre-Dame et bénie par Bertrand, évêque d'Ascalon (8).

1482. Une nouvelle porte de ville est ouverte entre l'Évêché et la porte Parisis, devant Sainte-Croix, dans la partie nord de la muraille de la première clôture, vis-à-vis le grand cimetière (8-21).

Louis XI donne à l'église de Saint-Aignan d'Orléans la grande maison ou l'hôtel en brique, qu'il avait fait bâtir pour son usage particulier (8). *Mars 1483.*

Cette maison qui portait le nom de Maison-Royale, est située dans le cloître St-Aignan, à l'est de l'église, et est présentement occupée par Mme de La Rochejaquelein.

François de Paule arrive à Orléans, et est logé rue Sainte-Catherine, près l'Hôtel-de-Ville, chez un bourgeois qui le reçut magnifiquement (4-8-9-59). *30 avril 1483.*

Ce saint personnage quitte la ville pour aller au Plessis-lès-Tours, près la ville de Tours, auprès de Louis XI qui l'avait fait demander au pape II. Ce ne fut qu'avec répugnance qu'il quitta sa solitude de la Calabre. Louis XI le reçut avec de grands honneurs, et se jeta même à ses genoux en le suppliant de lui prolonger la vie; François de Paule lui représenta avec douceur que la vie des rois avait des bornes comme celle des autres hommes, qu'il n'y pouvait rien ajouter, et que, d'ailleurs, son heure ne paraissait pas être encore venue (43-4-59).

Les procureurs de ville d'Orléans, qui avaient été prévenus de l'arrivée du saint personnage, avaient placé sur le pont deux hommes pour veiller à son arrivée. Il fut payé 2 sous parisis à Guillaume Rossignol, *portefex* (portefaix), pour avoir veillé et fait le guet sur le pont d'*Orlians* avec Gentian Jacquemin, la nuit d'entre le mardi et le mercredi, dernier jour d'avril, pour savoir et *veoir* (voir) *quant ung* saint homme (François de Paule) que le roi notre sire avait mandé et faisait venir par la rivière de Loire *devers* lui arriverait : pour ce que ledit guet avait été *enchargé* dudit receveur, par Monseigneur le prévôt d'Orléans, Jacques le Fuselier le jeune, et par l'ordonnance de Monseigneur le gouverneur d'Auvergne, que ledit saint homme fut conduit *devers* le roi notre sire (4-8-9-59-43-64).

Louis XI défend au bailli d'Orléans, Guy Pot, chevalier, comte de Saint-Pol, qui était en même temps gouverneur de cette ville, de s'arroger le pouvoir de vendre et disposer ou affermer les charges de notaires d'Orléans (4). *7 juillet 1483.*

Mort de Louis XI, âgé de soixante-et-un ans, à son château du Plessis-lès-Tours (43). *30 août 1483.*

Il fut inhumé à Notre-Dame de Cléry comme il l'avait demandé. C'était à cette église qu'il avait fait bénir la petite Vierge de plomb qu'il portait à son chapeau.

Il y avait fait faire de son vivant son tombeau et celui de Charlotte de Savoie, son épouse. Il s'y mit quelquefois pendant sa vie (dit Guyon, historien d'Orléans) pour voir si le lieu était juste à son corps et bien proportionné pour le recevoir après sa mort (43-67).

Septemb. 1483. Charles VIII succède à son père Louis XI à l'âge de treize ans.

6 décemb. 1483. Nicolas Duchesne, clerc du diocèse de Tulle, ayant obtenu frauduleusement du légat la provision de la chapelle Saint-Vrain, que les confrères écrivains d'Orléans avaient dans le grand cimetière de cette ville, depuis l'an 1266, en fut débouté par sentence de l'official d'Orléans qui avait été commis à cet effet par le cardinal légat. Cette chapelle fut donnée à la confrérie des menuisiers: elle reçut d'eux le nom de Sainte-Anne, leur patronne. Dès ce moment ils se séparèrent du corps des charpentiers, avec lequel ils ne faisaient qu'une seule et même corporation sous la dénomination de charpentiers *grossoiants* et charpentiers *en fin* (8-9).

On bâtit à cette date, dans le voisinage de l'église de Saint-Flou, une petite chapelle sous le nom de la Conception : elle fut bénie, à la prière des marguilliers et des paroissiens, par Bertrand, titulaire d'Ascalon (8).

Cette petite chapelle ayant été détruite par la suite, le nom de Conception qu'elle portait fut donné à celle de Saint-Flou dont elle dépendait, et ce dernier nom de Saint-Flou fut oublié (8-21).

30 juin 1484. Charles VIII permet aux chanoines de Saint-Aignan d'Orléans de prendre sur l'octroi de cette ville la somme de 3,000 liv. pour achever de bâtir le petit cloître qui regarde sur la rivière, et de plus 10 deniers tournois sur les droits de gabelle de la province, pour être employés à la construction et au *parachevement* de l'édifice de Saint-Aignan, ainsi qu'aux chapelles *encommencées* à faire en icelle.

22 juillet 1484. Charles VIII, d'après la demande qui lui en avait été faite par le duc d'Orléans et les habitans, les autorise, par lettres patentes datées de Paris, à accroître leur ville au nord et à l'occident (4-8-21-64).

Lettres patentes de Charles VIII, relatives à l'agrandis- 22 juillet 1484.
sement d'Orléans du côté de la Beauce :

« Charles, par la grâce de Dieu, roi de France, etc. ; savoir faisons que nous réduisant à mémoire les grands services que la ville et cité d'Orléans et les habitans en icelle, ont fait le temps passé à la chose publique de notre royaume et à la commune de France, tant à la repulsion des Anglois, nos anciens *énemis*, qui par long-temps ont tenu le siège devant ladicte ville, que autrement en divers manières, pour ces causes et autres grandes considerations, nous voulons decorer et augmenter icelle ville, tant en fortifications que en accroissemens, et y faire entourer les forsbourgs du cousté de la Beausse et les fortifier de foussés, murailles, tours et portaulx à ce nécessaires, ainsi que feu *nostre* tres chier Seigneur et père, que Dieu absolve, avoit vouloir de faire par avant son trépas. (Ce sont les lettres par lesquelles Louis XI, mort le 30 août 1483, accordait un droit sur la vente des sels, tant dans le pays de Languedoc que celui de *Lanquedoil*.)

» Donné à Paris, le 22 juillet, l'an de grace MCCCCIIII^{xx} IIII (1484), et de nostre regne le premier.

» Ainsi signé : CHARLES.
» Et au dessouls :
» Par le Roy.
» M. le duc D'ORLÉANS.
» Le comte DE VENDOSME.
» Les sires DE MAILLÉ et DE BOISLY.
» Le bailly de Meaulx et autres présens.
» A. BRINON. »

Le chapitre de Saint-Aignan d'Orléans, qui avait affran- 1484.
chi tous les serfs de la ville et de la Beauce depuis cent quarante ans, en fait autant pour ses hommes de corps de la Sologne par acte de manumission. L'affranchissement se faisait de plusieurs manières. Lorsqu'un maître voulait affranchir son serf, il jetait par terre un denier en la présence du roi, et par ce signe le roi déclarait le serf exempt de servitude, ou bien l'affranchissement s'opérait par lettres ou par testament (43-21-8).

Tristan, *compère* de Louis XI, meurt cette année, et peu de temps après son maître : il fut enterré à Cléry, non loin du roi, sous une simple pierre de liais (43).

Le duc d'Orléans, Louis II, quitte la cour et vient à

Orléans, où il passa son temps en festins, ballades, joutes et tournois (43).

Le duc d'Orléans, mécontent de ce qu'on avait donné la régence à Anne de France, sœur aînée de Charles VIII, passe en Bretagne, y assemble des troupes et marche avec elles sur Beaugency, près d'Orléans, dont il s'empara ; puis il demanda l'assemblée des États. On mena aussitôt le roi de ce côté-là ; le duc de La Trimouille assiégea le duc d'Orléans dans la place et le força à venir à un accommodement, par lequel il fut convenu que le roi s'assurerait des places fortes de l'Orléanais en y mettant garnison, et que le comte de Dunois, fils du libérateur d'Orléans, que l'on regardait comme le principal moteur des troubles, serait relégué à Ast, en Italie. Ainsi finit, sans effusion de sang, cette guerre qui menaçait d'embraser tout le royaume, et qu'on appela alors la *guerre folle*, à cause de la négligence et de la précipitation avec laquelle elle fut entreprise.

Mars 1486.

Le duc d'Orléans qui, de concert avec les habitans d'Orléans, avait demandé et obtenu du roi Charles VIII la permission d'accroître la ville au nord et à l'occident, fait commencer les travaux sous la direction de plusieurs commissaires choisis par lui et les citoyens qui s'assemblèrent à cet effet sous les halles au nombre de plus de deux mille, par ordre et sous la présidence de Laon, chambellan du duc d'Orléans (8).

Les murailles furent continuées vis-à-vis la rue des Bouteilles, à la Tour-Bourbon (où est le magasin à Poudre), de là à la porte Saint-Vincent, de cette porte à la nouvelle porte Bannier, de cette porte Bannier à celle de Saint-Jean, ou du Gros-Orme, de cette porte Saint-Jean à la porte Madeleine, de cette porte Madeleine à la rivière, ou porte Saint-Laurent ; et enfin de cette porte Saint-Laurent on termina l'enceinte en remontant la rivière jusqu'à la rue de Notre-Dame-de-Recouvrance.

Les propriétaires qui abattaient eux-mêmes leurs maisons avaient pour eux les matériaux et le prix de la place ; quant à ceux qui s'y refusaient, on confisquait leurs maisons qu'on faisait démolir sans qu'ils pussent rien réclamer.

Novembre 1486.

Le duc d'Orléans confirme les réglemens faits par Jacques le Fuselier, son prévost d'Orléans, pour le corps de métier des chapeliers de cette ville.

1486.

Mort de Jacques Ponceau, natif d'Orléans, médecin du

collége d'Orléans, et qui avait été nommé premier médecin du roi Charles VIII (21).

Les travaux pour la dernière enceinte d'Orléans, qui étaient en pleine activité, obligent de faire abattre les deux mottes ou buttes des Arbalétriers, dont l'une était sur les fossés de la première enceinte de la ville, entre la porte Parisis et la poterne Saint-Samson, et l'autre sur les fossés du bourg de Dunois ou d'Avignon, dans l'endroit où est le marché de la porte Renard, et où sont les rues qu'on appelle aujourd'hui rue d'Avignon et rue des Arbalétriers ou de la Hallebarde. Ce corps, divisé jadis en deux compagnies, fut à cette époque réuni en une seule : on lui assigna une autre place plus au couchant, dans un lieu où depuis fut établi le couvent des Minimes (4-8-64).

Charles VIII oblige les gens d'église d'Orléans au service du guet et à la garde des portes de la ville (8). *3 juin 1487.*

Mort de Marie de Clèves, duchesse d'Orléans, veuve de Charles Ier, duc d'Orléans, qui avait été retenu pendant 25 ans en Angleterre (21-43). *1487.*

Aignan de Saint-Mesmin, bourgeois d'Orléans, fonde le pain-béni de Saint-Paul qui se distribue tous les dimanches à la messe de Notre-Dame-des-Miracles, à laquelle ce seigneur est recommandé aux prières (4-58).

Le fondateur assigna annuellement un muid de blé froment élite (de choix) pour cet acte de dévotion.

Cet Aignan de Saint-Mesmin mourut dans cette année (1487), à l'âge de 118 ans, comme il est prouvé par la généalogie manuscrite de cette famille que nous possédons dans notre bibliothèque (58).

Il était né en 1369; il avait 59 ans en 1428, époque du siége d'Orléans, où il se distingua; il avait 87 ans en 1456, lorsqu'il fut appelé en témoignage pour la révision du procès de Jeanne d'Arc. Il avait 91 ans en 1460, lorsqu'il fut anobli par Charles VII (8-41-58).

Louis de Villers, doyen de Saint-Aignan, fait élever dans le cloître de cette église une grande maison qui porta le nom de Décanale (maison du doyen), sur le portail de laquelle il fit mettre ses armes (8). *Février 1488.*

Les procureurs (échevins) de la ville d'Orléans, dans l'intention de peupler les nouveaux quartiers formés par l'agrandissement de la ville, sont autorisés par le roi Charles VIII à permettre à toutes personnes de venir y exercer *6 mars 1488.*

leur état, et d'y *besoigner* sans aucunes conditions, sauf les bouchers, boulangers, chirurgiens, apothicaires, orfèvres et serruriers, qui seraient sujets à des réglemens qui furent approuvés plus tard par François de Brilhac, évêque de cette ville (4).

10 mars 1488. Les commissaires chargés des travaux de la dernière enceinte d'Orléans, ayant en partie terminé les constructions intérieures de la ville, s'assemblent pour aviser à la forme, à l'épaisseur et à la hauteur des fortifications. Ils arrêtèrent que les murs de clôture auraient 10 pieds d'épaisseur dans les fondations, et 8 pieds dans le haut; que les tours seraient distantes de 25 toises entre elles (ce qui ne fut pas strictement observé), qu'elles seraient garnies de créneaux, de machicoulis, et de canonnières, de toutes parts; que les murs de ces tours auraient 10 pieds et 1/2 d'épaisseur dans les fondations, et 9 pieds dans le haut; qu'au milieu du mur qui les joindrait, il y aurait plusieurs canonnières à hauteur du rez-de-chaussée; que dans chacune d'elles, et au milieu, il y aurait une cheminée; que ces tours auraient 7 toises de largeur en tous sens, que celles qui accompagneraient les portes en auraient 8, et qu'elles seraient percées de canonnières et d'arbalétrières, qu'elles seraient voûtées de 16 pieds en 16 pieds; que les fossés auraient 12 toises de largeur sur 30 pieds de profondeur; enfin, qu'à chaque porte, et hors de la ville, une plate-forme ou place de 24 toises, serait ménagée, pour y construire boulevard, cavalier et autres fortifications de cette époque (4-8-9-59).

2 juillet 1488. Par décision du gouverneur d'Orléans, Guy Pot, chevalier, comte de Saint-Pol, et de Jehan Pocquaire, prévôt de cette ville, le sieur Puyselettes qui possédait des héritages en vignes et terres qui s'étendaient de la rue de Gourville à la rue Bannier, entre autres une maison où il y avait un puits public, est forcé, pour ouvrir la rue de la Cerche actuelle, d'en céder une partie : on lui laissa celle où est le puits, laquelle forma une impasse ou cour très-longue qui porta le nom du propriétaire *Puyselettes*, et puis après, par corruption, celui de cour de la *Pillerette*, laquelle cour sert présentement de logement aux Savoyards (4-8-9).

6 juillet 1488. Louis II, duc d'Orléans, épris des charmes d'Anne de Bretagne, quitte le parti de son roi, Charles VIII, pour commander les troupes de cette princesse; il est pris à la

bataille de Saint-Aubin et enfermé dans la tour de Loches (43).

Par ordre de Charles VIII, il est établi à Orléans des balanciers-jurés, sous la surveillance de Jehan Pocquaire, prévôt du duc d'Orléans dans cette ville (4). 14 décem. 1488.

Jehan de Gourville et Yvon d'Illiers, notables bourgeois d'Orléans qui avaient depuis quelque temps été adjoints aux commissaires nommés en 1486 par le duc d'Orléans et les habitans, chargés de surveiller les travaux pour la construction des murailles de la nouvelle enceinte que l'on élevait au nord et au couchant de la ville, ayant montré un zèle et une activité extraordinaires dans leurs fonctions, sont remarqués par les procureurs de ville qui, pour les en récompenser, donnèrent à deux rues de cette clôture les noms de Gourville et d'Illiers qu'elles portent encore aujourd'hui (4-8-21-64). 1489.

Procès-verbal qui constate que : « Le nommé Jehan Viart, foulon de la ville de Beaugency, condamné par le bailli de Cornay, pour larcins par lui commis à Jargeau au bannissement après avoir *esté* fustigé et eu l'oreille *coppée*, a *esté* fustigé et a eu l'oreille *coppée* par l'exécuteur de la justice d'Orléans, à Cornay et endroits y désignés. » Avec ce procès-verbal se trouve la quittance de trois livres parisis de Philippe Dieu le fist., exécuteur des hautes-œuvres. (*Titres de Cornay*). 15 février 1490.

Les procureurs de ville voulant encourager les ouvriers qui travaillaient à la clôture d'Orléans, leur donnent une somme d'argent sous la dénomination de *Mouton de l'ascension* (4-8-9-59). 10 mai 1490.

« Payé 11 écus d'or à la couronne, par ordre des procureurs de la ville, aux maçons et pyonniers *besoignant* à *l'encloustur*e de la ville, pour le Mouton de l'ascension de Notre-Seigneur, ainsi qu'il est accoutumé, afin qu'ils fussent plus *curieulx* de bien et profitablement *besoigner* aux pompes qui *vuidoit* les eaux qui gênoient les *travaillieux* de la tour de Saint-Laurent-des-Orgerils. ».

Fin des travaux pour terminer la porte Saint-*Poair* (Saint-Paterne ou Bannier), laquelle fut couronnée de machicoulis et autres défenses (4-8-9-59-60). 15 mai 1490.

« Il fut payé CXVIII sous à Jehan des Orches, charpentier, pour *parachever* les portes Saint-*Poair* et commencer l'*engin* qu'on appelle grue, pour lever les pierres des machicoulis de Saint-*Poair*, et pour deux grosses pièces de bois pour servir à ladite grue.

» *Item*, à Collin Soillart, charron, payé LX sous pour la vente de deux roues par lui vendues pour servir à *ung engein* appelé grue.

» *Item* à Jehan des Orches, charpentier, payé C I sous II deniers pour avoir *échaufaudé* et levé ledit engin appelé grue, près du portail Saint-*Poer* (Saint-Pouair, Saint-Paterne ou porte Bannier). »

Mercuriale ou tarif de divers objets de fournitures, ainsi que le prix de la main-d'œuvre, lors des travaux de clôture d'Orléans, en 1490.

———

Il était payé aux maçons, pour la toise cube de maçonnerie bien faite 4 liv. 14 sous parisis ou 5 liv. 17 sous 8 deniers tournois (4-8-9-59-60).

Aux pionniers qui creusaient les fondemens, la toise cube, 9 livres 6 sous parisis ou 11 sous 10 deniers et demi tournois.

On a tiré des fondemens 1,161 tomberées de pierres, qui ont été vendues aux maçons 2 sous 2 deniers la tomberée.

Le sable coûtait 12 deniers la tomberée.

Les manœuvres gagnaient 2 sous par jour.

Le maître pionnier, qui fournissait tous les outils, gagnait par jour 3 sous parisis.

Les simples pionniers, 20 deniers parisis par jour.

Les charpentiers, 3 sous parisis par jour.

La journée de trois chevaux, deux tombereaux et celle d'un homme, se payaient 12 sous parisis par jour.

La corde se vendait 8 deniers la livre.

Ceux qui tiraient le mouton gagnaient 2 sous 4 deniers parisis par chaque jour.

Celui qui les dirigeait gagnait 3 sous parisis par jour.

Pour la journée d'un homme, d'un cheval et de deux *camyons* (petites voitures), 6 sous parisis.

Une pièce de gros bois, de 2 toises de long, pour faire le ceintre de la tour, fut payée 2 sous 8 deniers parisis.

Dix-huit limons de 3 toises pour faire des pieux contenant 54 toises, furent payés 30 sous parisis.

Une livre de chandelles se vendait 12 deniers parisis.

L'oing, la livre, se vendait 12 deniers parisis.

L'huile d'olive se vendait 12 deniers la livre.

Le fer ouvragé, 8 deniers parisis la livre.

Pour tailler le pavé et le placer, 3 sous 1 denier parisis la toise carrée, bien faite.

Deux *coigniens* (lapins), deux perdrix, deux bécasses, un faisan furent vendus 20 sous parisis.

Une pelle de bois, 5 deniers parisis.

Les grosses briques, le cent, 5 sous 4 deniers.

Les carreaux, la moitié, ou 32 sous le cent.

Un muid de chaux garnie de sable, 10 sous.

Le plomb, 5 deniers parisis la livre.

Les chefs d'ateliers, ceux qui mesuraient les rues et inspectaient les travaux étaient payés 6 sous par jour.

1490. Mathieu Vivian fut le premier imprimeur qui vint se fixer à Orléans. La traduction française du *manipulum curatorium* est le premier livre connu qui sortit des presses de cette ville; les ateliers de cet homme célèbre pour l'époque, étaient établis rue de l'Écrivinerie, ainsi nommée du grand nombre d'écrivains et copistes qui y demeuraient (4-8).

Charles VIII fait continuer la reconstruction de Saint-Aignan que son père, Louis XI, avait commencée. (8-21).

1491. Mort de François d'Orléans, comte de Dunois, fils du célèbre comte de Dunois et de Marie d'Arcourt, son épouse. Il fut inhumé dans l'église de Notre-Dame de Cléry, près Orléans, dans la chapelle de Saint-Jean, bâtie par son père pour servir de sépulture à sa famille (43-64).

Louis II, duc d'Orléans, est retiré de prison par Charles VIII, roi de France, qui l'avait fait renfermer à Loches en 1488, 28 juillet, après la bataille de Saint-Aubin, où il avait été pris les armes à la main. Ce prince, pour témoigner sa reconnaissance, eut la générosité de sacrifier son amour au bien de son pays, en faisant tous ses efforts pour déterminer Anne de Bretagne à épouser le roi de France. Ce qui eut lieu peu de temps après, et par ce mariage, la Bretagne fut réunie à la France (43).

Christophe Colomb découvre l'Amérique. 3 août 1492, Dimanche.

Ordonnance du bailli et gouverneur d'Orléans, Guy 25 février 1493.

Pot, chevalier comte de Saint-*Pol*, qui porte que, dorénavant, les boulangers seront tenus de vendre le pain blanc de 12 onces, le pain jaunet de 14 onces, le *fetiz* à toutes fleurs de 18 onces, et le pain bis de 20 onces, tous au même prix, en doublant le prix des grands pains, c'est à savoir : le pain blanc à 1 denier *maille* tournois, et les autres pains à l'*équipollent* (à proportion), le prix que se veud le pain diminuant ou haussant, suivant que va le blé (4-8).

8 août 1493. Grande procession des reliques de Saint-Mesmin, faite à Saint-Mesmin, près Orléans. On députa de cette ville quatre procureurs (échevins) pour y assister, et on y envoya quatre grandes torches et quatre *varlets* de ville pour les accompagner (4-8-9-59).

2 octobre 1493. Charles VIII donne pouvoir aux maîtres des chaussées d'Orléans, tant pour la ville que hors des barrières, de contraindre les propriétaires et locataires à paver le devant de leurs maisons (4-8).

6 novemb. 1493. Le corps de ville d'Orléans fait plusieurs présens à Monseigneur le chancelier et trésorier de cette ville, lesquels lui furent portés par les procureurs de ville (4-8-9-59).

« Il fut payé XVI sous pour la façon de deux *pastés* de *jourge* (espèce de concombre estimé à cette époque) et de deux galettes feuilletées, avec deux choux, qui furent présentés à Monseigneur le chancelier et trésorier d'Orléans, la *sepmaine* (semaine) de avant Noël (4-8-9-59). »

25 décemb. 1493. Le receveur des deniers communs d'Orléans, Estienne Cormereau, est chargé par les procureurs de ville de payer « IV liv. aux gagiers de l'église *perrochiale* (paroissiale) de Saint-Hilaire d'Orléans, pour avoir par *eulx* fourni pendant deux années, d'ornemens et luminaire pour dire et célébrer, par chaque jour, en *ladicte* église, la messe de la ville, à heure des portes ouvrans (4-8-9-59).

» *Item*, payé à Messire Jehan Perrinet et Macé Godart, prestres, la somme de XII livres, pour avoir par *eulx* chanté et célébré la messe chacun jour en l'église Saint-Hilaire, à heure des portes ouvrans, et pendant demie année pour laquelle ils doivent avoir XL sols par chacun mois. »

1494. Les procureurs de ville établissent dans les chambres où ils *conversaient* près la tour Saint-Samson, qu'ils habitaient encore (leur nouvel hôtel des Créneaux, rue Sainte-

Catherine, n'étant pas entièrement terminé), un endroit particulier pour peser les grains que l'on donnait à moudre aux meûniers, et la farine qu'ils rendaient. Un commissaire ou inspecteur fut créé exprès pour tenir un registre de chaque livraison, et punir les délinquans (4-8).

Les procureurs de ville font le don de 10 liv. à Guillaume Tassin, marchand d'Orléans, pour le dédommager des pertes qu'il venait de faire sur la rivière de Loire.

« Payé à Guillaume Tassin, marchand d'Orléans, pour la perte qu'il *fist* environ la mie Caresme, de xxx muids de bled ou (au) challan de Jh Fragier qui, par orage de vent, heurta contre le *bort du ponct d'Amboise*, de telle roideur que il alla au fons de l'eau (4). »

Louis II, duc d'Orléans, nomme pour adjoindre aux commissaires chargés de veiller à la dernière clôture de la ville qui était toujours en construction, MM. de Farville, lieutenant de bailliage d'Orléans, et le comte de Saint-Pol, gouverneur de la même ville (21). 20 juin 1495

Les procureurs de ville font placer sous la surveillance de Pierre Colas, l'un d'eux, sur le haut de la tour du Beffroy, plusieurs reliques pour la préserver du tonnerre, et une image ou statue de St-Michel en plomb doré, et terrassant le diable, ainsi qu'une grosse lanterne qui était allumée les jours de réjouissances publiques, ou lors des incendies, pour avertir les gens de la campagne qui n'entendraient pas la cloche (4-8-4-9). 28 septem. 1495.

Il fut livré 505 liv. de plomb au fondeur pour faire la statue de Saint-Michel et celle du diable (4-8-9).

A cette époque, la tour était couverte en pointe et la platte-forme n'existait pas encore (48-56).

Le duc d'Orléans, Louis II, qui faisait la guerre en Italie pour le roi Charles VIII, est enfermé avec ses troupes dans la place de Novarre, où il faillit périr par la famine, n'ayant pas eu le soin de mettre dehors toutes les bouches inutiles. Enfin, il eut le bonheur d'en être retiré par le roi qui poursuivit les confédérés suisses et italiens (48-43). 1495.

Assemblée des habitans d'Orléans, ainsi que des procureurs de la ville (échevins), pour approuver et ratifier les articles de la paix faite entre le roi de France, Charles VIII et le roi d'Angleterre; l'acte fut rédigé par devant Sevin, notaire au Châtelet d'Orléans, et remis au chancelier de France, par Lambert Bongard, procureur-général du 7 avril 1496.

grand-conseil. La minute de cet acte se trouve présentement chez M⁰ Meigret, notaire à Orléans, successeur de Sevin (4-8-9).

1496. « Je, Robert Briconnet, arcevesque duc de Reims, premier pair et chancellier de France, certifie à tous qu'il appartiendra que maistre Lambert Bongard, procureur au grant Conseil du Roi notre Seigneur, m'a baillé et mis entre mes mains ung instrument scellé soubz les contrats de la prévosté d'Orléans, daté du jeudy, septième jour d'avril après Pasques M. IIII C. XCX. VI (1496), signé Noblet et Sevin, notaires d'Orléans, contenant les assentiments ratification et approbation fait par les échevins, manants et habitants de la ville et cité d'Orléans, touchant certain traité de paix, accord et appointement faict entre le Roy notre souverain Seigneur et le Roy d'Angleterre, selon les articles et que mande leur avoir estre *faict* par ledit seigneur dont nous avons lesdits eschevins, manants et habitants de ladicte ville d'Orléans et ledit Bongard de Saint-Georges et prometz decharger envers le Roy et tous autres. En tesmoing de ce, j'ai signé ces présentes, à Lyon, le vingtième jour d'avril M. IIII. C. XCX. VI (1496).

» R. BRICONNET. »

10 janvier 1497. Grande dispute entre les procureurs de ville et les officiers du duc d'Orléans, relativement à la possession du terrain existant entre la porte Bannier et la porte Renard; les officiers du duc poussèrent si loin leurs prétentions et leur acharnement, que les procureurs de ville, Antoine Boucher, Jean Aubert, Jean Acarie, Robert Gayette, M. Jacques le Fuselier, Guillaume Roger, Pierre Chartin, Michel Daniel, Jacques de Sanxerre et Étienne Feu, furent arrêtés, et lors de leurs recours à Paris, la ville leur fut donnée pour prison; le duc d'Orléans arrangea l'affaire et les habitans payèrent les frais (64-4-8).

15 août 1497, Assumption. Procession remarquable tant pour le grand nombre de prêtres, de châsses et de fidèles qu'on y remarqua, que par la présence du célèbre prédicateur, frère Olivier Maillart, qui y fit le sermon de la fête (4-8-9-59).

Janvier 1498. « Il fut payé à Pierre Chartin, l'un des procureurs de ville, la somme de LXIII sous VIII deniers parisis, pour *despenses* par lui *faicte* par l'ordonnance desdits procureurs à donner à dîner par deux fois à frère Olivier Maillart, (*beau-frère* des Cordeliers de Meung,) qui fit le sermon à la *dicte* procession du xv aoust, et à ses gens.

» *Item*, aussi pour lui faire *carler les souliers à lui et ferrer son âne*, et pour poisson donné à Monseigneur Bourdel qui n'avait voulu rien prendre d'un voyage qu'il avait fait pour la ville, LXIII sous VIII deniers parisis (4-59). »

Le duc d'Orléans fait construire les Grandes-Écoles au soleil levant de l'église des Bénédictins, dans une rue qui depuis prit le nom de rue de l'Université ou des Grandes-Écoles. Les cours de l'École de Droit s'étaient tenus d'abord dans le couvent des Jacobins, faubourg Parisis, au nord de Ste-Croix, puis dans la rue de l'Écrivinerie (8-64). Janvier 1498.

Ce nouveau local se composait de deux grandes salles, l'une au-dessus de l'autre : dans celle du bas étaient les bancs pour les élèves; dans celle du haut on plaça la bibliothèque des Allemands, qui étaient très-nombreux.

Mort de Charles VIII au château d'Amboise. Son cœur fut déposé dans l'église de Notre-Dame de Cléry (43). 7 avril 1498.

Le duc d'Orléans succède, sous le nom de Louis XII, à Charles VIII. Le duché d'Orléans est réuni à la couronne. Avril 1498.

Le pape Alexandre VI délègue des juges pour prononcer sur la validité du mariage du duc d'Orléans, qui venait d'être nommé roi sous le nom de Louis XII. 22 décem. 1498.

Ces juges cassèrent par acte authentique le premier mariage qui avait été contracté avec Jeanne de France, fille de Louis XI.

Mort de Guy-Pot, chevalier, comte de Saint-Pol, gouverneur du dauphin, du comte de Blois, et gouverneur d'Orléans (21). 1498.

Le corps de ville d'Orléans, qui se composait alors d'un receveur des deniers communs, de dix procureurs ou échevins, et de deux ecclésiastiques, vient habiter, pour la première fois, le nouvel Hôtel-de-Ville, rue Sainte-Catherine ou des Hôtelleries, qui était entièrement terminé, et quitte les chambres qu'il occupait de temps immémorial près de la tour Saint-Samson (4).

Ce monument, qui fut élevé sur l'ancien hôtel des Créneaux, était remarquable par sa belle architecture; il fut construit sur les dessins et l'inspection de Viart, célèbre architecte de ce temps, qui donna aussi le modèle de l'Hôtel-de-Ville de la ville de Beaugency (47-4).

Mort de Jehan de Louan, chevalier, capitaine et gouverneur du château de Saint-Germain-en-Laye, grand-maître des eaux, forêts et chasse dudit lieu, et gouverneur d'Orléans (21.).

19 avril 1499, Jeudi avant la Quasimodo

Louis XII passe par Orléans pour se rendre à Langeais et y terminer son second mariage avec la duchesse de Bretagne, veuve de Charles VIII (4-9-43-59).

On lui fit une réception brillante et solennelle; une procession fut faite pour le conduire à Sainte-Croix, à partir de la porte du Pont, par où le roi entra, les échevins ou procureurs de ville, *revestus* de robes d'*escarlatte* doublées de velours, portèrent le *ciel* (dais) de drap d'or sur leurs épaules; de Sainte-Croix, le monarque fut *mesné* au cloître de Saint-Aignan, et logea à la Maison-Royale. Le roy des archers de la ville, nommé Heliot Lucas, *ensemblement* avec le roy des buttes, des arbalestriers et leurs compagnies, allèrent au-devant du Roy sur le pont; de là ils se rendirent au coin de la porte Dunoise, au coin des Chappeaux, à Saint-Pierre-Empont, à Bonne-Nouvelle et autres lieux *esquels* on avait dressé plusieurs *eschauffaulx* et théâtres ornés de tafetas où furent joués divers *personnages* (pièces), même celui de Charlemagne, à la fin desquels jeux et comédies on présenta au Roy le vin et l'*hypocras*; il y avait aussi des fontaines *respendant* vin à 3 deniers la pinte (4-8-9-59-64).

22 avril 1499.

Louis XII assiste à la procession générale de la *feste* de la *Quasimodo*, en laquelle se trouvèrent toutes les châsses des saints de la ville, qui furent portées par 104 hommes, tant il y en avait.

Lors du départ du roi, les habitans ayant eu avis par un courtisan de ce prince qu'il était d'usage de faire un présent de 6,000 livres pour la ceinture de la reine, s'assemblent pour ce sujet; mais ils ne purent ramasser que 4,000 livres, quoique François de Brilhac, évêque de cette ville, leur en prêtât une partie, et que les habitans se fussent taxés. Ils députèrent en cour maître Jacques Lumières, notable bourgeois, qui fut chargé de s'excuser auprès du monarque de ce qu'on n'avait pu réunir la somme totale de 6,000 livres comptant, et le supplier de recevoir celle de 4,000 livres. Le roi ne voulut pas les accepter, et punit même le courtisan qui avait donné cet avis (64-8-4).

Parmi les dépenses que cette fête occasionna, on remarque celle de 11 sous 4 deniers, tant pour trois journées d'*oume* (d'homme) employés à *curer* et *nestoyer* la cour de la maison du roi à Saint-Aignan, que pour y mener du *sablon* (sable) pendant que le roi y était (4-8-9-59).

Hervé de la Course, seigneur de Chanteau, donne par testament, reçu par Benoît Martin, notaire à Orléans, 250 livres, pour faire construire dans le grand cimetière d'Orléans, une petite chapelle à l'endroit du sud-est, où ses père et mère avaient été inhumés, et une belle croix en bronze, pour être placée au milieu de ce cimetière ou *dormitoire, cœmeteria id est dormitoria.* (64-8). 18 mai 1499.

Les procureurs de ville permettent aux élèves de l'Université d'Orléans de jouer dans une des salles de leur nouvel hôtel, rue Sainte-Catherine, une comédie ou mystère faite par l'un d'eux. Ce fut la première fois qu'il fût donné un spectacle public dans cette ville : c'était à l'occasion de l'arrivée d'Anne de Bretagne (64-4-59). 14 décem. 1499, Samedi

Le prévôt d'Orléans, Louis Roillard, fait arrêter un soi-disant magicien qui commettait dans Orléans des impiétés inouïes. Le but de ce misérable était d'exploiter la crédulité des Orléanais (21-64). 1499.

Louis XII quitte l'Italie où il faisait la guerre et vient séjourner à Orléans, où il applanit certains différends qui existaient entre les ducs de Gueldre et de Julliers, auxquels le roi avait désigné cette ville pour paraître en sa présence : il parvint, non sans peine, à les rendre amis (8-43). 2 juin 1500

Louis XII ordonne de prendre sur les vieux fossés d'Orléans des terrains destinés à établir des marchés. Le Martroy, place qui venait d'être en partie terminée, fut désigné pour le marché au blé ; l'Étape au vin, nouvelle place fut désignée pour la vente des vins ; et la place de la porte Renard, pour le marché aux légumes, ce qui porta à cinq les marchés de la ville, savoir : (4-8). 8 juin 1500.

Le Grand-Marché, près de Saint-Hilaire ;

Le Vieux-Marché du bourg d'*Avenum*, qui prit plus tard le nom de Marché-aux-Veaux ;

Le Marché au Blé, sur le Martroy ;

Le Marché aux Vins, sur l'Étape ;

Le Marché aux Légumes, placé en avant de la porte Renard (4-8).

Des chaînes traînantes furent placées à toutes les issues de chaque marché, pour en interdire le passage aux voitures ; et un droit extraordinaire fut établi en faveur du bourreau. Ce droit, nommé *Havé*, consistait en ce que l'exécuteur des hautes-justices prenait de chaque marchand autant de grains ou de denrées que sa main pouvait en tenir ; il marquait avec de la craie le bras de ceux qui avaient payé.

1500. Construction de l'église de Saint-Paterne, entre la porte nouvelle, dite porte Bannier, et l'aumône de Saint-Pouair ou aumône des garçons, sur les ruines de la petite église de Saint-Pouair, que les Anglais avaient abattue pour se servir des matériaux et élever leur forteresse du faubourg Bannier, à laquelle ils avaient donné le nom de Paris (8-13).

Cette nouvelle église devint paroissiale dès son origine ; le vaisseau fut accompagné, à son entrée-ouest, d'une grosse tour toute en brique, et telle qu'elle se voit présentement (8).

Plusieurs fours à couler le verre et l'émail sont construits à Orléans, dans une des nouvelles rues de la ville, dans la partie de sa dernière enceinte, laquelle rue fut nommée rue des Bouteilles (4-8).

Le puits de Jacob, près de l'ancienne porte Renard, fut fait à cette époque, pour le service des marchands de légumes qui étaient placés dans le nouveau marché (8).

Mort de Guillaume de Montmorency, premier baron de France, seigneur de Châteauneuf et de Damville, conseiller et chambellan du roi, capitaine des eaux et forêts et chasses de Saint-Germain-en-Laye, et gouverneur de la ville d'Orléans (21).

Un docteur, régent de l'Université d'Orléans, qui était en même temps chanoine de Sainte-Croix, étant mort, son corps fut présenté à cette cathédrale ; mais une dispute de préséance s'étant élevée entre les docteurs de l'Université et les chanoines, elle fut si violente que les élèves en droit emportèrent le corps de leur professeur et le firent inhumer dans l'église des Bénédictins de Bonne-Nouvelle, qui était voisine, et laissèrent disputer les docteurs et les chanoines (8).

Jean de Foix, vicomte de Narbonne et comte d'Étampes, roi titulaire de Navarre, se trouve arrêté à Orléans par une maladie mortelle, et y fait son testament en présence de maître Courtin, l'un des notaires de cette ville (7).

René Ragueneau, prévôt d'Orléans, fait des statuts et réglemens pour les maîtres pelletiers, ouvriers *besognans* et tenant *ouvroirie* (atelier) de *mestiers* de corroyeurs *bandroyeurs* (faiseurs de banderolles) de tous cuirs, pour être mis en vigueur par toute la province : ces réglemens furent faits par ordre de Louis XII (4-8-30).

Mort de Jean de Fontenoy, *maistre en écriture*, natif d'Orléans (21).

Louis XII accorde aux habitans d'Orléans le droit de prendre pendant 6 ans, les deniers, sur les 2 sous 6 deniers qu'il avait mis sur chaque minot de sel vendu dans la généralité d'Orléans, de Sully, de Janville et de Romorantin, pour les frais de la construction des *murs de Beauce* (portion des murs de clôture du côté de la Beauce) (4). 22 février 1501.

Démolition de la *Porte-de-la-Croix* (non connue par nous). On retira de la couverture de cette porte, qui semblait être très-grande, 26 milliers d'ardoises dont partie fut employée à couvrir celle de Saint-Laurent-des-Orgerils qui semblait en être peu éloignée (4-8-9). mars 1501.

Fête de la ville, remarquable par le dîner qui fut donné par les procureurs de ville (échevins). Ce grand dîner dont l'usage s'était perpétué jusqu'à nos jours est le premier connu. 8 mai 1501.

Il fut payé, par Antoine Descontes, receveur des deniers communs de la ville d'Orléans, « vi liv. viii sous pour la *despence faicte* en l'*ostel* de la ville, ledit jour de la fête de la ville au *copieux disner* auquel *estaient* présens Monseigneur le bailli de Dunois, Maître Fleurent Bourgoing, Maître Jehan Noblet, Jehan du Lys, dit la Pucelle, Maître Antoine Dufaur *précheur* (prédicateur) de la fête, et les procureurs de ville au nombre de douze. »

Les ambassadeurs de Ladislas VI, roi de Hongrie, envoyés en France pour traiter du mariage de dame de Foix, fille du seigneur de Candale, avec leur maître, passent par Orléans en allant à Blois trouver le roi Louis XII, qui faisait sa résidence au château de cette ville. Ils furent reçus par les magistrats d'Orléans avec une grande distinction (43-4-8). 5 décem. 1501.

Thomas Paschal, docteur-régent en théologie de l'Université d'Orléans, et confesseur de Louis XII, roi de 1501.

France, est appelé à Lyon où était ce prince, qui le chargea d'examiner la croyance des malheureux paysans du Dauphiné, reste des anciens Vaudois qui avaient échappé aux massacres et qui, moitié par force et moitié par persuasion, s'étaient sauvés en criant : *credo*.

De prétendus sorciers viennent pour la seconde fois à Orléans exercer leur industrie aux dépens de la crédulité des habitans. Monseigneur François de Brilhac, évêque d'Orléans, les fait encore arrêter, et ordonne une procession générale en expiation des erreurs qu'ils avaient répandues dans la ville (8-64).

Louis XII fait réparer la chapelle de Saint-Antoine sur la motte de ce nom, située sous l'ancien pont d'Orléans, ainsi que l'hospice qui avait été abattu en 1428, lors du siége de cette ville par les Anglais. Le roi renouvela les réglemens qui portaient que les pauvres voyageurs y seraient logés *gratis* pendant 24 heures seulement, puis après obligés de vider les lieux, sous peine de la corde (4).

Louis XII fait reconstruire le bâtiment de la prévôté, situé près du Châtelet et des prisons d'Orléans, ainsi qu'un superbe perron à deux escaliers qui lui servait d'entrée (48-56-4-8).

Cette juridiction prévôtale, qui datait de 1058, était souveraine, et les prévôts étaient les seuls juges ; il en résultait que leurs arrêts étaient exécutoires sur-le-champ et sans appel. Ces nouvelles constructions furent faites sous l'exercice de René Ragueneau, seigneur d'Apoigny, conseiller secrétaire du Roi, licencié ès-lois, et garde de la prévôté d'Orléans (21-64).

L'église de Saint-Pierre-en-Sentelée (*sanctus Petrus in semita lata*) qui avait été abattue par les habitans d'Orléans, pour empêcher le prince de Galles de l'occuper, lors du siége qu'il voulut faire de cette place, en 1359, est rebâtie aux frais de quelques bourgeois de cette ville, et consacrée par l'évêque d'Orléans, François de Brilhac (8-13).

Cette église, qui se trouvait renfermée dans la ville par les nouvelles murailles, qui étaient toujours en construction, est séparée de celle de Sainte-Catherine et de Saint-Jacques, auxquelles elle avait été réunie pendant 142 ans qu'elle était restée en ruines : cette réunion fut ordonnée par une bulle du pape Alexandre VI, lequel, à la même époque, et par la même bulle, annexa à l'église de Sainte-Catherine la pénitencerie de l'église d'Orléans.

Les *proviseurs* (espèces d'administrateurs) du pont d'Or- 4 janvier 1502. léans font construire une halle au pain sur l'île des Chalans-Percés ou île Poissonnière, pour y placer les boulangers de la campagne qui venaient en si grand nombre qu'on ne pouvait passer sur le pont. Pour couvrir les frais de construction et ceux de l'entretien, on établit un droit de 2 deniers sur chaque charrette de pain, et un denier pour les bêtes portant douze pains (4-3o).

Antoine Descontes, receveur de la commune, « paie x Avril 1502. livres pour deux ans de gages à Jehan Dupuis et Martin Genast, gardes des clés de la porte Saint-Euverte (porte de la forêt, où est la prétendue tour à Pinguet), à raison de v livres chacun pour deux années de gages (4-8-9-59-64). »

Les procureurs de la ville d'Orléans (échevins) et les 18 mai 1502. gens d'église qui formaient le conseil de la ville se réunissent pour faire une collation dans leur hôtel ordinaire, et aussi pour faire entre eux la distribution de sel blanc dont ils étaient annuellement gratifiés par les habitans.

« Il fut payé v deniers pour la voiture d'un baril de sel blanc amené en l'*ostel* (hôtel) de la ville, pour messieurs de l'église et procureurs.

» *Item*. Payé iv sous pour une collation que firent les procureurs, et à la suite de laquelle le sel blanc fut *départi* entre eux et envoyé en leurs maisons. »

A cette époque, la porte Saint-Jean, qui venait d'être Mai 1502. nouvellement construite, était appelée porte Saint-Jehan-de-la-Ruelle et porte du Grand-Orme.

« Il fut payé à *ung* voiturier xxxv sous pour avoir voituré onze *seules* (grandes et fortes pièces de charpentes) *prinses* (prises) aux grèves, et les avoir menées aux portes neuves de la Croix *Boisée* ou Buisée (porte Madeleine) et de St-Jean-de-la-Ruelle ou du Grand-Orme (porte St-Jean). »

Peste cruelle à Orléans et dans les environs : plusieurs 15 juillet 1502. villages furent abandonnés par les habitans qui se retirèrent dans les bois, mais dont la plupart périrent de misère et devinrent la pâture des loups et des oiseaux carnassiers (4-8).

Par ordre de Louis XII, et par les soins de monseigneur 1502 de Graville, amiral de France, la relation du siége d'Orléans et celle du procès de la Pucelle sont rédigées et écrites. Ce manuscrit précieux connu sous le nom de *Manuscrit d'Orléans*, fut déposé à la bibliothèque de Sainte-Croix, et se trouve présentement à la bibliothèque publique, sous le numéro 411 des manuscrits : il est écrit en français (8).

Grand démêlé entre le chapitre de Sainte-Croix et les religieux Grands-Carmes, par rapport à un choriste de la cathédrale, nommé Cochereau, qui avait insulté les révérends Pères, et que ces moines avaient fustigé, pour le punir. Les chanoines, mécontens de ce que les religieux s'étaient rendu justice eux-mêmes, exigèrent pour réparation de l'insulte que les coupables fussent punis de la même peine, ce qui eut lieu incontinent (8-64).

Louis XII ordonne l'observation des réglemens qu'il venait de faire, relativement à la vente à Orléans du vin blanc, de la farine, des fagots, des ballets et du verjus.

25 janvier 1503. Philippe Macquart, qui avait épousé en 1456 Jehanne du Lys, nièce de *Jehanne* d'Arc, cède à son beau-frère l'île aux Bœufs qu'il possédait à Orléans, pour aller en Lorraine, pays de sa femme. L'acte de translation de cette île existe aux archives de la mairie d'Orléans (4).

1503. François de Brilhac, évêque d'Orléans, après 30 ans de siége dans cette ville, permute avec son neveu, Christophe de Brilhac, pour l'archevêché d'Auch : le nouvel évêque était chanoine de Saint-Aignan, au moment de sa nomination (21).

Jacques Daniel, receveur des deniers communs d'Orléans, paie, par ordre des procureurs de ville, « xxxv livres tournois à maître Simon Luillier, Estienne Meignan, *licencié* ès-lois, *advocats*, Jehan Hate, Berthault Rougeon, Jehan Gueret et *Estienne* Peigné, tant pour *eulx* que pour autres *advocats*, pour avoir, à diverses fois et par long-temps, travaillé à *veoir*, visiter et augmenter les coutumes *naguere reddigées* par *escript*, et avoir *baillé* deux livres de papier pour les écritures (4-8-9-59). »

13 avril 1504. Louis XII, par lettres patentes, ordonne que les procureurs de la ville d'Orléans, prendraient le nom d'*échevins*, chargés de la surveillance de la place et des intérêts des habitans ; qu'ils seraient au nombre de douze, parce qu'Orléans était divisé en douze quartiers, ce qui ferait un échevin par chaque quartier, ayant sous eux des *dixainiers* ou surveillans, et qu'ils désigneraient entre eux un

chef ou receveur chargé de la recette et de la dépense des deniers communs (64-4-8).

Ces administrateurs étaient en place pour une année, et celui qui était nommé receveur était pris parmi les douze échevins. L'élection se faisait le 22 mars (64).

Les habitans d'Orléans procédaient à cette nomination de cette manière : Après avoir entendu une messe solennelle dans l'église de Saint-Samson, ils s'assemblaient sous les halles, près Saint-Hilaire, où ils choisissaient vingt-quatre notables citoyens parmi lesquels le roi désignait les douze échevins, dont un pour être receveur des deniers de la commune. Ces magistrats ne pouvaient être ni frères, ni beaux-frères, ni fils, ni beaux-pères, ni pères, ni cousins les uns des autres (64-4-8).

Mort de Michel Quiri, théologien, natif d'Orléans (21). *8 mai 1506.*

Louis XII prévient les habitans d'Orléans du mariage de sa fille, Claude de France, avec François, duc d'Angoulême et de Valois, et les engage à nommer des députés pour y assister. Il fut nommé vingt-cinq citoyens, ecclésiastiques, magistrats et bourgeois, parmi lesquels on remarquait Christophe de Brilhac, évêque d'Orléans, le vicomte Pierre Devaux, seigneur de la Marolles, de la Chevrotierre et de Bouville, René Ragueneau, Antoine Dufour, docteur en théologie (64-4-8).

Il y eut ce jour-là, et pour le même motif, grande procession et feux de joie à Orléans (64). *12 décemb. 1506.*

Louis XII, par lettres patentes datées de Blois, donne aux échevins d'Orléans l'administration d'un hôpital construit sur le pont de Saint-Martin-sur-Loiret (pont d'Olivet), près du moulin; ils furent tenus de réparer le pont et l'hospice. Les échevins y placèrent une chaîne, y établirent un péage ou droit de passage, qu'ils affermèrent à leur profit la somme de 432 livres 10 sous 6 deniers par an (4-8-9-59).

D'après la demande faite par les vingt-cinq députés envoyés par les habitans d'Orléans, pour assister au mariage de la fille du roi, célébré à Tours, Louis XII, par une déclaration datée de cette époque, autorise la formation des corps de métiers, à Orléans (4). *18 décemb. 1506.*

Mort de Saint-François-de-Paule, au Plessis-lès-Tours, *7 avril 1507* où il était resté, après le décès de Louis XI, qui l'avait fait venir de Calabre en France (43).

15 mai 1507. Les échevins d'Orléans font jouer dans leur hôtel les mystères de l'Homme-Pécheur, et donnent plusieurs représentations qui toutes finissaient par des collations offertes aux plus notables bourgeois qui y assistaient (4-8-9-59).

« Il fut payé xxxviii sous, par Aignan Levassor, receveur des deniers communs, à Jehan Guillaume, charpentier, pour faire *selles*, marche-pieds, *huis*, entrées, *galleries* des *echauffaux* des échevins et faire la clôture des deux *costés* aux dits *echauffaux*, pour voir jouer les mystères de l'Homme-Pécheur.

» *Item*, c vii livres vi sous iii deniers pour des collations que firent messieurs les échevins à *l'ostel* de ville, avec plusieurs bourgeois *estant* avec *eulx* aux *chaffaux*, voir jouer les mystères de l'Homme-Pécheur, à diverses et à plusieurs fois, audit *ostel* où ils *conversent*. »

16 octobre 1507. Sentence du bailly de la Cour, par laquelle « Pierre Siret, renvoyé par devant le dict bailly, par sentence de la justice de l'évêché d'Orléans, du xx juillet xv c iv, et est *demouré* d'accord *estre* justiciable de la Cour, et avoir tué ung porc dont il n'a pas acquitté le droit d'épaulage, est condamné, de son consentement, en l'amende de iii ˣˣ sous parisis, et à payer la valeur de l'épaule du porc. (*Titres de la terre de la Cour.*) »

1507. Les chanoines de Sainte-Croix, réunis au chapitre, par réglement, arrêtent que les congés accordés aux chanoines, pendant le carnaval, seraient supprimés, et que le temps des vendanges ne pourrait être que de soixante-cinq jours par année (4-8).

L'évêque d'Orléans, Christophe de Brilhac, est condamné par René Ragueneau, prévôt de cette ville, à faire démurer une porte des murailles, près de la tour Champagne, qu'il s'était permis de boucher sans autorisation. (Nous présumons que cette tour, appelée Champagne, était celle connue sous le nom du *Plaidoyer de l'Évêque*, qui était placée où est maintenant la basse-cour du palais épiscopal, tour de la Fauconnerie) (8).

3 mai 1508. Ce jour-là, on fit pour la dernière fois dans l'église de Sainte-Croix d'Orléans, une cérémonie dont on ne connaît

ni l'origine ni le motif. La veille de la Sainte-Croix de mai, un marguillier clerc, vêtu d'une aube et d'un *amict* (linge qui couvre les épaules du célébrant), présentait au célébrant, pendant le *magnificat*, un cierge d'une main et une *quenouille* de l'autre (8-9).

Christophe de Brilhac permet que l'on pose des troncs dans les églises de la ville, pour recueillir les aumônes des fidèles. Les premiers furent placés au nombre de trois, savoir : un dans Sainte-Croix, le deuxième dans l'église de l'infirmerie d'Orléans (Hôtel-Dieu), le troisième dans Saint-Aignan (8). *Juillet 1505*

Les pères Feuillans sont établis au monastère de Saint-Mesmin d'Orléans, par les soins du cardinal de la Rochefoucault (64). *10 décem. 1505*

Louis XII renouvelle l'ordonnance de Louis XI, en date de 1480, portant défenses de construire maisons, jardins, châteaux, *clôseries* à plus d'une lieue du circuit de la ville, tant du côté des anciennes murailles, au levant, que de celles encore en construction, au nord et au couchant : cette ordonnance ne fut pas exécutée à la rigueur (4). *1506*

Louis XII donne l'ordre aux autorités d'Orléans de recevoir, comme si c'était lui-même, madame Marguerite d'Autriche, fille de Maximilien, empereur, veuve de don Juan de Castille, qui passait par leur ville pour retourner vers son père. Cette princesse est reçue avec grande pompe; on la conduisit aux *loges* du roi qui appartenaient pour lors aux chanoines de Saint-Aignan, et étaient situées dans leur cloître. Le roi lui ayant donné le droit de délivrer les prisonniers, un nommé Nicolas Auvray, ayant la veille volé son maître, messire Paul Trunel, professeur à l'Université d'Orléans, jouit de la grâce que lui fit cette princesse, à son entrée, ainsi que soixante autres criminels qui étaient dans les prisons, en ce moment. *11 février 1509.*

Naissance de Jean Calvin, à Noyon, en Picardie, fils de Gérard Calvin, secrétaire de l'évêque de cette ville. *10 juillet 1509*

Christophe de Brilhac, par une lettre pastorale, invite tous les prêtres de son diocèse à prier pour l'évêque : c'est de cette époque que datent les prières faites pour les prélats qui ont gouverné l'église d'Orléans (8). *7 août 1509*

Les échevins de la ville d'Orléans font écrire pour la première fois les coutumes de la province appelées autrefois les coutumes de Lorris (50). *8 août 1509*

15 août 1509.   L'église de Saint-Aignan qui avait été abattue par les habitans, en 1428, lors du siège par les Anglais, et dont Louis XI avait commencé la réédification, continuée sous Charles VIII, est enfin terminée par Louis XII. La consécration en fut faite ce jour par l'archevêque de Bourges, doyen de Saint-Aignan, Michel Bucy. Le monarque fit bâtir les six chapelles qui accompagnent la nef de cette église (8-64).

Louis XII, par lettres patentes, ordonne que les coutumes d'Orléans, que les échevins de cette ville faisaient écrire et rédiger, seraient imprimées; en conséquence, elles le furent, pour la première fois, par Éloi Gibier, imprimeur d'Orléans, avec des remarques et des notes de Léon Tripault, avocat célèbre de la ville (50-4-8-64).

1509.   Les magistrats d'Orléans établissent, conformément à un article de la coutume, des *langueyeurs* de porc pour les marchés de cette ville. Les langueyeurs étaient des gens employés dans les marchés, à visiter les porcs qui y étaient vendus, pour connaître, par l'inspection de la langue de l'animal, s'il était *mezeau*, c'est-à-dire ladre, c'est pour cela qu'on les appelait langueyeurs. Il leur était payé par chaque porc visité, 5 deniers tournois (50-8).

« Publication et cri fait à tous les coins et carrefours d'Orléans, pour avertir les habitans qui voulaient payer le droit de coustume pour jouir des ouances, usances et usages ordinaires en l'*achapt* des marchandises :

« Entre vous, bourgeois, marchans
Qui voulez jouir des ouances ;
Venez, suivant les ordonnances,
Payer le droit des ouances. . . . . [*aux halles*]

» Ausquelles halles le receveur du domaine faisait donner à *ceulx* qui payaient pour chacun an le droit de coustume un morceau de porc, et à *ceulx* pour le droit de balansage une poire ayant queue, et payoient, ceulx qui vouloient jouir des ouances, un treizein (64). »

Le sieur de Saint-Mesmin, lieutenant-général au bailliage d'Orléans, fait abattre plusieurs maisons qui avaient été construites près les murs de la ville, en dehors. Ce qui était contraire aux ordonnances de Louis XI, de 1480, et à celle de Louis XII, en date de 1508 (4-8).

1510.   Le corps de ville d'Orléans est mis en possession de l'administration des ponts et chaussées de Saint-Mesmin (64).

Il régna cette année par toute la France une maladie épidémique que l'on nomma la coqueluche, parce qu'elle affectait la tête d'une douleur fort vive; elle causait aussi une grande douleur à l'estomac, aux reins et aux gras de jambes, avec une fièvre chaude, accompagnée de délire et d'un dégoût de toutes les viandes. Peu de personnes en furent exemptes en France, et beaucoup en moururent à Paris et dans les principales villes du centre du royaume (43).

On pose, sur le clocher ou flèche de Sainte-Croix d'Orléans, une croix en cuivre doré, pesant 3,020 livres, en y comprenant une boule aussi de cuivre doré, de 10 pieds de circonférence, c'est-à-dire grosse comme une tonne (8-9).

Le clocher avait 54 toises, à partir du rez-de-chaussée, et 37 toises de la couverture : il était d'une forme élégante, couvert de plomb argenté et doré, avec des figures sculptées en relief.

Louis XII, dans l'intention d'augmenter sa marine, demande de l'argent aux principales villes de son royaume : Orléans est taxé à fournir le montant d'un vaisseau dont les frais de construction furent fixés à la somme de 7,000 livres (4-8-43).

Louis XII envoie à Orléans Monseigneur de Bellevue, pour faire élever, aux frais de la ville, une tour derrière Saint-Paterne et derrière le jardin de Barthélemy Sevin. Cette tour prit le nom de celui qui fut chargé par le roi de la faire élever (4-8-9-59).

« Il fut donné par Jehan Hue, receveur des deniers communs, à Monseigneur de Bellevue, envoyé par le *Roy* pour faire élever une tour derrière Saint-Pouair (Saint-Paterne), III livres dans une bourse de velours cramoisi, brodée à boutons de fil d'or.

» *Item*, donné par le même, à Simon Guédon, canonnier ordinaire du roi, qui l'accompagnait, avec cinq domestiques, LV livres. »

Louis XII demande aux Orléanais, et pour ses besoins, une somme de 5,000 livres, qui fut prélevée sur tous les habitans les plus aisés. C'était la seconde demande d'argent faite dans la même année (4).

La dame Anne Compaing, veuve de Pierre Briconnet, propriétaire du château de Cornet, près Orléans, qu'elle venait de faire terminer, étant en dispute d'intérêts avec les héritiers de son mari, pour les travaux, fournitures, gages de domestiques ou employés, et autres objets du temps que vivait son époux et qu'elle avait payés à sa mort, présente en justice, un compte de dépenses ainsi conçu :

« Il a été payé pour

» 200 charretées de pierres prises à la carrière de Blotier, à 20 deniers la charretée.

» 30 journées de maçons, 3 sous chaque.

» 30 journées de manœuvres, à 2 sous chaque.

» 30 journées de *mouleurs* sculpteurs, à 5 sous chaque.

» 15 journées pour le conducteur de travaux, à 10 sous chaque.

» 1 mouton pour régaler les ouvriers, 20 sous.

» 136 toises de chévrons, à 15 deniers la toise.

» 22,600 ardoises, prises à Orléans et rendues à Cornet, 46 livres 4 sous tournois.

» Pour une année de gages à la *chambrière* (femme de chambre), 6 livres parisis.

» Pour une année de gages au charretier, 8 liv. parisis.

» Pour une année au barbier, 1 livre 16 sous parisis.

» Pour une année de gages à la deuxième chambrière, 4 livres parisis.

» Pour un annuel de messes à dire pour le défunt, à raison d'une par semaine, 6 livres 10 sous parisis.

» Pour 100 poinçons neufs à mettre vin, 19 livres parisis (4). » (*Titre de Cornet.*)

La livre parisis valait un quart en sus de la livre tournois.

26 février 1513. Les échevins d'Orléans établirent pour l'usage particulier de l'infirmerie d'Orléans (Hôtel-Dieu) un jardin au nord de cette maison, entre l'église de Saint-Michel de l'Étape et le grand cimetière. Ce qui rendait la rue Pavée impasse lorsque la porte ouest de ce cimetière était fermée (4-8).

1513. Crieurs chargés d'annoncer dans le rues d'Orléans, et à haute voix, le décès des personnes riches, l'usage des billets d'enterrement n'ayant pas encore lieu à cette époque.

« Pour la publication faicte à la requeste des dits échevins de l'ordonnance de justice.... Défenses à tous les marégliers et gagiers des églises parrochialles de la ville es (et) forsbourg qu'ils n'eussent à sonner ou souffrir sonner aujcun glaz ni anniversaire jusqu'à ce que par justice il en fust ordonné, et aussi aulx porteurs de clochettes (les échelettes) *qu'ils n'eussent plus à aller par la ville faire savoir et crier les funéraires des trépassés,* x sous parisis (4). »

Louis XII, par lettres patentes, fait défenses expresses de faire projet, auvent ou saillie des maisons sur les rues d'Orléans, pour le mal que cela peut causer, et charge son prévôt René Ragueneau d'y tenir la main (4). — 13 juin 1513.

Louis XII, par ordonnance, gradue les peines contre les blasphémateurs, de manière que la langue qui devait leur être coupée, ne disparût entièrement qu'au huitième blasphème (8-43). — 2. juin 1513.

Anne de France, comtesse de Gien, fait un tarif pour les droits que devaient payer les marchandises qui passaient sur la Loire devant son château de Gien, pour descendre à Orléans. Un article de ce tarif obligeait les bateaux chargés d'ardoises à s'arrêter sous la terrasse, et le conducteur ou le marchand tête nue, à genoux sur une planche placée en équilibre sur l'un des bords du chalant, (bateau) à crier trois fois en présence du fermier : Je mène ardoises à Orléans. Et à chaque cri d'en jeter une dans le fleuve. Cette singulière et dangereuse cérémonie le dispensait de rien payer pour son chargement, et faisait beaucoup rire la princesse et sa joyeuse compagnie, que l'on avait le soin d'avertir du passage ; car le malheureux marinier faisait ordinairement la culbute et tombait dans l'eau lorsqu'il perdait l'équilibre en jetant les ardoises qu'il avait dans les mains (9). — 11 juillet 1513.

Pierre Papillon, chancelier du Bourbonnais, est arrêté à Orléans comme complice du duc de Bourbon, connétable de France, rébelle à son roi. Ce prisonnier, qui fut pendu à Paris, subit son premier interrogatoire à Orléans (43-8). — 27 septem. 1513.

René Ragueneau, prévôt d'Orléans, par un jugement de ce jour, rendu contre Guillaume Tassin, marchand de cette ville, dans le pressoir duquel on avait trouvé vingt-quatre poinçons non jaugés à la mesure d'Orléans, ordonne que lesdits vingt-quatre poinçons seraient brûlés publiquement par les mains de l'exécuteur des hautes justices, appelé alors Dieu-le-Fist, savoir : — 28 septem. 1513.

Quatre devant le Châtelet, quatre sur l'Étape-au-Vin, quatre à la porte Bourgogne, quatre à la porte Renard, quatre sur le pont, quatre à la porte Bannier. Le tout en présence du crieur de la ville, et après qu'il aurait annoncé le motif de cette exécution ; et que pour perpétuer ce jugement dans l'esprit des enfans d'Orléans, les valets de l'exécuteur présenteraient au crieur, dans des sacs, des noix qu'il jetterait au peuple pour *souvenance* de cette exécution *faicte* aux sons du clairon (9-4-8-59).

« Il fut payé, par Jacques Descontes, receveur des deniers communs de la ville, 1 livre 11 sous pour trois quarterons de fagots et xviii deniers de paille, pour brûler vingt-quatre poinçons qui n'étaient pas à la *jaulge* (mesure) d'Orléans, pris et trouvés en la possession et *pressouer* (pressoir) de Guillaume Tassin, marchand d'Orléans, d'après la sentence du *prévôt* d'Orléans, et par les mains de Jehan *Dieu-le-Fist*, exécuteur de la haute-justice, ou par son serviteur.

» *Item*, payé à *Dieu-le-Fist*, exécuteur de la haute-justice, pour avoir brûlé ces vingt-quatre poinçons, iv sous parisis.

» *Item*, payé ii sous vi deniers au crieur public, pour avoir assisté à ladite exécution, et avoir fait le *cry* ès-carrefours et lieux où ont esté brûlés lesdits poinçons. »

1513. Louis XII fait élever des fortifications en avant de la nouvelle porte Bourgogne et un pont dont l'entrée était au sud, et tournée vers la Loire. Ce pont, enfoui et couvert de terre, par suite du temps, fut découvert en 1819, après avoir été oublié pendant peut-être trois siècles (8-4).

6 février 1514. Mort d'Anne de Bretagne, veuve de Charles VIII, et seconde femme de Louis XII, au château de Blois, à l'âge de 37 ans. Son corps que l'on portait à Paris, passe par Orléans, où il est reçu avec une grande pompe, et conduit par tout le clergé de la ville qui avait été le recevoir à la porte Madeleine, jusqu'à Sainte-Croix, où un catafalque, des armes, des torches, et plus de 600 cierges avaient été disposés : le lendemain, il fut conduit aussi en procession jusqu'à la nouvelle porte Bannier, où des chariots l'attendaient pour le transporter à Paris.

Les échevins d'Orléans avaient fait habiller en noir cent pauvres auxquels on donna l'aumône ; et l'on rendit les habits au tailleur, après le convoi, en lui donnant une somme d'argent pour le dédommager (4-8-9-59).

« Il fut payé par le receveur des deniers communs de la ville d'Orléans, Jacques Descontes, v c sous pour les cent pauvres qui portèrent chacun une torche, lorsque le corps de la feue reine arriva à Orléans, à v sous pour leurs peines et *aumosne*. »

» *Item*, payé par le même, 41 livres de dédommagement au marchand qui avait fourni les manteaux de drap noir de deux *aulnes* chacun, qui couvraient les 100 pauvres, pour la perte qu'il devait nécessairement avoir éprouvée en les reprenant après la cérémonie. »

Les docteurs de l'Université d'Orléans quittent les bâtimens qu'ils occupaient, rue des Gobelets, ayant issue rue de l'Écrivinerie, et s'assemblent, pour la première fois, dans le nouveau local dont la construction avait été ordonnée en janvier 1498, par Louis, duc d'Orléans. A cette réunion, il fut fait par les docteurs des statuts pour certains droits nouveaux, savoir : La Bien-Venue, La Belle-Réponse, le Babouin, le Gaignedier. 15 mars 1514.

Ces droits étaient perçus quand on prenait la tunique ou robe aux degrés de bachelier, licencié et *doctorande* (8-64).

A cette époque, il n'y avait plus qu'une seule guête (ou guet) à Orléans, laquelle était placée sur la tour de ville; celle qui l'était jadis sur la tour de Saint-Pierre-Empont avait été supprimée (4-8-9-59). 26 mars 1514.

« Jacques Descontes, receveur des deniers communs, paye à Jehan des Ouches, 3 sous 9 deniers, pour trois *eschelles* par lesquelles la *guete* monte pour jouer de la *trombe* (trompette) au clocher de la maison de ville, laquelle guette était toute seule *lors*. »

Le grand portail de la porte de Paris ou Bannier, est orné, sur sa clef ou milieu, des armes de France et de celles de Bretagne, qui couronnaient un L et un A; Louis et Anne de Bretagne, dont Louis XII était veuf depuis peu de temps (4-8). Mars 1514

Louis XII, qui était veuf d'Anne de Bretagne depuis environ trois mois, consent à se marier avec Marie, sœur d'Henri, roi d'Angleterre, afin de terminer par cette alliance la guerre qui existait entre les deux puissances (43). Avril 1514.

Il y eut de grandes réjouissances par toute la France et surtout à Paris à ce sujet. Le roi Louis fit venir, pour y

T, 1ᵉʳ 46.

prendre part, une députation des nobles de chaque province de son royaume : Orléans y envoya douze représentans ou députés, pris parmi le clergé, les magistrats, les docteurs de l'Université et les plus notables bourgeois de cette ville (4-8-64).

1er mai 1514. La cour interdit, par une ordonnance, l'usage que l'on avait à Orléans de construire des échafauds que l'on plaçait le long des rues par où passait la procession de la fête de ville qui avait lieu dans ce mois, attendu que l'on y chantait des motets injurieux contre les Anglais, avec lesquels on venait de faire la paix, par le mariage de Louis XII avec Marie, sœur du roi Henri, souverain de ce royaume (4-43).

Cette procession se faisait toujours avec une grande pompe. On y voyait déjà les autorités civiles, les compagnies bourgeoises, les corps de métiers avec leurs diverses bannières, le clergé, les ordres religieux, les châsses des saints de la ville et celles des environs qui étaient en si grand nombre, qu'il fallait jusqu'à 104 hommes pour les porter. Ce jour là, toutes les boutiques, magasins et ateliers étaient rigoureusement fermés, et la population d'Orléans se livrait toute entière à la joie (4-8-21-64).

4 mai 1514. Démolition de l'ancienne porte Renard, au couchant de la ville, pour communiquer de la grande rue du Tabourg, sans obstacle, au marché aux légumes et à la rue des Grands-Carmes; attendu que la ville étant agrandie de ce côté, les portes se trouvaient plus éloignées et que celle-ci était inutile (4).

21 juin 1514. Incendie qui eut lieu dans l'hôtel des Monnaies d'Orléans, placé à cette époque près la rue des Pastoureaux, dans la rue qui porte aujourd'hui (1836) le nom de rue de la Vieille-Monnaie (4-8-9-59).

Pour éteindre cet incendie, on se servit, pour la première fois à Orléans, de *seilles* (sceaux) à incendie.

« Il fut payé, par ordre des échevins de ville, 70 sous à Dupuy, boisselier, pour 6 *douzaines et demie* (78) de seilles dont il y en avait dix *ancées* (avec anses) de fer pour le feu, qui servirent au feu qui prit à *l'ostel* (hôtel) de la *Monnoye* le dit jour.

Juillet 1514. Christophe de Brilhac évêque d'Orléans, passe à l'archevêché de Tours, après avoir gouverné l'église d'Orléans pendant 10 ans (21).

Les échevins d'Orléans achètent aux révérends pères Jacobins, une petite rue qui venait de l'Étape, gagnait en équerre la rue de Saint-Martin qui va au Mail, et qui empêchait le Grand-Cimetière d'être parfaitement carré. Cette rue fut jointe audit cimetière et donna la facilité de faire les plans de la grande galerie à l'ouest que l'on projetait de construire, et qui n'aurait pu être régulière sans cette acquisition (4-8). 1514.

Louise L'Homme, religieuse de l'infirmerie d'Orléans, (Hôtel-Dieu), ayant manqué à son vœu de chasteté, le promoteur (qui prend soin des affaires) du chapitre de Ste-Croix, fit rendre une sentence contre elle et la fit publiquement dégrader (8). 10 mars 1515.

Ce jour-là eut lieu à Orléans le jubilé ordonné dans cette ville par le pape Léon X; l'affluence des fidèles fut si grande, que l'on fut obligé de faire construire dans l'église et dans les cloîtres de Sainte-Croix, des barrières, et de placer des soldats du guet à l'entrée et à la sortie de chacune d'elles, pour faire circuler et traverser sans confusion le peuple qui passait du nord au midi de cette église, en suivant les contours de ces barrières (4-8-9-59). 11 mars 1515, Dimanche.

« Le receveur des deniers communs de la ville d'Orléans reçoit l'ordre des échevins de payer à Jehan des Ouches, charpentier, XXIX sous, pour XIII journées employées le IX et le X mars, pour faire *clostures* pour donner ordre à faire passer le peuple sans *oppression* pour aller gagner le pardon du jubilé qui fut en l'église d'Orléans, le dimanche en suivant, 11 mars, durant la *grant* (grande) messe célébrée en la *dicte* église.

» *Item*, payé par le même à Philippot Luillier, lieutenant du maître du guet, tant en son nom que comme *soy*, faisant fort de quarante-un ses *compagnons* (soldats) qui ont assisté avec lui le XI mars M. D. XV, à donner au peuple ordre et le garder d'*oppression* et *noise* (débats, querelles), *icelui* faire passer en paix et bonne *diligence* par l'église d'Orléans, durant la *grant* (grande) messe, célébrée ledit jour dans la *dicte* église, durant laquelle on gagnait pardon et jubilé accordé par le pape Léon X. »

François Ier; la reine et une partie de la cour, passent par Orléans où il leur est fait une réception brillante. Les poètes de la ville furent payés pour trouver et composer des vers et des devises. Les échevins reçurent des robes 18 mai 1515 neuves, les rues furent sablées pour éviter les accidens; attendu qu'à cette époque le froid avait été si vif et si long, que les rues étaient encore remplies de glaces.

« Guillaume Roillard l'aîné, receveur des deniers communs d'Orléans, est chargé de payer IV livres à maître Antoine Robin, à Marin Gymières et à Jehan Thibault, régens, à Orléans, pour avoir fait et composé plusieurs *autorités* et proverbes, tant en latin qu'en francais, *iceulx* avoir *estudié* pour les dire et déclamer à l'entrée de François Ier, *roy*, et de la *royne*, et aussi avoir été par *eulx* fait et composé certains *mysteres* qui *estoient beaux*.

» *Item*, payé XXX sous à Jehan Boyvin, *enlumineur* (peintre en bâtimens) pour avoir *escript* en grosses lettres d'or plusieurs autorités et proverbes, tant en latin qu'en français.

» *Item*, payé IV livres XV sous VI deniers, pour avoir fait amener jour et nuit *grand* quantité de *sablon* (sable), tant sur le port que *es* rues de la ville, pour éviter le danger et mauvais chemin qui, au moyen des glaces et gelées, estoit de dessus la terre le jour de la *dicte* entrée.

» *Item*, payé CCCLXXXIV livres IV sous III deniers, *qui est à chacun des échevins, qui sont douze*, XXXII *livres et quelques petites choses, pour leur aider à avoir une robbe d'escarlate* et autres habillemens pour d'*icelles* faire honneur à la *dicte* ville et à la révérence *aus* dits seigneurs et dames en leurs entrées à la manière *acoutumée* d'à-présent (4-8-9-59). »

Les échevins étaient (8-64):

Guillaume Roillard l'*aisné*, receveur.	Aignan Acaric de Lifferneau.
Estienne Daniel.	Jehan Bernard.
Claude de l'Aubespine.	Euverte Lenormand.
Euverte Hatte.	Guillaume Chenard.
Nicolas le Berruyer.	Guillaume Mariette.
Guillaume, prévôt.	Estienne Martin.

20 mai 1515. Les religieux et les religieuses de l'ordre de Saint-Augustin, qui dirigeaient conjointement l'infirmerie d'Orléans (Hôtel-Dieu), près l'Étape, sont remplacés par des laïques, d'après les ordres de François Ier, qui enleva le temporel aux ecclésiastiques pour cause de mauvaise gestion et à cause du grand scandale qui avait eu lieu dans cette maison, quelques mois avant, par le fait d'une religieuse qui avait failli à son honneur (8).

Cette infirmerie prit alors le nom d'Hôtel-Dieu, qu'elle porte maintenant. On lui donna pour armes ou symbole une ancre formant une croix; l'ancre désigne l'espérance de guérison des malades qui y entrent, et la croix la religion qui doit soutenir les malheureux dans leurs peines et souffrances (4-8-9).

Germain de Ganay, qui avait remplacé Christophe de Brilhac dans son siége d'Orléans, en 1514, fait son entrée dans cette ville, avec de grandes cérémonies, et délivre 64 prisonniers (64). 31 août 1515;

Les échevins de ville ayant été renouvellés en partie, « il fut payé à ce corps la somme de CC LXXXVIII livres qui *ordonné leur a esté* par messieurs les commis de l'église et clergé et habitans de la *dicte* ville, pour leur aider à avoir chacun une bonne robe de *mygraine* (sorte d'étoffe) *pour eux porter à l'entrée du révérend père en Dieu monseigneur Germain de Ganay, évêque d'Orléans; qui est pour chacun d'eux* XXIV *livres, parce qu'ils sont douze* (4-8-9-59). »

A cette entrée, le nouvel évêque est dispensé, vu son grand âge, de venir, les pieds nuds, de Saint-Euverte à Saint-Aignan, comme cela se pratiquait ordinairement; le tout d'après l'avis et le consentement de messieurs du chapitre de Saint-Aignan, *seul maître de le permettre ou de ne le vouloir* (8).

L'Hôtel des Monnaies d'Orléans qui était situé près de la rue des Pastoureaux, dans une rue qui portait le nom de la *Chevrie*, et qui a pris depuis celui de la Vieille-Monnaie, est supprimé, par ordre de François Ier. Cet hôtel existait depuis 864, et avait été établi à cette époque par un capitulaire (ordonnance) de Charles-le-Chauve, connu sous le nom d'édit de *piste* (1-4-8). 1515.

François Ier donne aux religieux d'Ambert les terres et bois de *Lembertes*, dans le voisinage de leur couvent: la reine leur fit présent de sa robe nuptiale qui était de drap d'or, pour faire un parement à leur autel (8-6).

François Ier ordonne que tous les actes devant notaires et les obligations particulières ne seraient écrits qu'en français, par tout le royaume, et non en latin, comme par le passé (43). 16 janvier 1512.

François Ier écrit aux échevins d'Orléans de lui envoyer à Romorantin, où il était alors, 400 arquebuses pour ses troupes (4). Mars 1516.

L'arquebuse était une arme à feu qui par suite donna 7 mai 1516 l'idée de faire les fusils ; ce n'était même qu'un très-gros fusil qui avait un fût et un canon très-forts, et un bassinet large, contenant de la poudre à laquelle on mettait le feu avec une mèche : l'arquebuse se chargeait de plusieurs pierres ou balles de plomb ou de fer, et pour la tirer, on la plaçait sur une fourchette ou croc (70).

Les arquebusiers, qui étaient des troupes d'élite, avaient des valets pour la charger et la porter, ils ne faisaient que la tirer (43-70).

24 septem. 1516. Plusieurs ambassadeurs du roi d'Espagne arrivent à Orléans et y sont reçus avec magnificence.

Par ordre du roi, les échevins d'Orléans allèrent au-devant de M. Romastin et autres ambassadeurs de Sa Majesté Catholique et lui offrirent 18 torches de cire, 16 pintes d'*hypocras* vermeil, 6 pintes d'hypocras blanc, qui coûtèrent 9 livres 11 sous 3 deniers ; six *massepains*, des *dragées perlées* garnies de *canelle, girofle, hosties dorées* ; le tout pesant 6 livres et demie, au prix de 6 sous 6 deniers la livre, et un cent et demi de gros *mesliers ensucrés* (raisins) présentés avec l'hypocras, lesquels coûtèrent 10 sous (4-8-9-59).

30 février 1517. La reine, femme de François Ier, étant accouchée de son premier enfant, les Orléanais, qui en furent prévenus, firent des réjouissances extraordinaires à ce sujet, feux de joie, spectacles sur des échaffauds, etc., etc. Pendant un jour entier, deux fontaines jetèrent du vin blanc et de l'hypocras par des têtes de serpens adaptées à chacune d'elles : elles étaient placées devant l'Hôtel-de-Ville, rue Sainte-Catherine (4-8).

4 avril 15 7. François Ier s'étant aperçu qu'il s'était glissé un grand nombre d'abus dans l'administration des eaux et forêts d'Orléans, la réforme par une ordonnance (4-64).

Sédition arrivée à Orléans, le jour de l'Ascension, produite par des maladies contagieuses qui désolaient la ville, depuis quelque temps, la cherté du blé, celle du pain qui était monté au prix de 20 deniers la livre, et plus encore par le faux bruit répandu parmi le peuple que les échevins qui rassemblaient les pauvres dans un grand local, pour les nourrir, fermeraient les portes et les brûleraient tous pour s'en débarrasser. Une bande de ces mutins vint piller les magasins de Bénard, échevin d'Orléans, lequel aurait perdu la vie, s'il ne se fût sauvé de sa maison, rue Vieille-Poterie, par une porte de derrière qui répond à la rue du

Tabourg; il se cacha dans Saint-Paul : son fils, en *dévalant* dans le puits de sa maison, évita aussi la mort. Les bourgeois ayant pris les armes, arrêtèrent quatorze des principaux factieux qui furent pendus sur la place Saint-Hilaire, vis-à-vis le Châtelet : plusieurs femmes qui furent prises dans ce rassemblement furent fustigées publiquement par l'exécuteur des hautes-justices (64-8).

Assemblée des habitans d'Orléans, pour la formation d'une garde de cent hommes, sous les ordres immédiats du corps de ville, dont les fonctions étaient de veiller à la sûreté de la ville, d'accompagner les échevins dans toutes les processions et autres cérémonies publiques; la dépense de ce corps fut fixée ainsi qu'il suit : 22 mai 1517.

Pour le capitaine, par an, 15 livres;
Pour le porte-drapeau, par an, 7 livres 10 sous;
Pour les dizainiers, par an, chacun 7 livres 10 sous;
Pour les centeniers, par an, chacun 5 livres (64-4).

François Ier, après la paix d'Italie, revient en France, et passe par Orléans pour se rendre à Paris : il y est reçu avec enthousiasme par les Orléanais. Le roi se rendit à l'église de Saint-Aignan, où il prit l'habit et l'aumusse de chanoine de ce chapitre (8-21-32). 1517.

Époque de la naissance du luthérianisme. Le pape Léon X ayant besoin d'argent, soit pour réparer l'épuisement de ses finances, soit pour achever la construction de l'église de Saint-Pierre de Rome, eut recours à la dévotion des peuples, et accorda des indulgences plénières à tous ceux qui par leurs libéralités contribueraient à la dépense de ce grand édifice. Ces publications se firent tranquillement en France, mais il n'en fut pas de même dans la Saxe, où elles causèrent des troubles dont les suites furent terribles. Les Dominicains ayant été chargés de publier des indulgences, les Augustins, qui étaient en possession de ces sortes de missions, se trouvèrent offensés d'en être ainsi exclus, et se mirent à les décrier, alléguant qu'on en ferait un trafic honteux. Luther, moine Augustin, se montra le plus acharné : il était professeur à l'Université de Wirtemberg; il parlait avec une merveilleuse facilité, c'était un esprit fougueux et hardi; il gagna l'esprit de Frédéric, électeur de Saxe, et trouva en lui un zélé protecteur. Le pape, par sa bulle, *Exurge Deus*, le frappa d'anathême : Luther ne garda plus de mesure; il fit paraître des ouvrages où il attaquait le catholicisme. Ces ouvrages furent condamnés au feu, par arrêt du parlement de France, dès qu'ils parurent dans le royaume. Son hérésie fit de grands progrès en Prusse et en Suède : plusieurs princes y donnèrent leur assentiment ; une diète fut convoquée à Spire, par Charles-Quint ; quatorze villes impériales protestèrent contre cette convocation : c'est de cette protestation qu'est venu le nom de *protestans* qui fut donné aux hérétiques d'Allemagne, et que les Calvinistes, depuis, ont adopté. Les Protestans, dans la crainte qu'on employât contre eux la force des armes, songèrent à se mettre en état de résister : ils s'assemblèrent à Smalcald, en Franconie, et firent une ligue défensive contre quiconque les attaquerait. Dès lors les souverains qui avaient d'autres embarras les laissèrent tranquilles, ce qui facilita les progrès des opinions de Luther qui se répandirent par toute l'Europe (43).

18 avril 1518. Procession de la *Quasimodo*, faite à Orléans, pour la première fois, de la cathédrale de Sainte-Croix aux Augustins du Portereau, faubourg-sud de cette ville (4-8).

7 mai 1518. L'évêque d'Orléans, Germain de Ganay, pour mettre plus d'ordre et de tranquillité dans les cérémonies religieuses de son diocèse, crée, pour chaque paroisse, des *sergens* ou *bedeaux* pour y faire la police. Cette fonction date de cette époque, mais nous n'avons pu nous assurer si ces sergens portaient une masse ou une baleine, comme aujourd'hui (8)(*).

1518. Les échevins d'Orléans achètent de l'abbesse de Voisins, une grande maison rue Barillerie, près le Martroi, ayant sortie devant Saint-Pierre-en-Sentelée, pour la somme de 20 livres de rente annuelle : cette maison était louée 14 livres par an ; alors le marc d'argent valait 14 livres (4).

(*) *Sergent*, ce mot vient de *serviens*, comme étant le serviteur du juge. Autrefois il signifiait simplement serviteur. Les sergens des justices subalternes n'étaient qualifiés que bedeaux, par les sergens royaux. Bedeau, en latin *bidelli* bideau, qu'on croit avoir été fait par corruption de *pedellus* comme servant à pied. On a dit *pedellus* de *pedum* qui est cette sorte de verge dont les huissiers se servaient ; et de *pedellus* on a fait *bidellus*. Ces sergens ou bedeaux servaient d'huissiers et de porte-masses dans les Universités ; ils marchaient devant les recteurs et les facultés. Ces masses étaient des bâtons à tête d'argent, *capitata virga*, que l'on portait par honneur devant les rois, dans certaines cérémonies : c'est l'origine des bedeaux, porte-verges *appariteurs* qui servent à l'église pour ranger les fidèles, pour les quêtes, pour la conduite aux offrandes, les processions, etc.

Procession générale faite à la requête des échevins d'Or-   14 avril 1519.
léans, de la cathédrale de Sainte-Croix à l'église de Notre-
Dame-de-Recouvrance, pour la consécration de cette
église, qui venait d'être entièrement achevée (8).

Cette église fut élevée sur les fondemens de l'ancienne
petite chapelle de Notre-Dame-de-Recouvrance ou Bon-
Secours, laquelle était située alors où est le chœur de
l'église, sur l'emplacement d'une forteresse ou tour de la
première enceinte (4-8-21).

Jacques Lucas, doyen de l'église d'Orléans, est envoyé   1er mai 1519.
avec plusieurs autres prélats, au pape Léon X, par ordre
de Claude, fille de Louis XII, reine de France, épouse de
François Ier, pour demander au souverain pontife la canonisation de François-de-Paule, auquel cette princesse s'était
vouée pendant sa grossesse (36-12).

Inondation considérable de la Loire, occasionnée par   26 mai 1519.
la fonte subite des neiges dans les montagnes du Vivarais,
où ce fleuve prend sa source (4-8-9-59).

Les échevins d'Orléans envoyèrent tous les hommes
disponibles de la ville, ainsi que les mariniers, qui portèrent aux malheureux submergés du pain, du vin, de la
viande et même du lait et de la farine pour les nourrices
et les petits enfans des environs d'Orléans.

« Il fut envoyé à Bou, village près d'Orléans, au levant
de la ville, xi *douzaines trois grands pains et demi* (141
pains), à raison de deux *deniers* chaque, pour être distribués
aux pauvres gens *desquels* les maisons *estaient inondées
d'eau*, et aux gens *bésognant* tant de jour que de nuit à la
haulce (hausse, élévation) et défense des turcies.

» *Item*, payé ii sous vi deniers, pour farine, laquelle a
esté distribuée aux petits enfans *estant* à la mamelle, *estant* dans la *dicte* paroisse.

» *Item*, viii sous, pour xxii pintes de lait, distribuées
aux mêmes enfans du village et hameau.

» *Item*, douze douzaines de pains qui coûtèrent
vi livres.

» *Item*, quatre poinçons de vin qui coûtèrent ix liv. »

Procession générale faite de Sainte-Croix à St-Pierre-   12 août 1519.
en-Sentelée, pour remercier Dieu de ce que le roi François Ier avait reconquis la Normandie (43-8).

Henri Ier, fils de François Ier, reçoit de son père,   1519.

le duché d'Orléans, qui avait été réuni à la couronne en 1498, lorsque Louis II, qui était alors duc, monta sur le trône et prit le nom de Louis XII (43-8.)

François Ier, par un édit, porte le nombre des notaires d'Orléans à vingt-quatre, et érige en même temps leurs charges en titres d'offices. Les anciens notaires ne voulant pas reconnaître les nouveaux élus, le bailli d'Orléans, Lancelot-Dulac, qui était en même temps gouverneur de la ville, les installa de vive force (8).

19 mai 1520. François Ier, par lettres patentes, fait construire la boucherie de la porte Renard dans la place où est le marché aux légumes ; les échevins d'Orléans y établirent dix étaux, évalués à 4 livres 4 sous chacun (4-8).

Par ordonnance de police, les bouchers étaient obligés, sous des peines très-sévères, à l'exécution de plusieurs articles de réglemens assez extraordinaires, comme celui de marquer la viande de vache avec une branche de laurier et celui de tenir le registre fidèle et loyal de ceux qui obtenaient la permission de l'évêque de faire gras les vendredis, samedis de chaque semaine et pendant le Carême (30-8).

Décembre 1520. Le pape Léon X réforme par une bulle les religieux de Saint-Samson et les oblige de vivre en communauté : cette décision fut confirmée par François Ier. Le dernier prieur fut M. Gazille, en 1619 (64).

1520. Par ordre des échevins d'Orléans, la halle au pain, établie sur l'Ile ou Motte-Poissonnière du pont, fut pavée, et une pente douce y fut établie pour les voitures qui descendaient du pont (4).

Germain de Garnay, évêque d'Orléans, meurt après 6 ans d'épiscopat (21).

François Ier fait rétablir la porte des Tanneurs, située sur le port d'Orléans. Cette porte était supportée par deux forts massifs ; son ceintre était en ogive, surmonté d'une tourelle assez forte, élevée de vingt pieds au-dessus de la porte ; et communiquant à la forteresse de la Tour-Neuve par une muraille de dix pieds d'épaisseur (4-8-9-21).

Conformément au concordat arrêté entre le pape Léon X et François Ier, roi de France, au château de Milan, le 21 décembre 1515, Jean, cardinal de Longueville, est nommé évêque d'Orléans, par le roi François Ier, malgré les remontrances du chapitre de Sainte-Croix, qui prétendait continuer le droit de nomination que ledit chapitre avait lui-même enlevé au peuple d'Orléans, qui avait élu les premiers évêques (8-34-43).

L'évêque d'Orléans, quoique n'ayant pas encore fait son entrée dans cette ville ordonne une grande procession pour les biens de la terre, qui étaient privés de pluie depuis bien long-temps. Cette procession sortit de Sainte-Croix pour aller à Saint-Paul et à Notre-Dame-des-Miracles. Louis de Richeville, religieux augustin, célèbre prédicateur, y fit un beau sermon, et cette cérémonie fut remarquable par l'affluence des fidèles et aussi par le nombre des reliques et châsses qui furent portées par 113 hommes, à chacun desquels le payeur des deniers communs de la ville, Claude Flamberge, donna par ordre des échevins, 12 deniers parisis (64-8).

1er mai 1521.

Désignation des châsses et nombres d'hommes qui les portèrent.

La châsse de Saint Marceau, portée par	6 hommes.
La châsse de Saint Benoît, —	2
La châsse de Saint Evrou, —	8
La châsse de Saint Samson, —	8
La châsse de Saint Maclou, —	2
La châsse de Saint Tremer, —	2
La châsse de Saint Avy, —	4
La châsse du chef de St Victor, —	4
La châsse du chef de St Aignan, —	4
La châsse de St Mamert, —	6
La châsse du chef de St Mamert, —	4
La châsse de St Baltazard, —	2
La châsse de St Dorothée, —	2
La châsse du chef de St Flou, —	2
La châsse du chef de St Euverte, —	16
La châsse de St Paul l'ermite, —	8
La châsse de St Hierosme, —	2
La châsse de St Denis, —	2
La châsse du chef de St Quiriace, —	2
A reporter.	86 hommes.

Report,	—	86 hommes.
La châsse de St Vincent,	—	2
La châsse de St Euverte, de Ste Barbe et celle du cimetière,	—	10
La châsse des Ozannes (palmes),	—	4
La châsse de St Mesmin,	—	5
La châsse de St Pouair, autrement Saint Paterne,	—	6
Total		113 hommes.

Mai 1521. La découverte de l'imprimerie ayant occasionné la ruine totale des confrères écrivains d'Orléans, qui étaient nombreux dans cette ville, l'emplacement du cimetière qui venait d'être renfermé dans la ville par la dernière enceinte, et qui leur appartenait, est cédé par eux à la ville, qui continua à en faire le *charnier* d'Orléans (4-8).

Les échevins choisirent, parmi les notables bourgeois, des proviseurs pour succéder aux maîtres écrivains dans l'administration des revenus affectés au grand cimetière : ils furent en même temps chargés des travaux qui étaient arrêtés depuis plusieurs années, ainsi que de la démolition et suppression totale de la petite rue qui allait de l'Étape à la rue de Saint-Martin-du-Mail, et qui avait été achetée par les échevins aux Jacobins, en 1415 (4-8-21).

Juin 1521. Commencement de la grande galerie du grand cimetière d'Orléans en forme de ceintre ogive, il n'y eut que la partie a ucouchant qui fut entreprise à cette époque, quoique les plans de la totalité fussent arrêtés depuis plusieurs années. On jugea à propos de faire une nouvelle entrée vis-à-vis l'église de Sainte-Croix, avec laquelle le cimetière pouvait communiquer au moyen d'une porte qui fut ouverte dans les anciens murs de la première enceinte. La porte faite dans la muraille de la ville était fort simple; mais celle du cimetière fut remarquable par sa belle sculpture et par la délicatesse des ornemens : on en peut encore juger par ce qu'il en reste aujourd'hui (4-9-21).

1er décem. 1521. Les fonctions de gouverneur et de bailly d'Orléans, qui avaient été réunies dans la même personne par le roi Charles VI, en 1392, sont de nouveau séparées par ordre de François Ier. Le gouverneur fut Joachim de la Châtre et le bailli, Jacques Groslòt (21-64).

Mort de Jehan Pyrrhus Danglebermes, natif d'Orléans, professeur en l'Université d'Orléans, conseiller au conseil souverain de Milan et jurisconsulte célèbre (21). 1521.

Mort de Lubin d'Allier, jurisconsulte, né à Orléans.

Un nommé Mathieu Rancé de Limoges, accusé d'homicide, ayant été délivré des prisons d'Orléans avec 113 autres, par Jean, évêque d'Orléans, lors de son entrée en cette ville, le juge séculier de Salignac, le fit reprendre, et l'avait condamné à mort; mais l'évêque d'Orléans, prévenu de ce jugement, en appela au parlement de Bordeaux, qui, par arrêt, cassa le jugement, en déclarant que l'absolution donnée par l'évêque d'Orléans était pleine et entière, et que le droit d'absoudre les criminels s'étendait à toute espèce de délits et de crimes (4-64). 1er avril 1522.

Arrivée à Orléans de plusieurs centaines de voleurs et malfaiteurs, pour être employés aux travaux des fossés de la place. Ils furent logés dans les tours de ville du côté de la porte Saint-Vincent. Ces misérables étaient enchaînés pendant la nuit, pour la plus grande sûreté, et déferrés le jour, pour travailler plus facilement (4-8-9-59). 14 décem. 1522.

« Claude Flamberge, receveur de la ville, paya VI sous à Jehan des Ouches, charpentier, pour faire des trappes aux tours du portail de Saint-Vincent, à la tour Baltazard et à la tour de *Maschecoles* ou *Maschécolis* (tour de la première enceinte), derrière le grand cimetière, afin d'y loger les *maraulx* (voleurs) et gens oisifs qui ont *esté prins* de l'autorité de justice pour *bésogner* (travailler) aux fossés de la ville.

» *Item*, par le même, payé VI livres X sous VI deniers au serrurier, pour avoir *enferré* (mis aux fers) les *maraulx* et y avoir *esté* par trois ou quatre fois tous les jours, lui et ses serviteurs, pour les *déferrer et renferrer*. »

Mort de Lancelot Dulac, chevalier, seigneur de Chamerolles et de Chilleurs, chambellan du roi, commissaire sur le fait du ban et arrière-ban, et gouverneur d'Orléans. 1522.

Jacques Groslot, chevalier de Camp-Baudoin, docteur en droit, conseiller du roi en son grand-conseil, chancelier de la reine de Navarre, juge des exempts et cas royaux, bailli de la ville d'Orléans, fait construire l'hôtel de la place de l'Etape, lequel servit plus tard pour loger le gouverneur, ensuite l'intendant, et enfin l'administration municipale (4-8-21-64).

Assemblée des états de la province pour la première ré- Juillet 1523.

forme de la coutume d'Orléans à laquelle assista, comme seigneur temporel, avec ses officiers, l'évêque d'Orléans (8-64).

1523. Cette année, commencèrent en France les supplices contre ceux qui professaient la réforme prêchée par Luther. Les protestans regardent comme leurs premiers martyrs Jehan Leclerc, natif de Meaux, en Brie, cardeur de laine, et deux moines augustins du Brabant, Leclerc eut le fouet et la fleur-de-lis (la marque sur l'épaule) avec un fer chaud, puis fût brûlé vif à Metz, pour avoir abattu des images : les deux moines étrangers souffrirent une pareille mort à Bruxelles (43).

1er décem. 1524. Construction des portes pour les ponts des fossés de la ville d'Orléans.

« Payé xii livres tournois, pour les portes et pour les ponts des fossés, savoir :

» Une au droit du jardin de feu Nicolas de Berruyes; une autre porte au droit du Champ-Carré; une autre porte au droit du jardin de Nicolas Sevin, et une autre au droit du jardin de l'argentier (trésorier) Tassin (4-59). »

30 décem. 1524. Jean d'Orléans, de Longueville, archevêque de Toulouse, et évêque d'Orléans, consacre l'église de Notre-Dame-des-Forges de cette ville sous le nom de St-Victor, qui lui fut donné à cause de la translation des reliques de ce saint martyr de Marseille, (8).

30 août 1525. La ville d'Orléans est donnée pour caution à Henri VIII, roi d'Angleterre, par la régente de France, Louise de Savoie, mère de François Ier; pendant la captivité de son fils, lors du traité de Moore entre cette puissance et la France, pour sûreté d'une alliance défensive entre ces deux royaumes (43).

1er février 1526. Viart, célèbre architecte d'Orléans, qui avait donné les dessins de l'Hôtel-de-Ville, rue Sainte-Catherine, est chargé par les habitans de Beaugency de construire le leur, dans le genre de celui d'Orléans (47).

13 février 1526. La ville d'Orléans est taxée à la somme de 30,000 livres, pour sa part et portion, dans celle de 2,000,000 d'écus d'or, demandés par Charles-Quint, pour la rançon de François Ier, son prisonnier (43-8).

20 septem. 1526. Mort de frère Jean Lévêque, cordelier à Orléans, sa ville natale, poète dont Clément-Marot a laissé une épitaphe (21).

8 octobre 1526, Jeudi. Le cardinal Jean Salviati, légat du pape Clément VII,

près la cour de France, pour la délivrance du roi François Ier, arriva à Orléans, pour se rendre à Paris. Il s'arrêta dans l'église de Saint-Marceau, où il prit ses habits pontificaux. Le clergé, les magistrats, l'Université, les échevins s'y rendirent, portant un *ciel* ou dais de damas blanc, sous lequel marchait le légat, au-devant duquel allaient les musiciens qui faisaient *d'agréables concerts de musique*; il fut conduit par le pont, la porte Dunoise, et la rue de l'église Saint-Pierre-en-Pont (lesquelles portes et rues *estoient* ornées *d'escussons* et tapisseries), jusqu'à la grande porte du cloître Sainte-Croix, au soleil couchant, où MM. du chapitre le reçurent (64).

La Loire déborda, rompit les levées, et renversa plusieurs maisons qui étaient le long des levées. Des hommes, des femmes, des enfans et beaucoup d'animaux furent noyés. La rivière était si grosse qu'elle se joignit avec le Loiret; et nos pères firent le distique suivant : 15 mai 1527 et jours suivans.

> « L'an mil cinq cent vingt-sept,
> S'assembla Loire et Loiret. »   (64-21-8.)

Jean de Longueville, évêque d'Orléans, par un décret, donne la permission aux habitans de Beaugency de construire la petite chapelle de Saint-Cloud-de-Vernon, en faveur des vieillards, des femmes grosses, des jeunes filles et des enfans, et d'y célébrer une messe annuelle (47). 7 juin 1527.

Grande discussion entre Jean de Longueville, évêque d'Orléans, et son chapitre, relativement à la coutume usitée de temps immémorial, de faire présenter à l'évêque, par le chevecier, des battoirs pour jouer à la paume ; l'évêque voulant de préférence des raquettes que le chapitre ne voulait pas donner (8). 1528.

Le jeu de paume était alors la récréation des seigneurs les plus distingués; il n'était pas permis au peuple de prendre ce plaisir.

Les docteurs de l'Université d'Orléans étaient en si grande renommée par toute l'Europe, à cette époque, que le roi d'Angleterre, Henry VIII, envoya à Orléans les chevaliers François Bacon, Fox et Paget, pour les consulter sur son divorce avec Catherine d'Arragon, et son mariage projeté avec Anne de Boulen (64-43).

Par ordonnance du roi François Ier, la foire des étrennes, qui se tenait à Orléans, dans le cloître de 15 décem 1529.

Sainte-Croix, est supprimée; elle ne fut pas rétablie depuis (8).

1529. François Ier supprime la charge de vicomte d'Orléans, qui existait dans cette ville, depuis St-Ay, en 583 environ. Les vicomtes, originairement, rendaient la justice au nom des comtes, dont ils étaient les lieutenans; ils avaient la même autorité que les baillis et sénéchaux. Leurs droits se réduisirent ensuite à la perception de plusieurs impôts sur les marchandises et denrées qui entraient ou sortaient de la ville. Le dernier qui exerça cette charge à Orléans, fut Pierre Deveaux, seigneur de la Marolles (21-64-70).

13 janvier 1530. Jean Calvin, qui depuis devint si célèbre, était alors élève de l'École de Droit d'Orléans, et âgé de vingt-et-un ans; il reçoit en sa qualité de Picard, la maille d'or de Florence, qui était due annuellement aux élèves de la Picardie par la ville de Beaugency (8).

Ce jour là, les détenteurs des héritages situés à Beaugency qui devaient la redevance de la maille d'or de Florence à la nation Picarde, de l'Université d'Orléans, ayant négligé d'en faire la présentation dans l'église de Saint-Pierre-le-Puellier, à la messe du matin, comme c'était l'usage depuis l'année 580, les élèves se transportèrent en corps à Beaugency pour la réclamer, ayant à leur tête Jean Calvin; ils étaient accompagnés de leurs bédeaux et officiers, avec des tambours, fifres, trompettes, hautbois, etc. Ils se rendirent devant la porte de l'église de Saint-Firmin, patron de la Picardie et de la ville de Beaugency. Le tout aux dépens des redevables de cette servitude (8-47-65-67).

Mai 1530. Jean de Longueville, évêque d'Orléans, petit-fils du célèbre comte de Dunois, fait bâtir le corps de logis à gauche du château de Meung, et, par ces travaux, termine les ouvrages commencés en 1440 par son aïeul (47).

20 novem. 1530. Les échevins d'Orléans donnent l'ordre à Claude Flamberge, leur receveur, de donner aux proviseurs des ponts, chaussées et pavés de la province 10 écus d'or, pour se faire à chacun une robe de damas et un pourpoint de satin, afin d'assister avec décence à l'entrée du roi François Ier qui devait arriver à Orléans (4-8-9-59).

30 novem. 1530, Mercredi. La paix ayant été conclue entre le roi de France,

François Ier et l'empereur Charles-Quint, par le mariage du roi avec Éléonore, sœur de l'empereur, le roi ordonna aux magistrats et aux habitans d'Orléans de faire une réception solennelle et brillante à sa jeune épouse, qui devait passer par leur ville, dans laquelle il se rendit lui-même avec sa cour (4-8-59-64).

« Auquel jour les corps du clergé, justice, Université, la troupe, les corps de métiers avec leurs diverses bannières et *estendats*, et les échevins *revestus* de robes de *satin tanné*, doublées de velours avec *sayon* de *veloux* (velours) ou pourpoint de satin, et leurs officiers, allèrent au-devant de la reine, qui *estait* accompagnée de Madame Louise de Savoye, duchesse d'Anjou et d'Angoulmois, mère du Roy; de François, dauphin, duc de Bretagne; de Henry, duc d'Orléans; de Henry d'Albret, roy de Navarre, et sa femme; des princes, ducs et duchesses de *Vandosme*, Nesmours, de Guise et autres (64).

» *Icelle* reine Éléonore *estant* sous un dais de drap d'or porté par les eschevins et sur leurs épaules, fit son entrée solennelle par la porte du pont, porte Dunoise, rue de Bonne-Nouvelle et de l'Écrivinerie, tendues de tapisseries, aux coins desquelles on avait dressé plusieurs théâtres ornés de plusieurs *escussons* et devises; les musiciens firent plusieurs beaux concerts de musique pour réjouir le cœur du peuple, jusqu'à l'église de Sainte-Croix, au portail de laquelle Monseigneur l'évêque d'Orléans, Jean d'Orléans, et MM. du chapitre, *revestus* de leurs *capes de soye*, la reçurent avant sa prière et adoration de la *saincte* croix: elle se retira au cloître St-Aignan pour loger dans la Maison Royale, appartenant au chapitre (4-72-64). »

Le même jour, François Ier se rendit dans l'église de Saint-Aignan, pour y prendre l'ordre de Saint-André, appelé la Toison-d'Or, que portent les empereurs et rois d'Espagne, avec grande pompe et solennité. La messe fut célébrée par l'évêque de Nice, ambassadeur de l'empereur, en signe de paix et alliance entre le roi et l'empereur (4-43-64-72).

Pour la dernière fois, on célèbre à Orléans la fête des 28 décem. 1530. foux sur la place du cloître Sainte-Croix, et par autorisation du chapitre de cette église (8).

Cette fête, qui était une espèce de saturnale, avait lieu le jour des SS. Innocens; les chantres, les enfans de chœur et les musiciens de la cathédrale et des autres paroisses de la ville, s'emparaient de l'église et même du chœur, pour y chanter, revêtus d'ornemens bizarres, une prose composée de trois versets, dont le refrain était le *braiment d'un âne*, contrefait d'abord par une seule voix, et ensuite par tous les assistans; les choristes paraissaient même au chœur avec des masques et des déguisemens indécens. On mit fin à ces impiétés en donnant aux acteurs une somme d'argent pour faire un banquet (8-9).

1530. Époque de l'invention des rouets à filer, par un nommé Jurgen, de la ville de Brunswick, en Allemagne (20).

8 mai 1532. Fête de la ville, remarquable par la présence d'un valet de ville, habillé comme le fut depuis le petit Puceau. Ce qui nous donne lieu de croire que cet usage date de cette époque; car ce valet de ville portait la bannière, et son costume était d'étoffe et de forme semblables à celui du Puceau (4-8-9-59).

« François de Saint-Mesmin, receveur des deniers de la commune, est chargé, par les échevins d'Orléans, de payer LXII sous, pour deux *aulnes* et demie de satin de Bruges, *jaulne* et *rouge*, à raison de xxv sous l'*aulne*, employées à faire un *pourpoint* (habillement) et *georget* (culotte) à Philippe Villeret, serviteur de l'*Ostel* (hôtel) de la ville, pour le jour de la *feste* des *Thourelles* du huit mai de cette année.

» *Item*, par le même, payé xv sous, pour une *aulne* de doublure rouge pour doubler ledit *pourpoint*.

» *Item*, payé xvII sous vI deniers, pour la façon desdits *georget* et *pourpoint* donnés au *cousturier* (tailleur).

» *Item*, payé xxx sous, pour achat d'une *toque* rouge et d'un plumet blanc, pour être baillés à Philippe Villeret, serviteur de l'*Ostel* de ville.

» *Item*, payé xxx sous, pour une paire de *chausses* (souliers) de drap rouge, *faittes* en *pattes d'oye*, à *bords ronds*, pour Villeret, qui portait la bannière à la *dicte* fête des *Thourelles* d'aujourd'hui. »

1532. Mort de Pierre Beauharnais, chanoine de St-Aignan, renommé par son esprit et sa grande piété, natif d'Orléans (21).

Septembre 1532. Le corps de ville avait à cette époque plusieurs maisons sur le pont d'Orléans, lesquelles étaient louées au profit de la commune et dont le produit était versé entre les mains de Jehan Baudet, receveur des deniers. Ces maisons, alors au nombre de sept, étaient placées, quatre entre l'hospice de Saint-Antoine et la ville, et trois entre le Portereau et ladite église (4-8-9-59).

« Reçu par Jehan Boudet, LXXII sous, de Jehanne Belon la barbellière (barbière), pour *loué* un feu, un *gestacon* ou *estacon* (petite boutique), et une chambre où elle demeure, assis au bout du *cousté* (côté) de l'*ostel* (l'hôtel) de *Monsieur Saint-Antoine* (église Saint-Antoine). »

Le cardinal de Longueville, archevêque de Toulouse et évêque d'Orléans, meurt après avoir gouverné l'église de cette ville pendant 13 ans (21). Octobre 1533.

Antoine Sanguin, nommé évêque d'Orléans, dut son élévation à un bon mot : se trouvant à cette époque à la cour de François Ier, ce roi lui demanda en plaisantant s'il était gentilhomme. Le prélat lui répondit : « Je le crois bien, Sire, car je descends en droite ligne de l'un des enfans de Noé ; mais je ne me rappelle pas bien duquel. » Il plut au prince qui le fit son prédicateur, puis grand aumônier de France, et enfin cardinal de Meudon. La charge de grand aumônier de France ou *apocrisiaire* avait été créée dans les commencemens de la monarchie française (21-43). 1er novem 1533.

François Ier, par une ordonnance, veut que les notaires d'Orléans prennent le titre de notaires royaux (4). 10 novem. 1533.

« La demoiselle *Louyse* de Mareau, femme de François de Saint-Mesmin, *escuyer*, sieur de la Cloye, *prévost* d'Orléans, *estant* morte cette année, ordonna d'*estre* enterrée sans pompe funèbre au couvent des Cordeliers d'Orléans, sépulture des *ancestres* de son *mary*, où ils avaient fait de grands dons. Cette demoiselle *estoit* dévote et libérale envers les Cordeliers ; car outre les rentes qu'elle leur payoit pour les *obists* des *deffuncts ancestres* de son *mary*, elle leur distribuoit plusieurs *aumosnes*; mesme par *chacun an*, leur chauffage en bois. Quelque temps après son *deceds*, en la même année, les Cordeliers qui n'*estoient* pas contens de six *escus* qu'ils avaient *reçus* pour le service de la *deffuncte*, ayant demandé au prévost qu'il leur départît quelque fourniture de bois qu'il faisoit couper et vendre, et celui-là ayant fait refus, ils s'en voulurent venger, publiant que l'âme de la demoiselle de Mareau *estoit damnée; et pratiquant* (instruisant) un de leurs novices qui se cachoit dedans la voûte de l'église, en laquelle il y avoit une petite ouverture et *pertuis* par lequel il écoutoit et voyoit : *faignant estre* l'esprit de la *prévoste* d'Orléans, il *respondoit* à tous les interrogatoires qu'on luy faisoit, frappant *sus* un *aiz* ou table de bois par autant de coups qu'on luy disoit, et le novice faisoit bruit et tintamare lorsqu'on faisoit le service divin de matines à minuit (8-64).

» Les principaux conducteurs de cette entreprise *estoient* frère Pierre d'Arras, religieux, gardien du couvent, *renommé* prédicateur, frère Jean Colimant, provincial, et sept autres religieux. Le gardien, le vingt-deuxième février, premier dimanche de *Carêsme* 1533, sur le bruit et tumulte qu'il disoit avoir *ouy* en l'église, se transporta au dortoir, fit lever les religieux, et *estant* en l'église, fit les adjurations qui *ensuivent* extraictes de son procès-verbal (64). »

« Je te commande, au nom de Dieu et de la *saincte* Tri-
» nité, en la vertu du nom de Jésus, et par les mérites de
» la Passion du Rédempteur, que tu *aye* à me respondre
» si tu as *congé* de parler, et en signe de ce, frappe trois
» coups : ce qu'il ne fit. Puisque tu n'as permission
» de parler, je te commande, en vertu de l'adjuration
» précédente, que tu *aye* à me *respondre* par signes et
» à frapper quatre coups sensibles et intelligibles, si tu es
» esprit : ce qu'il fit. Par même vertu, je te commande, si
» tu es mauvais esprit, frappe six coups : ce qu'il fit.
» Le gardien poursuivit ses adjurations, le frère répon-
» doit comme s'il *estoit* l'esprit de la prévoste, con-
» venant qu'elle étoit damnée pour l'hérésie luthérienne
» et pour pompe et gloire mondaines, ayant pris plai-
» sir à ses *vestemens*. Elle *consentist* que son corps fut dé-
» terré publiquement et qu'on ne *priast* Dieu pour elle
» (64) ».

« Le procès-verbal des religieux porte que l'esprit de ladite prévoste rendoit *percussion* et frappement de coups selon la *taxe* et signification qu'on luy faisoit.

» Les religieux jugeant qu'après ces conjurations et exorcismes, leur église *estoit* polluée et profanée, ils n'y célébrèrent plus le divin service, transportèrent les *sainctes* reliques, *voire* la *saincte* hostie.

» Ces atteintes et *touches* de ces mauvaises langues *esmeurent* le sieur prévost de *Sainct*-Mesmin, juge noble, docte, vertueux, honoré et respecté d'un chacun, de se pourvoir pardevant le juge ecclésiastique pour le délit commun, et le royal pour le cas privilégié.

» Sur lesquels différens et contestations des parties, Sa Majesté François Ier, en son conseil, renvoya les religieux pardevant Monseigneur Antoine Duprat, légat du Saint Siége, lequel délégua, pour connaître du cas commun, M. maître Nicolas Quelin, président du parlement de Paris, et pour le cas privilégié, commit M. Adam Fumé, maître des requêtes, et le sieur Quelin, président pour juger souverainement le procès.

» Le procès ayant été instruit et parfait, sur les conclusions des gens du Roy, décret et prise de corps furent décernés par les commissaires contre treize religieux, lesquels furent constitués prisonniers *ez* prisons d'Orléans, et de là *menez* en celles de Paris.

» Suivant un décret de Sorbonne, et sur les productions des parties, jugement fut rendu par M. Quelin, ainsi que *ensuit* :

« Disons qu'il se fera une *solemnelle* procession en la
» manière que l'on a *accoustumé* faire processions générales
» les des églises de la ville d'Orléans, laquelle commencera
» de l'église de *Saincte*-Croix jusqu'à l'église *parrochiale* de
» *Sainct*-Hilaire d'Orléans, de laquelle ladite *deffuncte*
» *Louyse* de Mareau *estoit* paroissienne, où sera chanté un
» *Libera* à la *coustumé d'estre* chanté pour les trépassez au
» salut et repos de l'âme de ladite *deffuncte*; ce fait, retournera
» la procession de l'église de *Sainct* Hilaire en
» celle de *Saincte* Croix, en laquelle procession les frères
» Cordeliers accusés et coupables, qui sont, savoir : Jean
» Colimant, Pierre d'Arras, Jean Brossin, Jean Miltois,
» Pierre Brossier, Philippe Queronnier, Estienne Crochet,
» Guillaume Fallot, Jean Legay, Jean Pierre d'Halcourt;
» lesquels assisteront ayant leurs capuchons *ostez*, pieds
» et *testes* nus, *estant* devant la croix qui sera portée
» en ladite procession, ayant chacun une torche ardente
» en la main, du poids d'une livre, marcheront les premiers;
» et après le retour de la procession en l'église
» *Saincte* Croix, sera célébrée une grande messe pour le salut
» de l'âme de la *deffuncte*, et durant icelle messe, devant
» la principale porte de l'église, ou autre lieu plus
» commode, près d'icelle, se fera une prédication au peuple

» par un docteur de théologie, sur le sujet et matière
» du retour faux de la *deffuncte*, affirmé et maintenu par
» les accusés; lequel prédicateur dira et déclarera qu'il
» faut prier Dieu pour l'âme de la *deffuncte*, comme pour
» toutes autres âmes *chrestiennes*, et autres choses conve-
» nables sur ce *subiet* (sujet); après laquelle procession,
» les frères Jean Colimant, Pierre d'Arras, Jean Brossin,
» Jean Miltois, Pierre Brossier, Philippe Queronnier, Es-
» tienne Crochet, Guillaume Fallot, Jean Legay, et enfin
» Pierre d'Halcourt, feront amende publique et honora-
» ble sur un echaffaud très-*eslevé*, *estant* à genoux: chacun
» l'un après l'autre demandera pardon à Dieu, à justice,
» au prévôt, à ses enfans, disant à haute voix, que, mali-
» cieusement et indiscrètement, ils ont dit et publié que
» l'esprit ou âme de la *Demareau* revenait, que par cer-
» tains signes elle *estait* damnée, tant à cause de l'hérésie
» luthérienne, que par les voluptés et délices que la *def-
» functe* avait eus en ses *vestemens*, pompe et gloire mon-
» daine, quand elle vivait; qu'elle voulait que son corps
» fût déterré et mis hors du lieu *sainct*, qu'elle voulait que
» l'on ne fit aucunes prières pour son repos, et parce que
» son âme *estoit* plus damnée que celle de Judas, comme
» elle l'avait démontré et déclaré par signe; à laquelle
» amende-honorable frère Pierre sera présent, et outre
» condamnés, Colimant, d'Arras, Brossin, Fallot, Cro-
» chet, Miltois, Leguay, Queronnier, pendant deux ans
» entiers à tenir prison fermée et *jeuner* au pain et à *l'eau*
» tous les jours de mercredy et vendredy, et déclarés in-
» habiles d'aucune administration en l'ordre; condam-
» nons Pierre d'Halcourt *d'estre* fouetté à nud de verges,
» en icelle prison, jusques à effusion de sang; et quant
» auxdits Nicolas Lemarle et Jean Petit, eu *esgard* à leur
» jeunesse, leur est remis et pardonné: et afin que cette
» punition exemplaire *empesche* cy-après les successeurs
» de tomber en pareille faute, que le jugement serve
» d'exemple à la postérité, nous ordonnons qu'il sera mis
» et affiché en l'église du couvent des Cordeliers d'Or-
» léans, au lieu plus commode qui sera par nous advisé,
» une épitaphe d'airain sur laquelle sera gravé et *escrit* le
» sommaire du présent fait et la peine par nous imposée,
» et qu'il faut prier Dieu pour l'âme de la *deffuncte* damoi-
» selle *Loyse* (Louise) de Mareau, comme *chrestienne*

» morte très-*chrestiennement*, et condamnons les accusés
» *es* (aux) *dépens*. »

Les accusés furent ramenés de Paris à Orléans, où ils subirent leur jugement. Cependant, le sieur de Saint-Mesmin, qui était d'un caractère doux et très-pacifique, ne demanda pas l'entière exécution du jugement; plusieurs furent mis en liberté, et les plus coupables retenus en pritson, moururent avant l'expiration des deux années de leur condamnation expirées (8-64).

Fin des malheurs qui accablaient la France depuis plusieurs années, de 1528 jusqu'à ce jour. Le Ciel semblait si irrité contre ce royaume, qu'il y eut un perpétuel déréglement des saisons, ou, pour mieux dire, l'été seul occupa la place des trois autres; de sorte qu'en cinq ans on ne vit point deux jours de gelée tout de suite. Cette chaleur importune énervait pour ainsi dire la nature, et la rendait impuissante; elle n'amenait rien à maturité, les arbres poussaient des fleurs incontinent après le fruit, les blés ne multipliaient point en terre, et, faute d'hiver, il y avait une si grande quantité de vermine qui en rongeait le germe, que la récolte ne fournissait pas la semence pour l'année suivante. Cette disette causa une famine universelle, à la suite de laquelle vint une maladie qu'on nomma *trousse-galand*, puis une furieuse peste; si bien que ces trois fléaux emportèrent plus de la quatrième partie de la population de la France (43-8).

Janvier 1534.

Mort de Marie d'Angleterre, duchesse d'Orléans.

Octobre 1534.

Vers la fin de cette année, Jean Calvin, âgé alors de vingt-cinq ans, natif de Noyon, en Picardie, fils de Gérard Calvin, secrétaire de l'évêque de cette ville, et qui avait fait son droit à l'Université d'Orléans, commença à répandre sa doctrine, qui tenait de celle des Sacramentaires, de celle de Luther, et qui allait bien plus avant que les deux réunies, car elle touchait non-seulement à la croyance intérieure, mais renversait tout l'extérieur et les cérémonies de la religion catholique romaine.

Novemb. 1534

La procession générale qui se faisait en ce jour, et était appelée procession des Carmes, se rendait soit à Saint-Pierre-Empont, soit à Sainte-Catherine ou aux Grands-Carmes: à dater de cette époque, elle se rendit toujours à cette dernière église. Plus tard, cette procession prit le nom de Pardon-des-Carmes, et une assemblée finit par avoir lieu devant ladite église.

15 mars 1535.

— 384 —

Cette année là, elle se termina par un grand dîner à l'*ostel* où *conversent* les échevins (4-8-9-59).

Juin 1535. Les échevins de ville donnent l'ordre de faire réparer les *boulouards* (boulevards) des Tourelles et du Cours-aux-Anes, avec des fagots pris dans l'*Isle*-aux-Bourbons (4-8-9-59-60.)

« Payé par Daniel, receveur des deniers communs d'Orléans, III livres III sous IV deniers, à Perrin Cossard, *notonnier* (matelot) pour avoir amené, de l'*Isle*-aux-Bourbons aux Tourelles d'Orléans et au Cours-aux-Anes, 5,000 fagots pour les réparations des *boulouards* »

L'Ile-aux-Bourbons était placée où est maintenant le Château-de-l'Ile; une partie était entourée des eaux de la Loire, elle appartenait à la famille des Bourbons, qui lui avait donné son nom. Cette île s'appelle aujourd'hui le Bois-de-l'Ile.

Octobre 1535. Antoine Sanguin, qui était nommé évêque d'Orléans depuis environ deux ans, fait son entrée dans cette ville avec les cérémonies ordinaires, et délivre les prisonniers au nombre de 281, accusés de divers crimes. Les Orléanais, qui venaient de terminer le cavalier ou motte de la porte Bourgogne, donnent à cette fortification le nom de Motte-Sanguin, pour perpétuer le souvenir de l'entrée de leur évêque Sanguin (8-21-66).

Cette motte n'était autre chose qu'un cavalier ajouté aux fortifications de la ville, au levant, entre la porte Bourgogne et le fort de la Brebis, près la rivière.

Ce cavalier communiquait au fort et à la porte par une muraille de 14 pieds d'épaisseur, et ajoutait beaucoup aux fortifications de ce côté, sur lesquelles on plaça des fauconneaux.

Le fauconneau était une pièce d'artillerie qui tenait le milieu entre les canons et les coulevrines; ils avaient de 6 à 7 pieds de long et 2 pouces de diamètre; les balles pesaient environ une livre et demie: ils se chargeaient avec une demi-livre de poudre; ils étaient montés sur de petits affûts où il y avait deux roues pour les changer de place (70).

1535. Le duc d'Orléans, Henri Ier, épouse Catherine de Médicis, nièce du pape Paul III (43-53.)

14 juin 1536. Gabriel, prévôt, doyen du chapitre de Saint-Aignan d'Orléans, prend possession de sa charge avec une épée, les éperons dorés et l'oiseau sur le poing. Cette cérémonie

finit à lui, après avoir été observée depuis de longues années (8).

Il y eut cette année, par toute la France, une telle sécheresse qu'elle tarit la plupart des fontaines et des puits, desséecha les marais, les étangs, et fit de faibles ruisseaux des rivières les plus grosses (43). *Août 1536.*

François Ier donne, par lettres patentes, au bailli du chapitre de Saint-Aignan, le droit d'être seul juge de la ville pendant les deux jours de la fête de ce saint, et celui de percevoir, en outre, 5 deniers par chaque boutique ouverte dans Orléans pendant ces deux jours-là (8-9). *17 septem. 1536.*

François Ier fait saisir tous les biens des chanoines de Sainte-Croix, qui avaient refusé de lui fournir un chariot attelé de trois chevaux et un domestique pour le conduire : ce à quoi ils avaient été taxés pour le transport des équipages de guerre du roi (6). *1536.*

Assemblée des habitans d'Orléans, dans laquelle il fut arrêté que les deniers accordés par le roi François Ier pour les fortifications de la ville, seraient employés à faire un mur qui irait du fond du fossé de Saint-Aignan à Saint-Euverte. *6 février 1537.*

Une partie du jardin des religieux de Saint-Euverte fut prise par autorisation. Ce jardin s'étendait beaucoup au levant et dans la direction de Saint-Marc; il avait été fait sur l'ancienne habitation d'un chevalier romain, Tetradius, qui y avait sa demeure, dans un terrain qui avait servi de lieu de sépulture. Ce qui explique pourquoi des tombeaux ont été trouvés à cette place, en 1829 (4-8-36-64).

La veuve Gautier achète une place dans la Poissonnerie, du côté de l'église de Saint-Hilaire, moyennant la somme de 200 livres. La vente fut faite par Boyez, conseiller du roi. Cette place s'étendait vers la rue de l'Aiguillerie. *23 mai 1537.*

François Ier crée à Orléans six conseillers au bailliage, pour connaître de toutes les causes civiles et criminelles, et avoir voix délibérative avec le bailli et ses lieutenans; en considération de leur *labeur*, le roi leur accorda, quelque temps après, les priviléges et droits des officiers de l'Université (64). *Septemb. 1537.*

Les échevins sont autorisés, par arrêt du conseil du roi François Ier, à lever un droit de 10 sous par tonneau de vin, du cru du pays, qui entrerait dans la ville, pour la recette en être employée au besoin de la commune (8). *15 mai 1538.*

1538.   François Ier demande aux Orléanais la somme de 60,000 livres, pour la conservation de leurs privilèges et droits. Cet impôt, beaucoup plus fort que les avantages qu'ils retiraient de ces privilèges et droits, fut réparti entre tous les habitans d'Orléans (4-8).

25 mai 1538.   Fête de la Pentecôte, célébrée dans l'église de Saint-Paul d'Orléans avec de grandes cérémonies, selon l'ancien usage.

« Le dimanche xxve jour de may, pour *achepter* des *oublies, estoupes, ung pigeon blanc* et du *may* (fleurs des haies) pour l'église de Saint-*Pol*, le jour et *feste* de la *Penthecoustes*, selon la *coustume* ancienne, x sous parisis. »

On lâchait un pigeon blanc, et on faisait tomber des étoupes enflammées du haut de la voûte, pour figurer la descente du Saint Esprit en langues de feu (4-39).

28 octobre 1539.   Grande procession faite de Sainte-Croix à l'église de Notre-Dame-des-Carmes, par ordre du connétable de France, pour remercier Dieu du miracle par lui fait sur la personne du roi de France, François Ier, en lui rendant la santé et le guérissant d'un mal, suite d'un abcès qu'il avait rapporté de Naples (4-8-9-59).

Pour la première fois, on fit, à cette cérémonie, usage de cire blanche mise en *grosses chandelles* (cierges) portées par les petits enfans des écoles de la ville.

Guillaume Aubelin, receveur des deniers de la commune, fut chargé de solder les frais de cette procession; il paya les sommes ci-après :

» Payé xi sous à quatorze hommes qui portèrent quatorze grandes torches à la procession générale faite en l'église de Notre-Dame-des-Carmes, suivant les *lectres escriptes* par monseigneur le connétable aux échevins, pour remercier Dieu du miracle par *luy faict* en la personne du Roy, notre souverain seigneur, en lui rendant la santé par la guérison d'un mal ou abcès qu'il avait amassé à Naples.

» *Item*. Payé iv livres à Thomas Godart, pour dix livres de cire blanche par lui employées et *ouvrées* (travaillées) en grosses chandelles (cierges) *baillées* aux petits enfans allant à l'*escolle*, pour porter à la procession ; à raison de viii sous la livre.

» *Item*. Payé iv livres vi sous viii deniers à cent quatre hommes qui, le *dict* (dit) jour, à la *dicte* procession, ont porté les chefs et les châsses des églises de la ville ; à chacun x deniers tournois. »

L'empereur Charles-Quint, ayant obtenu du roi de traverser la France, pour se rendre à Gand, dans les Pays-Bas, afin d'y appaiser les troubles qui y avaient lieu, arrive à Orléans, le samedi 20 décembre 1539 ; il fut reçu de la manière suivante :

20 décem 1539
Samedi.

» Environ trois heures après-midi, il fit son entrée, présens le roy de France, monseigneur le Dauphin et le duc d'Orléans, son frère, la reine de France, sœur dudit empereur, et plusieurs princes, les cardinaux de Tournon, Bourbon, Lorraine et Châtillon, *archevesques et évesques.* Au-devant dudit empereur, jusques à Saint-Mesmin, allèrent MM. de l'Université, en bon ordre, à cheval, les docteurs *vestus d'escarlatte*, les bedeaux à masse et verge, et autres officiers superbement *vestus*, puis deux cents *escholiers* (écoliers) à pied, richement parés : après marchoient cent jeunes gens, enfans d'honneur, tous *vestus* de *casaques* de *veloux* (velours) noir et *pourpoints* de satin blanc, parés de chaînes d'or et pierres précieuses, montés sur de beaux chevaux de parade, *enharnachés* de *veloux* (velours), ayant chacun l'arquebuse à l'arçon de la selle ; puis suivoient les *clers* du *Chastellet* (64).

» Puis, les arquebusiers ordinaires de la ville, les centeniers d'icelle ville, et un grand nombre d'hommes, de 6 à 7,000, bien *vestus*, armés de piques et de hallebardes et arquebuses. Les échevins *estoient vestus* de robes de *veloux* noir, fourrées de martre, accompagnés de grand nombre de bourgeois bien montés et en bon ordre.

» L'empereur entra par la porte du pont, et d'icelle, par les portes de la Faux et de Recouvrance, afin qu'il *jettast* sa vue sur la rivière de Loire chargée de tant de grands bateaux, cabanes, fustes ou toues, brigantins et *galliots*, en si grand nombre, que l'on en *voiait* depuis le prieuré de Saint-Loup jusques à celui de la *Magdalaine*, dont la rivière *estoit* toute chargée : les voiles et mâts de ces bateaux *estoient* enrichis de belles peintures et riches tapisseries, et au haut des mâts *estoient* des enseignes ; car Sa Majesté de France avait fait commandement qu'on retint au port d'Orléans, et que l'on *parast* ainsi tous les bateaux et *vaisseaux* que l'on trouva en divers ports de la *dicte* rivière de Loire, où il y eut un petit combat de bateliers et de mariniers, en forme de *naumachie* (combat naval), très-agréable, qui tint en admiration et ravissement tous les spectateurs, à cause de la rivière qui était grande comme elle est ordinairement en hiver ; et, combien que par les villes où passa Sa Majesté Impériale, elles tâchassent, par nouvelles inventions et magnificences, se surmonter l'une l'autre, pour le contentement du roy ; et qu'on fit estime à *Loches* du spectacle ingénieux de la Salamandre et du Phénix, devises du roy et de la reine *Alienor*, des Flambeaux d'Amboise, de l'Actéon de Blois ; ce *néantmoins*, chacun admira la tapisserie navale de Loire, en la ville d'Orléans.

» De la porte de Recouvrance Sa Majesté Impériale fut conduite au Martroy, où l'empereur trouva un bataillon de 4 à 5,000 hommes bien ordonnés : par après, il fut jusqu'à Saint-Paterne, et passa par l'*Estape* pour venir à l'église de Sainte-Croix, où il fut reçu par monseigneur l'évêque d'Orléans, Antoine Sanguin, et le clergé, et il lui fut présenté à baiser la vraie Croix ; et *estant* entré dans l'église, il fit ses prières devant le maître-autel, et sortant par la porte de Notre-Dame-de-Bonne-Nouvelle, s'en *allat* loger à Saint-Aignan, où son logis *estoit* préparé près de celui du roy, lequel empereur, par le consentement de Sa Majesté très *chrestienne*, usa de souveraineté en délivrant les prisonniers, donnant grâces et rémissions (64). »

» On rapporte que la nuit du samedy au dimanche que couchèrent Leurs Majestés dans le cloître Saint-Aignan, il y eut un Orléanais qui par intervalle contrefit le chant du rossignol si mélodieusement (*estant* monté dans un arbre dudit cloître couvert de lierre), que Sa Majesté Impériale fut trompée à ce chant, croyant fermement que c'était un rossignol au naturel. »

Au départ de l'empereur, les habitans d'Orléans lui firent présent d'un buffet d'argent et de vermeil. Le roi, la reine, et toute la cour, après quelques jours de repos, quittèrent Orléans pour se rendre à Paris, avec l'empereur, leur frère et beau-frère (8-68).

14 mai 1542. Le duc d'Orléans, Charles II, demande à la ville d'Orléans une somme de 15,000 livres dont il avait besoin avant son départ pour l'armée, avec promesse de les rembourser promptement (4).

1er juillet 1542. Arrêt du parlement de Paris qui justifie l'usurpation, pour le bien public, faite en 1537, par les habitans d'Orléans, du cloître et de la place de Saint-Euverte, qui étaient au nord et à l'est de l'église, pourvu que le tout fût remplacé par un autre endroit convenable. La ville donna en échange un emplacement au sud, et se servit du terrain qui avait été pris pour y élever les murs de la ville et y creuser les fossés (8 4-36-64).

Grand débordement de la Loire et submersion d'une partie du plat-pays Orléanais; le Loiret et la Loire s'étant réunis ensemble (4). Novembre 1542.

Mort de Joachim de La Châtre, sieur de Nançay, Besigny et Sigonneau, capitaine des gardes-du-corps, maître des cérémonies de France, prévôt de l'ordre de Saint-Michel, gouverneur des villes et château de Gien, grand-maître des eaux et forêts de la province Orléanaise et gouverneur de la ville d'Orléans (21). 1543.

Mort de Lipse Brandolin, théologien, natif d'Orléans.

Mort de François Marchand, célèbre sculpteur né à Orléans.

Le duc d'Orléans, Charles II, ayant nommé de son chef le receveur des deniers communs de la ville, François Ier en ayant été averti, casse et annulle la nomination faite par le prince, et permet aux échevins d'en nommer un à leur choix, comme par le passé, pris dans leur sein, toujours pour deux années, avec l'obligation de rendre ses comptes à cette époque. Celui qui fut élu par le corps de ville s'appelait Guillaume Framberge (64-8-4). 7 janvier 1544.

Jérôme Groslot, bailli d'Orléans, par une sentence, oblige les gens d'église de lui porter la déclaration de tous leurs biens dans la ville, pour les faire participer dans la levée d'une somme de 32,000 livres demandée aux Orléanais par le roi François Ier (4). 9 janvier 1544.

François Ier qui, depuis quelques mois, avait levé sur les Orléanais une somme de 32,000 livres, les taxe encore à 5,000 livres pour leur part et portion dans l'entretien de 50,000 hommes de guerre, pendant quatre mois. 19 avril 1544.

Mort de Claude Dulac, chevalier, seigneur de Chamerolles et de Chilleurs, premier baron de Champagne, gouverneur d'Orléans (21). 10 juillet 1544.

Les magistrats d'Orléans forment une garde particulière de 30 hommes ou dixainiers, pour la police des quartiers de la ville (4).

Mort de Jacques Brachet, chanoine de l'église de Sainte-Croix d'Orléans, célèbre traducteur, né à Orléans.

François Ier ayant eu quelques différends avec Charles-Quint, ce dernier entra en France avec une puissante armée ; il pénétra par la Champagne, et vint jusqu'à Château-Thierry, à 19 lieues de Paris, sur lequel il marchait. Les habitans de la capitale eurent une si grande frayeur qu'elle se trouva en partie dépeuplée : les femmes, les enfans fuirent jusqu'à Orléans, où, pendant plusieurs jours, on ne sut où les loger ; on fut même obligé de les faire *bivouaquer* dans les places publiques ; la route de Paris à Orléans fut encombrée de voitures, de meubles et d'effets (43).

19 mai 1545. La boucherie de la porte Renard est louée par les échevins de la ville ; et un *vicaire* (homme de paille), répond pour ladite boucherie et de la solvabilité des bouchers (4-8-9).

Juin 1545. La Tour de l'Horloge d'Orléans, près de Sainte-Catherine, est très-endommagée par le tonnerre qui, ayant traversé les planchers, sillonna les murs dans la presque totalité des côtés, au levant et au midi.

9 septemb. 1545. Mort de Charles II, duc d'Orléans, fils cadet du roi François Ier, auquel l'empereur Charles-Quint devait remettre la Flandre ou le Milanais (21-43).

12 septem. 1545. 9,000 Gascons que le roi François Ier envoyait en Normandie, pour combattre le roi d'Angleterre, arrivent devant Orléans, par le pont ; mais les Orléanais, exempts de loger des soldats, font construire un petit pont à l'extrémité du leur, du côté de la ville et au couchant, lequel servit à conduire les troupes le long du quai, à l'ouest, puis à les faire passer à la porte Saint-Laurent, et de là, en suivant les fossés, gagner la route de Paris. Les Orléanais, pour les empêcher de s'introduire dans la place, en avaient fermé les portes, placé de l'artillerie en batterie, cachée par des tonneaux remplis de terre, et fait tendre les chaînes dans les principales places et rues (4-8-9-59-60).

Ce passage coûta à la ville 1,732 liv. 12 sous 6 deniers, réparties par Claude Chartier, receveur de la commune (4-8-9-59-60-64).

« Payé c viii sous, pour avoir *desmolye* (démoli) une maison *estant* sur le pont, tenant au pont Jacquin, pour en *ceste* endroit faire un pont pour descendre de dessus dudit pont sur le quai, pour, en l'année 1545, y faire passer et descendre 9,000 gascons que le roi *feite* (fit) passer pour aller combattre le roi d'Angleterre en, Normandie, et ne pas les laisser entrer dans la ville. » On aima mieux faire de grandes dépenses que de laisser passer dans Orléans 9,000 soldats qui auraient pu y occasionner des désordres (4-8-9-59).

Louis, petit-fils de François Ier, est gratifié du duché d'Orléans à la mort de son oncle Charles II (21). 1545.

La reine de Navarre et la princesse sa fille passent par Orléans. Leur réception fut pompeuse et toute royale : la ville leur fit de grands présens en pâtisseries, dragées, confitures, fruits confits, et surtout en cotignac, fait à l'Hôtel-de-Ville et en présence des échevins (4-8-9-59). 4 janvier 1546.

Détails des principaux articles donnés aux princesses.

« Quatre grandes galettes feuilletées.
» Quatre grandes galettes *fraiziers* (avec des fraises).
» Quatre *joyeulx* (sorte de pâtisserie légère).
» Quatre tartes, façon d'Angleterre.
» Quatre tartes, façon de Bourbonnois.
» Quatre tartes de pommes.
» Un grand massepin *coclat* (glacé), pesant une livre et demie, à 1 livre x sous la livre.
» Un grand massepin *madrians* (dragées), pesant une livre et demie, à 1 livre x sous la livre.
» Deux livres de *coriandre* licée, pour xxxii sous.
» Deux livres et demie de dragées *musquées*, pour iii livres xv sous vii deniers.
» Trois livres et demie de dragées *perlées* et garnies d'*hosties* (oublis) et canelles *dorées*, pour iv livres.
» Deux livres de poires confites, pour xxv sous.
» Deux livres d'*abricots* confits, pour xxv sous.
» Quatre potées de noix confites, pesant six livres, pour iv livres ii sous vi deniers.
» Huit pots de *Beauvais*, pour mettre lesdites confitures, pour iv sous.
» Deux douzaines de *boistes* de *codignac* (boîtes de cotignac), pour x livres xv sous viii deniers. »

Les sucreries furent achetées chez les *apothicaires*, qui étaient en même temps confiseurs (4-8-9).

Le *codignat* (cotignac, confiture de coing) fut fait à l'Hôtel-de-Ville, par deux femmes ; il fut commandé par les échevins qui trouvèrent une grande économie à le faire eux-mêmes, c'est-à-dire en leur présence; car alors les apothicaires vendaient les boîtes 5 livres 8 sous pièce, et elles ne revinrent aux échevins qu'à 2 livres 3 sous par Boîte.

Claude Chartier, receveur des deniers de la commune, paya :

« x sous, pour dix-neuf cent soixante-quinze coings, pour faire du *codignat*.

» *Item*, payé par le même, pour le même objet, xix sous iv deniers, pour trois cents *coignasses* qui estoient moins chères.

» *Item*, soixante-seize livres de sucre, à viii sous vi deniers la livre.

» *Item*, trois cents *massepins*, à xxxii sous le cent.

» *Item*, iv sous, pour un tube de toile, pour passer les dicts coings.

» *Item*, lii sous à la femme qui a fait vingt-six *poëlées* du dict *codignat*.

» *Item*, l sous à une autre femme qui a aidé à passer le dict *codignat*, et qui a fourni des poëles et trépieds.

» *Item*, v sous pour *despenses faictes* par les dictes femmes. »

11 juin 1546. Par ordonnance de police, le nombre des boulangers d'Orléans est fixé à 140, lesquels doivent être toujours munis d'un muid de blé chacun, pour la nourriture du peuple de la ville, à peine d'amende et prison, s'ils étaient trouvés en contravention (30).

21 août 1546. Le corps des centeniers d'Orléans, formés en 1517, pour la police de la ville, est réduit, par ordonnance de François Ier, au nombre de 50, qui prennent la dénomination de cinquantainiers. Ils étaient autrefois armés de hallebardes; mais, à cette époque, ils reçurent des armes à feu, et leur uniforme fut changé (4-30).

8 octobre 1546. Charles Guillard, aumônier du roi et doyen de Saint-Aignan, est le premier qui prit possession de cette dernière charge en habit ecclésiastique, c'est-à-dire avec le surplis et l'aumusse, et non comme auparavant, avec l'épée au côté, la gibecière, la ceinture, les éperons dorés et l'oiseau sur le poing. Cette dernière cérémonie ayant été observée pour la dernière fois en 1536, le 14 juin, à l'installation de M. Gabriel, prévôt, son prédécesseur (8).

1546. Mort d'Étienne Dolet, imprimeur célèbre, né à Orléans, qui s'acquit une grande réputation par son savoir. Il a composé divers ouvrages qui ont fait connaître qu'il était véritablement poète, orateur et grammairien. Il eut le malheur d'embrasser les nouvelles opinions sur la religion ; il les professa d'une manière si imprudente qu'il fut fait prisonnier. Ses amis obtinrent sa liberté; mais, étant retombé dans ses premières imprudences, il fut arrêté de nouveau et brûlé à la place Maubert, à Paris. Voyant le peuple prendre part à son malheur, lorsqu'on le conduisait au supplice, il fit ce vers, pour montrer que la mort n'était pas capable de l'ébranler :

« Non dolet ipse Dolet, sed pia turba dolet. »

Jacques Hureau, doyen de Saint-Aignan d'Orléans, fait bâtir dans le cloître de cette église une grande maison à laquelle il donna le nom de la *Maison du Chardon*, et sur le fronton de laquelle il fit placer ses armes : cette maison communiquait à la rue des Quatre-Degrés, au nord-ouest de l'église (4). 4 mars 1547.

La peste, qui faisait de grands ravages dans une partie de la France, fut si furieuse dans les environs d'Orléans que les magistrats ordonnèrent que les portes de la ville fussent fermées, et que nulles personnes ne fussent admises à entrer dans la place qu'après une quarantaine rigoureuse faite dans un faubourg désigné à cet effet. Cette ordonnance eut son exécution pendant plusieurs mois de cette année (8-43). 17 mars 1547.

Mort de François Ier, surnommé le Restaurateur des Lettres, vingt-troisième roi de la 3e race, et cinquante-huitième roi de France, âgé de cinquante-trois ans, au château de Rambouillet (43). 31 mars 1547.

Henri II, vingt-quatrième roi de la 3e race, et cinquante-neuvième roi de France, succède à son père, François Ier, à l'âge de vingt-neuf ans : ce roi avait été duc d'Orléans, avant son élévation au trône, sous le nom d'Henri Ier (21-43). 1er avril 1547.

Ce roi, à son avénement à la couronne, demanda aux Orléanais 70,000 livres pour la continuation de leurs priviléges; cette somme, beaucoup plus onéreuse que les priviléges conservés, fut payée par les habitans de la ville, les gens d'église seuls exceptés (4).

Louis Dodieu, prévôt d'Orléans, fait approuver par le 9 avril 1548.

roi Henri II les réglemens et statuts qu'il avait faits pour les savetiers d'Orléans.

12 mai 1548. Grande inondation de la rivière de Loire, et malheurs occasionnés par cette crue inattendue (8).

1548. Mort de Claude Robertet, baron d'Alluye, gouverneur d'Orléans (21).

Mort de Michel Sevin, romancier, natif d'Orléans. Il publia quelques *novelles* et un discours en vers sur Amadis de Gaule.

23 septem. 1549. Supplice d'Anne Andelot et d'Étienne Pelonquin, natifs d'Orléans, brûlés vifs, dans cette ville, pour cause de religion, par sentence de Louis Dodieu, prévôt d'Orléans.

17 octobre 1549. Pierre Gaillard, prêtre d'Orléans, est condamné à faire amende-honorable en marchant tête et pieds nuds, au milieu d'une procession faite exprès de Sainte-Croix à Saint-Donatien, en réparation du scandale donné par lui, pour l'hérésie dont il faisait profession (8).

1549. Henri II, par ordonnance, fixe les droits et le service du guet d'Orléans, qui existait depuis l'année 1460. Un des articles donne au grand-*maître* du guet le droit de faire marcher, sur l'invitation de son sergent, trente *bigames* (hommes mariés en secondes nôces) et non clercs, armés d'une salade (espèce de casque) en tête, d'une cuirasse, de gantelets, d'une hache et d'une épée : par un autre article, ce même officier était tenu de conduire les mariés *bigames*, c'est-à-dire ceux qui épousaient des femmes veuves, ou celles qui épousaient des hommes veufs, jusqu'à la Cour du Roi (cour du Châtelet), où se faisait une danse, puis de les ramener à leurs logis ; c'est pourquoi on lui donnait en présent *une pièce de gâteau pour aller boire* ; il accompagnait aussi le roi de l'an-guy-l'an-neuf, et partageait avec lui les gratifications que ce dernier recevait (8-64).

Antoine Sanguin, évêque d'Orléans, punit sévèrement un chanoine de Sainte-Croix de cette ville, et d'après l'avis du chapitre, pour avoir donné à danser dans un petit jardin qu'il avait en commun avec ses confrères : ce jardin, qui était derrière le chevet de l'église, interceptait la circulation du nord au midi : mais plus tard, il fut joint à celui du palais épiscopal, et en dernier lieu supprimé pour établir le passage qui existe maintenant autour de l'église Sainte-Croix (8).

Par ordre de la police, les boulangers d'Orléans sont obligés, pour la première fois, de faire trois sortes de pain, savoir : le pain blanc, le pain bis-blanc, le pain des pauvres (30).

La police de la ville d'Orléans résidait alors dans la personne du prévôt qui était à cette date Louis Dodieu (4-21-30).

Suppression du pont-levis ou barrière volante placé en avant du pont, au nord, du côté de la ville, près de l'église Saint-Jacques et du Châtelet : on construisit à la place une arche de 20 pieds sur 13 de large (4-8-9-59).

« Il fut payé par Euverte Démain, receveur des deniers communs, et de l'ordre des échevins de la ville, la somme de XXII livres x sous, pour travaux et fournitures faites par Jehan Marcille, maçon d'Orléans.. ».

Naissance de Charles III, qui fut duc d'Orléans, et devint roi sous le nom de Charles IX (43). *27 juin 1550*

Claude Thierry, jeune compagnon apothicaire, est constitué prisonnier à Orléans : après avoir fait déclaration de ses opinions religieuses, il est condamné par sentence prévôtale de Louis Dodieu, prévôt de cette ville, à être brûlé vif; il endura la mort avec une grande fermeté, sur la place du Martroi, qui avait remplacé celle de Saint-Sulpice pour les exécutions publiques (8). *7 juillet 1550.*

Henri II fut le premier qui porta des bas de soie, dans son royaume. Ce fut aux fêtes données à l'occasion du mariage de sa sœur avec le duc de Savoie (43). *1550.*

Antoine Sanguin, cardinal de Meudon, grand-aumônier de France, évêque d'Orléans, passe au siége de Toulouse, après avoir gouverné l'église d'Orléans l'espace de 17 ans. Il fut remplacé par François de Faucon (21).

Mort de Nicolas Bérault, critique, né à Orléans.

Mort de Louis III, duc d'Orléans, fils d'Henri II, roi de France. Il fut remplacé, dans son duché, par Charles Maximilien, son frère.

François de Faucon, évêque d'Orléans, passe au siège de Carcassonne peu de mois après son élévation au siége d'Orléans.

L'archevêque de Lyon, qui habitait une maison dans le cloître Sainte-Croix d'Orléans, demande au chapitre de cette cathédrale la permission de dresser deux échafauds ou *jubés* qui serviraient à des gens à lui, pour la représentation du mystère du Jugement Dernier. Cette permission lui fut accordée, pourvu qu'il remît ensuite le tout dans son premier état (8).

Mort de Jean Legendre, historien, né à Orléans (21).

Jérôme Groslot, bailli d'Orléans, achète, de la famille Bourbon, le lieu et l'île au-dessus de Saint-Jean-le-Blanc, et vis-à-vis Saint-Loup, où il fit bâtir un château qui porta le nom de Groslot, et ensuite celui de Château-du-Bois-de-l'Ile (8-9).

Henri II institue à Orléans des présidens-présidiaux : le premier fut Guillaume Alleaume, écuyer, seigneur de Verneuil, président au présidial et lieutenant général au bailliage (21).

2 janvier 1551. Le parlement de Paris rend un arrêt contre les chanoines de Sainte-Croix d'Orléans, qui avaient interrompu le service divin et causaient un grand scandale dans cette ville, prétendant avoir été insultés dans leur honneur par un libelle diffamatoire, attribué à Guillaume Costé, doyen et grand-archidiacre (8).

28 février 1551. Henri II crée à Orléans un lieutenant-criminel. Le premier qui occupa cette place fut Guillaume de Nevers.

Le marquis de Norenton, ambassadeur d'Angleterre, passe par Orléans ; un bateau superbe lui est préparé dans cette ville, pour le conduire près du roi Henri II qui était à Saumur.

Les comptes de ville font mention de plusieurs articles de dépenses pour arrêter les insultes, placards et *aultres vilainies* faites à cet ambassadeur et à sa suite, par les habitans d'Orléans.

1er août 1551. Henri II et la reine Catherine de Médicis arrivent à Orléans avec toute leur cour. Diane de Poitiers, maîtresse du roi, y vient aussi (59).

La réception de ce prince fut superbe ; on y remarqua surtout les corps de métiers de la ville, au nombre de vingt-deux, tous avec leurs drapeaux particuliers nouvellement peints à leurs livrées, et portant les saints ou patrons de leurs confréries ; tous furent placés en haie sur le pont : les échevins furent habillés à neuf ; les joueurs de hautbois furent appelés pour réjouir le peuple d'Orléans ; plusieurs sculpteurs furent employés à *mouler* les portraits du roi et de la reine ; et pour la première fois, on fit jouer les *boîtes* (petits mortiers en bronze bouchés avec un tampon en bois). La dépense de cette fête se monta à la somme de 4,000 écus d'or au soleil, revenant à 9,200 livres (4-8-9-59).

Henri II, le lendemain de son arrivée à Orléans, se rendit à Saint-Aignan, où il prit l'habit et l'aumusse, en sa qualité de chanoine d'honneur : ils lui furent donnés par le doyen du chapitre, Sa Majesté étant à genoux devant la châsse de Saint-Aignan (4-8). 2 août 1551.

Diane de Poitiers, maîtresse de Henri II, se promenant par la ville, à cheval, fit une chûte non loin de Saint-Pierre-Empont, et se cassa la jambe : elle fut portée de suite dans une maison rue aux Ours, laquelle est appelée par les historiens d'Orléans *Maison de Diane de Poitiers*. Elle se trouve présentement rue Neuve, sous le numéro 22. 3 août 1551.

Henri II, pendant son séjour à Orléans, confirme les priviléges des Orléanais, et les étend même aux habitans du faubourg Saint-Marceau, de Saint-Vincent-des-Vignes, et à ceux de Saint-Pouair ou Saint-Paterne (4).

Henri II quitte Orléans. Il fut fait don au roi de 100 muids de vin et de 100 muids d'avoine; et à la reine, de 50 muids de vin et de 50 muids d'avoine, non compris les dragées perlées et autres, ainsi que les fruits cuits et confitures d'usage (4-8). 4 août 1551.

François Roilard, receveur des deniers communs, est chargé par les échevins de ville de payer les frais de la réception de Henri II, et sa dépense pendant son séjour à Orléans; parmi les articles, on remarque (4-8-9-59) :

« Payé cc livres aux peintres, pour *escussons*, emblêmes, devises, vers et autres décorations.

» *Item*, xxvii livres x sous, pour l'achat de trente-sept draps et quatorze grandes nappes pour *asseoir* les peintures.

» *Item*, xcvi livres xii sous pour architecture et plâtres peints et moulés du roy et de la reine.

» *Item*, xxv écus dor, valant chacun xlvi sous tournois, à chaque échevin, *advocats*, procureurs, notaires de la ville, pour robes de *veloux* (velours) noir, qui leur restaient après la cérémonie.

» *Item*, xii sous aux joueurs de *hautbois* du roy, aux *tabours* (tambours) de la ville, et aux *trombeurs* (joueurs de trompettes), etc.

» *Item*, pour la *trousse* de corde, v sous, pour mettre

le feu à l'artillerie (trousse ou corde préparée pour servir de mèches).

» *Item*, III sous, pour les *tapons* (tampons) de bois de tremble pour faire jouer les *bouètes* (petits mortiers).

» La dépense s'éleva à la somme de VI M. CCCC. LXVI liv., y compris le don que le roi et la reine firent à la nourrice de S. M., Jehanne Laurens de Hecotellon, femme du sieur Dupons. Ce don ou présent, dû pour leur entrée dans la ville d'Orléans, consistait, pour le roy, en cent poinçons de vin et cent muids d'avoine, et pour la reyne en cinquante poinçons de vin et cinquante muids d'avoine dont la valeur fut estimée à la somme de VII c. L écus d'or, qui furent payés à ladite nourrice par le sieur Roillard, receveur de la commune (4). »

24 novem. 1551. Pierre IV Duchâtel, évêque Orléans, institue, en l'honneur de la sainte Eucharistie, une procession de Ste-Croix à Saint-Paul, et cinquante jours d'indulgences aux fidèles qui y assisteraient (64).

27 novem. 1551. Jérôme Groslot, bailli d'Orléans, par une ordonnance, convoque, pour la défense de la province, le ban et l'arrière-ban du duché (4).

1551. Jeanne d'Albret, reine de Navarre, mère d'Henri IV, fait élever son premier fils, le duc de Beaumont, à Orléans, par l'épouse de Jérôme Groslot, bailli de cette ville, qui habitait la maison de l'Étape, bâtie par son père ; le jeune prince mourut, au bout de quelques mois, dans les bras de sa nourrice, et par trop de soin de sa part (8-43).

5 janvier 1552. Les ambassadeurs des princes d'Allemagne et ceux d'Henri II se réunissent au château de Chambord pour s'engager à déclarer la guerre à Charles-Quint. Le traité fut arrêté et signé dans cette maison royale (43).

3 février 1552. Pierre du Chastel, évêque d'Orléans, meurt subitement d'une attaque d'apoplexie foudroyante dont il fut frappé en prêchant le peuple, dans l'église de Saint-Laurent-des-Orgerils (64).

Ce prélat, qui ne siégea qu'une année, était né à Langres, de parens fort pauvres ; il s'éleva par son mérite, devint aumônier et bibliothécaire du roi François Ier.

Les protestans firent courir le bruit qu'il était mort d'une indigestion, à la suite d'un déjeûner donné avant la fête par le curé de la paroisse (8).

24 juin 1552. Le clergé d'Orléans est taxé, par Louise de Savoie, mère de François Ier et grand'mère d'Henri II, à la quatrième partie des réparations à faire aux murs de clôture de la place. Cette décision fut approuvée par le roi, son petit-fils (4).

Henri II fait installer à Orléans douze juges-présidiaux, qu'il avait créés pour cette ville (4-8). — Juin 1552.

Louis Dodieu, prévôt d'Orléans, par un arrêt, défend aux meûniers de cette ville de mettre leurs moulins sur la Loire plus près de la ville, que le Ravelin de Saint-Laurent, du côté d'en bas, et que l'abbaye de Saint-Loup, du côté d'en haut, et prescrit de les attacher à la queue de l'un l'autre, afin de ne pas obstacler le cours de la rivière (30). — 27 juillet 1552.

A cette époque, on fit disparaître la petite île Flambert, dite barre Flambert, placée vis-à-vis Notre-Dame-de-Recouvrance, parce qu'elle gênait le fleuve dans son cours. Cette petite île est citée dans les relations du siége de cette ville, à cause du combat des pages français et anglais qui y eut lieu (13-8). — Juillet 1552.

Par arrêt de Louis Dodieu, prévôt, une exécution eut lieu à Orléans sur la personne d'un prêtre des environs de la ville, qui fut condamné au feu et exécuté, après avoir été dégradé, pour avoir épousé une jeune veuve, sa pénitente et sa paroissienne (8-10-6). — 14 septem. 1552.

Jean Touchet, sieur de Beauvais et de Grillard, conseiller du roi et lieutenant particulier au bailliage et siége présidial d'Orléans, fils de Guillaume Touchet, bourgeois d'Orléans, né de parents marchands de laine, à Patay, se marie avec Marie Mathy, fille naturelle du sieur Mathy, premier médecin du roi. De ce mariage est issue, une année après, dans Orléans, cette fameuse et belle Marie Touchet, qui devint maîtresse de Charles IX, roi de France : toute cette famille était protestante, mais plus tard, Jean Touchet, sa femme Mathy et leur fille Marie se firent catholiques (8-64). — Septembre 1552.

Naissance de Marie Touchet. Sa famille occupait à Orléans une maison rue de la Vieille-Poterie, actuellement sous le n° 7 (8-64). — Août 1553.

Les échevins d'Orléans font faire par honorable et prudent homme Nicolas Hanapier, receveur des deniers communs de la ville, un état détaillé de toutes les dettes et rentes que devait la ville, à cette époque, à divers parti- — 7 mars 1554.

culiers. Le total s'éleva, d'après ses comptes, à la somme de 2,800 livres par an (4-8-9-59).

28 août 1554. Acte passé en présence de Dubois, notaire à Orléans, entre Durant et autres individus, qui reconnaissent qu'ils possèdent un verger en la paroisse de Saint-Victor, appelé le Cimetière des Juifs, en la rue des Noyers, tenant par devant sur ladite rue, et par derrière sur la rue aux Raquettes (8-9).

16 février 1555. Lettres patentes de Henri II, qui ordonnent qu'aux assemblées qui se tenaient dans l'Hôtel-de-Ville d'Orléans, indépendamment des plus notables, il assisterait trois députés ecclésiastiques, l'un du chapitre de Sainte-Croix, l'autre du chapitre de Saint-Aignan, et le troisième du corps de tout le clergé, lesquels prendraient séance après le chef de la ville : qu'au bureau de la police, où préside le prévôt de la ville, assisteraient deux ecclésiastiques, l'un de Sainte-Croix, l'autre de Saint-Aignan, avec les échevins et le receveur des deniers communs, les avocats, le procureur du roi et deux notables habitans : qu'au bureau de l'Aumône-Générale, seraient appelés trois ecclésiastiques, l'un député de Sainte-croix, l'autre de Saint-Aignan, et le troisième du corps du clergé ; lesquels prendraient séance après les magistrats, au-dessus d'un docteur-régent et de dix bourgeois notables (30-64-65-66).

L'assemblée avait lieu toutes les semaines, dans une chambre de l'Hôtel-de-Ville, rue Sainte-Catherine (30-65).

26 juin 1555. Visite du vieux pont d'Orléans :

« L'an mil cinq cens cinquante-cinq, le vingt-sixiesme jour de juing, en la presence de Nicolas Provenchere, notaire royal de Chastellet d'Orléans, requis et appelé par honorables et prudens hommes François de la Ruelle, Guillaume Levallet, et Claude Peredoulx, bourgeois, marchans d'Orléans, proviseurs et administrateurs du pont d'Orléans et hospital Sainct Anthoine, estant sur icelluy, et à leur requeste et presence, et aussi es présence de honorables et prudens hommes Claude Sayn, Guy Deloyne et Guillaume Noytan, trois des procureurs et eschevyns de la dicte ville, deleguez des aultres, en ceste partye, ont, par Pierre Byart, maçon, Ymbault Samxon, charpentier, et Philippes Vernoy, serrurrier, esté veus et visités les ponts de la dicte ville d'Orléans, arches, voultes, argeaulx, plates formes, bâties et gardes fols, pour savoir quelles réparacions estoient et sont utiles et necessaires à y faire pour la conservacion et entretenement du dict pont, qui ont esté mises et reddigées par escript, en faisant la dicte visitation, selon et ainsi qu'il ensuit : Pierre Remy Thibault, Jehan Russier, et autres tesmoings.

» Et premièrement :.

» *En la première arche du dict pont, dessoubs les Tourelles*, fault repparer la plate forme des deux coustés, et y picquer des paulx où n'y en a aucuns, les garnyr de pelles et chevilles et paver l'argeau alentour du pillier, garnyr la voulte de banderets ès lieulx où ils sont rompus, repparer la voulte et mectre d'autres pierres ès lieulx où ils sont rompues et dommaigées, le tout assis à la chau et cyment, et le reste remplir d'esclats à chau et cyment et mectre ung poincteau au bout ès pointe de la plate forme.

» *A la seconde arche*, fault repparer les plates formes et garnyr alentour du pillier de paulx, pelles et chevilles, curer les argeaulx qui sont plains de sablon, remplir et fourrer de bonnes et grosses pierres, fourrer et repparer les banderets et pendans, joinctayer et garnyr d'esclats de pierres à chau et cyment, rellever les banderets rompus, et au lieu d'yceulx en mettre de neufs ; et du cousté du val, à l'endroit où le banderet est bessé, fault sainctrer soubs les banderets qui sont bessés, et les rellever de la haulteur des aultres et y en mectre de neufs ou lieu des rompus.

» *A la tierce*, fault remplir de grosses pierres les argeaulx et plates formes, les garnyr de paulx, pelles et chevilles où n'y en y a, et mectre des bandes de fer à la plate forme, assise en plomb et poincteau à une bande de fer assis sur la poincte du pillier d'entre cette arche et la subsequante.

» *A la quatryesme arche*, comme à la preceddante, et garnyr le devant du dict pillier de barres de fer et de paulx, pelles et chevilles de poincteau.

» *A la cinquyesme*, fault picquer des paulx ès plates formes, cheviller et remplir des deux coustés, joinctayer, et remplir les fentes estans en l'arche, à esclats de pierre assis à chau et cyment, et mectre ung poincteau et une bande de fer à la poincte du pillier d'entre ceste arche et la subsequante.

» *A la sixyesme*, fault picquer des paulx où besoing sera,

les rellever et cheviller et fourrer la plate forme de pierres bonnes et grosses, et mectre ung poincteau ferré par le devant.

» *A la septyesme*, garnyr les plates formes de grosses pierres, picquer les paulx où n'y en a poinct, garnyr de pelles et chevilles de fer, à la poincte du pillier, une bande de fer, remplir les joincts du bas des pilliers à esclats de chau et cyment et repparer les fentes et jarseures de la voulte, comme dessus; aussi fault remplir sur le coing du second pillier de la dicte arche, du cousté d'abas, le fond du dict pillier, qui est vyde et creuts; au moyen que les pierres du dessoubs du fondement du dict pillier, estans en apparence, sont rompues et fendues.

» *A la huictyesme arche*, fault repparer et joinctayer la fente estant en la voulte de la dicte arche, à esclats, chau et cyment, et oultre, joinctayer la voulte et banderets, remplir et fourrer de pierres les plates formes et culasses, et picquer des paulx où il fault, beller les paulx et garnyr de bandes de fer assises à plomb, et remplir les joincts d'abas à esclats, chau et cyment, et les faire par basses eaues.

» *A la neufvyesme*, comme à la preceddante, et oultre, remplir les plates formes de pierres et repparer les banderets du cousté Sainct Jehan le Blanc, et y en mectre de neufs où ils sont rompus, et mectre des coings de fer entre aucuns banderets eslargis, et une bande de fer au fronc du pillier, et à la dicte voulte mettre des coings de fer entre les pendans, pour ferrer la dicte voulte et la remplir d'esclats à chau et cyment.

» *A la dixyesme*, fault repparer les plates formes, garnyr de paulx, pelles et chevilles, fourrer et garnyr de pierres des deux coustés, remplir quelques fentes par le bas de la dicte arche, repparer les banderets qui sont rompus du cousté d'amont, et joinctayer, et à la poincte du pillier mectre des crampons de fer et deux grands caissons, et mectre sur l'arreste une bande de fer, rejoinctayer et ficher les quartiers de chau et cyment, pource que le pillier de l'argeau pend contre le dict pont.

» *A la unzyesme*, fault repparer et remplir de pierres les plates formes, garnyr de paulx, pelles et chevilles, remplir et joinctayer les fentes estans en la voulte de la dicte arche et ès pilliers.

» *A la douzyesme*, comme la preceddante, et la garnyr d'une barre de fer à la poincte.

» *A la treizyesme*, comme à la preceddante, et oultre, fault oster les banderets qui sont gellés, du cousté d'abat et du cousté d'amont, remplir les fentes par le bas et les joinctayer d'esclats à chau et cyment et repparer le pillier tant d'un cousté que d'autre.

» *A la quatorzyesme*, la fault joinctayer et mectre des quartiers où ils sont rompus.

» A la Mothe des Challans Persés, fault contynuer par baucher la maconnerye ja commencee du cousté de la ville, et au bout de ce qui est ja faict, fault faire une descente de pierre, et du cousté des Augustins, en plusieurs endroicts, fault garnyr de paulx, pelles et chevilles, tirant de la dicte culasse jusques à l'hospital.

» *En la quinzyesme arche, faisant la première du cousté devers la ville, à commencer à compter à la chapelle Sainct Anthoine*, fault faire les choses escriptes par ung devis dressé et escript à la requeste des eschevyns, par les maistres des œuvres, oultre, y fault faire et mectre paulx où il en deffault, remplir la plate forme de pierres, repparer les fentes de la dicte arche, et fault repparer le bas du dict pillier, à l'endroit des fentes et ouvertures.

» *En la seizyesme*, fault faire du cousté devers la ville une plate forme, remplir l'argeau et picquer des paulx, fourrer et paver de grosses pierres, en oultre, remplir les fentes estans dedans la maconnerye du pillier qui soustient la maconnerye sur laquelle soulait avoir deux maisons qui ont esté bruslées avec aultres maisons du dict pont, et mectre des barres de fer pour tenir les dictes pelles, et mectre des paulx où il en est besoing, et fourrer les plates formes de grosses pierres, à la hauteur des pelles.

» *En la tierce arche et grand voye du dict pont*, fault fourrer et garnyr les plates formes de pierres, des deux coustés, oultre, fault remplir de paulx, regler, fourrer et cheviller la plate forme, du cousté des Augustins et la remplir et paver de grosses pierres, et joinctayer les pierres de tailles à chau et cyment et garnyr de paulx alentour du poincteau, et mectre des paulx ès endroits où il y en aura faulte.

» *A la quatryesme arche*, fault fourrer et garnyr de pierres les plates formes de deux coustés, mectre des bauderets où ils sont rompus, du cousté d'amont, et mectre d'autres pelles au-dessoubs de celles qui y sont, pour servir à arrester les pierres, et fourrer les dictes plates formes de grosses pierres par le dessoubs, portant sur les pelles, pour plus fermement arrester les paulx, à cause qu'ils sont peu picqués en terre, pour ce qu'elle est fort.

» *A la cinquyesme arche qui est la dernière*, fault picquer des paulx, repparer les plates formes, les garnyr et fourrer de grosses pierres tout alentour, aussi garnyr de pelles, chevilles et barres de fer attachées à plomb contre la gible de la voulte, remplir d'esclats à chau et cyment les fentes de la voulte et aultres qui sont en la dicte arche; fault arracher partye des vieils paulx qui sont en l'eaue, pour ce qu'ils sont trop bas, et au lieu d'iceulx en mectre d'aultres et les reigler et fourrer comme il appartient.

» Fault haulser les gardes fols du dict pont, depuis le pont neuf jusques aux Tourelles, et les mectre tous à la haulteur de trois pieds et demy, depuis le dessus du pavé.

» En la chambre que tient à present Thomas Chenault, estant au-dessus de la chambre du gouverneur de l'hospital, fault mectre une seulle neufve au lieu de celle qui y est, parce qu'elle est rompue.

» Fault une seulle au plancher de la chambre d'abas du dict hospital où se tient l'hospitallerie, parce que celle qui y est est pourrie dans la muraille; ensemble, fault aucuns ais au plancher, pres la dicte seulle.

» En la loge où demeure et que tient Loÿs Thibault, du dict pont, fault regaller et repparer la couverture, fault deux ais coustellés, cloués et assis sur les cheuverons du bout de l'aulvant de la dicte loge, pource qu'elle fut desmolye à l'entrée du roy.

» RROUENCHERE, notaire. »

1555. Les apothicaires d'Orléans se réunissent chez l'un d'eux, et dressent les premiers réglemens et statuts d'une corporation scientifique (8-21).

Le curé de Saint-Loup d'Orléans embrasse la réforme et se fait protestant. L'abbesse du couvent suivit son exemple et emporta avec elle, en se retirant de la ville, les revenus de l'abbaye qui étaient en réserve (8).

Plusieurs manuscrits de cette époque donnent à penser qu'il y avait une intrigue amoureuse entr'eux deux.

A cette date, il y avait très-peu de Calvinistes à Orléans, et tous dans les classes élevées, et non parmi le peuple de la ville.

Dans les dernières années du règne d'Henri II, la troisième *accrue* ou quatrième enceinte de la ville d'Orléans, qui avait été commencée en 1486, sous le règne de Charles VIII, est entièrement finie. On comptait alors dans cette ville de 32 à 35,000 âmes, 5,000 maisons, et la superficie augmentée de l'étendue du terrain de la porte Saint-Vincent à la porte Saint-Laurent estimé 160,000 toises, porta cette superficie à 300,000 toises, ou 270 arpens, et le circuit à 5,750 pas communs, qui donnèrent 3,093 pas géométriques ou 2,577 toises qui équivalent à une lieue 1/4 et 77 toises (21-38).

Orléans avait alors seize portes d'entrée, une poterne, deux guichets, trente tours, non comprises celles des portes, et un cavalier avec fortifications en avant de la porte Bourgogne (48).

Les seize portes étaient :

Porte Bourgogne, porte de la Forêt, porte Saint-Vincent, porte Bannier, porte Saint-Jean ou du Grand-Orme, porte Madeleine, porte Saint-Laurent, porte Rose ou Brûlée, porte Colin-Girault, porte de Recouvrance, porte Saint-Michel ou de l'Abreuvoir, porte de la Faust, porte du Châtelet ou de Saint-Jacques, porte du Soleil, porte des Tanneurs, porte de la Tour-Neuve; plus, la Poterne-Chéneau et les guichets des Bouchers et de Saint-Benoît (16-48).

Le roi, pour peupler la portion neuve d'Orléans, avait renouvelé les franchises accordées en 1488, par Charles VIII, pour ceux qui viendraient habiter les nouveaux quartiers (4-8-9).

C'est à cette époque que la place du Martroi fut tout-à-fait terminée, et qu'on éleva au centre une belle croix en pierre entourée d'un emmarchement carré qui lui fit donner le nom de Croix-du-Perron (4-8-48).

Henri II ordonne qu'il soit levé des tailles dans Orléans 6 février 1556. et ses faubourgs, pour l'entretien des pauvres qui étaient en grand nombre, les biens des hôpitaux ne suffisant pas pour faire face à la dépense : ces tailles furent assises sur les habitans, et le paiement pouvait être forcé, en vertu des rôles qui devaient être dressés chaque année par les administrateurs de l'Aumône.

16 février 1556. Assemblée des habitans d'Orléans, d'après l'invitation des échevins, « lesquels, considérant le grand nombre de mendians et *caymans* (gueux) valides et invalides, originaires et *estrangers*, qui affluaient en cette ville, *vaguant* et courant les églises et par les rues, de sorte qu'on ne pouvait donner ordre à leurs nourritures et alimens, arrêtent qu'il y aura trois *hospitaux* : Saint *Anthoine*, Saint Paterne et *Sainct* Paul, pour le logement des pauvres, et qui seront accommodés et emmeublés selon leur usage (8-64).

» Que celui de *Sainct Anthoine*, sur le pont, servira pour le logement des mendians valides estrangers passans, lesquels, à peine de la *hart*, seront tenus de vuider la ville, sans qu'ils puissent séjourner plus d'un jour, sinon qu'ils devinssent malades; auquel cas seront envoyés au Grand Hôpital-Dieu (Hôtel-Dieu), avec un billet d'un des commis, pour y *estre* retenus, gouvernés et médicamentés.

» Celuy de *Sainct*-Paterne est le *séminaire* des garçons et enfans *masles* originaires de la ville d'Orléans, à cause du grand nombre de gens de *mestier* et artisans résidant en cette ville, *lesquels* enfans de l'aumône ont un *pédagogue* et *maistre d'escole* pour les instruire aux premières lettres (8-64).

» Et celuy de *Sainct*-Paul, pour les femmes et filles originaires de cette ville, qui ont une *maistresse* pour leur apprendre à lire, coudre, *fisler* (filer) et travailler (8-30-64).

» Et quant aux fainéans, *bélistres* et mendians originaires valides, pour leur empescher de *fripper* la *lippée* (écornifler des repas) et *gouster* du denier des *Caymans* (mendians qui gueusent par fainéantise), est ordonné que les juges de police leur enjoindront et commanderont de gagner leur vie, ou bien seront employés en *œuvres* publiques et particulières dans la ville ou *hors*.

» Quant aux enfans malades et enfans exposés, ils seront envoyés au grand *Hôpital-Dieu* d'Orléans.

» Que pour le gouvernement et administration des pauvres, il y aura dix-sept habitans élus, savoir : Trois de l'église, trois de la justice, deux échevins et neuf des principaux bourgeois, qui s'assembleront à l'*Ostel*-de-Ville les dimanches et les jeudy de chaque semaine, à une heure après midy (*). »

(*) Nous avons trouvé, portant la date de M V^c II ^{xx}VX, IIII février, un gros livre contenant cinq cents rôles de papier écrit et coté, couvert en

Henri II, par lettres patentes données à Blois, approuve les réglemens faits en assemblée générale, par les habitans d'Orléans, pour les hôpitaux de la ville; par les mêmes lettres, et dans l'intention de supprimer la mendicité, les malheureux qui n'étaient pas de la ville furent renvoyés dans leurs pays; ceux d'Orléans furent tenus à l'observance de réglemens sévères et minutieux, et mis en prison à la moindre infraction (8-30).

Une procession, à laquelle assistèrent tous les pauvres, fut faite par la ville, pour attirer la pitié des habitans. Des personnes, avec des corbeilles et autres vaisseaux, *questèrent* de porte en porte et d'*huis* en *huis*; des troncs furent mis dans les églises où il n'y 'en avait pas, et des boîtes placées dans les auberges (8-9-30).

Le clergé s'assembla, sous la présidence de l'évêque d'Orléans, Jean de Morvilliers, et plusieurs des membres contribuèrent ainsi qu'il suit, savoir:

Le chapitre de Ste-Croix donna 400 liv. (8-9)

Le chapitre de St-Aignan donna 240 liv.

Le chapitre de St-Avy, 10 liv. tournois par an.

Le chapitre de St-Pierre-Empont, 30 livres tournois par an.

Le chapitre de St-Pierre-le-Puellier, 15 livres tournois par an.

Les religieux de St-Benoît refusèrent.

Les religieux de Saint-Euverte, 1 écu soleil par semaine.

Les religieux de Saint-Samson, 20 sous tournois par semaine.

Les curés de la ville s'offrirent de payer ce à quoi ils seraient taxés par l'assemblée.

Le vicaire de Saint-Hilaire offrit 20 deniers par semaine.

Le vicaire de Saint-Pierre-en-Sentelée offrit 15 deniers par semaine.

Le vicaire de Saint-Liphard, 6 deniers par semaine.

Le vicaire de Saint-Michel, 12 sous parisis par an.

---

parchemin, dans lequel est copie de l'établissement du bureau de l'*Aumosne* des pauvres originaires d'Orléans; de plus est ajouté dans le premier feuillet *une bande de parchemin d'environ trois aunes de long et de dix pouces de large*, qui contient l'énoncé des mêmes titres, et qui fut dressée à la Toussaint 1344.

Le vicaire de Bonne-Nouvelle, 6 deniers par semaine.

Les autres de la ville ne voulurent rien donner que leurs prières et leurs sollicitations auprès des personnes charitables.

28 février 1556. Monseigneur de Sansac, chevalier de l'ordre du roi, envoyé par Sa Majesté, pour faire la visite de la nouvelle clôture de la ville, et qui était arrivé à Orléans le 4 février 1556, termine son inspection.

Comptes de ville :

« *Despenses faictes* pour Monseigneur de Sansac, chevalier de l'ordre du Roy, envoyé de par le Roy notre Seigneur, pour faire la *visitation* des *foussés* et murailles de la *dicte* ville d'Orléans, le IVe jour du présent *moys* de février M. C.C.C.C.C. L. VI, et où il resta quatre jours et demi.

» A Michel Auffran, messager.... pour porter à Claude Tranchot et Ferry Amelot, *deulx* des *eschevins estant* à Paris, pour les affaires de la ville et leur faire à *scavoir* des *visitation* des *foussés* et murailles que Monseigneur de Sansac, chevalier de l'ordre, avait *faictes* suivant les lettres missives du Roy, c sous parisis.

» A Jh. Legrand, pour fraits *faicts* à aller d'Orléans à Baulne en Gâtinois, pour trouver le secrétaire de Monseigneur de Sansac, *scavoir :* pour le souper du *dict* Legrand et son cheval, à *Chilleurs,* v sous tournois.

» A *ung* homme qui l'a guidé depuis le *dict Chilleurs* jusqu'à *Boys-Commung,* VI sous tournois.

» Pour *disner* et de son homme au *dict* Boys-Commung, IV sous tournois.

» A *ung* homme qui l'a guidé depuis le dict Bois-Commung au dict Baulme, VIII sous tournois.

» Pour le souper du dict Legrand et son cheval, XVII deniers tournois.

» Pour le *disner* faict à Fay, XXI sous tournois.

» A quatre dixainiers et sept cinquanteniers, pour leurs peines, sallaires et vaccations d'avoir vacqué, tant à pied qu'à cheval, *revestus* de leurs *hoquetons* (casaques) de livrés, à la visitation faicte par Monseigneur de Sansac.... porter les présens de vin et *aultres* choses qui luy ont *esté faits* au nom de la ville, etc, XI livres tournois.

» A Durant Bauldry, *fructier,* pour la vente de *demy* cent de pommes, de Court-Pendù, et *demy* quateron de poyres de Bon *Chresptien*, qui ont *esté* presentées au nom des *eschevins*, manants et habitants de *ceste* ville, à Monseigneur de Sansac, chevalier de l'ordre, etc., xx sous tournois.

» A Nicolas Cousin et Pierre Coitier, *cannoniers* du Roy, pour leurs peines et *sallaires* d'avoir vacqué à cheval et *estre* presents à la *dicte* visitation et donné leurs advis, etc., vi livres tournois.

» Pour *ung* fer de cheval à Monseigneur de Sansac, xviii deniers.

» Jh. Ruan, chandellier en suif, pour douze livres de chandelles à trois *fils* de coton, à raison de ii sous vi deniers la livre, qu'il a baillées et fournyes pour le *dict* Monseigneur de Sansac, *estant loigé* à l'*Escu* de France, en la dicte ville, xxx sous tournois.

» Parties *dues* à Pierre Panquin, *pastissier*, durant le temps que Monseigneur de Sansac, chevalier de l'ordre et *cappitaine* de cinquante *lances* (cent cinquante hommes), a *esté loigé* à l'*Escu* de France, en *ceste* ville d'Orleans, faisant la *visitacion* des fortifications de la *dicte* ville d'Orléans, le jeudy quatrieme jour de feuvrier M. C.C.C.C.C. LVI, qu'il arriva, *scavoir* :

» *Premierement, pour soupper le jeudy quatre feuvrier.*

	Livres.	Sous.	Den.
» Un potage,	»	VII	»
Deulx lappins,	»	XVI	»
Deulx chapons,	»	XVIII	»
Deulx perdreaulx,	»	XVI	»
Deulx becasses,	»	XVI	»
Quatre pluviers,	»	XX	»
Deulx membres de mouton,	»	XVI	»
Une poule d'Inde (*),	»	XXX	»
Citrons et oranges,	»	V	»
Une salade verte,	»	II	VI
A Reporter...	VII	VI	VI

(*) Les jésuites ont été fondés en 1538, par la bulle de Paul III : *Regimini militantis Ecclesiæ*. On trouve ci-dessus, en 1556, une poule-d'Inde : il est donc peu probable que ce soit eux qui aient introduit les dindons en France, car il ne se pouvait guère faire qu'un ordre nouveau, en dix-huit ans, soit devenu assez puissant pour avoir fait des établissemens dans l'Inde et y avoir des missionnaires qui, dit-on, ont apporté ces oiseaux en France.

	Livres.	Sous.	Den.
Report. . . .	VII	VI	VI
Douze douzaines d'alouettes,	»	X	»
Ung petit levreau,	»	XX	»
Quatre livres de *lart* (lard),	»	XII	»
Ung roti d'olives,	»	III	»
En capres menues,	»	III	»
En navaulx,	»	»	XII
En bonnes herbes,	»	»	XII
En marrons,	»	»	II
Deulx pastés de pommes de Court-Pendu,	»	XII	»
Deulx *gataulx* feuilletés,	»	X	»
Une tarte blanche,	»	V	»
Une tarte de raisins de Cabats,	»	V	»
Ung raston (espèce de gâteau),	»	V	»
En raisin de Cabats,	»	II	»
Total. . . .	XI	XV	VIII

» *En maigre, le vendredy cinquieme jour de feuvrier, pour le disner.*

	Livres.	Sous.	Den.
Ung gros brochet,	»	XXXV	»
Ung aigle-fain (oiseau),	»	V	»
Deulx lamproyes,	»	XXXX	»
Deulx grandes pluyes,	»	XII	»
Quatre vives (poissons),	»	VI	»
Deulx perches,	»	X	»
Deulx carpes,	»	VI	»
Un demi-cent d'huitre,	»	III	»
Six harengs blancs,	»	II	»
Six harengs sorrets,	»	II	»
Quatre livres de beurre frais,	»	XII	»
Un demi-quarteron d'œufs,	»	II	II
En herbes fines,	»	II	»
Quatre pieces de four,	»	XX	»
En tout menu dessert,	»	X	»
Total. . . .	VIII	VII	II

» *Le dict vendredy, à souper.*

	Livres.	Sous.	Den.
» Ung gros brochet,	»	XXXVII	VI
Deulx lamproyes,	»	XLVIII	»
Deulx grosses carpes,	»	X	»
Deulx perches,	»	VI	»
En huitres,	»,	III	»
Deulx grandes pluyes,	»	XVI	»
Deulx pastés de *chascun deulx* grosses anguilles,	»	XVI	»
En goujons,	»	II	VI
Quatre vives,	»	XII	»
En harengs blancs et sorrets,	»	IIII	»
Un demi-quarteron d'œufs,	»	II	II
En oranges,	»	II	»
Quatre livres de beurre frais,	»	XII	»
En espinards et bonnes herbes,	»	II	»
Quatre pieces de four,	»	XX	»
En tout menu dessert,	»	X	»
Total. . .	X	III	II

(*Suivent les autres repas, au nombre de sept.*)

» Plus, pour mes peines et vaccations ce qu'il plaira à Messsieurs. — c sous tournois.

» Somme pour le tout, ci-devant, L. xxxxv livres v sous xi deniers tournois.

» Visité et finé par nous, notaires de la ville,

» LEVASSOR. — TASSIN. »

» A Gervais Belin, appothicaire, pour drogues, medicamens et *aultres* choses de son *estat* de appothicaire, par luy baillés, fournys et donnés à mon dict Seigneur de Sansac, qui se trouva mal disposé à Orleans, y *estant* pour la *dicte visitacion* de ville et donner son *advis* sur la bonne manyere de la fortifier.

» *Premierement, doit du quatrieme jour de feuvrier*
M. C.C.C.C.C. LVI (1556).

	Livres.	Sous.	Den.
» Une *fomentacion* compousée à luy sedder sa douleur,	»,	VI	»
A Reporter. . .	»	VI	»

	Livres.	Sous.	Den.
Report....	»	VI	»
» Plus, pour *esponges* fines,	»	III	»
» Plus, pour une *boiste* de cotignat,	»	VI	»
» Le lendemain *ung clystere compousé* de casse et aultres ingrediens,	»	X	»
» Plus, pour Monseigneur, la *fomentacion* que dessus,	»	VI	»
» Plus, *ung* liniment à luy *sedder* sa douleur,	»	IV	»
» Plus, *ung ordeat cuist* au *sulcre*,	»	II	VI
» Plus, *ung* clystere suivant l'ordonnance de M. de la Grenoillière,	»	X	»
» Pour le lendemain, *ung* bol de casse *resente...dée* selon l'ordonnance,	»	XV	»
» Le sixieme jour de *feuvrier ung ordeat* pour *deulx* fois,	»	V	»
» Le lendemain, baillé à M. Nicolle, *cirurgien* de Monseigneur, pour *deulx magdaleons de coustede diaquilon magnus*,	»	II	»
» Plus, la garniture d'*ung* gand pour son boistier,	»	V	»
» Plus, baillé pour les oyseaulx de Monseigneur, une once aloes et demi-once *moine*,	»	VII	VI
» Le huitieme jour de *feuvrier*, pour Monseigneur, *ung* sirop laxatif à user de *deulx* jours en *deulx* jours, *deulx* cuillerées,	»	XXV	»
» Plus, ung sirop magistral *compousé sellon* l'ordonnance, ou quel entre VI dragmes de rhubarbe et *aultres* certains ingrediens, à user de quinze jours en			
A Reporter...	V	VII	»

	Livres.	Sous.	Den.
Report....	V	VII	»
quinze jours, *chasculne* fois trois cuillerées ou plus ou moins *sellon* l'operation (la selle) que Monseigneur fera,	VII	X	»
» Plus, deux livres *sulcre* fin,	»	XVIII	»
» Plus, une demi-once canelle fine,	»	II	»
» Plus, une demi-once muscade,	»	»	X
» Plus, une demi-*onze pouldre* de gingembre,	»	»	XI
» Plus, une demi-livre amandes,	»	II	»
» Plus, une livre prunes,	»	»	VI
Total....	XIIII	I	III
» Reduit à la somme de.....	XI	»	»

» A François Duhamel du Graismot, *hoste* de l'Escu de France (place du Martroi), la somme de LXXV livres tournois, pour *despenses* de bouche et *aultres faictes* en son *hostel*, par Monseigneur de Sansac et par vingt-deux *aultres* personnes gentilshommes, et *aultres* de sa *suitte* et compagnie, tous à cheval et aussy par leurs *laquets*, mulletiers et *varlets* de *pié* durant trois jours *edemye* qu'ils ont *loigé* et sejourné au *dict loigis* de l'Escu de France, pendant le *dict* moys de feuvrier M. C.C.C.C.C. LVI, pendant lequel temps le *dict* Seigneur de Sansac, a *veu* et *faict visitacion*, etc., etc., pareillement pour les *despenses faictes* par les *dicts* chevaux et *mullet*, et pour boys, linges et *aultres* choses qu'il leur a *baillés*, fournys et *donnés* durant le *dict* temps, en ce, non compris la viande, et *charre*, et poisson, vin à pot, fruits crus et confits, et pieces de four dont, a luy et à ses gentilshommes et gens, a esté *faict* present et dont y a *aultres* articles.

» Payé LI livres XVI sous VI deniers, pour l'*achapt* d'une couppe d'argent *vezé* (guillochée) et gravée, couverte et grande, qui a *esté* présentée au nom de la ville à mondit Seigneur de Sansac, après avoir *faict* la *dicte visitacion*.... *poisant* un marc sept onces six grains, à raison de xxvi livres tournois le marc, et xii sous six deniers, pour ung *estuyt* de cuir, doublé de vert, auquel a *esté mys* la *dicte* couppe.

27 mars 1556. » A Jh. Morize et Nicolas Provencbere, notaires, pour avoir assisté à la *dicte visitacion*, *chascun*, c. sous parisis, x livres parisis.

15 avril 1556. avant Pâques. » A Jacques Deloynes, *recepveur*, pour ses peines et *sallaires* de avoir *faict* la mise et *recepte* de ce present compte de nouvelle *closture* (dernière enceinte), à la somme de v. m. v. c. xliii livres xvi sous ix deniers, qui est, à raison de *deulx* deniers par livre, xlvi livres iii sous xi deniers.

» Le present compte, minuté en papiers et grossoyé en parchemin, xxvii sous tournois, à raison de iii sous tournois pour *chascun* feuillet en parchemin, et xx deniers tournois le *rolle* en papier.

» Quittance le quinzieme jour d'avril avant Pasques, l'an M. C.C.C.C.C. LVI.

» Jacques. DELOYNES. »

4 mai 1556. Les priviléges dont jouissaient depuis plus de 1200 ans les évêques d'Orléans, le jour de leur entrée en possession, étant contestés par les magistrats d'Orléans, principalement pour la délivrance des prisonniers, le clergé de la ville en porta plainte au roi, lequel, par une ordonnance signée : Henri II, confirme les cérémonies usitées, veut et entend que messire Jean de Morvilliers, évêque d'Orléans, et ses successeurs, fassent leur entrée avec la jouissance de ce droit, et continuent d'en user à la condition seulement de ne pas publier le jour que la délivrance aurait lieu, afin que les malfaiteurs ne puissent en être avertis et ne se rendent dans Orléans la veille; le tout pour éviter les inconvéniens qui résulteraient d'une pareille publication (4).

5 mai 1556. Jean de Morvilliers, qui était nommé évêque d'Orléans depuis trois ans, ne peut faire son entrée dans cette ville qu'à cette époque, parce que, jusqu'à ce jour, il avait refusé au chapitre de couper sa barbe qu'il portait longue, et de faire grâce à plusieurs calvinistes qui étaient entre les mains de l'inquisition, et que le chapitre protégeait : le chapitre voulait de plus qu'il payât pour ces mêmes protestans 600 livres aux hospices et 100 livres à la sacristie

de Sainte-Croix. Il finit par faire ce que le chapitre exigeait, sur les deux derniers points ; quant à la barbe, il fallut que le roi Henri II écrivît à ce sujet aux chanoines une lettre qui pourtant n'applanit pas de suite cette *grande difficulté*.

Copie de la lettre de Henri II :

» Notre ami et feal Jehan de Morvilliers, evesque d'Orleans, deliberant de faire son entrée; et d'autant que portant barbe, vous pourriez differer sa reception, sous ombre des coutumes et usances observées en semblable cas, nous avons bien voulu vous avertir comme l'ayant employé en plusieurs affaires, tant en notre royaume que hors d'iceluy, comme nous avons encore deliberé de faire pour ses vertus, experience et dexterité que nous lui connoissons au maniement des affaires, il est constant, pour le bien de notre service, de s'accommoder à la façon de ceux auprès desquels il a à resider et negocier, et encore, le reconnoissant personne sy vertueuse, desirant singulierement l'observation des saints decrets, entretenement de bonnes et louables coustumes et de toutes choses qui appartiennent à l'honneur de Dieu et de notre mere Sainte Église, nous pensons bien que vous ne voudrez pas, pour sy peu de chose, empescher la dicte reception : neanmoins, nous vous prions et commandons que, sans vous arrester à ce qu'il porte barbe, comme dit est, vous ayez à le recevoir en votre eglise, sans qu'il soit tenu d'abattre la dicte barbe.

» Donné à Chambort, le IV may, M V^c LVI.

» Signé HENRY.

(*Et plus bas*) » DU THIERS. »

Assemblée tenue à l'Hôtel-de-Ville d'Orléans, au sujet de la requête présentée aux échevins de cette ville, par les Cordeliers de Meung, qui demandaient un logis où il y eût une chapelle, afin de pouvoir loger, lorsqu'ils venaient à Orléans pour leurs quêtes, ou pour confesser ceux qui les demandaient. On jeta les yeux sur la chapelle de Saint-Mathurin, sise sur la grande rue de la porte Bannier, et sur le logis de ladite chapelle où il y avait deux petites chambres appelées vulgairement l'Hôpital des Aveugles.

8 Juin 1556.

On acheta le tout pour la somme de vingt livres tournois de rente annuelle, au profit de M. Louis Dubois, qui en était le chapelain. Cette petite chapelle était de fondation royale : en 1259, saint Louis l'avait fait élever hors de la ville (8-9).

Juin 1556. Violente querelle entre les paroissiens de l'église de l'alleu Saint-Mesmin d'Orléans, qui se battirent dans cette église avec un grand acharnement. L'évêque fut obligé de bénir de nouveau cette église qui avait été profanée par l'effusion du sang (8).

Octobre 1556. En vertu des priviléges dont la ville d'Orléans jouissait, les troupes qui passèrent à cette époque devant la place, pour aller trouver le roi Henri II, qui était en Picardie, n'eurent pas la permission d'entrer dans Orléans ; elles furent dirigées sur Olivet : la ville était fermée, les portes gardées par les habitans qui virent de leurs remparts les soldats défiler dans la campagne (4).

Louis Dodieu, écuyer du roi, et l'un de ses conseillers, prévôt d'Orléans, fait publier au son de trompe, dans les rues, places et carrefours, une ordonnance du parlement de Paris, défendant aux habitans des villes du royaume d'aller aux tabagies et cabarets (8-6).

1556. Mort de Claude Marchand, *scribe* et libraire-général de l'Université d'Orléans, poète français, natif de cette ville (21).

26 mars 1557. Le cardinal Trivulce, légat du pape Paul IV, par bulle donnée à Moret, diocèse de Sens, approuve la procession qui se fait le premier dimanche de chaque mois, dans l'église de Saint-Pierre-en-Sentelée, laquelle procession venait d'être nouvellement instituée à Orléans : par suite, elle se fit dans toutes les églises de la province (8-9).

Avril 1557. Le protestantisme s'introduit parmi le peuple d'Orléans: il y avait bien déjà quelques personnes imbues des opinions de Luther et de Calvin, mais c'était dans les classes élevées en général. Les nouveaux religionnaires n'étaient pas connus; mais à cette époque, un jeune homme nommé *Colombeau* s'associa un *serger* (ouvrier en serge) nommé *François Delafie*, un cardeur nommé *Jean Chenet*, un second appelé *Doublé*, et cinq autres personnes semblables : ils firent en peu de temps un grand nombre de prosélytes, d'abord dans la basse classe, puis après parmi les bourgeois. Le premier ministre de cette société naissante fut

Ambroise Leballeur. Ils tenaient leurs assemblées secrètes dans une maison devant l'Hôtel-de-Ville, au nord-est de la tour de la Grosse-Horloge. Ce fut dans la seconde cave de cette maison, près de la rue des Petits-Souliers, que fut leur premier temple caché à Orléans (4-8).

Antoine Chaudieu, protestant, député de Paris, et Faget de Genève, de la même religion, arrivent furtivement ensemble à Orléans, en qualité de ministres, pour soutenir les doctrines de la société naissante de cette ville (4-8-64).

1557.

Les chanoines de Sainte-Croix, assemblés en chapitre, décident par une délibération écrite, que l'habit violet et les paremens écarlates que portaient tous les chanoines, ne seraient plus dorénavant affectés qu'aux seuls dignitaires (8-9).

Mort de Jean Allart, poète français, né à Orléans (21).

Louis Dodieu, prévôt d'Orléans, condamne les Fabriciens de Sainte-Croix en quatre livres parisis d'amende, pour dommage des blessures faites à un bourgeois d'Orléans, par suite des morsures des chiens chargés de la garde de leur cloître, lesquels avaient été lâchés avant l'heure prescrite par les réglemens de police rendus à cet effet (30-8).

Création d'un lieutenant-général du gouvernement d'Orléans, par ordre du roi Henri II. Le premier connu dans cette charge fut Innocent de Monterud (21).

Les Anglais sont chassés de France par la prise de Calais. Le duc de Guise s'empara de cette ville au milieu de l'hiver, et en huit jours, pendant que cette place avait coûté onze mois de siège à Edouard III, roi d'Angleterre, lorsqu'il s'en empara, en 1246, après la funeste bataille de Crécy, perdue par les Français, sous Philippe de Valois (43).

6 janvier 1558.

Cet événement fut mémorable pour la monarchie, et la délivra de la présence des Anglais, qui avaient possédé une partie de la France pendant 312 années, sans interruption.

Les échevins d'Orléans font un accord avec les chanoines de Sainte-Croix d'Orléans : il est arrêté que le spirituel de la *Maison-Dieu* (Hôtel-Dieu) serait régi et ordonné, comme de coutume, suivant le concile de Vienne : que, quant à l'ordinaire, il y aurait pour le régir, deux chanoines, quatre bourgeois et un marchand, à vie ou à temps,

7 septem. 1558.

qui seraient appelés maîtres et gouverneurs de l'Hôtel et Maison-Dieu d'Orléans, ainsi qu'un receveur des deniers, qui devrait rendre ses comptes tous les ans (4).

9 septem. 1558. Henri II crée, pour l'Aumône-Générale d'Orléans, six *appariteurs*, pour faire tous exploits, concernant les pauvres et choses à eux *aumônées* (données aux pauvres) ; il les charge aussi de surveiller les réglemens faits pour les enfans-trouvés de la province (8).

Septembre 1558. Jean de Morvilliers, évêque d'Orléans, est nommé par le roi Henri II, ambassadeur, pour négocier en son nom avec les Espagnols, au sujet d'un traité de paix entre les deux puissances (43-64).

13 octobre 1558. Les pères Augustins d'Orléans abandonnent aux échevins une place devant leur maison, au nord, pour élargir le chemin ; moyennant la somme de 100 livres, une fois payée (4-9-59).

Jean de Morvilliers, ambassadeur du roi Henri II, se rend à Sercamp, pour y traiter de la paix entre la France et l'Autriche (4-9-64).

1558. Le chapitre de Saint-Pierre-Empont fait bâtir une belle maison, pour y loger les chanoines dignitaires. Cette maison, située au sud de l'église, faisant le coin de la rue Roche-aux-Juifs, est remarquable par sa construction intérieure et extérieure ; elle porte maintenant le numéro 1er de la rue de l'Ormerie (4-8).

Henri II crée la Généralité d'Orléans et la divise en douze élections (4-21).

Henri II crée un *intendant* (administrateur de province) à Orléans. Le premier qui exerça cette charge fut Charles de Lamoignon, conseiller du roi, maître des *requestes*, et surintendant en la justice du bailliage et gouvernement d'Orléans : quelque temps après sa nomination, ce magistrat vint habiter l'hôtel du gouverneur, sur la place de l'Étape (21-4).

Mort de *Léon* Tripault, célèbre jurisconsulte, né à Orléans (21).

10 juillet 1559. Mort d'Henri II, vingt-quatrième roi de la troisième race et cinquante-neuvième roi de France, à l'âge de 41 ans, après un règne de 13 ans ; il fut tué d'un coup de lance qui lui fut porté dans l'œil par le comte de Montgommery, l'un des capitaines de ses gardes-du-corps, dans un tournois qui avait eu lieu rue Saint-Antoine, à Paris, pour les ré-

jouissances du mariage de sa fille avec le duc de Savoie. Montgommery était né à Orléans (43).

Jean de Morvilliers, évêque d'Orléans, pour affermir davantage ses diocésains dans la foi catholique, confère lui-même, et pour la première fois, le sacrement de la Confirmation dans Orléans : auparavant il fallait que les fidèles attendissent le passage ou le voyage d'un évêque étranger (8-9). 29 novem. 1559.

Le cardinal de Bourbon, archevêque de Sens, fait une entrée solennelle dans Orléans; il est reçu dans Sainte-Croix, harangué par le grand-pénitencier, et admis à baiser la Vraie-Croix. (8-64). 20 décem. 1559.

Edit du roi François II, qui condamne à mort tous les protestans, et donne ordre aux juges de faire arrêter, comme hérétiques, tous ceux qui solliciteraient en leur faveur : quelques membres du parlement furent mis en prison, pour avoir été d'avis qu'on modérât la rigueur de cette ordonnance (43). 1559.

Supplice d'Anne Dubourg, célèbre jurisconsulte, conseiller au parlement. Il fut pendu et brûlé à Paris, pour cause de religion : il avait étudié le droit à l'Université d'Orléans.

Jean Nicot, ambassadeur français auprès de Sébastien, roi de Portugal, fit connaître en France la plante nommée tabac, en l'offrant à la reine de Médicis, veuve d'Henri II, et mère de François II, ainsi qu'au grand-prieur. Elle fut d'abord appelée l'*Herbe à la Reine*, l'*Herbe au Grand-Prieur* ou *la Nicotiana*, puis après tabac, nom qu'elle porte présentement. Le tabac a pris ce nom de Tabaco ou Tabago, île de la province de Iucatan, en Amérique, où les Espagnols le trouvèrent (20-43).

Le parlement de Paris condamne Jean Texier, lieutenant civil d'Orléans, à une forte amende, pour avoir autorisé un acte par lequel Anne de Villiers prêtait une assez grande somme d'argent, avec intérêt à sept pour cent : les deux parties, plaignante et défenderesse, furent aussi condamnées, l'une pour avoir prêté, et l'autre pour avoir reçu à usure (8-6).

Pour la première fois, on fait usage à Orléans de la peine du pilori, sous Joachim Gervaise, lieutenant-criminel (30-8). Janvier 1560.

Le pilori, était une cage en bois, haute de six pieds,

large de deux pieds et demi seulement, montée sur un pivot un peu élevé, dans laquelle le condamné était renfermé et forcé de se tenir debout. Le peuple avait le droit de faire tourner cette cage pour voir le patient de tous les côtés, le huer, lui cracher à la figure et lui jeter des ordures au visage. Ce pilori était placé à Orléans, au marché de Saint-Hilaire, près du Châtelet et des prisons (4-8-49).

François II, qui venait de créer un impôt pour établir des fabriques de salpêtre dans son royaume, demande à la ville d'Orléans, 2,100 liv. en argent, pour construire des ateliers, et pour en fabriquer dans cette place; et en outre trente mille livres pesant de cette matière, lorsque ces ateliers seraient en activité (4-6).

Février 1560. Découverte de la fontaine de Ségray, près de Pithiviers, par Rosset, médecin de cette ville : son goût est ferrugineux, elle est employée avec succès contre les jaunisses, les pâles-couleurs, les fièvres quartes, et elle perd, dit-on, de ses vertus, si elle est transportée (6-21).

Avril 1560. Mort de Guillaume, célèbre médecin d'Henri II, natif d'Orléans (21).

Mai 1560. Jean de Morvilliers, évêque d'Orléans, est demandé par le cardinal de Lorraine, pour être chancelier ; mais la reine-mère, Catherine de Médicis, fit nommer à cette charge Michel de L'Hôpital (43).

18 octobre 1560. Le roi François II, voulant remédier aux troubles occasionnés par des motifs de religion, convoque une assemblée générale ou États-Généraux à Orléans (43-21-64).

19 octobre 1560. Ce roi arrive à Orléans avec la reine-mère, Catherine de Médicis, les princes de Montpensier et de la Roche-sur-Yon, les Guises et tous les grands de sa cour. Il fait son entrée dans cette ville avec une grande pompe, et est salué à la porte Bannier par une décharge de mousqueterie que firent les arquebusiers, au nombre de 400 hommes (8-64).

» Le dit Roy, entouré de plus de 4,000 habitans armés, *estoit* monté à cheval *soubs* un dais de drap d'or, avec les armoiries de la ville, portées par les *eschevins*. Les rues *estoient* richement tendues, et au-devant de Sa Majesté marchaient les archers de sa garde, les gentilshommes de sa maison et ses Suisses; après sa dite Majesté, venaient tous les princes et chevaliers de l'ordre ; et au son des trompettes et tambours, elle fut conduite à l'église de Sainte-Croix, où Monseigneur l'évêque Jean de Morvilliers et le clergé la reçurent; et ayant dit ses prières, elle fut logée à la place de l'Étape, en la maison de messire *Hierosme* (Jérôme) Groslot, pour lors *bailly* d'Orléans.

» L'après-*disnée*, les *trouppes* allèrent au-devant de Marie, reine de France et d'*Escosse*, fille de Jacques V, roy d'*Escosse*, et de Marie de *L'Aurrainne*, fille de Claude de *L'Aurraine*, duc de Guise, qui fit son entrée dans la *dicte* ville, avec un visage à *descouvert*, où la majesté, les grâces, la beauté et les *mignardises* (délicatesse des traits) ravissaient les cœurs des regardans ; elle avait la couronne royale sur la *teste*, relevée de fleurs de lys, *vestue* d'une *robbe* de drap d'or frisé, parsemée d'*estoilles* de diamans et de perles, montée sur une *hacquenée* blanche (petit cheval blanc) enharnachée et *houssée* de drap d'or.

» Après Sa Majesté, suivaient les princesses et duchesses représentant les douze pairs de France, qui *estoient* aussi à l'*envy* richement ornées et parées, *estant* montées sur des *hacquenées* blanches, et chaque princesse et duchesse *estant* couronnée, sçavoir : les princesses du sang royal avaient les chappeaux et *tymbres* de leurs couronnes *honnorez* et décorés de fleurs de lys au cimier ; les duchesses ayant leurs couronnes d'or composées de chappeaux de roses *espanouyes*, et à leur *suitte* leurs *escuyers*, gentilshommes et pages. Cette compagnie royale de la reine, avec ses déesses, paraissoit si admirablement belle, que si la lune argentine eût paru reluisante avec ses *estoilles*, elle se fut ternie auprès de si rares perfections et beautés éclatantes, auxquelles les cieux, la nature, les grâces et l'amour avoient contribué de leur souveraine puissance.

» La reine fut conduite à Sainte-Croix, puis ramenée au logement du roi sur l'Étape, chez *Hierosme* Groslot, bailli (8). »

Le roi François II nomme, pour maintenir le bon ordre à Orléans, François de Vieuville, lequel, à peine arrivé, fait une perquisition de tous les bateaux qui étaient sur la Loire, depuis Cléry jusqu'à Jargeau, ayant été prévenu que les protestans d'Orléans attendaient des armes et des munitions ; il découvrit effectivement, sous les murs de Jargeau, trois bateaux chargés, tua une partie de l'escorte qui était de cinq cents hommes, s'empara du chargement et rentra en triomphe à Orléans : il donna les armes aux soldats, les fauconneaux ou petits canons et la poudre

20 octobre 1560.

aux catholiques de la ville, vendit les bateaux dont il donna le produit aux blessés, et le reste aux divers hôpitaux de la ville (8)..

Le roi fit loger sa gendarmerie dans les environs d'Orléans, et occuper par ses autres troupes toutes les villes et villages à plusieurs lieues à la ronde, en les logeant, de préférence, chez les plus zélés protestans (8-43).

Le roi de Navarre, père d'Henri IV, arrive à Orléans. Ce prince était alors âgé de 47 ans; François II le fit garder soigneusement. Ce prince se vit abandonné de tout le monde, hormis de Coligny, et du cardinal de Châtillon, son frère, qui lui tenait fidèle compagnie; comme il était de la religion réformée, il eut le chagrin de se voir refuser l'entrée de l'église de Sainte-Croix, qu'il désirait visiter.

21 octobre 1560. Catherine de Médicis, qui voulait, pour régner sous le nom du jeune et faible roi François II, son fils, opposer les Guises aux Condés et la France à la France, obtint qu'avant l'ouverture des États d'Orléans, le prince de Condé, qui devait arriver dans cette ville, serait arrêté sur-le-champ, comme un des auteurs des troubles et de la conspiration d'Amboise (43).

Arrivée du prince de Condé à Orléans, où il s'était rendu sans défiance, sur la parole du cardinal de Bourbon. A peine entré dans la ville, ce prince se rend chez le roi François II, pour le saluer; et comme il sortait de son cabinet, il est arrêté dans la cour de l'hôtel du bailli Groslot, où logeait le monarque, par Philippe de Mailly Brézé et François Leroi Chavigny, capitaine des gardes-du-corps: il fut mené dans un logis situé sur la place de l'Étape, près de l'église des *Dominicains* (Jacobins), que l'on garnit de barreaux de fer, et auprès duquel on fit construire comme un bastion de briques, et une plate-forme, défendus par quelques pièces de canon qui répondaient aux quatre rues voisines, savoir: rue Bretonnerie ou de la Grande-Maison, rue du Jeu-de-Paume, qui porta plus tard le nom de la famille d'Escures, rue de l'Evêché, et place de l'Étape (8-43).

La dame de Roye, belle-mère du prince de Condé, est arrêtée dans sa maison, place de l'Étape, à Orléans, et conduite prisonnière dans le château de Saint-Germain-en-Laye, près Paris.

L'archevêque de Rheims, légat du pape Pie IV, et grandinquisiteur de France, choisit, pour rechercher et punir les protestans d'Orléans, les curés de Saint-Paul, de Sainte-Catherine et de Saint-Paterne (8-43-64).

Hiesrosme (Jérôme) Groslot, bailli d'Orléans, chez lequel le roi, la reine et la reine-mère, Catherine de Médicis, demeuraient, est accusé d'être d'intelligence avec les protestans et d'entretenir secrètement une correspondance avec le prince de Condé, détenu au bastion de l'Étape. Il est arrêté et enfermé dans les prisons de la ville (8). *1er novem. 1560.*

Le marquis de Beaupréau, fils du prince de la Roche-sur-Yon, qui était gouverneur d'Orléans, dans une tournée qu'il fit dans cette ville, tombe de cheval et meurt des suites de cette chute (8-6). *9 novem. 1560.*

Jérôme Groslot, bailli d'Orléans, est condamné à mort par le tribunal de l'inquisition de cette ville. Le roi étant allé à la chasse, pour ne pas être présent au jugement de ce malheureux chez lequel il était logé, fut attaqué d'une pesanteur de tête causée par la formation d'un abcès (8-43). *16 novem. 1560.*

Le bailli Groslot ne fut pas exécuté : il parvint à s'échapper et à se cacher dans son Château-de-l'Ile, près d'Orléans (8-64).

François II, pour appaiser et distraire le peuple d'Orléans, indigné de l'arrestation du prince de Condé, se rend avec pompe à l'église de Saint-Aignan, pour y célébrer la fête de cette église, et y toucher les écrouelles. Le soir, étant à Vêpres, il tomba dans une telle défaillance, occasionnée par les douleurs de l'abcès qu'il avait dans l'oreille, qu'on fut obligé de le rapporter à son logis, sur l'Étape, dont il ne sortit plus (8-43). *17 novem. 1560.*

Les Guises, ennemis du prince de Condé, se hâtent de le faire mettre en jugement : ils agirent avec tant d'empressement que, passant pardessus beaucoup de formalités, ils firent commencer de suite le procès. *24 novem. 1560.*

Robert d'Orléans, célèbre avocat de cette ville, dont il était natif, est choisi par le prince de Condé pour présenter sa défense : il conseille à son client de ne pas répondre aux interrogatoires et de décliner la compétence du tribunal ; il fit aussi remarquer à l'assemblée le projet que les ennemis du prince avaient médité de le faire périr, et il en donna pour preuve l'infamie qu'ils avaient eue de faire venir à Orléans, et avant le jugement, quarante bourreaux des plus experts de France (8). *25 novem. 1560.*

Par ordre de la police de la ville et du gouverneur de la place, Charles de Bourbon, prince de Roche-sur-Yon, duc de Beaupréau, il est fait défense aux habitans, pendant tout le cours du procès du prince de Condé, de sortir de leurs maisons après midi, et même de regarder par les fenêtres de leurs demeures, sous peine de la potence (8-21-30-43).

Le prince de Condé est traduit devant le tribunal de l'inquisition d'Orléans; mais ayant déclaré ne vouloir répondre aux interrogatoires qui lui étaient adressés qu'en présence du roi, des princes, des pairs et du parlement assemblé, il est condamné à mort, malgré la vigoureuse et savante défense de son avocat qui parla dans le même sens (8-43).

L'arrêt fut signé, après les inquisiteurs, par la plupart des conseillers-d'état et des gens de robe, hormis le chancelier de L'Hôpital et le président Guillard du Mortier, de tous les chevaliers de l'ordre, et des seigneurs, tant ils étaient à la dévotion des Guises : il n'y eut que le comte de Sancère qui le refusa, malgré trois ordres réitérés du roi, poussé par les Guises.

27 novem. 1560. Les Guises se présentent chez la reine-mère, Catherine de Médicis, pour faire exécuter l'arrêt rendu contre le prince de Condé, et faire arrêter le roi de Navarre; mais cette princesse, ayant pris conseil du chancelier de L'Hôpital, qui lui représenta que son fils touchait à sa dernière heure, et que les Guises, n'ayant plus de frein, prendraient les rênes du gouvernement, ce qu'elle devait empêcher, refusa son consentement, afin qu'en cas de malheur elle put retirer à elle le pouvoir, et dominer sur les deux partis, en les tenant adroitement en balance.

5 décemb. 1560. François II meurt à Orléans, dans l'hôtel de Jérôme Groslot, bailli de cette ville, sur l'Étape, à l'âge de seize ans et demi, après un règne d'un an et cinq mois.

Charles IX, vingt-sixième roi de la 3e race, et soixante-unième roi de France, succède à son frère François II, à l'âge de dix ans et cinq mois, sous la régence de sa mère, Catherine de Médicis, L'Hôpital étant chancelier : ce roi avait été duc d'Orléans, sous le nom de Charles-Maximilien (43-32).

8 décem. 1560. Le cœur de François II est déposé, sans pompe et sans cortége, dans l'église de Sainte-Croix d'Orléans; tous les grands de la cour étaient si occupés à songer à leurs propres affaires, que, ni sa femme, ni sa mère, ni ses oncles

ne prirent le soin de ses funérailles : de tant de seigneurs et de tant d'évêques qui étaient à Orléans, il n'y eut que Sansac et Labrosse, qui avaient été ses gouverneurs, et Louis Guillard, évêque de Senlis, qui était aveugle, qui conduisirent son corps d'Orléans à Saint-Denis (8-43).

Le connétable de Montmorency, du parti des catholiques, arrive à Orléans : il use du pouvoir de sa charge, et chasse la garnison qui était aux portes de la ville, menaçant de faire pendre ceux qu'il trouverait assiégeant le roi en pleine paix, au milieu de son royaume.

Le prince de Condé, retenu dans le bastion de la place de l'Étape, qui lui servait de prison, en attendant le résultat de sa condamnation à mort, est mis en liberté à l'arrivée du connétable de Montmorency. Ce prince se retira à Ham, en Picardie, suivi par honneur des mêmes hommes qui lui avaient servi de gardes dans sa prison, emportant avec lui un furieux ressentiment contre les Guises qui l'avaient fait condamner à perdre la vie, et le désir d'en tirer une vengeance éclatante, lorsque l'occasion s'en présenterait.

Charles IX arrive à Orléans pour y tenir les États-Géné- 10 décem. 1560. raux qui avaient été convoqués par son prédécesseur, pour remédier aux troubles du royaume : il trouva dans cette ville sa mère, Catherine de Médicis, régente, le chancelier de L'Hôpital, les princes et toute la cour, les députés du clergé, de la noblesse et du tiers-état, qui avaient été convoqués pour faire partie de cette assemblée.

Le roi fut logé à l'hôtel du bailli Groslot (maintenant hôtel de la Mairie, sur la place de l'Étape), où il était gardé par son régiment des gardes, nouvellement formé : c'est lui qui le premier fut entouré de soldats ; car François II et tous ses prédécesseurs avaient à peine deux cents archers pour leur service et leur escorte.

Le duc de Guise, sept jours après la mort de François II, 12 décem. 1560. part d'Orléans pour aller en pèlerinage à Notre-Dame-de-Cléry : toute la cour et la noblesse le suivirent à pied. Le nouveau roi, Charles IX, qui venait d'arriver à Orléans depuis deux jours, demeura si *abandonné* qu'on en murmura, et que le monarque lui-même en entra en jalousie.

Première séance des États-Généraux d'Orléans, dans 13 décem. 1560. une grande salle de charpente qu'on avait bâtie exprès sur la place de l'Étape. Le nouveau roi, qui n'était âgé que de dix ans cinq mois et quelques jours, y présida, avec la reine-mère, Catherine de Médicis: le chancelier de L'Hôpital en fit l'ouverture par un discours digne de sa gravité; il blâma les procédures violentes sur le fait de la religion, dit que le vrai moyen de convertir les égarés était la bonne vie et les instructions, il exhorta fort de bannir les noms injurieux de Luthériens, Calvinistes, Papaux, et pria chacun de déposer toute haine et de n'avoir point d'autre passion que celle du bien public, dans lequel était contenu celui des particuliers (8-43).

Il ne se passa rien autre chose dans cette première séance, sinon que les trois ordres furent envoyés pour vérifier leurs cahiers, et l'assemblée ajournée au 2 janvier, c'est-à-dire vingt jours après.

14 décem. 1560. Les membres des trois ordres de l'état se réunirent séparément pour faire la vérification de leurs cahiers: les nobles tenaient leurs réunions chez les Jacobins, le clergé au couvent des Cordeliers, et le tiers-état aux Grands-Carmes (8-59).

18 décem. 1560. Le prince de Bourbon, qui était aux États-Généraux, perd son fils. Ce jeune prince, âgé de quatorze ans, s'exerçait armé dans un tournois qui avait lieu sur la place de l'Étape, vis-à-vis le palais où logeait le roi, avec d'autres princes et seigneurs; il courait à cheval avec une si grande *raideur* qu'il tomba par terre; et en même temps, un autre coursier sur lequel était le comte de Maulevriers, qui le suivait, passa par dessus ce jeune prince et le froissa de telle façon qu'il en perdit la vie peu de jours après (8-43).

19 décem. 1560. Charles IX, pendant son séjour à Orléans, donne aux administrateurs de l'Aumône-Générale de cette ville, qui sont du corps de la justice, le pouvoir d'emprisonner et de procéder contre les pauvres vagabonds contrevenant aux ordonnances du bureau (30).

25 décem. 1560. Charles IX, pendant son séjour à Orléans, ordonne que les magistrats d'Orléans aient à nommer des commissaires pour veiller à l'entretien des turcies et des levées qui contenaient la Loire dans son lit: ces commissaires firent détruire la petite île Charlemagne qui était à la hauteur de l'église Saint-Laurent, afin d'élargir le cours de la rivière. Les Anglais, en 1428, avaient élevé une bastille et quelques fortifications sur cette île (4-8-13).

2 janvier 1561. Seconde séance des États-Généraux d'Orléans, présidés

par le roi. Jean Quintien, professeur en droit-canon dans l'Université de Paris parla pour le clergé; Jacques de Silli, baron de Rochefort, pour la noblesse; et Jean Lange, avocat, pour le tiers-état : celui-ci porta la parole le premier, et fit un discours très-vif contre l'ignorance, le luxe, l'avarice et la corruption du clergé : « Les prélats, disait-il, ont aujourd'hui un si grand goût pour le luxe et la magnificence, qu'ils s'imaginent, par cet éclat extérieur, mieux représenter la majesté de Dieu, oubliant qu'ils la représenteraient beaucoup mieux par la simplicité de leur vie et l'innocence de leurs mœurs. » Le baron de Rochefort parla pour la noblesse; il demanda la réforme du clergé et se plaignit qu'on lui laissât de si grands biens; ensuite, il présenta une requête au roi pour demander des temples au nom des nobles qui avaient embrassé la nouvelle réforme. Quintien parla pour le clergé, et dit entre autres choses : « Qu'il ne fallait point écouter ceux qui débitaient des maximes condamnées, ni ceux qui, par leurs requêtes, demandaient des églises séparées; qu'on ne devait plus souffrir l'audace des sectaires qui méprisaient l'autorité des anciens et la doctrine reçue. » Il fit un portrait de la nouvelle réforme : « Elle s'efforce, dit-il, par toutes sortes de moyens, d'introduire un évangile qui se réduit à profaner les églises, à abattre les autels, à briser les images, à abolir les sacremens, à chasser les prêtres, les évêques et les religieux, à violer les vœux faits à Dieu, à vivre sans abstinence, sans jeûne, sans continence (8-43). »

Le résultat de cette assemblée fut que le roi enverrait des prélats au concile qui devait être bientôt tenu à Trente, qu'on rendrait la liberté et les biens à ceux qui étaient prisonniers pour cause de religion, qu'on leur accorderait une amnistie et le libre exercice de leur culte.

L'amiral de Coligny, présent lors du discours de Quintien, orateur du clergé, ayant été signalé par ce dernier, lui en demanda réparation : Quintien fut obligé de la lui faire dans une harangue, à la clôture desdits Etats-Généraux.

Ces États d'Orléans sont mémorables par la séparation éternelle qu'ils mirent entre l'épée et la robe; convaincus que les baillis de robe courte ne pouvaient guère s'astreindre à étudier les lois, ils leur ôtèrent l'administration de la justice et la conférèrent aux seuls lieutenans de robe longue : ainsi, ceux qui par leur institution avaient toujours été juges cessèrent de l'être.

Charles IX., par une ordonnance, accorda des priviléges aux plaideurs nobles; il défendit aux juges de prendre des plaideurs aucun présent, quelque petit qu'il fût, de peur qu'il ne fît incliner la balance de la justice : mais l'article 45 de ladite ordonnance exceptait de la prohibition la venaison ou le gibier pris dans les forêts et sur les terres des princes ou seigneurs qui les donnaient.

Cette assemblée des États d'Orléans était composée de 464 membres, non compris le roi et les princes du sang, savoir :

Pour le tiers-état,   192 députés.
Pour la noblesse,   132 —
Pour le clergé,   140 —

Total,   464 députés.

L'orateur du clergé commença son discours à genoux, les membres de cet ordre étant debout et découverts; mais à la seconde période, il eut la permission de continuer debout, la tête nue, et les députés pour qui il parlait, celle de se couvrir et de s'asseoir.

Il en fut de même à l'égard de la noblesse et de son orateur.

Quant à l'orateur du tiers-état, il resta constamment à genoux pendant plus de trois quarts-d'heure que dura son discours, et les membres de son ordre furent debout et découverts durant le même temps.

Janvier 1561. Pendant la tenue des États-Généraux d'Orléans, les princes Lorrains (les Guises) accaparaient toutes les voix et les suffrages. Bazin, insensible au danger qu'il allait courir, parla seul avec cette liberté qui convient au citoyen vertueux; le peuple l'applaudit, les princes et les magistrats le persécutèrent : cet homme, digne d'un meilleur sort, était né à Blois, dont il était député (8-9).

Juin 1561. La procession de la Fête-Dieu a encore lieu publiquement, pour la cathédrale seulement; mais les processions particulières des églises de la ville sont défendues, de crainte de troubles par les protestans qui étaient déjà très-nombreux à Orléans (8).

6 septem. 1561. Ouverture du Colloque de Poissy, près Paris, entre les catholiques et les protestans; il s'y trouva six cardinaux et quatre évêques, avec bon nombre des plus doctes théologiens, ainsi que dix ou douze ministres protestans, dont le plus distingué était Théodore de Bèze, qui avait fait son

droit à Orléans : ce dernier, manquant de prudence et de modération, s'emporta à des discours qui blessèrent si horriblement les oreilles des catholiques, qu'il mit le trouble dans l'assemblée, et attira aux religionnaires les épithètes de loups, de singes, de serpens corrupteurs (8-43).

14 septem. 1561.

Cette année la récolte des vins fut si tardive et si mauvaise dans l'Orléanais, que l'évêque d'Orléans, Jean de Morvilliers, qui, par une redevance envers son église, était obligé de fournir du vin nouveau à la messe de l'Exaltation, en fut dispensé par une déclaration formelle, et par écrit, de plusieurs cultivateurs des environs de la ville (8-9-).

15 novem. 1561.

Les protestans d'Orléans se réunissent pour organiser leur culte. L'assemblée eut lieu chez un nommé Jean d'Alibert, homme noble, demeurant près du Grand-Marché. Le prieur de Saint-Hilaire dénonça les sectaires, dont il envoya la liste à Louis Dodieu, prévôt de la ville, en le priant de s'y transporter avec ses gardes, pour les dissiper; mais les autorités n'ayant pas donné suite à cette dénonciation, le nombre des prosélytes protestans s'accrut de plus en plus, et leur hardiesse fut telle qu'ils préparèrent les moyens d'exercer publiquement leur religion, ce qui n'avait pas encore eu lieu à Orléans (8).

25 novem. 1561.

Les protestans d'Orléans s'assemblent dans une cour d'auberge appelée *le Renard*, rue du Vert-Galant. Antoine de Mérage les prêcha par une fenêtre donnant sur la rue, qui était pleine, tant il y avait de monde : il convoqua une assemblée générale pour le surlendemain, à Guynegault (lieu au couchant du faubourg du Portereau), n'ayant pas de local assez grand dans la ville pour les réunir tous.

27 novem. 1561.

Assemblée générale de tous les protestans d'Orléans, dans une maison de Guynegault, où il y avait un vaste jardin. Dans cette assemblée furent arrêtés tous les moyens de soutenir le parti, et la résolution de faire l'exercice du culte dans divers endroits de la ville (8).

29 novem. 1561.

Verdet, procureur du roi à Châteauneuf, et deux autres catholiques de cette ville, ayant insulté des protestans, sont amenés à Orléans et condamnés par le bailli Jérôme Groslot à être pendus sur le Martroi. Les prêtres catholiques d'Orléans s'emparèrent de leurs corps, après l'exécution, et les considérant comme martyrs, leur firent un service pompeux, au son des cloches, cierges allumés, et avec les cérémonies en usage pour les morts de distinction.

Novembre 1561. Arthur Désiré, prêtre normand, envoyé par les catholiques de Paris vers Philippe, roi d'Espagne, avec des instructions fort criminelles, est arrêté à Orléans, dans la rue Sainte-Anne, vis-à-vis Saint-Pierre-en-Sentelée, chez Jacques Guerset, curé de Saint-Paterne, où il avait reçu l'hospitalité : il fut poursuivi par ordre de Catherine de Médicis, qui avait découvert l'intrigue et qui en avait fait avertir Louis Dodieu, son prévôt d'Orléans. Il fut renvoyé sous bonne et sûre garde à Charles IX, avec les dépêches dont il était porteur, et fut mené à la Conciergerie. Le parlement, à cause de la quantité et de la qualité des personnes qui se trouvèrent enveloppées dans cette affaire, n'osa pas l'approfondir, et se contenta de condamner Désiré à faire amende-honorable en pleine audience, nu-pieds, la torche au poing, et ensuite à être renfermé entre quatre murailles dans le couvent des Chartreux de Paris (8-43).

Décembre 1561. Les protestans d'Orléans font les premiers exercices publics de leur religion dans l'église des pères Grands-Carmes, dont ils s'emparèrent : cette église venait d'être rebâtie à neuf, et était située où est actuellement élevé le grand bâtiment rue des Carmes. Ce fut leur second prêche, à Orléans, mais le premier ouvert publiquement (8).

1561. Mort d'Étienne de Paris, Dominicain, théologien, natif d'Orléans (21).

Cette année, une maladie contagieuse désola la ville d'Orléans et les environs. Les auteurs contemporains et les manuscrits du temps estiment le nombre des morts, dans la province, à neuf ou dix mille en moins de trois mois, et signalent la consternation générale et l'état affreux de la ville d'Orléans, pendant ce fléau (8-9).

Jean de Morvilliers, évêque d'Orléans, d'après l'avis de Charles IX, donne la direction de la Maison-Dieu (Hôtel-Dieu) de cette ville, à des sœurs de l'ordre de Saint-Augustin (8).

4 Janvier 1562. Catherine de Médicis, régente du royaume, voulant s'appuyer des protestans ou calvinistes, pour résister à la puissance des Guises, rendit un édit en leur faveur, portant révocation de ceux qui avaient été rendus contre eux, et permission de prêcher dans quelques villes du royaume ; Orléans était du nombre. Le parlement approuva cet édit, sans reconnaître la nouvelle religion, mais seulement jusqu'à ce que le roi en eût autrement ordonné (43).

Le massacre de Vassy, qui eut lieu à cette époque, fut comme le tocsin des guerres civiles. Le duc de Guise, catholique, revenant de Joinville à Paris, se trouva dans la ville de Vassy, en Champagne ; les gens du duc ayant eu querelle avec les protestans rassemblés pour le prêche, en vinrent aux mains avec eux : le duc de Guise accourut pour appaiser le tumulte ; il fut blessé d'un coup de pierre au visage ; aussitôt tout s'arma contre les protestans, sous prétexte de venger le duc de Guise, et il y eut plus de deux cents tués ou blessés : les protestans demandèrent justice de ce massacre et ne purent l'obtenir. 1er mars 1562

Dandelot, protestant, frère de l'amiral Coligny, est envoyé par le prince de Condé pour se saisir d'Orléans ; il s'empare adroitement d'une des portes de la ville, la porte Saint-Jean, et donne avis de ce succès au prince, en lui disant de venir vîte à son secours (8-43-64). 1er avril 1562

Le prince de Condé, mécontent de la reine-mère, et l'accusant d'être l'auteur du meurtre des protestans, à Vassy, puisqu'elle ne voulait pas donner à son parti réparation de ce massacre, profite de l'avis de Dandelot, qui s'était emparé d'une porte d'Orléans, et se rend en hâte dans cette ville avec 2,000 chevaux, tant maîtres que valets (8-43-64). 2 avril 1562, jeudi après Pâques.

Le prince, secondé par ses co-religionnaires, entra dans la ville et descendit dans la grande maison, appelée aujourd'hui la Vieille-Intendance, rue de la Bretonnerie. Il fut à son arrivée entouré de tous les protestans de la ville, qui crièrent : Vive l'Évangile, et *s'advanceans en foule chantaient au-devant dudit Prince* (8-43-64).

La prise d'Orléans fut regardée comme une déclaration de guerre, et cette ville devint la place d'armes et le siége du parti protestant (43).

Innocent Trippier, sieur de Monterud, lieutenant du prince de La Roche-sur-Yon, gouverneur d'Orléans, va saluer le prince de Condé, prend congé de lui, se retire de la ville, et laisse le gouvernement vacant (8-64).

Le prince de Condé nomme, pour gouverneur d'Orléans, Saint-Cyr-Puy-Geffrier, protestant (21).

Le prince de Condé, pour donner plus de force et de stabilité à son parti, fait assembler tous les habitans protestans d'Orléans, et non les catholiques, et leur fait prêter le serment d'être toujours unis pour la défense de la personne du roi et de celle de la reine, pour la réformation 3 avril 1562.

et le bien de l'état : ils jurèrent qu'ils meneraient une vie sans reproche et chrétienne, observeraient les lois du royaume et réglemens militaires, et auraient soin d'avoir des ministres pour leur prêcher la parole de Dieu ; qu'ils le reconnaîtraient pour chef, se soumettraient à tous ses ordres, le serviraient de leurs personnes, et lui fourniraient vivres, argent, armes et autres munitions (8-43).

5 avril 1562. Saint-Cyr-Puy-Geffrier, gouverneur d'Orléans, pour les protestans, étant pourvu d'une autre place près le prince de Condé, est remplacé dans son gouvernement par François de La Noue, capitaine, de la même religion, surnommé Bras-de-Fer, militaire d'une bravoure et d'une sagesse qui firent l'admiration de tous les Orléanais, même des catholiques (8-43).

avri 1562. Le corps des échevins de ville, dont les membres étaient catholiques, sont remplacés par ordre du prince de Condé, par douze protestans qui furent MM. Pierre Stample, receveur ; Guillaume Tassin, François Levassor, Guillaume Delalande, Nicolas Petau, Gilles d'Alibert, Antoine Damain, Daniel Decroix, Jean Boilève, François de Saint-Mesmin, Jacques Hilaire, François Petau (8-64).

Les docteurs de l'Université d'Orléans sont chassés de la ville par les protestans, les élèves dispersés et les cours interdits (8).

15 avril 1562. Les protestans d'Orléans se portent à Cléry, découvrent le sépulcre de Louis XI, renversent le monument placé dans l'église de Notre-Dame, brisent *la statue en cuivre faicte au vif du roi estant à genoux*, brûlent les os des rois, des princes et seigneurs inhumés dans cette église, et vont même jusqu'à profaner les restes du célèbre Bâtard d'Orléans, comte de Dunois, qui y avait sa sépulture (8-43-64).

21 avril 1562. Le service divin est interrompu à Orléans ; les prêtres, vexés et insultés par les protestans, sont forcés de s'expatrier ou de se cacher. L'évêque Jean de Morvilliers et les chanoines se retirent à Tours (8).

Deux nouveaux prêches sont établis au Châtelet et aux halles ; ce qui en porta le nombre à trois, y compris celui des Grands-Carmes (8-9).

25 avril 1562. Le prince de Condé fait assembler un synode national à Orléans composé de députés protestans, parmi lesquels on distinguait Antoine Chaudieu de Paris, Pierre Sevin, diacre, de Paris, et Robert Lemasson d'Orléans. Ce fut

Antoine Chaudieu, l'un des pasteurs qui porta la parole : il demanda de l'argent, des armes et des soldats (8-43-64).

Les protestans se portent en foule à Saint-Aignan d'Orléans, brûlent tous les ossemens des saints qui s'y trouvaient, et ceux de saint Aignan. Entre toutes les profanations qu'ils y commirent, ils rompirent la belle châsse d'argent qu'avait fait faire le roi Louis XI, en 1446, laquelle pesait cent vingt marcs; dans cette châsse était renfermé le corps du saint patron de la ville. Ils la pillèrent, ainsi que plusieurs meubles d'or et d'argent, et quantité d'autres ornemens de soie et de broderies d'un prix inestimable. Après le pillage, les chefs du parti protestant feignant de veiller à la conservation de ce qui restait, le firent transporter dans leur trésor placé à la Tour-Neuve, et pour couvrir par quelques actes spécieux le dessein qu'ils avaient de se l'approprier, ils en firent dresser procès-verbal par Girard Dubois, notaire d'Orléans. (Les minutes se trouvent aujourd'hui en l'étude de Me Assier), lequel inventaire était de la teneur ci-après (8-64) :

29 avril 1562.

« A été trouvé dans l'église du bienheureux saint Aignan :

» Un chef d'argent doré garni d'une mître, appelé le chef de saint Aignan.

» Un autre chef aussi d'argent doré, ayant une couronne aussi d'argent doré, appelé le chef de saint Victor, aux côtés duquel étaient deux figures de gens d'armes du même métal.

» Un ange d'argent.

» Un bras doré, dit le bras de saint Aignan.

» Trois croix d'argent dont une dorée.

» Un petit bassin d'argent.

» Une mentonnière d'argent dite la mentonnière de saint Aignan.

» Un encensoir d'argent.

» Deux calices d'argent.

» Deux patènes d'argent.

» Une *église* de Notre-Dame, d'argent (petite effigie dans une crèche).

» Deux chandelliers d'argent doré.

» Deux burettes d'argent doré.

» Une petite table de pierre enchâssée d'argent.

» Un grand bâton couvert d'argent.

» Deux autres petits bâtons couverts de même.

» Un *corporaire* (coffre où l'on serre les corporaux ou linges fins que l'on place sur le calice) couvert de velours rouge, où il y avait neuf marques d'argent.

» Un petit coffre d'ivoire, ferré et martelé, dans lequel est un petit côté enchâssé d'argent doré.

» Seize bandes d'argent doré.

» Six grandes fleurs-de-lys d'argent doré.

» Cinq fleurons d'argent doré.

» Deux petites images d'argent doré.

» Neuf pièces de fragmens d'argent doré; le tout pesant 338 marcs (8). »

Les protestans d'Orléans profanent l'église de Saint-Paul, après l'avoir complètement pillée : ils enlevèrent la statue en *bois noirci* de Notre Dame-des-Miracles, et après l'avoir insultée, il la portèrent sur la place du marché de la porte Renard où ils la brûlèrent en dansant et chantant autour du feu (8-64).

Les protestans qui s'étaient emparés de la Tour-Neuve d'Orléans et des fortifications qui en dépendaient, pour y placer leur trésor et leurs magasins, en doublent la garnison, enlèvent la couverture de cette tour et y placent plusieurs pièces de canon (8).

Le prince de Condé fait établir son arsenal dans le couvent des Cordeliers d'Orléans, rue du Jeu-de-Paume (rue d'Escures), non loin de sa demeure, qui était à la Grande Maison (Vieille Intendance, rue de la Bretonnerie). Les soldats qui y étaient logés détruisirent les tombeaux de la famille de saint Mesmin, qui s'y trouvaient (8-9).

Les protestans descendent les bustes de Louis XI et de Louis XII, qui étaient placés dans les niches de la façade de l'Hôtel-de-Ville d'Orléans, du côté de la rue Sainte-Catherine, et après les avoir attachés à la même corde, ils traînèrent dans la fange des ruisseaux, jusqu'à la rivière, les où ils les jetèrent (8).

Ils montèrent aussi à la Tour de l'Horloge, y brisèrent la statue de saint Michel et les reliques qui avaient été placées à son extrémité, pour la préserver de la foudre; ils démontèrent le mécanisme de l'horloge et en rendirent le service impossible, ainsi que celui de la grosse cloche qui servait à sonner les réjouissances et l'alarme; la tour elle-même fut endommagée.

Les protestans s'acharnent à la destruction de l'église et du couvent des Bénédictins de Bonne-Nouvelle d'Orléans, dont ils laissèrent peu de choses intactes : ils respectèrent seulement la cloche de la petite chapelle de l'Université, qui y était adossée, au soleil levant, attendu, disaient-ils, qu'elle n'avait jamais sonné la messe, mais bien seulement l'heure des classes. Cette cloche, qui pesait 2,000 livres, portait le nom de Cloche du Droit-Canon. Quelque temps après, les protestans la rendirent aux docteurs, qui ne pouvant encore ouvrir leurs cours, prêtèrent ladite cloche aux *gagiers* de l'église de Recouvrance, pour s'en servir à leur volonté ; elle fut même employée au service du beffroi, en l'absence de celle de la ville (8-9).

Les religieuses de Saint-Loup, au nombre de quinze ou vingt, qui étaient restées après la fuite de leur abbesse avec le curé de la paroisse de Saint-Loup, qui s'était fait protestant, sont forcées de quitter leur couvent, pour se dérober aux poursuites des religionnaires qui, irrités de ne plus trouver les nonnes, dévastèrent les bâtimens 38t.

Les moines de Saint-Euverte sont maltraités par les protestans et les soldats de la même religion. Ceux-ci ravagent les bâtimens et font de l'église de cette communauté une écurie pour leurs chevaux.

Les protestans se portent au couvent des Augustins, faubourg du Portereau d'Orléans, au sud, et dévastent le couvent après avoir dispersé les religieux.

La petite église de Saint-Jean-l'Évangéliste, dont les traces existent encore aujourd'hui, faubourg Madeleine, non loin de l'ancien couvent, est détruite par les protestans : cette église ne fut pas relevée de ses ruines.

Les protestans d'Orléans descendent les cloches de Sainte-Croix, pour les convertir en boulets ; il en recueillent 16,455 livres de métal.

Avril 1562.

Le même jour, le prince de Condé, qui avait fait garder le trésor de Sainte-Croix d'Orléans jusqu'à ce moment, l'enlève sous le prétexte de le mettre plus en sûreté dans la Tour-Neuve. Voici l'inventaire de ce trésor, que nous avons relevé sur des manuscrits et dans des historiens d'Orléans (8-9-64-65-66-67) :

» La châsse d'or, où *estoit* la *saincte* goutte de sang de N. S.

» Une *espine* de la précieuse couronne qui fut posée sur le précieux chef de N. S. (8-64)

» La noble burette, pleine de myrrhe, offerte par les trois *roys* à N. S., entre les mains de sa très-*saincte* mère.

» La châsse d'or des propres *Osannes*, sur lesquels N. S. marcha quand il fit son entrée en *Hierusalem.* (On appelait osannes les rameaux des arbres de palmiers et oliviers que le peuple *jetait* lorsque N. S. entra dans Jérusalem, en criant : *Osanna* (sauve nous).

» Un morceau de bois de la Vraie Croix, présumé être celui qu'apporta Odolric, évêque d'Orléans, envoyé à la Terre-Sainte par le roi de France Robert, en 1022.

L'image de la très-*saincte* Vierge, de *léton surdorée*, qui avait *esté* envoyée par Constantin, comme il *paroissoit* par une lame de cuivre, attachée à *icelle*, et lettres sur *icelle* gravées.

» L'image de la très-*saincte* Vierge, dans laquelle *estoit enclos* en une fiole du *laict* virginal de la glorieuse vierge Marie.

» La châsse des corps de plusieurs innocens.

» Un reliquaire d'or où il y avait partie du chef de *sainct* Jean-Baptiste.

» Un reliquaire d'or du bras *dextre* (droit) de l'apostre saint André, envoyé par l'empereur Constantin.

» La châsse où *estoit* un doigt de saint Philippe.

» Un reliquaire d'or, dans lequel *estoit* deux doigs de saint Altin, premier évêque d'Orléans.

» Le chef et doigt de *sainct* Mamert, évêque de Vienne, ami et compatriote de saint Aignan, et l'instituteur des Rogations.

» Une châsse où *estoit* le corps du même saint Mamert, *esvêque.*

Une châsse en argent doré, renfermant le chef de saint Quiriace.

» Une châsse en argent doré, ornée de deux lions d'argent, renfermant un bras de saint Maurice.

» Une châsse d'argent, contenant les corps des saints Martin, Dorothé et Sévère.

» Une châsse d'argent, renfermant les reliques de saint Denis et de ses saints compagnons.

» Reliquaire d'argent, d'un os du cou de sainte Hélène.

» La châsse d'argent, du chef et une portion des os de Baltazar de Thrace, l'un des rois qui adora N. S.

» Le reliquaire d'argent de saint Martin.

» Le reliquaire d'argent du doigt de saint Guillaume, archevêque de Bourges.

» La bannière et *estendart* de l'empereur Charlemagne, sur laquelle était écrite cette devise :

« Victor ubique potens, cœli terræque creator
» Perpetuò scruum deffendat ab hoste maligno (*) (8-64). »

» La bannière du roi Robert, sur laquelle était écrit :

» Benedictus Dominus meus qui docet manus meas ad prælium (**).

» Douze croix d'argent.
» Une table couverte d'argent.
» Un grand bassin en or.
» Plusieurs *images* (statues) en argent.
» Une table couverte d'or.
» Plusieurs calices.
» Un calice d'or avec ances et pierres précieuses, du poids de 15 marcs.

Une poule d'or et six poussins dorés, qui étaient suspendus depuis l'année 1284, dans une des chapelles de cette église.

» De plus, les châsses de saint Euverte, de saint Samson, de saint Grégoire, de saint Flou, de saint Evrou, de saint Avy, de saint Marceau, de sainte Barbe, de saint Laurent, de saint Victor, de saint Paul, de saint Benoît, de saint Jérôme, de saint Vincent, de saint Symphorien, de saint Mesmin, de saint Eloi, etc. Le tout estimé une grande somme. »

En portant tous ces objets à leur trésor de la Tour-Neuve, les protestans criaient par dérision dans toutes les rues : « Qui veut acheter des saints, qu'est-ce qui a perdu

(*) *Traduction.*

Que le Dieu tout-puissant, du monde créateur,
Partout victorieux, arbitre de la gloire,
Daigne toujours bénir Charles, son serviteur,
Et sur ses ennemis lui donner la victoire !

(**) *Traduction.*

Béni soit mon Dieu qui forme mon bras à aux combats.

» une poule et ses six poussins, qu'il vienne, on les lui
» rendra (8-9-64). »

3 mai 1562. Le lendemain du pillage du trésor de Sainte-Croix, les protestans se portent encore dans cette église, enlèvent le cœur de François II, qui y avait été déposé à sa mort, arrivée le 5 décembre 1560, le portent dans un des cloîtres de Sainte-Croix, et le brûlent avec de grandes démonstrations de joie (8-64).

7 mai 1562. Ordre du prince de Condé, pour rançonner les habitans catholiques d'Orléans, et leur faire payer la nourriture, l'entretien et la solde de la garnison protestante. Cet ordre adressé aux habitans, était signifié particulièrement à chacun des imposés. Ce qui est prouvé par celui que nous avons trouvé, lequel est ainsi conçu :

» Il est enjoint à la veuve Pierre Vaillard, de la paroisse de Saint-Sulpice d'Orléans, d'apporter ou d'envoyer incontinent et sans délai au cloître Saint-Aignan, en la maison des Coligni et logis du trésorier de M. le prince de Condé, la somme de 60 écus d'or, à laquelle elle a été taxée pour payement de la garnison entretenue à la garde de la ville, pendant le quartier courant, à peine d'y être contrainte par toutes sortes de voyes et même prise de corps, prison et autres peines (8). »

9 mai 1562. Le prince de Condé arrête sur la recette des deniers communs de la ville d'Orléans, et à titre d'emprunt (qui ne fut point remboursé) la somme de 55,000 livres et dix mille muids de blé, il ordonne au receveur de les reprendre sur les habitans (8-9-64).

10 mai 1562. La reine mère et régente, Catherine de Médicis, charge Guy du Faur de Pibrac (auteur des quatrains) et deux autres ambassadeurs d'aller au concile de Trente, pour presser vivement la réforme des abus et de se conduire de manière que les protestans eussent sujet de croire qu'on leur voulait donner toutes satisfactions sur leurs plaintes. Du Faur de Pibrac, parla dans ce sens ; mais quelque temps après il fut rappelé en France par la reine Catherine, pour être son chancelier. Il fut président à Mortier, et l'un des plus célèbres jurisconsultes et hommes d'état de son siècle (43).

Les descendans de ce grand citoyen habitent encore la ville d'Orléans (438).

Mai 1562. Le prince de Condé établit à Orléans une monnaie où l'on frappa des pièces au coin du roi, mais pour le service de son parti; l'argent qui servit à la fabrication des pièces fut recueilli des châsses, des ornemens, des vases sacrés, au fur et à mesure qu'on pillait les églises; les reliquaires étaient brisés, profanés, et les reliques brûlées. La fonte de tous ces objets avait lieu à la Tour-Neuve, où la monnaie était établie, et dans les creusets de laquelle le trésor de Sainte-Croix, celui de Saint-Aignan furent fondus, ainsi que les dépouilles des autres églises (8-9-64).

Cholet, procureur d'Orléans et *fabricier* (marguillier) de l'église de Saint-Pierre-Empont, se fait protestant et découvre le trésor de cette église. Ce Cholet monte sur un âne, la tête tournée vers la queue, revêtu d'une tunique de drap d'or, et tenant le grand calice d'argent doré de Saint-Pierre-Empont; un maçon, nommé Besnier, et un écrivain, nommé Pierre Gilles, tenaient la bride et le conduisirent à la Tour-Neuve, où était le trésor et la monnaie des protestans, chargé des dépouilles de cette église, en criant à tue-tête : « *La messe, la messe à vendre, la messe à vendre* (*). »

Juin 1562.

Odet de Châtillon-Colligny, cardinal, abbé de St-Benoît-sur-Loire, qui était cependant un des plus zélés partisans de l'hérésie, et que, malgré ses erreurs, on regardait comme le Mécène de son siècle, fait enlever de son abbaye les châsses et l'argenterie, avec promesse il est vrai d'en tenir compte par une créance signée de lui : le tout fut porté au château de l'Ile-Groslot, près d'Orléans, puis après dans la ville où l'on s'en servit à battre monnaie pour le compte du prince de Condé.

« Le premier may M. C.C.C.C.C. LXII. Lysle près Orléans.

» Prieur,

» Voyant qu'en plusieurs endroits de ces quartiers on faict des insolences grandes et des ravages par les eglises et

---

(*) En 1793, le 15 novembre, eut lieu à Orléans une promenade ou procession dite des Anes, semblable à celle de 1562. Ces animaux, au nombre de plus de vingt, couverts de chappes, surplis, étoles et autres ornemens d'église, furent promenés par les rues et les places de la ville, au milieu d'une foule de peuple qui, aux maximes les plus impies, mêlaient les expressions les plus triviales et les plus sacriléges. Ce cortége ou plutôt cette mascarade, était conduit *par un personnage de la ville* monté sur un grison, vêtu d'habits ecclésiastiques, un goupillon à la main droite,

monasteres ; par la crainte que j'ai qu'il n'en advienne de mesme dans mon abbaye de Saint-Benoist, j'ai advisé d'envoyer jusque là le proto-notaire (le notaire du pape) de Vérigny, avec deux ou trois gentilshommes des miens, lequel vous dira de par moy comment il me semble que vous avez à vous gouverner en la maison, pour eviter les inconveniens; et surtout que vous ayez à tenir le pont levé, afin qu'il n'y entre personne, sinon ceulx qu'il appartiendra, et que le peuple, pour aller prier Dieu, se retire en la paroisse jusqu'à temps que le tumulte soit passé.

» Quant aux reliquaires et aultres *chosses* que vous avez à serrer, pour ce qu'il vous *sçaura* faire entendre mon intention, je m'en remettrai sur la créance (mission) que je lui ai *baillée*, à laquelle vous *adjouterez* foy, comme vous feriez à moi-mesme, priant le createur qu'il doint (donne) à vous, prieur, sa saincte et digne grace.

» Votre bon abbé,

» Cardinal CHASTYLLON. »

Cet envoyé fit briser toutes les châsses et argenterie, les fit enfoncer dans un tonneau, et les conduisit par eau au château de l'île, où était le cardinal qui les convertit en monnaie.

Non content d'avoir pillé l'argenterie de Saint-Benoît, il pilla la bibliothèque dont les précieux manuscrits furent vendus. Une partie fut depuis heureusement achetée par la reine Christine de Suède, qui les emporta à Rome et les donna à la bibliothèque du Vatican, où ils sont encore présentement.

Cet Odet avait été nommé cardinal à l'âge de seize ans, par le pape Clément VII, en 1523. Sa mère, Louise de Montmorency, se fit protestante : il se maria en 1560 à Élisabeth de Hauteville, en habits de cardinal ; et quoique Pie IV l'eut dégradé, peu de temps après son mariage, il ne laissa pas d'assister avec cet habit au sacre de Charles IX

---

et criant à tue-tête : « *Faites place, faites place au représentant du Saint Père le Pape.* » Parti du club, cloître Saint-Maclou, il fut plusieurs heures en route, et les héros de cette saturnale finirent la journée par une orgie.

Cette fête impie fut appelée Promenade des Anes orléanais (*Voir nos documens authentiques sur la révolution de 1789, qui suivront les présentes Recherches*) (10-77-79-81).

le 15 mai 1561, où il voulut que sa femme fût présentée.
Malgré tout ce scandale, il fut abbé de Saint-Benoît dont
il vola le trésor, à cette époque (1562); puis envoyé comme
ambassadeur en Angleterre; mais à son retour, en 1563,
il fut empoisonné. Il laissa sa veuve avec plusieurs enfans
qui furent mariés et eurent postérité. L'histoire rapporte
même qu'une de ses filles devint l'épouse de son assassin
(43-73).

Les protestans d'Orléans ayant trouvé le vicaire de Sainte-Catherine, nommé de Nonneville, qui célébrait la messe dans un grenier, le placent en sentinelle à la porte du pont, avec ses habits sacerdotaux, un *morion* (espèce de casque) sur la tête, une hallebarde sur l'épaule, une épée au côté : ils le laissent ainsi toute la journée, sans boire ni manger, et lui font mille outrages (8-64). *Juin 1562.*

Explosion des *pouldres* qui étaient faites et de celles que l'on fabriquait dans l'arsenal des protestans établi aux Cordeliers : le couvent, l'église et plusieurs maisons voisines furent entièrement renversés; on trouva beaucoup de cadavres dans les décombres, et plusieurs membres des victimes de cette catastrophe furent ramassés sur la place de l'Étape et dans la maison de Groslot.

Arrêt du parlement de Paris qui permet de tuer sans miséricorde les protestans de France, partout où on les trouvera. On ordonna que cet arrêt fût exécuté partout le royaume et qu'il fût lu tous les dimanches aux prônes de chaque église (8-43). *7 juillet 1562.*

Le curé de Saint-Paterne d'Orléans, nommé Jacques Gueset, âgé de 70 ans, inquisiteur de la foi dans cette ville, qui avait contribué au jugement à mort du prince de Condé, le 25 novembre 1560, sous François II, est découvert par les protestans, dans l'endroit où il s'était réfugié depuis plusieurs mois, célébrant en cachette le service divin; il est pris et traîné devant *Hierosme* Groslot, bailli de la ville, qui avait été condamné à mort par le tribunal de l'inquisition dont Gueset était un des juges; lequel bailli n'ayant pu réussir à le faire changer de religion, le fait condamner par un tribunal protestant à être pendu sur le Martroi, avec un écriteau sur la tête : son corps fut traîné par le bourreau accompagné de toute la populace vociférant contre le cadavre de ce malheureux qui fut enfin déposé dans la chapelle des Aides (la vieille). *30 juillet 1562.*

Parmi les plus furieux protestans qui participèrent à ce meurtre, on remarqua le sieur Touchet, père de la belle Marie Touchet, qui devint la maîtresse de Charles IX, lequel Touchet changea plus tard de religion, et devint zélé catholique, pour conserver ses places et gagner les bonnes grâces du royal amant de sa fille. Cette apostasie fit dire aux protestans d'Orléans : « Touchet avait été des nôtres et nous avait *délâché*; depuis, sa fille, belle comme *Dalila*, appelée Marie, vendit au roi son corps, comme son père avait fait de son âme à la convoitise des honneurs (8-9). »

11 août 1562. Le duc d'Anjou, qui fut depuis le roi Henri III, désirant gagner les Orléanais à son parti et à sa religion, fait demander au prince de Condé la permission de traverser la ville, et de faire fermer les temples protestans, pendant son séjour. Cette faveur lui est accordée, mais à la condition qu'il passerait par la place, lui troisième, que son séjour ne serait que de quarante-huit heures, et que, pendant ce temps, il ne pourrait sortir qu'étant escorté par une garde choisie par le gouverneur de la ville, ce qui rendit nuls ses projets et ses espérances (8).

Septembre 1562. Les protestans d'Orléans qui, depuis plusieurs jours, tenaient enfermés six religieux Cordeliers, sans aucune espèce de nourriture, les voyant *moribons*, les font sortir et leur présentent des vivres malsains et en quantité; ils furent dévorés par ces malheureux, qui se donnèrent en partie eux-mêmes la mort (8-64).

Les protestans d'Orléans parcourent toutes les places, rues, carrefours et *venelles* de la ville, pour achever d'abattre, brûler, détruire toutes les croix et les statues de vierge et de saints personnages qui existaient encore aux coins des rues et aux portes des églises de la ville.

« Ils demolirent les eglises de Notre-Dame-de-Recouvrance, de Notre-Dame-de-la-Conception, de Notre-Dame-du-Chemin, de Saint-Michel en *la ville neufve*, c'est-à-dire dans l'*Estape*, de Saint-Pierre *en pont*, de Saint-Pierre-le-Puellier, de Saint-Paul, de Saint-*Estienne*, de Saint-Donatien, Saint-Germain, Saint-Hilaire, Saint-Sulpice, Saint-Avy, Saint-Benoît, Saint-Liphard, Saint-Antoine sur les ponts; toutes les chapelles du grand cimetière, la chapelle Saint-Phalier, pres de Saint-Marc, hors ville; quant aux autres églises de la ville et des *faux-bourgs* d'Orléans, elles demeurerent en leur entier, avec la cathedrale, sinon qu'elles furent toutes horriblement profanées et *despouillées* de tous leurs ornemens. Ces barbares et inhumains, persecuteurs ayant *assouui* leur rage en la ville, ils allerent aux champs, à grandes bandes, où ils pillerent les eglises, briserent les images, et massacrerent les prestres qu'ils attachoient à *la queue des chevaux* et *trainoient* cruellement. Puis apres, *estans saouls* de ce spectacle, ou ils leur *creuoient* les yeux, ou leur coupoient le nez, les oreilles, les genitoires, et enfin, les lians à un arbre, ils les *harquebusoïent :* à quelques uns ils coupoient la *teste*, aux autres, ils *escorchoient* la face, ou bien leur coupoient les pouces, en un mot, ils exerçoient contre eux toutes les cruautés dont ils se *pouuoient aduiser* (67) ».

Comand Badin, ministre réformé, homme de beaucoup d'esprit, fait paraître un ouvrage très-plaisant et très-satirique, intitulé : l'*Alcoran des Cordeliers*. Cet ouvrage, qui fut très-couru, eut plusieurs éditions imprimées chez un libraire d'Orléans (9). Octobre 1562.

Le duc de Guise, un des chefs du parti catholique, ayant pris la ville de Rouen sur les protestans, depuis quelques jours, avait fait pendre plusieurs officiers de ce dernier parti ; le prince de Condé, chef des religionnaires, par represailles, fait aussi, ce jour, pendre sur l'*Estaple* d'Orléans le sieur Baptiste Sapin, conseiller en la cour du parlement, et l'abbé de Gastine (Jean), qui venaient d'être pris dans les environs de cette place, comme ils allaient en Espagne, de la part du roi (4-8-64-34). 2 novemb. 1562.

Copie de l'arrêt du jugement fait à cet effet :

« Louis de Bourbon, prince de Condé, marquis de Conty, chevalier de l'ordre du Roy monseigneur, gouverneur et lieutenant-general pour Sa Majesté, en Picardie, à nos *amez* et *feaux* maitre Jean Chabouille, *prevost* de camp, et Claude *Rouge-Aureille*, prevost des *bandes* (troupes), salut.

» Sçavoir faisons que, par l'*avis* et *meure* deliberation des sieurs chevaliers de l'ordre, et capitaines estant pres de nous, nous avons condamné messire Baptiste Sapin, conseiller au parlement de Paris, prieur de Taillebardou, pres Meaux, et Jean de Troyes, abbé de Gastine en Touraine, à *estre* pendus et *estranglez* à une potence à l'*Estape* de cette ville d'Orleans, pour avoir *este* par eux consenty, participé et aydé aux conjurations, pratiques et menées de ceux qui *tennas* (tenant) captives les personnes et volontés du roy Monseigneur, de la royne sa mere, et du roy de Navarre *nostre* tres cher et tres honoré frere, ont *commeu* (ému) toute l'Europe pour maintenir leur cruelle tyrannie; et sous l'*auctorité* de ladite cour de parlement prostituée à leur fureur et ambition, ont renversé les *saincts edicts* par arret contraire, *contrainct* les fideles officiers *advocats* et procureurs à renoncer Dieu, et idolatrer, declarer rebelles les sieurs et chevaliers de l'ordre, gentils-hommes, et autres nos associez, et d'*iceux* exposé leurs biens en proye et leurs personnes, femmes et enfans, à la rage du *populaire*, ouvert les *fenestres* aux assassinats, rapts, homicides, et autres delits par l'impunité promise, et permission de sonner le *toxin* (tocsin), et fait amas de *communes*, fait pendre et mourir sans causes, les vrais ministres de la parole de Dieu, presidens, et autres innocens et plus fideles *sujects* du roy; reiterer *baptesme*, dissoudre les liens sacrés du mariage, et confondre tous droits divins, et humains, si vous mandons, et tres expressement enjoignons que vous *faciez* mettre en toute diligence nostre present *arrest* à execution, sans attendre autre *jussion* (ordre) sur peine de desobeissance (3-8-64).

» Fait et donné à Orleans, le 2e jour de novembre 1562.

» Signé Louis BOURBON, prince DE CONDÉ (4-8-64). (*Et plus bas*):

» JEAN CHABOUILLE, *prevost* de camp.
» CLAUDE ROUGE-AUREILLE, prévost des *bandes*. »

9 novemb. 1562. Duras, capitaine dans l'armée des protestans, arrive à Orléans avec les débris de l'armée protestante, qui avait été vaincue à la bataille de Vere (43).

12 novum. 1562. Dandelot, frère de l'amiral de Coligny, revient à Orléans après la bataille de Vere perdue par les protestans; il réunit aux débris de son armée douze cornettes de *reistres* (cavaliers allemands) faisant 2,600 chevaux et douze enseignes de *lansquenets* (infanterie allemande), sous chacune desquelles il y avait près de 850 hommes que le landgrave de Hesse lui avait fournis, ce qui portait l'armée des protestans à 12,000 hommes.

13 novem. 1562. L'église de Ste-Croix d'Orléans est désignée pour servir de magasin aux reîtres et autres troupes allemandes

venues au secours des protestans, ce qui sauva ce monument d'une destruction totale et du sort de toutes les autres églises d'Orléans (8).

Le prince de Condé, l'amiral de Coligny, tous les officiers protestans et les troupes françaises et allemandes du même parti quittent Orléans pour aller faire le siége de Paris, et laissent dans cette première ville le brave François de La Noue, qui organisa en compagnies les habitans qui étaient presque tous protestans (8). 14 novem. 1562.

Le prince de Condé, chef des protestans, voyant qu'il lui était impossible de prendre Paris, et ne pouvant plus faire subsister ses troupes devant cette place, en leva le siége avec son armée, qui était réduite à moins de moitié. Il prit le chemin de Dreux pour aller au-devant des troupes anglaises et de l'argent qu'Elisabeth lui faisait passer. Le duc de Guise, le connétable de Montmorency et le maréchal de St-André appelés les triumvirs, le voyant engagé dans les plaines de la Normandie, vinrent lui présenter la bataille devant la ville de Dreux ; les protestans y furent défaits, le prince de Condé resta prisonnier des catholiques, et le connétable des protestans ; l'amiral de Coligny, qui prit le commandement des débris de l'armée, se retira à Orléans avec le connétable de Montmorency son captif (43). 19 novem. 1562.

Arrivée de l'amiral de Coligny à Orléans avec son prisonnier le connétable de Montmorency, qu'il logea sur l'Etape avec lui. Il fit rassembler toutes les troupes dispersées et tout disposer dans la place pour opposer la plus vive résistance à l'armée catholique qu'il présumait bien devoir lui tomber sur les bras pour prendre Orléans et délivrer le connétable (43-8-64). 20 novem. 1562.

L'amiral commande aux catholiques de la ville d'Orléans de sortir sur-le-champ de la place (qu'il craignait à tous momens de voir assiégée), sous peine de la vie ; il s'empara des revenus, du vin et des blés, ainsi que des autres *commodités* des habitans qu'il chassait (8-64). 1er décem. 1562.

L'amiral Gaspard de Coligny accepte la charge de général que lui offrent l'armée protestante et les habitans d'Orléans. Il donna rendez-vous à tous ceux de son parti au bourg de Patay, à quelques lieues au couchant de cette ville, et disposa tout pour une expédition prochaine (8-64). 2 janvier 1563.

21 janvier 1562. Gaspard de Coligny, général des protestans, ayant réorganisé son armée, qu'il avait laissée se rafraîchir quelques jours à Patay, quitte Orléans, descend dans le Vendômois, et passant la Loire à Beaugency, loge ses troupes dans la Sologne et dans le Berry, où il savait que le duc de Guise voulait placer les siennes pour venir faire le siége d'Orléans.

3 février 1563, Lundi. L'amiral Gaspard de Coligny, qui était appelé par les protestans de Caën, et qui avait besoin d'argent pour entretenir ses troupes, ramène son frère Dandelot avec deux mille hommes de guerre, à Orléans, qui renfermait en outre quatre mille habitans bien armés et quantité de gentils-hommes de son parti, tous braves et dévoués à la cause. Étant donc tranquille sur le sort de cette ville, il va à Jargeau inspecter la garnison, y passe la Loire, et prend la route de Normandie, rançonne plusieurs petites villes de cette province, et reçoit l'argent qu'il attendait d'Angleterre (43).

5 février 1563, Vendredi. Le duc de Guise, général de l'armée catholique, vient camper au bourg d'Olivet, à une lieue au sud de la ville d'Orléans : la reine-mère, Catherine de Médicis, se rend le même jour, avec son fils Charles IX, dans la ville de Beaugency, traînant toujours avec elle le prince de Condé, son prisonnier, qu'elle fit enfermer dans le château-fort de cette ville (8-43-64).

6 février 1563, Samedi. Le duc de Guise assiége Orléans avec une armée composée de plus de 20,000 hommes ; il fit commencer l'attaque par le sieur de Cypierre avec six cornettes de cavalerie et plusieurs compagnies d'arquebusiers ; elle eut lieu à la hauteur de St-Marceau, au portereau, où le sieur de Feuquières s'était retranché avec l'infanterie gasconne et les Français protestans (4-8-64).

Cinq cents arquebusiers et de la cavalerie sont envoyés par le duc de Guise contre les troupes allemandes qui étaient à Cléry ; ce petit bourg est emporté de vive force ; les Allemands s'étant mis en déroute en voyant qu'ils étaient coupés d'avec les gens d'Orléans (8-64).

7 février 1563, Dimanche. Le duc de Guise s'empare des fortifications qui défendaient les approches du pont, et pousse avec tant de vigueur les assiégés dans la ville, qu'ils furent tous culbutés, et que la place aurait été emportée si les catholiques eussent continué de marcher en avant. « Car le pont *estant*

embarrassé du bagage qu'on faisait retirer dans la ville, les fuyards ne se pouvaient sauver; *mesme* on ne pouvait fermer les portes des Tourelles ny hausser le pont-levis, ce qui fut cause que plusieurs se jeterent dans la riviere à la *nage*, et que le fer, le feu et *l'eau* causerent la perte de plus de 800 hommes. L'effroy qui fut porté dans la ville et l'advis qu'on combattait à la porte principale, les îles estant gaignées, la fuite et le desordre estonnerent les plus assurez; mais M. Dandelot, frere de l'amiral Gaspard de Coligny, qui estoit un chevalier sans peur, assisté de quelque noblesse, sans s'estonner passa les ponts, parvint jusqu'aux Tourelles, fit fermer le pont-levis et la porte, *estans* ses ennemis pres ledit pont-levis, pour donner en *gros* et entrer dans la ville (4-8-43-64). »

Le duc de Guise fait établir des batteries du côté du Portereau; elles furent garnies de trente-trois doubles canons, qui firent beaucoup de mal à la ville et abattirent plusieurs temples qui n'avaient pas été détruits par les protestans après le pillage qu'ils en avaient fait (4-8). 8 février 1563, Lundi.

Le duc de Guise, qui désirait la paix, avant que de causer la ruine d'Orléans, fait demander à la reine-mère l'autorisation de réunir en sa présence le prince de Condé, son prisonnier, avec le connétable de Montmorency détenu à Orléans, pour entrer en pourparler à ce sujet. Le prince reçut pour réponse l'ordre de continuer le siége de la ville avec vigueur, et de remettre la conférence qu'il proposait après la prise de la place (4-8-43).

Le duc de Guise s'empare du fort des Tourelles du pont d'Orléans, par la négligence de ceux qui les gardaient; « car un soldat des catholiques assiegeans, estimant que les tourelles *estoient* inhabitées, à cause qu'il y avait une *fenestre* rompue de canonade, y *estant* de *nuict* monté par une echelle et *recogneu* qu'elle *estoit* mal gardée, en ayant donné *advis*, lesdites Tourelles furent prises: ce qui causa que le sieur Dandelot fit *abbatre* l'arche proche des Tourelles, et faire des parapets sur les mottes Saint-Antoine et des chalants percés, ainsi que sur le pont (4-8-43-64). » 9 février 1563, Mardi, 10 heures du soir

Le duc de Guise malgré ses succès, présumant, à la résistance des chefs protestans, que le siége pourrait être long, parvint à obtenir de la reine-mère l'autorisation de tenter l'entrevue qu'il avait projetée. En conséquence, le prince de Condé, prisonnier à Beaugency, lui est envoyé, ainsi 10 février 1563, Mercredi.

que le connétable de Montmorency, retenu à Orléans, lesquels furent conduits sous bonne et sûre garde en sa présence, sur l'Ile *aux Bœufs*, située dans la Loire au couchant d'Orléans, entre la Madeleine et St-Privé, qu'il avait fait préparer (4-8-43).

Les parties contractantes ne purent s'accorder; le connétable de Montmorency, catholique, ne voulant pas consentir à l'édit de janvier, en faveur des protestans, et le prince de Condé, chef des religionnaires, ne voulant pas entrer en conférence définitive sans la jouissance de cet édit favorable à son parti (4-8-43).

Après plusieurs rentrées et sorties qu'il fut permis au prince de Condé de faire à Orléans pour communiquer à ses partisans les propositions de la conférence de l'Ile aux Bœufs, le tout fut rompu, et les deux princes prisonniers retournèrent aux lieux de leur détention ; c'est-à-dire le prince de Condé avec les catholiques à Beaugency, le connétable de Montmorency avec les protestans d'Orléans (4-8-43).

13 février 1563. Le parlement de Paris prononce arrêt de mort contre plus de cent cinquante habitans d'Orléans qui avaient participé à la mort de l'abbé de Gastine, du conseiller Sapin, l'un de leurs confrères, et du curé de St-Paterne, qui avaient été pendus tous les trois au Martroi et sur l'Étape d'Orléans (8).

18 février 1563, Jeudi. Le duc de Guise, ayant délibéré de battre avec vingt canons les îles et mottes du pont, et d'y donner un furieux *assault*, *escrit* à la *royne-mère* que dans vingt-quatre heures, il *luy* mandera nouvelles de la prise d'Orléans, et signalera tellement la journée, *n'espargnant* ni sexe ni *aage*, qu'après avoir fait son *careme-prenant*, il abolira la mémoire de la ville ; qu'il avait promis le pillage à ses soldats, qui tous en signe d'allégresse avaient levé la main et promis de le suivre jusqu'à la mort pour la ruine d'Orléans ; mais la mort du duc fit échouer ces projets de vengeance (4-8-64).

« Comme ce prince était allé au devant de sa femme, et qu'il revenait paisiblement au siége, monté sur une mule et fort peu accompagné, il fut assassiné par un gentilhomme angoûmois nommé Jean Poltrot de Méré, lequel, poussé par un faux zèle de religion, lui tira un coup de pistolet dans l'épaule : ce misérable épiait sa victime à la brune, caché derrière une haie, entre l'église St-Marceau, faubourg du Portereau, et le Pont-Lazin, près d'Olivet (4-8-43-64). »

Jean Poltrot de Méré, assassin du duc de Guise, après avoir couru toute la nuit sans savoir où il allait, et pensant être bien loin de l'endroit où il avait commis son crime, se trouva le matin entre le Pont-Lazin et celui d'Olivet, à trois-quarts de lieue d'Orléans, et comme son cheval (qui était pourtant de race espagnole) n'en pouvait plus, il se retira dans une petite maison voisine pour se reposer. Il y fut pris le matin même par un secrétaire du duc de Guise qui était à sa recherche (8-43-64). *19 février 1563, Vendredi.*

Le duc de Guise, qui avait été porté blessé dans une maison de plaisance appelée les Vaslins, près d'Olivet, meurt de la blessure qu'il avait reçue. Ce prince, âgé de quarante ans, doué d'un grand courage, et rempli de qualités héroïques, n'avait contre lui qu'une ambition démesurée. Son corps fut porté à Paris, où il fut reçu avec une grande pompe (43). *24 février 1563, Mercredi.*

La reine-mère, Catherine de Médicis, qui se trouvait, par la mort du duc de Guise et par la détention du prince de Condé, maîtresse du gouvernement, se pressa de conclure un traité de paix entre les catholiques et les protestans. Pour cet effet, elle se rendit dans l'île aux *Bœufs*, qui existait sur la Loire, entre la Madeleine et Saint-Privé ; un pavillon de taffetas violet fut dressé à cet effet. Là se trouvèrent, avec la reine-mère, le connétable de Montmorency, sorti de prison sur parole, le duc d'Aumale et le secrétaire de l'Aubespine, pour les catholiques, et de la part des protestans, le prince de Condé, que la reine avait aussi relâché sur son honneur, Dandelot, frère de Coligny, Saint-Cyr dit Puy Geffrier, de La Noue, gouverneur d'Orléans, et d'Aubigné, son secrétaire, s'y trouvèrent réunis. Les articles furent arrêtés en l'absence de l'amiral Gaspard de Coligny qui était en route pour revenir de la Normandie, où il était depuis quelque temps pour les intérêts de son parti (4-8-42-64). *8 mars 1563, Lundi.*

Signature des articles de paix entre les catholiques et les protestans, qui avaient déjà été arrêtés entre la reine et les chefs des deux partis, dans l'Ile aux Bœufs, à Orléans. Catherine de Médicis reçut les députés au château de Caubray, non loin d'Olivet, à environ une lieue de la ville, *10 mars 1563, Mercredi.*

T. Ier. 57.

où elle faisait sa résidence. Les principaux articles portaient que les protestans auraient liberté de conscience, exercice public de leur religion, que leurs biens confisqués seraient rendus, et qu'ils auraient une amnistie pleine et entière; ce qui, pour un temps, éteignit la première guerre de religion (8-43-44) (*).

18 mars 1563, Jeudi. Supplice de Jean Poltrot de Méré, âgé de vingt-six ans, assassin du duc de Guise : il fut condamné par le parlement de Paris au supplice infligé à ceux qui attentent sur la personne du roi, savoir, à être tenaillé avec des tenailles ardentes, et tiré à quatre chevaux. Dans ses interrogatoires, il persista à dire que le zèle pour sa religion l'avait porté à ce meurtre (43-64).

23 mars 1563. Mardi. L'amiral Gaspard de Coligny, qui avait été averti des changemens arrivés par la paix signée entre les chefs des catholiques et les religionnaires, revient de la Normandie et fait son entrée ce jour-là à Orléans (64).

Dans la même journée, François de La Noue, gouverneur d'Orléans, fait pendre sur la place du Martroi, un fourrier gascon, nommé Lamothe, convaincu d'avoir *trahy les Tourelles*, c'est-à-dire d'avoir facilité au duc de Guise les moyens de s'en emparer, en négligeant la garde qui lui avait été confiée (8-64).

29 mars 1563. La première paix entre les catholiques et les protestans est publiée avec pompe à Orléans, par six trompettes, devant la porte de M. le prince de Condé, au Martroi. Cette publication fut faite par celui qui avait reçu les dépositions de Poltrot (8-43-64).

Les protestans d'Orléans, ayant tous les chefs de leur

(*) Au-dessus de la porte de la maison de Caubray se trouve l'inscription suivante qui nous apprend des particularités historiques assez intéressantes pour les transcrire ici :

« Marmore barbarico licèt haud sit structa, viator,
 Hæc domus, idcircò, non tibi vilis erit.
Hic propè Guisœus dux vitæ fata peregit,
 Hospes huic mater regia facta casæ est,
Rex comitatus eâ cum fratre hæc tecta subivit,
 Quæ coluit menses plus minùs illa duos.
Aurea de cœlo sed et hanc pax venit in œdem,
 Præconum decies hic celebrata tubis.
Villa priùs Caubræa fuit, nunc fœderis ara est.
 Pacem quisquis amas hunc venerare locum.

1563. »

religion à leur tête, célèbrent avec une pompe extraordinaire la Cène, dans la cathédrale de Sainte-Croix ; mais, à peine la cérémonie est-elle finie, que les furieux protestans, sous la conduite de Théodore de Bèze, qui avait fait son droit à l'Université d'Orléans, et qui, en 1561, mit le désordre dans l'assemblée dite le Colloque de Poissy, par ses discours exaltés, cherchent à dévaster ce bel édifice. Le prince de Condé, averti à temps, et indigné de cet excès, fit braquer une coulevrine contre de Bèze, qui, avec une hache, coupait les charpentes du faîte sur lequel il était monté avec plusieurs de ces misérables, pour enlever les lames de plomb doré qui couvraient le temple (8-43-70).

1er avril 1563, Jeudi.

La reine-mère, Catherine de Médicis, quitte le château de Caubray, près d'Olivet, qu'elle avait habité, arrive à Orléans, y dîne, et repart le même jour pour se rendre à Paris (8-64).

Mort de Charles de Bourbon, prince de la Roche-sur-Yon, duc de Beaupréau, comte de Chemilly, gouverneur catholique, qui avait été suspendu de ses fonctions pendant les troubles de religion (21).

2 avril 1563. Vendredi.

Le prince de Condé quitte ce jour la ville d'Orléans ; « et il y avait juste, jour pour jour, une année que ce prince avait fait son entrée dans la place, après la bataille ou plutôt le massacre de Vassy (8-64). »

4 avril 1563, Dimanche.

Le brave de La Noue, gouverneur d'Orléans, et Dandelot de Coligny, frère de l'amiral Gaspard de Coligny, plusieurs seigneurs protestans, ainsi que les troupes de leur parti quittent Orléans, les uns pour aller à la cour, les autres pour retourner dans leurs terres, et les soldats dans leurs foyers, après avoir fait la promesse de se réunir, si le bien ou le besoin de leurs affaires religieuses le demandait (8-43).

5 avril 1563, Lundi.

L'amiral Gaspard de Coligny part d'Orléans ce jour-là, et une heure après son départ, les sieurs de Cypierre et Monterud arrivent dans cette ville, l'un pour remplir la charge de gouverneur de la place, l'autre pour être le chef des *bandes* (troupes) (8-64).

Philippe Philibert de Marcilly, sieur de Cypierre, chevalier de l'ordre du roi, premier gentilhomme de sa chambre, capitaine de 50 hommes, qui venait d'être nommé gouverneur d'Orléans après le départ du gouverneur de La Noue, fait son entrée dans cette ville (8-21-64).

6 avril 1563, Mardi.

Le gouverneur de Cypierre adjoint aux douze échevins

d'Orléans, qui étaient protestans, douze autres qui étaient catholiques; savoir : Jacques Lhuillier l'aîné, Jacques Alleaume, Claude Sain, Claude Tranchot, Simon Charron, dit L'Évêque, Guillaume Daniel, Paterne Plisson, Florent Bourgoin, Guillaume Moynet, Clément Cahouet, Édouard Demeulles, Jacques Martin.

Ces nouveaux échevins ne furent installés que le premier mai suivant, comme le prouve l'acte passé par François Stuard et Nicolas Provenchère, notaires d'Orléans, le premier mai 1563 (4-8-64).

Le même jour, le gouverneur rétablit les habitans catholiques dans leurs biens et charges, fait ouvrir les églises et les prépare pour qu'on puisse y reprendre l'exercice du culte catholique, qui avait été interrompu depuis environ une année (4-8).

9 avril 1563, Vendredi.

Les chanoines de la cathédrale de Sainte-Croix d'Orléans, qui avaient été dispersés, et s'étaient réfugiés, ainsi que l'évêque Jean de Morvilliers, à Tours, se réunissent à Orléans, dans la maison de l'un d'eux, après leur retour, et décident que pendant la réparation de leur église, le service divin se ferait chez le sieur Courreau, chantre (8).

11 avril 1563, Dimanche de Pâques.

Les protestans d'Orléans sont mis hors des temples catholiques, et le même jour, les *papistes* (nom donné aux catholiques romains par les protestans) en furent mis en possession : le gouverneur de Cypierre fit garder les temples par cinquante *harquebusiers* (8-64).

19 avril 1566, Lundi.

Conspiration des *papistes* (catholiques) d'Orléans, pour massacrer les protestans de cette ville, découverte par l'indiscrétion d'un des conjurés. « Les papistes devaient présenter une *requeste* au gouverneur : la substance de laquelle *estoit* de massacrer tous ceux de la religion prétendue réformée, et *estoient* six nommés en ladite *requeste*, signée de Martin et de Noël Lelong, *menuisier*, et chargeaient fort le gouverneur, comme désirant leur aider à exécuter leur mauvaise volonté. »

Quelques jours après, plusieurs auteurs de ce complot furent jugés à des peines afflictives et pécuniaires.

26 avril 1563, Lundi.

Le roi Charles IX fait son entrée à Orléans, à trois heures après-midi. Le gouverneur de la ville présenta au monarque une *requeste* des *papistes*, qui fut accueillie, malgré l'injustice des articles qu'elle contenait. Après deux jours de repos, le roi quitta la ville.

Mai 1563.

Les échevins d'Orléans font placer sur la tour de l'église

de Recouvrance la cloche de l'Université, la seule qui n'avait pas été fondue, parce qu'elle n'avait pas sonné la messe, mais seulement les heures des classes : elle fut placée pour y sonner l'alarme, le couvre-feu, et autres choses qui se faisaient avec celle de la ville, dont l'usage avait été rendu impossible par les dégâts que les protestans avaient faits à ses mécanismes et ressorts, ainsi qu'à la tour (8).

Le clocher ou tour de Recouvrance avait été élevé sur une vieille tour de la dernière enceinte, vers l'année 1500.

Jean de Morvilliers, évêque d'Orléans, se démet de son épiscopat, après onze ans d'exercice, en faveur de Mathurin de la Saussaye, son neveu maternel ; ce prélat avait été obligé d'abandonner son troupeau pendant environ une année, pour habiter la ville de Tours, lors des troubles de religion ; ce qui contribua, dit-on, à lui faire donner sa démission (8-64).

Une jeune fille de bonne maison fut attirée rue Bouche-Penil (présentement près de la rue de la Conception ou St-Flou), où logeaient des filles de mauvaise vie, là, elle y fut insultée d'une manière horrible. Les parens en ayant porté plainte au prévôt d'Orléans, Louis Dodieu, deux soldats, auteurs de ce crime, furent brûlés vifs dans une île de la Loire ; leur victime mourut peu de temps après des suites de leurs brutalités (8).

Mathurin de la Saussaye, nommé évêque d'Orléans, quoiqu'absent de cette ville, et n'ayant pas encore fait son entrée solennelle, fait pousser avec une activité extraordinaire les réparations de Ste-Croix.

La cérémonie de la Fête-Dieu, qui avait été interrompue pendant les troubles de religion, fut faite ce jour-là, comme auparavant, seulement il n'y eut pas de repas de ville (8-59).

2 juin 1563.

L'honorable et *prudent* homme, Pierre Stample-Laisnel, receveur des deniers de la ville, est chargé de faire rembourrer les bras du *ciel* (dais) que portaient sur leurs épaules les échevins, et de faire peindre sur lesdits bâtons les armes de la ville, représentant des cœurs de fleurs de lys (4-8-9-59).

Hugues Sureau-Durozier, célèbre ministre protestant d'Orléans, soupçonné d'être l'auteur d'un livre rempli de

12 juin 1563.

maximes qu'on regardait alors comme séditieuses, parce qu'elles attaquaient la puissance absolue des rois et professaient la souveraineté de la nation, est arrêté dans cette ville et renfermé ; son livre fut brûlé publiquement par le bourreau (8).

Juin 1563. — Charles IX, par lettres, permet aux pères Augustins d'Orléans, de se servir de la chapelle de St-Louis, située près de son palais du Châtelet, qui était desservie par eux, et cela pendant tout le temps qu'il faudrait pour relever leur église, qui avait été ruinée par les protestans.

3 juillet 1563. — Charles IX supprime l'office de maître du grand guet d'Orléans, et crée en sa place un chevalier et capitaine du guet, à l'instar de Paris, avec les mêmes droits et prérogatives dont jouissait le maître du grand guet son prédécesseur. Le premier qui fut pourvu de cette nouvelle charge fut Rolland de Sémellon, écuyer, homme d'armes de la compagnie de M. de Cypierre, gouverneur de la ville (4-8-21).

Juillet 1563. — Charles IX, par un édit, défend aux Orléanais de réclamer les impôts, subsides, taxes et emprunts que le prince de Condé avait levés sur eux pendant son séjour dans cette ville (4-8).

8 août 1563. — Philippe de Marcilly, sieur de Cypierre, gouverneur d'Orléans, accorde aux protestans de la ville deux places appelées les places de l'Evêque, en avant des murs de la ville, au nord, pour en faire un cimetière à leur usage, attendu que celui qu'ils avaient autrefois au champ de St-Euverte avait été détruit pour y asseoir les murs de ville lors de la construction de la troisième enceinte.

4 octobre 1563. — Charles IX oblige les habitans d'Orléans à payer à Jacques Bourdineau la somme de 1,200 livres pour l'*abattement* d'une chambre et d'un grenier qu'ils avaient sur la porte Dunoise, qui venait d'être détruite entièrement (4).

22 octobre 1563. — L'abbaye de Voisins, près d'Orléans, ayant été détruite et les terres bouleversées pendant les guerres de religion, Charles de la Chaussée, au nom de sa sœur, abbesse de ce couvent, représente au pape Pie IV la misère des religieuses qui n'avaient pas même de pain pour vivre ; le pontife, touché de leur détresse, leur accorde, pour les soulager, une indulgence plénière (8).

6 novem. 1563. — Charles IX, par une ordonnance, taxe les villes d'Orléans, Bourges et Gien à une somme de 626 livres 13 sous

4 deniers par mois, pour l'entretien des 50 gardes qui accompagnaient M. de Cypierre, gouverneur d'Orléans. La répartition de cette somme fut ainsi faite :

Par la ville d'Orléans . . . 400 l. » s. » d.
Par celle de Bourges. . . . 200 » »
Par celle de Gien. . . . 26 13 4

Total . . . 626 l. 13 s. 4 d.

Quelque temps après cette garde fut supprimée, et il ne resta plus à Orléans que les cinquantainiers et le guet.

Un jeune homme nommé Deslandres, accusé d'avoir débauché la femme de Jean Godin, fille Godard, est condamné à être pendu, comme adultère, et exécuté sur-le-champ, place du Martroi d'Orléans, par ordre de Joachim Gervaise, lieutenant criminel (4-21). *10 décemb. 1563.*

Charles IX qui, pour s'assurer de la paix et de la fidélité des habitans d'Orléans, avait arrêté en avril de cette année, à la date du 16, de faire construire une citadelle à la porte Bannier et un fort près la rivière de Loire, non loin de l'église de Saint-Jean-de-la-Ruelle, en avait retardé l'exécution, croyant cette mesure inutile, mais voyant les religionnaires porter à leurs bonnets de certaines marques, comme aiguillettes et bouquets, pour se distinguer des catholiques « cela l'*incita* à commander au gouverneur, le sieur de Cypierre, d'abattre et *desmolir* les tours et fortifications tant anciennes que modernes, de construire tout de suite et sans égard aux prières des habitans, au portail de la porte Bannier, une citadelle, et un fort à St-Jean-de-la-Ruelle, le tout aux frais des Orléanais, et comme il avait décidé depuis quelque temps (4-8-64). » *Décembre 1563.*

Charles IX, qui avait créé l'année précédente une juridiction *consulaire* « pour connaître et juger tous *proces* et différends qui *seront meus* entre les marchands pour le fait de marchandises seulement vendues ou *acheptées* en gros, en *destail* ou promises livrer, leurs *veufues*, marchandes publiques, leurs facteurs et serviteurs, dont la connaissance, jugement et décision est attribuée aux juges et consuls, pour juger jusqu'à 500 livres, sans appel, sans procureur et avocat, ordonne que ce tribunal soit formé : à cet effet cent nobles marchands furent convoqués à *Février 1564.*

l'Hôtel-de-Ville, rue Ste-Catherine, où étant réunis dans la grande salle, ils élurent pour juge François Colas, sieur Desfrancs, et pour consuls, François Stample, Louis Lesmarie, Jean Salomon et Guillaume Aubry. Ce tribunal tint d'abord ses séances dans une maison vis-à-vis St-Pierre-en-Sentelée, puis après dans une salle de l'Hôtel-de-Ville; ces officiers allèrent prêter serment au parlement de Paris; mais par suite ils en furent dispensés, vu les frais de voyage, et cette prestation se fit devant le prévôt d'Orléans. »

14 avril 1564. Les Orléanais sont taxés, par ordre de Charles IX, à la somme de 820 livres par mois, pour l'entretien de la garde des cinquantainiers (4-8).

27 mai 1564. Le fameux Jean Calvin, qui avait fait son droit à Orléans, où bien long-temps on vit sur un des piliers de la salle des Grandes-Écoles son nom gravé de sa propre main, et qui fut le chef de cette secte qui occasionna tant de troubles en France et surtout à Orléans, meurt paisiblement à cette date, à l'âge de 55 ans, à Genève, où il avait fixé sa résidence (8-43).

3 juin 1564. Commencement des travaux pour relever de ses ruines la couverture de l'église de St-Euverte d'Orléans; elle avait été saccagée par les protestans, qui avaient fait une écurie de ce temple (8).

Les religieux firent en même temps réparer leur couvent, qui avait été aussi en partie abattu par les religionnaires.

3 septemb. 1564. Charles IX autorise, par lettres patentes, les échevins de la ville d'Orléans à imposer trois deniers par mois sur chaque maison de cette cité, pour être employés au *netoiement* des rues pour la salubrité d'icelle, ce qui fut exécuté sur-le-champ, par des tombereaux disposés à cet effet (4-8-59).

2 novemb. 1564. Conformément aux ordres du roi Charles IX qui, depuis quelque temps, avait donné l'injonction d'élever une citadelle qui était déjà en construction, et d'abattre les fortifications et tours de la ville, « le payeur des deniers communs, honorable et prudent homme, Pierre Stample-Laisnel, paya 15 sous à Baignier, sergent royal, pour avoir publié une ordonnance signée de la main de M. de Montcrud, par laquelle il est *faict assavoir* à tous *ceulx* qui voudront entreprendre à promptement *desmolir* les tours qui sont à l'entour de la ville, pour les *etoffes* (matériaux) qui en proviendront; qu'ils eussent à *eulx* transporter le lendemain en l'*hostel* commun de la ville, où conversent les échevins (4-8-9-59).

Mort de Michel-Ange Buonarotti, peintre, sculpteur et architecte, à Rome, à l'âge de 90 ans. *Novem. 1564.*

Parmi les disciples les plus remarquables de cet homme célèbre, on désigne Adam, natif de Jargeau. Cet Orléanais, de retour d'Italie, vint passer quelque temps dans la ville d'Orléans. Il y fit bâtir plusieurs maisons, une entre autres, rue Neuve, dont la plus belle façade donne sur une petite cour, rue aux Ours.

Nous croyons que c'est la maison appartenant aujourd'hui à M. de Farville, et portant le n° 22, rue Neuve: Diane de Poitiers l'a habitée. (*Voir page* 397.)

Charles IX, par une ordonnance, fixe le commencement de l'année 1565 au 1er janvier, au lieu de suivre l'ancienne manière de la commencer à Pâques. Ainsi, depuis cette époque, tous les calendriers furent changés en France, puis après dans la plupart des états de l'Europe (40-43). *10 décem. 1564.*

Les musiciens d'Orléans, tant ceux de la cathédrale que ceux de la ville, formaient une corporation sous un chef ou *syndic*, chargé de faire observer les statuts ou réglemens de l'ordre. Ce chef ayant négligé de convoquer les membres de cet ordre pour assister au repas annuel qui avait lieu le jour de Saint-Nicolas, est traduit devant le lieutenant-criminel Joachim Gervaise, qui le condamna à une forte amende et à la destitution, pour avoir manqué à observer un des principaux articles et des plus intéressans pour les confrères musiciens (8). *26 décem. 1564.*

Charles IX fait don au chapitre de St-Aignan de la somme de 400 livres pour commencer à rétablir leur église qui avait été ruinée par les protestans. *1564.*

Louis Miqueau ou Miquellus, homme de grand mérite, est nommé directeur principal d'un collége d'Orléans, qui portait la dénomination de collége de Champagne. Cet établissement dont la date de fondation n'est pas connue, a existé dans cette ville jusqu'à ce que les Jésuites vinssent y élever le leur (8-21).

Mort d'Etienne Perret, célèbre jurisconsulte, né à Orléans (21).

Par ordre de Charles IX, il est créé à Orléans trente huissiers pour la police de la ville (8-30).

La reine de Navarre, mère de Henri IV, passe par Orléans où elle est reçue avec pompe; les présens d'usage, dragées de plusieurs espèces, fruits, confitures, cotignac, vin et avoine lui sont offerts par les échevins (4-8).

Jehan Levoy, seigneur de la Source, achète de l'abbé et des religieux de St-Mesmin la propriété à perpétuité de la rivière du Loiret, depuis la Source jusqu'à la rue des Courtinières. *(Titres de la Source.)*

22 mai 1565. Les religieux de St-Euverte, qui venaient de faire relever de ses ruines leur couvent, font commencer la tour ou clocher de l'église par un habile architecte nommé Langelas (8).

8 juin 1565. Assemblée de ville où il fut arrêté que la messe qui se disait tous les jours à St-Hilaire, pour la prospérité d'Orléans, et le sermon de l'Avant et du Carême qui avaient lieu dans la même église et qui avaient l'un et l'autre été interrompus à l'occasion des troubles, seraient continués, comme par le passé, et payés des deniers communs.

6 août 1565. Charles IX, sur les représentations du chapitre de Ste-Croix d'Orléans, abolit la redevance ridicule que devait ce chapitre aux bouchers de la ville: elle consistait en un repas appelé *Ouance*, où ces bouchers assistaient avec leurs enfans, au nombre de plus de cent vingt. On leur fournissait pièces de bœuf et jambons de porc, avec dragées, douze torches, six devant et six derrière, et de plus, chaque boucher sortant du banquet, emportait une *fouace* (sorte de pain cuit sous les cendres) et une langue de pourceau, et pour tous ces priviléges, ils n'étaient tenus à payer au chapitre qu'une modique somme de 20 sous 6 deniers (8-64).

15 septem. 1565. La citadelle de la porte Bannier est terminée et des soldats catholiques en prennent possession. Les travaux avaient été poussés avec une telle activité, qu'on ne fut qu'une année et quelques mois à la construire; elle était fort large, à plusieurs étages, et obstaclait tellement le passage, que l'ancienne porte étant bouchée on fit sur le côté un petit guichet, appelé Porte-de-l'Évangile, pour le service des habitans d'Orléans, et pour communiquer de la ville au faubourg Bannier (8-43-64).

22 septem. 1565. Charles IX, par lettres patentes, oblige les habitans

d'Orléans à payer la somme de 1,400 livres, pour solder une portion des frais de la construction de la citadelle de la porte Bannier, et à donner 1,500 livres annuellement, pour les meubles et la nourriture de la garnison. Cette ordonnance mécontenta beaucoup les Orléanais, et la perception de cette taxe éprouva beaucoup de résistance (8). (*Voir les comptes de ville.*)

Mort de Philbert de Marcilly, sieur de Cypierre, chevalier de l'ordre du roi, premier gentilhomme de sa chambre, gouverneur d'Orléans. Ce gouverneur, qui avait eu la direction des travaux pour la construction de la citadelle de la porte Bannier, ordonnée par Charles IX, étant mort de la pierre au moment où on la terminait, les Orléanais, qui voyaient cette forteresse d'un mauvais œil, firent le jeu de mots que : *trois cailloux valaient mieux que six pierres* (Cypierre), les trois cailloux étant à tort présumés les armes de la ville.

1565.

Ce calembourg et plusieurs autres bons mots satiriques, spirituels et mordans, que les Orléanais se plaisaient à lancer, lorsque l'occasion s'en présentait, leur fit donner le surnom de Guêpins, par allusion à la mouche guêpe qui est piquante, et lance son aiguillon sur ceux qui l'attaquent. Ce surnom n'est pas plus offensant que l'épithète de Chien; car si l'un est le symbole de la fidélité, l'autre est la preuve de la vivacité de l'esprit et de l'à-propos (8-64).

Huit soldats catholiques de la garnison de la citadelle de la porte Bannier assassinent, vers le soir, un jeune écolier de l'Université d'Orléans, et après l'avoir totalement dépouillé, laissent son corps près de la porte du cimetière, non loin de l'Hôtel-Dieu. Ces meurtriers rentrèrent dans leur forteresse et ne furent pas punis, au grand mécontentement des habitans et des étudians en droit de cette ville.

Charles IX gratifie son frère, depuis Henri III, du titre de duc d'Orléans; sa mère Catherine de Médicis possédait ce duché en usufruit (8-32-43).

L'église de Saint-Sauveur, dans la rue qui porte ce nom, est donnée aux protestans d'Orléans, pour y faire leur prêche. Cette petite église avait appartenu auparavant aux Juifs, aux Templiers, aux chevaliers de Malte, à ceux de Saint-Lazare, ordres militaires (8-21-64).

Pontus Heuterus, historien flamand, né en 1530, passe

par Orléans et visite cette ville. C'est ce voyageur qui rapporte, dans ces ouvrages, qu'il a vu de ses propres yeux une inscription attachée au piédestal du monument en bronze placé sur le pont d'Orléans, portant qu'il avait été fait aux dépens des dames et demoiselles de la ville, et du produit de leurs bijoux (8-64).

7 mars 1566. La reine-mère, Catherine de Médicis, qui avait eu Orléans pour son douaire, vient en prendre possession. Cette princesse, pendant son séjour dans cette ville où elle fut reçue en souveraine, fait planter des ormes devant la nouvelle tour de Saint-Euverte, et dans tout le circuit des remparts, à commencer de la tour de la Forêt (appelée tour à Pinguet), jusqu'à la porte Bourgogne (8).

13 mars 1566. Assemblée des habitans d'Orléans, qui accorde au chevalier du guet, aux officiers et archers de cette compagnie, 500 livres d'augmentation de gages, par an, à répartir selon les grades de chacun d'eux, ce qui porta leurs appointemens à :

Pour 1 chevalier,	1,200 livres.
— 1 lieutenant,	250 —
— 8 archers à 100 livres,	800 —
— 22 archers à 50 livres,	1,100 —
— 1 greffier,	150 —
Pour 33 hommes, Total.	3,500 livres.

Cette garde, composée de trente-trois hommes, coûtait donc à la ville, par an, pour le service de jour et de nuit, la somme de 3,500 livres (4-8-59).

8 avril 1566. Sur les huit heures du soir, plusieurs soldats de la citadelle de la porte Bannier sortent de ce fort et assassinent le capitaine Arnol, devant l'hôtel du Charriot, qui n'en était pas très-éloigné : ces brigands vexaient les habitans d'une manière révoltante, surtout ceux qui étaient protestans (8).

11 avril 1566. Charles IX ordonne la destruction des saillies, auvents, enseignes et autres avancées faites sur les rues d'Orléans, et charge son prévôt, Louis Dodieu, d'y tenir la main avec sévérité (4).

Avril 1566. Commencement des travaux du *duis* ou bâtis de pieux et de maçonnerie, pour rejeter les eaux de la Loire du côté de la ville, parce que le courant portait toute l'eau sur le

Portereau, du côté opposé à Orléans. Ce duis commençait à la levée des Capucins, et venait, en formant un croissant, jusqu'à la motte Saint-Antoine ou île qui était sous le pont. Cette digue avait dix pieds d'épaisseur ; elle était plus haute que les eaux basses, et moins haute que les eaux grandes, afin que les bateaux pussent passer par-dessus dans ce dernier cas (4-8-59).

Le sieur Martin Dubuits, receveur de la ville, avança, pour la construction de ce duis, la somme de 10,000 livres, et fut quelques mois après autorisé, par les échevins d'Orléans, à les reprendre sur l'octroi.

Pour assurer l'entretien et les réparations de cette digue ou duis, il fut établi un droit appelé le Droit du Duis, lequel était perçu sur tous les bateaux qui faisaient le comble du pont, c'est-à-dire qui passaient dessous (4-8-9).

Catherine de Médicis, qui possédait Orléans pour son douaire, ordonne de graver et placer ses armes sur la porte Bourgogne et sur une des arches du pont (8).

Jean Destrées, capitaine-général de l'artillerie de France, nomme Claude Pommet, officier d'artillerie, *netoyeur* et *derouilleur* de l'artillerie du duché et châtellenie en dépendant (8-4). 1er juin 1566.

Charles IX, dans un conseil-général tenu à Orléans, défend à tous juges de police de prendre directement ou indirectement vacation où *epice*, *sous ombre* (sous le prétexte) de salaire, le tout sous peine de restitution, amende et destitution (30). 13 juillet 1566.

François de Bourbon, duc de Montpensier, gouverneur d'Orléans, défend aux habitans de se répandre dans les terres environnant cette ville à plusieurs lieues à la ronde, pour y acheter des blés en vert (4-8-30). 24 juillet 1566.

Le relâchement s'étant introduit dans le monastère des religieux Bénédictins de Notre-Dame-de-Bonne-Nouvelle d'Orléans, la communauté fut dispersée et réduite en prieuré simple, pendant quelques temps (21-64). Janvier 1567.

Charles IX ordonne que tout exécuteur de testament dans lequel seraient faits dons et legs à l'Aumône-Générale d'Orléans ou aux pauvres de ladite ville, en fasse sa déclaration dans les huit jours, au bureau de l'administration (4-30). 13 février 1567.

Fête de la ville ou de la Pucelle, remarquable parce que, pour la première fois, après la procession générale, la 8 mai 1567.

bannière et l'étendart de la ville qu'on y portait furent déposés jusqu'au lendemain matin, après le service célébré, à Saint-Aignan, puis rapportés à l'Hôtel-de-Ville (4-8).

17 mai 1567. Par l'effet d'une inondation extraordinaire, la Loire et le Loiret se joignent : tout le pays situé entre ces deux rivières fut submergé ; les eaux furent si élevées, qu'elles couvraient la toiture des maisons placées dans le val : il y eut même de l'eau dans l'église et le presbytère de Saint-Nicolas-Saint-Mesmin, à une telle hauteur, que le curé fut forcé de se sauver ; et la cure fut supprimée, vû cet inconvénient qui se répétait souvent (8).

Pendant de longues années on vit dans le pignon de cette église, derrière la porte, à main gauche, en entrant, une pierre gravée sur laquelle on lisait ce quatrain :

» L'an mil cinq cent soixante-sept,
Du mois de may le dix-sept,
En cette place et endroit
S'assemblèrent Loire et Loiret. »

Mai 1567. Le célèbre Gyphanius (Hubert Van-Giffen), hollandais, qui avait reçu le bonnet de docteur à l'Université d'Orléans, établit dans cette école une superbe bibliothèque pour l'usage des élèves, mais principalement pour les écoliers de la nation allemande (8-64).

13 juin 1567. Charles IX autorise les habitans d'Orléans à choisir parmi eux deux bourgeois, par chaque quartier de la ville, pour en faire la plus exacte police (4-30).

10 septem. 1567. Le prince de Condé, chef des protestans, étant en Sologne à la tête de quelques troupes qu'il avait ramassées, désirait passer dans la Beauce pour tâcher de faire son entrée dans Orléans. Il se présente devant Beaugency ; mais se trouvant trop faible pour en faire le siége, il fit demander au gouverneur, Charles de Berthinville, qui était catholique, la permission de traverser seulement la ville, en passant par la rue des Guerres : celui-ci la lui accorda. Dès que l'armée fut à moitié passée, il fit lever les ponts-levis. L'armée, peu nombreuse, divisée et affaiblie, mais furieuse, s'en vengea en pillant les campagnes voisines, en qualifiant de traîtres et de chats les habitans de Beaugency, qui, à ce que l'on assure, n'avaient pris aucune part à cet acte de mauvaise foi qui leur valut pourtant l'épithète de *chats* de Beaugency, lequel surnom leur est resté jusqu'à présent (48).

François de La Noue, surnommé Bras-de-Fer, chef dans l'armée des protestans, qui, par sa sagesse et sa bravoure se faisait admirer par les deux partis, s'étant détaché après la bataille de Saint-Denis, vint s'emparer d'Orléans ; il conduisit si bien cette affaire qu'avec l'aide des habitans, qui étaient presque tous de sa religion, il se rendit maître de la place, après avoir chassé devant lui le capitaine Caban qui s'était placé en avant de la porte Bannier, et qui commandait la citadelle de cette porte pour le Roi (8-43). *28 septem. 1567, Dimanche, 4 heures du mat.*

De La Noue pénétra dans Orléans avec quinze chevaux seulement, en les faisant entrer trois par trois, et en se déguisant lui-même en paysan. Les catholiques se défendirent jusqu'au Martroi, où les quinze cavaliers les chargèrent si vigoureusement qu'ils furent obligés de se disperser et de se soumettre. Il fut tué plusieurs hommes du guet de la ville, et notamment un nommé Chopine (8-43-64).

Les troupes du capitaine de La Noue arrivent en foule, et les protestans de la ville leur prêtant toujours la main, il chassa les catholiques, et parvint à s'emparer de la citadelle de la porte Bannier, par composition, et la garnison commandée par le capitaine Caban, qui s'y était retirée, fut obligée d'en signer la reddition.

Le prince de Condé et l'amiral de Coligny arrivent à Orléans, y rassemblent leurs forces, et en partent tout de suite avec de La Noue, pour marcher sur Montereau et sur Pont-Yonne. Ils laissent dans Orléans la princesse de Condé, la femme de Coligny et plusieurs autres épouses de généraux protestans, sous la garde d'une très-faible garnison de leur gens (7-43). *30 septem. 1567.*

Le prince de Condé, le jour de son départ d'Orléans, nomme pour gouverneur, en remplacement de François de La Noue, qui partait avec lui, Boucard, seigneur de Boucard, gentilhomme ordinaire de la chambre du roi (21-43).

Jacques de Crousol D'Acier, qui commandait les protestans dans le Dauphiné, arrive à Orléans : il fait entrer ses troupes dans la place. Ce renfort de garnison religionnaire tira d'une grande peine la princesse de Condé, l'épouse de l'amiral de Coligny, et les autres femmes des principaux chefs calvinistes qui, n'ayant que peu de gens de guerre, craignaient d'être surprises avec la ville. *12 octobre 1567.*

L'arrivée de ce renfort anima les esprits des protestans, ce qui causa dans Orléans de nouveaux troubles (8-43).

Octobre 1567.
Le service divin est encore une fois interrompu dans Orléans : les prêtres sont obligés de se cacher pour éviter les insultes ; l'évêque Mathurin de la Saussaye s'enfuit à Tours avec ses chanoines, comme avait fait, en 1563, Jean de Morvilliers et son chapitre (8-64).

Les protestans d'Orléans sortent de la ville et se portent en force sur le couvent des Augustins, faubourg du Portereau-Saint-Marceau, ils s'en emparent pour s'en faire un point de ralliement, et le fortifient après en avoir dévasté l'intérieur (8).

François de Béthune, zélé protestant, père du célèbre Sully, ministre et ami d'Henri IV, arrive à Orléans avec son épouse, calviniste exaltée, et vont habiter la maison des Coligny, située cloître Saint-Aignan.

Les manuscrits du temps rapportent de madame de Béthune des choses presque incroyables de la part d'une femme de sa condition. Elle guettait, disent-ils, les catholiques pour les insulter d'une manière grossière, leur jetait par ses fenêtres des pierres, des ordures ; elle poussa le fanatisme jusqu'à se faire apporter des vases sacrés et à rendre dedans ses excrémens, un jour de purgation. (8). (*Manuscrit de la Bibliothèque d'Orléans*, n° 742.)

Les protestans brisent les statues du Christ, de la Vierge et de la Pucelle, ainsi que la croix du monument que Charles VII, *ou les Orléanais*, avaient élevé sur le pont, en l'honneur de Jeanne d'Arc ; ils ne laissèrent entière que celle du roi Charles VII, qui était représenté à genoux.

Novembre 1567.
L'église de Saint-Maurice-Saint-Eloi, près de la cathédrale, au soleil couchant, est dévastée par les protestans, qui ne laissèrent que la portion affectée à saint Eloi, et ruinèrent totalement celle de Saint-Maurice. Ce qui fit que le nom de ce dernier fut oublié et le nom de St-Eloi conservé.

Les protestans s'acharnent à la destruction de l'église de Saint-Jacques, près la porte du pont ; ils brûlèrent les titres des fondations et autres, s'emparèrent des ornemens, démolirent une partie du clocher et mutilèrent la façade et le cadran de l'horloge à coup d'arquebuse.

L'église de Saint-Aignan éprouve encore une fois la

reur des protestans. Cette église, qui avait été pillée et en partie détruite en 1562, lors des premiers troubles de religion, était en construction, depuis quatre ans que Charles IX avait fait don de 400 livres au chapitre pour en commencer les travaux. Les protestans abattirent la portion de ce temple qui communiquait à la tour, et les voûtes d'une partie de cet édifice affectée à la paroisse du Crucifix qui y existait.

Les protestans, qui avaient abattu et saccagé toutes les églises de la ville, moins cependant celle de Sainte-Croix, qui leur servait de magasin, et celle de l'Hôtel-Dieu, sortent de la ville pour saper celles des environs qui étaient au nombre de plus de trois cents. La bande des pillards et des démolisseurs qui s'étaient répandus dans le faubourg Bourgogne, en rentrant dans la ville, abattit la tête de la statue de la Vierge placée par Louis XI au-dessus de la nouvelle porte Bourgogne, où ce prince s'était fait représenter à genoux à côté d'elle. *Décembre 1567.*

La place de lieutenant au gouvernement d'Orléans est réunie à celle de bailli, en la personne de M. Balzac d'Entragues (4-21). *1567.*

Le corps de ville (les échevins) permet aux habitans des faubourgs d'Orléans les moins riches, qui ne pouvaient avoir de petits tombereaux pour ramasser les ordures dans les rues de la ville, de se servir d'ânes portant deux paniers, ce qui fit donner aux conducteurs de ces animaux le nom d'*Âniers*. On obligea ces âniers d'avoir des numéros en fer-blanc portant le chiffre du registre de la police sur lequel était leurs noms, afin que ces conducteurs, ordinairement querelleurs, pussent être reconnus par les commissaires chargés de les surveiller (4-30).

Le prince de Condé, chef des protestans, arrive à Orléans, pour y recueillir les troupes qu'on lui avait amenées de Guyenne; il partit le même jour et fit vingt lieues de suite, pour aller faire le siége de Chartres, place devant laquelle il arriva le lendemain, et dont il s'empara, ayant réduit les assiégés par une horrible famine, en détournant la rivière qui faisait tourner les moulins dont se servaient les habitans (43). *1er janvier 1568.*

Avant son départ d'Orléans, le prince avait exigé des Orléanais catholiques une somme de 31,000 livres (4).

Janvier 1568.   Mort de Boucard, gouverneur d'Orléans pour les protestans (21).

3 février 1568, Mardi.   Martinengues, catholique, italien de nation, qui commandait pour le roi Charles IX à Beaugency, sachant que le prince de Condé avait quitté Orléans pour faire le siège de Chartres, vint, accompagné de quelques officiers parmi lesquels se trouvait le capitaine Caban, qui avait rendu la citadelle de la porte Bannier aux protestans, et voulait réparer cette faute, à la tête de 4,000 hommes d'infanterie et de 700 hommes de cavalerie, camper aux portes d'Orléans, afin de harceler la garnison et de reprendre la citadelle de la porte Bannier; mais les protestans, ayant reçu des renforts du Berry, firent une sortie vigoureuse, avec 5,000 hommes d'infanterie et 400 hommes de cavalerie, deux canons de gros calibre et deux coulevrines; ils forcèrent les catholiques à se retirer à Beaugency, puis à Blois, où ils furent obligés de se rendre par capitulation (8-47-67).

24 mars 1568, Mardi.   Le prince de Condé arrive à Orléans, après la prise de Chartres, avec une partie de ses soldats victorieux: ce prince, voyant l'exaspération de ses gens et les dévastations qu'ils commettaient dans les temples catholiques, fit murer les portes de la cathédrale de Sainte-Croix, pour conserver intact ce bel édifice; mais, dans la nuit du 23 au 24 février, un mardi, et pour la seconde fois, Théodore de Bèze, calviniste exalté qui était revenu à Orléans, échauffa les esprits de ceux de son parti; ils s'introduisirent par les fenêtres dans l'église; enlevèrent quelques grosses pierres des quatre pilliers qui soutenaient le clocher, et y établirent des mines auxquelles ils mirent le feu. En un instant, ces quatre pilliers sautèrent et entraînèrent dans leur chûte le clocher et une partie du temple. Les tours et le portail ancien, qui n'y touchaient pas alors, furent conservés, ainsi que onze chapelles du rond-point du chœur (8-9-64.

« Le batiment et structure de l'eglise estoit grandement eslevé, n'estant encore parfaict, car les portaux (pilliers) faicts à la tuscane et rustique, nuds et creuds, avec fort peu d'ornemens du temps de saint Euverte, restoient pour les bastir à la moderne (ce qui ne fut pas exécuté, car ils existent encore), avec deux tours pres de l'ancien portail. Le plan et sa forme estoient en façon de croix ; elle estoit longue de soixante toises (qui devoit estre de quatre-vingt-et-une), sur la largeur de vingt-une toises (qui devoit estre de vingt-sept). La nef d'icelle estoit haulte, jusqu'au planchet du feste, de dix-sept toises, le pourmenoir et allée de la nef estoient de sept toises un pied ; les pilliers haults du rez des chaussées, de dix-sept toises, les colonnes, architraves, sommiers de pierres, arcades cannelées et creusées estoient plus blancs que neige, soustenant la voulte de laquelle pendoit sur le maitre-autel l'effigie d'une main exprimée de ses vives couleurs dans une nue, estendant ses doigts qui benissoient ce temple ; à l'entour duquel autel estoient six colonnes d'airain, sur le chapiteau où il y avoit les images de six anges ; le pavé estoit marqueté de noir et de blanc, le chœur estoit separé de l'autel de barreaux et treillis de fer qui enfermoient les chapelles artistement faites ; le toit, couvert en partie de lames de plomb et d'ardoises, dont le sommet estoit doré et fleurdelisé, qui reluisoient grandement, les arboutans avoient dans les niches les images des saincts dorées et enrichies de plusieurs couleurs, sur le hault desquels arboutans y avoit des corniches de pierre qui sailloient en dehors, lesquels supportoient une gallerie qui environnoit le hault de l'eglise ; les gouttières, en forme de divers animaux, sailloient et apparaissoient dehors, les fenestres haultes, eslevées et ouvertes, si bien disposées qui deroboient le jour en certains coings, reflechissant la clarté et l'insinuant par reflexions, contentant l'œil par divers aspects, où il y avoit plusieurs histoires de platte peinture ; le clocher estoit d'une admirable structure, eslevé du rez des chaussées de cinquante-quatre toises (324 pieds), et au-dessus du toit de trente-sept toises, tout couvert de lames de plomb argentées et dorées, avec mille figures et artifices, si bien que le soleil jetant ses rayons dessus, sembloit que ce fut un arc-en-ciel bigarré de plusieurs couleurs ; au-dessus duquel clocher estoit une croix de cuivre doré de fin or, ayant au-dessous une boule aussi de cuivre doré de circonference de dix pieds, du poids de trois mille vingt livres, et grosse comme une tonne, qui reluisoit aussi grandement, et qui avoit esté posée en M. C.C.C.C.C. XI.

» Le portail de l'evesché, qui est resté, demontre, aux ornemens et enrichissemens qui y sont, quels pouvoient estre les portaux du cloitre. Bref, toutes les parties de ce temple estoient disposées en tel rapport, symetrie et ornemens, qu'elles s'accordoient en une admirable proportion et conformité (64-67). »

25 mars 1568. Second traité de paix entre les catholiques et les protestans, fait à Lonjumeau, près de Paris, sous la médiation de l'ambassadeur d'Angleterre et celui de Florence (43).

3 avril 1568. Le prince de Condé fait publier avec pompe l'édit de paix entre les catholiques et les protestans : ces derniers nommèrent cette paix la Boiteuse ou la Mal-Assise, faisant allusion à Byron, qui était boiteux, et à Mesme qui était seigneur de Malassise, et qui avaient rédigé l'édit.

7 avril 1568. L'épouse de Gaspard de Coligny meurt à Orléans. Elle s'appelait mademoiselle de Laval, était protestante et avait entraîné son mari dans sa religion. Le zèle pour sa croyance lui avait fait supporter les fatigues de la guerre, en suivant partout l'amiral. Tout le temps qu'elle fut à Orléans, elle avait pris soin des malades de son parti et leur avait encore porté elle-même de quoi les soulager. Étant continuellement exposée au mauvais air, elle y prit le germe d'une maladie à laquelle elle succomba en peu de jours (73).

L'amiral Gaspard de Coligny, averti de l'état de sa femme par elle-même, arrive à Orléans; mais il ne trouva plus que son corps inanimé : elle était morte depuis vingt-quatre heures, lui laissant quatre enfans, savoir : trois garçons et une fille.

10 avril 1568. Le prince de Condé quitte Orléans pour retourner à la cour, où le roi l'appelait, afin de faire exécuter avec lui les articles de la paix signée à Lonjumeau, le 2 du mois de mars (43-64).

14 avril 1568. Les catholiques d'Orléans, ameutés par un fanatique, s'assemblent sur le Martroi avec des torches allumées, et, se divisant en deux bandes, vont brûler les deux prêches que les protestans possédaient dans deux granges de la ville, l'une placée dans la rue d'Illiers ou des Minimes, et l'autre sur la place de l'Étape : la première s'appelait la Grange des Mangeans. L'incendie eut lieu sans que les magistrats ni les soldats catholiques s'y opposassent (8-9-64).

Cette émeute, qui fut assez violente, fut excitée par un soldat catholique; elle commença pendant une procession et à l'occasion d'une messe chantée aux Cordeliers par les papistes qui étaient restés à Orléans (8).

Le roi Charles IX, *meut* (mécontent) des troubles arrivés à Orléans, y envoie le prince, fils du duc de Montpensier, gouverneur de cette ville pour le roi, lequel se saisit de la place et y met une forte garnison catholique. Dès ce moment, les protestans perdirent toute leur influence à Orléans (8-64). *21 avril 1568.*

Les ecclésiastiques et les fidèles qui s'étaient éloignés ou cachés rentrent dans Orléans; mais, voulant faire leurs Pâques et communion, ils ne trouvèrent plus « que la chapelle de l'Hôtel-Dieu que les huguenots avaient délaissée (laissée debout), où ils firent leurs dévotions, la plupart des catholiques *estant* contraints de faire leurs prières à *lerte* (à l'air), et d'endurer les injures de l'air, en attendant le secours du Seigneur. » Le local étant petit, les fidèles étaient à genoux sur la place Sainte-Croix et la portion du cloître vis-à-vis des tours. *Avril 1568.*

Mathurin de la Saussaye, évêque d'Orléans, et son chapitre, qui s'étaient retirés à Tours, reviennent à Orléans. Il fut décidé, en attendant les réparations à faire à la cathédrale de Sainte-Croix, qu'on célébrerait l'office divin sous le péristile du palais épiscopal (8). *3 mai 1568.*

Les pères Augustins d'Orléans, dont le monastère situé au Portereau, faubourg-sud d'Orléans, avait été détruit pendant les troubles de religion, obtiennent de François de Bourbon, duc de Montpensier, catholique, nommé depuis peu gouverneur d'Orléans par Charles IX, la permission de se retirer au Petit-Ambert, rue de l'Épée d'Écosse, après en avoir eu l'agrément des RR. PP. de cette dernière congrégation, à la condition de vider les lieux lorsque leur couvent serait relevé de ses ruines. *31 mai 1568.*

Jean de Morvilliers, qui avait été évêque d'Orléans, reçoit les sceaux de France des mains de Charles IX, qui les avait retirés au chancelier de L'Hôpital, sous le vain prétexte qu'il était protestant. Ce grand jurisconsulte fut relégué dans sa maison de Vignon, près d'Etampes (8-43-64). *Juin 1568.*

Ce jour-là, les principaux chefs des catholiques d'Orléans s'assemblent pour rédiger et signer un acte d'union ou ligue entre eux (8-9). *15 août 1568.*

Cette assemblée, qui se tint à l'Hôtel-de-Ville, rue

Sainte-Catherine, fut présidée par Mathurin de la Saussaye, évêque d'Orléans, les membres furent pris parmi les persécuteurs des protestans, dans toute la province.

L'acte fut rédigé et écrit par Louis-Aignan Adeneau, notaire à Orléans, et était ainsi conçu :

« Nous, soussignés, catholiques, prevoyant que tous les troubles *advenus* en la ville d'Orleans, ne sont arrivés que par le peu d'intelligence et amitié que nous avons eue les uns aux autres, et voulant dorenavant serieusement obvier à la rechute de tant de maux et travaux ci-devant soufferts; par le moyen et poursuite des perturbateurs du repos public, nos ennemis capitaux, faire en sorte que le service et honneur que nous devons à Dieu et au roi, notre prince souverain, soit inviolablement gardé et maintenu, avons, sous le bon plaisir du roi, par bonne, mure et juste deliberation, promis et juré, promettons et jurons les uns aux autres, respectivement en foy et paroles de gens de bien, d'avoir dorenavant telle et si ferme amitié les uns aux autres, que, sur tous les differends, querelles, debats, tumultes et seditions que lesdits perturbateurs du repos public, nous pourrons faire et executer, tant pour le regard de notre sainte religion apostolique et romaine, que pour prejudice au service que nous devons à la majesté de notre roi, nous nous soutiendrons et ferons les uns pour les autres, jusqu'au dernier soupir de notre vie et la derniere goutte de notre sang, n'y epargnant les biens et moyens qu'il a plu à Dieu nous donner, et obvier de tout notre pouvoir à telles sinistres entreprises; et où il se trouvera quelqu'un refractaire à cette sainte et sacrée alliance, nous l'avons, des ce present, tenu et reputé, tenons et reputons au nombre et partie desdits perturbateurs de la secte huguenote, en signe et temoins de quoi nous avons signé la presente de nos mains en presence d'Eloi-Aignan Adeneau, notaire au Châtelet d'Orleans, qui a signé, notaire royal.

» Orleans, le XV aoust M. CCCCC. LXVIII.

» (*Pour le clergé.*) — Mathurin de La Saussaye, eveque, Bouchier, curé, Bourreau, Bomberault, Chopin, Dubois, Herbinot-Grandillon, Houzé, Michel Chenu, Pigonareau, Toullier, Viole, abbé de Saint-Euverte, Jean Dunois, curé de Saint-Marceau.

» (*Pour le tiers-état.*) — Alleaume, Colas-Desfrancs, Charron, Colombeau, Campigni, Chaussier, Chartier, Claude-Sain, Bouquin, Berton, Boullard, Cherron, Deloynes, Demeulle, Delamarre, Desfriches, Dubois, Desfriches jeune, Diemeret, Ferret, Gagnant, Garnier, Galland, Hazon, Hubert, Jean Bourreau, Lemasne, Lefèvre, Lemaire-Vaillant, Lhuillier, Levayer, Lefort, Lenormand, Lehoue, Lemasne Jean, Lamirault, Meynier, Marois, Morlierre, Martin Minot, Prieur, Pothier, Peigné, Pasquier, Queleroi, Rousseau, Rousselet, Roussilard, Sevin, Sergent, Sue-Dubois, Tranchot, Thele, Thoreau, Villong, Villiers, Voinille (Jean).

» Adeneau, notaire royal, et Longuet, greffier en la prevoté d'Orléans. »

Cette association ou première ligue orléanaise contre les protestans de cette ville, entraîna une partie des habitans catholiques, les uns par dévotion, les autres parce que les signataires étaient les chefs des maisons les plus opulentes de la ville. Dès ce moment les catholiques devinrent les plus forts; les protestans furent réduits à se taire, et exposés à toutes sortes de vexations: on les traita comme ils l'avaient fait eux-mêmes lorsqu'ils avaient la force en main.

On remarqua que les membres de cette sainte ligue n'étaient que de l'ordre ecclésiastique et du tiers-état. Les nobles refusèrent d'en faire partie.

Henri, frère du roi Charles IX, duc d'Orléans, fait son entrée dans son duché d'Orléans. Les habitans le reçurent avec de grandes démonstrations de joie et tous sous les armes: le ciel (dais) lui fut présenté pour être porté sur sa tête; mais ne l'ayant pas voulu souffrir, il fut porté après lui. Ce prince fit tous ses efforts pour pacifier les troubles de religion qui régnaient encore dans la ville, mais il eut la douleur de ne pouvoir en venir à bout pendant son séjour. 11 octobre 1568.

Établissement du barrage ou octroi à Orléans; les bureaux furent placés aux portes Bannier, Bourgogne, Saint-Vincent, Saint-Jean, Madeleine, du pont, au Portereau, à Olivet, Langenerie, Artenay, Toury, les Barres, Bionne: des commis ou employés furent mis à ces divers endroits pour la perception. Le droit de barrage consistait à prélever sur chaque cheval qui passait attelé ou chargé à *somme* (à dos) quatre deniers payables de quatre lieues en quatre lieues (8-4-59). 21 novem. 1568.

1568.

Charles Lamoignon, conseiller du roi, maître des requêtes, sur-intendant en la justice du bailliage et gouvernement d'Orléans, meurt étant intendant de cette ville. Il est le premier qui occupa cette place d'intendant ou administrateur de la province orléanaise (8-21).

Les pères Grands-Carmes d'Orléans relèvent leur monastère, qui avait été détruit par les protestans, qui cependant s'étaient servis pendant quelque temps de leur église pour s'assembler et faire le prêche (8).

Construction de deux maisons en briques qui font le coin de la place, vis-à-vis le Châtelet, près les prisons. Ces deux corps de logis furent destinés à la conciergerie, ou logement des chefs employés dans les prisons.

En travaillant aux fondemens de ces deux maisons, on découvrit une partie des anciennes murailles d'Aurélien, fondateur d'Orléans, lesquelles se prolongeaient dans la direction de l'hôtel de la ville, au nord.

Démolition d'une partie de la porte de Saint-Laurent; on conserva seulement la façade, les cénacles disposés au-dessus du ceintre que l'on mura et que l'on couvrit par un toît à deux basses-gouttes, au-dessus des machicoulis.

10 mars 1569.

Jehan Hue, écuyer, seigneur de la cour et lieutenant-général au bailliage d'Orléans, est destitué et contraint de fermer le prêche de protestans qu'il tenait clandestinement chez lui; l'ordre lui en fut donné par le bailli, François de Balzac, seigneur d'Entragues. Un des articles de la paix accordée aux protestans portait qu'ils ne tiendraient plus de prêches dans les villes du royaume (8-43).

25 mars 1569.

Les proviseurs du pont d'Orléans et de l'hôpital Saint-Antoine, placé sous ce pont, prennent à bail de la ville, le droit de l'*ansage* (péage) dudit pont, à raison de cinq sous parisis par an (4-8-9-59).

29 mars 1569.

D'après l'ordonnance de Charles IX, en date du 23 novembre 1568, qui ordonnait l'élection d'un maire par chaque ville de son royaume, monseigneur Jean Brachet, écuyer, seigneur de Froville et de Portmorand, secrétaire du roi, maison et couronne de France, est nommé par les habitans d'Orléans premier maire de leur ville (8-21-64-67).

« La forme ancienne de l'élection des échevins *estoit*, qu'auparavant le premier ou second dimanche du mois de mars, les *eschevins* qui devoient sortir faisoient, par le *crieur* juré des bans et proclamations de la ville et sergent du *chastelet*, proclamer dans les *carrefours*, impasses ou culs-de-sac et rues de la ville, l'*eslection* prochaine des *eschevins* dans les halles, et prenoit le crieur juré permission du prevost d'Orleans, et le jour pris de l'*eslection*, les *eschevins*, apres avoir fait, des le matin, celebrer une messe du *Sainct*-Esprit dans l'eglise de *Sainct-Sanson*, où ils assistoient, se rendoient apres en place des halles, pres l'eglise Saint-Hilaire, où l'ancien des *eschevins* proposoit, comme la charge des *eschevins* expiroit le 22 mars, et requeroit les habitans y assemblés qu'ils nommassent sept personnes notables de la ville, presens et assistans en l'assemblée, lesquelles *esliroient* et nommeroient douze *eschevins*, ainsi qu'il *estoit accoustumé* de tout temps; et lors l'ancien *eschevin* recueilloit les voix de chacun des habitans, et les voix et opinions redigées par *escrit* par les notaires, l'on nommoit les sept bourgeois qui avoient plus de suffrages, lesquels *estant* proclamés à haute voix par les notaires, les sept *eslus* se *separoient* et retiroient en la halles des Tanneurs, et apres avoir conferé, l'ancien d'iceux nommoit, en la presence de six autres, les noms des personnes *esleues* pour procureurs ou *eschevins* aux notaires qui les *escrivoient* et proclamoient à haute voix aux habitans assemblés, lesquels ils confirmoient et approuvoient de suite (8-64). »

Ils ne pouvaient *estre esleus* par aucuns de leurs enfans, frères, gendres, oncles et neveux ; autrement l'on prétendait l'*eslection* nulle.

Cette année, comme on avait crainte qu'il survint aucun débat et différend entre les habitans *ès* assemblées des *eslections*, on réduisit le nombre des électeurs à cent notables (4-8-59-64).

Les cent notables habitans nommèrent au roi Charles IX vingt-quatre bourgeois, desquels il en choisit onze pour *eschevins* (8-64).

Le roi Charles IX ordonne aux Orléanais catholiques de nommer un seul grand-prévôt de leur religion en place des deux prévôts protestans qui l'étaient et qu'il destitua par la même ordonance royale (8). 1er avril 1569.

Charles IX établit à Orléans un tribunal de police qui devait s'assembler deux fois par semaine, à l'Hôtel-de-Ville, et juger les causes qui regardaient la tranquillité de la ville. Le roi, qui avait ordonné une pareille juridiction dans toutes les villes de son royaume, en avait fixé les réglemens avec son parlement, qui tint la main à leur exécution. Ce tribunal était composé du prévôt et de son lieutenant, du maire, ou en son absence, d'un échevin, de deux ecclésiastiques, et de deux notables bourgeois nommés par les habitans assemblés (8-30).

Avril 1569. Le maire, Jean Brachet, et les échevins d'Orléans nouvellement nommés, font venir de Flandre des ouvriers en toile de chanvre et de lin, afin de répandre parmi les habitans d'Orléans l'usage du linge qui n'existait pas encore dans cette ville, à cette époque, pour les gens du peuple : ils se couvraient de laine, même sur la peau. Les ouvriers tisserands furent largement payés, logés, et reçurent même de fortes récompenses pour les élèves qu'ils firent à Orléans (4-59).

20 mai 1569. Publication faite à Orléans d'une ordonnance du roi Charles IX, qui accorde divers droits au maire d'Orléans, parmi lesquels se trouvent ceux relatifs au prix du pain, du vin, des fourrages, du bois, etc., etc., « et ensuite, dit cette ordonnance, pourra ledit maire faire chasser et mettre hors la ville : vagabonds, estrangers, faineans et gens sans *adveu*, servant de mauvais exemple à la jeunesse, comme farceurs, *basteleurs*, et autres; chassera tous ceux qui tiennent brelans en leurs maisons, des jeux de cartes, de quilles, et autres jeux; contre ceux qui y frequentent, et outre, ceux qui seront trouvés jouant sur les *carrés* et places publiques, blasphemateurs du *sainct* nom de Dieu et autres telles personnes, lesquelles, et tous autres contrevenans à la *dicte* police, iceluy maire pourra condamner en amende pécuniaire, jusques à la somme de soixante sols parisis d'amende pour chacune fois (8-64-30). »

29 mai 1569. « Le corps de M. le comte de Brissac est amené à Orléans et déposé dans l'eglise de *Monsieur sainct François* (les Cordeliers); le clergé au devant, et les capitaines, accompagnés des volontaires tous en armes : le soir en suivant furent *dictes* les Vigiles, par MM. du chapitre de Sainte-Croix et autres (8). »

2 juin 1569. Charles IX arrive à Orléans avec toute sa cour. Ce fut à ce voyage qu'il devint amoureux de la belle Marie Touchet, fille de Jean Touchet, lieutenant particulier du roi à Orléans. Cette fille, jolie, spirituelle et très-enjouée, sur le nom de laquelle on fit l'anagramme : *Je charme tout*,

était, ainsi que sa famille, de la religion réformée; mais, pour plaire à son royal amant, elle se fit catholique; et son père, pour conserver les faveurs du prince, en fit autant, ce qui lui fit des ennemis de tous les protestans de la ville.

Les protestans d'Orléans qui avaient établi un prêche au château de l'île Groslot, près d'Orléans, depuis l'incendie de ceux qu'ils avaient eus en ville, place de l'Étape et rue d'Illiers, revenaient paisiblement de ce lieu où ils avaient célébré la fête des jeunes époux, lorsqu'ils sont insultés d'une manière brutale par les jeunes seigneurs de la cour; et par le roi lui-même qui s'était rendu avec sa maîtresse, Marie Touchet, sur le pont, près de la Belle-Croix, où il resta quelques instans, puis après sur la levée de Saint-Jean-Leblanc, pour voir, *avait-il dit*, les jolies huguenotes. Là, plusieurs de ces insolens s'étant permis de lever de force les voiles qui couvraient le visage de ces nouvelles mariées, furent repoussés par leurs époux et leurs parens, ce qui occasionna une rixe sanglante entre les deux partis. Plusieurs protestans furent tués et jetés dans la Loire, d'autres blessés grièvement, et le reste, dispersé, vint dans Orléans répandre l'alarme parmi leurs co-religionnaires, dont plusieurs quittèrent tout de suite la ville. Cette journée, qui a été regardée comme une petite Saint-Barthelémy, fut appelée la journée des Grands-Chaperons, parce que toutes les mariées protestantes portaient ce genre de coiffure (8-9-59).   *12 juin 1569.*

Les catholiques d'Orléans demandent à Charles IX l'autorisation de former dix compagnies de bourgeois, composées chacune d'un capitaine, d'un lieutenant, d'un major, de deux cents soldats, commandées par un colonel, pour obvier aux séditions civiles et religieuses, et aussi pour mettre la ville à l'abri des coups de mains des protestans qui désolaient déjà les environs de cette place, et qui menaçaient hautement de se venger sur les catholiques de la journée des Grands-Chaperons (8-64).   *5 juillet 1569.*

Le colonel de cette garde fut le sieur de Beauharnais.

La tête de l'amiral Gaspard de Coligny ayant été mise à prix, par ordre de la cour, on en fit la proclamation à Orléans; une récompense de 50,000 écus d'or était promise à celui qui le livrerait mort ou vif. L'amiral faillit être la victime de la cupidité d'un de ses domestiques qui, par trahison, tenta de l'empoisonner (8-43-64).   *7 juillet 1569.*

30 juillet 1569. Charles IX, qui était encore à Orléans, passe la revue de la garde bourgeoise nouvellement formée dans cette ville. Il se rendit à pied de la place de l'Étape, hôtel Groslot, où il logeait, jusqu'à celle du Martroi, où un bataillon carré formé de près de 3,600 volontaires, tous catholiques, l'attendait sous les armes (8).

Charles IX ordonne que tous les habitans catholiques d'Orléans qui venaient d'être formés en garde bourgeoise seraient tenus de payer, à raison de 7 livres par mois, chacun des officiers étrangers qu'il avait fait venir exprès pour les exercer dans le maniement des armes.

2 août 1569. Procession générale par la ville d'Orléans, à laquelle l'évêque Mathurin de la Saussaye porta le saint-sacrement. La messe fut célébrée avec pompe dans la cathédrale de Sainte-Croix, en présence du roi Charles IX, qui avait suivi ladite procession à pied, ainsi que sa sœur Marguerite, les grands et les seigneurs de la cour.

12 août 1569. La ville d'Orléans est divisée en dix quartiers : chacune des dix nouvelles compagnies de la garde bourgeoise volontaire, qui venaient d'être formée des habitans demeurant dans ces quartiers, fut désignée pour en avoir la garde et la police (8-30).

21 août 1569, Dimanche à 8 heures du soir. Les catholiques d'Orléans, instruits que, depuis la journée des Grands-Chaperons, les protestans avaient abandonné leur prêche du château de l'île Groslot, au levant de Saint-Jean-Leblanc, et se réunissaient en partie dans une maison des Quatre-Coins (au milieu de la place actuelle), s'y portent en grand nombre, y égorgent tout ce qu'ils rencontrent, et mettent le feu à la maison avec les bois de charpente de l'alleu Saint-Mesmin, église voisine qui était en réparation, dans l'intention de consumer les cadavres dont les restes furent enfouis sous les décombres. De là les catholiques, parmi lesquels se trouvaient beaucoup de mariniers, se portèrent dans le cloître Saint-Pierre-Empont, et y brûlèrent vifs plusieurs protestans qui étaient renfermés dans une maison appartenant à la demoiselle Demartevillier, laquelle maison fut en partie abattue : ils finirent leur expédition meurtrière à la Tour Neuve, en massacrant avec des épées les religionnaires qui y étaient retenus, dont ils jetèrent les cadavres à la rivière (8-9-64).

On évalua le nombre des protestans tués dans cette

journée, le prélude du massacre qui eut lieu plus tard, à environ 280 (8).

Charles IX donne au chapitre de Saint-Aignan d'Orléans 26 septem. 1569. la somme de 2,000 livres en deniers clairs et nets, et la coupe de vingt arpens de haute-futaie pris dans ses domaines, pour rétablir la couverture et la charpente de l'église qui avait été ruinée par les protestans (8-64).

Jacques Augustin de Thou, devenu si célèbre par l'his- 4 novem. 1569. toire de son temps, qu'il composa, et par les services qu'il rendit à son pays, étant premier président du parlement de Paris, prend, ce jour (à l'âge de seize ans, étant né à Paris, en 1553), possesion du doyenné de Saint-Aignan, d'après l'ordre de Charles IX, par lettres patentes datées de Saint-Jean-d'Angély. Il exerça cette charge pendant treize ans, tout en faisant son droit à Orléans, sous les célèbres professeurs et docteurs Cujas, Jean Robert, Guillaume Fournier, Antoine Lecomte et François Hottmann.

François de Balzac, seigneur d'Entragues, bailli d'Or- 21 novem. 1569. léans, rend une ordonnance portant que les protestans qui résidaient dans la ville seraient tenus, sous des peines très-sévères, de ne marcher dans les rues que depuis huit heures du matin jusqu'à quatre heures du soir (8-64).

Une portion des halles près de Saint-Hilaire, sous les- 16 décem. 1569. quelles les habitans s'assemblaient pour délibérer sur les Vendredi à 7 heures du soir. affaires de la ville et pour procéder à l'élection des maires et échevins, s'écroule tout-à-coup, le vendredi 16 décembre 1569, vers sept heures du soir : une femme et plusieurs enfans furent victimes de cet accident.

Ces halles ne furent pas relevées de leurs ruines; les assemblées populaires des Orléanais ayant changé de forme (8-64-65-67).

Mort de François de Bourbon, duc de Montpensier, gouverneur de la ville d'Orléans pour les catholiques (21).

Mort de Pierre Doré, Dominicain, docteur en théologie, né à Orléans.

Charles Sevin, chanoine de Sainte-Croix, docteur en théologie et célèbre orateur, meurt à Orléans sa ville natale.

Charles IX ordonne que les canons qui étaient placés dans divers magasins de la ville seraient réunis dans la citadelle, et que les batardes que les maires et échevins avaient fait faire à leurs frais seraient distribuées sur les remparts d'Orléans (8-59).

20 mai 1570.	Un Orléanais vole et brise diverses choses dans l'abbaye de Saint-Mesmin: il est mis en prison, condamné par Joachim Gervaise, lieutenant-criminel, à restituer mille livres à l'abbé et à ses religieux, et de plus à faire amende-honorable, la torche à la main, la tête et les pieds nuds (8-30).
Mai 1570.	Le maréchal de Cossé, qui avait été envoyé à Orléans par Charles IX, pour y ramasser des troupes, se trouvant avoir une armée de 14,000 hommes, tous catholiques, passe la Loire avec elle, et marche contre les princes protestans qui avaient leurs forces à La Charité (43).
17 juin 1570.	Les *proviseurs* (administrateurs) du pont d'Orléans font proclamer une ordonnance pour défendre le passage sur ledit pont, sur ceux d'Olivet et de Saint-Mesmin, avec voiture attelée de plus de deux chevaux, et de jeter sur *yceux* ponts terreau et ordures, ni vendre pain et autres choses, même les mercredis et samedis, jours de marché accoutumés (4-8).
25 juin 1570.	La garnison d'Orléans, réunie à d'autres troupes qui étaient sorties de cette ville, depuis un mois, sous le commandement de M. de Cossé, pour marcher contre les princes protestans, est battue à Arnay-le-Duc, par l'amiral de Coligny (43).
Juin 1570.	François de Balzac, seigneur d'Entragues, gouverneur catholique pour le roi, ayant eu connaissance de la défaite des troupes qui étaient sorties de cette ville, sous le commandement du maréchal de Cossé, prend de grandes précautions pour mettre la place en état de défense : il fit placer l'artillerie sur les remparts, fit d'immenses fournitures de vivres et mit tout en œuvres pour contenir les protestans d'Orléans (8-9).
1er août 1570.	Le parlement de Paris, par arrêt, ordonne que : « Pour le vin *crû endedans* de l'*évesché* d'Orléans, nouveau et *moust*, qui sera enlevé depuis les vendanges jusqu'au jour *Sainct*-Martin d'*yver, iceluy includ*, il ne sera payé aucun péage, subside, ou autres droits, soit par les marchands de ladite ville et *forsbourg*, ou autres marchands forains (4-8-17). »
8 août 1570.	M. de Lamoignon, maître des requêtes, est envoyé à Orléans pour faire prêter aux protestans de cette ville le serment de fidélité au roi. Ils furent assemblés dans le cloître Saint-Aignan; il ne s'en trouva que huit cents quatorze qui voulurent prêter ce serment, et qui en signèrent l'acte

dressé par MM. Girard, Dubois et Nicolas Provenchere, notaires de la ville (8-64).

Parmi les protestans signataires du serment prêté, se trouvaient Jean Polluche, marchand de bois, qui fit son abjuration entre les mains de l'évêque d'Orléans, Mathurin de la Saussaye (8-9).

Jacques de Saint-Mesmin d'Orléans, président de la chambre des comptes de Bretagne, se fit remarquer comme protestant fougueux, et refusa même le serment demandé par le roi. Il avait pris ces doctrines dans la maison de René de France, sa maîtresse, qui était hérétique. Tous les descendans de ce Jacques de Saint-Mesmin furent protestans, et plusieurs d'eux se retirèrent en Angleterre pour cause de religion. C'est ce qui explique qu'il se trouve si peu de membres de cette ancienne famille à Orléans (8-58).

Germain de Rebours, prévôt d'Orléans, rend une ordonnance pour fixer les réglemens du corps des tonneliers de la ville, sur le fait des cercles, osiers, chevilles, bondes et autres choses dudit état (4-30). *16 août 1570.*

Charles IX, par lettres patentes, assigne aux religieux Grands-Carmes une pension de 250 livres annuelle, qui devait payer le loyer d'une maison qu'ils étaient obligés d'occuper jusqu'à ce que leur monastère, qui avait été ruiné par les protestans, fût relevé (4-8). *5 septem. 1570.*

Jean-Hector Lescot, dit Jaqueminot, fondeur habile, est chargé de refaire la statue de la Pucelle, celle de la Vierge et la croix, ainsi que la restauration entière du monument qui était placé sur le pont d'Orléans, et qui avait été endommagé par les protestans, en 1567, c'est-à-dire depuis trois ans et demi (8-64). *9 octobre 1570.*

Cette réédification fut faite aux frais des habitans qui se taxèrent eux-mêmes, ainsi que l'avaient fait, dit-on, leurs ancêtres, en 1458 (8-9).

Ce monument fut, à cette époque, changé de forme : le Christ, au lieu d'être en croix, comme auparavant, fut placé couché sur les genoux de la Vierge, dont la statue fut représentée assise au bas de la croix, et non, comme la première fois, debout et tenant les genoux de son fils crucifié; un pélican fut placé au haut de la croix, et les attributs de la Passion appuyés sur les bras de la croix; Charles VII fut placé comme au premier monument, à genoux, à droite, la Pucelle aussi à genoux, sur la gauche (8).

Extrait des comptes de ville :

« Par devant Girard Dubois, notaire, est comparu Hector Lescot, fondeur, demourant à Orleans, dist Jaqueminot, lequel a confessé qu'il avoit entreprist et entreprent, des maire et eschevins qui luy ont baillé et baillent à faire ce qui s'en suist, en ce qui convient refondre et ressoulder les effigyes de Notre-Dame-De-Pitié et la Pucelle qui soulloient estre d'ancienneté sur les ponts de ceste ville. Premierement, fault ressoulder tout le corps de ladicte Pucelle, reservé les jambes, brats et mains; plus ressoulder de neuf une lance avec le guidon tournant au bout de ladicte lance, son armet, avec un panache, une espée et des esperons, une croix, ung pellican, trois cloux, ung chapeault (couronne) d'espines au dessus de la croix, une aultre lance de l'aultre cousté de la croix et une esponge : plus, ressouldre ung brats au crucifix, et mectre une grande piece à l'estoumact, faire une encollecture au col, et plusieurs aultres pieces qu'il convient faire et ressouldre; et encores reparer plusieurs coups de harquebuzes au corps et à la teste du roy, et lui reffaire une couronne qui se mist sur ses armoyrys, et generalement de faire tout ce quy conviendra de faire, et accomoder et asseoir ladicte Pucelle et en pareille façon qu'elle soulloit estre. Pourquoy faire lesdicts maire et eschevins fourniront de cuyvre *au* (et) potin de plomb et aultres macttieres ad ce necessaires; et quant aulx moulles, ledict preneur les fera faire à ses cousts et depens; et ladicte Pucelle et tout le contenu cy-dessus, y celluy preneur rendra reparré, faict et parfaict, assi sur les ponts ou y celle a accoustumé d'estre assise, le tout bien duement, comme il appartient, dedans le sixieme jour de janvier prochain, moyennant la somme de syx-vingt dix livres tournoys (130 livres) etc..... : presents Robert Charpentier, et Joseph Cornu, tesmoyns; le IX octobre M. C.C.C.C. LXX. (1570).

» Et le XIIIIe dudict moys, ledict Lescot, confesse avoir reçu de Jacques Alleaume, recepveur de la ville d'Orleans, la somme de cinquante livres tournoys d'avance sur ses œuvres, dont et quittance *es* (en) presence de Joseph Moithyron, et Jacques Sayntonge, les deulx tesmoyns (4). »

Tout le pays orléanais est inondé par le débordement 21 décem. 1570. de la Loire, qui causa beaucoup de dégâts dans la campagne, ruina plusieurs vignerons et laboureurs, qui furent soulagés par les dons à eux faits par les maire, échevins et les plus riches bourgeois (64).

Les pères Augustins, qui avaient eu la permission du 1570 duc d'Orléans de se retirer, lors de la dévastation de leur couvent par les protestans, et pendant la reconstruction de leurs bâtimens, dans une maison appelée le Petit-Ambert, ne voulant plus en sortir, malgré un ordre de Charles IX, qui leur avait été dûment signifié, en sont expulsés par les propriétaires, Célestins d'Ambert, non sans beaucoup de querelles et même de voies de fait (8-64).

Mort d'Etienne Delosne, habile graveur, né à Orléans (21).

La tour de Saint-Aignan était séparée de l'église, et trois arcades, détruites par les protestans, laissaient le reste de l'édifice à jour. Il fut élevé un mur de séparation près de la porte principale de cette église, ce qui diminua beaucoup la longueur de ce temple, mais aussi le sépara des ruines. Ce mur de séparation existe encore aujourd'hui, et se trouve à droite en entrant par le portail (8-9).

Mort de Bernard Eméry, excellent musicien, né à Orléans (21).

Jacques Alleaume, bourgeois d'Orléans, qui était receveur des deniers communs de la ville, obtient du roi Charles IX, l'autorisation de faire bâtir, à ses dépens, au côté-est d'Orléans, sur le bord de la Loire, entre le ravelin de la porte Bourgogne et la Tour-Neuve, une grosse tour *quarrée* et élevée à la hauteur des murs de clôture, qu'elle flanquait, et où étaient pratiquées des canonnières. Cette tour prit le nom de Fort-Alleaume.

Charles IX ordonne de prélever sur les protestans d'Orléans plusieurs sommes d'argent, pour la construction d'une tour sur la rivière de Loire, destinée à placer des percepteurs, pour faire la visite des bateaux qui descendaient et remontaient le fleuve. La construction de cette tour n'eut pas lieu; car, une fois l'argent reçu, on se contenta de faire placer un poteau sur lequel était attachée une pancarte contenant l'indication des droits de péage, de visites, et la désignation des marchandises qui devaient payer et de celles qui étaient franches (4-8-59).

Janvier 1571. Charles IX, par un édit, ordonne aux notaires protestans de se défaire de leurs charges. Parmi ceux d'Orléans qui étaient de cette religion, il y en eut deux qui firent abjuration pour conserver leurs charges, et six autres qui persistèrent dans leur croyance, préférant la destitution (4-8).

26 février 1571. Ordonnance du prévôt d'Orléans, Germain Rebours, pour empêcher que les prêtres de la ville ne soient insultés dans leurs églises pendant la célébration de l'office divin (8-30).

28 février 1571. L'hiver de 1570 fut si rude en France, depuis la fin de l'année de 1570 jusqu'à ce jour, 28 février 1571, que pendant ces trois mois entiers les rivières furent gelées à un tel point que les voitures passaient sur la glace, et que les arbres fruitiers furent totalement perdus, même en Languedoc et dans la Provence (43).

11 mars 1571. Lettres patentes de Charles IX, qui ordonne que les douze échevins d'Orléans, qui devaient être renouvelés à cette époque, ne le seraient point en masse, mais seulement par moitié, afin que les six anciens pussent mettre les six nouveaux au fait des affaires de la ville, que ce renouvellement par moitié aurait lieu tous les ans, et que, quant au maire, il resterait deux années en exercice. Cette ordonnance fut lue dans les rues, places et carrefours de la ville (8-64).

14 juillet 1571. Germain Rebours, prévôt d'Orléans, fait défense à Jérôme Groslot, ancien bailli d'Orléans, qui, après avoir été condamné à mort, en 1560, par les inquisiteurs de la foi de cette ville, avait évité son exécution en se cachant, et depuis s'était réfugié à son château de l'Ile, de continuer d'y tenir assemblée de protestans.

25 septem. 1571. Charles IX, par lettres patentes, commande aux maire et échevins de continuer, sur les remparts d'Orléans, la plantation d'ormes que sa mère, Catherine de Médicis, avait fait commencer, de la porte Bourgogne à la tour de la Forêt (prétendue tour à Pinguet), en passant devant l'église de Saint-Euverte, et leur permet de prendre en son *buisson* de Briou, deux mille arbres, avec épines mortes pour leur conservation (4-8-64).

Antoine Perrault d'Orléans est le premier qui établit des coches ou voitures pour faire le voyage de Paris à Orléans et d'Orléans à Paris : cette entreprise fut encouragée par les maire et échevins, et insensiblement elle fut très-suivie. Ce coche mettait alors trois jours pleins pour se rendre à Paris; et le voyage n'était pas sans danger, parce que la forêt d'Orléans venait jusque sur la route, et que les guerres de religion occasionnaient beaucoup de misère et multipliaient les voleurs de grands chemins (4).

Charles IX taxe les Orléanais à une somme de 60,000 livres, pour payer leur part et portion de l'entretien, la nourriture et la solde des Suisses et autres troupes étrangères qu'il avait fait venir en France. *1er octobre 1571.*

Charles Despenses, qui avait été envoyé à Orléans, comme théologien, par Charles IX, pour disputer sur tous les points de controverse, contre les théologiens protestans du parti contraire au sien, meurt dans cette ville où il était depuis quelque temps (4-9). *13 octobre 1571.*

Charles IX ordonne de continuer la démolition de toutes les tours des fortifications d'Orléans, et de les raser, ainsi que les murailles de clôture, à hauteur d'appui; en réservant pourtant la citadelle de la porte Bannier et les tours qui accompagnaient les portes de la ville.

Claude Sain, sieur de la Belle-Croix, est élu maire d'Orléans, en remplacement de Jean Brachet, qui avait été le premier nommé à cette place, qu'il occupait depuis deux ans (4-21-64).

Mort de Bérault, poète latin, principal du collége de Montargis, natif d'Orléans (21).

Charles IX ordonne que les sommes d'argent payées par les catholiques au prince de Condé, pendant son séjour dans cette ville, seraient remboursées à ces derniers par les protestans de la même ville (4). *Janvier 1572.*

Marie Touchet donne le jour à un fils du monarque qui fut appelé Charles, du nom de son père : cet enfant fut confié par le roi à Madame de Savoye, Marguerite de France, sa tante, puis plus tard à Henri III, successeur de Charles IX, qui le fit instruire convenablement et le pourvut de la charge de grand-prieur de France, le fit comte d'Auvergne et de Lauraguais, et après, duc d'Angoulême. Il se maria à Charlotte de Montmorency, comtesse d'Alais, fille aînée de Henri duc de Montmorency, connétable de France, de laquelle il eut trois fils (4-43-63). *28 avril 1572.*

Marie Touchet fit ses couches dans le château appelé le Fayet, pays de Graisyndan, en Franche-Comté, appartenant au sieur de Maniquet, maître-d'hôtel ordinaire du roi, qui l'avait fait venir dans cette résidence (8-64).

<small>14 juin 1572, jour de la Fête-Dieu.</small> Les protestans d'Orléans ayant refusé de tendre le devant de leurs maisons, pour la procession publique de la Fête-Dieu, les maire et échevins de la ville se hâtent d'ordonner de placer des tapisseries devant les portes des religionnaires, qui tinrent constamment leurs fenêtres fermées toute la journée (8).

Extrait des comptes de ville :

« Payé à Noel Mamet et à ses compagnons, gagiers de la paroisse de *Sainct-Piere-Empont*, xxx sols parisis, pour les frais qu'ils ont *faict* à tendre et faire tendre, à *destendre* et à faire *destendre* devant les maisons de *ceulx* de la religion prétendue reformée de leur *dicte* paroisse, qu'ils ne vouloient tendre le jour de la *Feste*-Dieu, pour et afin qu'il *n'advint aulcun scandal ne* (ni) *esmotion.* »

<small>1er août 1572.</small> Jean de Morvilliers, ancien évêque d'Orléans, auquel le roi avait donné les sceaux de France, lorsque l'on congédia le chancelier de L'Hôpital, en 1568, s'en décharge, au bout de quatre années, entre les mains de Birague, pour vivre tranquillement, et loin des intrigues de la cour où l'on préparait déjà les horribles massacres de la Saint-Barthélémy.

FIN DU PREMIER VOLUME.

NOMENCLATURE

DES MANUSCRITS ET AUTEURS CONSULTÉS POUR CET OUVRAGE.

Nota. Les numéros du tableau suivant correspondent avec ceux placés à la fin des citations qui se trouvent dans le courant de cet ouvrage, afin d'indiquer les endroits où nous les avons puisées.

1. Almanach des Monnaies.
2. Anquetil, Histoire de France.
3. Archives de la préfecture, titres, lois, ordonnances, arrêtés, chartes, etc., etc.
4. Archives de la mairie d'Orléans, comptes, procès-verbaux, proclamations, etc., etc.
5. Almanachs Royaux.
6. Annonces Orléanaises de Couret, tous les numéros.
7. Gazette Orléanaise de Couret, tous les numéros.
8. Manuscrits sur Orléans, tous ceux qui existent.
9. Dubois (l'abbé), ses manuscrits.
10. Pataud (l'abbé), ses manuscrits.
11. Desfriches, ses manuscrits.
12. Hubert, ses manuscrits.
13. Histoire au vrai du Siége d'Orléans en 1428.
14. Manuscrits sur Orléans et le Procès de *Jehanne* d'Arc.
15. Moniteur, tous les numéros.
16. Plans, cartes, gravures, dessins, etc., sur la ville d'Orléans.
17. Notre bibliothèque.
18. Belin, Abolition de l'Ordre des Templiers.
19. Bodin (Félix), Résumé de l'Histoire de France.
20. Blanchard, Dictionnaire des Inventions.
21. Beauvais de Préau, Essai Historique sur Orléans (corrigé d'après les historiens de cette ville)
22. Cabinet des médailles du musée et de la bibliothèque publique d'Orléans.
23. Médailles de notre cabinet.
24. Calendrier-Napoléon.
25. Calendrier Ecclésiastique.
26. Chaussard, Histoire de la Pucelle.

(Bibliothèque publique d'Orléans)

— 486 —

27 Defay-Boutherou, Mémoire sur l'Histoire Naturelle de l'Orléanais.
28 Danicourt et Huet, Journaux Orléanais, tous les numéros.
29 Darnand-Maurand, — Conservateur des Hypothèques, tous les numéros.
30 Dusaultoir, Recherches Historiques sur la Police d'Orléans.
31 Etrennes à Clio.
32 Fastes des Rois d'Orléans.
33 Fastes de la Révolution Française.
34 Goffaux, Époques principales de l'Histoire.
35 Guyot, Le Messager Orléanais, tous les numéros.
36 Hubert, Antiquités Historiques de l'église de St-Aignan d'Orléans.
37 Jacob, Annales Orléanaises, tous les numéros.
38 Jacob, Annuaire du Loiret, toutes les années.
39 Langlois, Histoire des Croisades contre les Albigeois.
40 L'Art de vérifier les dates.
41 Lebrun-Descharmettes, Histoire de Jeanne d'Arc.
42 Lucet, Hommage Poétique au roi de Rome.
43 Mezerai, Histoire de France, et autres histoires de France.
44 Mirabeau, Des Lettres de Cachets.
45 Mœurs des Français.
46 Ordonnances sur les monnaies.
47 Pellieux, Histoire de Beaugency.
48 Plans d'Orléans, 1637, 1705, 1706, 1708, 1829 (de notre cabinet).
49 Porte-feuille de notre cabinet, plans, vues, dessins, lithographies, etc., sur Orléans.
50 Pothier, Coutumes d'Orléans.
51 Rabault, Almanach de la Révolution.
52 Richer, Révolution Française.
53 Tablettes Historiques.
54 Vergnaud-Romagnési, quelques-uns de ses ouvrages.
55 Voltaire, Siècle de Louis XIV.
56 Vues d'Orléans par divers auteurs.
57 Wandebergue, ses manuscrits.
58 Famille de Saint-Mesmin, manuscrit.
59 Comptes de ville de 1391 à 1790.
60 Comptes de fortifications, turcies et levées, de 1391 à 1790.
61 Dulaure, Histoire de Paris.
62 Les Commentaires de César.
63 Tristan (Jules de), ses ouvrages.
64 Lemaire, Histoire d'Orléans.
65 La Saussaye, Histoire d'Orléans.
66 Polluche (Daniel), ses divers ouvrages sur Orléans.

67   Symphorien-Guyon, ses ouvrages sur Orléans.
68   Beaumanoir, Coutumes de Beauvoisis.
69   De Luchet, ce qu'il a fait sur Orléans.
70   Furretierre, Dictionnaire.
71   Monchablon, Dictionnaire d'Antiquités.
72   Du trésor de Sainte-Croix, à la bibliothèque et aux archives de la préfecture.
73   Vie de Gaspard de Coligny.
74   De Thou, Histoire de son temps.
75   Dictionnaire des Merveilles de la Nature.
76   Faits à notre connaissance particulière, ou d'après des témoins oculaires.
77   Faits qui se sont passés sous nos yeux.
78   Mémoires de Mlle de Montpensier.
79   Manuscrits anonymes qui nous ont été communiqués.
80   Imprimés divers.
81   Dictionnaire Géographique de Vosgien et autres auteurs.
82   Vie de Napoléon, par Norvins et Debraux
83   Précis Historiques des Événemens Remarquables de 1787 à 1809.
84   Écrits ou Imprimés sur la Révolution.
85   Bulletin des lois, tous les numéros.
86   P. Blondel, Procès-Verbaux des inscriptions et épitaphes du grand cimetière d'Orléans.
87   D'Anglebermes, ses divers ouvrages, manuscrits ou imprimés.
88   État de la France sous Charles IX.
89   Delaplace de Montevray, plusieurs de ses ouvrages.
90   Leblanc, Traité des Monnaies.
91   Ducange, Dictionnaire du Vieux Langage.
92   Généalogie de la famille Colas (procurée par M. Colas-Desfrancs aîné).
93   Généalogie de la famille Tassin (procurée par M. Tassin-Baguenault de Saint-Laurent).
94   Généalogie de la famille Saint-Mesmin (procurée par M. Panchet, juge).
95   Titres de la Source du Loiret (procurés par M. le baron de Morogues, pair de France).
96   Titres de Cormes et Cornay (procurés par M. le Baron de Morogues, pair de France).
97   Titres, actes notariés et légalisés de la famille Miron (procurés par M. Miron de Lespinay).
98   Chartes (plusieurs chartes de Clovis, Charlemagne, Hugue-Capet, etc., etc.), au nombre de plus de 80.

99	Manuscrits très-anciens, tirés des archives de Saint-Aignan.
100	Ordonnances d'Henri VI, roi de France et d'Angleterre, relatives au jugement de la Pucelle.
101	Manuscrits précieux tirés de l'ancienne bibliothèque de Saint-Victor de Paris.
102	Bernard jeune, Histoire du Forct.
103	Jollois, ses ouvrages sur Orléans et Jeanne d'Arc.
104	Daniel (Toussaint), pasteur protestant, ses Relations de la Saint-Barthelémy à Orléans.
105	Damain, chanoine de Sainte-Croix d'Orléans, sa Relation de la Saint-Barthelémy de cette ville.

ERRATA DU PREMIER VOLUME.

Page 4, ligne 22 de l'Avertissement, lisez *chronologie*, au lieu de *généalogie*.
— 10, — 7, lisez *Saint-Ithier*, au lieu de *Saint-Ytuer*.
— 30, — 20, lisez *des Huns*, au lieu de *de Huns*.
— 36, — 27, ajoutez *comme à la page 49, ligne 29.*
— 44, — 35, lisez *Saint-Marcel de Châlons*, au lieu de *Saint-Marceau de cette ville.*
— 106, — 31, lisez *de douze*, au lieu de *treize.*
— 109, — 14, lisez *contre les Bretons*, au lieu de *à la croisade contre les Albigeois.*
— 110, — 26, mettez *année 1213*, au lieu de *année 1215.*
— 111, — 15, lisez *conduit*, au lieu de *reconduit.*
— 113, — 8, lisez *bontillier*, au lieu de *boutellier.*
— 145, — 1, ajoutez le mot *deux* à la fin de la ligne.
— 149, — 6, (erreur dans Lemaire). Les Capucins n'étaient pas à Orléans en 1357.
— 219, — 5, lisez *Novelompont*, au lieu de *Novelompant.*
— 228, — 10, lisez *sur une peinture*, au lieu de *sur un bas-relief.*
— 249, — 13, lisez *14 juillet 1429*, au lieu de *14 juillet 1459.*
— 254, — 34, ôtez l'astérisque et la note, parce qu'il y a erreur.
— Id. — 35, par une erreur de copiste, sur les manuscrits de la bibliothèque publique d'Orléans, les deux ordonnances de Henri VI, datées du mois de *mars 1430*, doivent l'être de *mars 1431*, et placées à la page 269.
— 277, — 28, il faut mettre IIII xx V *livres*, au lieu de ce qui s'y trouve.
— 288, — 38, ajoutez *qui avait fait tuer le père du duc d'Orléans.*
— 294, — 1, lisez *Naudin Bouchard*, au lieu de *Naudin Blanchard.*
— 312, — 5, lisez *toute brillante*, au lieu de *tout brillante.*
— 345, — 31, lisez *de neuf procureurs*, au lieu de *dix procureurs.*
— 372, — 25, lisez *en 1414*, au lieu de *en 1415.*
— 376, — 20, ajoutez *aux élèves de la nation Picarde faisant leur droit à l'Université d'Orléans.*
— 417, — 35, lisez *214 années*, au lieu de *312 années.*
— 423, — 14, lisez *16 novembre 1560*, au lieu de *16 novembre 1569.*
— 455, — 42, lisez *cent notables*, au lieu de *cent nobles.*

www.ingramcontent.com/pod-product-compliance
Lightning Source LLC
Chambersburg PA
CBHW050558230426
43670CB00009B/1173